国家科学技术学术著作出版基金资助出版

INTELLIGENT MANUFACTURING

Key Technologies and Applications

智能制造

关键技术与企业应用

谭建荣　刘振宇　等◎著

机械工业出版社
CHINA MACHINE PRESS

在国家973计划、国家自然科学基金项目、中国工程院发展战略咨询项目等项目的资助下，作者所在团队在智能设计与制造领域做了一系列研究与应用工作，取得了一系列理论与应用研究成果，并在多个企业的产品设计与制造中获得成功应用。

本书融合了作者所在科研团队多年对智能制造关键技术研究的归纳与总结，从智能设计、智能加工、智能装配、智能服务这四个方面较为系统地介绍了智能制造的关键技术及其企业应用，包括设计方案的智能决策、设计模型的智能求解、加工工艺的智能优化、加工过程的智能监控、加工质量的智能检测、装配定位的智能导航、装配工艺的智能规划、装配质量的智能分析以及装备服役的智能服务等。

本书供从事智能设计与智能制造、数学化设计与制造、产品设计与开发的研究与工程技术人员参考，也可作为高等院校相关专业教师、研究生、高年级本科生的参考书。

图书在版编目（CIP）数据

智能制造：关键技术与企业应用/谭建荣等著. —北京：机械工业出版社，2017.5（2021.7重印）

ISBN 978-7-111-56186-6

Ⅰ.①智… Ⅱ.①谭… Ⅲ.①智能制造系统-制造工业-研究-中国 Ⅳ.①F426.4

中国版本图书馆CIP数据核字（2017）第039350号

机械工业出版社（北京市百万庄大街22号　邮政编码100037）
策划编辑：丁昕祯　责任编辑：丁昕祯　张丹丹　刘丽敏
责任校对：刘　岚　责任印制：常天培
固安县铭成印刷有限公司印刷
2021年7月第1版第4次印刷
184mm×260mm·19.75印张·476千字
标准书号：ISBN 978-7-111-56186-6
定价：58.00元

凡购本书，如有缺页、倒页、脱页，由本社发行部调换

电话服务	网络服务
服务咨询热线：010-88379833	机 工 官 网：www.cmpbook.com
读者购书热线：010-88379649	机 工 官 博：weibo.com/cmp1952
	教育服务网：www.cmpedu.com
封面无防伪标均为盗版	金 书 网：www.golden-book.com

前　言

制造业是国民经济和国防建设的重要基础，是立国之本、兴国之器、强国之基。没有强大的制造业，就没有国民经济的可持续发展，更不可能支撑强大的国防事业。

目前，全球制造业格局正面临重大调整，新一代信息技术与制造业不断交叉与融合，引领了以网络化和智能化为特征的制造业变革浪潮。为走出经济发展困境，美国、德国、日本等工业发达国家纷纷提出了"再工业化"发展战略，力图掌控新一轮技术革命的主导权，重振制造业，推进产业升级，营造经济新时代。

在国际制造业新一轮竞争中，我国制造业规模虽跃居世界第一位，却面临着大而不强的困境。一方面，制造产业对外依存度高，高端装备和产品核心技术匮乏，高端制造业发展滞后，对国家重大工程建设与国防安全造成严重威胁；另一方面，自主创新能力弱，产品档次不高，缺乏世界知名品牌，资源能源利用效率低，环境污染问题较为突出，产业结构不合理，为此，调整结构、转型升级、提质增效刻不容缓。

智能制造是当前制造技术的核心发展方向。智能制造通过制造技术、信息技术和人工智能技术的集成和深度融合，借助计算机收集、存储、模拟人类专家的制造智能，进行制造各环节的分析、判断、推理、构思和决策，取代或延伸制造环境中人的部分脑力劳动，实现制造过程、制造系统与制造装备的智能感知、智能学习、智能决策、智能控制与智能执行。

智能制造给复杂装备的设计制造方式以及核心装备技术创新带来了一系列的变革，例如，美国通过采用智能化柔性装配技术，将战斗机的生产周期缩短了2/3，成本降低了50%；采用智能控制技术使得大型工程机械的燃油消耗降低15%以上，大幅提高了作业效率和质量。如何全方位提升装备设计制造的智能化水平，已成为学术界、产业界高度关注的重大科学技术问题。为此，"德国工业4.0""美国工业互联网""美国制造业振兴计划"和"中国制造2025"等国家科技规划都把设计、制造和装备的智能化列为优先发展方向，引发了智能制造的研发热潮。

近年来，在国家973计划、国家自然科学基金项目、中国工程院发展战略咨询项目等的资助下，作者所在团队在智能设计与制造领域做了一系列研究与应用工作，取得了一系列理论与应用研究成果，并在多个企业的产品设计与制造中获得成功应用。本书融合了作者所在科研团队多年对智能制造关键技术研究的归纳与总结，从智能设计、智能加工、智能装配、智能服务这四个方面较为系统地介绍了智能制造的关键技术及其工程应用。

本书撰写过程中，得到作者所在团队同事和研究生的大力支持，具体撰写分工为：第1章（谭建荣、刘振宇）、第2章（冯毅雄、谭建荣）、第3章（徐敬华、刘振宇、彭翔）、第4章（程锦、刘振宇）、第5章（谭建荣、伊国栋）、第6章（谭建荣、何再兴）、第7章（刘振宇、裘辿）、第8章（刘振宇、段桂芳）、第9章（刘振宇、段桂芳）、第10章（谭建荣、徐敬华)。

本书的撰写得到了国内外许多同行专家的鼓励、支持与帮助,也参考了国内外许多专家学者的研究成果,在此表示衷心的感谢。

智能制造技术目前仍处于发展阶段,许多理论、方法与技术还在不断地发展与完善,加之作者水平有限,书中难免存在不妥之处,恳请各位专家与读者给予批评和指正。

目 录

前言
第1章 绪论 1
1.1 智能制造的内涵与特点 1
1.1.1 智能制造的技术内涵 1
1.1.2 数字制造与智能制造的联系与区别 2
1.1.3 智能制造的主要特点 3
1.2 智能制造的十项技术基础 4
1.3 智能制造的关键环节 10
1.3.1 智能设计 10
1.3.2 智能加工 11
1.3.3 智能装配 12
1.3.4 智能服务 13
1.4 国内外智能制造的国家战略及应用现状 13
1.4.1 德国工业4.0 13
1.4.2 美国先进制造业国家战略计划 15
1.4.3 日本物联网升级制造模式 15
1.4.4 中国制造2025 16
1.4.5 企业智能制造应用现状 17
1.5 从数字制造到智能制造发展的技术途径 19
1.5.1 从数字制造到智能制造的三大模式 19
1.5.2 从数字制造到智能制造的具体途径 20
1.6 本章小结 22
参考文献 23

第2章 智能设计：设计方案的映射与决策 24
2.1 引言 24
2.1.1 设计方案的生成 25
2.1.2 方案的评价与决策 25
2.2 基于物元分析的产品设计知识获取建模 26
2.2.1 产品设计实例物元模型的建立 26
2.2.2 产品设计事物元 31
2.2.3 产品设计实例关联信息的建立 35
2.2.4 实例分析 36
2.3 基于演化博弈的产品方案设计功构映射 39
2.3.1 需求满足驱动的产品设计特性获取 39
2.3.2 产品方案设计的功能功构多域映射 42
2.3.3 产品方案设计的演化博弈综合映射 44
2.3.4 实例分析 48
2.4 基于量词约束满足的产品设计方案稳健分析 51
2.4.1 产品设计方案的量词约束满足建模 52
2.4.2 产品设计方案的可行区间搜索映射 54
2.4.3 产品设计方案的信息熵稳健决策 55
2.4.4 实例分析 57
2.5 基于直觉模糊集的产品设计方案多属性决策 61
2.5.1 产品设计方案优化决策的混合建模 62
2.5.2 产品设计方案的决策试验评价分析 63
2.5.3 产品设计方案的多准则妥协解排序 64
2.5.4 实例分析 67
2.6 本章小结 71
参考文献 71

第 3 章 智能设计：基于知识的协同求解方法 ………… 73
- 3.1 引言 ………… 73
- 3.2 智能设计中的等效设计求解 ………… 73
  - 3.2.1 相似组合模型的参数摄动等效简化技术 ………… 74
  - 3.2.2 参数不确定性分析的模型等效求解技术 ………… 79
- 3.3 几何结构变异设计的智能求解 ………… 85
  - 3.3.1 二维图元结构剪取与贴合的基准融合求解方法 ………… 85
  - 3.3.2 三维几何结构移植的产品结构变异设计求解 ………… 97
- 3.4 产品模块配置设计的智能求解 ………… 108
  - 3.4.1 产品模块与配置规则的多域属性池构建方法 ………… 108
  - 3.4.2 产品族配置模板的动态再生重构与智能进化求解 ………… 113
- 3.5 应用实例 ………… 115
- 3.6 本章小结 ………… 118
- 参考文献 ………… 118

第 4 章 智能加工：加工工艺的智能优化 ………… 120
- 4.1 加工工艺的智能规划 ………… 123
  - 4.1.1 加工工艺数据知识发现的一般流程 ………… 123
  - 4.1.2 加工工艺数据挖掘与知识发现技术 ………… 124
  - 4.1.3 基于工艺知识库的工艺知识智能推理 ………… 127
- 4.2 加工性能的智能预测 ………… 130
  - 4.2.1 基于加工过程仿真的产品工艺性能可视化预测 ………… 130
  - 4.2.2 基于近似响应面模型的产品工艺性能智能预测 ………… 132
  - 4.2.3 基于模糊变权法的产品工艺性能智能综合评价 ………… 134
- 4.3 加工参数的智能优选 ………… 141
  - 4.3.1 基于变粒度的加工工艺参数多目标优化模型构建 ………… 141
  - 4.3.2 基于信噪比与 TOPSIS 的加工参数多目标稳健设计 ………… 143
  - 4.3.3 基于多智能计算技术融合的加工工艺参数快速寻优 ………… 149
- 4.4 本章小结 ………… 154
- 参考文献 ………… 154

第 5 章 智能加工：加工过程的智能监控 ………… 157
- 5.1 引言 ………… 157
- 5.2 加工过程的机器视觉检测 ………… 158
  - 5.2.1 概述 ………… 158
  - 5.2.2 机器视觉检测方法与步骤 ………… 158
  - 5.2.3 机器视觉检测系统 ………… 159
  - 5.2.4 微型钻头磨损状态的机器视觉检测 ………… 160
- 5.3 加工过程的热特性检测与辨识 ………… 162
  - 5.3.1 概述 ………… 162
  - 5.3.2 机床热特性检测 ………… 163
  - 5.3.3 机床主轴热特性快速辨识 ………… 165
- 5.4 加工动态综合误差建模与补偿 ………… 167
  - 5.4.1 概述 ………… 167
  - 5.4.2 机床动态综合误差建模 ………… 168
  - 5.4.3 机床动态综合误差补偿 ………… 170
- 5.5 本章小结 ………… 171
- 参考文献 ………… 172

第 6 章 智能加工：加工质量的智能检测 ………… 173
- 6.1 引言 ………… 173
- 6.2 基于可见光成像形状特征的零件表面缺陷检测 ………… 175
  - 6.2.1 潜在缺陷区域分割技术 ………… 175
  - 6.2.2 块状与线形缺陷区域的形状特征提取 ………… 176
  - 6.2.3 块状与线形缺陷的分类识别 ………… 181
- 6.3 基于射线成像山峰定位的零件内部缺陷检测 ………… 185
  - 6.3.1 基于山峰定位的内部缺陷区域定位 ………… 186
  - 6.3.2 基于种子填充的内部缺陷精确检测 ………… 190
- 6.4 基于红外成像稀疏表示的零件动态缺陷检测 ………… 193
  - 6.4.1 红外动态缺陷检测原理 ………… 194
  - 6.4.2 基于稀疏表示的动态缺陷检测 ………… 197

6.5 本章小结 ………………………… 205
参考文献 …………………………………… 205

第7章 智能装配：基于智能导航的装配精确定位技术 …… 208
7.1 引言 ………………………………… 208
7.2 基于 AGV 的装配物料精确定位技术 ……………………… 210
    7.2.1 AGV 定位方法分类 ………… 210
    7.2.2 物料物流系统建模方法 …… 212
    7.2.3 多传感器多 AGV 协同定位技术 ……………………………… 213
    7.2.4 装配物料定位精度分析 …… 214
7.3 装配工装夹具精确定位技术 ……… 215
    7.3.1 空间曲面多点定位理论 …… 215
    7.3.2 装配工装夹持顺序优化设计 … 215
    7.3.3 柔性夹持工装运动性能分析 … 217
    7.3.4 装配夹具定位方案定位质量分析 ……………………………… 218
7.4 装配机器人精确装配操作技术 …… 219
    7.4.1 基于连续接触模型的含间隙机器人动力学建模 …………… 219
    7.4.2 基于轨迹规划的含间隙运动副反力的动态响应谱 ………… 220
    7.4.3 机器人运动副元素接触状况分析 ……………………………… 221
7.5 本章小结 ………………………… 226
参考文献 …………………………………… 226

第8章 智能装配：装配序列与装配分组的智能规划技术 …… 229
8.1 引言 ………………………………… 229
8.2 智能计算驱动的装配序列规划 …… 230
    8.2.1 基于遗传算法的装配序列计算 ………………………… 230
    8.2.2 基于蚁群算法的装配序列计算 ………………………… 230
    8.2.3 基于粒子群算法的装配序列计算 ………………………… 232
    8.2.4 基于神经网络的装配序列计算 ………………………… 232
8.3 智能计算驱动的装配路径规划 …… 232
    8.3.1 智能化虚拟装配碰撞检测 … 233
    8.3.2 基于空间扫略的装配路径规划 ………………………… 234
    8.3.3 基于遗传算法的装配路径优化 ………………………… 234
8.4 基于装配序列偏差传递模型的装配精度分析 ……………………… 234
    8.4.1 基于尺寸变动度的装配序列评价准则建立 ……………… 235
    8.4.2 基于变动关系矩阵的传递模型构建 ……………………… 237
    8.4.3 基于偏差传递模型的装配精度智能计算 ………………… 241
8.5 基于配合精度波动控制的装配分组定向优化 ……………………… 246
    8.5.1 基于装配件敏感度分析的选配基准提取 ………………… 246
    8.5.2 基于中心定位的自适应分组方案构建 …………………… 248
    8.5.3 基于分组稳定性分析的分组边界变动控制 ……………… 252
    8.5.4 基于定向进化算法的分组方案优化 ……………………… 253
8.6 本章小结 ………………………… 255
参考文献 …………………………………… 256

第9章 智能装配：装配预紧力与装配质量智能分析技术 …… 258
9.1 引言 ………………………………… 258
9.2 装配预紧力测量与控制 …………… 259
    9.2.1 装配预紧力测量方法 ……… 259
    9.2.2 装配预紧力控制方法 ……… 262
9.3 基于不完备样本多准则修正的装配性能预测 ……………………… 266
    9.3.1 基于测量数据拓扑距离的特征参数粗大误差处理 ……… 267
    9.3.2 基于灰熵关联分析的影响性能因素筛选 ………………… 268
    9.3.3 基于几何变动有限元模拟的特征参数修正 ……………… 269
    9.3.4 物理模型与神经网络相结合的装配性能预测修正 ……… 272
9.4 本章小结 ………………………… 275
参考文献 …………………………………… 276

第10章 智能服务：挖掘客户隐式需求的智能服务技术 …… 278
10.1 引言 ……………………………… 278
10.2 面向装备设计的需求获取与智能知识服务 ……………………… 282
    10.2.1 基于多色集合的客户需求域层

　　　　　　转换方法 …………………… 282
　10.2.2　变权分层扩散激活的设计知识
　　　　　　智能服务 …………………… 285
10.3　面向装备服役的状态预警与工况
　　　　调节服务 ……………………………… 291
　10.3.1　装备服役数据时间序列分析的
　　　　　　状态诊断 …………………… 291
　10.3.2　装备服役的状态预警与智能
　　　　　　工况调节 …………………… 293

10.4　应用实例 ……………………………… 295
　10.4.1　挖掘客户需求的智能服务
　　　　　　系统 ………………………… 295
　10.4.2　数控机床云资源设计服务 …… 296
　10.4.3　空分成套装备的智能服役
　　　　　　服务 ………………………… 300
10.5　本章小结 ……………………………… 303
参考文献 ……………………………………… 303

第 1 章

绪　　论

1.1　智能制造的内涵与特点

1.1.1　智能制造的技术内涵

　　制造是社会创造产品和物质活动的基础，包括设计、加工、装配及服务等整个产品创新链和产业链，是国家综合实力、产业竞争力、安全和可持续发展能力的基石。没有先进的制造技术与强大的制造能力，就没有国民经济的可持续发展，就没有强大的国防。打造具有国际竞争力的制造业，是我国提升综合国力、保障国家安全、建设世界强国的必由之路。

　　目前，全球制造业格局正面临重大调整，新一代信息技术与制造业不断交叉与融合，引领了以智能化为特征的制造业变革浪潮。为走出经济发展困境，美国、德国、日本等工业发达国家纷纷提出了"再工业化"发展战略，力图掌控新一轮技术革命的主导权，重振装备制造业，推进产业升级，营造经济新时代。

　　在国际制造业新一轮竞争中，我国制造业规模虽跃居世界第一位，却面临着大而不强的困境。一方面，高端装备对外依存度高，装备核心技术匮乏，装备制造业发展滞后，对国家重大工程建设与国防安全造成严重威胁；另一方面，自主创新能力弱，产品档次不高，缺乏世界知名品牌，资源能源利用效率低，环境污染问题较为突出，产业结构不合理，调整结构、转型升级、提质增效刻不容缓。

　　智能制造是当前制造技术的重要发展方向，是先进制造技术与信息技术的深度融合。通过对产品全生命周期中设计、加工、装配及服务等环节的制造活动进行知识表达与学习、信息感知与分析、智能优化与决策、精准控制与执行，实现制造过程、制造系统与制造装备的知识推理、动态传感与自主决策。智能制造在制造各个环节中通过模拟人类专家的智能活动，进行分析、判断、推理、构思和决策，以取代或延伸制造环境中人的部分脑力劳动，将制造数字化、自动化扩展到制造柔性化、智能化和高度集成化，是世界各国抢占新一轮科技发展制高点的重要途径。

　　智能制造包括制造对象的智能化、制造过程的智能化、制造工具的智能化三个不同层面（见图 1-1）。制造对象的智能化，即制造出来的产品与装备是智能的，如制造出智能家电、智能汽车等智能化产品。制造过程的智能化，即要求产品的设计、加工、装配、检测、服务等每个环节都具有智能特性。制造工具的智能化,即通过智能机床、智能工业机器人等智能制造工具,帮助实现制造过程自动化、精益化、智能化,进一步带动智能装备水平的提升。

智能制造包括知识库/知识工程、动态传感与自主决策三大核心,如图1-2所示。知识库/知识工程是智能制造的核心,智能制造系统能够在实践中不断地充实知识库,实现知识的获取、表达与求解,具有自学习功能。动态传感为智能制造提供了感知来源,通过动态精确测量与感知制造系统关键数据,能够准确实时监测智能制造系统的生产状态。自主决策通过复杂多变工况下智能制造系统的智能决策和自律执行,赋予产品制造在线学习和知识进化的能力,尽量减少人工干预,实现高品质制造。

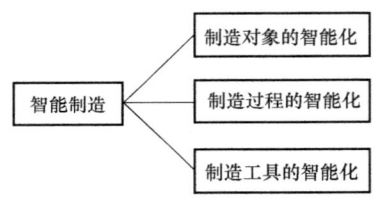

图1-1 智能制造的三个层面

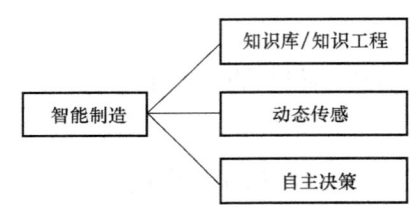

图1-2 智能制造的三大核心

1.1.2 数字制造与智能制造的联系与区别

1. 数字制造与智能制造的联系

数字制造与智能制造是两项密切关联又各具内涵的技术。数字制造是实现智能制造的基础与手段,而智能制造是数字制造的提升。

数字制造是智能制造的基础。数字制造采用数字化的手段对制造过程、制造系统与制造装备中复杂的物理现象和信息演变过程进行定量描述、精确计算、可视模拟与精确控制。数字制造是数字技术与制造技术不断融合和应用的结果。数据库技术、产品建模技术、曲面造型技术、模拟仿真技术等数字技术与产品设计、产品加工、产品装配、制造管理与制造服务技术等制造技术融合,就形成了产品数据管理、虚拟制造、快速成型、计算机辅助检测、数字控制等各种形式的数字制造技术,这些技术也是智能制造的基础技术。以机床为例,计算机与机床结合产生的数控机床,实现了程序化控制,这是数字化时代的产物。智能机床则需要动态传感器随时感知其工作状况、环境参数,需要控制软件实现加工工艺过程的智能控制与优化,即传感器、数控机床、智能控制三者共同构成智能机床。

智能制造是数字制造的提升。将数字制造技术与智能技术相结合,通过领域交叉、学科交叉、层次交叉、方法交叉等方式,形成了各种各样的智能制造技术。例如,从制造信息处理技术发展到制造知识处理技术、从数值仿真技术发展到虚拟现实数字样机技术、从快速原型技术发展到三维打印技术、从在线测量技术发展到工况感知技术、从数字控制技术发展到智能控制技术、从柔性制造技术发展到精益生产技术、从数字装备技术发展到智能装备技术,实现从数字化到智能化的技术提升。

2. 数字制造与智能制造的区别

智能制造与数字制造有着本质的区别:

1）数字制造处理的对象是数据，而智能制造处理的对象是知识。
2）数字制造过程以信息处理为核心，而智能制造过程以智能学习与推理为核心。
3）数字制造建模的数学方法是经典数学（微积分）方法，智能制造建模的数学方法是智能计算方法。
4）数字制造系统的性能在使用中是不断退化的，而智能制造系统具有自优化功能，其性能在使用中可以不断优化。
5）数字制造系统在环境异常或使用错误时无法正常工作，而智能制造系统则具有容错功能。

以机床加工为例，数控机床按照程序规定的命令执行，若加工过程中出现振动、主轴发热等问题，机床自身是无法控制的。而智能机床则可以随时监测刀具是否出现磨损、主轴是否发热过多、振动是否加剧等，并可随时干预加工过程，改变运行参数，降低转速，减少进给速度，或者停止运转等，以达到保护机床或保证加工质量的效果。

1.1.3 智能制造的主要特点

智能制造集自动化、柔性化、集成化和智能化于一身，具有实时感知、优化决策、动态执行三个方面的优点。具体地看，智能制造在实际应用中具有以下特征：

1. 自组织能力

智能制造中的各组成单元能够根据工作任务需要，集结成一种超柔性最佳结构，并按照最优方式运行。其柔性不仅表现在运行方式上，也表现在结构组成上。例如，在当前任务完成后，该结构将自行解散，以便在下一任务中能够组成新的结构。

2. 自律能力

智能制造具有搜集与理解环境信息及自身信息并进行分析判断和规划自身行为的能力。强有力的知识库和基于知识的模型是自律能力的基础。智能制造系统能监测周围环境和自身作业状况并进行信息处理，根据处理结果自行调整控制策略，以采用最佳运行方案，从而使整个制造系统具备抗干扰、自适应和容错等能力。

3. 自学习和自维护能力

智能制造以原有的专家知识为基础，在实践中不断进行学习，完善系统知识库，并剔除其中不适用的知识，使知识库趋于合理化。与此同时，它还能对系统故障进行自我诊断、排除和修复，从而能够自我优化并适应各种复杂环境。

4. 整个制造环境的智能集成

智能制造在强调各子系统智能化的同时，更注重整个制造环境的智能集成，这是它与面向制造过程中特定应用的"智能化孤岛"的根本区别。智能制造将各个子系统集成为一个整体，实现系统整体的智能化。

5. 人机一体化

智能制造不单强调人工智能，而且是一种人机一体化的智能模式，是一种混合智能。人机一体化一方面突出了人在制造环境中的核心地位，同时在智能机器的配合下，更好地发挥了人的潜能，使人机之间表现出一种平等共事、相互"理解"、相互协作的关系，使两者在不同的层次上各显其能，相辅相成。因此，在智能制造中，高素质、高智能的人将发挥更好的作用，机器智能和人的智能将真正地集成在一起。

6. 虚拟现实

虚拟现实是实现高水平人机一体化的关键技术之一，人机结合的新一代智能界面，使得可用虚拟手段智能地表现现实，它是智能制造的一个显著特征。

1.2 智能制造的十项技术基础

要实现智能制造，必须在产品设计制造服役全过程实现信息的智能传感与测量、智能计算与分析、智能决策与控制，涉及射频识别技术、实时定位技术、无线传感网络技术、物联网与信息物理融合系统、大数据技术、云计算技术、人工智能技术、虚拟现实技术、3D打印技术和机器人技术十项技术基础。

1. 射频识别技术

射频识别（Radio Frequency Identification，RFID）技术又称为无线射频识别，是一种无线通信技术，可以通过无线电信号识别特定目标并读写相关数据，无须识别系统与特定目标之间进行机械或光学接触。常用的无线射频有低频（125～134.2kHz）、高频（13.56MHz）和超高频三种。RFID读写器分为移动式和固定式两种。射频识别通过将小型的无线设备贴在物件表面，并采用RFID阅读器进行自动的远距离读取，提供了一种精确、自动、快速地记录和收集目标的工具，其应用领域及效果见表1-1[1]。

表1-1 RFID射频识别应用领域及效果

应用领域	效果
供应链管理	通过自动化数据收集和数据传输，降低劳动力成本
	减少发货错误、库存迷失和重复数据读取
	减少盗窃和物品丢失
	利用远程进行产品维护、保修和调用警报
在制品制造	减少返修，保证制造精度
	提高生产率，加快零部件的定位和正确检索
	降低生产成本，消除手动条形码读取
	实现自动化零件集成跟踪
	连续的零件库存通道减少了生产线中断
资产管理	提供快速公司资产识别
	确保传输点的安全跟踪
	减少盗窃和物品丢失
安全访问控制	确保个人、机密信息的安全，方便访问
	提供移动、动态更新的数据存储库
	减少盗窃、欺诈，减轻风险
消费应用	提高个人安全
	确保个人事务数据安全，方便访问
	增加用户获得商品和服务的便利
	降低欺诈和风险

射频识别技术已成为制造型企业业务流程精益化的关键之一，可以有效减少企业的生产库存，提高生产率和质量，从而提高制造企业的竞争力。早在2000年，空客公司就认识到

这种技术优势，应用 RFID 技术与各大航空公司进行工具租赁业务。到 2006 年，空客有 15 个项目的赢利都得益于 RFID 技术。之后，空客决定在全公司范围内使用零件序列化的自动识别技术（包括 RFID），增加飞机全生命周期的可视化，这被称为价值链可视化（VCV）计划，空客公司则称之为"空客业务雷达"。RFID 技术成为简化业务流程、降低库存和提高经营活动效率与质量的强大武器，大大提高了企业竞争优势。

2. 实时定位技术

在实际生产制造现场，需要对多种材料、零件、工具、设备等资产进行实时跟踪管理；在制造的某个阶段，材料、零件、工具等需要及时到位和撤离；生产过程中，需要监视在制品的位置行踪，以及材料、零件、工具的存放位置等。因此在生产系统中，需要建立一个实时定位网络系统，以完成生产全程中角色的实时位置跟踪。

实时定位系统（Real Time Location System，RTLS）由无线信号接收传感器和标签无线信号发射器等组成。RTLS 通常不包括 GPS、手机跟踪或只使用被动 RFID 跟踪的系统。RTLS 的物理层技术通常是某种形式的射频（RF）通信，但一些系统使用了光学（通常是红外）或声（通常是超声波）技术代替了无线射频。标签和固定参考点可以布置发射器和接收器，或两者兼而有之。

目前，室内实时定位系统通常采用超声、红外、超宽带（UWB）、窄频带等技术，在带宽、精度、墙体穿透性、抗干扰能力等方面存在各自的特点，其技术性能见表 1-2[1]。由于超宽带的综合性能较好，因此目前大多数制造企业都采用了基于超宽带的实时定位系统。

表 1-2 几种室内实时定位技术性能比较

分类				频率	带宽	精度	墙体穿透性	贴标签	抗回波干扰
超声				非常高	非常高	非常高	不能	非常高	非常好
红外				非常高	非常高	非常高	不能	非常高	非常好
电磁	射频		超宽带	高	非常高	非常高	好	非常高	非常好
		常规	窄频带	中	低	差	优异	低	差
			扩展频谱 信号强度	中	中	差	优异	低	差
			达到时间	中	中	中	非常好	中	中

3. 无线传感网络技术

现代化的工厂布置了越来越多的检测点，产生了大量的数据。通过创建网络化的检测环境，许多数据处理过程可以更加高效、柔性和低成本。小巧、低成本的无线传感器分布在生产工厂里，允许对象注册它们的环境和无线通信；通过光电、压力、温度和红外传感器等不同的传感器，能够实现对制造环境状态的测量与感知。

无线传感网络（Wireless Sensor Network，WSN）是由许多在空间分布的自动装置组成的一种无线通信计算机网络，这些装置使用传感器监控不同位置的物理或环境状况（如温度、声音、振动、压力、运动或污染物等）。无线传感网络的每个节点除配备一个或多个传感器之外，还装备了一个无线电收发器、一个很小的微控制器和一个能源（通常为电池）。表 1-3[1] 对常用的无线局域网、蓝牙、无线个域网三种无线网络性能进行了对比。

表 1-3　三种常用的无线网络详细性能对比

特征	无线局域网	蓝牙	无线个域网
电源功耗	小时	天	年
复杂度	非常复杂	复杂	简单
可接入节点数	32	7	64000
等待时间/s	3	10	0.03
范围/m	100	10	10~100
扩展性	可以漫游	No	Yes
数据速率/(bit/s)	1G	1M	250k

在生产系统中，针对当前生产任务的实时性、数据吞吐量大小、数据传输速率和可靠性等特点，选择不同的无线传感网络技术。例如，对于监督通信、分散过程控制、无线设备网络、故障信息报警、实时定位，可分别采用 WLAN、RFID、ZigBee/Bluetooth、GPRS、UWB 等无线传感网络技术。

4. 物联网与信息物理融合系统

物联网（The Internet of Things）可以实现物品间的全面感知、可靠传输和智能处理，利用事先在物品或设施中嵌入的传感器与现代化数据采集设备，将客观世界中的物品信息最大程度地数据化，再利用物品识别技术与通信技术将数据化的物品信息连入互联网，形成一个物品与物品相互连接的巨大的分布式网络，然后再把这些信息传递到后台服务器上进行整理、加工、分析和处理，最后利用分析与处理的结果对客观世界中的物品进行管理和相应控制。

物联网技术实现了客观世界中的物物相连，它是继计算机、互联网之后，蓬勃兴起的世界信息技术的又一次革命，是人类社会以信息技术应用为核心的技术延展。物联网与传统产业的全面融合，将成为全球新一轮社会经济发展的主导力量。

与物联网类似，信息物理融合系统（Cyber-Physical System，CPS），也称为"虚拟网络-实体物理"生产系统，其目标是使物理系统具有计算、通信、精确控制、远程合作和自治等能力，通过互联网组成各种相应自治控制系统和信息服务系统，完成现实社会与虚拟空间的有机协调。与物联网相比，CPS 更强调循环反馈，要求系统能够在感知物理世界之后通过通信与计算再对物理世界起到反馈控制作用。在这样的系统中，一个工件就能算出自己需要哪些服务。通过数字化逐步升级现有生产设施，这样生产系统可以实现全新的体系结构。这意味着这一概念不仅可在全新的工厂得以实现，而且能在现有工厂的升级过程中得到改造。

CPS 是一个综合计算、网络和物理环境的多维复杂系统，通过 3C（Computation、Communication、Control）技术的有机融合与深度协作，实现制造的实时感知、动态控制和信息服务。CPS 实现计算、通信与物理系统的一体化设计，可使系统更加可靠、高效、实时协同，具有重要而广泛的应用前景。CPS 系统把计算与通信深深地嵌入实物过程，使之与实物过程密切互动，从而给实物系统添加新的能力。

5. 大数据技术

大数据（Big Data）一般指体量特别大，数据类别特别大的数据集，并且无法用传统数据库工具对其内容进行抓取、管理和处理。

大数据具有五个主要的技术特点，可以总结为 5V 特征。

1）指数据量（Volumes）大，计量单位从 TB 级别上升到 PB、EB、ZB、YB 及以上级别。

2）数据类别（Variety）大。数据来自多种数据源，数据种类和格式日渐丰富，既包含生产日志、图片、声音，又包含动画、视频、位置等信息，已冲破了以前所限定的结构化数据范畴，囊括了半结构化和非结构化数据。

3）数据处理速度（Velocity）快。在数据量非常庞大的情况下，也能够做到数据的实时处理。

4）价值密度（Value）低。随着物联网的广泛应用，信息感知无处不在，信息海量，但存在大量不相关信息，因此需要对未来趋势与模式做可预测分析，利用机器学习、人工智能等进行深度复杂分析。

5）数据真实性（Veracity）高。随着社交数据、企业内容、交易与应用数据等新数据源的兴起，传统数据源的局限被打破，企业愈发需要有效的信息之力，以确保其真实性及安全性。

机器学习和数据挖掘是大数据的关键技术。机器学习最初的研究动机是让计算机系统具有人的学习能力，以便实现人工智能，目前被广泛采用的机器学习的定义是"利用经验来改善计算机系统自身的性能"。事实上，由于"经验"在计算机系统中主要是以数据的形式存在的，因此机器学习需要设法对数据进行分析，这就使得它逐渐成为智能数据分析技术的创新源之一，并且为此而受到越来越多的关注[2]。数据挖掘和知识发现通常被相提并论，并在许多场合被认为是可以相互替代的术语。对数据挖掘有多种文字不同但含义接近的定义，例如"识别出巨量数据中有效的、新颖的、潜在有用的、最终可理解的模式的非平凡过程"。顾名思义，数据挖掘就是试图从海量数据中找出有用的知识[3]。数据挖掘可以视为机器学习和数据库的交叉，它主要利用机器学习提供的技术来分析大数据和管理大数据。

6. 云计算技术

云计算（Cloud Computing）由分布式计算、并行处理、网格计算发展而来，是一种新兴的商业计算模型。目前，云计算仍然缺乏普遍一致的定义。IBM 公司于 2007 年年底宣布了云计算计划，在 IBM 的技术白皮书《Cloud Computing》中的云计算定义："云计算一词用来同时描述一个系统平台或者一种类型的应用程序。一个云计算的平台按需进行动态地部署（Provision）、配置（Configuration）、重新配置（Reconfigure）以及取消服务（Deprovision）等。在云计算平台中的服务器可以是物理的服务器或者虚拟的服务器。高级的计算云通常包含一些其他的计算资源，例如存储区域网络（SANs）、网络设备、防火墙以及其他安全设备等。云计算在描述应用方面，描述了一种可以通过互联网 Internet 进行访问的可扩展的应用程序。'云应用'使用大规模的数据中心以及功能强劲的服务器来运行网络应用程序与网络服务。任何一个用户可以通过合适的互联网接入设备以及一个标准的浏览器就能够访问一个云计算应用程序。"

云计算将互联网上的应用服务以及在数据中心提供这些服务的软硬件设施备进行统一的管理和协同合作。云计算将 IT 相关的能力以服务的方式提供给用户，允许用户在不了解提供服务的技术、没有相关知识以及设备操作能力的情况下，通过 Internet 获取需要的服务，具有高可靠性、高扩展性、高可用性、支持虚拟技术、廉价以及服务多样性的特点。

7. 人工智能技术

人工智能（Artificial Intelligence）是研究用于模拟、延伸和扩展人的智能的理论、方法、技术及应用系统的一门技术，目标是让机器像（单一）个体一样思考和学习，从而理解世界。

自从 1956 年斯坦福大学 John McCarthy 教授（图灵奖获得者）、麻省理工学院 Marvin Lee Minsky 教授（图灵奖获得者）、贝尔实验室的 Claude Elwood Shannon、IBM 公司的 Nathaniel Rochester 四位学者在美国达特蒙斯大学首次提出了"人工智能"这一术语以来，人工智能迅速发展成为一门广受关注的交叉和前沿学科，沿着"从符号主义走向连接主义"和"从逻辑走向知识"两个方向蓬勃发展，在象棋博弈、机器证明和专家系统等方面取得了丰富成果，并应用于机器人、语言识别、图像识别和自然语言处理等。

近年来，随着深度学习算法、脑机接口技术进步，使得人工智能基本理论和方法的研究开始出现新的变化，特别是以 2016 年谷歌围棋人工智能 AlphaGo 以 4∶1 战胜韩国棋手李世石为标志，人工智能再次成为大众关注的热点。AlphaGo 技术本质是大数据+深度学习，AlphaGo 通过大量的训练数据（包括以往的棋谱和自我对局），训练了一个价值神经网络用以评估局面上的大量选点，又训练了一个策略神经网络负责走子，在蒙特卡洛树搜索中同时使用这两个网络。

8. 虚拟现实技术

虚拟现实（Virtual Reality）采用以计算机技术为核心的现代先进技术，生成逼真的视觉、听觉、触觉一体化的虚拟环境，用户可以通过必要的输入输出设备与虚拟环境中的物体进行交互，相互影响，进而获得身临其境的感受与体验。这种由计算机生成的虚拟环境可以是某一特定客观世界的再现，也可以是纯粹虚构的世界[4]。

虚拟现实技术作为一种高新技术，集计算机仿真技术、计算机辅助设计与图形学、多媒体技术、人工智能、网络技术、传感技术、实时计算技术以及心理行为学研究等多种先进技术为一体，为人们探索宏观世界、微观世界以及由于种种原因不能直接观察的事物变化规律提供了极大的便利。在虚拟现实环境中，参与者借助数据手套、三维鼠标、方位跟踪器、操纵杆、头盔式显示器、耳机及数据服等虚拟现实交互设备，同虚拟环境中的对象相互作用，虚拟现实中的物体能做出实时的反馈，产生身临其境的交互式视景仿真和信息交流。

沉浸感、交互性和实时性是虚拟现实技术最重要的特点[5]：

（1）沉浸感　虚拟环境中，设计者通过具有深度感知的立体显示、精细的三维声音以及触觉反馈等多种感知途径，观察和体验设计过程与设计结果。一方面，虚拟环境中可视化的能力进一步增强，借助于新的图形显示技术，设计者可以得到实时、高质量、具有深度感知的立体视觉反馈；另一方面，虚拟环境中的三维声音使设计者能更为准确地感受物体所在的方位，触觉反馈支持设计者在虚拟环境中抓取、移动物体时直接感受到物体的反作用力。在多感知形式的综合作用下，用户能够完全"沉浸"在虚拟环境中，多途径、多角度、真实地体验与感知虚拟世界。

（2）交互性　虚拟现实系统中的人机交互是一种近乎自然的交互，使用者通过自身的语言、身体运动或动作等自然技能，就可以对虚拟环境中的对象进行操作。而计算机根据使用者的肢体动作及语言信息，实时调整系统呈现的图像及声音。用户可以采用不同的交互手段完成同一交互任务。例如，进行零件定位操作时，设计者可以通过语音命令给出零件的定位坐标点，或通过手势将零件拖到定位点来表达零件的定位信息。各种交互手段在信息输入方面各有优势，语音的优势在于不受空间的限制，设计者无须"触及"设计对象，就可对其进行操纵，而手势等直接三维操作的优势在于运动控制的直接性。通过多种交互手段的结合，提高了信息输入带宽，有助于交互意图的有效传达。

（3）实时性　有两种重要指标来衡量虚拟现实系统的实时性：其一是动态特性，视觉上，要求每秒生成和显示30帧图形画面，否则将会产生不连续和跳动感，触觉上，要实现虚拟现实的力的感觉，必须以每秒1000帧的速度计算和更新接触力；其二是交互延迟特性，对于人产生的交互动作，系统应立即做出反应并生成相应的环境和场景，其间的时间延迟不应大于0.1s。

9. 3D打印技术

3D打印技术以数字模型文件为基础，运用粉末状金属或塑料等可黏合材料，基于离散材料逐层叠加的成形原理，通过有序控制将材料逐层堆积，从而制造出实体产品。

3D打印是"增材制造"的主要实现形式。传统数控制造一般是在原材料基础上，使用切割、磨削、腐蚀、熔融等办法，去除多余部分，得到零部件，再以拼装、焊接等方法组合成最终产品。与传统的"去材加工"相比，3D打印技术不需要刀具、模具，所需工装、夹具较少；能够大幅度缩短生产准备周期，从而加速制造过程；能够制造出传统工艺方法难以加工，甚至无法加工的结构，从而实现自由制造；能够精确制造出复杂零件，从而有效提高材料利用率，而且产品的结构越为复杂，其制造优势也越为显著。

3D打印技术的特性及优势主要体现在以下四个方面[6-8]：

1）形状复杂性。3D打印几乎可以制造任意复杂程度的形状和结构。

2）材料复杂性。3D打印既可以制造单一材料的产品，又能够实现异质材料零件制造。

3）层次复杂性。3D打印允许跨越多个尺度（从微观结构到零件级的宏观结构）设计并制造具有复杂形状的特征。

4）功能复杂性。3D打印可以在一次加工过程中完成功能结构的制造，从而简化甚至省略装配过程。

3D打印的这些新特性为其设计、过程建模和控制、材料和机器、生物医学应用、能源和可持续发展应用、社区发展、教育等各方面均带来了巨大的机遇与挑战。

10. 机器人技术

机器人是一种由主体结构、控制器、指挥系统和监测传感器组成的，能够模拟人的某些行为、能够自行控制、能够重复编程、能在二维空间内完成一定工作的机电一体化的生产设备。机器人技术是综合了计算机、控制论、机构学、信息传感技术、人工智能、仿生学等多学科而形成的高新技术，集精密化、柔性化、智能化、软件应用开发等先进制造技术于一体，是工业自动化水平的最高体现。

机器人基本由机械本体结构、关节伺服驱动、计算机控制系统、感知系统、通信接口等几部分组成。

1）机械本体结构。机器人的机械本体结构主要分为操作型本体结构和移动型本体结构。操作型本体结构类似于人类的手臂和手腕，配合各种手爪和末端操作器，进行各种抓取动作和作业操作；移动型本体结构的主要目的是实现移动功能，包括轮式车、履带车和足腿式结构,以实现蛇行、蠕动、变形运动等。

2)关节伺服驱动。机器人本体机构结构的动作靠的是关节驱动,机器人的关节驱动大多是基于闭环控制的原理来实现。常用的驱动单元是各种伺服电动机,由于一般伺服电动机的输出转速很高,输出转矩较小,而关节需带动的负载的转速不高,负载力矩却不小,因此,经常在电动机与负载之间用一套传动装置来进行转速和转矩的匹配。

3)计算机控制系统。各关节伺服驱动的指令值由主计算机计算后在每个采样周期给出。主计算机根据示教点参考坐标空间位置、方位及速度,先进行点与点的插补,得到空间轨迹在各采样时刻的数据,通过逆运动学计算把空间数据转变为各关节的指令值。

4)感知系统。机器人要正常进行工作,必须与周围环境保持密切的联系。除了关节驱动系统中供反馈用的位置、速度、加速度的传感器外,机器人还可配备视觉、力觉、触觉、接近觉等多种类型的传感器,以及传感信号的采集处理系统。

5)通信接口。为了与周边设备及操作进行联系与应答,机器人还具有各种通信接口及人机通信装置,包括在语音合成和识别技术上实现人机对话,以及各种多媒体系统。

机器人的性能正向高速度、高精度、高可靠性、低价格、便于操作和维修方面发展;而机器人的机械结构向着模块化、可重构化发展。在国外,已经有模块化装配机器人产品问市。工业机器人的控制系统向基于 PC 的开放型控制器方向发展,便于标准化和网络化。

1.3 智能制造的关键环节

智能制造涉及产品全生命周期中各环节的制造活动,包括了智能设计、智能加工、智能装配、智能服务四大关键环节,如图 1-3 所示。

1.3.1 智能设计

智能设计指应用现代信息技术,采用计算机模拟人类的思维活动,提高计算机的智能水平,从而使计算机能够更多、更好地承担设计过程中的各种复杂任务,成为设计人员的重要辅助工具。

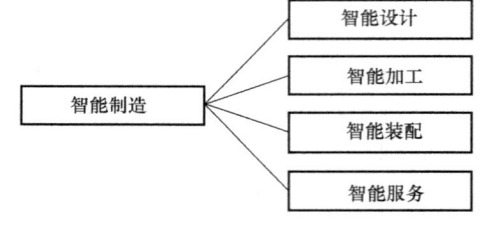

图 1-3 智能制造的四个关键环节

智能设计相比于以往的设计技术具有如下特点:

1)以设计方法学为指导,对设计本质、过程设计思维特征及其方法学的深入研究是智能设计模拟人工设计的基本依据。

2)以人工智能技术为实现手段,借助专家系统技术在知识处理上的强大功能,结合人工神经网络和机器学习技术,较好地支持设计过程自动化。

3)以建模仿真为重要内容,支持设计者通过模拟仿真直观形象地对数字化的设计模型进行设计优化、功能验证、性能测试、制造仿真与使用仿真。

4)面向集成智能化,不但支持设计的全过程,而且考虑到与 CAM 的集成,提供统一的数据模型和数据交换接口。

5)提供强大的人机交互功能,使设计师对智能设计过程的干预,即与人工智能融合成为可能。

智能设计的关键技术包括设计知识表示、设计概念的符号化演绎与传递、设计意图的模糊交互、设计理性知识检索和大数据时代的设计知识智能挖掘等。

（1）设计知识表示　设计过程是一个非常复杂的过程，它涉及多种类型知识的应用，因此单一知识表示方式不足以有效表达各种设计知识，如何建立有效的知识表示模型和有效的知识表示方式，始终是设计类专家系统成功的关键。

（2）设计概念的符号化演绎与传递　从概念设计、方案设计开始就以符号作为设计师表达创新思维的工具，在计算机中通过不同层次、不同类型、不同系列符号的表达、运算、操作、映射，实现设计概念的继承与传递。

（3）设计意图的模糊交互　设计意图在产品设计阶段，特别在概念设计阶段，具有模糊性和抽象性的特点，通过模糊设计意图的交互、描述与映射方法，实现从模糊技术需求到确定性技术参数、从抽象设计概念到具体设计方案的设计意图交互。

（4）设计理性知识检索　基于本体推理获取尽可能多的语义信息，支持基于自然语言的语义检索，并通过本体辅助索引将所获取的语义信息用于提高设计理性知识的检索效果，具有更好的查全率和查准率。

（5）大数据时代的设计知识智能挖掘　针对设计知识大数据容量大、产生速率高、知识类型异构、准确性低的特点，从高维、海量、异构、非结构化设计资源中挖掘、搜索对设计者完成设计有价值的信息。

1.3.2　智能加工

智能加工借助先进的检测、加工设备及仿真手段，实现对加工过程的建模、仿真、预测和对加工系统的监测与控制；同时集成现有加工知识，使加工系统能够根据实时工况自动优选加工参数，调整自身状态，获得最优的加工性能与最佳的加工质效。

智能加工的关键技术包括以下几方面：

1. 加工过程仿真与智能优化

针对不同零件的加工工艺、切削参数、进给速度等加工过程中影响零件加工质量的各种参数，通过基于加工过程模型的仿真，进行参数的预测和优化选取，生成优化的加工过程控制指令。加工过程的仿真与优化涉及数控系统伺服特性的分析、机床结构及其特性分析、动态切削过程的分析，以及在此基础上进行的切削参数优化和加工质量预测等。

（1）机床系统建模　通过机床主轴系统和刀具结构的建模与优化设计，可提高机床的运行精度，降低定位与运行误差，同时可进行误差的预测与补偿。

（2）切削过程仿真　切削过程仿真借助各种先进的仿真手段，对加工过程中的切削形成机理、力热分布、表面形貌以及刀具磨损进行仿真和研究。通过仿真选择优化的切削参数，提高表面加工质量。

（3）加工过程优化　借助预先建立的仿真模型与优化方法，或者已有的经验知识，对复杂加工工况及加工过程中的切削参数、机床运动进行优化。

（4）加工质量预测　加工质量预测采用可视化方法对切削加工过程中形成的表面纹理及加工质量进行预测，为切削参数的优化选取提供支持，从而进一步地提高工件表面的加工质量。

从目前的研究发展来看，仿真正在朝着基于时变和物理模型的方向发展，通过仿真可以得到理论意义上的最优结果。由于加工过程中出现的材料、机床、系统状态等方面的突发性情况，必须对加工过程进行实时监控，并进行误差补偿和现场控制。

2. 制造过程智能监控与误差补偿

利用各种传感器、远程监控与故障诊断技术，对加工过程中的振动、切削温度、刀具磨损、加工变形以及设备的运行状态与健康状况等进行监测；根据预先建立的系统控制模型，实时调整加工参数，将监测数据反馈给控制系统进行数据的分析与误差补偿，如图 1-4 所示[9]。

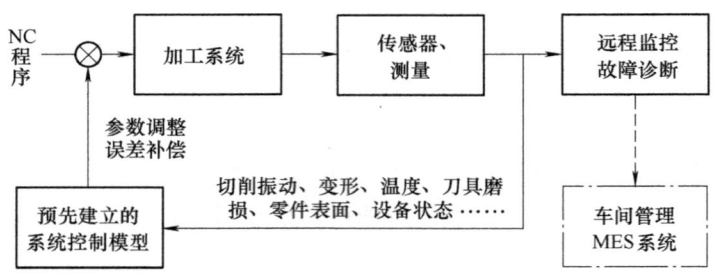

图 1-4 过程监控与误差补偿实现流程

在加工过程中，可借助各种传感器、声音和视频系统对加工过程中的力、振动、噪声、温度、工件表面质量等进行实时监测，根据监测信号和预先建立的多个模型判定加工状态、刀具磨损情况、机床工作状态与加工质量，进而进行切削参数的自动优化与误差补偿。同时，可将设备的健康状态信息通过通信系统传送至车间管理层（维护部门、采购部门等），根据健康状态进行及时维护，保障加工质量，减少停工时间。

3. 基于机器视觉的加工质量智能检测

机器视觉检测技术是基于机器视觉技术、光学测量原理形成的一种新型检测技术，它以光学为基础，融合电子学、计算机技术、激光技术、图像处理技术、信息处理等现代科学技术为一体，组成光、电、计算机综合的加工质量智能检测技术。机器视觉检测技术在检测加工零件时，把图像当作检测和传递信息的手段或载体加以利用，其目的是从图像中提取有用的信号。利用光电成像系统采集被控目标的图像，如可见光图像、射线图像和红外图像等，然后经计算机或专用的图像处理模块进行数字化处理，提取图像的像素分布、亮度和颜色等信息，通过智能算法来进行加工质量的判断。

1.3.3 智能装配

数字化智能装配系统具有装配单元自动化、装配过程数字化、信息传递网络化、过程控制智能化、质量监控精确化等特点，以达到产品装配质量的高可靠性和全生命周期可追溯性。

智能装配的关键技术主要包括以下几方面：

1. 人机结合的虚拟装配技术

基于信息物理融合系统的模块化产品模型建立装配过程的工艺模型和生产模型，在虚拟现实环境中对装配全过程进行仿真，虚拟展示现实生活中的各种过程、物件等，从感官和视觉上尽量贴近真实,在人机工效分析基础上对装配全过程进行优化,保证装配全过程顺利实施。其特点是可以按照人们的意愿任意变化,这种人机结合的新一代智能界面,是智能装配的一个显著特征。

2. 专用智能装配工艺装备的设计制造技术[10]

对高精度、结构复杂的产品,装配过程的自动化、智能化必须借助定制的专用智能化工艺装备来实现。首先要全面实现装配过程的机械化和自动化,大量采用智能机器人或设备替代人的重复性操作,在此基础上,通过嵌入式系统实现系统与设备、设备与设备、设备与人之间的互联互通,为实现智能化装配奠定基础。

3. 装配过程在线检测与监控技术

建立可覆盖装配全过程的数字化测量与监控网络,通过传感器、RFID、MES、泛在物联工业网络等实时感知、监控、分析、判断装配状态,实现装配过程的描述、监控、跟踪和反馈。

4. 智能装配制造执行技术

智能装配中的制造执行系统是集智能设计、智能预测、智能调度、智能诊断和智能决策于一体的智能化应用管理体系。为此,需要应用 MES 对装配知识的管理技术,人工智能算法与 MES 的融合技术,MES 对生产行为的实时化、精细化管理技术,生产管控指标体系的实时重构技术等。

1.3.4 智能服务

智能服务在集成现有多方面的信息技术及其应用基础上,以用户需求为中心,实现自动辨识用户的显性和隐性需求,并且主动、高效、安全、绿色地满足其需求。其中,主动即主动识别用户需求,从而主动提供服务;高效是指用户获得服务的响应时间最短,体现智能服务的高效率;安全是智能服务的基础;绿色是指节能环保,以较低的消耗获得较高的效果。

主动、高效、安全和绿色这四个目标体现了智能服务与物联网系统的本质区别。要实现智能服务的这四个目标,固然离不开以云计算、物联网等技术为基础,对海量数据进行深度挖掘和商业智能分析,进而自动为用户提供精准、高效的服务。更重要的是,智能服务是站在用户的角度,更加贴近用户的具体需求和现实场景,从而能够为用户带来全新的服务和产品。

在智能服务中,信息感应与服务反应不再是简单的"传感—传输—应用"技术组合与堆砌,而是面向一个服务系统的,具备与对象进行信息交互、需求判断与功能选择的联动系统,这是与面向技术系统应用的物联网架构相区分的要点。

1.4 国内外智能制造的国家战略及应用现状

1.4.1 德国工业 4.0

德国"工业 4.0"是由德国产、学、研各界共同制定,以提高德国工业竞争力为主要目的的战略。在全球信息技术领域中,德国强大的机械和装备制造业占据了显著地位。为了支持工业领域新一代革命性技术的研发与创新,德国政府在 2013 年 4 月举办的汉诺威工业博览会上正式推出《德国工业 4.0 战略计划实施建议》[11-12]。该计划对全球工业未来的发展趋势进行了探索性研究和清晰描述,为德国预测未来 10~20 年的工业生产方式提供了依据,因此引起了全世界科学界、产业界和工程界的关注[13]。目前,"工业 4.0"已经上升为德国的国家战略,成为德国面向 2020 年高科技战略的十大目标之一。

德国"工业 4.0"将对传统制造业产生深远的影响。德国"工业 4.0"把信息技术与智慧技术进行结合,比传统制造业多了一些新的能力,它可以扩展到配送物流、售后维修等其他领域。在此基础上,德国"工业 4.0"会给传统制造业带来更多的发展机会,把更具个性化的服务带入市场。德国"工业 4.0"战略,本质就是以机械化、自动化和信息化为基础,建立智能化的新型生产模式与产业结构。

德国"工业 4.0"规划[14-16],简单可以概括为"一个核心""两重战略"和"三大集成"。

1. 一个核心

"工业 4.0"的核心是"智能+网络化",即通过信息物理融合系统,构建智能工厂,实现智能制造的目的。CPS 系统建立在信息和通信技术(ICT)高速发展的基础上。①通过大量部署各类传感元件实现信息的大量采集;②将 IT 控件小型化与自主化,然后将其嵌入各类制造设备中,从而实现设备的智能化;③依托日新月异的通信技术达到数据的高速与无差错传输;④无论后台的控制设备,还是在前端嵌入制造设备的 IT 控件,都可以通过人工开发的软件系统进行数据处理与指令发送,从而达到生产过程的智能化以及方便人工实时控制的目的。

2. 两重战略

基于 CPS 系统,"工业 4.0"通过采用双重战略来增强德国制造业的竞争力:一是"领先的供应商战略",关注生产领域,要求德国的装备制造商必须遵循"工业 4.0"的理念,将先进的技术、完善的解决方案与传统的生产技术相结合,生产出具备"智能"与乐于"交流"的生产设备;二是"领先的市场战略",强调整个德国国内制造业市场的有效整合,构建遍布德国不同地区、涉及所有行业、涵盖各类大、中、小企业的高速互联网络是实现这一战略的关键。在此基础上,生产工艺可以重新定义与进一步细化,从而实现更为专业化的生产,提高德国制造业的生产效率。

3. 三大集成

具体实施中需要三大集成的支撑:①关注产品的生产过程,力求在智能工厂内通过联网建成生产的纵向集成;②关注产品整个生命周期的不同阶段,包括设计与开发、安排生产计划、管控生产过程以及产品的售后维护等,实现各个阶段之间的信息共享,从而达成工程数字化集成;③关注全社会价值网络的实现,从产品的研究、开发与应用拓展至建立标准化策略、提高社会分工合作的有效性、探索新的商业模式以及考虑社会的可持续发展等,从而达成德国制造业的横向集成。

ICT 技术的不断发展,为三大集成的可实现性提供了保证。相关的技术包括:

(1)机器对机器(Machine to Machine,M2M)技术,用于终端设备之间的数据交换。M2M 技术的发展,使得制造设备之间能够主动地进行通信,配合预先安装在制造设备内部的嵌入式软硬件系统实现生产过程的智能化。

（2）物联网技术　其应用范围超越了单纯的机器对机器的互联,将整个社会的人与物连接成一个巨大的网络。按照国际电信联盟（ITU）的解释[17],这是一个无处不在与时刻开启的普适网络社会。知名的信息技术研究和分析公司——高德纳咨询公司预计[18],至2020年加入物联网的终端设备将达到260亿台,是2009年9亿台的约30倍。

（3）各类应用软件　包括实现企业系统化管理的企业资源计划系统（ERP）、产品生命周期管理（PLM）、供应链管理（SCM）、系统生命周期管理（SysLM）等。这些系统在"工业4.0"中进一步发挥协同的作用,成为企业进行智能化生产和管理的利器。

1.4.2　美国先进制造业国家战略计划

2012年2月22日,美国国家科学技术委员会发布《国家先进制造战略规划》,该战略规划基于总统科学技术顾问委员会在2011年6月发布的《确保美国先进制造领导地位》白皮书,响应了《美国竞争再授权法案》的相关精神,用于指导联邦政府支持先进制造研究开发的各项计划和行动[19]。在该战略规划中,先进制造是指运用和调度信息、自动装置、计算、软件、传感、网络,以及运用基于物理、化学和生物学等众多学科而实现的新材料和新功能,如纳米技术、化学和生物学的一系列活动,包括制造现有产品的新方法和制造由新型先进技术催生的新产品两个方面。先进制造能够提供高质量的就业岗位,是出口的重要来源和技术创新的关键源泉,也为军方、情报界和国土安全机构提供必需品和装备[20]。

该规划分析了美国先进制造业的生产模式和趋势,揭示了联邦政府制定加快先进制造业发展所面临的机遇及维护其健康发展所面临的挑战。通过规划一个强大的创新政策,缩小研发与先进制造业创新应用间的差距,解决技术全生命周期中的问题。

2014年10月27日,美国先进制造业联盟指导委员会发布《振兴美国先进制造业》报告2.0版,指出加快创新、保证人才输送管道、改善商业环境是振兴美国制造业的三大支柱。特别是在促进创新方面,将在增加美国竞争力的新型制造技术领域增加大量投资。国防部、能源部、农业部及航空航天总局等政府部门将向报告所建议的复合材料、生物材料等先进材料、制造业所需先进传感器及数字制造业方面加大投资,总额超过3亿美元。以政府提供先进设备、部门与科研机构、高校联动、设立联合技术测试平台等方式促进创新发展。

从2011年6月至今,在美国政府一系列措施下逐渐振兴了美国的先进制造业,已经建成了四个先进制造业的研究所,还有四个在筹建中。政府向社区大学投资近10亿,为先进制造业培养合格的工人；同时也扩大对于新兴、交叉性学科应用性研究的投入。政府还采取新的措施对退伍军人进行更合理的分配,包括向先进制造业分配合格的人才。最近五年,美国制造业已经增加了70万个就业岗位。

1.4.3　日本物联网升级制造模式

伴随德国工业4.0时代的到来,传统的制造业强国——日本也开始发力。日本选择了机器人作为突破口。日本机器人的实力因在工业领域的普及而受到全球的认可。目前,日本仍然保持工业机器人产量、安装数量世界第一的地位。2012年,日本机器人产值约为3400亿日元,占全球市场份额的50%,安装数量（存量）约30万台,占全球市场份额的23%。而且,机器人的主要零部件,包括机器人精密减速机、伺服电动机、重力传感器等,占据

90%以上的全球市场份额。

日本政府于 2015 年 1 月 23 日公布了《机器人新战略》，首先列举了欧美与中国的技术赶超，互联网企业向传统机器人产业的涉足，给机器人产业环境带来了剧变。这些变化，将使机器人开始应用大数据实现自律化，使机器人之间实现网络化，物联网时代也将随之真正到来。

2015 年 5 月，日本机器人革命促进会正式成立，标志着"日本机器人新战略"迈出了第一步。最初，"日本机器人新战略"主要有两大目的，即"扩大机器人应用领域"与"加快新一代机器人技术研发"。而近年来，德国的工业 4.0、美国的工业互联网等相继涌现，加速了以新一代信息技术为主线的制造创新趋势。日本政府也积极跟进，决定在日本机器人革命促进会下设"物联网升级制造模式工作组"。2015 年 7 月中旬"物联网升级制造模式工作组"召开了第一次大会。除了三菱电机、日立制作所等工业控制设备厂商之外，富士通、NEC 等 IT 企业、三菱重工、川崎重工、IHI、日立造船、丰田汽车、日产汽车、本田等工业企业、贸易集团以及智库等制造业相关的 77 家代表企业参会。此外，还有 15 个商协会等社会组织参与了大会。

物联网升级制造模式工作组的目标主要是，跟踪全球制造业发展趋势的科技情报，通过政府与民营企业的同心通力合作，实现物联网技术对日本制造业的变革。具体而言，主要有如下四点：①梳理物联网升级新制造模式的示范案例；②探讨标准化模式，提供参考信息；③调研物联网和信息物理融合系统在智能工厂中的应用潜力；④在政府与德国、美国等有关国际机构协商合作之际，提供参考决策。该工作组以后将每月开展一次活动，形成物联网升级制造模式的通用架构，为未来制造业的国际合作做好准备。

1.4.4 中国制造 2025

为了实现由制造大国向制造强国转变，国务院于 2015 年 5 月 8 日公布了强化高端制造业的国家战略规划"中国制造 2025"[21]。"中国制造 2025"要求坚持走中国特色新型工业化道路，以促进制造业创新发展为主题，以提质增效为中心，以加快新一代信息技术与制造业深度融合为主线，以推进智能制造为主攻方向，以满足经济社会发展和国防建设对重大技术装备的需求为目标，强化工业基础能力，提高综合集成水平，完善多层次多类型人才培养体系，促进产业转型升级，培育有中国特色的制造文化，实现制造业由大变强的历史跨越[22-23]。简言之，"中国制造 2025"的核心是智能制造。

"中国制造 2025"的战略目标是立足国情，立足现实，力争通过"三步走"实现制造强国的战略目标。第一步：力争用十年时间，迈入制造强国行列。第二步：到 2035 年，我国制造业整体达到世界制造强国阵营中等水平。第三步：新中国成立一百年时，制造业大国地位更加巩固，综合实力进入世界制造强国前列。制造业主要领域具有创新引领能力和明显竞争优势，建成全球领先的技术体系和产业体系。

"中国制造 2025"将分类开展流程制造、离散制造、智能装备和产品、智能制造新业态新模式、智能化管理、智能服务这六大重点行动。

第一，针对生产过程（包括流程制造、离散制造）的智能化，特别是生产方式的现代化、智能化。在以智能工厂为代表的流程制造、以数字化车间为代表的离散制造方面分别进行试点示范项目。其中，在流程制造领域，重点推进石化、化工、冶金、建材、纺织、食品等行业,示范推广智能工厂或数字矿山运用;在离散制造领域,重点推进机械、汽车、航空、船舶、轻工、家用电器及电子信息等行业。

第二,针对产品的智能化,体现在以信息技术深度嵌入为代表的智能装备和产品试点示范。把芯片、传感器、仪表、软件系统等智能化产品嵌入到智能装备中去,使得产品具备动态存储、感知和通信能力,实现产品的可追溯、可识别、可定位。在包括高端芯片、新型传感器、机器人等在内的行业中,进行智能装备和产品的集成应用项目。

第三,针对制造业中的新业态新模式予以智能化,即工业互联网方向。在以个性化定制、网络协同开发、电子商务为代表的智能制造新业态新模式推行试点示范。比如,在家用电器、汽车等与消费相关的行业,开展个性化定制试点;在钢铁、食品、稀土等行业开展电子商务及产品信息追溯试点示范。

第四,针对管理的智能化。在物流信息化、能源管理智慧化上推进智能化管理试点,从而将信息技术与现代管理理念融入企业管理。

第五,针对服务的智能化。以在线监测、远程诊断、云服务为代表的智能服务试点示范。服务的智能化,既体现为企业如何高效、准确、及时挖掘客户的潜在需求并实时响应,也体现为产品交付后对产品实现线上线下(O2O)服务,实现产品的全生命周期管理。

上述五个方面,纵向来看,贯穿于制造业生产的全周期;横向来看,基本囊括了中国制造业中的传统和优势项目;综合来看,重大智能装备以及与新业态新模式相关的偏服务化制造业将是重点。

1.4.5 企业智能制造应用现状

近年来,发达国家针对智能制造投入了巨大的研发资金,在一些重要装备与产品制造企业取得了较好的应用,代表性应用包括:

1. 西门子安贝格工厂智能制造应用

西门子安贝格电子制造工厂是目前业界公认最为接近工业 4.0 概念雏形的工厂,堪称高效的数字奇迹。据加特纳行业研究公司(Gartner Industry Research)对该工厂开展的调查显示,安贝格工厂生产定制流程涉及每年 5 万余种产品逾 16 亿个部件,每 100 万件产品中次品只有大约 15 件,庞大生产线的可靠性达到 99.9988%,追溯性更是高达 100%。安贝格工厂参考工业 4.0 标准模型,首次搭建了一个包含横向与纵向信息技术融合的完整框架,涵盖工业 4.0 关键技术要素,还包括产品的生命周期及生产周期,最大程度实现生产全自动化、个性化、弹性化、自我优化和提高生产资源效率、降低生产成本的全新生产方式。

1)智能整合技术。安贝格工厂通过智能制造将产品生命周期管理(PLM)、制造执行系统(MES)以及工业自动化三项关键性制造技术整合起来,从这些技术中找到最佳结合点并将它们作为完整系统运用,使得企业缩短创新周期,提高运营透明度,通过跨部门共享知识来提高员工个人生产力,并且通过为动态环境提高可预测性,尽量降低风险。

2)物联网。在安贝格工厂车间里,触摸屏人机界面(HMI)让用户可以向下获取数据,从一段时间的业绩趋势到每条产品线,甚至每一个零部件。此外,还可以对 400 多个数据自动采集点进行深入的原因分析。安贝格工厂通过物联网获取大量嵌入在设备中的信息,使得实际的制造世界与虚拟的数字制造世界相互交汇,让企业能够借助数字化手段,规划和预测产品的整个生命周期和生产设施。

在安贝格智能工厂的未来设想中，人类、机器和资源能够互相通信，智能产品"知道"它们如何被制造出来的细节，也知道它们的用途。它们将主动地对制造流程，回答诸如"我什么时候被制造的""对我进行处理应该使用哪种参数""我应该被传送到何处"等问题。

2. 美国通用电气公司智能制造应用

美国通用电气公司（GE 公司）依托庞大的产业链、产品体系和技术实力，提出了自己的"工业互联网"概念，与美国全面推进的先进制造业国家战略举措相呼应。GE 将工业革命与互联网革命统一为"第三波"创新与变革，其明确的"智能化"理念是新一轮工业与互联网变革中的鲜明主题。

1）Automation Software，自动化软件。GE 智能平台将 IT 与自动化相融合，从最初单一的可视化控制功能发展到成为企业实施整体实时信息管理战略的基础平台。在其最新推出的自动化软件产品 Proficy Mobile 中，基于最先进的移动智能终端应用，可为用户实现在全球任何地方、24h 都可实时获得工厂过程的数据和关键设备的数据，并对设备进行操作。

2）Manufacture Intelligent，生产智能化。针对流程工业、离散制造、大型设备制造三大领域，GE 开发了具有针对性的专用 MES 产品，并将其作为构建智能工厂的核心，连接底层自动化控制系统和上层管理系统。通过构建的智能工厂，GE 清楚掌握产销流程、提高生产过程的可控性、减少生产线人工干预、合理安排生产进度等，实现生产制造每个阶段的高度智能化。

3）Industry Data Intelligent（IDI），工业数据智能化。GE 智能平台发布了基于云的工业数据库产品——Proficy Historian HD，满足用户对"大数据"无限增长的需求，并将用户不同设备的数据库部署成一个整体数据库，实现远程的数据诊断，以及为企业数据挖掘、数据分析打造基础。通过 Internet 采集应用于全球各地产品的生产运行数据，GE 可以实时监控设备运行状况，并可实现预维护，为用户节省投资的同时更大大降低故障率。

3. 空客集团智能制造应用

空客集团紧跟智能制造的时代步伐，提出了"未来工厂"建设构想，目标是能够以创纪录的水平加快其产品生产率。在"未来工厂"建设中，空客集团积极研究在工厂采用机器人技术、虚拟现实技术、数字化技术、3D 打印技术等最新先进制造技术成果。目前，部分技术已经开始在空客集团各子公司获得应用：

1）装配线自动化——"即插即用"机器人。空客公司已经使用了轻量化的单臂机器人，能够自主沿着飞机内部移动，在机身内部实现支架的流水线安装。空客公司计划安装具有多自由度的协作机器人，进行喷涂复杂装饰、旋翼轮毂等主要零件等多项工作。采用机器人后，可以对从绿色表面准备到外漆固化的精整喷涂工作流程进行优化，将实现最小的能源消耗，还能节省周期时间。

2）车间级数字化——实现从仿真到"技术-现实"（Techno-reality）。空客公司针对 A350 XWB 全生命周期管理，构建了虚拟环境，该虚拟环境的注册用户达 3 万人，空客公司内部及其供应链上的工程师约 10000 人每天通过该虚拟环境获取详细、最新的项目信息。作为 A350 XWB 设计研发的一部分，空客公司使用逼真人机工程分析（Realistic Human Ergonomic Analysis，RHEA）工具，使得操作人员能够进入虚拟环境，与 A350XWB 全尺寸 3D 模型进行交互。

3) 3D 打印技术——飞机装配过程中所需零件的及时制造。空客集团已经开始使用 3D 打印技术用于制造模具、样件以及用于飞行测试的零部件，还制造了商用飞机的零部件。由空客防务与空间公司生产的首件经过飞行测试的 3D 打印零部件——钛合金支架，已经搭载 Atlantic Bird7 通信卫星进入太空。

4) 集成化生产——统筹兼顾整个工业化生产系统。目前，在空客直升机公司拉库尔讷沃工厂每年能生产约 2000 个主旋翼，主旋翼的大部分制造工序在不同车间完成，零件在运输过程中发生断裂或损伤的风险很高，也会导致大量时间浪费。而正在建设的勒布尔歇工厂将设计成一个大车间，充分吸收拉库尔讷沃工厂的先进制造技术成果，工厂采用柔性化车间布置，实现最大可能的模块化，可以根据需要对车间布置进行相应调整，这样更容易适应未来产品的变化。

1.5 从数字制造到智能制造发展的技术途径

从数字制造到智能制造，是制造业发展的必然趋势。如何在数字制造的基础上，从数字制造向智能制造发展，是智能制造发展面临的关键问题。本节结合我国企业国情，提出了我国从数字制造到智能制造发展的三大模式和具体技术途径。

1.5.1 从数字制造到智能制造的三大模式

1. 在通过数字制造实现数字工厂的基础上，实现智能工厂，进而实现智能制造

在通过数字制造实现数字工厂的基础上，基于物联网和服务互联网加强产品制造过程的信息管理和服务，提高生产过程的可控性，并利用云计算、大数据等新一代信息技术实现企业经营、管理与决策的智能优化，实现智能工厂，进而实现智能制造，如图 1-5 所示。

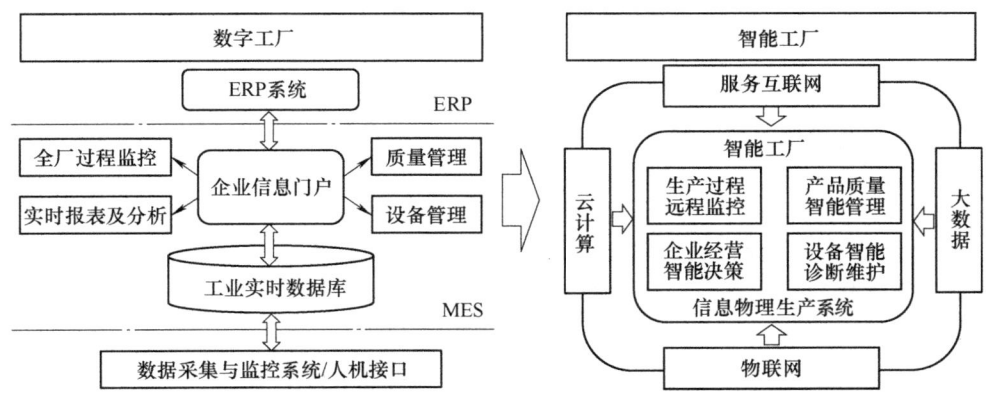

图 1-5 从数字工厂到智能工厂

通过数字工厂到智能工厂的发展模式实现智能制造，应具备以下条件：

1) 工厂总体设计、工程设计、工艺流程及布局均已建立了较完善的系统模型，并进行了模拟仿真，设计相关的数据进入企业核心数据库。

2) 配置符合设计要求的数据采集系统和先进控制系统、关键生产环节，实现基于模型的先进控制和在线优化。

3）建立实时数据库平台，并与过程控制、生产管理系统实现互通集成，工厂生产实现基于工业互联网的信息共享及优化管理。

4）建立了制造执行系统（MES），并与企业资源计划管理系统（ERP）集成，生产计划、调度均建立模型，实现生产模型化分析决策、过程的量化管理、成本和质量的动态跟踪。

5）建立企业资源计划管理系统（ERP），在供应链管理中实现原材料和产成品配送的管理与优化。利用云计算、大数据等新一代信息技术，在保障信息安全的前提下，实现企业经营、管理和决策的智能优化。

通过持续改进，实现运行过程动态优化，制造信息和管理信息全程透明、共享，采用大数据、云计算实现企业智能管理与决策，全面提升企业的资源配置优化、操作自动化、实时在线优化、生产管理精细化和智能决策科学化水平。

2. 数字制造与智能制造并举，实现信息化、数字化，并且实现实时传感、知识推理、智能控制、自主决策，进而实现智能制造

数字制造与智能制造并举，在通过发展和应用数字制造先进技术实现制造信息化、数字化的同时，发展和应用智能制造技术，实现制造装备的实时传感、知识推理、智能控制、自主决策，如图 1-6 所示。

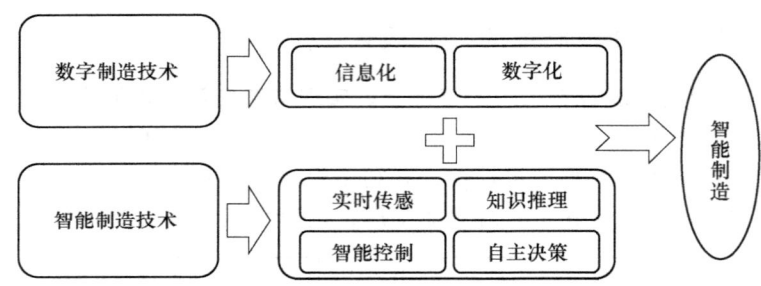

图 1-6 数字制造与智能制造并举的发展途径

数控机床等基础制造装备行业，超精密加工、难加工材料加工、巨型零件加工、高能束加工、化学抛光加工等所需特种制造装备行业，适合采用数字制造与智能制造并举的发展途径。

3. 在单元技术、单元工艺、单元加工实现数字化的基础上，实现单元制造智能化，逐步实现整机智能化制造，进而实现智能制造

在单元技术、单元工艺、单元加工实现数字化的基础上，实现单元制造智能化，一个单元、一个单元地逐步实现整机智能化制造，进而实现企业智能制造，如图 1-7 所示。

对于高度复杂、超大型尺寸产品的制造行业，如大型舰船、大型商用飞机等，产品制造单元数量众多，且需分布式协同制造，适合采用将制造单元逐个智能化的途径实现整机的智能制造。

1.5.2 从数字制造到智能制造的具体途径

1. 从智能设计到智能加工、智能装配、智能服务，进而实现智能制造

从智能设计到智能加工、智能装配、智能管理、智能服务，实现制造过程各环节的智能

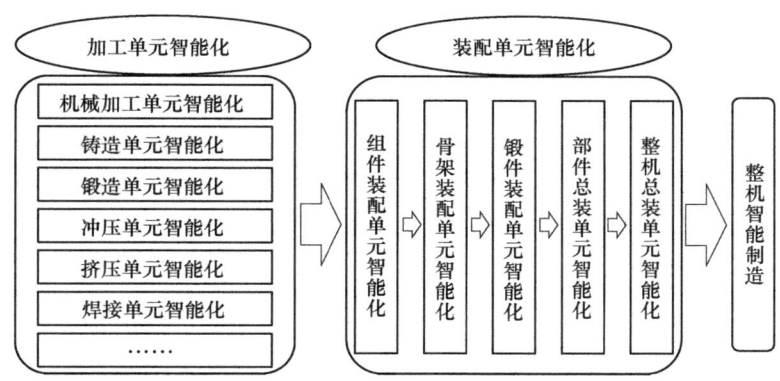

图 1-7 制造单元智能化的发展途径

化，进而实现智能制造，如图 1-8 所示。

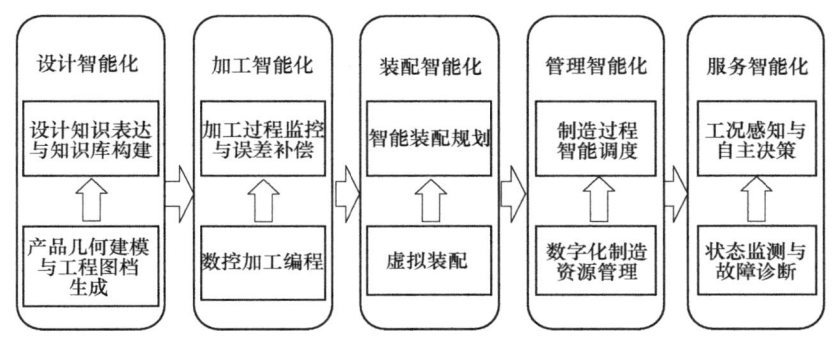

图 1-8 制造环节智能化

2. 通过机器换人，实现流水作业智能化，实现制造过程物质流、信息流、能量流和资金流的智能化

通过机器换人，利用机械手、自动化控制设备或流水线自动化推动企业技术改造向机器化、自动化、集成化、生态化、智能化发展，实现制造过程物质流、信息流、能量流和资金流的智能化。

机器换人应遵循精益法则，以精益管理为原点从顶层设计开始，打造精益模式下的自动化导入。机器换人包括四个步骤，如图 1-9 所示。

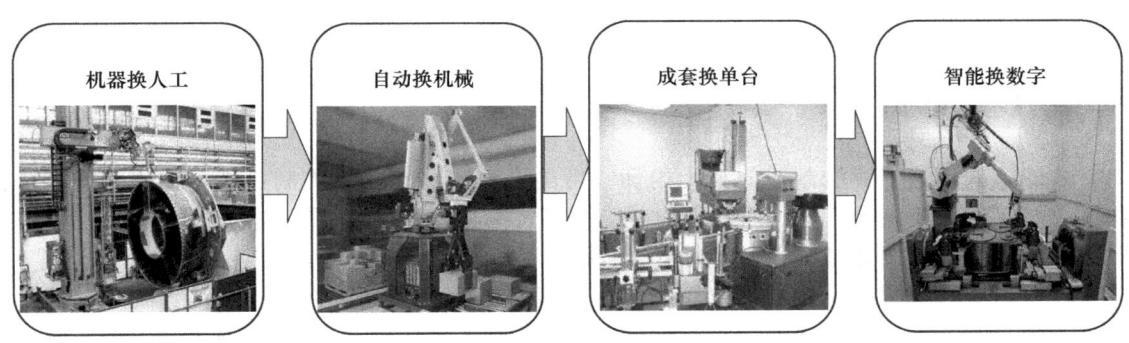

图 1-9 机器换人四大步骤

1）机器换人工。对于生产过程中单一、琐碎的重复性作业以及危险度高、强度大、重污染等工序，可引进相应的机械设备，既能缓解用工压力，更可降低用工及管理成本，保障安全环保生产。

2）自动换机械。虽然大部分企业已经或多或少引进了普通的机床和简单的机械设备用于生产作业，在生产过程中仍需要大量的人工干预，存在人员过多浪费和不能产生同等价值的缺点。在此种情况下，引进自动化设备替换普通装备，并通过自动化实现一人多机作业，有序高效生产。

3）成套换单台。在生产加工过程中，单节点的瓶颈工序进行作业改善，可以消除影响，但会导致局部高效、总体失衡，引发工序的不平衡和生产线工艺的脱节。只有新开发和重组生产工艺，平衡工序，形成连续高效集成的自动化生产线，才能实现综合效益最大化。

4）智能换数字。已采用数字化加工设备较多的企业，采用自动检测、智能仿真、流程控制、模拟人工判断、自动故障排除等高端先进技术，并在精益生产管理、人才资源管理和信息化建设等领域升级创新，真正迈入"智造"时代。

3. 通过机器人的应用、推广，提高机器人的智能性，模仿、替代相当一部分人的工作，使机器人不仅能够替代人的体力劳动，而且能够替代一部分的脑力劳动

在工业机器人核心技术与关键零部件自主研制取得突破性进展的基础上，提高工业机器人的智能化水平，使机器人的操控越来越简单，不需要人示教，甚至不需要高级技术人员来操作即可完成，如图1-10所示。

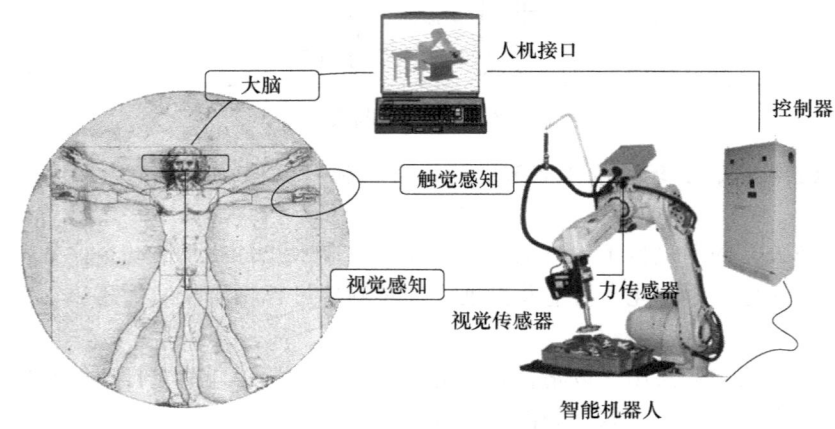

图1-10　智能机器人

1.6　本章小结

本章首先阐述了智能制造的技术内涵，指出了智能制造是当前制造技术的重要发展方向，分析了智能制造的三个层面和智能制造的三大核心，并将数字制造与智能制造进行了对比分析，指出数字制造是实现智能制造的基础与手段，而智能制造是数字制造的提升。接下来分别针对射频识别技术、实时定位技术、无线传感网络技术、物联网与信息物理融合系统、大数据技术、云计算技术、人工智能技术、虚拟现实技术、3D打印技术和机器人技术这十项智能制造的技术基础展开讨论，并分析了德国、美国、日本和中国在智能制造方面的国家战略以及企业的应用现状。最后,结合我国企业国情,提出了从数字制造到智能制造的三大模式以及具体途径,为我国企业实现智能制造指出了一条具体可行的发展路线。

参 考 文 献

[1] 邹方. 智能制造中关键技术与实现 [J]. 航空制造技术, 2014, 14: 32-37.

[2] Mitchell T M Machine learning [M]. New York: McGraw-Hill, 1997.

[3] Fayyad U, Piatetsky-Shapiro G, Smyth R. Knowledge discovery and data mining: Towards a unifying framework [C]. In: Proc. KDD'96, Portland, OR, 82-88.

[4] Gomes S A, Zachmann G. Virtual reality as a tool for verification of assembly and maintenance processes [J]. Computers and Graphics, 1999, 23 (3): 389-403.

[5] 谭建荣, 刘振宇. 数字样机: 关键技术与产品应用 [M]. 北京: 机械工业出版社, 2007.

[6] Huang Y, MC. Leu, Mazumder J, et al. Additive manufacturing: current state, future potential, gaps and needs, and recommendations [J]. Journal of manufacturing science and engineering-transactions of the ASME, 2015, 137 (1): 1-10.

[7] Lu B H, Li D C. Development of the additive manufacturing (3D printing) technology [J]. Mach Build Automat, 2013, 42: 1-4.

[8] Rosen D W, Gibson I, Stucker B. Additive manufacturing technologies [M]. New York: Springer, 2010.

[9] 张定华, 罗明, 吴宝海, 等. 智能加工技术的发展与应用 [J]. 航空制造技术, 2010, 21: 41-43.

[10] 郭洪杰, 杜宝瑞, 赵建国, 等. 飞机智能化装配关键技术 [J]. 航空制造技术, 2014, 21: 44-46.

[11] 乌尔里希·森德勒. 工业4.0: 即将来袭的第四次工业革命 [M]. 邓敏, 李现民, 译. 北京: 机械工业出版社, 2014.

[12] 丁纯, 李君扬. 德国"工业4.0": 内容、动因与前景及其启示 [J]. 德国研究, 2014 (4): 49-66.

[13] Henning Kagermann, Wolf-Dieter Lukas, Wollgang Wahlster. Industrie 4.0: Mit dem internet der dinge auf dem weg zur 4 [J/OL]. Industriellen revolution [2015-12-15] http://www.ingenieur.de/Themen/Produktion/Industrie-40-Mit-Internet-Dinge-Weg-4-industriellen-Revolution.

[14] VDE/DKE, Die deutsche normungsroadmap industrie 4.0 [EB/OL]. http://publica, fraunhofer. de/dokumente/N-310740. html, 2014-10-14/2015-12-1.

[15] BMBF. Umsetzungsempfehlungen feur das zukunftsprojekt industrie 4.0 [EB/OL]. http://publica. fraunhofer. de/dokumente/N-275303. html, 2013-4-1/2015-12-1.

[16] BMBA, Zukuftsbild "Industrie 4.0" [EB/OL]. http://www.plattform-i40.de/140/redaktion/de/downloads/publikation/zukunftsbild-industrie-4-0. html, 2014-5-1/2015-12-15.

[17] ITU. The internet of things [EB/OL]. http://www.itu.int/osg/spu/publications/internetofthings, 2005-11-17/2015-12-15.

[18] Gartner. Gartner says the internet of things installed base will grow to 26 billion units by 2020 [EB/OL]. http://www.gartner.com/newsroom/id/2636073, 2013-12-12/2016-1-1.

[19] 左世全, 王影, 金伟, 等. 美国也要振兴制造业——美国先进制造业国家战略计划编译 [J]. 装备制造, 2012, 5: 76-81.

[20] 王巍, 刘雅轩, 李爽. 美国《国家先进制造战略规划》[J]. 中国集成电路, 2012, 8: 26-30.

[21] 周济. 智能制造是"中国制造2025"的主攻方向 [J]. 中国机械工程, 2015, 26 (17): 2273-2284.

[22] 郭铁成. 中国制造2025: 智能时代的国家战略 [J]. 人民论坛·学术前沿, 2015, 19: 54-67.

[23] 贺正楚, 潘红玉. 德国"工业4.0"与"中国制造2025" [J]. 长沙理工大学学报: 社会科学版, 2015, 30 (3): 103-110.

第 2 章

智能设计：设计方案的映射与决策

智能设计研究如何提高人机系统中计算机的智能水平，使计算机更好地承担设计中的各种复杂任务。随着社会的发展，对智能设计的需求体现在越来越高的设计质量要求，越来越短的设计周期要求，越来越复杂的设计对象及其环境要求。

智能设计是一种包括大量广泛的依据知识做复杂的分析、综合与决策的活动。对设计活动而言，建立决策过程的知识模型要包括有关设计规律性的知识，智能技术可以自动化地处理这样的知识模型，就可以实现决策过程的自动化。在目前的产品智能设计中，从分析用户需求到生成设计方案，是一个从抽象到具体，逐步精化、进化与展开的推理与决策过程。这个过程主要包括设计方案生成和设计方案评价[1]。

2.1 引言

产品设计的初期阶段，对设计人员的约束相对较少，是能够较大地发挥人的创造力的阶段。因此，产品方案设计是产品设计中最为关键的技术，是产品开发过程中最具创造性的阶段，这一阶段所做的决策对产品的价格、性能、可靠性及环境的影响等方面有重要的影响。因此，对先进的方案设计理论、方法和技术的研究，具有极其重要的意义。

对任一种产品来说，设计都是先行，产品设计在现代商业竞争中占有越来越重要的地位。产品设计的关键阶段是产品设计的前期工作过程，这一过程统称为方案设计。方案设计将决定性地影响产品设计过程中后续的详细设计、产品生产开发、产品市场开发以及企业经营战略目标的实现，一旦设计方案被确定，产品成本的大部分就确定了。而方案设计阶段所花费的成本和时间在总的开发成本和设计周期中所占的比例通常都比较小，并且在详细设计阶段很难或者不能纠正方案设计产生的缺陷，因此在产品方案设计阶段做出正确的设计对产品的最终质量至关重要。另外，一般来说，在产品方案设计阶段通常会产生多个可供选择的设计方案，因此从提高设计效率与成功率、降低成本、缩短设计周期等角度来考虑，应该从多个设计方案中选优[1-2]。

产品设计通常是针对产品的功能、行为和结构，功能是产品实现的用途，行为是产品的工作原理或功能实现方法，结构是产品的构成要素及其组成关系。功能、行为、结构映射过程是设计信息逐层处理、设计活动逐步细化的过程，这一过程构成了概念设计活动的主要特征[3-4]。但由于产品设计问题的复杂性、产品的多样性和概念设计阶段信息的不完备性，使得这一过程不可避免地遇到两个关键的问题：一是产品各方面信息及其相互作用的表达或描述；二是可行方案的生成和选择。前者称为建模问题，后者称为推理问题。而方案设计推理问题包括两方面的内容：一是采用何种合适的方法将用户需求映射到相应的物理空间，即设计方案的生成；二是在若干候选方案中选择最佳设计方案，即设计方案的评价与决策[5]。

2.1.1 设计方案的生成

方案生成，常用的推理方法可分为两种系统化方法和智能化方法。系统化方法致力于寻找概念设计问题的结构化映射方法，目标是将基于经验的设计转变为基于科学的设计，为产品设计提供一般的、通用的设计程序。智能化推理方法有知识驱动和数据驱动两种方式，数据驱动摒弃规则，依赖大量领域实际数据进行推理，如基于实例的推理、神经网络等知识驱动通过预先给出的领域知识实现设计，常用方法有类比推理、定性推理等。

基于实例的推理[6]是一种相似问题映射方法，它利用存在于已有设计实例中的知识，利用过去的实例和经验来解决新问题，在一定程度上克服了知识获取的瓶颈，尤其适合设计规则难以总结的复杂产品设计，但实例修改和再设计问题尚需继续研究。

神经网络能够处理具体产品数据并从数据中获取隐性知识以指导设计。由于其广泛互连的非线性动力学特性，神经网络长于处理联想记忆、形象思维等问题，也适合于做表象的、浅层的经验推理及模糊推理[7]。其分布式记忆和并行计算的特点有利于知识存储的简化和运行效率的提高，同时它还具有自组织、自学习能力以及良好的容错性。其缺点是需要大量数据进行训练、训练时间较长、解释不足等。

Sieger等[8]提出了系统设计法，即将所设计的产品看作一个系统，运用系统工程的方法来分析和设计，因为其符合人脑的思维，所以成为一种较为普遍接受的方案设计方法。

Umeda等[9]提出了键合图设计法。从整体上看，对产品的描述通常采用面向对象的方法，即产品描述模型从不同方面对产品进行描述，是语言、几何模型、知识、图形等多种模型的集成。一般来说，产品的描述、方案的设计可以从产品的功能、行为和结构等角度来进行。

Deng等[10]提出了功能—机构—行为，用功能树等来表达产品功能，用语言、定性描述法等对产品行为进行描述。方案设计系统模型一般是在方案设计过程模型以及推理方法研究基础上建立的，通常有基于知识[11]、基于人工智能[12]和基于协同设计[13]的系统模型。

2.1.2 方案的评价与决策

方案的评价与决策即方案的选择，要求从若干备选方案中选出一个或几个较优方案[14]。这是一个典型的多准则决策问题，涉及概念产品的质量、成本、可制造性、可维护性、安全性等诸多因素。目前的方案选择方法可分为效用分析法和软计算方法（如模糊推理、遗传算法、多目标决策方法等）。

效用分析法在确定评价指标并分配权值的基础上就每项准则对方案打分，利用效用公式计算方案的总价值并以之为依据对方案进行排序选择。由于难以准确地对方案定量打分，一般通过采用一分的价值谱评估等级给方案打分。

模糊评价法的基本思想是将模糊信息数值化以进行定量评价，基本步骤包括确定评价指标、分配权重、单因素评价和综合评价。模糊评价法比效用分析法更符合概念设计的抽象性和模糊性的特点，因而应用很广泛。

遗传算法是模拟生物的遗传和长期进化过程建立起来的一种搜索和优化算法，用逐次迭代法搜索较优解。模糊推理、遗传算法和神经网络同属软计算的范畴。软计算由美国科学家 Zadeh 教授于 20 世纪 90 年代提出，以近似性和不确定性为主要特征，其各个组成部分之间是相互补充的，它们之间的协作如模糊推理与神经网络相结合，为概念设计的推理问题提供了一种有效的方法。

Huang 等[15-17]针对产品方案的生成和评价提出一种综合智能计算方法，采用遗传算法产生一组可行方案，再利用模糊 BP 神经网络算法确定最优设计方案。翟晓燕[18]讨论了由模糊权数导出方案排序的问题，给出了由模糊权数导出方案排序的方法。

Xu 和 Dong[19]提出了一个基于模糊的设计功能编码系统，以设计功能来评价概念设计方案。

成经平[20]使用模糊综合评价法进行了机构选型的评价决策，通过科学的数学运算，做出了合理的判断，并且建立了机构选型综合评价指标体系以及模糊综合评价模型。

Venugopal 和 Narengran[21]利用了 Hopfield 神经网络来保存设计模式，并在概念设计阶段使用神经网络提取最合适的设计模式。

Kamerthi 等[22]在将功能要求和概念设计方案之间的关系模型化时，应用了多层前馈神经网络来从功能要求提取设计数据。

Bahrami 等[23]使用模糊联想记忆（FAM）、一个两层前馈神经网络来描述顾客需求与概念设计方案之间的关系。

Chang 和 Tasi[24]使用了神经网络自适应共振理论来评价决策相似的概念设计方案，以便进一步进行后续的设计。

Zhai 等[25]基于灰关联分析和粗糙集理论评价备选方案，粗糙集理论可以表达信息的不确定性，改善方案质量评价过程的有效性和客观性；灰关联分析的实质就是根据各方案到理想解的距离大小进行排序。

2.2 基于物元分析的产品设计知识获取建模

通过对产品设计实例的分解，将产品设计实例分为设计需求、设计任务和设计方案三个层面。引入了物元的形式化方式，建立了产品设计实例的统一描述方式，并运用设计事物元、关联物元将产品设计实例进行了有效分封装。最后，结合实例进行了方法的阐述。

2.2.1 产品设计实例物元模型的建立

产品设计实例的描述问题是构造产品设计知识获取系统中最首要的问题，是进行设计实例检索、设计实例调整和设计实例组合的基础，其结构和内容将直接影响到整个获取系统的性能。目前主要的设计实例描述方法有以下几种方式：①基于特征的设计实例表示方法；②基于抽象原型的设计实例表示方法；③面向对象的设计实例表示方法。

产品设计实例物元模型是基于层次的模型,在对产品设计实例的设计知识获取中,首先需要建立的是产品层次的设计实例物元模型,用以描述产品的基本信息与特性,其物元形式为

$$\begin{pmatrix} Case\_Product, & Identify\_Attrib, & v_1 \\ & Fullname\_Attrib, & v_2 \\ & Customer\_Info, & v_3 \\ & \vdots & \vdots \end{pmatrix}$$

其中,

Identify_Attrib:表示所属产品设计实例的标识码属性,标识码是设计实例的唯一性的标识,是计算机存储、管理和检索的索引。

Fullname_Attrib:表示所属产品设计实例的名称属性,名称属性是产品完整的名称信息。

Customer_Info:表示所属产品设计实例的客户信息属性,客户的基本信息可以以子物元的形式表示,记录所有归类的客户。

可以将产品设计实例物元模型分为三个部分:产品设计需求物元模型、产品设计任务事元模型和产品设计方案物元模型。

1. 产品设计需求物元模型

产品设计需求本身包含了多种信息,包括客户对产品性能上的要求,产品设计环境条件以及产品制造成本约束等。通过物元模型,可以将这些设计需求依照统一物元(子物元)的形式加以表示,如图2-1所示。

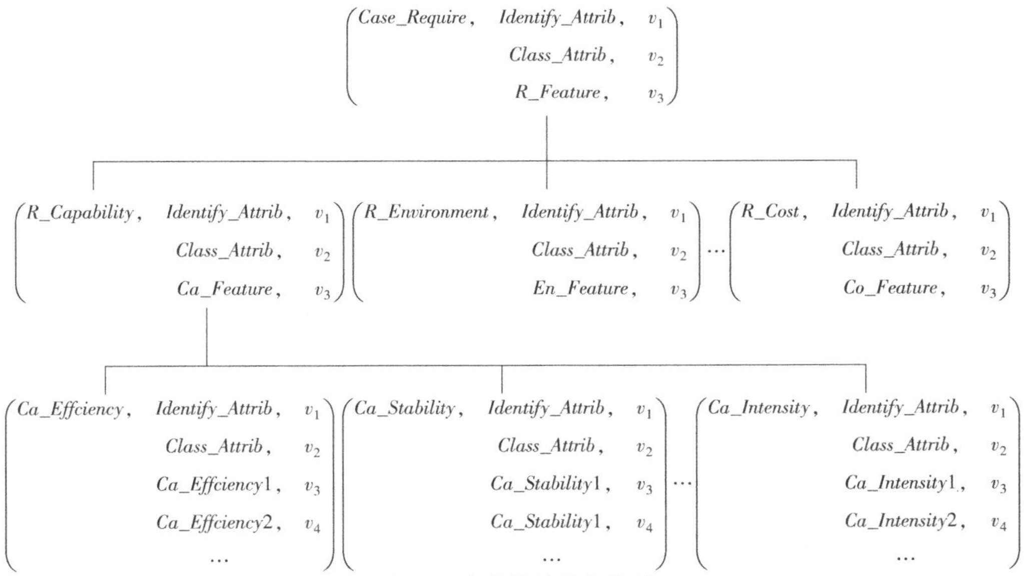

$$\begin{pmatrix} Case\_Require, & Identify\_Attrib, & v_1 \\ & Class\_Attrib, & v_2 \\ & R\_Feature, & v_3 \end{pmatrix}$$

$$\begin{pmatrix} R\_Capability, & Identify\_Attrib, & v_1 \\ & Class\_Attrib, & v_2 \\ & Ca\_Feature, & v_3 \end{pmatrix} \begin{pmatrix} R\_Environment, & Identify\_Attrib, & v_1 \\ & Class\_Attrib, & v_2 \\ & En\_Feature, & v_3 \end{pmatrix} \cdots \begin{pmatrix} R\_Cost, & Identify\_Attrib, & v_1 \\ & Class\_Attrib, & v_2 \\ & Co\_Feature, & v_3 \end{pmatrix}$$

$$\begin{pmatrix} Ca\_Effciency, & Identify\_Attrib, & v_1 \\ & Class\_Attrib, & v_2 \\ & Ca\_Effciency1, & v_3 \\ & Ca\_Effciency2, & v_4 \\ & \cdots & \end{pmatrix} \begin{pmatrix} Ca\_Stability, & Identify\_Attrib, & v_1 \\ & Class\_Attrib, & v_2 \\ & Ca\_Stability1, & v_3 \\ & Ca\_Stability1, & v_4 \\ & \cdots & \end{pmatrix} \cdots \begin{pmatrix} Ca\_Intensity, & Identify\_Attrib, & v_1 \\ & Class\_Attrib, & v_2 \\ & Ca\_Intensity1, & v_3 \\ & Ca\_Intensity2, & v_4 \\ & \cdots & \end{pmatrix}$$

图 2-1 产品设计需求物元

其中

$$\begin{pmatrix} Case\_Require, & Identify\_Attrib, & v_1 \\ & Class\_Attrib, & v_2 \\ & R\_Feature, & v_3 \end{pmatrix}$$

是产品设计需求的一阶层次，层次信息在 $Class\_Attrib$ 中加以说明。$R\_Feature$ 是指设计需求的具体包含的特征，通常用子物元的形式描述。

例如图 2-1 中的

$$\begin{pmatrix} R\_Capability, & Identify\_Attrib, & v_1 \\ & Class\_Attrib, & v_2 \\ & Ca\_Feature, & v_3 \end{pmatrix}$$

是针对 $R\_Feature$ 的一个子物元，用以描述与性能相关的设计需求，层次信息在 $Class\_Attrib$ 中加以说明。同时 $Ca\_Feature$ 是指性能要求的具体包含的指标，以子物元的形式描述。

$$\begin{pmatrix} Ca\_Effciency, & Identify\_Attrib, & v_1 \\ & Class\_Attrib, & v_2 \\ & Ca\_Effciency1, & v_3 \\ & Ca\_Effciency2, & v_4 \\ & \cdots & \end{pmatrix}$$

为产品设计性能物元中描述效率性能的子物元，其中 $Ca\_Effciency1$、$Ca\_Effciency2$ 用以描述具体的效率性能指标。

$$\begin{pmatrix} Ca\_Stability, & Identify\_Attrib, & v_1 \\ & Class\_Attrib, & v_2 \\ & Ca\_Stability1, & v_3 \\ & Ca\_Stability2, & v_4 \\ & \cdots & \end{pmatrix}$$

为产品设计性能物元中描述稳定性的子物元，其中 $Ca\_Stability1$、$Ca\_Stability2$ 用以描述具体的稳定性能指标。

$$\begin{pmatrix} Ca\_Intensity, & Identify\_Attrib, & v_1 \\ & Class\_Attrib, & v_2 \\ & Ca\_Intensity1, & v_3 \\ & Ca\_Intensity2, & v_4 \\ & \cdots & \end{pmatrix}$$

为产品设计性能物元中描述强度性能的子物元，其中 $Ca\_Intensity1$、$Ca\_Intensity2$ 用以描述具体的强度性能指标。

2. 产品设计任务事元模型

产品设计任务事元模型是描述设计任务建模流程中所涉及的概念及概念之间的关系，进行综合和归纳并加以形式化的描述，并使这一设计知识能够在规范的、可重用的模型引导下完成必要信息的表达。这里，将设计任务依照事元（子事元）的形式加以表示，如图 2-2 所示。

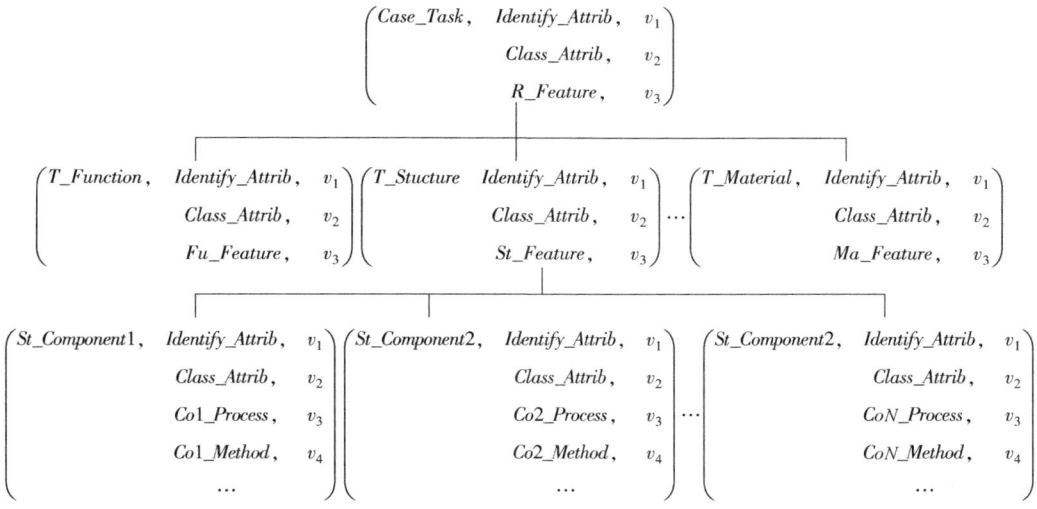

图 2-2 产品设计任务事元模型

其中

$$\begin{pmatrix} Case\_Task, & Identify\_Attrib, & v_1 \\ & Class\_Attrib, & v_2 \\ & T\_Feature, & v_3 \end{pmatrix}$$

是产品设计任务的一阶层次，层次信息在 $Class\_Attrib$ 中加以说明。$T\_Feature$ 是指设计任务的具体包含的特征，通常用子事元的形式描述。

$$\begin{pmatrix} T\_Stucture, & Identify\_Attrib, & v_1 \\ & Class\_Attrib, & v_2 \\ & St\_Feature, & v_3 \end{pmatrix}$$

是针对 $T\_Feature$ 的一个子事元，用以描述与结构设计相关的设计任务，层次信息在 $Class\_Attrib$ 中加以说明。同时 $St\_Feature$ 是指包括具体结构部件的设计任务，以子事元的形式描述。

$$\begin{pmatrix} St\_Component1, & Identify\_Attrib, & v_1 \\ & Class\_Attrib, & v_2 \\ & Co1\_Process, & v_3 \\ & Co1\_Method, & v_4 \\ & \cdots & \end{pmatrix}$$

为描述产品结构设计任务一个子事元，用来描述某一部件的设计任务信息，子事元的层次信息在 $Class\_Attrib$ 中加以说明。事元中的 $Co1\_Process$、$Co1\_Method$ 等用以描述设计步骤、设计方法等信息。

对于产品结构设计任务中的其他重要的部件结构设计任务都可以采用子事元的方式进行描述。

3. 产品设计方案物元模型

产品设计方案物元模型对已有产品设计实例的最终设计结果的物元描述，包括产品部件设计方案物元，产品电气设计方案物元以及产品辅助设备设计方案物元等。对于具体设计任务进行描述的物元都可以称之为特征设计任务物元,包括功能设计任务物元、结构设计任务物元、材料设计任务物元等。这里以典型的特征设计任务物元来描述此类物元的形式,如图 2-3 所示。

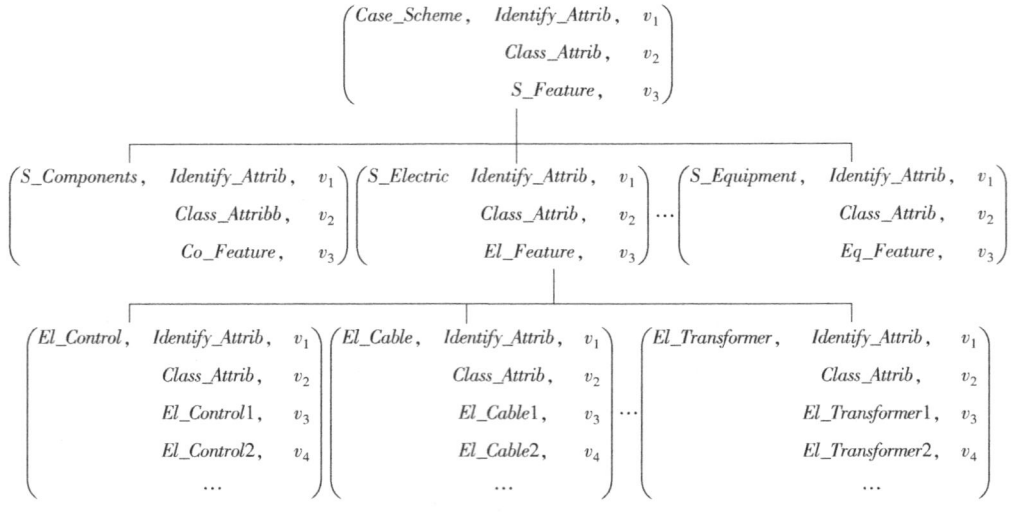

图 2-3 产品设计方案物元模型

其中

$$\begin{pmatrix} Case\_Scheme, & Identify\_Attrib, & v_1 \\ & Class\_Attrib, & v_2 \\ & S\_Feature, & v_3 \end{pmatrix}$$

是产品设计方案的一阶层次,层次信息在 Class_Attrib 中加以说明。S_Feature 是指设计任务具体包含的特征,通常用子物元的形式描述。

$$\begin{pmatrix} S\_Electric, & Identify\_Attrib, & v_1 \\ & Class\_Attrib, & v_2 \\ & El\_Feature, & v_3 \end{pmatrix}$$

是针对 S_Feature 的一个子物元,用以描述与产品电气设计相关的设计任务,层次信息在 Class_Attrib 中加以说明。同时 El_Feature 是指包括具体电气相关的设计结果,以子物元的形式描述。

例如其中

$$\begin{pmatrix} El\_Control, & Identify\_Attrib, & v_1 \\ & Class\_Attrib, & v_2 \\ & El\_Control1, & v_3 \\ & El\_Control2, & v_4 \\ & \cdots & \end{pmatrix}$$

为描述产品电气设计结果的一个子物元,用来描述控制方面的设计信息,子物元的层次信息在 Class_Attrib 中加以说明。物元中的 El_Control1,El_Control2 等用以描述各控制电气设计的具体信息。

2.2.2 产品设计事物元

1. 产品设计事物元的概念

产品设计事物元是通过将产品设计实例中的设计行为（设计任务）与设计结果（设计方案）进行封装，从而，将原先单单面向设计结果或是设计行为的产品设计实例，提升到面向设计过程的产品设计实例。这样，在以后的产品设计过程中，可以通过设计实例来追述产品设计的过程。产品设计事物元的概念模型如图 2-4 所示。

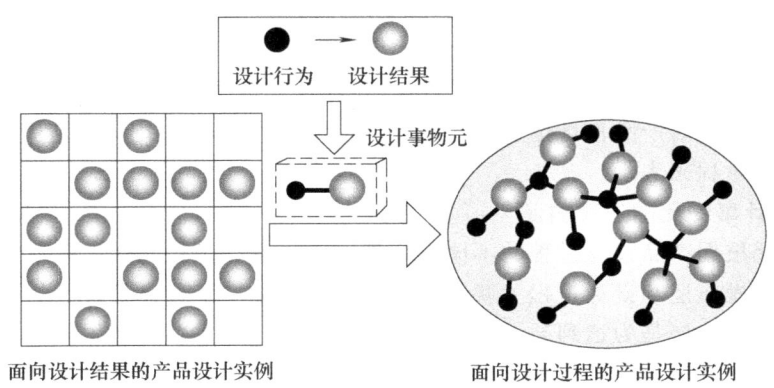

图 2-4 产品设计事物元的概念模型

产品设计事物元不仅仅描述了设计结果，更将设计结果背后的设计行为通过形式化的方式进行了表述，并建立了设计行为与设计结果直接的对应关系，突出了产品设计实例知识获取的行为性。

通过产品设计事物元的重构后，产品设计实例不再只是简单的空间维度的设计结果组合，而提升到空间维与时间维结合的产品设计过程的组合，突出了产品设计实例知识获取的过程性。

基于产品设计事物元的产品设计实例是多层次的，它既可以是产品设计中的简单件设计过程，用单独的设计事物元就可以表示的；也可以是较高层次的结构件的设计过程，包含若干子结构件和简单件的设计过程，用设计事物元的组合来描述，突出了产品设计实例知识获取的层次性。

2. 产品设计事物元的表示

在一个物元模型 $R=(N, c, v)$ 中，若 $N=I=(d, h, u)$，则称 $R=(N, c, v)$ 为事物元，记作 $R(I)$，即

$$R(I) = (I, c, v)$$

我们通过设计事物元建立面向设计过程的重用信息基元。

称 $R(I \rightarrow E)$ 为设计事物元，描述一个单元设计过程。其中 I 表示一个设计行为，E 表示一个设计结果，符号 → 表示一种指向，即设计结果 E 是通过设计行为 I 得到的。对于 I 和 E，分别用事元和物元加以描述，可以得到

$$R(I \to E) = \begin{pmatrix} \begin{pmatrix} \begin{pmatrix} d, & h_1, & u_1 \\ & h_2, & u_2 \\ & \vdots & \vdots \\ & h_n, & u_n \end{pmatrix} \to \begin{pmatrix} N, & c_1, & v_1 \\ & c_2, & v_2 \\ & \vdots & \vdots \\ & c_m, & v_m \end{pmatrix} & l_1 & w_1 \\ & l_2 & w_2 \\ & \vdots & \vdots \\ & l_p & w_q \end{pmatrix} \end{pmatrix}$$

特征 h_1, h_2, $\cdots$, h_n 与相应的量值 u_1, u_2, $\cdots$, u_n 描述设计行为；特征 c_1, c_2, $\cdots$, c_m 与相应的量值 v_1, v_2, $\cdots$, v_m 描述设计结果；而特征 l_1, l_2, $\cdots$, l_p 与相应的量值 w_1, w_2, $\cdots$, w_q 则对整个单元设计过程进行描述与评价。

通过设计事物元对产品设计信息的封装，产品设计实例可以由一个包含设计行为和设计结果的单元设计过程来表示。

3. 产品设计事物元的层次内涵

设计事物元根据产品设计过程的不同抽象程度，将设计过程的知识信息分为设计结果描述层、设计行为操作层和设计过程关联层。设计结果描述层是最终某阶段的设计成果的全面描述；设计行为操作层是为达到某设计结果而表现出的设计意图、运用的设计原理和付之行动的设计行为；设计过程关联层是将设计行为与设计结果相结合，并对整个过程进行描述。

（1）设计结果描述层　设计结果描述层是对设计成果的知识综合，主要包括产品（部件、零件）的结构信息、产品（部件、零件）实现的设计功能、设计参数以及相关的工艺信息等。

设计结果描述层可以运用物元形式化表示为

$$\begin{pmatrix} Design\_Scheme, & Identify\_Attrib, & v_1 \\ & Class\_Attrib, & v_2 \\ & Name\_Attrib, & v_3 \\ & Basic\_Info, & v_4 \\ & Structure\_Info, & v_5 \\ & Function\_Info, & v_6 \\ & Design\_Parameter, & v_7 \\ & Machining\_Technics, & v_8 \\ & Relating\_Info, & v_9 \end{pmatrix}$$

其中

Identify_Attrib：表示所属设计结果单元的标识码属性。标识码是设计结果单元唯一性的标识，是计算机存储、管理和检索的索引。

Class_Attrib：表示所属设计知识单元的类别属性。类别属性是设计结果单元的分类和隶属信息，包含在设计结果单元的编码结构中。

Name_Attrib：表示所属设计结果单元的名称属性。名称属性是实例化的设计结果单元所属的对象类的名称信息，即此设计结果单元是该对象类中的一个对象实例。

Basic_Info：表示所属设计结果单元的基本信息属性，包括该设计结果的主要设计人员、设计完成时期、设计结果的评价情况和该设计结果已经被应用于产品等信息。

Structure_Info：表示所属设计结果单元的产品结构层次属性，包括该结构的组成信息、应用范围和其他相关的结构信息。

Function_Info：表示所属设计结果单元的功能属性，包括该设计结果单元满足的功能要求、所属的功能层次和功能实现方式等。

Design_Parameter：表示所属设计结果单元的主要设计参数。设计参数可以是固定值，也可以以函数的形式出现，对应于不同类型的产品，设计参数可以取不同的值。

Machining_Technics：表示所属设计结果单元的加工工艺信息属性，用以描述该设计结果的装配、焊接或其他加工工艺，这部分信息既可以作为设计过程的有益参考，也可以作为重要信息向下游传递。

Relating_Info：表示所属设计结果的关联信息属性，描述该设计结果的关联信息。

（2）设计行为描述层　设计行为描述层具体描述设计人员在设计过程中，针对某一设计目的而进行的设计操作。同时，也对设计行为发生的环境、运用的设计工具、最初的设计意图和遵循的设计原理等进行描述。

设计行为操作层可以运用事元形式化表示为

$$\begin{pmatrix} Design\_Action, & Identify\_Attrib, & u_1 \\ & Class\_Attrib, & u_2 \\ & Name\_Attrib, & u_3 \\ & Design\_Purpose, & u_4 \\ & Design\_Tool, & u_5 \\ & Design\_Condition, & u_6 \\ & Design\_Principle, & u_7 \\ & Design\_Operation, & u_8 \\ & Relating\_Info, & u_9 \end{pmatrix} \rightarrow$$

其中

Identify_Attrib：表示所属功能单元的标识码属性。

Class_Attrib：表示所属功能单元的类别属性。

Name_Attrib：表示所属功能单元的名称属性。

Design_Purpose：表示所属设计行为知识单元的设计意图，它表示这一设计行为产生的目的以及想达到的效果。

Design_Tool：表示所属设计行为知识单元所运用的设计工具，包括运用这些工具所产生的作用。

Design_Condition：表示所属设计行为知识单元所处的设计环境，包括设计环境中的设计资源。

Design_Principle：表示所属设计行为知识单元所运用的设计原理，包括原理的基本信息及其作用点。

Design_Operation：表示所属设计行为知识单元具体的设计操作，设计操作的过程将涉

设计环境、设计工具等要素。

Relating_Info：表示所属设计行为知识单元的关联信息属性，描述该设计行为的关联信息。

（3）设计过程描述层　设计过程描述层是将设计行为操作与设计结果描述层进行结合的关键。一个设计过程其实是对一个设计问题（需要一个设计结果）的求解过程（通过设计行为实现）。在设计过程描述层中，不仅需要描述设计行为对设计结果的指向，而且需要描述设计过程的属性以及与外部的联系。

设计过程描述层可形式化表示为

$$\begin{pmatrix} Design\_Action \rightarrow Design\_scheme, & Identify\_Attrib, & w_1 \\ & Class\_Attrib, & w_2 \\ & Name\_Attrib, & w_3 \\ & Basic\_Info, & w_4 \\ & DP\_Approach, & w_5 \\ & DP\_Constrain, & w_6 \\ & DP\_Use, & w_7 \\ & DP\_Instantiation, & w_8 \\ & DP\_Relation, & w_9 \end{pmatrix}$$

其中

Identify_Attrib：表示所属实例设计过程知识封装单元的标识码属性。

Class_Attrib：表示所属实例设计过程知识封装单元的类别属性。

Name_Attrib：表示所属实例设计过程知识封装单元的名称属性。

Basic_Info：表示所属实例设计过程知识单元的基本信息属性，包括该设计过程的持续时间、设计过程的激发实体（谁执行了该过程）等。

DP_ Approach：表示所属实例设计过程知识封装单元包含的设计步骤，设计步骤可以由不同的设计行为组成，按照设计步骤所进行的设计行为最终形成了设计结果。

DP_ Constrain：表示所属实例设计过程知识封装单元中包含的约束信息，包括设计过程按照设计步骤进行设计时所包含的设计约束以及这些约束的具体信息。

DP_Use：表示所属实例设计过程知识封装单元的使用情况，包括设计过程知识单元单独被使用以及作为子过程被使用的情况。

DP_ Instantiation：表示所属实例设计过程知识封装单元的实例信息，指该设计过程具体包括的实例数目和实例属性。

DP_Relation：表示所属实例设计过程知识封装单元的外部关联情况，包括设计过程知识封装单元的父过程、子过程以及与其他设计过程之间的联系。

4. 产品设计事物元的特性

通过产品设计事物元的封装，其最主要的特性是将产品设计结果与产品设计行为进行了综合，有便于设计人员更深入地理解设计实例，更全面地了解设计过程，更充分地利用设计资源。此外，产品设计事物元还在以下几个方面表现出了优势：

（1）集成性　产品设计事物元并不仅仅描述产品单一的设计知识，而是将有关联的设计知识加以综合后,组成相对封闭的信息集合。设计工作人员可以利用它包含的具体、明确、符合标准的信息进行产品设计开发。

(2) 可解释性　产品设计事物元的可解释性包括两个方面:一方面,设计事物元是面向机器解释的,即其内容能被有关机器所接受和理解;另一方面,它也考虑了面向人为解释,即尽量考虑内容能由有关人员接受和理解。

(3) 可重用性　产品设计事物元具有可重用的特性,支持在产品功能设计、概念设计、结构设计、详细设计、工艺设计及围绕该产品的各种设计活动中重用、引用或参考已有的设计成果。

(4) 弹性　产品设计事物元包含的具体对象是弹性的,广义特征、零件、部件其至一个完整的产品都可以是一个可重用集成设计单元;另一方面,设计知识单元包含的信息含量是有弹性的,对于一个产品,它就有产品结构信息,对于零件就没有产品结构信息。

2.2.3　产品设计实例关联信息的建立

通过产品设计实例物元模型的建立,将设计实例中的具体知识分类进行了采集与规范化,但是,在一个产品的设计实例中,往往有很多信息是相互关联的,需要建立关联物元结构模型。

设计实例关联物元用来描述产品设计实例信息中各个物元之间除了属性以外的相互关系。

设计实例关联物元表示为

$$\begin{pmatrix} R\_Relation, & Identify\_Attrib, & v_1 \\ & Level\_Attrib, & v_2 \\ & Relation\_Objective, & v_3 \\ & Relation\_Type, & v_4 \\ & Relation\_Point, & v_5 \end{pmatrix}$$

其中

$Identify\_Attrib$:表示所属关联设计任务物元的标识码属性,简记为 I_A。

$Level\_Attrib$:表示所属关联设计任务物元的层次属性,层次属性描述关联设计任务物元描述双方的层次结构,简记为 L_A。

$Relation\_Objective$:表示所属关联设计任务物元的目标属性,关联双方其中之一为目标,简记为 Re_O。

$Relation\_Type$:表示所属关联设计任务物元的类别属性,类别包括可选、冲突和协同,简记为 Re_T。

$Relation\_Point$:表示所属关联设计任务物元的指向属性,描述关联关系作用的对象,简记为 Re_P。

通过关联物元结构模型,可以在产品设计实例中各层次的物元模型之间建立必要的关联,如图 2-5 所示。

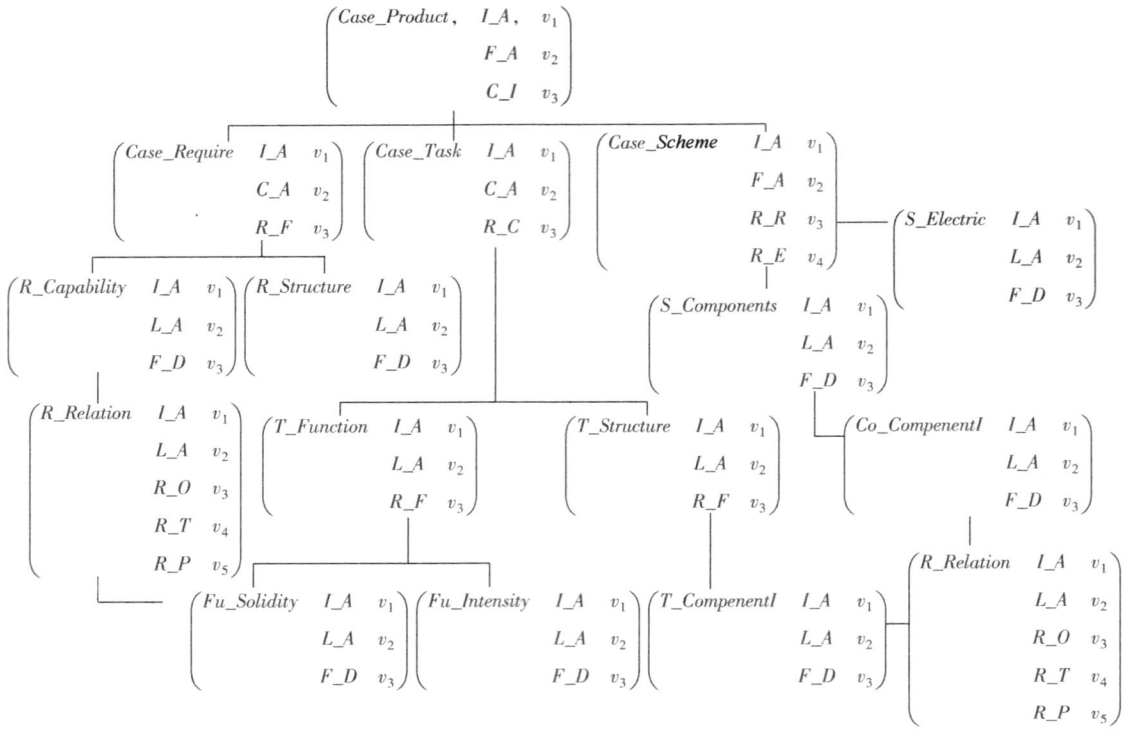

图 2-5 关联物元在产品设计实例物元模型中的作用

2.2.4 实例分析

电除尘器是一类非常典型的适合于大批量定制模式进行设计与生产的大型机械设备,并广泛应用于火电发电厂、水泥厂的大型机械设备,利用强电场将粉尘从气体中分离出来,起到除尘环保的效果。

电除尘器主要由两大部分组成:一部分是电除尘器本体系统,主要包括收尘极系统、电晕极系统、电晕极振打系统、保温箱、气流均布装置、壳体进出气流烟箱和排灰装置等;另一部分是提供高压供电装置和低压自动控制系统,主要包括温度检测和恒温加热控制、振打周期控制、灰位指示、高低位报警和自动卸灰控制、检测门的安全控制等。电除尘器的总体结构如图 2-6 所示。

1. 电除尘器产品设计实例产品物元模型

200W 机组电除尘器产品设计实例产品物元为

$$\begin{pmatrix} R\_Product, & Identify\_Attrib, & RP200W005 \\ & Fullname\_Attrib, & 200W \text{ 机组产品设计任务基本信息} \\ & Customer\_Info, & \text{子物元} \end{pmatrix}$$

第2章 智能设计：设计方案的映射与决策

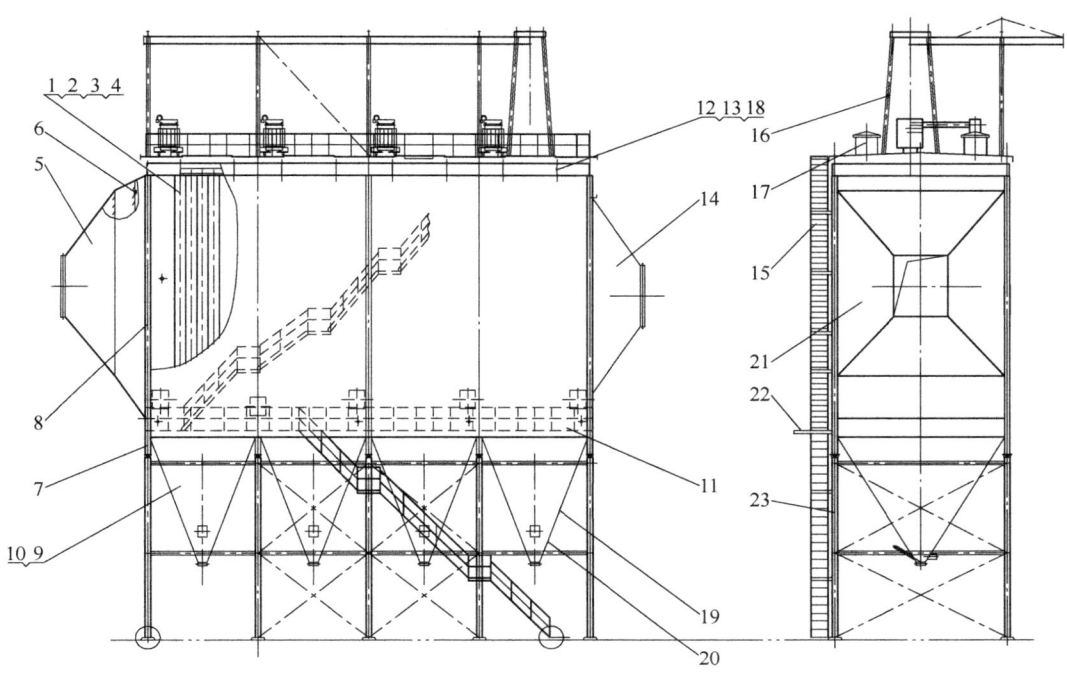

图 2-6 电除尘器的总体结构

1—阳极系统 2—阳极振打 3—阴极系统 4—阴极振打 5—进口封头 6—进口气流分布板 7—底梁
8—壳体 9—灰斗 10—灰斗挡风 11—尘中走道 12—内顶盖 13—外顶盖 14—出口封头及槽形板
15—走梯平台 16—顶部支架 17—高压引入及电加热 18—排油管路 19—灰斗料位计
20—灰斗电加热 21—保温 22—本体照明 23—钢支架

其中，$Customer\_Info$ 以子物元信息描述，描述为

$$\begin{pmatrix} Customer\_Info, & Identify\_Attrib, & RP200W005\_C \\ & Name\_Attrib, & 山东某火力发电厂 \\ & 联系地址 & 山东威海某路某号 \\ & 联系人 & 陈某 \\ & 联系电话 & 06316856321 \end{pmatrix}$$

2. 电除尘器产品设计实例：需求物元模型

200W 机组电除尘器产品设计需求物元可以分为性能需求物元、环境需求物元以及设计约束物元等。

200W 机组电除尘器产品设计性能需求物元为

$$\begin{pmatrix} R\_Function, & Identify\_Attrib, & RP200W005\_R\_RF01 \\ & Level\_Attrib, & 指向 RP200W005\_P\_C06 \\ & 入口可容烟气量 & \geqslant 191.67 m^3/s \\ & 本体漏风率 & \leqslant 2.5\% \\ & 气流均布系数 & \leqslant 0.25 \\ & 年运行时间 & \geqslant 6000h \\ & 使用寿命 & \geqslant 30年 \\ & 电场数目 & \geqslant 4个 \end{pmatrix}$$

200W 机组电除尘器产品设计环境需求物元为

$$\begin{pmatrix} R\_Environment, & Identify\_Attrib, & RP200W005\_R\_RE01 \\ & Level\_Attrib, & 指向\ RP200W005\_P\_C06 \\ & 极端最高气温 & 41.1℃ \\ & 极端最低气温 & -11.4℃ \\ & 年平均气温 & 21.5℃ \\ & 全年主导风向 & NE(17\%) \\ & 夏季主导风向 & SE(13\%) \\ & 冬季主导风向 & NE(20\%) \\ & 厂区年平均风向 & 2.8m/s \\ & 30年一遇10min\ 平均最大风速 & 24.3m/s \\ & 年平均降雨量 & 847.2mm \\ & 一小时最大降雨量 & 67.2mm \\ & 一日最大降雨量 & 249.7mm \\ & 年平均气压 & 100130Pa \\ & 平均相对湿度 & 70\% \\ & 厂区地震基本烈度 & 6度 \\ & 厂房零米海拔 & 34.5m \end{pmatrix}$$

200W 机组电除尘器产品设计规范约束物元为

$$\begin{pmatrix} R\_Standard, & Identify\_Attrib, & RP200W005\_R\_RS01 \\ & Level\_Attrib, & 设计任务基本元特征物元 \\ & 钢结构设计 & 符合设计规范\ GB\ 50017—2003 \\ & 结构荷载 & 符合规范\ GB\ 50009—2012 \\ & 抗振设计 & 符合规范\ GB\ 50011—2010 \\ & 保温油漆设计 & 符合规范\ DL/T\ 5072—2007 \\ & 电除尘器技术条件 & 符合规范\ DL/T\ 514—2004 \end{pmatrix}$$

3. 电除尘器产品设计实例任务方案模型

200W 机组电除尘器产品设计方案重要参数物元为

$$\begin{pmatrix} S\_Function, & Identify\_Attrib, & RP200W005\_C\_RF01 \\ & Level\_Attrib, & 设计任务基本元特征物元 \\ & 除尘效率 & \geq 99.6\% \\ & 运行环境 & 最低稳燃下不发生堵塞 \\ & 灰尘吸收 & 吸收容量满足锅炉8h满负荷运行 \\ & 噪声声级 & 距壳体1m处最大不超过85dB \\ & 设计温度 & 钢结构设计温度300℃ \\ & 设计负荷 & 9000kPa \end{pmatrix}$$

200W 机组电除尘器设计方案设备配备物元为

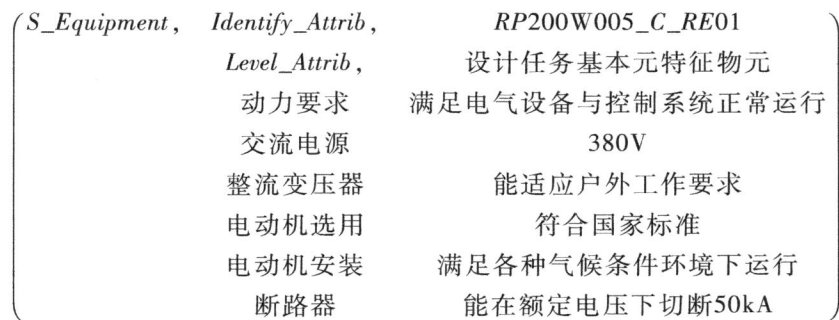

4. 电除尘器产品设计实例事物元封装模型

以 200W 机组电除尘器竖梁设计事物元为例，其封装模型为

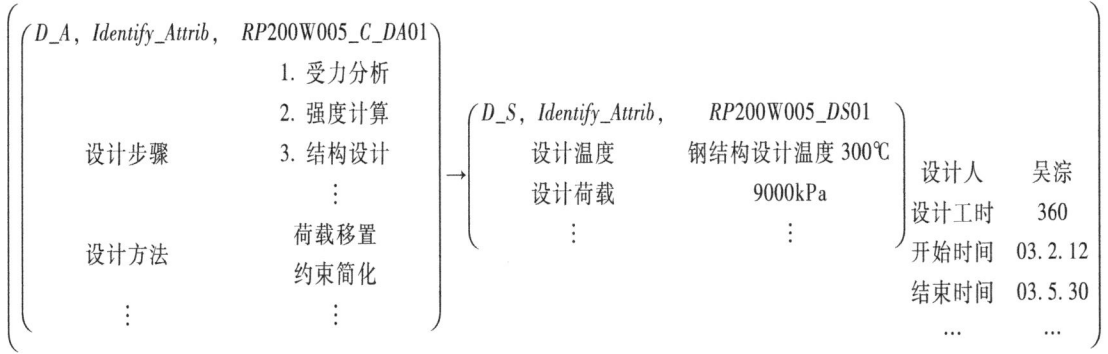

2.3 基于演化博弈的产品方案设计功构映射

本节在约束满足问题框架的指导下，探索建立产品方案设计功构映射的约束模型，并采用演化博弈算法对模型进行映射，其中以基于满足客户需求的设计特性评价函数为算法的效用函数。

2.3.1 需求满足驱动的产品设计特性获取

一般来说，用户对于想象中产品的描述会比较笼统、模糊、缺乏系统性，因此需要对客户需求进行整理、筛选和分析，进而采用一定的技术确定其重要度。

本章节在初始筛选基础上采用模糊 Kano 模型协助进行客户需求分类，并根据分类结果调整初始客户需求权重。Kano 模型说明了用户满意度与客户需求实现的关系。如图 2-7 所示，x 轴、y 轴分别表示需求实现程度和用户满意度。根据图中各类需求的特点，对用户需求进行如下分类：

1）基本型需求。此类需求被认为是必需的，若得不到满足，用户将极不满意。

2）期望型需求。期望型需求也称为一维需求，用户满意度与需求的实现程度呈正比，实现程度越高，用户满意度越高；反之亦然。

3）兴奋型需求。若需求得到满足，用户将非常满意；若不能满足，用户满意度也不会因此降低。

4）无关型需求。此类需求得到满足与否，用户满意度都不受影响。

5) 反感型需求。与基本型需求相反，若此类需求得到满足，用户将极不满意。

需求分类是建立在用户意见基础上，设计需求调查表（包括正反两个问题），然后对调查结果进行分类和统计，以透平膨胀机方案设计中"振动小"这一需求为例设计的调查表见表 2-1 和表 2-2。表 2-1 中 M、O、A、I、R 分别代表基本型需求、期望型需求、兴奋型需求、无关型需求和反感型需求，而 Q 表示该被调查者做出的选择可疑，不合逻辑。表 2-2 中专家对正向、反向两个问题给出模糊评价值 $\tilde{f}_i$，$\tilde{d}_i$，$i = 1, 2, \cdots, 5$。其中评价值区间为 $[0, 1]$，专家根据自己的确定程度给出评价值，确定程度由 0~1 递增，可取 0~1 之间任意数。

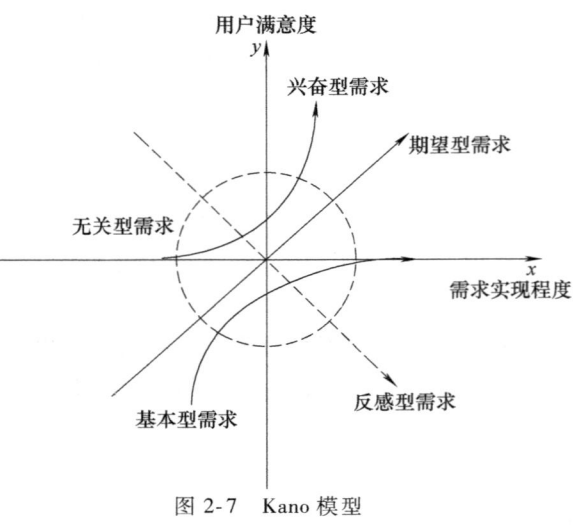

图 2-7 Kano 模型

表 2-1 需求属性调查表

		若产品设计不满足需求"振动小"				
		我非常喜欢	这是必需的	我保持中立	我可以接受	我很不喜欢
若产品设计满足需求"振动小"	我非常喜欢	Q	A	A	A	O
	这是必需的	Q	Q	I	I	O
	我保持中立	R	I	I	I	M
	我可以接受	R	I	I	I	M
	我很不喜欢	R	R	R	R	Q

表 2-2 模糊 Kano 评价调查表

	我非常喜欢	这是必需的	我保持中立	我可以接受	我很不喜欢
若产品设计满足该需求	$\tilde{f}_1$	$\tilde{f}_2$	$\tilde{f}_3$	$\tilde{f}_4$	$\tilde{f}_5$
若产品设计不满足该需求	$\tilde{d}_1$	$\tilde{d}_2$	$\tilde{d}_3$	$\tilde{d}_4$	$\tilde{d}_5$

设有 h 个专家参与问卷调查，记为 $T = \{t_i\}_{i=1}^h$，专家的权重为 $W = \{w_i\}_{i=1}^h$，且 $\sum_{i=1}^h w_i = 1$。

专家对正向、反向问题的评价记为 $\tilde{F} = \{\tilde{f}_j\}_{j=1}^m$，$\tilde{D} = \{\tilde{d}_k\}_{k=1}^m$，其中 $m = 5$，即为 M、O、A、I、R 五个需求类型。单个需求的模糊模式识别步骤如下：

步骤 1：建立需求的模糊评价集为 $\tilde{F}_i = \{\tilde{f}_{ij}\}_{j=1}^m$，$\tilde{D}_i = \{\tilde{d}_{ik}\}_{k=1}^m$，$i = 1, 2, \cdots, h$，$m = 5$。

步骤 2：对评价集进行标准化，如

$$\tilde{F}^{nor} = \{\tilde{f}_j^{nor}\}_{j=1}^m = \left\{ \sum_{i=1}^h w_i \tilde{f}_{ij} \Big/ \sum_{j=1}^m \tilde{f}_{ij} \right\}$$

$$\tilde{D}^{nor} = \{\tilde{d}_k^{nor}\}_{k=1}^m = \left\{ \sum_{i=1}^h w_i \tilde{d}_{ik} \Big/ \sum_{k=1}^m \tilde{d}_{ik} \right\} \quad (2-1)$$

$\tilde{f}_j^{nor}$、$\tilde{d}_k^{nor}$ 分别为标准化后的正向、反向问题的模糊评价值。

步骤 3：建立模糊关系集 $\tilde{G}$，即

$$\tilde{G} = \tilde{F}^{nor} \times \tilde{D}^{nor} = \{\tilde{g}_{jk}\}_{j,k=1}^{m} = \{\tilde{f}_j^{nor} \cdot \tilde{d}_k^{nor}\} \tag{2-2}$$

步骤4：模糊关系集 $\tilde{G}$ 中的元素根据表2-1对应 Kano 分类集 $C = \{M, O, A, I, R, Q\}$ 中的六个类别，将同类模糊评价值相加，如

$$\tilde{M} = \tilde{g}_{35} + \tilde{g}_{45}, \tilde{O} = \tilde{g}_{15} + \tilde{g}_{25}, \tilde{A} = \tilde{g}_{12} + \tilde{g}_{13} + \tilde{g}_{14},$$

$$\tilde{I} = \sum_{k=3}^{4} \tilde{g}_{2k} + \sum_{k=2}^{4} \tilde{g}_{3k} + \sum_{k=2}^{4} \tilde{g}_{4k}, \tilde{R} = \sum_{i=3}^{5} \tilde{g}_{i1} + \sum_{k=1}^{4} \tilde{g}_{5k},$$

$$\tilde{Q} = \tilde{g}_{11} + \tilde{g}_{21} + \tilde{g}_{22} + \tilde{g}_{55} \tag{2-3}$$

步骤5：比较 $\tilde{M}$、$\tilde{O}$、$\tilde{A}$、$\tilde{I}$、$\tilde{R}$、$\tilde{Q}$ 的大小，取最大数，记为 $\tilde{z} = \max\{\tilde{M}, \tilde{O}, \tilde{A}, \tilde{I}, \tilde{R}, \tilde{Q}\}$。设定阈值 α，若 $\tilde{z} \geq \alpha$，则确定该客户需求属于最大数对应的类别，否则评价无效，则需重新进行专家评价，然后转步骤1。

设共有 r 个客户需求，记作 $CR = \{CR_i\}_{i=1}^{r}$，对每个客户需求做模式识别。最后根据客户需求的类别进行筛选，剔除属于 I、R、Q 的需求，保留归属于 M、O、A 的客户需求。客户需求的重要度调整系数 IR 根据其类别进行调整，根据 Kano 模型理论，存在如下关系，即

$$IR = (IR_0)^{1/k} \tag{2-4}$$

针对 M、O、A 三个类别，式中系数 k 的取值分别为 0.5、1.0 和 1.5。IR_0 为初始改进系数，且 $IR_0 = T/C$。T、C 分别为客户满意度目标值和当前客户满足度，由问卷调查获取相关信息。

完成以上工作后，通过下式计算得客户需求的重要度，即

$$w_{CR}^i = e_i \times IR / \sum_{i=1}^{n} (e_i \times IR) \tag{2-5}$$

式中，n 为筛选得到的客户需求的个数；e_i 是问卷调查中专家给出的初始客户需求重要度的加权平均数，使用 1，3，5，7，9 五档数值进行评价，分别对应极不重要、不重要、一般、重要、极重要。

产品特性由来自产品全生命周期各阶段的专家和技术人员根据已确定的客户需求通过头脑风暴集思广益来获取。同初始客户需求一样，初始产品特性间存在包容关系、交叉关系和独立关系，同理去掉被包容的特性、去掉交叉关系中的交叉部分并构建新的特性。设去除冗余后共有 k 个产品特性。产品特性两两之间存在互相关关系，同时客户需求与产品特性之间存在着交互关系，则对产品特性重要度进行分析和计算时要同时考虑这两种关系。因此，采用网络分析法（Analytic Network Process，ANP）对产品特性进行分析并获得其重要度。

1）客户需求与产品特性间的重要度分析。确定 CR 与 QC 之间的重要度关系时，假定 QC 之间不存在互相关关系，针对每一项 CR_i，对 QC 互相比较，得到与该项 CR_i 相关的 QC 之间的重要度关系矩阵 $\boldsymbol{R}_i$。其中，$r_{ij} \in [0, 9]$，当 $r_{ij} \neq 0$ 时，$r_{ji} = 1/r_{ij}$；反之，$r_{ji} = r_{ij} = 0$。利用层次分析法（Analytic Hierarchy Process，AHP）求得针对 CR_i 产品特性之间的相对重要度矢量 $\boldsymbol{w}_i = (w_{1i}, w_{2i}, \cdots, w_{ii}, \cdots, w_{ni})^T$，其中，$\sum_{j=1}^{n} w_{ji} = 1$。由此可得针对 CR_i 产品特性间的重要度关系矩阵 $\boldsymbol{W}_{cr\text{-}qc}$。

$$\boldsymbol{R}_i = \begin{pmatrix} r_{11} & r_{12} & \cdots & r_{1i} & \cdots & r_{1n} \\ r_{21} & r_{22} & \cdots & r_{2i} & \cdots & r_{2n} \\ \vdots & \vdots & & \vdots & & \vdots \\ r_{i1} & r_{i2} & \cdots & r_{ii} & \cdots & r_{in} \\ \vdots & \vdots & & \vdots & & \vdots \\ r_{n1} & r_{n2} & \cdots & r_{ni} & \cdots & r_{nn} \end{pmatrix} \quad \boldsymbol{W}_{cr\text{-}qc} = \begin{pmatrix} w_{11} & w_{12} & \cdots & w_{1i} & \cdots & w_{1n} \\ w_{21} & w_{22} & \cdots & w_{2i} & \cdots & w_{2n} \\ \vdots & \vdots & & \vdots & & \vdots \\ w_{i1} & w_{i2} & \cdots & w_{ii} & \cdots & w_{in} \\ \vdots & \vdots & & \vdots & & \vdots \\ w_{n1} & w_{n2} & \cdots & w_{ni} & \cdots & w_{nn} \end{pmatrix}$$

2）产品特性间的互相关重要度分析。产品特性间的重要度关系用矩阵 $\boldsymbol{W}_{qc}$ 来表示。考虑某一特性 QC_i 与其他特性相关关系的基础上，针对 QC_i 确定其他特性间的相对重要度，则得到相应的相对重要度矩阵 $\boldsymbol{R}'_i = (r'_{ij})^k_{i,j=1}$，同 r_{ij} 类似，$r'_{ij} \in [0,9]$，当 $r'_{ij} \neq 0$ 时，$r'_{ji} = 1/r'_{ij}$；反之，$r'_{ji} = r'_{ij} = 0$。同样地，利用 AHP 法得到针对 QC_i 其他特性间的相对重要度矢量 $\boldsymbol{w}'_i = (w'_{1i}, w'_{2i}, \cdots, w'_{ii}, \cdots, w'_{ki})^T$，其中 $\sum_{j=1}^{k} w'_{ji} = 1$。从而求得特性间的重要度关系矩阵 $\boldsymbol{W}_{qc} = (w'_{ij})^k_{i,j=1}$。

3）产品特性重要度确定。考虑到产品特性间的互相关关系，由 $\boldsymbol{W}_{cr\text{-}qc}$ 和 $\boldsymbol{W}_{qc}$ 得到客户需求与产品特性间的重要度关系矩阵 $\boldsymbol{W}_{CR\text{-}QC} = \boldsymbol{W}_{qc} \times (\boldsymbol{W}_{cr\text{-}qc})^T$。由前面已得到客户需求重要度 $\boldsymbol{W}_{CR} = (w^i_{CR})^n_{i=1}$，则综合客户需求对产品特性的影响，由下式计算可得产品特性的重要度，即

$$\boldsymbol{W}_{QC} = (w^i_{QC})^k_{i=1} = \boldsymbol{W}_{CR\text{-}QC} \times (\boldsymbol{W}_{CR})^T \tag{2-6}$$

2.3.2 产品方案设计的功能功构多域映射

产品设计中产品特性与产品结构树之间的映像关系错综复杂，因为产品特性同产品结构之间并非一对一关系，而同时存在多对一和一对多的关系，这样就导致产品特性对应的产品结构树过于庞大，使得映像分解关系非常复杂、繁琐，并且容易造成信息丢失，从而导致产品特性无法保证。为此，可以考虑在公理化设计理论中由产品功能域到产品结构域映射的原理的基础上，引入产品功能域作为产品特性向结构域映射的中介，引导产品特性向产品结构树的映射，据此设计得到的产品能够实现预期的产品设计特性，如图 2-8 所示。

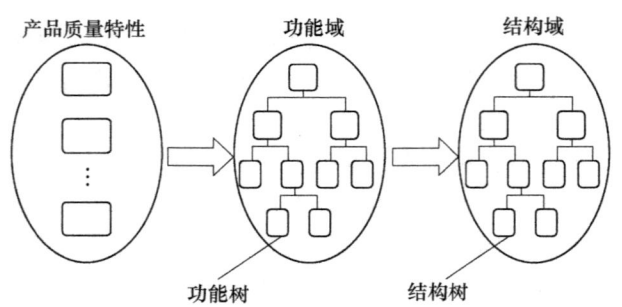

图 2-8 产品特性通过功能域向结构域映射

实现产品特性向结构映射的基础包括：

1）功能分解。首先需要确定功能树的第一层，即同产品特性有关的一级产品功能，然后由基于功能方法树的设计对象分析方法针对产品的一级功能逐步进行划分，从而形成面向产品特性的产品功能树，功能树最底层称为功能元。

2）结构分解。在产品功能分解的基础上，由专家和设计人员根据知识和经验在产品数据库内搜寻同产品各级功能对应的结构组件，从而得到与功能树对应的产品结构树，与功能

元对应的结构树底层称为子结构,至此完成产品特性的功能分解。

得到产品特性映射的功能域和结构域后,综合考虑各种设计约束,在功能满足的条件下寻求诸多约束的有效结构组合,以产品特性的满足程度为评价准则得出最优产品设计方案。这实际上就是一个约束满足问题。

产品方案设计可描述为一个四元组 DP = (FM,Requ,S,C),其中:FM 为产品特性的功能分解模型,产品方案设计以此为基础;Requ 为用户的设计需求描述;S 为产品特性的结构分解模型;C 为作用于 FM 上的各类约束,包括功能约束、结构约束和关系约束。方案设计的概念框图如图 2-9 所示。

如图 2-10 所示,这种方案设计功构映射概念和 CSP 系统之间直接的映射说明约束满足问题适合于描述基于质量特性功构映射的产品方案设计,表达产品方案设计的信息。

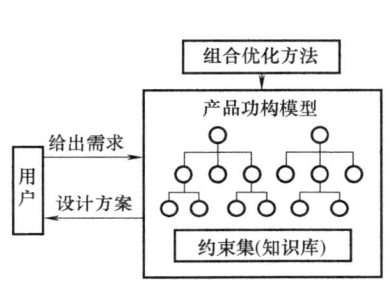

图 2-9 产品方案设计的概念框图

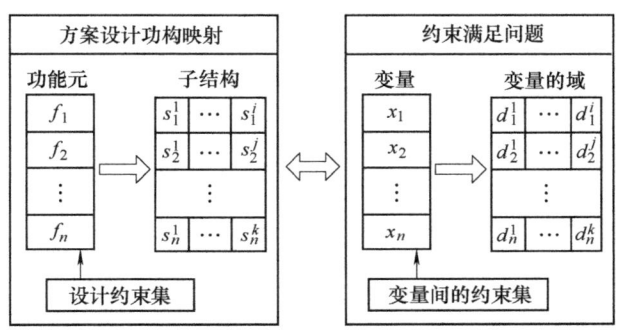

图 2-10 产品方案设计与约束满足问题的映射

根据产品方案设计的概念及特性,为有效表达功构映射信息模型,用以下两种变量形式来表达功构映射模型。

(1) 功能变量 (V_{fun}) 产品功能结构图中的功能元功能变量的值域为离散值域,对应功能元的可选子结构集。如透平膨胀机的制动功能以功能变量 brake 表示,对应值域为制动功能的子结构集,$D(brake) = \{pressure, fan, electrical, oil\}$。

(2) 属性变量 (V_{pro}) 除功能变量外,设计中需要将一些结构的属性也表达为变量,比如电动机制动透平膨胀机的电动机功率,此类变量称为属性变量 (V_{pro}),属性变量依赖于功能变量。属性变量的值域为离散值域或连续值域,视具体属性而定,如电动机功率的值域为

$$D(motor\ power) = \{25kW, 50kW, 75kW, 100kW\}$$

为离散值域。一般地,在产品方案设计功构映射 CSP 模型中,属性变量较少甚至没有。

约束条件的处理在方案设计阶段具有重要作用。设计约束有以下几种约束:

(1) 功能约束 (C_{fun}) 功能约束对应产品的功能设计需求,作用于各功能元之间,功能元之间存在组合、耦合和冲突等约束关系。功能约束作用于功能分解过程中,影响功能分解粒度,同时功能约束也对子结构的选择、组合起作用。

(2) 结构约束 (C_{str}) 结构约束对应设计目标和附属要求。结构约束包括由子结构的物理属性所限定的约束,由功能约束间接作用于子结构选择和组合中产生的约束,以及一些附属的结构设计要求。

(3) 关系约束 (C_{rel}) 关系约束作用于功能结构映射过程中,包括从功能到结构的对

应关系以及从结构到功能的对应关系。

归根结底，设计约束最终都体现在子结构的组合优化中，考虑 CSP 模型映射的特性，需要对各类约束进行统一的形式表达，因此将变量间的各类约束统一表达为依赖约束（C_{dep}）。

依赖约束用于表达功能变量、属性变量之间的可能有效取值组合。方案设计中功能约束、结构约束及关系约束无不是对变量取值组合的约束，因此均可经过一定的逻辑判断和形式变换统一表达为依赖约束。依赖约束包括二元和多元的约束形式，以二元依赖约束较为常用。一个二元依赖约束表达为

$$C(x_i, x_j) = \{(d_{i1}, d_{j1}) \cdots (d_{ik}, d_{jk})\}$$

式中，x_i、x_j 为变量；d_{ik}、d_{jk} 为对应变量值域范围内的一个取值。

例如减速器和制动器之间的依赖约束可以表达为

$$C(\text{reducer}, \text{brake}) = \{(\text{planetary}, 风机), (\text{planetary}, 电机), (\text{gear}, 电动机)\}$$

通过以上分析，基于 CSP 框架的产品方案设计功构映射模型如图 2-11 所示。

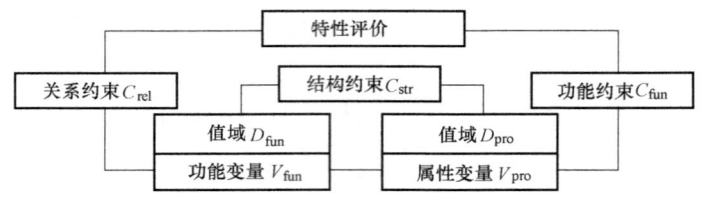

图 2-11　产品方案设计功构映射 CSP 模型

2.3.3　产品方案设计的演化博弈综合映射

约束满足问题的传统求解方法分为系统法和随机法。系统法通过对整个解空间进行系统的搜索来得到问题的解，回溯算法是最基本的系统搜索方法，系统法映射 CSP 是完备性的，能够得到问题的所有解，但是映射效率低。而随机法的目的是在可行的时间内快速找到问题的一个解，适用于规模比较大的 CSP 问题。已提出的随机算法有启发式算法、人工神经网络、遗传算法等。产品方案设计功构映射 CSP 模型一般涉及的变量较多，因此采用随机法进行映射比较可行。

演化博弈是一种新的计算智能算法，是以经济学博弈理论为基础结合动态演化计算的一种优化算法，已在一些组合优化问题（如装箱问题）中得到应用，并取得显著效果。产品方案设计功构映射 CSP 模型映射是一个组合优化问题，演化博弈算法以效用最大化为目标，以构造主体策略组合的方式搜索整个策略空间，同时兼顾解的局部性能和整体性能，这与方案设计功构映射 CSP 模型映射的组合原则相似，因此将演化博弈算法用于映射产品方案设计功构映射 CSP 模型在原理上是可行的。演化博弈算法通过将方案设计功构映射 CSP 模型的搜索空间映射为博弈的策略组合空间，将评价函数映射为博弈的效用函数，通过理性主体的效用最大化行为达到演化均衡，并不断对均衡状态施加扰动而重新达到均衡，最终得到对应于全局最优解的 Pareto 最优均衡状态，从而实现问题的求解。

博弈论从本质上来说是用来帮助人们分析和理解决策主体相互作用时的现象的一种工

具。一个基本的博弈由三个基本要素组成：①博弈主体 i，即发生相互作用的决策主体；②策略集 S，决策主体可选择的决策和行动空间；③效用 u，是可以定义或量化的决策主体的利益。博弈主体在一定的规则约束下，依靠所掌握的信息，选择各自的策略，并获得效用或收益。

定义 2-1 若策略组合 S^* 对任意博弈主体 i 的任意策略 $s_i \in S_i$ 都满足

$$u_i(s_i^*, S_{-i}^*) \geq u_i(s_i, S_{-i}^*) \tag{2-7}$$

则称 S^* 为一个纳什均衡，其中 S_{-i} 表示除主体 i 之外其他主体的策略组合，S_{-i}^* 表示除主体 i 之外其他主体的策略组合的纳什均衡。当 $s_i \neq s_i^*$ 时，式（2-7）中仅大于号成立，则称 S^* 为一个严格纳什均衡。

定义 2-2 设 $G = [I, S, U]$，$S_{-i} = \prod S_k$，$k = 1, 2, \cdots, n$，$k \neq i$，若

$$B_i(s_{-i}) = \{s_i^* \in S_i : u_i(s_i^*, S_{-i}) \geq u_i(s^{(i)}, S_{-i}), \forall s^{(i)} \in S_i\}$$

则称 $B_i: S_{-i} \rightarrow S_i$ 为主体 i 的最优反应对应（Best-Response Correspondence）。博弈主体选择当前局势下使自己的效用最大的策略称为该主体在这一策略组合形势下的最优反应对应，所有主体的顺序交替最优反应对应的动态过程称为最优反应动态。

若在最优反应动态的某一有限时刻 t 之后的每一时刻，博弈主体维持同一策略组合不变，则称该策略组合是一个稳态。在某一策略组合形势下，若策略组合 S^* 是一个严格纳什均衡，且在最优反应动态的时刻 t 被选用，则在随后的时刻中，S^* 都将被选用，主体得到稳态策略组合。

下面给出演化博弈算法的具体形式，记演化博弈算法为 EGA（Evolutionary Game Algorithm），用五元组来表示它：

EGA = $(G, S_0, \alpha, \zeta, \tau)$，各元组描述如下：

1. 博弈结构 G

博弈结构包含主体、策略、效用，分别记为 I、S、U，则 $G = [I, S, U]$。

方案设计功构映射 CSP 模型中 n 个功能元变量为博弈问题的参加者。各功能元的子结构集，则映射为博弈主体的策略集，即 s_i，$i \in I$。变量的域中的每个元素为主体的策略，且 $s_{ik} \in \{0, 1\}$，$1 \leq k \leq j$，j 为策略集的势。例如表示一个功能元 i 的决策映射时，该功能元选择第 4 个子结构（共 j 个可选子结构），则 $s_{i4} = 1$，$s_{ik} = 0 (1 \leq k \leq j, k \neq 4)$。设 $j = 8$，则该功能元主体的策略就组成了一个对应的二进制位串，即 00010000。n 个功能元主体的策略组合 S 对应 CSP 模型的一个解，同一策略组合下各主体的效用相等。

演化博弈算法由效用函数来指导演化的过程。效用函数定义了一个系统状态集合上的偏好关系。本节设各主体的效用函数相同，映射方案设计功构映射 CSP 模型时将方案设计产品特性评价函数映射为效用函数。产品特性评价函数是产品方案设计的目标函数。

因此从本质上来说，效用函数即为演化博弈算法优化映射的目标函数。下面给出产品方案设计功构映射 CSP 模型效用函数的形式化表达，即

$$U_i = \begin{cases} f(S) & \text{如果可行} \\ f(S) - f_{\max} & \text{否则} \end{cases} \quad i \in I \tag{2-8}$$

$f_{\max}$ 为至当前演化博弈代数为止主体效用的最大值。$f(S) = \sum_{i=1}^{n} G_i = \sum_{i=1}^{n} \sum_{l=1}^{k} f_{ij}(V_{il}) w_{il}$，$G_i$ 表示第 i 个功构单元的产品特性评价值，V_{il} 表示功能元 i 的第 l 个产品特性评价值，这里

$1 \leq l \leq k$，k 为产品特性评价指标总数。w_{il} 为相应产品特性评价指标的权重。$f_{ij}(V_{il})$ 表示以 V_{il} 为评价指标时功能元 i 选择第 j 个子结构的满足度。式中约束为 CSP 模型中的依赖约束集合，约束条件给出了各变量间的相容取值集合，对应于各功能元间的相容策略集合，若各功能元选中的策略没有违反约束则按相应的公式计算效用值，否则当前效用值减去 f_{max}。这个措施保证了无论系统初始状态如何，当所有变量进行了一次策略调整后，系统状态一定为合法解。需要说明的是效用函数中的相关参数的获取是建立在产品概念设计相关知识库上的，获取、表达以及积累这些知识来构建数据库是可行而方便的。

绝大多数的智能算法对于约束条件的处理采用惩罚函数的方法，对应本算法即效用函数取为评价函数减去不满足约束条件时的惩罚项：$U_i = f(S) - f_{pun}$。这种约束条件的处理方法的主要缺点是惩罚函数的确定比较困难，不管惩罚函数是一个实常数还是一个与约束条件相关的函数，实常数和惩罚函数中的惩罚系数都需要多次地反复计算才能确定一个比较合理的系数。所有的不可行策略组合的效用值都小于可行策略组合的效用值，因此，在演化过程中，不可行策略组合将被淘汰，而可行策略组合将会以较大的概率保存下来。

2. 初始局势 S_0

演化博弈从初始局势开始，初始局势对算法求解的速度和产品特性都有非常大的影响。目前，大部分文献应用智能算法时一般采用的是随机初始化，使得初始解的产品特性偏低，导致要增加演化代数来达到最优解或近似最优解，这势必增加优化时间。针对产品方案设计功构映射 CSP 模型的特点，本文采用一种新的初始化方法：有限约束选择法，使得功能元主体在违反有限数量约束的条件下，尽量最大化主体的效用。有限约束选择法按功能元权重降序排列依次为功能元选择子结构，同时设定初始化可违反约束数量 N，最终得到的初始解需满足违反约束数量 $N_u \leq N$ 的条件。具体执行步骤如下：

步骤 1：将功能元主体按照权重降序排列。

步骤 2：按照排列顺序依次为各功能元主体选择子结构，选择以效用最大为原则。

步骤 3：对照方案设计约束条件检测当前策略组合违反约束的数量 N_u，若 $N_u \leq N$ 转步骤 6，否则继续步骤 4。

步骤 4：违反约束的功能元主体按违反的约束数量从大到小更换新的策略，直到 $N_u \leq N$，若不能实现转步骤 5。

步骤 5：将需要更换策略的功能元主体扩展到未违反约束的功能元，以此类功能元主体权重的升序排列依次进行策略更换，直至 $N_u \leq N$。

步骤 6：结束算法初始化，得到初始局势 S_0。

这种初始化方法保证了主体效用相对较大的策略被选为初始策略，而且其违反的约束数量较小，从而使得后续的演化博弈能够进一步优化得到最优解（说明：初始解不需要一定是可行解，违反约束数量少的不可行初始解经过演化博弈可以消除约束冲突得到可行解）。为了保持演化博弈一定的随机性，进行初始化时仍有一定比例的主体策略采用随机初始化方法，为功能元主体随机选择其策略。

3. 寻优算子 α

博弈论的一个基本假设是参与博弈的主体是经济理性的，在博弈过程中各主体始终追求自身效用最大化，寻优算子 α 即为主体在演化局势中的最优反应对应。

在某一局势下，功能元主体进行最优反应动态顺序选择（本文中按照 W_i 的降序排列）

各自的子结构,如果新的结构组合的效用优于当前组合的效用,则更新当前结构组合,否则保持原来的结构组合。

博弈局势必在主体两次最优反应动态过程之后达到均衡状态。证明:

1)若主体经过一次最优反应动态后达到的策略组合 S 为非可行解,则说明该策略组合违反了约束(一个或多个),则其效用 $U=f(S)-f_{max}$,f_{max} 大于当前所有可行解和非可行解的效用,则 $U<0<U_{fea}$(U_{fea} 表示所有可行解的效用),所以主体可以通过改变策略增大自己的效用,因此得到的策略组合并非主体的最优反应对应,矛盾。

2)主体第二次最优反应动态的开始局势是可行解,则此动态过程历经的状态均为可行解,若此后达到的策略组合不是均衡状态,则存在主体通过改变策略增大自己的效用,同1)一样的道理,矛盾。

4. 均衡扰动算子 ζ

设 S 和 S' 分别为策略组合,则称映射 $\chi:S \to S'$ 为一个局势变换。若 Ω 为样本空间,$\omega \in \Omega$ 为随机事件,则称随机映射 $\kappa:\omega \to \chi$ 为一随机局势变换。令 Θ 为参数空间,$\theta \in \Theta$ 为演化参数,则称映射 $\zeta:\theta \to \kappa$ 为一均衡扰动算子。

当功能元无法选择更优的结构组合来更新系统状态,即整个系统达到了纳什均衡状态时,便得到了一个局部最优解。为了能够进一步演化以得到全局最优解,需要施加均衡扰动算子 ζ,以使系统偏离原均衡状态,再由各功能元顺序进行最优反应恢复到新的均衡状态。均衡扰动算子 ζ 满足

$$\zeta(s_i) = \begin{cases} s_i & \text{如果} \quad X_i \geq p_i \\ Z_i & \text{否则} \end{cases} \quad (2-9)$$

式中,$p_i \in \Theta \in (0, 1) \in R$,$i \in I$。

算子 ζ 的含义为:对于主体 i 所取策略 s_i,若均匀随机数 $\text{rand}(0,1)$ 小于扰动概率 p_i,则从主体 i 的策略集 s_i 中随机取一策略替换当前策略;否则维持原策略不变。对所有主体重复这样的选择过程即得扰动后的局势 S'。

各功能元是以不同的概率 p_i 改变策略。设定根据功能元在博弈过程中的重要度为各功能元分配不同的概率,重要度高的功能元其扰动概率相对也较高,反之则低。如此操作,是因为重要度高的功能元主体对效用值的贡献相对比较大,施以较高的扰动概率更容易使系统偏离原均衡状态,从而进一步演化博弈得到更优的纳什均衡解。

5. 停止准则 τ

在某局势下,所有功能元主体顺序进行最优反应的动态过程称为一个回合。最优反应动态序列在两个回合内使局势达到纳什均衡状态,定义达到均衡的两个回合为演化博弈的一代,设停止条件为 $\tau > T$,T 为预设的演化最大代数。

演化博弈算法流程如下:

1)确定参数。包括演化最大代数、初始化方法比例(有限约束法以及随机法)及可违反约束数量、效用函数、扰动概率。

2)算法初始化。更新博弈结构 $G=G_0$,$I=I_0$,按设定比例对功能元主体应用有限约束法和随机法进行策略初始化,产生质量较好的初始局势 S_0,系统从初始局势 S_0 开始演化博弈,$\tau=0$。

3）计算博弈过程。在当前局势下，根据博弈结构和功能元主体的结构组合，由效用函数计算出功能元的效用 U_0。

4）施加寻优算子 α。施加寻优算子 α，判断更新的主体效用是否优于当前效用，若是，则更新功能元主体的策略组合 S_j 为 S_{j+1}，否则维持 S_j 不变。

5）策略稳定判断。若存在结构组合使得功能元的效用不随时间变动而变动，即 $u_i^{\tau+1} = u_i^{\tau}$，则该结构组合 S_i 是稳态的，其对应的解为纳什均衡解，$\tau = \tau(i)$。

6）均衡扰动算子 ζ。施加 ζ，选择新策略的功能元主体为 $I_i^{t+1} = p_i I_i^{\tau}$，更新结构组合 $S_j \xrightarrow{\zeta} S_{j+1}$，计算新结构组合的效用 $F(G_{i+1}, S_{i+1}) \rightarrow U_{j+1}$，$\tau = \tau(i)$，并判断是否属于稳定演化策略。

7）条件结束判断。如果满足结束条件 $\tau > T$，则结束计算。否则跳转至6）。

演化博弈算法的流程图如图2-12所示。需要特别说明的是系统可能会出现异常状态，即博弈主体顺序最优反应后系统却没有达到纳什均衡状态。若在第一回合出现异常，说明初始局势选择不当使得系统不能达到纳什均衡状态，则算法更换初始局势重新开始；若在其他回合出现异常，说明施加均衡扰动算子后由于部分主体更改的策略使得系统无法达到纳什均衡，则可将系统状态还原至当前最优均衡解。

从算法的描述和流程可知，该算法可以看作是一个纳什均衡解空间中的随机过程，算法不断地以更优的纳什均衡解更新当前最优解，直至达到稳态均衡找到全局最优解，并且EGA是以概率1收敛于全局最优解，因此只要合理地设定 T，就能够得到全局最优解。全局最优解对应的局势为Pareto最优的纳什均衡解，因为全局最优解的效用大于其他可行解和不可行解的效用，且在全局最优解对应的策略组合下，所有主体的效用都已为最大，所以该均衡状态也是Pareto最优的。

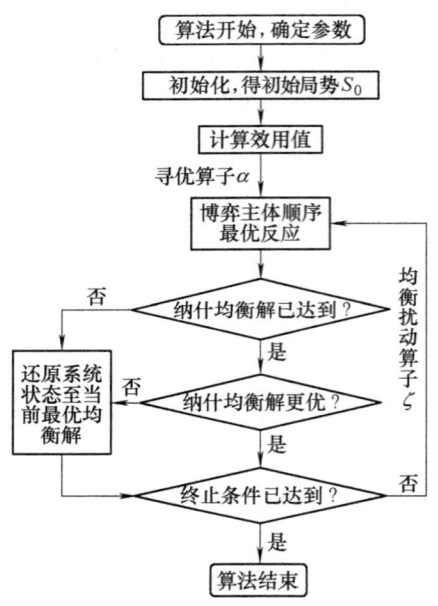

图2-12 演化博弈算法的流程图

从算法求解产品方案设计功构映射CSP模型过程来看，EGA除了效用函数计算外，最主要的操作仅仅是比较不同策略组合之间的效用大小，而常用的遗传算法、蚁群算法、神经网络算法等进化算法涉及复杂的变异操作、路径计算和网络样本学习，相比之下，EGA的求解速度和效率都有着较明显的优势。

2.3.4 实例分析

本节以空分装备中的透平膨胀机方案设计的功构映射为实例，应用以上所提出的理论与方法，实现透平膨胀机的方案设计。

通过问卷调查并由基于模糊Kano模型的需求分类方法最终确定需求分类如下：①基本

需求包括工作稳定性强、导流能力强、气体不能外漏;②期望型需求包括振动小、气体生产率高、能量转换率高、产品寿命长、故障率低;③兴奋型需求包括消耗功率尽量低、操作简单方便、维修方便;④无关型需求包括价格适中、报废零部件易于回收;⑤反感型需求无。

经初步筛选得到以下 15 项:复杂性、可制造性、可装配性、可靠性、耐磨性、机械强度、能量转换率、气密性、气动性、气流分配性、制动性、成本、时间指标、绿色性、减振降噪性。

依照客户需求向产品设计特性映射的方法,产品设计特性重要度的获取过程如下:

步骤 1:确定客户需求与产品设计特性间的重要度关系矩阵。

$$\boldsymbol{W}_{cr-qc} = \begin{pmatrix} 0.052 & 0.000 & 0.025 & 0.037 & 0.000 & \cdots & 0.833 \\ 0.000 & 0.000 & 0.122 & 0.250 & 0.000 & \cdots & 0.012 \\ 0.055 & 0.076 & 0.136 & 0.750 & 0.067 & \cdots & 0.000 \\ 0.000 & 0.000 & 0.000 & 0.000 & 0.156 & \cdots & 0.000 \\ \vdots & \vdots & \vdots & \vdots & \vdots & & \vdots \\ 0.053 & 0.072 & 0.088 & 0.247 & 0.360 & \cdots & 0.000 \end{pmatrix}$$

步骤 2:确定产品设计特性间重要度关系矩阵。

$$\boldsymbol{W}_{qc} = \begin{pmatrix} 0.750 & 0.123 & 0.000 & 0.000 & 0.000 & \cdots & 0.055 \\ 0.102 & 0.833 & 0.000 & 0.013 & 0.000 & \cdots & 0.022 \\ 0.000 & 0.000 & 0.563 & 0.000 & 0.223 & \cdots & 0.044 \\ 0.000 & 0.016 & 0.000 & 0.750 & 0.067 & \cdots & 0.000 \\ 0.000 & 0.000 & 0.250 & 0.053 & 0.648 & \cdots & 0.000 \\ \vdots & \vdots & \vdots & \vdots & \vdots & & \vdots \\ 0.075 & 0.018 & 0.036 & 0.000 & 0.000 & \cdots & 0.833 \end{pmatrix}$$

步骤 3:计算产品设计特性重要度。由 $\boldsymbol{W}_{cr-qc}$ 和 $\boldsymbol{W}_{qc}$ 得到客户需求与产品设计特性间的重要度关系矩阵 $\boldsymbol{W}_{CR-QC} = \boldsymbol{W}_{qc} \times (\boldsymbol{W}_{cr-qc})^T$。由 2.2.1 节已得到客户需求重要度 $\boldsymbol{W}_{CR} = (w_{CR}^i)_{i=1}^n$,则计算可得产品设计特性的重要度为

$$\boldsymbol{W}_{QC} = (w_{QC}^i)_{i=1}^k = \boldsymbol{W}_{CR-QC} \times (\boldsymbol{W}_{CR})^T = (0.081 \quad 0.078 \quad 0.077 \quad 0.074 \quad 0.083 \quad 0.070 \quad 0.092 \quad 0.067 \quad 0.036 \quad 0.045 \quad 0.077 \quad 0.079 \quad 0.048 \quad 0.034 \quad 0.059)^T$$

从该产品设计要求和客户需求出发,分析技术过程,按透平膨胀机工作流程确定其功能结构图,如图 2-13 所示。表 2-3 是进行功能分解后的透平膨胀机主要功能元和备选子结构集合,其中包含了功能结构图中的九个主要功能元。

建立产品方案设计功构映射 CSP 模型如图 2-14 所示,该模型包含的信息可以准确、完整地表示透平膨胀机的功能结构映射及产品设计知识。本文以此简单的模型为

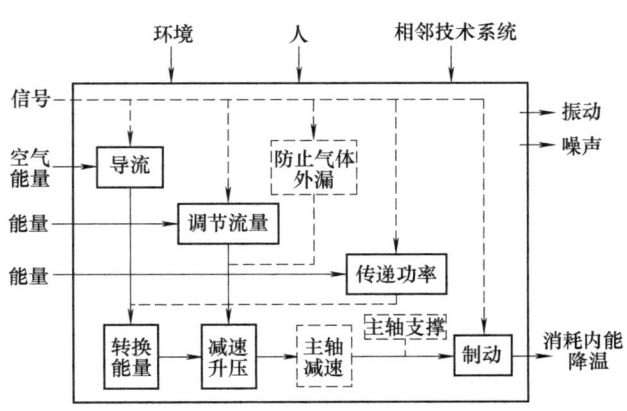

图 2-13 透平膨胀机的功能结构图

例,采用演化博弈算法进行求解。

表 2-3 透平膨胀机主要功能元与备选子结构集合

功能元	结构	结构备选
导流 F_1	蜗壳 S_1	单蜗室蜗壳 S_{11}、半蜗室蜗壳 S_{12}、双蜗室蜗壳 S_{13}
调节流量 F_2	喷嘴环 S_2	固定喷嘴 S_{21}、大叶片喷嘴 S_{22}、转动喷嘴 S_{23}
转换能量 F_3	工作轮 S_3	半开式径-轴流工作轮 S_{31}、闭式径-轴流工作轮 S_{32}、开式径-轴流工作轮 S_{33}
减速升压 F_4	扩压器 S_4	圆锥管状扩压器 S_{41}、无叶扩压器 S_{42}
传递功率 F_5	主轴 S_5	40Cr(S_{51})、40CrNi(S_{52})、12CrNi3(S_{53})
支撑主轴 F_6	轴承 S_6	滑动油轴承 S_{61}、多油楔轴承 S_{62}、椭圆轴承 S_{63}、气体轴承 S_{64}
防止气体外漏 F_7	轴封 S_7	浮动式迷宫密封 S_{71}、刚性式迷宫密封 S_{72}、石墨密封 S_{73}
主轴减速 F_8	减速器 S_8	行星齿轮减速器 S_{81}、齿轮减速器 S_{82}
制动 F_9	制动器 S_9	增压制动器 S_{91}、风机制动器 S_{92}、电动机制动 S_{93}、油制动 S_{94}

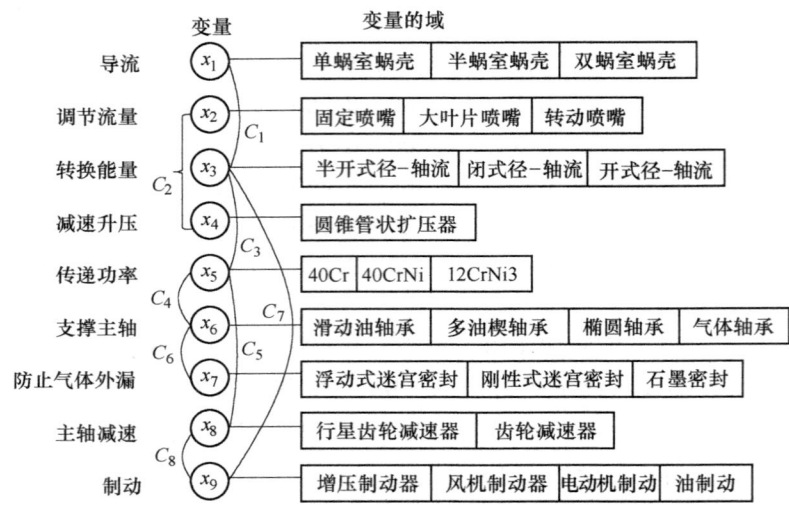

依赖约束:

$C_1: C(s_1,s_3) = \{(s_{11},s_{31}),(s_{11},s_{32}),(s_{12},s_{31}),(s_{12},s_{32}),(s_{13},s_{31}),(s_{13},s_{32}),(s_{13},s_{33})\}$

$C_2: C(s_2,s_3,s_4) = \{(s_{21},s_{32},s_{41}),(s_{21},s_{33},s_{41}),(s_{22},s_{31},s_{41}),(s_{22},s_{32},s_{41}),(s_{23},s_{31},s_{41}),(s_{23},s_{32},s_{41}),$
$(s_{23},s_{33},s_{41}),(s_{21},s_{31},s_{42}),(s_{22},s_{31},s_{42}),(s_{22},s_{33},s_{42}),(s_{23},s_{31},s_{42}),(s_{23},s_{32},s_{42}),(s_{23},s_{33},s_{42})\}$

$C_3: C(s_3,s_5) = \{(s_{31},s_{51}),(s_{31},s_{52}),(s_{31},s_{53}),(s_{32},s_{51}),(s_{32},s_{52}),(s_{33},s_{53})\}$

$C_4: C(s_5,s_6) = \{(s_{51},s_{61}),(s_{51},s_{62}),(s_{51},s_{63}),(s_{51},s_{64}),(s_{52},s_{63}),(s_{52},s_{64}),(s_{53},s_{61}),(s_{53},s_{64})\}$

$C_5: C(s_5,s_8) = \{(s_{51},s_{81}),(s_{51},s_{82}),(s_{52},s_{81}),(s_{52},s_{82}),(s_{53},s_{82})\}$

$C_6: C(s_6,s_7) = \{(s_{61},s_{71}),(s_{61},s_{72}),(s_{62},s_{72}),(s_{62},s_{73}),(s_{63},s_{72}),(s_{64},s_{71}),(s_{64},s_{73})\}$

$C_7: C(s_3,s_9) = \{(s_{31},s_{91}),(s_{31},s_{93}),(s_{32},s_{92}),(s_{32},s_{93}),(s_{32},s_{94}),(s_{33},s_{91}),(s_{33},s_{92}),(s_{33},s_{93})\}$

$C_8: C(s_8,s_9) = \{(s_{81},s_{92}),(s_{81},s_{93}),(s_{81},s_{94}),(s_{82},s_{91}),(s_{82},s_{92}),(s_{82},s_{93})\}$

图 2-14 透平膨胀机方案设计功构映射 CSP 模型

将设计特性评价函数等效为演化博弈算法的效用函数,功能元的效用值计算就是建立在这些相关评价知识上。

效用函数指导演化博弈过程,因此在计算效用值时,首先要将评价知识库中的评价指标语义表达量化。采用五档加以评价,如语义表达差、较差、一般、较好、好,可分别量化为

1、3、5、7、9，若评价介于两档之间可取中间值。表2-4列出了透平膨胀机备选子结构各项评价指标值。

表2-4 透平膨胀机备选子结构各项评价指标值

	V_1	V_2	V_3	V_4	V_5	V_6	V_7	V_8	V_9	V_{10}	V_{11}	V_{12}	V_{13}	V_{14}	V_{15}
S_{11}	6	7	8	7	6	5	7	0	5	8	0	6	5	5	5
S_{12}	4	9	8	6	5	5	5	0	3	6	0	7	6	4	3
S_{13}	2	5	6	8	7	6	9	0	5	8	0	5	3	5	6
S_{21}	9	8	8	3	4	5	2	0	1	0	0	7	6	7	6
S_{22}	7	6	5	5	5	3	3	0	3	0	0	5	4	5	4
S_{23}	6	6	5	7	7	6	6	0	6	0	0	4	3	5	4
S_{31}	4	5	6	7	9	8	7	5	0	0	0	4	3	4	3
⋮	⋮	⋮	⋮	⋮	⋮	⋮	⋮	⋮	⋮	⋮	⋮	⋮	⋮	⋮	⋮
S_{93}	3	5	5	7	6	0	8	0	0	0	7	4	3	3	4
S_{94}	5	6	6	7	4	0	6	0	0	0	4	5	3	2	1

效用函数确定后，就可以利用演化博弈算法对产品方案设计功构映射CSP模型进行映射。首先选择演化博弈算法的参数，设定初始化方法比例：有限约束法80%，随机法20%。而有限约束法的参数$N=5$，演化最大代数$T=500$，各功能元主体的扰动概率依次为0.19、0.13、0.35、0.07、0.32、0.16、0.09、0.23和0.27。

图2-15为MATLAB7.0程序环境下演化博弈算法求解透平膨胀机方案设计功构映射CSP模型得到的

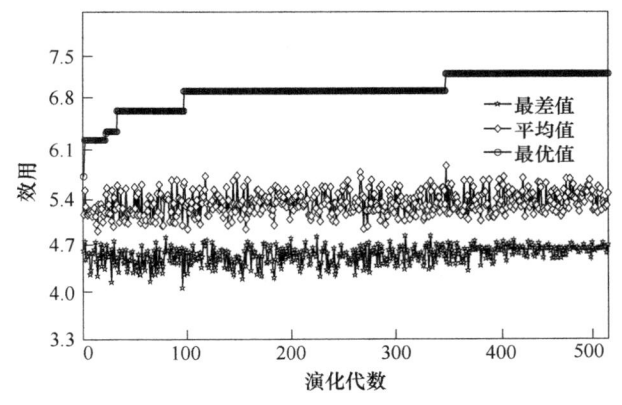

图2-15 最佳效用值曲线

最佳效用值曲线。确定最优设计方案为：导流：单蜗室蜗壳；调节流量：转动喷嘴；转换能量：半开式径-轴流工作轮；减速升压：圆锥管状扩压器；传递功率：40Cr（S_{51}）；支撑主轴：椭圆轴承；防止气体外漏：刚性式迷宫密封；主轴减速：行星齿轮减速器；制动：电动机制动。该实例相关数据为某企业调研所得，该方案与某企业实际设计方案相符。

2.4 基于量词约束满足的产品设计方案稳健分析

本节提出一种基于量词约束满足问题（Quantified Constraint Satisfaction Problem，QCSP）的稳健优化设计方法。该方法不涉及概率分布信息，建立的优化模型无关于目标函数、约束函数的连续可导性。其中，设计变量和不确定因素分别被表达为QCSP中的存在性变量和普遍性变量。在区间数形式的普遍性变量作用下求得目标函数和约束函数的上下界，根据设计者偏好设定任意稳健性指标，然后利用改进混合蛙跳算法求得符合稳健性指标的优化解。通过透平压缩机扩压器产品设计特性稳健优化设计应用实例，证明了所提出方法的有效性。

2.4.1 产品设计方案的量词约束满足建模

经典约束满足问题模型能够解决传统机械产品设计的建模问题。对于稳健优化设计问题，需要尽早地在设计初始阶段考虑产品全生命周期内噪声因素引起的设计参数变差，要求产品特性值对设计参数变差不敏感。因此，稳健设计模型需要表达设计参数变差，另外还需明确设计参数变差普遍是否存在于整个设计阶段。

量词约束满足问题是约束满足问题的自然延伸和扩展，具有更强大、更直观的表达能力，其对变量分为存在性量化和普遍性量化。产品特性稳健优化 QCSP 模型的变量 V 包括设计变量 X 和噪声变量 ΔP。设计变量是设计中关键尺寸的变量，比如扩压器进口通道宽度属于设计变量。噪声变量则是与产品特性相关的因素的变差，即设计参数的变差，比如扩压器进出口气体扩散比受环境因素影响发生的变动量。从变量的数值类型来讲，设计变量是精确数，记为 $X = \{x_1, x_2, \cdots, x_n\}$；而噪声变量则为区间数，记为 $\Delta P = \{\Delta p_1^I, \Delta p_2^I, \cdots, \Delta p_k^I\}$，且 $\Delta p_j^I = [\Delta p_j^l, \Delta p_j^u]$，$j = 1, 2, \cdots, k$。

以量词概念表达变量集为 $QV = \exists X \cup \forall \Delta P$，其中 $\exists$、$\forall$ 分别是存在性量词和普遍性量词。产品特性稳健优化设计问题中的所有设计变量 $X = \{x_1, x_2, \cdots, x_n\}$ 为 QCSP 模型中的存在性变量，且变量间相互独立；噪声变量即设计参数变差 $\Delta P = \{\Delta p_1^I, \Delta p_2^I, \cdots, \Delta p_k^I\}$ 则为普遍性变量。

值域集合 D 由设计变量和噪声变量的取值范围构成，设计变量 x_i 是在 $[x_{i\min}, x_{i\max}]$ 范围内取精确值，而噪声变量 Δp_j^I 作为区间数本身就表达了取值范围。集合 D 包含了设计问题中所有变量的取值范围，也称其为设计问题的搜索空间。产品特性稳健优化设计在设计参数变差已知条件下，通过约束满足求得设计变量的优化解，因此解空间 D_{solution} 包含设计变量取值。D_{solution} 由所有可行解 $S = \{s_1, s_2, \cdots, s_q\}$ 构成，其中 $s_i = \{x_{i1}, x_{i2}, \cdots, x_{in}\}$ 对所有设计变量赋值，并满足约束集 C，因此可表达为 $D_{\text{solution}} = D \cap C$。对于约束 $c_i \in C$，$d_{\text{solution}} \in D$ 表示满足约束 c_i 的所有可行解，由逻辑推理可知 $D_{\text{solution}} = \cap_{i=1}^{k} d_{\text{solution}}$。

QCSP 模型求解时，一个重要的指标就是约束的满足，当一个解 $s_i = \{x_{i1}, x_{i2}, \cdots, x_{im}\}$ 满足所有约束，或者说违反约束数量为 0，则 $s_i \in D_{\text{solution}}$。

产品特性稳健优化设计的约束包括产品特性目标约束和设计约束。数学形式表达为

$$C : c_\tau = \begin{cases} y_i(X, P) - y_i^* \leq 0, i = 1, 2, \cdots, \alpha \\ g_j(X, P) \leq 0, j = 1, 2, \cdots, \beta \\ h_k(X, P) = 0, k = 1, 2, \cdots, \gamma \end{cases} \tag{2-10}$$

由于极大、极小问题可互相转化，因此式中不等式约束统一表达为极小化形式。式中，$y_i(X, P) - y_i^* \leq 0$ 表示产品特性目标约束；$y_i(X, P)$ 为产品特性目标函数；y_i^* 为产品特性目标值。

由于噪声变量 ΔP 的存在，设计参数变为区间变量，根据区间函数扩张定义，目标函数 $y_i(X, P)$ 变为相应的区间函数 $Y_i(X, P^I)$。对应每个解 s_j，有 $Y_{ij} = [Y_{ij}^l, Y_{ij}^u]$，则

1) $s_j \in D_{\text{solution}}$ 的条件为 $Y_{ij}^u - y_i^* \leq 0$。

2) 稳健设计要求产品特性波动在可接受范围内，即 Y_{ij} 的区间宽度 $Y_{ij}^w = Y_{ij}^u - Y_{ij}^l \leq w_i$，$w_i$ 为预先设定的 Y_i 的最大波动。

在满足以上两个条件的 Y_{ij} 中寻优，即寻找最小值。由于 Y_i 为区间数，因此涉及区间数的大小比较。

设计约束包含大量设计信息，主要涉及设计特性功能要求、结构满足等。式（2-10）中，$g_j(X, P) \leq 0$ 和 $h_k(X, P) = 0$ 分别是不等式设计约束和等式设计约束。当设计参数为区间数时，原约束函数将变为相应的区间函数 $G_j(X, P)$ 和 $H_k(X, P)$。

1）对于原不等式约束 $g_j(X, P) \leq 0$，现有 $G_j(X,P) = [G_j^l, G_j^u]$，简写作 $G_j = [G_j^l, G_j^u]$。比较两个区间大小的定义，当一个区间蜕变为 0 时，可得区间 G_j 小于 0 的可能度，如式（2-11）所示。

$$P(G_j \leq 0) = \begin{cases} 0 & G_j^l \geq 0 \\ -G_j^l/(G_j^u - G_j^l) & G_j^l \leq 0 \leq G_j^u \\ 1 & G_j^u \leq 0 \end{cases} \quad (2\text{-}11)$$

$P(G_j \leq 0) = [0, 1]$ 即为设计约束的稳健性指标。产品特性目标函数的最优是本章最关心的，因此某些设计约束条件可以有一定程度的不满足。要求不等式约束的稳健性不小于 ξ_j，则不等式设计约束可转化为：$P(G_j \leq 0) \geq \xi_j$，$G_j = [G_j^l, G_j^u]$，$j = 1, 2, \cdots, \beta$。

2）对于原等式约束 $h_k(X, P) = 0$，现有 $H_k(X, P) = [H_k^l, H_k^u]$，简写作 $H_k = [H_k^l, H_k^u]$。给定等式约束波动范围 $h_k^* = [h_k^l, h_k^u]$，则 H_k 位于区间 h_k^* 内的可能度为

$$P(h_k^l \leq H_k \leq h_k^u) = \begin{cases} 0 & H_k^l \geq h_k^u \text{ 或者 } H_k^u \leq h_k^l \\ (h_k^u - H_k^l)/(H_k^u - H_k^l) & h_k^l \leq H_k^l \leq h_k^u \text{ 并且 } H_k^u \geq h_k^u \\ (H_k^u - h_k^l)/(H_k^u - H_k^l) & h_k^l \leq H_k^u \leq h_k^u \text{ 并且 } H_k^l \leq h_k^l \\ 1 & H_k^l \geq h_k^l \text{ 并且 } H_k^u \leq h_k^u \end{cases} \quad (2\text{-}12)$$

要求约束稳健性不小于 ζ_k，则等式设计约束可转化为：$P(h_k^l \leq H_k \leq h_k^u) \geq \zeta_k$，$H_k = [H_k^l, H_k^u]$，$k = 1, 2, \cdots, \gamma$。

一个解 s_i 是各变量 x_i 在其相应值域 D_i 内的一个实例化。根据解 s_i 的性质有以下三种情况：若每一个变量 $x_i \in X$ 在 s_i 中都相应地得到实例化，则 s_i 是完备解；若 s_i 满足所有约束，则 s_i 是可行解；若 s_i 不仅完备且可行，则 s_i 是有效解。

对产品特性稳健优化 QCSP 模型而言，设计方案解 s_i 不仅要有效且需保证在存在设计参数变差 ΔP 的情况下，目标约束和设计约束得到满足，则 s_i 称为稳健解，记作 s_{robust}。

应用量词概念表达稳健优化 QCSP 模型为

$$\{QV, D, C\} \quad (2\text{-}13)$$

其中 $QV = \exists X \cup \forall \Delta P$，$QV$ 为变量集，$Q \in \{\exists, \forall\}$，$\exists$、$\forall$ 分别表示存在性量词和普遍性量词。X 为设计变量集；ΔP 为由噪声因素引起的设计参数变差的集合。

若 QCSP 模型存在有效的稳健解，则可表示为

$$\{(\exists s_{\text{robust}}, \forall \Delta P), (D(X), D(\Delta P)), C\} \quad (2\text{-}14)$$

当不考虑设计参数变差 ΔP 时，建立的产品特性稳健优化 QCSP 模型就退化为产品优化设计 CSP 模型，有效解 s_{valid} 的存在条件为：在解搜索空间 S 中，对于每一个设计变量 $x_i \in X$，在其值域 $D(x_i)$ 中至少存在一个数值使得设计参数组合满足所有约束条件 C。则有效解

的存在性可表达为

$$\exists s_i \in S : s_i \in D_{\text{solution}} \tag{2-15}$$

产品特性稳健优化 QCSP 模型存在稳健解 s_{robust} 的条件为：在解搜索空间 S 中，对于在变差 $\Delta p_j \in D(\Delta p_j)$ 范围内波动的各设计参数 p_i 的所有值，设计变量组合满足所有约束条件 C。则稳健解的存在性可表达为

$$\exists s_i \in S : \forall \Delta P \in D(\Delta P), (s_i, \Delta P) \in D_{\text{solution}} \tag{2-16}$$

设有效解集为 s_{valid}，由于 $s_{\text{robust}} \in s_{\text{valid}}$，则稳健解的存在性还可表达为

$$\exists s_i \in s_{\text{valid}} : \forall \Delta P \in D(\Delta P), (s_i, \Delta P) \in D_{\text{solution}} \tag{2-17}$$

当一个解 s_i 同时满足式（2-15）和式（2-17）或者满足式（2-17），则 s_i 为稳健解。

2.4.2 产品设计方案的可行区间搜索映射

区间分析本质上是分支定界法，对各变量的取值区间不断进行检验、折半分割，直到最后每个变量的区间宽度小于一定的值。

QCSP 模型中设计变量 x_i 的取值区间为 $D(x_i) = I_i = [\underline{x_i}, \overline{x_i}]$，初始区间为 $[x_{i\min}, x_{i\max}]$。整个设计变量集 X 的取值空间是 n 个区间变量的笛卡儿乘积，可表示为 $B = <I_1, I_2, \cdots, I_n>$，称之为值域盒，且有 $B \subseteq D$。区间变量 I_i 折半分割为 I_{i1} 和 I_{i2}，且 $I_{i1} = \left[\underline{x_i}, \frac{1}{2}(\underline{x_i} + \overline{x_i})\right]$，$I_{i2} = \left[\frac{1}{2}(\underline{x_i} + \overline{x_i}), \overline{x_i}\right]$。分割后的值域盒记为

$$\text{sub}B \subseteq B, \text{sub}B = \{<I_{1s}, I_{2s}, \cdots, I_{ns}> | I_{is} \subseteq I_i, i = 1, 2, \cdots, n; s = 1, 2\}$$

仅考虑存在性量词即设计变量时，对每个值域盒进行约束检验。

1）对于约束 $c_i(X, P) \leq 0$，由于区间扩展，计算可得 $c_i(X, P) = [\underline{c_i}, \overline{c_i}]$。若 $\underline{c_i} \leq 0$，$\overline{c_i} \leq 0$，则该值域盒内可能存在有效解；若 $\overline{c_i} \leq 0$，则值域盒内的任意变量组合均为有效解；若 $\underline{c_i} \geq 0$，则不存在任何解。

2）对于约束 $c_j(X, P) = 0$，若 $0 \in [\underline{c_i}, \overline{c_i}]$，则约束具有一致性，可能存在有效解；若 $0 \notin [\underline{c_i}, \overline{c_i}]$，则不存在任何解。

根据约束检验结果，剔除掉不存在任何解的值域盒。区间分析算法的终止条件为各变量的区间宽度 $(\overline{x_i} - \underline{x_i}) \leq \delta_i$，$\delta_i$ 为设定的宽度阈值。区间分析算法流程如下：

步骤 1：分割值域盒 $B = <I_1, I_2, \cdots, I_n>$，得 $\text{sub}B = \{<I_{1s}, I_{2s}, \cdots, I_{ns}> | s = 1, 2\}$。

步骤 2：对各值域盒进行约束检验。

步骤 3：剔除掉不存在任何解的值域盒。

步骤 4：对于剩余值域盒，$(\overline{x_i} - \underline{x_i}) \leq \delta_i$，$i = 1, 2, \cdots, n$ 成立，转步骤 5，否则转步骤 1。

步骤 5：算法结束，输出有效值域盒 $B_1, B_2, \cdots, B_v$。

2.4.3 产品设计方案的信息熵稳健决策

本小节实质上是求解一个多目标优化问题，在存在设计参数变差的情况下，通过智能优化算法获得满足约束且靠近Pareto前沿的设计稳健解。混合蛙跳算法（Shuffled Frog Leaping Algorithm，SFLA）是一种基于群体智能的后启发协同式搜索方法。

SFLA算法初始种群由M'''只青蛙X_i构成，为提高初始解质量，采用精华禁忌搜索法构建初始种群，群内的青蛙个体均为有效解，并保证至少有一只青蛙个体是稳健解。第i只青蛙表示一个n维有效解$X_i = (x_i^1, x_i^2, \cdots, x_i^n)$，$n$为设计变量的数量。对蛙群内的青蛙进行排序得$R = \text{sort}(X_i) = (R_1, R_2, \cdots, R_{M'''})$，然后开始对序列中的青蛙进行分组。把蛙群分成$a$个子族群，每个子族群分配到$b$只青蛙，且满足关系$M''' = a \times b$。对$M'''$只青蛙进行族群划分的具体办法为：将第1只青蛙分入第1个子族群，第a只青蛙分入第a个子族群；然后，第$a+1$只青蛙继续划入第1个子族群，第$a+2$只青蛙分入第2个子族群，以此类推，直到M'''只青蛙全部被分入到相应子族群。

全局最好个体表示为$X_{\text{gb}} = (x_{\text{gb}}^1, x_{\text{gb}}^2, \cdots, x_{\text{gb}}^n)$。有初始种群的质量保证，$X_{\text{gb}}$必为稳健解，取稳健解中适应值排序最优的青蛙个体为全局最好个体。子族群内的最好个体表示为$X_{\text{cb}} = (x_{\text{cb}}^1, x_{\text{cb}}^2, \cdots, x_{\text{cb}}^n)$，子族群内的最差个体表示为$X_{\text{cw}} = (x_{\text{cw}}^1, x_{\text{cw}}^2, \cdots, x_{\text{cw}}^n)$。对于任何子族群$c$来说，群内的青蛙并不全是稳健解甚至可能没有稳健解。若存在稳健解，则取稳健解中适应值排序最优的青蛙为群内最好个体，取稳健解或非稳健解中适应值排序最差的青蛙为最差个体；若不存在稳健解，则取$X_{\text{cb}} = X_{\text{gb}}$，取最差个体为非稳健解中适应值排序最差的青蛙。然后进行群内进化，对每个子族群执行搜索，每次迭代针对X_{cw}进行更新操作，更新策略为

$$d_c^j = \text{rand}(0,1) \times (x_{\text{cb}}^j - x_{\text{cw}}^j), -d_{\max}^j \leq d_c^j \leq d_{\max}^j \quad (2\text{-}18)$$

$$^*x_{\text{cw}}^j = d_c^j + x_{\text{cw}}^j, 1 \leq j \leq n \quad (2\text{-}19)$$

式中，$^*x_{\text{cw}}^j$表示族群c中最差青蛙个体更新后的第j维分量；d_c^j表示j维分量上的蛙跳步长；$d_{\max}^j$是j维分量上的最大蛙跳步长；$\text{rand}(0, 1)$在0和1之间随机取值。判断$^*X_{\text{cw}}$是否处于有效值域盒范围内，若是，并且满足QCSP模型的约束条件，则计算$^*X_{\text{cw}}$的适应值；若否，则重新调整步长，直至满足要求。如果$^*X_{\text{cw}}$的适应值在个体排序中劣于X_{cw}的适应值，就用X_{gb}代替X_{cw}，按式（2-9）与式（2-10）执行局部搜索过程；如果仍未见其改善，便随机产生一只新的青蛙对X_{cw}进行替换。重复上述局部搜索$L_{\max}$次，当完成局部搜索时，随机产生一只新的青蛙对X_{cw}进行替换。重复上述局部搜索$L_{\max}$次，当完成局部搜索后，对所有子族群内的青蛙重新混合并排序和划分子族群，再进行局部搜索，如此反复，直至达到混合迭代次数$G_{\max}$。

将种群中的有效解区分为稳健解和非稳健解，然后对该两类解按下述方法分别实行排序。首先确定解集中的非支配个体，根据它们之间的拥挤密度进行排序。对于集合内剩余的支配个体，计算其与距离最近的非支配个体的欧氏距离，并按降序排序在非劣个体后。采用Harmonic平均距离对非支配个体的拥挤密度进行估计。对于集合内第i个非支配个体，其与非支配个体j的欧式距离为$d_{ij} = \|Y_i - Y_j\| = \sqrt{\sum_{\nu=1}^{m}(y_i^\nu - y_j^\nu)^2}$，$y_i^\kappa$表示个体$i$的第$\nu$个设计

特性目标值。因此目标空间中非支配个体 i 与其他 k 个非支配个体的欧式距离分别为 d_{i1}, d_{i2}, $\cdots$, d_{ik}，则个体 i 的 Harmonic 平均距离 hd_i 为

$$hd_i = \frac{k}{1/d_{i1} + 1/d_{i2} + \cdots + 1/d_{ik}} \tag{2-20}$$

排序后的个体序列为 $X = \{x[i], i = 1, 2, \cdots, p\}$，其中 $x[1]$ 和 $x[p]$ 分别为具有最好适应值和最差适应值的个体。将非稳健解集的排序序列置于稳健解集的排序序列后得到群体的排序序列。然后按照族群划分方法将个体依次放入 a 个子族群。

本章采用外部精英集来保存族群中搜索到的非劣解，并通过小生境技术对精英集进行维护。将每一代族群进化后得到的非劣稳健解加入到精英集中，并剔除其中的劣解；若精英集中的个体数超过规定容量，则利用小生境技术计算适应度，淘汰多余的适应度较小的个体，小生境的适应度计算公式为

$$F(i) = 1 / \sum_{j=1}^{m} \sinh(d_{ij}), \sinh(d_{ij}) = \begin{cases} 1 - (d_{ij}/\omega_{\text{share}})^{\alpha} & d_{ij} < \omega_{\text{share}} \\ 0 & d_{ij} \geq \omega_{\text{share}} \end{cases} \tag{2-21}$$

式中，m 为精英集内非劣稳健解的个数；α 为常数；ω_{share} 为小生境半径；$\sinh(d_{ij})$ 为个体 i 和 j 的共享函数；d_{ij} 为个体 i 和 j 之间目标向量的欧式距离，$d_{ij} = \|Y_i - Y_j\|$。

小生境半径 ω_{share} 直接决定精英集个体的分布性，ω_{share} 选择过大或过小都会导致个体分布不均。本文采用基于 Harmonic 平均距离的小生境半径 ω_{share} 计算方法。计算公式为

$$\omega_{\text{share}} = \begin{cases} C & \text{当 } z = 1 \\ \sum_{i=1}^{z} hd_i / z, & \text{当 } z \geq 2 \end{cases} \tag{2-22}$$

式中，C 为一正常数，一般设置为 1；z 为当前精英集内的个体数；hd_i 为个体 i 的 Harmonic 平均距离，如式（2-20）计算。

ω_{share} 随着算法的迭代过程自动进行调整，保证了精英集内个体的良好分布性。

综上所述，算法流程如图 2-16 所示。

在 v 个有效值域盒内由混合蛙跳算法求解得到 v 个精英集，将其混合重新确定支配关系获得 Pareto 解集，记为：$\chi = \{\chi_1, \cdots, \chi_i, \cdots, \chi_{M_0}\}$，$M_0$ 为精英集中非劣解的个数。介于人工 Pareto 选优法的多种不确定主观因素，采用基于信息熵理论的 Pareto 优选法进行辅助选择。Pareto 解 χ_i 的熵权可定义为

$$\beta(\chi_i) = -\frac{1}{\ln m} \sum_{j=1}^{m} \left[\left(y_{i,j}^* \bigg/ \sum_{j=1}^{m} y_{i,j}^* \right) \ln \left(y_{i,j}^* \bigg/ \sum_{j=1}^{m} y_{i,j}^* \right) \right] \tag{2-23}$$

式中，m 表示优化目标的个数；$y_{i,j}$ 表示 χ_i 在第 j 个优化目标上的取值，$y_{i,j}$ 是区间值 $[\underline{y_{i,j}}, \overline{y_{i,j}}]$ 的中值，即 $y_{i,j} = \frac{1}{2}(\underline{y_{i,j}} + \overline{y_{i,j}})$；$y_{i,j}^*$ 表示对 $y_{i,j}$ 进行规范化

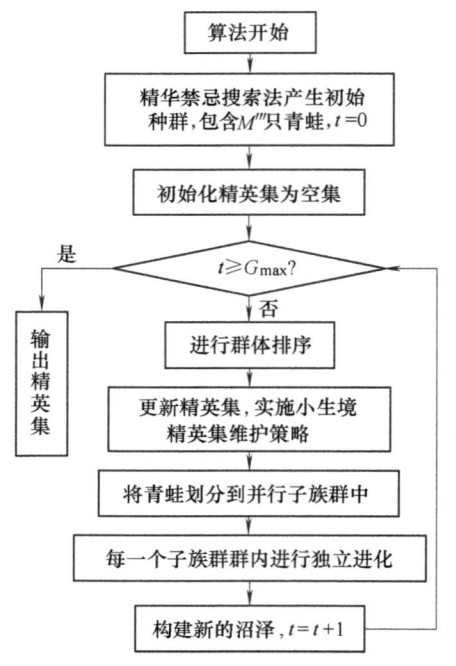

图 2-16 混合蛙跳算法流程图

处理（按照目标的望大性、望小性）后得到的标准化取值。

根据信息熵原理可知，$\beta(\chi_i)$ 值越大，表示该解在各目标上的分布差异性越小，综合性能越优。

2.4.4 实例分析

如图 2-17 所示，截面 3-3 和 4-4 分别为扩压器进出口截面，b_3、b_4 分别为扩压器进出口通道宽度，D_3、D_4 分别为扩压器进出口半径，D_2 为叶轮出口半径，α_{3A}，α_{4A} 分别为扩压器叶片进出口角度。

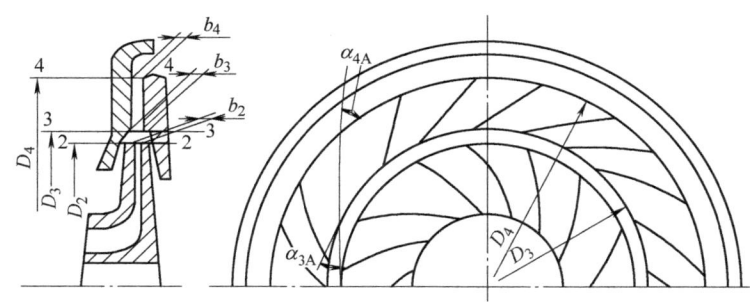

图 2-17 扩压器结构

透平压缩机扩压器质量特性设计要求主要有以下两个方面：

1. 扩压器气动质量特性设计要求

影响扩压器性能的一个重要气动设计特性是压力恢复系数。压力恢复系数表示气体经扩压器之后动能变为静压的恢复能力，压力恢复系数计算公式为

$$C_p = \mu_c^{0.15} C_{pi}, \mu_c = c_4/c_3, C_{pi} = 1 - \left(\frac{W_3}{W_4}\right)^2, W_3 = 2\pi D_3 \sin\alpha_{3A}/z, W_4 = 2\pi D_4 \sin\alpha_{4A}/z$$

式中，μ_c 为扩散比，即进出口气流的速度反比；c_3、c_4 分别为进出口气流速度；C_{pi} 是理想压力恢复系数；W_3、W_4 分别为扩压器进出口截面当量宽度。

设计要求有较高的压力恢复系数，即 $\max f_1 = C_p$，转化为最小化问题为

$$\min f_1 = -C_p \tag{2-24}$$

2. 扩压器效率质量特性设计要求

气体在流动过程中，气体本身不同能量形式发生了转换，转换中有损失存在，评价能量转换效果的设计特性指标即为效率，扩压器效率计算式为

$$\eta_v = 1 - \frac{\lambda_v}{1 - \mu_c^2}$$

$$\lambda_v = 0.0082\theta_{eq}^2 - 0.0014\theta_{eq} + 0.1227$$

$$\tan\frac{\theta_{eq}}{2} = \frac{R_4 - R_3}{l} = 2\frac{\sqrt{D_4 b_4 \sin\alpha_{4A}} - \sqrt{D_3 b_3 \sin\alpha_{3A}}}{\sqrt{z}(D_4 - D_3)}\sin\left(\frac{\alpha_{4A} + \alpha_{3A}}{2}\right)$$

$$R_3 = \sqrt{\frac{D_3 b_3 \sin\alpha_{3A}}{z}}, R_4 = \sqrt{\frac{D_4 b_4 \sin\alpha_{4A}}{z}}$$

$$l = \frac{D_4 - D_3}{\sin\left(\frac{\alpha_{4A} + \alpha_{3A}}{2}\right)}$$

式中，λ_v 为流动做功系数，在估计流动做功量时，常常将扩压器看成"当量圆锥形扩张管"；z 为叶片数；R_3、R_4 分别为通道的进出口当量管半径，l 为当量管的轴向长度，即气体流动路程；θ_{eq} 为当量管的扩张角。

需要说明的是扩压器内通道一般做成等宽型，即 $b_3 = b_4$。

设计要求有较高的效率，即 $\max f_2 = \eta_v$，转化为最小化问题为

$$\min f_2 = -\eta_v \tag{2-25}$$

综上所述，可以建立透平压缩机扩压器设计特性稳健优化模型，以几何参数 D_3、D_4、α_{3A}、α_{4A}、z 作为设计变量，首先仅针对存在量词即设计变量建立约束满足模型如下：

$$\exists D_3 \in D(D_3), \exists D_4 \in D(D_4), \exists \alpha_{3A} \in D(\alpha_{3A}), \exists \alpha_{4A} \in D(\alpha_{4A}), \exists z \in D(z)$$
$$\text{s.t. } C_p^* - C_p(D_3, D_4, \alpha_{3A}, \alpha_{4A}, \mu_c) \leq 0 \cap \eta_v^* - \eta_v(D_3, D_4, \alpha_{3A}, \alpha_{4A}, b_3, b_4, \mu_c) \leq 0 \tag{2-26}$$
$$\cap D_4 - D_3 \leq 0.60 D_2 \cap 1.3 \leq \frac{D_4}{D_3} \leq 1.55 \cap 12° \leq \alpha_{4A} - \alpha_{3A} \leq 20°$$

式中，C_p^*、η_v^* 为满足最低设计要求的各设计特性值。

采用区间分析算法求解该模型，得有效值域盒 B_1, B_2, B_3, $\cdots$, B_v，v 为求解得到的有效值域盒数，其中 $B_i = \langle I_{i1}, I_{i2}, I_{i3}, I_{i4}, I_{i5} \rangle$。

已知设计参数叶轮出口直径 $D_2 = 164$ mm；叶轮出口通道宽度 $b_2 = 8.5$ mm，则扩压器进出口通道宽度 $b_3 = b_4 = 1.06 b_2 = 9$ mm；气体扩散比 $\mu_c = 0.42$。在实际生产制造装配使用过程中，D_2、b_3、b_4 以及 μ_c 易受各种噪声因素影响而产生变差，取结构参数 D_2、b_3、b_4 的位置变差和 μ_c 的工况变差 $\Delta P = \{(\Delta D_2, \Delta b_3, \Delta b_4, \Delta \mu_c): -0.4 \leq \Delta D_2 \leq 0.4, -0.1 \leq \Delta b_3 \leq 0.1, -0.1 \leq \Delta b_4 \leq 0.1, -0.03 \leq \Delta \mu_c \leq 0.03\}$，考虑设计参数变差 ΔP，建立稳健优化的量词约束满足模型如下：

$$\exists X \in B_i, \forall \Delta P, i = 1, 2, \cdots, v$$
$$\min f(X, \Delta P) = \{C_p, \eta_v\}$$
$$\text{s.t. } \Delta f_1 \leq 0.02 \cap \Delta f_2 \leq 0.02 \cap C_p^* - C_p(D_3, D_4, \alpha_{3A}, \alpha_{4A}, \mu_c \oplus \Delta \mu_c) \leq 0$$
$$\cap \eta_v^* - \eta_v(D_3, D_4, \alpha_{3A}, \alpha_{4A}, b_3 \oplus \Delta b_3, b_4 \oplus \Delta b_4, \mu_c \oplus \Delta \mu_c) \leq 0 \cap D_4 - D_3 \leq 0.60 D_2$$
$$\oplus \Delta D_2 \cap 1.3 \leq \frac{D_4}{D_3} \leq 1.55 \cap 12° \leq \alpha_{4A} - \alpha_{3A} \leq 20°$$

$$\tag{2-27}$$

式中，X 为设计变量集，$X = \{D_3, D_4, \alpha_{3A}, \alpha_{4A}, z\}$，且 $D_3 \in I_{i1}$, $D_4 \in I_{i2}$, $\alpha_{3A} \in I_{i3}$, $\alpha_{4A} \in I_{i4}$, $z \in I_{i5}$。

式中共有 7 个不等式约束，依次记为设计约束（1）~（7）。前四个约束为设计特性的目标约束；后三个约束为设计约束。对于约束（3）~（5），由于设计参数变差的存在，在优化过程中需要对其进行稳健性度量，记其稳健性指标为 $P(Y_1 \leq 0)$，$P(Y_2 \leq 0)$ 和 $P(G_1 \leq 0)$（约束均转化为 $Y_i \leq 0$ 或 $G_i \leq 0$ 的形式）。根据设计要求，稳健性指标需满足 $P(Y_1 \leq 0) \geq \zeta_1$，

$P(Y_2 \leqslant 0) \geqslant \zeta_2$ 及 $P(G_1 \leqslant 0) \geqslant \xi_1$，其中 $\zeta_1 = 1.00$，$\zeta_2 = 1.00$，$\xi_3 = 0.90$，由此可见目标约束必须得到完全满足。

以某型号的透平压缩机扩压器作为设计实例，根据企业透平压缩机扩压器设计规范，具体设计变量、原始设计值及变量取值范围，见表 2-5 所示。

表 2-5 某型透平压缩机扩压器结构原始设计值及上下限

设计变量	原始设计值	变量取值范围
进口直径 D_3/mm	182.0	[180.0, 200.0]
出口直径 D_4/mm	272.5	[260.0, 280.0]
进口安装角 $\alpha_{3A}/(°)$	14.0	[14.0, 22.0]
出口安装角 $\alpha_{4A}/(°)$	30.0	[28.0, 36.0]
叶片数 z	27	[12, 28]

最低设计要求 $C_p^* = 0.78$，$\eta_v^* = 0.78$，并设定算法中各设计变量的终止区间宽度为 $\delta_1 = 2.5$mm，$\delta_2 = 2.5$mm，$\delta_3 = 2.0$mm，$\delta_4 = 2.0$mm，$\delta_5 = 5$mm，通过区间分析求得 25 个有效值域盒，见表 2-6。

表 2-6 区间分析获得的有效值域盒

	D_3/mm	D_4/mm	$\alpha_{3A}/(°)$	$\alpha_{4A}/(°)$	z
1	[180.0, 182.5]	[265.0, 267.5]	[14.0, 16.0]	[28.0, 30.0]	[24, 28]
2	[180.0, 182.5]	[267.5, 270.0]	[14.0, 16.0]	[28.0, 30.0]	[24, 28]
3	[180.0, 182.5]	[270.0, 272.5]	[14.0, 16.0]	[28.0, 30.0]	[24, 28]
4	[180.0, 182.5]	[272.5, 275.0]	[14.0, 16.0]	[28.0, 30.0]	[24, 28]
5	[180.0, 182.5]	[272.5, 275.0]	[14.0, 16.0]	[30.0, 32.0]	[24, 28]
6	[180.0, 182.5]	[275.0, 277.5]	[14.0, 16.0]	[28.0, 30.0]	[24, 28]
7	[180.0, 182.5]	[275.0, 277.5]	[14.0, 16.0]	[30.0, 32.0]	[24, 28]
8	[180.0, 182.5]	[277.5, 280.0]	[14.0, 16.0]	[28.0, 30.0]	[24, 28]
9	[180.0, 182.5]	[277.5, 280.0]	[14.0, 16.0]	[30.0, 32.0]	[24, 28]
10	[180.0, 182.5]	[277.5, 280.0]	[14.0, 16.0]	[32.0, 34.0]	[24, 28]
11	[182.5, 185.0]	[267.5, 270.0]	[14.0, 16.0]	[28.0, 30.0]	[24, 28]
12	[182.5, 185.0]	[270.0, 272.5]	[14.0, 16.0]	[28.0, 30.0]	[24, 28]
13	[182.5, 185.0]	[272.5, 275.0]	[14.0, 16.0]	[28.0, 30.0]	[24, 28]
14	[182.5, 185.0]	[275.0, 277.5]	[14.0, 16.0]	[28.0, 30.0]	[24, 28]
15	[182.5, 185.0]	[275.0, 277.5]	[14.0, 16.0]	[30.0, 32.0]	[24, 28]
16	[182.5, 185.0]	[277.5, 280.0]	[14.0, 16.0]	[28.0, 30.0]	[24, 28]
17	[182.5, 185.0]	[277.5, 280.0]	[14.0, 16.0]	[30.0, 32.0]	[24, 28]
18	[185.0, 187.5]	[270.0, 272.5]	[14.0, 16.0]	[28.0, 30.0]	[24, 28]
19	[185.0, 187.5]	[272.5, 275.0]	[14.0, 16.0]	[28.0, 30.0]	[24, 28]
20	[185.0, 187.5]	[275.0, 277.5]	[14.0, 16.0]	[28.0, 30.0]	[24, 28]
21	[185.0, 187.5]	[277.5, 280.0]	[14.0, 16.0]	[28.0, 30.0]	[24, 28]
22	[185.0, 187.5]	[277.5, 280.0]	[14.0, 16.0]	[30.0, 32.0]	[24, 28]
23	[187.5, 190.0]	[275.0, 277.5]	[14.0, 16.0]	[28.0, 30.0]	[24, 28]

（续）

	D_3/mm	D_4/mm	α_{3A}/(°)	α_{4A}/(°)	z
24	[187.5,190.0]	[277.5,280.0]	[14.0,16.0]	[28.0,30.0]	[24,28]
25	[190.0,192.5]	[277.5,280.0]	[14.0,16.0]	[28.0,30.0]	[24,28]

利用混合蛙跳算法在每个有效值域盒内搜索稳健解。蛙跳算法中每只青蛙代表一个可行解，其体内染色体长度为设计变量个数 5，染色体上每个基因代表一个设计变量。根据蛙跳算法全局收敛速度快、鲁棒性强的特点，令迭代次数 $G_{\max} = 500$，由精英禁忌搜索法生成初始蛙群，规模为 $M''' = 500$，将其分入 10 个蛙群，每个蛙群包含 50 只青蛙，青蛙的各维最大蛙跳步长为

$$d_{\max}^1 = 0.1, d_{\max}^2 = 0.1, d_{\max}^3 = 0.1, d_{\max}^4 = 0.1, d_{\max}^5 = 1$$

从图 2-18 对比可看出在相同的算法参数下，有效值域盒内搜索得到的 Pareto 解在数量和质量上均优于原始值域盒内搜索得到的 Pareto 解。

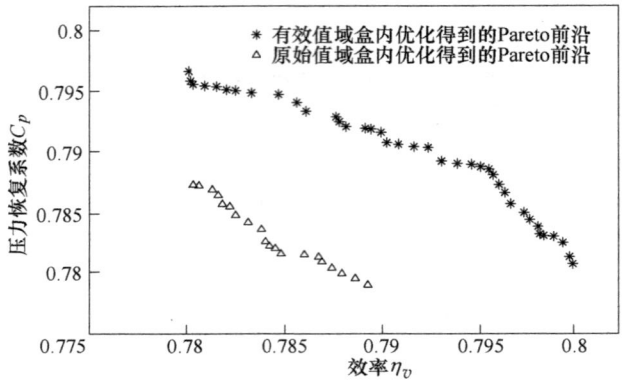

图 2-18 产品设计特性的稳健优化 Pareto 解集

为比较算法的求解效率与解集的分布性，在同一个有效值域盒 B_8 = <[180.0,182.5]，[277.5,280.0]，[14.0,16.0]，[28.0,30.0]，[24,28]>内，同时采用混合蛙跳算法 SPLA、SPEA2 和 NSGA-Ⅱ算法，设定相同迭代次数 $G_{\max} = 500$ 和相同种群规模 $M''' = 500$，对扩压器设计参数稳健优化模型进行映射，图 2-19 为利用 MATLAB 进行仿真获得的 Pareto 集。

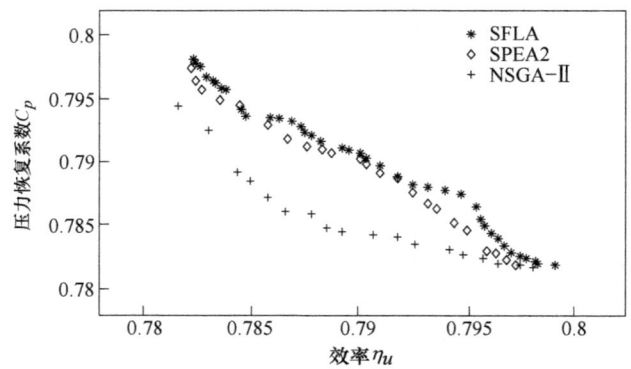

图 2-19 不同算法求解获得的 Pareto 解集

表 2-7 所示为利用三种算法进行模型求解（20 次）的平均运算时间和求解得到的非支配个体数量的比较。

表 2-7　算法性能对比

优化算法	SFLA	SPEA2	NSGA-II
时间 t/s	78.45	82.58	105.72
非支配个体数量	7.8%	4.6%	3.6%

以上结果表明：在求解效率上，SFLA 算法略高于 SPEA2，远高于 NSGA-II；在准确性上，SFLA 算法明显高于 SPEA2 与 NSGA-II 算法；在 Pareto 解的质量上，SFLA 算法和 SPEA2 算法求得的 Pareto 前沿靠近，但 SFLA 算法求得的 Pareto 解绝大部分优于 SPEA2 算法求得的 Pareto 解，而又远优于 NSGA-II 算法求得的解。

基于信息熵的 Pareto 优选理论，根据式（2-23）计算每个非支配解的熵权，以进一步进行决策，各熵权值分别为：$\beta(X_1)=0.0840$，$\beta(X_2)=0.1840$，$\beta(X_3)=0.3123$，$\beta(X_4)=0.4113$，$\beta(X_5)=0.4471$，…，$\beta(X_{39})=0.3753$，排序得信息熵最大值 $\beta(X_{19})=0.8525$，其对应的扩压器效率和压力恢复系数分别为 $\eta_v^*=0.7908$，$C_p^*=0.7907$，设计变量为 $D_3=180.6$mm，$D_4=278.8$mm，$\alpha_{3A}=14.0°$，$\alpha_{4A}=29.8°$，$z=28$。表 2-8 针对扩压器参数设计的稳健优化方案和原始方案，在设计特性值、设计特性波动及约束稳健性这些方面做了对比。从表中可以看出：①稳健优化方案的两个设计特性值均优于原始方案；②在设计变差影响下，稳健优化方案的设计特性波动均满足设计要求，且小于原始方案产生的波动；③稳健优化方案的约束稳健性均满足设计要求，而原始方案的目标约束的满足情况极差。

表 2-8　稳健优化方案与原始方案对比

指　　标	原始设计方案	稳健优化方案
压力恢复系数 C_p	0.7863	0.7907
C_p 区间值 $\overline{C}_p$ 及其波动 ΔC_p	[0.7776, 0.7945], 0.0169	[0.7829, 0.7989], 0.0160
扩压器效率 η_v	0.7880	0.7908
η_v 区间值 $\overline{\eta}_v$ 及其波动 $\Delta \eta_v$	[0.7727, 0.7941], 0.0214	[0.7814, 0.7991], 0.0177
目标约束稳健性 $P(Y_1 \leq 0)$	0.86	1.00
目标约束稳健性 $P(Y_2 \leq 0)$	0.43	1.00
设计约束稳健性 $P(G_1 \leq 0)$	1.00	0.92

2.5　基于直觉模糊集的产品设计方案多属性决策

本节提出一种基于改进 DEMATEL（Decision Making Trial and Evaluation Laboratory）方法和改进 VIKOR 算法的混合多属性决策（MCDM）模型进行方案评价。由改进的 DEMATEL 方法对评价指标进行量化分析，不仅表达了各评价指标的量化因果关系，同时能根据量化结果对指标集进行因果分类、重要度排序和权重确定。然后，改进的 VIKOR 法以更合理的方式定义理想解和负理想解,以折中规划法为核心,提供最大化"群体效益"与最小化"个别遗憾"相妥协的备选方案排序,最终确定最优折中解。

2.5.1 产品设计方案优化决策的混合建模

直觉模糊集基本理论:

定义 2-3 设 X 是非空有限论域,则称 $A = \{\langle x, \mu_A(x), \nu_A(x) \rangle | x \in X\}$ 为 X 上的直觉模糊集,其中 $\mu_A(x): X \to [0, 1]$ 和 $\nu_A(x): X \to [0, 1]$ 分别表示 X 中元素 x 对集合 A 的隶属度和非隶属度,且满足条件 $0 \leq \mu_A(x) + \nu_A(x) \leq 1, x \in X$。

定义 2-4 令 $IFVs$ 表示全体直觉模糊值之集,设 $A \in IFVs(X)$,$A = \{\langle x, \mu_A(x), \nu_A(x) \rangle | x \in X\}$。$\forall x \in X, \pi_A(x) = 1 - \mu_A(x) - \nu_A(x)$,$x \in X$ 表示 X 中元素 x 属于 A 的犹豫度或不确定度,称为 X 中元素 x 属于 A 的直觉指标。

由于区间模糊数在计算上等价于直觉模糊数,为计算方便,在运算过程中可使用区间模糊数代替直觉模糊数。区间模糊数定义为

$A = \{\langle x, M_A(x) \rangle | x \in X\}$,其中 $M_A: X \to [0, 1]$,这样 $x \to M_A(x) = [a^l, a^u]$。$a^l$ 和 a^u 分别是区间 $M_A(x)$ 的下界和上界。由两者的定义不难得到 $a^l = \mu_A(x)$,$a^u = \pi_A(x) + \mu_A(x) = 1 - \nu_A(x)$。

定义 2-5 对任意两个区间模糊数 $a = [a^l, a^u]$ 和 $b = [b^l, b^u]$,$a \geq b$ 的可能度定义为

$$p(a \geq b) = \max\left\{1 - \max\left\{\frac{b^u - a^l}{L(a) + L(b)}, 0\right\}, 0\right\} \tag{2-28}$$

其中 $L(a) = a^u - a^l$,$L(b) = b^u - b^l$。

对于任意两个区间模糊数 a 和 b,$a \geq b$ 的可能度的一些特性如下:

1) $0 \leq p(a \geq b) \leq 1$。
2) $p(a \geq b) + p(b \geq a) = 1$。
3) 若 $p(a \geq b) = p(b \geq a)$,则 $p(a \geq b) = p(b \geq a) = 0.5$。
4) 若 $a^u \leq b^l$,则 $p(a \geq b) = 0$。
5) 对任意区间模糊数 a、b 和 c,如果 $a \geq b$,则 $p(a \geq c) \geq p(b \geq c)$

定义 2-6 对任意两个区间模糊数 $a = [a^l, a^u]$ 和 $b = [b^l, b^u]$,两者的距离定义为

$$d(a, b) = \sqrt{1/2[(a^l - b^l)^2 + (a^u - b^u)^2]} \tag{2-29}$$

在基于质量控制优化的产品设计方案决策中,决策者根据各备选方案在评价指标集下的综合性能评估值中选择最佳质量控制方案。基于质量控制优化的产品设计方案简单地以矩阵形式表达为

$$F = \begin{array}{c} \\ A_1 \\ \vdots \\ A_m \end{array} \begin{pmatrix} C_1 & \cdots & C_n \\ f_{11} & \cdots & f_{1n} \\ \vdots & \vdots & \vdots \\ f_{m1} & \cdots & f_{mn} \end{pmatrix}, W = (w_1, w_2, \cdots, w_n) \tag{2-30}$$

式中,$A_1, A_2, \cdots, A_m$ 表示供选择的 m 个备选方案;$C_1, C_2, \cdots, C_n$ 表示质量控制方案的 n 个评价指标;f_{ij} 表示方案 A_j 在指标 C_i 下的评估值;w_i 是评价指标 C_i 的重要度权重。

本文将建立一个 DEMATEL 法和 VIKOR 算法的混合模型进行产品质量控制方案评价，并引入直觉模糊理论表达评估值。该模型的系统流程图如图 2-20 所示，首先选择合适的性能评价指标，然后由 DEMATEL 法分析评价指标间的关联关系，并确定各评价指标的权重，然后由 VIKOR 算法执行方案的质量评价。DEMATEL 法和 VIKOR 法的分析步骤将在以下两小节详细说明。

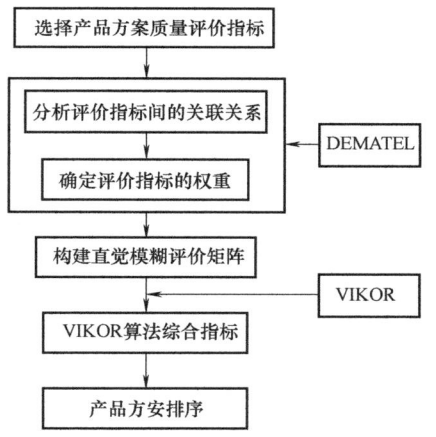

图 2-20 基于质量控制优化产品设计方案评价流程框图

2.5.2 产品设计方案的决策试验评价分析

DEMATEL 方法，全称为"决策试验与评价实验方法"，是 1972~1976 年间美国 Battelle 国家实验室为了解决现实中复杂、困难的问题而提出的方法论。采用 DEMATEL 方法并结合直觉模糊理论对产品设计方案评价系统中的评价指标进行量化分析，有别于已有的应用 DEMATEL 方法的 MCDM 模型，本章还将利用该方法的结果数据计算得到各因素的权重，而无须再采用其他如 AHP、ANP 之类的权重确定法。

基于直觉模糊集的改进 DEMATEL 方法步骤如下：

1) 确定产品设计方案评价指标体系。将方案评价指标体系中的各元素记为 C_1, C_2, …, C_n。

2) 初始直接影响矩阵 A。用矩阵表示各指标之间的直接相互影响关系，由专家以打分方式给出评价指标之间的相互影响程度。得到每个专家的初始直接影响矩阵 A^k，初始直接影响矩阵 A 中每个元素是所有专家评价矩阵中相同元素的平均值，$A = (M_{W_i}(x_{ij}))_{n \times n} = ([a_{ij}^l, a_{ij}^u])_{n \times n}$。$a_{ij}^l$，$a_{ij}^u$ 分别表示专家评定的评价指标 i 对指标 j 的直接影响程度值的上下界，主对角线上的元素全部设置为 (0,0)。

3) 规范化直接影响矩阵。将 A 各行和各列元素的下界求和，比较得最大值 max，令 $D = A/\max$。

4) 利用拆分矩阵法计算评价指标间的综合影响矩阵。规范化直接影响矩阵 D 中的元素 $[d_{ij}^l, d_{ij}^u]$ 满足 $0 \leq d_{ij}^l < 1$ 及 $0 \leq d_{ij}^u < 1$，将矩阵 D 分成两个子矩阵 $D^l = (d_{ij}^l)_{n \times n}$，$D^u = (d_{ij}^u)_{n \times n}$，有 $\lim_{m \to \infty}(D^l)^m = (0)_{n \times n}$，$\lim_{m \to \infty}(D^u)^m = (0)_{n \times n}$。因此指标间的间接影响测度值，即矩阵 D^l 和 D^u 的方幂（$(D^l)^m$，$(D^u)^m$，$m = 1, 2, \cdots, \infty$）是递减的，保证了倒置矩阵解的收敛。间接影响矩阵计算为

$$IT = ([it_{ij}^l, it_{ij}^u])_{n \times n} \tag{2-31}$$

$$\begin{aligned} IT^l = [it_{ij}^l]_{n \times n} &= \sum_{i=1}^{\infty}(D^l)^i = (D^l)^2 + (D^l)^3 + \cdots + (D^l)^m \\ &= (D^l)^2(I + D^l + (D^l)^2 + \cdots + (D^l)^{m-2})(I - D^l)(I - D^l)^{-1} \\ &= (D^l)^2(I - (D^l)^{m-1})(I - D^l)^{-1} = (D^l)^2(I - D^l)^{-1} \end{aligned} \tag{2-32}$$

同理得

$$IT^u = (it_{ij}^u)_{n \times n} = (D^u)^2(I-D^u)^{-1} \tag{2-33}$$

由上可得评价指标间的综合影响矩阵为

$$T = D + IT = ([t_{ij}^l, t_{ij}^u])_{n \times n} \tag{2-34}$$

$$T^s = (t_{ij}^s)_{n \times n} = \sum_{i=1}^{\infty}(D^s)^i = D^s(I-D^s)^{-1}, s = l, u \tag{2-35}$$

5) 影响因素分析。对矩阵 T 中的元素按行相加得到相应指标的影响度 R_i；对矩阵 T 中的元素按列相加得到相应指标的被影响度 C_i。将指标 i 的影响度和被影响度相加得到其中心度 M_i，M_i 表示该指标在评价指标体系中的地位及所起作用大小，M_i 越大，指标 i 与其他指标的关联越强，反之越弱。而将指标 i 的影响度和被影响度相减则得到其原因度 N_i，如果 $N_i > 0$，表明该指标对其他指标影响大，称为原因指标；如果 $N_i < 0$，表明该指标受其他指标影响大，称为结果指标。由于影响关联图中需要中心度和原因度的精确值，这里给出计算精确值的方法，如 $X_i^{pre} = \text{mean}(X_i) = (x_i^l + x_i^u)/2$。

6) 设定阈值得到影响关联图（Influence Relation Map，IRM）。IRM 是在笛卡儿坐标系中映射数据集（M_i^{pre}，N_i^{pre}）得到的，其中 M_i^{pre} 为横坐标，N_i^{pre} 为纵坐标。为得到一个合适的 IRM，决策者必须设定一个合理阈值 $\lambda = [\lambda^l, \lambda^u]$，以便过滤掉决策中不必要的信息，区间数的比较可参考第一节相关理论。只有 $p(t_{ij} \geq \lambda) \geq 0.5$ 时矩阵中相关的指标才能被选中并转化到 IRM 中。

7) 由原因度、中心度确定评价指标权重。传统 DEMATEL 方法仅用于分析因素集中各因素间的相互影响关系，并得到将复杂关联关系可视化的影响关联图 IRM。已有的一些 MCDM 模型利用 DEMATEL 得到的结果辅助权重确定方法（如 AHP、ANP 等）来确定各评价指标的权重，事实上 DEMATEL 得到的定量数据可以直接用于确定权重，AHP、ANP 等方法中的两两比较矩阵与 DEMATEL 的初始直接影响矩阵在本质上是一样的，因此无须再重复使用这类权重确定方法。由以下两个式子可确定指标权重。

$$w_i^{s\prime} = [(m_i^s)^2 + (n_i^s)^2]^{1/2} = [(r_i^s + c_i^s)^2 + (r_i^s - c_i^s)^2]^{1/2}$$

$$w_i^s = w_i^{s\prime} / \sum_{i=1}^{n} \frac{1}{2}(w_i^{l\prime} + w_i^{u\prime}), s = l, u \tag{2-36}$$

$$w_i = [w_i^l, w_i^u], i = 1, 2, \cdots, n \tag{2-37}$$

2.5.3 产品设计方案的多准则妥协解排序

目前有很多方法解决多属性冲突问题，如逼近理想解排序法（Technique for Order Preference by Similarity to Ideal Solution，TOPSIS）、多准则妥协解排序法（Vlsekriterijumska Optimizacija I Kompromis Resenie，VIKOR）、层次分析法/数据包络分析（Analytic Hierarchy Process/Data Envelopment Analysis，AHP/DEA）、消去选择轮换法（Elimination et Choice Translating Reality，ELECTRE）算法等。其中 TOPSIS 和 VIKOR 是最接近理想方案的折中解法。它们各有特点，经过实证，通过 VIKOR 算法可以得到最接近理想方案的解，并且可以得到带有优先级的折中解，而通过 TOPSIS 算法得到的解并不一定总是接近理想方案。

VIKOR 是由 Opricovic 和 Tzeng 于 1998 年提出的一种基于理想点法的多属性决策方法。

本章结合直觉模糊理论应用改进的 VIKOR 算法求解方案评价问题,为解决模糊多属性决策问题提供了一个理性系统的过程框架。基于直觉模糊数的改进 VIKOR 算法过程如下:

(1) 构建模糊评价矩阵 $\boldsymbol{F}$ 设有 m 个备选方案,即 $A_1,A_2,\cdots,A_m$,初始评价矩阵 $\boldsymbol{X}=(x_{ij}^l,x_{ij}^u)_{m\times n}$,其中 (x_{ij}^l,x_{ij}^u) 表示备选方案 A_i 在评价指标 C_j 下的性能评估值。同 DEMATEL 中的直接影响矩阵类似,性能评估值是 p 个专家给出的相应评估值的算术平均值。

由式 (2-38) 规范化初始评价矩阵 $\boldsymbol{X}$ 得模糊评价矩阵 $\boldsymbol{F}=(f_{ij})_{n\times n}$。

$$f_{ij}=[f_{ij}^l,f_{ij}^u],f_{ij}^s=x_{ij}^s\Big/\sqrt{\sum_{j=1}^m[(x_{ij}^l)^2+(x_{ij}^u)^2]},\ s=l,u;\ i=1,2,\cdots,n;\ j=1,2,\cdots,m$$

(2-38)

(2) 改进理想解和负理想解的选取方法 传统 VIKOR 算法中每个备选方案的理想解和负理想解都是一样的,都是取自相同评价指标下各备选方案中评价最高值和最低值。由于本章采用直觉模糊数表示评估值,因此每个备选方案的理想解和负理想解也同样具有不确定性,而不是相同的,从逻辑上讲也是如此,评估信息的不确定性致使推导出的结论数据也相应地具有一定的模糊性。对于备选方案 A_k 改进的理想解和负理想解的确定方法如下:

1) 假定方案 A_k 处于最差状态,即 A_k 处于成本型指标上限和效益型指标下限,而其他备选方案也同样处于最差状态,定义 A_k^{-l}:

$A_k^{-l}=\{(f_1^{-l},f_2^{-l},\cdots,f_n^{-l})\}=\{(\min f_{ij}^l|i\in O),(\max f_{ij}^u|i\in I)\}$,这里 O 表示效益型指标,I 表示成本型指标。

2) 假定 A_k 处于最佳状态,即 A_k 处于成本型指标下限和效益型指标上限,而其他备选方案处于最差状态,则定义 A_k^{-u}:

$A_k^{-u}=\{(f_1^{-u},f_2^{-u},\cdots,f_n^{-u})\}=\{(\min_{j\neq k}\{f_{ij}^l,f_{ik}^u\}|i\in O),(\max_{j\neq k}\{f_{ij}^u,f_{ik}^l\}|i\in I)\}$。

为更好地理解负理想解的定义,给出图 2-21 作为说明。假设评价系统中有一个成本型指标和一个效益型指标,A_k 处于最佳状态(点 X),其他备选方案 A_j 处于最差状态(点 Y),由此确定 A_k^{-u};而当 A_k 和 A_j 均处于最差状态(点 Z 和点 Y),则可以确定 A_k^{-l}。结合图示可知 A_k^{-l} 和 A_k^{-u} 并不在同一点,从而确定两点之间的区域为一个区间模糊数。同理可定义 A_k^{+l} 和 A_k^{+u}。

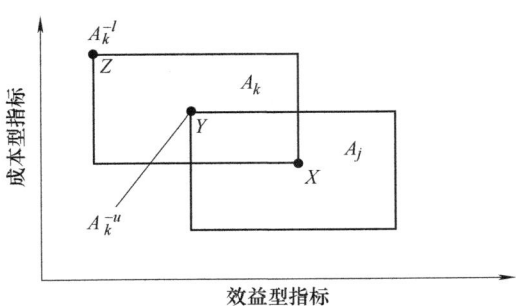

图 2-21 两评价指标理想解示例

3) 定义 A_k^{+l}: $A_k^{+l}=\{(f_1^{+l},f_2^{+l},\cdots,f_n^{+l})\}=\{(\max_{j\neq k}\{f_{ij}^u,f_{ik}^l\}|i\in O),(\min_{j\neq k}\{f_{ij}^l,f_{ik}^u\}|i\in I)\}$

4) 定义 A_k^{+u}: $A_k^{+u}=\{(f_1^{+u},f_2^{+u},\cdots,f_n^{+u})\}=\{(\max f_{ij}^u|i\in O),(\min f_{ij}^l|i\in I)\}$

(3) 计算改进算法的群体效益 S_j 和最大个别遗憾 R_j

$$S_j = \sum_{i=1}^{n} w_i(f_i^+ - f_{ij})/(f_i^+ - f_i^-) \tag{2-39}$$

$$R_j = \max_i w_i(f_i^+ - f_{ij})/(f_i^+ - f_i^-) \tag{2-40}$$

式中，w_i 由上一节的 DEMATEL 方法得到，$w_i = [w_i^l, w_i^u]$，易知

$$\frac{\partial S_j}{\partial f_i^+} = \sum_{i=1}^{n} w_i[(f_i^+ - f_i^-) - (f_i^+ - f_{ij})]/(f_i^+ - f_i^-)^2 = \sum_{i=1}^{n} w_i(f_{ij} - f_i^-)/(f_i^+ - f_i^-)^2$$

$$\tag{2-41}$$

$$\frac{\partial S_j}{\partial f_i^-} = \sum_{i=1}^{n} w_i(f_i^+ - f_{ij})/(f_i^+ - f_i^-)^2 \tag{2-42}$$

对于效益型指标，$i \in O$，$\frac{\partial S_j}{\partial f_i^+} > 0, \frac{\partial S_j}{\partial f_i^-} > 0$，则 S_j 是关于 f_i^+ 和 f_i^- 的单调递增函数；而相反地，对于成本型指标，$i \in I$，$\frac{\partial S_j}{\partial f_i^+} < 0, \frac{\partial S_j}{\partial f_i^-} < 0$，则 S_j 是关于 f_i^+ 和 f_i^- 的单调递减函数，因此

$$S_j^l = \sum_{i \in O} w_i^l(f_i^{+l} - f_{ij}^u)/(f_i^{+l} - f_i^{-l}) + \sum_{i \in I} w_i^l(f_{ij}^l - f_i^{+u})/(f_i^{-u} - f_i^{+u}) \tag{2-43}$$

$$S_j^u = \sum_{i \in O} w_i^u(f_i^{+u} - f_{ij}^l)/(f_i^{+u} - f_i^{-u}) + \sum_{i \in I} w_i^u(f_{ij}^u - f_i^{+l})/(f_i^{-l} - f_i^{+l}) \tag{2-44}$$

同理可得

$$R_j^l = \max\{w_i^l(f_i^{+l} - f_{ij}^u)/(f_i^{+l} - f_i^{-l}) \mid i \in O, \ w_i^l(f_{ij}^l - f_i^{+u})/(f_i^{-u} - f_i^{+u}) \mid i \in I\} \tag{2-45}$$

$$R_j^u = \max\{w_i^u(f_i^{+u} - f_{ij}^l)/(f_i^{+u} - f_i^{-u}) \mid i \in O, \ w_i^u(f_{ij}^u - f_i^{+l})/(f_i^{-l} - f_i^{+l}) \mid i \in I\} \tag{2-46}$$

(4) 计算 VIKOR 综合指标 Q_i　由下式可得每个备选方案的综合指标，即

$$Q_j^s = v(S_j^s - S^+)/(S^- - S^+) + (1-v)(R_j^s - R^+)/(R^- - R^+), \quad s = l, u \tag{2-47}$$

其中，

$$S^+ = \min_j S_j^l, \ S^- = \max_j S_j^u, R^+ = \min_j R_j^l, \ R^- = \max_j R_j^u \tag{2-48}$$

S^+ 代表最大群体效用，而 R^+ 代表反对意见的最小个别遗憾，指标 Q_j 建立在综合考虑群体效用和最小个别遗憾的基础上。v 是最大群体效用权重，$v > 0.5$ 表示根据最大化群体效益占比较大的方式来选择方案；若 $v \approx 0.5$，则表示根据均衡折中的方式来选择方案；若 $v < 0.5$，则表示根据最小化个别遗憾占比较大的方式来选择方案。本章设定 $v = 0.5$，以折中的方式选择最佳产品设计方案。

(5) 备选方案排序并确定折中方案　将备选方案按照 S_j、R_j 和 Q_j 进行升序排列，得到三列排序 $S_{[\cdot]}$、$R_{[\cdot]}$、$Q_{[\cdot]}$。对于在 $Q_{[\cdot]}$ 中排序第一，即 Q_j 值最小的方案 A'，若满足以下两个条件将被视为最佳折中方案。

1) 可接受优势。

$$d(Q(A''), Q(A')) \geq DQ \tag{2-49}$$

$$DQ = \min\{(\max Q_j^l - \min Q_j^l), (\max Q_j^u - \min Q_j^u)\}/(m-1) \tag{2-50}$$

方案 A'' 是序列 $Q_{[\cdot]}$ 中排序第二的备选方案；m 是指备选方案的数目，且 $m \leq 4$ 时，取 $1/(m-1) = \frac{1}{4}$。

2) 可接受稳定性。

方案 A' 在序列 $S_{[\cdot]}$ 和/或 $R_{[\cdot]}$ 中排序第一，这个条件保证折中方案 A' 在决策过程中是稳定的。

若不能同时满足可接受优势条件和稳定性条件，将得到一个折中方案集，包括：

① 如果可接受稳定性条件不满足，则方案 A' 和 A'' 均为折中方案。

② 如果可接受优势条件不满足，将得到折中方案集 A'，A''，…，$A^{(M)}$，方案 $A^{(M)}$ 由 $Q(A^{(M)}) - Q(A') < DQ$ 确定最大值 M，这些方案在序列 $Q_{[\cdot]}$ 中是邻近排列的，都贴近理想方案。

2.5.4 实例分析

本节以大型空分装备中的部件透平膨胀机产品的质量控制方案优化决策为例来更好地阐明本文所提出的理论与方法。透平膨胀机的指标体系，主要包括：①产品提纯率 C_1；②分流效率 C_2；③换热效率 C_3；④筛净的偏流水平 C_4；⑤结构复杂性 C_5；⑥消耗功率 C_6；⑦可靠性 C_7；⑧制造成本 C_8；⑨减振降噪性 C_9。

表 2-9 为评价指标间的区间模糊初始直接影响矩阵 $\boldsymbol{A}$。在此基础上计算得规范直接影响矩阵 $\boldsymbol{D}$，然后通过式（2-31）~式（2-35）计算可得综合影响矩阵 $\boldsymbol{T}$（见表 2-10）。确定阈值 $\lambda = [0.24, 0.47]$ 之后，将矩阵 $\boldsymbol{T}$ 中 $p(t_{ij} \geq \lambda) \geq 0.5$ 的相应指标间的关联标示出来（见表 2-10 中加粗显示）。此时观察矩阵 $\boldsymbol{T}$ 可发现减振降噪性 C_9 和其他指标的直接影响评估值均小于阈值，也就是说 C_9 与其他指标的关联不强，可以认为不是透平膨胀机产品质量控制方案评价的重要指标。因此，可以消去评价指标减振降噪性 C_9，则评价指标集包含八项指标。接下来确定各指标的中心度 M_i 和原因度 N_i，进而确定各评价指标权重 w_i（见表 2-11）。通过在坐标系中映射数据对 (M_i, N_i)（中心度 M_i 为横坐标，原因度 N_i 为纵坐标）得到影响关联图 IRM（见图 2-22）。

指标权重的确定更多地还是由中心度决定，结合权重计算公式（2-36）和式（2-37）和表 2-11 即可看出，原因度和中心度的数值差一个数量级。因此，无论是原因指标还是结果指标，与其他指标关联越强，权重才越大。

进一步进行透平膨胀机产品质量控制方案评价，即应用改进模糊 VIKOR 算法选择该产品的折中方案。备选方案的区间模糊性能评估矩阵 $\boldsymbol{X}$ 见表 2-12，在此基础上由式（2-38）得规范模糊评价矩阵 $\boldsymbol{F}$，进而确定各备选方案的理想解和负理想解，之后就可根据式（2-43）~式（2-48）计算得各备选方案的 S、R、Q 值，结果列于表 2-13 中。

由表 2-13 可知方案 A_3 的综合性能最好，是最接近理想解的方案，接下来依次是 A_6、A_1、A_5、A_4、A_7 和 A_2。A_3 在序列 $S_{[\cdot]}$ 中排序也是第一，因此满足稳定性条件 A。然而 $d(Q_6, Q_3) = 0.018 < \min\{0.205, 0.188\}/6 = 0.031$，这意味着 A_3 不能满足可接受优势条件 B，因此将得到一个折中解集。又由于 $d(Q_1, Q_3) = 0.045 > 0.031$，因此确定 $M = 2$，折中解集包括 A_3 和 A_6。A_3 和 A_6 各有优缺点，A_3 的群体效益最大，但在个别遗憾上略有不足；而 A_6 的个别遗憾最小，群体效益仅次于 A_3。由于 A_3 的群体效益相比 A_6 的优势不足以抵消其个别遗憾上的不足，因此 A_3 和 A_6 均被选为折中方案。

为对比算法的有效性，采用 SAW（Simple Average Weight，SAW）法、TOPSIS（Technique for Order Preference by Similarity to Ideal Solution，TOPSIS）法对备选方案进行评价。

表 2-9 评价指标间的区间模糊初始直接影响矩阵

	C_1	C_2	C_3	C_4	C_5	C_6	C_7	C_8	C_9
C_1	[0.000, 0.000]	[0.584, 0.679]	[0.582, 0.605]	[0.603, 0.720]	[0.303, 0.357]	[0.518, 0.642]	[0.594, 0.795]	[0.693, 0.791]	[0.685, 0.763]
C_2	[0.587, 0.688]	[0.000, 0.000]	[0.504, 0.612]	[0.764, 0.887]	[0.262, 0.311]	[0.503, 0.640]	[0.594, 0.731]	[0.683, 0.798]	[0.657, 0.731]
C_3	[0.585, 0.611]	[0.509, 0.617]	[0.000, 0.000]	[0.703, 0.843]	[0.326, 0.422]	[0.535, 0.637]	[0.648, 0.759]	[0.674, 0.787]	[0.643, 0.747]
C_4	[0.562, 0.703]	[0.598, 0.743]	[0.552, 0.678]	[0.000, 0.000]	[0.506, 0.598]	[0.704, 0.805]	[0.648, 0.771]	[0.692, 0.864]	[0.356, 0.481]
C_5	[0.314, 0.365]	[0.271, 0.321]	[0.332, 0.445]	[0.680, 0.819]	[0.000, 0.000]	[0.305, 0.434]	[0.602, 0.753]	[0.797, 0.911]	[0.206, 0.338]
C_6	[0.467, 0.601]	[0.429, 0.530]	[0.477, 0.584]	[0.727, 0.813]	[0.259, 0.414]	[0.000, 0.000]	[0.659, 0.743]	[0.764, 0.898]	[0.241, 0.313]
C_7	[0.596, 0.784]	[0.603, 0.739]	[0.644, 0.759]	[0.753, 0.895]	[0.604, 0.763]	[0.688, 0.764]	[0.000, 0.000]	[0.881, 0.975]	[0.263, 0.339]
C_8	[0.543, 0.615]	[0.459, 0.556]	[0.529, 0.645]	[0.684, 0.841]	[0.739, 0.859]	[0.760, 0.883]	[0.803, 0.916]	[0.000, 0.000]	[0.382, 0.518]
C_9	[0.644, 0.718]	[0.640, 0.714]	[0.635, 0.727]	[0.355, 0.475]	[0.193, 0.306]	[0.229, 0.288]	[0.249, 0.305]	[0.404, 0.529]	[0.000, 0.000]

表 2-10 评价指标间的综合影响矩阵

	C_1	C_2	C_3	C_4	C_5	C_6	C_7	C_8	C_9
C_1	[0.163, 0.380]	[0.238, 0.474]	[0.243, 0.461]	[0.279, 0.556]	[0.171, 0.366]	[0.239, 0.477]	[0.264, 0.535]	[0.301, 0.581]	[0.227, 0.421]
C_2	[0.246, 0.479]	[0.157, 0.372]	[0.234, 0.466]	[0.300, 0.582]	[0.167, 0.363]	[0.238, 0.481]	[0.264, 0.531]	[0.300, 0.587]	[0.223, 0.420]
C_3	[0.247, 0.469]	[0.231, 0.458]	[0.164, 0.381]	[0.295, 0.577]	[0.177, 0.378]	[0.244, 0.481]	[0.274, 0.535]	[0.302, 0.586]	[0.222, 0.422]
C_4	[0.243, 0.495]	[0.240, 0.486]	[0.240, 0.489]	[0.251, 0.499]	[0.201, 0.414]	[0.267, 0.519]	[0.276, 0.557]	[0.306, 0.617]	[0.222, 0.400]
C_5	[0.175, 0.373]	[0.163, 0.356]	[0.176, 0.381]	[0.200, 0.483]	[0.106, 0.270]	[0.180, 0.393]	[0.231, 0.466]	[0.275, 0.525]	[0.132, 0.313]
C_6	[0.214, 0.438]	[0.203, 0.418]	[0.214, 0.433]	[0.279, 0.541]	[0.157, 0.356]	[0.154, 0.366]	[0.259, 0.504]	[0.293, 0.566]	[0.154, 0.341]
C_7	[0.261, 0.529]	[0.254, 0.509]	[0.266, 0.523]	[0.321, 0.635]	[0.227, 0.457]	[0.280, 0.541]	[0.203, 0.482]	[0.349, 0.663]	[0.182, 0.403]
C_8	[0.248, 0.493]	[0.230, 0.472]	[0.245, 0.494]	[0.305, 0.609]	[0.239, 0.476]	[0.282, 0.538]	[0.305, 0.585]	[0.222, 0.514]	[0.191, 0.410]
C_9	[0.213, 0.392]	[0.208, 0.383]	[0.210, 0.391]	[0.199, 0.421]	[0.123, 0.285]	[0.158, 0.343]	[0.174, 0.376]	[0.212, 0.440]	[0.104, 0.249]

表 2-11 各评价指标的中心度、原因度和权重

	R_i	C_i	M_i	N_i	mean(M_i)	mean(N_i)	w_i'	w_i
C_1	[2.125, 4.238]	[2.011, 4.048]	[4.136, 8.286]	[0.114, 0.190]	6.211	0.152	[4.138, 8.288]	[0.081, 0.163]
C_2	[2.127, 4.281]	[1.923, 3.915]	[4.050, 8.196]	[0.204, 0.366]	6.123	0.285	[4.055, 8.204]	[0.080, 0.161]
C_3	[2.154, 4.287]	[1.993, 4.018]	[4.147, 8.305]	[0.161, 0.269]	6.226	0.215	[4.150, 8.309]	[0.082, 0.163]
C_4	[2.197, 4.460]	[2.429, 4.905]	[4.626, 9.365]	[−0.232, −0.445]	6.996	−0.339	[4.632, 9.376]	[0.091, 0.184]
C_5	[1.689, 3.576]	[1.568, 3.345]	[3.257, 6.921]	[0.121, 0.231]	5.089	0.176	[3.259, 6.925]	[0.064, 0.136]
C_6	[1.926, 3.964]	[2.040, 4.137]	[3.966, 8.101]	[−0.114, −0.173]	6.034	−0.144	[3.968, 8.103]	[0.078, 0.159]
C_7	[2.343, 4.742]	[2.250, 4.572]	[4.593, 9.314]	[0.093, 0.170]	6.954	0.132	[4.594, 9.316]	[0.090, 0.183]
C_8	[2.267, 4.570]	[2.558, 5.079]	[4.825, 9.649]	[−0.291, −0.509]	7.237	−0.400	[4.834, 9.662]	[0.095, 0.190]

表 2-12 各备选方案的区间模糊性能评估矩阵 X

	C_1	C_2	C_3	C_4	C_5	C_6	C_7	C_8
A_1	[0.535, 0.628]	[0.644, 0.725]	[0.643, 0.718]	[0.603, 0.731]	[0.730, 0.854]	[0.667, 0.756]	[0.712, 0.813]	[0.668, 0.755]
A_2	[0.476, 0.541]	[0.431, 0.503]	[0.498, 0.511]	[0.529, 0.588]	[0.621, 0.717]	[0.756, 0.845]	[0.720, 0.832]	[0.697, 0.767]
A_3	[0.678, 0.831]	[0.669, 0.741]	[0.633, 0.727]	[0.615, 0.754]	[0.687, 0.763]	[0.589, 0.675]	[0.774, 0.880]	[0.821, 0.910]
A_4	[0.659, 0.818]	[0.620, 0.726]	[0.623, 0.725]	[0.632, 0.760]	[0.719, 0.833]	[0.621, 0.711]	[0.805, 0.912]	[0.843, 0.927]
A_5	[0.454, 0.537]	[0.784, 0.883]	[0.655, 0.731]	[0.541, 0.620]	[0.786, 0.894]	[0.590, 0.673]	[0.763, 0.868]	[0.793, 0.879]
A_6	[0.688, 0.840]	[0.648, 0.731]	[0.638, 0.719]	[0.587, 0.688]	[0.727, 0.843]	[0.784, 0.878]	[0.734, 0.850]	[0.752, 0.830]
A_7	[0.587, 0.668]	[0.440, 0.512]	[0.661, 0.740]	[0.564, 0.653]	[0.706, 0.814]	[0.802, 0.917]	[0.708, 0.798]	[0.714, 0.789]

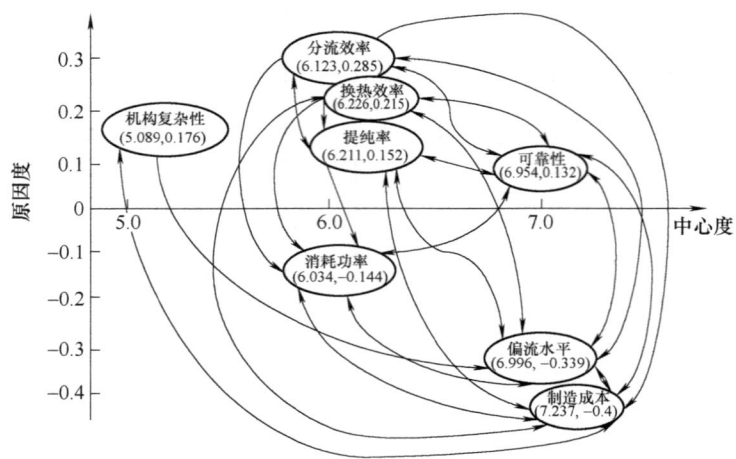

图 2-22 透平膨胀机质量控制方案评价指标间的影响关联图

表 2-14 为应用 SAW 法和 TOPSIS 法得到的方案评价结果。对比表 2-13 中 VIKOR 法的结果发现，SAW 法和 TOPSIS 法得到的排序结果和不考虑可接受优势条件时的 VIKOR 算法的结果是一样的。另外 SAW 法和 TOPSIS 法得出的各方案决策值都很接近，而 VIKOR 算法相对来说其对决策值的辨识度更高，能够更显著地区分各方案的性能，为决策者提供更精确的评估信息。

表 2-13 透平膨胀机产品的改进 VIKOR 算法排序（$v=0.5$）

	S		R		Q	
	量值	排序	量值	排序	量值	排序
A_1	[0.167,0.845]	3	[0.045,0.180]	2	[0.031,0.850]	3
A_2	[0.341,0.971]	7	[0.078,0.194]	7	[0.236,0.967]	7
A_3	[0.119,0.746]	1	[0.056,0.178]	3	[0.038,0.786]	1
A_4	[0.113,0.815]	2	[0.064,0.203]	5	[0.060,0.905]	5
A_5	[0.204,0.882]	5	[0.064,0.175]	4	[0.113,0.856]	4
A_6	[0.190,0.883]	4	[0.046,0.160]	1	[0.048,0.809]	2
A_7	[0.278,0.929]	6	[0.066,0.204]	6	[0.162,0.974]	6

表 2-14 透平膨胀机产品的 SAW 法和 TOPSIS 法方案评价结果

	SAW		TOPSIS	
	量值	排序	量值	排序
A_1	[4.13,7.46]	3	[0.068,0.881]	3
A_2	[4.97,8.33]	7	[0.104,0.935]	7
A_3	[3.72,7.03]	1	[0.047,0.845]	1
A_4	[4.58,7.78]	5	[0.083,0.924]	5
A_5	[4.40,7.82]	4	[0.062,0.912]	4
A_6	[3.86,7.25]	2	[0.049,0.858]	2
A_7	[4.75,8.16]	6	[0.095,0.920]	6

另外值得注意的是，VIKOR 法中最大群体效用权重 v 在备选方案排序中起着主要作用，结果如下：$v=0.00$，A_6；$v=0.25$，A_3 和 A_6；$v=0.50$，A_3 和 A_6；$v=0.75$，A_3；$v=1.00$，A_3。

2.6 本章小结

通过对产品设计实例的分解，将产品设计实例分为设计需求、设计任务和设计方案三个层面。引入了物元的形式化方式，建立了产品设计实例的统一描述方式。并运用设计事物元、关联物元将产品设计实例进行了有效分封装。

采用演化博弈算法求解产品方案设计功构映射 CSP 模型，通过将方案求解问题的搜索空间映射为博弈的策略组合空间，将产品特性评价函数映射为博弈的效用函数，在理性博弈主体策略选择的演化过程中使系统呈现出问题寻优的能力，即通过主体的顺序最优反应达到纳什均衡状态，并不断对均衡状态施加扰动再重新恢复均衡，从而搜寻到更优的均衡状态，最终达到对应于全局最优解的 Pareto 最优均衡状态，从而求解出问题。

约束满足问题为产品方案设计提供了一个统一的有效的功构映射建模框架，采用区间分析算法缩小设计变量搜索空间，在获得的有效值域盒内利用混合蛙跳算法搜索稳健优化解。通过对透平压缩机扩压器质量特性的稳健优化实例，获得满足设计约束和符合稳健性指标的设计方案。将优化结果同 SPEA2 和 NSGA-II 算法进行比较，验证了 SFLA 算法具有更强的搜索能力，能在设计空间获得数量更多、质量更好的 Pareto 解。

产品设计控制方案评价是一个多属性决策过程，针对当前产品设计控制方案评价方法存在的不足，提出一种结合 DEMATEL 法和 VIKOR 算法的混合多属性决策（MCDM）模型，同时引入直觉模糊理论表达信息的不确定性。在传统 DEMATEL 方法基础上引入拆分矩阵法，以维持综合影响矩阵的直觉模糊特性。由改进 DEMATEL 法对产品质量控制方案评价系统中的评价指标进行量化分析、权重分配，为评价指标识别提供了一种科学方法。在 VIKOR 算法中改进理想解和负理想解的定义，并在整个算法过程中贯彻评估信息的模糊性。VIKOR 法提供最大化"群体效益"与最小化"个别遗憾"相妥协的备选方案最佳排序，得到距离理想解最近的折中可行方案。

参 考 文 献

[1] Diez M, Peri D. Robust optimization for ship conceptual design [J]. Ocean Engnieering, 2010, 37 (11-12): 966-977.

[2] Gunawan S, Azarm S. A feasibility robust optimization method using sensitivity region concept [J]. Journal of Mechanical Design, 2005, 127 (5): 858-866.

[3] 谢清. 定制产品功能-结构映射原理、方法及关键技术研究 [D]. 杭州：浙江大学, 2007.

[4] Ayag Z, Ozdemir R G. A hybrid approach to concept selection through fuzzy analytic network process [J]. Computers & Industrial engineering, 2009, 56 (1): 368-379.

[5] Ogot M. Conceptual design using axiomatic design in a TRIZ framework [J]. Procedia engineering, 2011, 9: 736-744.

[6] 高常青, 黄克正, 赵方, 等. 基于实例推理的原理及结构快速创新设计的研究与实现 [J]. 中国机械工程, 2007, 18 (24): 2907-2913.

[7] 古莹奎, 杨振宇. 概念设计方案评价的模糊多准则决策模型 [J]. 计算机集成制造系统, 2007, 13

(8): 1504-1510.

[8] Sieger, David B. Knowledge representation for conceptual designs [C]. Proceedings of the IEEE International Conference on Systems, Man and Cybernetics, 1997.

[9] Umeda Y, Ishii M, Yoshioka, et al. Supporting conceptual design based on function-behavior-state modeler [J]. Artificial Intelliggence for Engineering Design, Analysis and Manufacturing: AIEDAM, 1996, 10 (4): 275-288.

[10] Deng Y M, Tor SB, Britton G A. Abstacting and exploring functional design information for conceptual product design [J]. Engineering with compuyers, 2000, 16: 36-52.

[11] 杨琳珊, 齐德显. 基于知识的可视化产品概念设计系统的实现 [J]. 华南理工大学学报: 自然科学版, 1999, 27 (8): 37-40.

[12] 孔凡国, 邓祥明. 智能化概念设计系统集成求解策略的研究 [J]. 工程图学学报, 1998 (2): 66-72.

[13] Ram S, Ramesh V. Collaborative conceptual scheme design: A process model and prototype system [J]. ACM Transaction on Information System, 1998, 16 (4): 347-371.

[14] Kennedy J, Eberhard R. Particle swarm optimization [C]. Proceedings of IEEE international conference on Neural Networks. Piscataway: IEEE, 1995.

[15] Li T S, Huang H H. Applying TRIZ and fuzzy AHP to develop innovative design for automated manufacturing systems [J]. Expert systems with applications, 2009, 36 (4): 8302-8312.

[16] Huang H Z, Bo R F, Chen W. An integrated computational intelligence approach to product concept generation and evaluation [J]. Mechanism and machine theory, 2006, 41 (5): 567-583.

[17] Huang V L, Suganthan P N, Qin A K, et al. Multiobjective differential evolution with external archive and harmonic distance-based diversity measure [R]. Singapore: Nanyang Technological University, 2005.

[18] 翟晓燕. 模糊权数与方案排序 [J]. 模糊系统与数学, 2000, 14 (4): 74-76.

[19] Xu D, Dong Z. Coding and clustering of design and manufacturing features for concurrent design [J]. Compuers in Industry, 1997, 34: 139-164.

[20] 成经平. 机械系统概念设计的机构选型模糊综合评价 [J]. 机械设计与研究, 2001, 17 (4): 15-17.

[21] Venugopal V, Narengran T T. Neural network model for design retrieval in manufacturing system [J]. Computers in Industry, 1992, 20 (1): 11-23.

[22] Kamerthi S V, Kumara S R T, Yu F T S, et al. Neural networks and their applications in computer design data retrieval [J]. Intelligent Maufacturing, 1990, 1 (12): 125-140.

[23] Bahrami A, Lynch M, Dagli C H. Intelligent design retrieval and packing system: application of neural networks in design and Maufacturing [J]. Int J Production Res, 1995, 33 (2): 405-426.

[24] Chang C A, Tasi C Y. Using ART1 neural networks with destructive solid geometry for design retreval systems [J]. Computers in Industry, 1997, 34: 27-41.

[25] Zhai L Y, Khoo L P, Zhong Z W. Design concept evaluation in product development using rough sets and grey relation analysis [J]. Expert systems with applications, 2009, 36 (3): 7072-7079.

第 3 章

智能设计：基于知识的协同求解方法

3.1 引言

智能设计为智能制造提供设计支撑。智能设计过程具有多学科交叉、多目标优化、多约束并存、多参数耦合的显著特点。产品设计模型建立和求解的智能程度是衡量智能设计水平乃至智能制造水平的重要标志。智能计算涉及数学、物理学和计算机科学等交叉学科。智能计算是将问题对象通过特定的数学模型进行描述，使之变成可操作、可编程、可计算和可视化的计算技术。智能计算用并行性、自适应性和自学习性来对设计模型中的海量数据进行规律挖掘和知识发现。由于其在整个计算过程中自始至终考虑计算的瞬时性和敏捷性，因而对于复杂的设计模型能够通过任务分解或变换方法，使得设计模型能够在有限的时间内获得满意解。

设计模型的等效建模与等效求解是解决复杂工程问题的重要途径。基于工程问题的要求，通常用下面的标准来评价设计模型求解方法优劣：
1) 智能求解的范围。算法能够求解的设计约束和设计任务的类型。
2) 智能求解的速度。算法的复杂度和实际测试速度，特别是能否处理大型约束问题。
3) 智能求解的完备性。能否找到所有的解和能否处理欠约束、过约束问题。
4) 智能求解的稳定性。算法对设计任务和设计模型更改的稳定性。

设计模型的求解按设计任务的不同可分为面向产品几何结构的智能设计求解和面向产品配置层次关系的智能设计求解等。随着设计任务的复杂化，设计模型的建立和精确求解越来越依赖规则、经验、数据库、知识库和设计平台，基于知识的协同求解成为实现智能设计的重要支撑技术。

本章主要内容包括：智能设计中的等效设计求解、几何结构变异设计的智能求解、产品模块配置设计的智能求解和应用实例。

3.2 智能设计中的等效设计求解

设计模型的准确性是智能设计结果正确性的有效保证。随着机电产品复杂程度的提高，根据设计模型特点构建精确的等效简化模型、进行等效设计求解是智能设计的有效手段。机电产品的设计模型特点各异，典型的设计模型包括由相同或相似特性的子设计模型组合而成的相似组合模型,以及由大量不确定性参数组成的不确定性模型等。如何根据设计模型的特点,进行模型等效简化,是智能设计求解的关键之一。

3.2.1 相似组合模型的参数摄动等效简化技术

1. 相似组合模型特点分析

相似组合模型指由一系列结构和运行机理相同或者相似的子模型通过能量流和物质流串联而成的复杂产品设计模型。每个子模型内部的变量间传递关系相同,且子模型只与其相邻的子模型发生能量流和物质流传递。

典型的相似组合模型有筛板式精馏塔设计模型、板翅式换热器设计模型和串联电阻设计模型等,如图3-1所示。其中,筛板式精馏塔通过多级塔板上的气液能量交换实现组分精馏,其设计模型由每一级塔板上的物料平衡、能量平衡、相平衡和分子分数加和平衡方程组成,物质和能量传递只发生在相邻的塔板之间;换热器通过多级翅片间的热量传递实现冷热流体的换热,其设计模型由每一层翅片上的传热方程组成,能量传递只发生在相邻的翅片之间,没有物质传递;串联电阻设计模型由多个电阻间的电压传递方程组成,且每个电阻的欧姆方程相同。

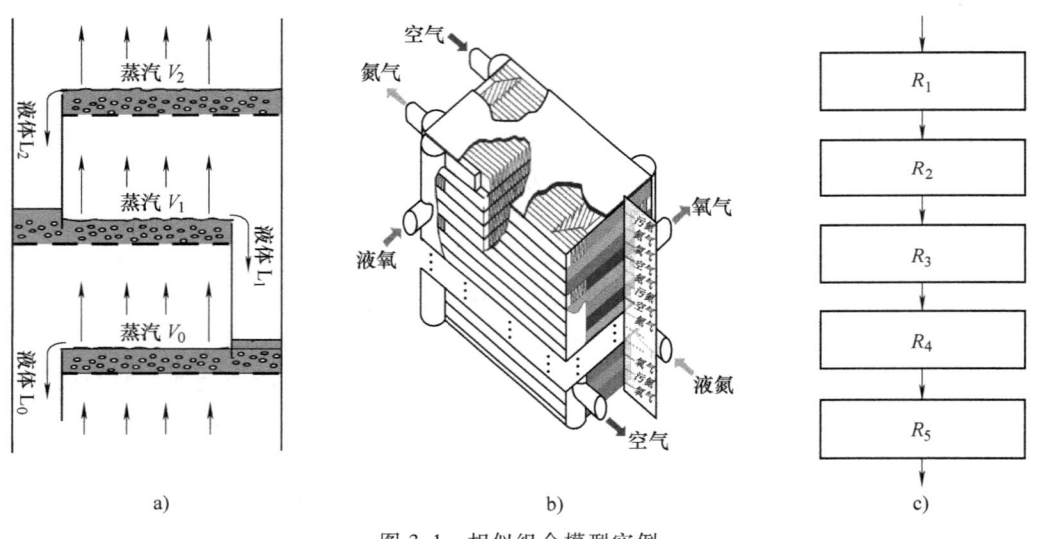

图 3-1 相似组合模型实例
a) 筛板式精馏塔 b) 板翅式换热器 c) 串联电阻

相似组合模型具有如下特点:

1) 整体设计模型由一系列子模型串联而成,且每个子模型的被调节变量与状态变量之间的状态方程形式基本一致。

2) 各个子模型的结构和运行机理相似,则每个子模型的被调节变量个数相同,且每个子模型对应被调节变量的物理含义相同。

3) 每个子模型的状态方程中,被调节变量的微分方程只与本子模型和相邻子模型的设计变量和中间变量有关。

4) 整体设计模型的状态方程由每个子模型的状态方程组合而成。

5) 整体设计模型的输出方程根据每个子模型的输出方程叠加而成。

对于由一系列常微分方程组成的复杂产品机理设计模型，将设计变量分解为 α 个可调节变量 U 和 β 个状态变量 V，则状态变量和可调节变量之间的状态方程如式（3-1）所示，设计变量与性能目标之间的输出方程如式（3-2）所示。式（3-1）和式（3-2）统称为状态模型，用于复杂产品的智能设计。

$$\begin{pmatrix} \dot{u}_1 \\ \dot{u}_2 \\ \vdots \\ \dot{u}_\alpha \end{pmatrix} = \begin{pmatrix} h_1(t, u_1, u_2, \cdots, u_\alpha, v_1, v_2, \cdots, v_\beta) \\ h_2(t, u_1, u_2, \cdots, u_\alpha, v_1, v_2, \cdots, v_\beta) \\ \vdots \\ h_\alpha(t, u_1, u_2, \cdots, u_\alpha, v_1, v_2, \cdots, v_\beta) \end{pmatrix} \quad (3\text{-}1)$$

$$\begin{pmatrix} y_1 \\ y_2 \\ \vdots \\ y_n \end{pmatrix} = \begin{pmatrix} y_1(u_1, u_2, \cdots, u_\alpha, v_1, v_2, \cdots, v_\beta) \\ y_2(u_1, u_2, \cdots, u_\alpha, v_1, v_2, \cdots, v_\beta) \\ \vdots \\ y_n(u_1, u_2, \cdots, u_\alpha, v_1, v_2, \cdots, v_\beta) \end{pmatrix} \quad (3\text{-}2)$$

相似组合模型中子模型运行机理相同，则每个子模型的被调节变量数量相同。记有 r 个子模型的相似组合模型，每个子模型有 d 个被调节变量，且各个子模型中对应的被调节变量的物理含义相同。则第 i 个子模型中的 d 个被调节变量记为 $(u_1^i, u_2^i, \cdots, u_d^i)$，整体相似组合模型的被调节变量 U 如式（3-3）所示。

$$U = \begin{pmatrix} u_1^1, u_2^1, \cdots, u_d^1 \\ \vdots \\ u_1^i, u_2^i, \cdots, u_d^i \\ \vdots \\ u_1^r, u_2^r, \cdots, u_d^r \end{pmatrix} \quad (3\text{-}3)$$

其中，下标相同的被调节变量 $u_j^i (i=1, 2, \cdots, r)$ 为各个子模型中相对应的被调节变量，其物理含义相同。

根据相似组合模型中各个子模型的相似性及物质能量流的串联传递特性，每个子设计模型只与相邻子模型发生物质能量传递关系。在状态方程中，被调节变量 u_l^j 只受与该子模型相邻的两个子模型的被调节变量和状态变量的影响，与其他子模型的被调节变量无关。则相似组合模型的状态方程在式（3-1）的基础上改进为式（3-4），输出方程仍和式（3-2）一致。

$$\begin{pmatrix} \dot{u}_l^1 \\ \dot{u}_l^j \\ \dot{u}_l^r \end{pmatrix} = \begin{pmatrix} h_l^1(t, u_l^1, u_l^2, \overline{U}_l^1, v_1, v_2, \cdots, v_\beta) \\ h_l^j(t, u_l^{j-1}, u_l^j, u_l^{j+1}, \overline{U}_l^j, v_1, v_2, \cdots, v_\beta) \\ h_l^r(t, u_l^{r-1}, u_l^r, \overline{U}_l^r, v_1, v_2, \cdots, v_\beta) \end{pmatrix} \quad (3\text{-}4)$$

其中，$j=2, \cdots, r-1$，$l=1, \cdots, d$，$\overline{U}_l^j$ 表示第 j、$j-1$、$j+1$ 这三个子模型中除 u_l^{j-1}、u_l^j、u_l^{j+1} 之外的所有其他被调节变量的集合。h_l^j 表示用于第 j 个子模型的第 l 个设计变量的状态方程计算函数。

2. 相似组合模型中参数奇异摄动分析

通过分析相邻子模型中同类变量间的摄动关系，构建量纲为一的小扰动参数，基于奇异摄动理论将设计模型分解为降阶模型和边界层模型，将降阶模型作为等效简化模型，降低了设计模型的复杂程度。

摄动方法是把非线性系统视为理想模型的参数或结构做了微小扰动的结果来研究其运动过程的数学方法。奇异摄动理论是通过模型的二时间尺度特性研究，将摄动模型分解为降阶模型和边界层模型。通过分离时间尺度分析，使用降阶模型作为设计模型的简化模型，避免因小参数的奇异扰动引起解的不连续性。将相似组合模型的状态方程式（3-4）分解为降阶模型和边界层模型，并使用降阶模型作为近似模型，实现设计模型的降阶简化。

相似组合设计模型中，存在某些被调节变量，在单个子模型中的数量值或者变化量很小，如筛板式精馏塔塔板模型中各级塔板上滞液量在很多塔板上的数量值很小，相对于精馏塔总的滞液量数量值是个很小的参数。将 r 个子模型中具有相似特性的被调节变量 ($u_i^1, u_i^2, \cdots, u_i^r$) 作为一组。定义量纲为一的参数 γ_i^j 反映子模型 j 中，被调节变量 u_i^j 的数值或者变化量的大小与多个子模型中该组被调节变量的数值或者变化量的大小的比值，如式（3-5）所示。

$$\gamma_i^j = \frac{u_i^j}{\sum u_i^j} \quad 或 \quad \gamma_i^j = \frac{\Delta u_i^j}{\sum \Delta u_i^j} \tag{3-5}$$

对于小变化的被调节变量 u_i^j，使用量纲为一的参数 γ_i^j 表示该小扰动变化。在第 k 到 $k+r-1$ 个子模型中，各个子模型的被调节变量 u_i 的值都很小，选取一个子模型 s，将第 k 到 $k+r-1$ 个子模型中，设计变量 u_i 的变化简化为第 s 个子模型上的该变量的变化，即

$$\gamma_i^j = 0 \, (k \leq j \leq k+r-1, j \neq s) \tag{3-6}$$

$$\gamma_i^s = 1 \tag{3-7}$$

基于奇异摄动理论，将式（3-4）中的状态方程进行等效简化。第 k 到 $k+r-1$ 个子模型的状态方程中，被调节变量 u_i 的状态方程如式（3-8）所示，式（3-4）中的其他状态方程和式（3-3）的性能目标方程根据式（3-8）进行调整。

$$\begin{cases} 0 = h_i^k(t, u_i^{k-1}, u_i^k, u_i^{k+1}, \overline{U}_i^k, v_1, v_2, \cdots, v_\beta) \\ \vdots \\ 0 = h_i^{s-1}(t, u_i^{s-2}, u_i^{s-1}, u_i^s, \overline{U}_i^{s-1}, v_1, v_2, \cdots, v_\beta) \\ \dot{u}_i^s = h_i^s(t, u_i^{s-1}, u_i^s, u_i^{s+1}, \overline{U}_i^s, v_1, v_2, \cdots, v_\beta) \\ 0 = h_i^{s+1}(t, u_i^s, u_i^{s+1}, u_i^{s+2}, \overline{U}_i^{k+1}, v_1, v_2, \cdots, v_\beta) \\ \vdots \\ 0 = h_i^{k+r-1}(t, u_i^{k+r-2}, u_i^{k+r-1}, u_i^{k+r}, \overline{U}_i^{k+r-1}, v_1, v_2, \cdots, v_\beta) \end{cases} \tag{3-8}$$

3. 相似组合模型等效简化的系数设置准则

根据参数摄动分析结果，针对具体的复杂产品设计模型，提出了组合模型划分准则、敏感子模型选取准则和修正系数求解准则，进行具体模型的等效简化，实现简化精度和简化效率的统一。

（1）组合模型划分准则　根据关键状态变量的相近度和关键可调节变量的偏差，将相

似组合模型划分为几个等效关联模型,然后将相似组合模型的状态方程进行等效,实现整体设计模型的简化。

基于设计模型机理分析,在 r 个子设计模型中,选取最能反映每个子模型 $j(1 \leqslant j \leqslant r)$ 中性能目标波动的扰动被调节变量 u_θ^j 和状态变量 v_ρ^j,进行相似组合模型划分。具体划分方法为:

1) 以相邻子模型的状态变量 v_ρ 相近度进行相似组合模型的初始划分。

相邻的第 j 和第 $j+1$ 个子模型的状态变量 v_ρ^j 和 v_ρ^{j+1} 之间的变化差 Ω_j 如式(3-9)所示。

$$\Omega_j = \frac{v_\rho^{j+1} - v_\rho^j}{v_\rho^j - v_\rho^{j-1}} \tag{3-9}$$

则相邻的第 j 和第 $j+1$ 个子模型的状态变量 v_ρ 的相近度为

$$\Phi(j) = \frac{2\Omega_j - (\Omega_{j-1} + \Omega_{j+1})}{\Omega_j + \Omega_{j-1} + \Omega_{j+1}} \tag{3-10}$$

相近度偏差为

$$\Phi1(j) = \left| \frac{2\Phi(j) - \Phi(j-1) - \Phi(j+1)}{\Phi(j-1) + \Phi(j) + \Phi(j+1)} \right| \tag{3-11}$$

初始划分方法为:

① $\Phi(j) \notin [-c_1, c_1]$,其中 c_1 为状态变量 v_ρ 相近度临界参数,则相邻子模型的状态变量 v_ρ 的相近度低,将第 j 个子模型作为独立的等效关联模型。

② $\Phi(j) \in [-c_1, c_1]$,则相邻子模型的状态变量 v_ρ 相近度高,比较相邻子模型的相近度偏差。

a. $\Phi1(j) \leqslant c_2$,其中 c_2 为状态变量 v_ρ 相近度偏差临界参数。第 j 个子模型的状态变量 v_ρ 相近度偏差小,将 $j-1$、j、$j+1$ 三个子模型放在一个等效关联模型中。

b. $\Phi1(j) > c_2$ 且 $|\Phi1(j) - \Phi1(j-1)| > |\Phi1(j) - \Phi1(j+1)|$,则第 j 个子模型与第 $j+1$ 个子模型的相似度偏差低于第 j 个子模型与第 $j-1$ 个子模型的偏差,将第 j、$j+1$ 这两个子模型放在一个等效关联模型中,将第 $j-1$ 个子模型放在另一个等效关联模型中。

c. $\Phi1(j) > c_2$ 且 $|\Phi1(j) - \Phi1(j-1)| < |\Phi1(j) - \Phi1(j+1)|$,则第 j 个子模型与第 $j-1$ 个子模型的相似度偏差低于第 j 个子模型与第 $j+1$ 个子模型的偏差,将第 j、$j-1$ 这两个子模型放在一个等效关联模型中,将第 $j+1$ 个子模型放在另一个等效关联模型中。

d. $\Phi1(j) > c_2$ 且 $|\Phi1(j) - \Phi1(j-1)| = |\Phi1(j) - \Phi1(j+1)|$,将第 j、$j+1$、$j-1$ 这三个子模型放在同一个等效关联模型中。

2) 在以状态变量 v_ρ 划分后的等效关联模型中,用每个等效关联模型中各个子模型的扰动被调节变量 u_θ 的偏差进行相似组合模型的二次划分。

该等效关联模型中,扰动被调节变量 u_θ^j 与其均值的偏差为

$$\Phi2(j) = \frac{|u_\theta^j - \bar{u}_\theta|}{\bar{u}_\theta} \tag{3-12}$$

式中,$\bar{u}_\theta$ 为该等效关联模型中,每个子设计模型中扰动被调节变量 u_θ 的平均值。

如果 $\Phi2(j) \geqslant c_3$,其中 c_3 为扰动被调节变量 u_θ 偏差临界参数,则第 j 个子模型的扰动被调节变量 u_θ^j 与该等效关联模型中扰动被调节变量 u_θ 的平均值偏差过大,不满足奇异摄动

理论的等效简化条件,将第 j 个子模型作为独立的等效关联模型,原有的等效关联模型以第 j 个子模型为界分为三个等效关联模型。

3)与外界有输入输出的子模型作为独立关联模型。由于与外界进行物质交换的子模型上的状态变量变化值很大,将与外界进行物质能量交换的子模型作为独立关联模型。

(2)敏感子模型选取准则　将复杂产品相似组合模型转化为几个等效关联模型后,在每个等效关联模型中,根据每个子模型中不具有扰动特性的被调节变量与其均值的差的二次方和最小为依据,选取该等效关联模型的敏感子模型。

在由第 k 到 $k+r-1$ 个子模型组成的等效关联模型中,进行模型组合简化时,将第 k 到 $k+r-1$ 个子模型上扰动被调节变量 u_θ 的变化值全部等价为第 s 个子模型上扰动被调节变量 u_θ^s 的变化,该第 s 个子模型为敏感子模型。每个等效关联模型中敏感子模型 s 的选取方法为:

1)由单个子模型组成的等效关联模型,敏感子模型 s 为该子模型本身。

2)由多个子模型组成的等效关联模型,敏感子模型 s 选取评价函数 $\varPhi 3(j)$ 取最小值时对应的子模型 j。

$$\varPhi 3(j) = \sum \mu_i (u_i^j / \overline{u_i} - 1)^2 \tag{3-13}$$

$$\overline{u_i} = \frac{1}{r} \sum_{j=k}^{j=k+r-1} u_i^j \tag{3-14}$$

式中,u_i^j 为第 j 个子模型中除扰动变量外的所有被调节变量;$\overline{u_i}$ 为该等效关联模型中,所有子模型中被调节变量 u_i 的平均值;μ_i 为被调节变量 u_i 的权重,根据设计模型或者设计要求不同而设定。

(3)修正系数求解准则　组合模型划分和敏感子模型选取中使用的数据都为初始工况稳态的设计数据,而在性能预测等非线性调节过程中,所有被调节变量和状态变量的值都随时间发生改变。为了减少只有初始工况数据导致的模型精度降低,使用多个工况下的扰动被调节变量 u_θ 的稳态值计算修正系数 α,修正构建的等效模型,提高等效模型的精度。修正系数求解方法为:

1)由单个子模型组成的等效关联模型,即没有简化的模型,修正系数 $\alpha = 1$。

2)由多个子模型组成的等效关联模型,使用初始工况、调节目标工况和中间工况的扰动被调节变量的稳态值计算等效系数 α。

$$\alpha = \frac{\varphi_1 \sum_{i=k}^{k+r-1} (u_\theta^i)_{\text{begin}} + \varphi_2 \sum_{i=k}^{k+r-1} (u_\theta^i)_{\text{mid}} + \varphi_3 \sum_{i=k}^{k+r-1} (u_\theta^i)_{\text{end}}}{(\varphi_1 + \varphi_2 + \varphi_3) \sum_{i=k}^{k+r-1} (u_\theta^i)_{\text{begin}}} \tag{3-15}$$

式中,$(u_\theta^i)_{\text{begin}}$ 为以未简化设计模型为对象,初始工况时,第 i 个子模型上的扰动被调节变量 u_θ 的数值;$(u_\theta^i)_{\text{mid}}$ 为以未简化设计模型为对象,中间工况时,第 i 个子模型上的扰动被调节变量 u_θ 的数值;$(u_\theta^i)_{\text{end}}$ 为以未简化设计模型为对象,预测目标工况时,第 i 个子模型上的扰动被调节变量 u_θ 的数值;φ_1、φ_2、φ_3 分别为初始工况、中间工况和预测目标工况的系数,根据复杂产品运行对各个工况的需求量及各个工况下性能值大小确定。

4. 在精馏上塔智能设计中的应用

将提出的基于参数摄动分析的模型等效简化方法应用于精馏上塔变工况调节过程中的性

能预测。通过比较本章的参数摄动等效简化模型、未简化塔板模型和 Bian 于 2005 年提出的精馏上塔简化模型的各级塔板上液氮物质的量浓度预测结果，验证提出方法的有效性。该精馏上塔具体参数值见表 3-1。

表 3-1　某大型空气分离装备的精馏上塔参数值

精馏上塔参数	参数值	精馏上塔参数	参数值
精馏塔板数	132	污氮抽提位置	第 10 级塔板
膨胀机空气入口位置	第 65 级塔板	氩馏分抽提位置	第 72 级塔板
从下塔来的液氮入口位置	第 5 级塔板	塔顶压力	1.2bar
从下塔来的富氧液空入口位置	第 101 级塔板	每级塔板压降	0.002bar

以全负荷（100%工况）、最大负荷（110%工况）和最小负荷（80%工况）时开环控制下塔板模型稳态计算结果，进行精馏上塔等效简化模型划分，选取的关键状态变量为温度 T，扰动可调节变量为滞液量 M。组合模型划分和敏感子模型选取中计算 $\Phi(j)$、$\Phi1(j)$ 和 $\Phi2(j)$ 的临界参数值分别为 $c_1=0.1$，$c_2=0.1$ 和 $c_3=0.1$；该套空气分离装备需要分离出高纯度的氧、氮、氩，即氧、氮、氩的重要性相等，则式（3-13）中选取的被调节变量为 c_{O_2}、c_{N_2}、c_{Ar}，其参数值为 $\mu_{O_2}=\mu_{N_2}=\mu_{Ar}=1$；该套空气分离装备需要频繁进行 80%~110% 的变工况调节，则式（3-15）的系数取值为 $\varphi_1=\varphi_2=\varphi_3=1$。使用提出的摄动等效简化方法，精馏上塔模型被划分为 15 个等效关联模型，每个等效关联模型的参数值见表 3-2。

表 3-2　精馏上塔组合等效关联模型的参数值

等效关联模型	包含塔板	敏感塔板	修正系数	等效关联模型	包含塔板	敏感塔板	修正系数
1	1	1	1	9	66~71	68	1.057
2	2~4	3	1.005	10	72	72	1
3	5	5	1	11	73~100	93	0.983
4	6~9	7	0.996	12	101	101	1
5	10	10	1	13	102~106	104	1.014
6	11~29	16	1.02	14	107~131	125	1.109
7	30~64	50	1.012	15	132	132	1
8	65	65	1				

来自膨胀机的空气流量 Q_1 以时间 t、全负荷膨胀机入口空气流量 Q_1^0 的函数动态变化，$Q_1=Q_1^0(1+0.1\sin t)$，其他状态参数值保持不变时，分别用塔板模型、本章组合等效模型和 Bian 的简化模型进行变工况动态调节计算。图 3-2 所示为开环变工况下第一级塔板上的液氮物质的量浓度随时间的变化曲线，图 3-3 所示为开环变工况下各级塔板上的液氮物质的量浓度随时间的变化曲线。结果显示，提出等效简化方法的误差系数更小，设计结果比 Bian 简化模型的预测结果更精确。

3.2.2　参数不确定性分析的模型等效求解技术

随着机械产品复杂度的提高，设计模型构建中的高精度仿真分析和实验测试的计算量越来越大，使用等效简化模型替代高精度仿真模型成了产品设计的发展趋势。针对智能设计中

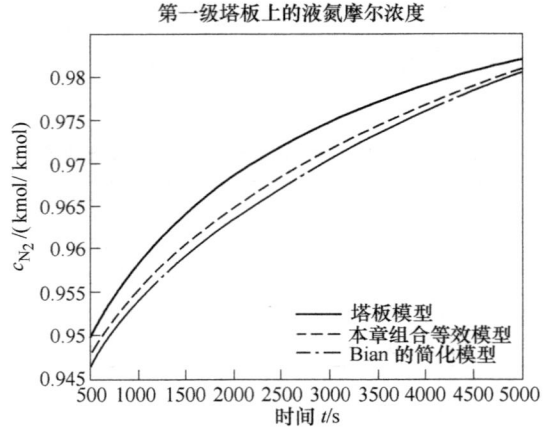

图 3-2 开环变工况下第一级塔板上的液氮物质的量浓度随时间的变化曲线

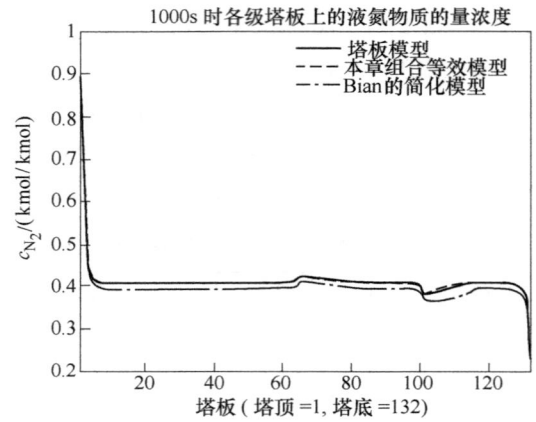

图 3-3 开环变工况下各级塔板上的液氮物质的量浓度随时间的变化曲线

存在的设计变量不确定性、系统参数不确定性和等效简化模型不确定性等多因素参数不确定性问题,提出了基于参数不确定性分析的设计模型等效简化与智能求解技术。

1. 参数不确定性度量

复杂产品设计模型中,设计变量和系统参数通过构建的等效简化模型进行产品性能的计算。设计模型中的不确定性包括设计变量不确定性、系统参数不确定性、等效简化模型不确定性和测量不确定性等。不确定性传递示意图如图 3-4 所示。

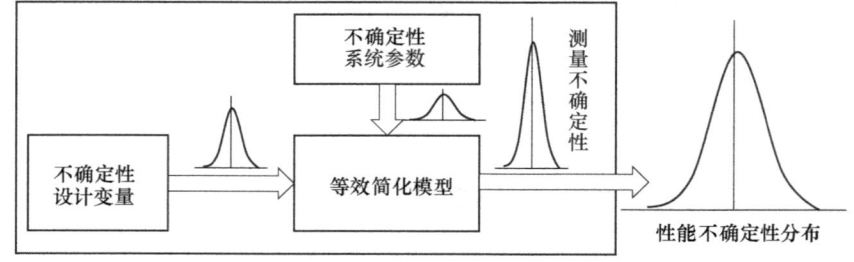

图 3-4 不确定性传递示意图

使用模糊信息法和随机概率密度法进行各类不确定性的表达，并将各类不确定性信息统一用正态分布概率密度函数进行表征。在产品设计阶段，与变量不确定性和模型不确定性相比，测量不确定性对性能影响很小，因此本章不考虑测量不确定性。设计变量不确定性和系统参数不确定性可能是随机变量或者模糊变量。在后续的分析中，根据模糊变量和随机变量的信息熵相等原理（雷震宇，2001），将模糊变量转换为随机变量；针对随机变量，使用博克斯-考克斯变换法（Gluzman，2006），将之转化为正态分布的形式。采用拟合的Kriging等效简化模型表征真实模型的均值和方差，反映等效简化模型的不确定性。

将模糊变量转换为随机变量的具体方法为：

对于模糊变量Z，$h(z)$为其隶属度函数，其模糊信息熵Fe（范九伦，1998）为

$$Fe = -\int_z h'(z) \ln h'(z) \, dz \tag{3-16}$$

$$h'(z) = h(z) / \int_z h(z) \, dz \tag{3-17}$$

对于连续型随机变量X，其概率密度函数为$p(x)$，其信息熵Pe为

$$Pe = -\int_x p(x) \ln p(x) \, dx \tag{3-18}$$

根据模糊变量和随机变量的信息熵相等的原理，将模糊变量Z转换为正态分布的随机变量X。后续使用正态分布概率密度函数进行设计变量和系统参数的不确定性表征。

复杂产品中性能目标的不确定性不能通过将设计变量不确定性、系统参数不确定性和等效简化模型不确定性简单相加而得到。通过分析不确定性在设计变量、系统参数、等效简化模型和性能目标之间的传播关系，使用统计法计算性能目标的不确定性。以一个有m个设计变量$(X_1, X_2, \cdots, X_m)$和p个系统参数$(W_1, W_2, \cdots, W_p)$的复杂产品性能设计问题为例，进行性能目标y的不确定性表征函数构建。

将设计变量X分解为确定性部分x和表征变量波动的不确定性部分d。X的分解如式（3-19）所示。

$$X = x + d \tag{3-19}$$

设计变量的不确定性部分d_i服从正态分布$N(0, \sigma_{x,i}^2)$；系统参数W_i假设服从正态分布$N(w_i, \sigma_{w,i}^2)$。其中，$\sigma_{x,i}^2$是d_i和X_i的方差，w_i和$\sigma_{w,i}^2$分别是W_i的均值和方差。

基于采样点的仿真分析结果或者实验测试结果拟合等效简化模型是常用的设计模型构建方法。Kriging法是一种基于空间依赖量化随机模型方差变化，进行性能目标函数的最优线性无偏估计的简化模型构建方法。从统计意义上说，该方法从变量相关性和变异性出发，在有限区域内对区域化变量的取值进行无偏、最优估计，因此能够提供精确的预测值（Muehlen，2012）。该方法不仅拟合了性能目标的近似模型，还获取近似模型上每一点的均方误差值。基于采样点仿真分析或者实验测试结果拟合的Kriging等效简化模型记为$G(X, W)$。等效简化模型$G(X, W)$的预测均值和预测均方误差分别记为$y_G(X, W)$和$\sigma_y^2(X, W)$。

基于Kriging等效简化模型的预测均值和预测均方误差，性能目标y的真实响应模型$y(X, W)$表示为

$$y(X, W) = y_G(X, W) + \varepsilon_y(X, W) \tag{3-20}$$

$$\varepsilon_y(X, W) \sim N(0, \sigma_y^2(X, W)) \tag{3-21}$$

使用统计法，综合考虑 Kriging 等效简化模型不确定性、设计变量不确定性和系统参数不确定性，性能目标的预测均值 $\mu_{w+G}(x)$ 和方差 $\sigma_{w+G}^2(x)$ 分别如式（3-22）和式（3-23）所示。

$$\mu_{w+G}(x) = E[y_G(X,W) + \varepsilon_y(X,W)]$$
$$= \int_W \int_d y_G(x+d,W)p(d)p(W)\mathrm{d}d\mathrm{d}W + \int_W \int_d \varepsilon_y(x+d,W)p(d)p(W)\mathrm{d}d\mathrm{d}W \quad (3\text{-}22)$$
$$= \int_W \int_d y_G(x+d,W)p(d)p(W)\mathrm{d}d\mathrm{d}W$$

$$\sigma_{w+G}^2(x) = Var[y(X,W)]$$
$$= \int_W \int_d [y_G(X,W) + \varepsilon_y(X,W) - \mu_{w+G}(x)]^2 \mathrm{d}d\mathrm{d}W$$
$$= \int_W \int_d [y_G(X,W) + \varepsilon_y(X,W)]^2 p(d)p(W)\mathrm{d}d\mathrm{d}W -$$
$$[\int_W \int_d [y_G(X,W) + \varepsilon_y(X,W)]p(d)p(W)\mathrm{d}d\mathrm{d}W]^2 \quad (3\text{-}23)$$
$$= \int_W \int_d [y_G(X,W)]^2 p(d)p(W)\mathrm{d}d\mathrm{d}W - [\int_W \int_d [y_G(X,W)]p(d)p(W)\mathrm{d}d\mathrm{d}W]^2 +$$
$$\int_W \int_d [\varepsilon_y(X,W)]^2 p(d)p(W)\mathrm{d}d\mathrm{d}W +$$
$$2\int_W \int_d [y_G(X,W)\varepsilon_y(X,W)]p(d)p(W)\mathrm{d}d\mathrm{d}W$$
$$= Var[y_G(X,W)] + \int_W \int_d [\varepsilon_y(X,W)]^2 p(d)p(W)\mathrm{d}d\mathrm{d}W$$

使用 Monto Carlo 法在设计变量和系统参数的设计空间中进行变量采样点选取，根据采样点处性能目标仿真计算值构建 Kriging 等效简化模型，然后根据构建的 Kriging 等效简化模型的预测性能目标值和预测模型方差函数，使用式（3-22）和式（3-23）计算考虑多参数不确定性的性能目标的预测均值 $\mu_{w+G}(x)$ 和预测方差 $\sigma_{w+G}^2(x)$。

2. 精度与效率协调的等效简化模型构建

等效简化模型的精度对性能不确定性度量的准确性有很大影响。提出基于性能目标预测区间和模型均方误差的非均匀采样点选取方法，构建适用于参数不确定性要求的等效简化设计模型，实现模型精度和求解效率的协调统一。

（1）基于性能预测区间的设计变量采样点选取　在已有的等效简化模型基础上，通过增加设计变量的采样点，减少性能目标不确定性，实现模型构建效率和性能不确定性间的平衡。

根据建立的性能目标的预测均值和预测方差函数，构建性能目标的预测区间函数 $[\mu_{w+G}(x) - c\sigma_{w+G}(x), \mu_{w+G}(x) + c\sigma_{w+G}(x)]$。为了减少性能目标响应的不确定性，在性能目标响应的最大预测区间处选取新的设计变量采样点 x_{k+1}。

对于以性能最小化为目标的性能设计问题，根据已有的 k 个采样点确定的等效简化模型，计算得到设计变量最优值为 $x_{\min,k}$。在最优值 $x_{\min,k}$ 处，性能目标预测区间上边界值为 $\mu_{w+G_k}(x_{\min,k}) + c\sigma_{w+G_k}(x_{\min,k})$，任一设计变量 x 计算得到的性能目标预测区间下边界值为 $\mu_{w+G_k}(x) - c\sigma_{w+G_k}(x)$。根据预测区间最大原则选取新的设计变量采样点，则新的设计变量 x_{k+1} 是函数 $h_1(x)$ 取最大值时对应的设计变量 x。$h_1(x)$ 的计算公式如式（3-24）所示。

$$h_1(\boldsymbol{x}) = [\mu_{w+G_k}(\boldsymbol{x}_{\min,k}) + c\sigma_{w+G_k}(\boldsymbol{x}_{\min,k})] - [\mu_{w+G_k}(\boldsymbol{x}) - c\sigma_{w+G_k}(\boldsymbol{x})] \tag{3-24}$$

（2）基于模型均方误差的系统参数采样点选取　选取新的设计变量采样点$\boldsymbol{x}_{k+1}$后，通过选取新的系统参数采样点$\boldsymbol{W}_{k+1}$进一步降低等效简化模型不确定性。等效简化模型的不确定性通过模型均方误差$\sigma_{G_k}(\boldsymbol{x}, \boldsymbol{W})$反映，而且$\sigma_{G_k}(\boldsymbol{x}, \boldsymbol{W})$在Kriging近似模型构建后可以直接计算而得，所以在等效简化模型的均方误差最大值处选取新的系统参数采样点$\boldsymbol{W}_{k+1}$。

综合考虑等效简化模型的均方误差和系统参数的概率分布，新的系统参数采样点$\boldsymbol{W}_{k+1}$选取为函数$h_2(\boldsymbol{W})$取最大值时对应的系统参数值$\boldsymbol{W}$，$h_2(\boldsymbol{W})$的计算如式（3-25）所示。

$$h_2(\boldsymbol{W}) = \sigma_{G_k}(\boldsymbol{x}_{k+1}, \boldsymbol{W}) p(\boldsymbol{W}) \tag{3-25}$$

（3）不确定性等效简化模型构建　在设计变量和系统参数的设计空间中，通过非均匀采样，在采样点选取过程中考虑模型不确定性对性能不确定性的精确影响，构建用于参数不确定性要求下性能求解的等效简化模型。具体步骤如下：

步骤1：初始采样点选取。假设设计变量和系统参数都符合均匀分布，在设计空间中使用实验设计方法（优化拉丁超立方方法、全因子法等）进行均匀采样，获得初始采样点集合$[(\boldsymbol{x}_1, \boldsymbol{W}_1), (\boldsymbol{x}_2, \boldsymbol{W}_2), \cdots, (\boldsymbol{x}_k, \boldsymbol{W}_k)]$。初始采样点的数量$k$根据设计变量和系统参数的个数而定，一般初始采样点的个数$k < 10(m+p)$，其中m为设计变量的个数，p为系统参数的个数。

步骤2：初始Kriging等效简化模型构建。通过高精度仿真分析或实验测试，计算k个采样点处的性能目标响应值。基于这k个采样点位置和对应的性能响应值构建Kriging等效简化模型，记为$G_k(\boldsymbol{x}, \boldsymbol{W})$。根据Kriging等效简化模型的特性，在设计变量与系统参数的设计空间中，构建等效简化模型的性能预测均值和预测方差函数。

步骤3：基于等效简化模型$G_k(\boldsymbol{x}, \boldsymbol{W})$进行最优设计变量求解。基于等效简化模型$G_k(\boldsymbol{x}, \boldsymbol{W})$，构建综合考虑设计变量不确定性、系统参数不确定性和等效简化模型不确定性的性能设计函数$f_{w+G_k}(\boldsymbol{x})$。使用遗传算法、序列二次规划法、神经网络算法等优化方法（Younis，2010）进行性能求解，得到基于$G_k(\boldsymbol{x}, \boldsymbol{W})$的最优设计变量值$\boldsymbol{x}_{\min,k}$。

步骤4：新增采样点选取。分别进行新增设计变量采样点和系统参数采样点的选取，获取第$k+1$个采样点$(\boldsymbol{x}_{k+1}, \boldsymbol{W}_{k+1})$，并根据这$k+1$个采样点和采样点处的性能计算值，构建新的等效简化模型$G_{k+1}(\boldsymbol{x}, \boldsymbol{W})$。

步骤5：采样终止准则。综合考虑模型精度和计算效率的影响，当采样点数量达到设定值$k_{\max}$，或者两次采样构建的等效简化模型间误差低于设定值$E_{\max}$时，停止采样。包含k个采样点的等效简化模型和包含$k+1$个采样点的等效简化模型分别记为$G_k(\boldsymbol{x}, \boldsymbol{W})$和$G_{k+1}(\boldsymbol{x}, \boldsymbol{W})$，则两个模型之间的误差函数记为$h_3(\boldsymbol{x}, \boldsymbol{W}) = y_{k+1}(\boldsymbol{x}, \boldsymbol{W}) - y_k(\boldsymbol{x}, \boldsymbol{W})$。由于在设计空间中，设计变量$\boldsymbol{x}$的选取在等效简化模型$G(\boldsymbol{x}, \boldsymbol{W})$的设计域中概率相同，系统参数$\boldsymbol{W}$在等效简化模型$G(\boldsymbol{x}, \boldsymbol{W})$的设计域中符合正态分布，所以考虑$\boldsymbol{W}$的概率分布，构建表征模型间差距的函数$Z(\boldsymbol{x})$，如式（3-26）所示。等效简化模型构建停止准则如式（3-27）所示，$E_{\max}$值根据步骤2确定的初始简化模型确定。

$$Z(\boldsymbol{x}) = \int_{\boldsymbol{W}} h_3(\boldsymbol{x}, \boldsymbol{W}) p(\boldsymbol{W}) d\boldsymbol{W} \tag{3-26}$$

$$k = k_{\max} \text{ 或 } E(Z(\boldsymbol{x})) \leq E_{\max} \tag{3-27}$$

3. 基于等效简化模型的智能求解

基于性能不确定性度量结果和构建的精确等效简化模型，进行考虑多参数不确定性的性能求解和设计变量的优化设计，并阐述了传统的不考虑等效简化模型不确定性的性能稳健优化设计方法。在后续实例部分，通过对比两种方法的设计结果，验证本章方法的正确性。

为了定量化描述性能目标的不确定性，构建了综合考虑性能均值和标准差的稳健设计函数。进行性能目标的最小化设计时，稳健设计函数 $f_{w+G}(\boldsymbol{x})$ 如式（3-28）所示。

$$f_{w+G}(\boldsymbol{x}) = \mu_{w+G}(\boldsymbol{x}) + c\sigma_{w+G}(\boldsymbol{x}) \tag{3-28}$$

在式（3-28）中，c 是反映稳健设计函数置信度大小的一个常量。当 $c=2$ 时，稳健设计函数的置信度是 0.9772；当 $c=3$ 时，置信度是 0.9987。$\mu_{w+G}(\boldsymbol{x})$ 和 $\sigma_{w+G}(\boldsymbol{x})$ 分别为在构建的等效简化模型基础上，采用性能不确定性度量方法计算得到的性能目标的均值和标准差。

4. 在主换热器翅片结构智能设计中的应用

换热器广泛应用于航空飞机、汽车、深冷空气分离等装备中。冷热流体间的传热量是分析换热器性能的重要指标。建立实验台测试各种尺寸的翅片的换热性能耗时长、投资大，因此 CFD 仿真分析成了评价翅片性能的主要方法。

基于采样点的 CFD 仿真分析结果拟合的换热器设计模型与实际模型间存在偏差，因此在结果稳健设计中存在近似模型不确定性。由于制造工艺、测量等因素的影响，实际结构参数与设计值间存在偏差，因此存在设计变量不确定性。由于变工况等因素的影响，结构设计中的入口空气状态等固定参数存在波动，存在系统参数不确定性。同时考虑这些不确定性因素进行换热器的结构稳健设计。

在该性能设计问题中，考虑三个设计变量（热流体翅片高度 x_1、冷流体翅片高度 x_2 和翅片宽度 x_3）和四个系统参数（热流体入口温度 w_1、热流体入口速度 w_2、冷流体入口温度 w_3 和冷流体入口速度 w_4）。本章例子中，热流体为空气，冷流体为液态水。结构稳健设计优化中结构设计变量和系统参数的设计域及不确定性分别见表 3-3 和表 3-4。

表 3-3 结构设计变量的设计域及其不确定性

结构设计变量	初始值/mm	设计空间/mm	不确定性	标准差
热流体翅片高度 x_1	9.5	[8,12]	正态分布	0.06
冷流体翅片高度 x_2	6.5	[5,8]	正态分布	0.05
翅片间距 x_3	2	[1,3]	正态分布	0.03

表 3-4 系统参数的设计值及其不确定性

系统参数	设计值	不确定性	标准差
热流体入口温度 w_1	360K	正态分布	2
热流体入口速度 w_2	8m/s	正态分布	0.3
冷流体入口温度 w_3	320K	正态分布	2
冷流体入口速度 w_4	0.01m/s	正态分布	0.001

换热器性能设计目标为最大化冷热流体间的换热量 Q，其计算公式如式（3-29）所示。

$$Q = q_{m,h} c_{p,h} (T_{in,h} - T_{out,h}) = \rho_h S_h v_h c_{p,h} (T_{in,h} - T_{out,h}) \tag{3-29}$$

式中，q_m 为质量流量；c_p 为比定压热容；T_{in} 为入口温度；T_{out} 为仿真分析计算得到的出口温度；ρ_h 为密度；S 为流体入口截面积；v 为入口速度；下标 h 代表热流体。

在 Gambit 中构建换热器的几何模型并划分网格，然后在 Fluent 中进行换热器的流动仿真分析。首先基于优化拉丁超立方方法进行 100 个设计点采样，并进行这 100 个设计点的换热器流体仿真分析。某一次仿真分析后的热流体中的温度分布如图 3-5 所示。基于仿真分析结果构建了初始 Kriging 等效简化模型。然后进行新的采样点选取，并构建用于稳健设计的最终简化模型。最终等效简化模型包括 146 个采样点。在最终采样模型基础上，构建综合考虑等效简化模型不确定性、设计变量不确定性和系统参数不确定性的性能稳健优化设计函数，进行换热器结构稳健设计，稳健设计得到的最佳结构参数见表 3-5。

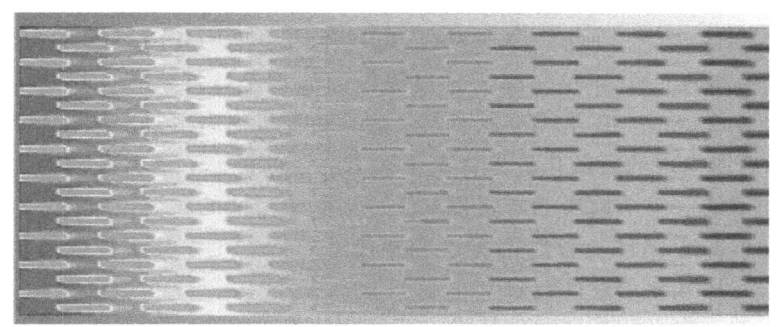

图 3-5 仿真分析得到的热流体翅片中的温度分布

为了对比方法的有效性，将传统稳健设计方法也应用到该换热器的结构稳健设计中。基于传统稳健设计方法，得到的最佳换热器结构参数也列在表 3-5 中。

表 3-5 最佳换热器结构参数 （单位：mm）

	提出方法	传统方法
热流体翅片高度	11.34	9.37
冷流体翅片高度	6.43	6.30
翅片间距	2.39	2.23

为了验证方法的有效性，在两种方法得到的最佳设计值周围，分别使用 Monte Carlo 法进行 40 个采样点的采样，然后在这些采样点处进行仿真分析。分别统计两个最佳值周围采样点的仿真分析结果，见表 3-6。仿真结果表明，使用提出的等效简化模型构建方法，并在稳健设计中考虑等效简化模型不确定性，得到的最佳传热量由 373.41kW 提高到 388.83kW。

表 3-6 稳健设计结果对比 （单位：kW）

传热量	提出方法	传统方法
平均值	324.03	318.84
标准值	21.60	18.19
稳健目标	388.83	373.41

3.3 几何结构变异设计的智能求解

3.3.1 二维图元结构剪取与贴合的基准融合求解方法

制造业竞争的日益全球化，产品外形的复杂度不断提高，对基于知识的产品几何结构协同求解设计提出了更高的要求。产品零部件几何结构设计是产品外形设计的重要部分。产品零部件几何结构通常是通过几何约束系统表达和建立的。产品零部件几何结构设计问题本质上是几何约束系统的求解和图元再生求解问题。提高求解的智能计算水平,快速响应外形设计计需求,是实现面向产品结构变异的智能设计的重要研究方向[1-6]。

由此可见,在产品结构设计模型求解中的图元约束系统求解方面,目前的几何造型系统多是基于参数化设计的,通过在既定的拓扑结构下改变几何元素的参数值实现产品特征模型的修改,但不能直接改变拓扑结构,正面临严峻的挑战。

产品几何结构设计经历了长期的技术进化。几何作图问题可以追溯到古希腊时期对尺规作图问题的研究。18世纪出现的工程图学是尺规作图与摄影几何学在工程设计中的应用。20世纪70年代早期的CAD系统实际上是尺规作图的直接计算机化,只是提供给用户一个电子图板。由此在20世纪70年代出现了以参数化和变量化为主要特征和标志的CAD系统。20世纪80年代后期出现的参数化技术首次引入了约束的概念。参数化技术将一组参数与控制零部件几何图形的一组结构尺寸序列相对应,当赋予不同的参数值时,就可以产生一系列具有相似几何图形的零部件。参数化实体造型技术的特点是:基于特征的设计、全尺寸约束、全数据相关、尺寸驱动设计的修改。

参数化技术的一次飞跃是变量化技术。变量化技术将整个设计草图当作一个完整的系统来考虑,与构造过程的顺序无关。变量化技术还将草图中的控制尺寸和拓扑关系都用约束来表示,这使得设计初期的草图可以不是完全定义的,将没有完全定义的控制尺寸和拓扑关系用变量存储起来,暂时以当前的绘制尺寸赋值。设计者可以在任何阶段对草图中的任何尺寸和拓扑关系进行重新定义,同时这种重新定义也不必牵涉草图中所有几何实体的改动。变量化技术提供的灵活更改模型的方式有效地支持了CAD的概念化设计,可以使设计者的创造力和想象力得到更充分的发挥。参数化技术与变量化技术的核心是一旦给定了设计草图的若干尺寸和拓扑关系,软件系统就可以自动生成相应的设计图,这一求解过程为几何约束求解。

给定一个几何体(二维中的点、直线、圆、圆弧和三维中的点、直线、平面、球面、曲面等)的集合 O 和一个关于集合 O 中几何体之间的几何约束(点与点之间的距离、直线与直线之间的角度、两条直线垂直和直线与圆的相切等)的集合 C,将二元组 (O,C) 称为几何约束问题。几何约束求解是指根据一定的算法做出一个或所有满足集合 C 的几何图形。通常,用户总是先画出一个设计问题的草图,所以,几何约束求解实际上是在一个草图的基础上进行求解。可以将几何约束问题分成三类:

1) 完整约束几何约束问题——几何约束问题所对应的几何图形的形状为有限个。
2) 欠约束几何约束问题——几何约束问题所对应的几何图形的形状为无限个。
3) 过约束几何约束问题——几何约束问题无解。

确定一个几何约束问题属于哪一类,通常是求解的第一步。然而,很难在求解一个几何约束问题之前就能判断出这个问题是属于哪一类的,因此一般应对几何约束问题进行结构分类。先引入几个相关的概念。

定义 3-1 几何约束问题的图。通常用图 $G=(V,E)$ 来表示一个几何约束问题,其中,V 代表几何约束问题的几何体的集合;E 代表几何约束问题的几何约束的集合;G 称为几何约束问题的约束图。一种更一般的方法是用偶图 $G=(V^+,V^-,E)$ 来表示一个几何约束问题，其中，V^+ 表示几何体；V^- 表示几何约束；E 表示相应的几何体与几何约束之间有关联。

定义 3-2 几何体的自由度。几何体的自由度是指要确定这个几何体的位置所需要的独立参数的个数，用 $DOF(O)$ 来表示几何体 O 的自由度。例如，二维空间中点的自由度是 2，圆的自由度是 3，线段的自由度是 4；三维空间中点的自由度是 3，直线的自由度是 4。对于一个几何约束问题的图 $G=(V, E)$，显然 $DOF(V) = \sum_{v \in V} DOF(v)$。

定义 3-3 几何约束的约束度指为了描述一个几何约束所需要的数值方程的个数，用 $DOC(O)$ 来表示几何约束 C 的约束度。例如，点与点之间的距离约束的约束度是 1，点 M 是线段 AB 的中点的三元约束的约束度是 2。对于一个几何约束问题的图 $G=(V, E)$，显然 $DOC(E) = \sum_{e \in E} DOF(e)$。

由以上的定义，称一个几何约束问题 $G=(V, E)$ 是：

1) 结构过约束的。如果存在一个导出子图 $H=(V_H, E_H)$，使得 $DOC(E_H) > DOF(V_H) - D$。

2) 结构欠约束的。如果 G 不是结构过约束的且有 $DOC(E) < DOF(V) - D$。

3) 结构完整约束的。如果 G 所对应的几何约束问题既不结构欠约束，也不结构过约束。

4) 严格完整约束的。如果 $DOC(G) = DOF(G)$ 且 G 的每个子图 H 满足条件 $DOC(H) \leq DOF(H) - D$。其中，在二维情形中 $D=3$，在三维情形中 $D=6$。

用几何图形的结构约束性质（结构完整的、结构欠约束的和结构过约束的）来刻画几何图形的几何约束性质（完整约束的、欠约束的和过约束的）。这在大多数情形中是正确的，但是，由几何图形的结构约束性质并不总能推断出几何图形的实际约束性质。例如，一个结构完整约束的问题可能大部分情形是完整约束问题，但也有可能是过约束和欠约束的。这类问题的严格判定需要用符号计算技术。

几何约束求解通常是将其化为代数方程组，然后求解这一方程组。由于几何约束问题往往涉及非常多的几何体，因而会产生大型非线性方程组。至今尚无求解大型非线性方程组的完整稳定的方法，因此，几何约束求解的基本思想就是"分而治之"，即将一个大的问题分解为若干个小的问题。所有的几何约束求解方法都可以理解为以上想法的一个具体化。其中关键的两步是分解与组合，而现有的几何约束求解方法：基于图论的几何约束求解方法、基于规则的几何约束求解方法、基于数值计算的几何约束求解方法和基于符号计算的几何约束求解方法等，这些求解方法都需要提取和选择图元基准，进行图元的参数化驱动，因此，二维图元结构剪取与贴合的基准融合求解方法是实现二维图元移植变异的核心技术。

如图 3-6 所示，对于 n 多边形图元，形成完备约束所需要的基准集合 S 是图元要素集合 G 的子集，$S \subseteq G$。对参数化约束 n 多边形模型进行目标图元剪取，分别在边 P_1P_n 和边 P_1P_2 上进行剪取，获得 $g(g=3)$ 个点。剪取操作时，与剪取点相关联的约束将被释放。约束释放可解释为将原有的约束删除，使其变成自由状态。剪取完成后，形成目标图元结构和剩余图元结构两个独立参数化约束模型结构。图 3-6a 为 n 边形图元，若以其顶点形成基准，则其基准集为 $(S_1, \cdots, S_i, \cdots S_n)$；图 3-6b 为选定 $P_nP_1P_2$ 为目标剪取区域；图 3-6c 为对选定的 $P_nP_1P_2$ 目标区域进行剪取，产生断点 P_{n+1} 与 P_{n+2}，同时获得目标区域的基准集 (S_1, S_{n+1}, S_{n+2})；图 3-6d 为将剪取的目标图元结构 $P_{n+1}P_1P_{n+2}$ 与剩余图元结构 $P_{n+2}P_2P_3\cdots P_i\cdots P_{n+1}$ 进行分离，产生断点 P_{n+3} 与 P_{n+4}，产生的两个图元结构的基准集分别为 $(S_1, S_{n+3},$

S_{n+4}）和（S_2，…，S_i，…S_{n+1}，S_{n+2}）。

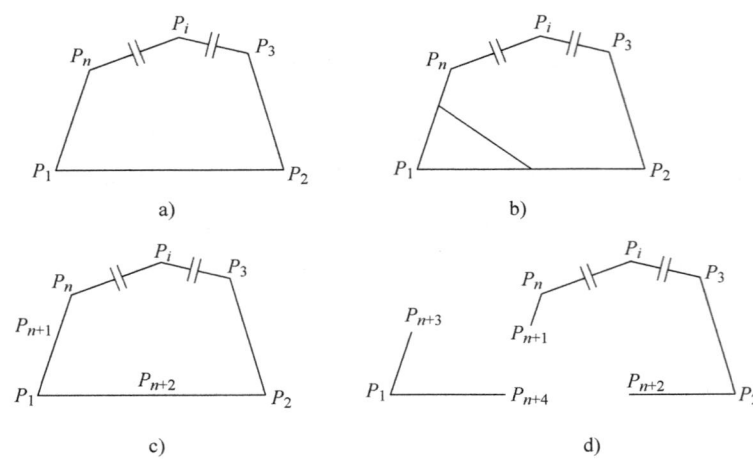

图 3-6 已有二维图元结构的剪取示意图

图 3-6a 所示的 n 边形约束建立有多种方法，以顶点距离约束为例，进行剪取操作时，释放的等式约束有 $P_1P_n=l_1$ 和 $P_1P_2=l_2$，新重建的等式约束有 $P_1P_{n+1}=l_3$、$P_nP_{n+1}=l_4$、$P_1P_{n+2}=l_5$、$P_2P_{n+2}=l_6$。剪取的图元结构 $P_{n+3}P_1P_{n+4}$ 的自由度为 $2g$，为保持剪取前后的目标图元结构不发生变化，基准约束重构施加在剪取图元结构上的约束度也应为 $2g$，g 表示正整数。同样地，剩余图元结构 $P_{n+2}P_2P_3\cdots P_i\cdots P_{n+1}$ 的自由度为 $2(n-g+4)$，基准约束重构施加在剩余图元结构上的约束度为 $2(n-g+4)$。

将剩余图元结构 $P_{n+2}P_2P_3\cdots P_i\cdots P_{n+1}$ 作为受体图元结构，将剪取图元结构 $P_{n+3}P_1P_{n+4}$ 和受体图元结构 $P_{n+2}P_2P_3\cdots P_i\cdots P_{n+1}$ 的基准集形成合集，建立基准之间的相关度，进行以相关度的优先级排序，基准约束重构需按优先级遍历基准集合元素 $S_i(i=1,\cdots,m)$，将 $k(k\leq m)$ 个图元基准之间的约束记为 k 元约束，对于 k 元约束，令 $i=1$，判断 k 元约束 $\Phi\underbrace{(S_i,\cdots,S_{k-i-1})}_{k个}$ 其中是否与完备基准约束集中的约束重合，即是否存在约束冗余，若约束重合，则不需要重建约束，若没有重合约束，则实时重建约束方程并令 i 赋值为 $i+1$，直至 $i=m$ 遍历完成，形成完备约束代数方程组，总共需要遍历 $C_m^k=\dfrac{m!}{k!(m-k)!}$ 次。

如图 3-7 所示，将剪取的图元结构进行移植，进行变拓扑设计。移植时，为适应移植受体的结构，可对剪取结构模型进行比例缩放。针对剪取与贴合的基准融合设计要求，对移植目标与受体进行约束重构。如图 3-7 中的贴合步骤是，将原有的 n 边形变成 $n+1$ 边形，可通过反复迭代实现满足要求的 $n+2$ 边形，通过进一步地迭代可实现满足要求的 $n+3$、$n+4$ 边形等。图 3-7a 为将剪取的目标图元结构 $P_{n+3}P_1P_{n+4}$ 与剩余图元结构 $P_{n+2}P_2P_3\cdots P_i\cdots P_{n+1}$ 进行模型重构，重构的剪取图元结构基准集为（S_1，S_{n+3}，S_{n+4}），受体图元结构的基准集为（S_2，…，S_i，…，S_n，S_{n+1}，S_{n+2}）；图 3-7b 所示为对边 P_2P_3 进行约束释放重构图元结构，释放时的基准集为（S_2，S_3），重构结果为边 P_2P_3 消失；图 3-7c 所示为对被截断的区域进行图元恢复重构，重构时以基准集（S_1，S_2，…，S_i，…，S_n，S_{n+1}，S_{n+2}）为基准进行重构约束，重构约束具体为距离约束 $P_nP_{n+1}=l_1$，$P_2P_{n+2}=l_2$，产生新的构造点 P_{n+5}。

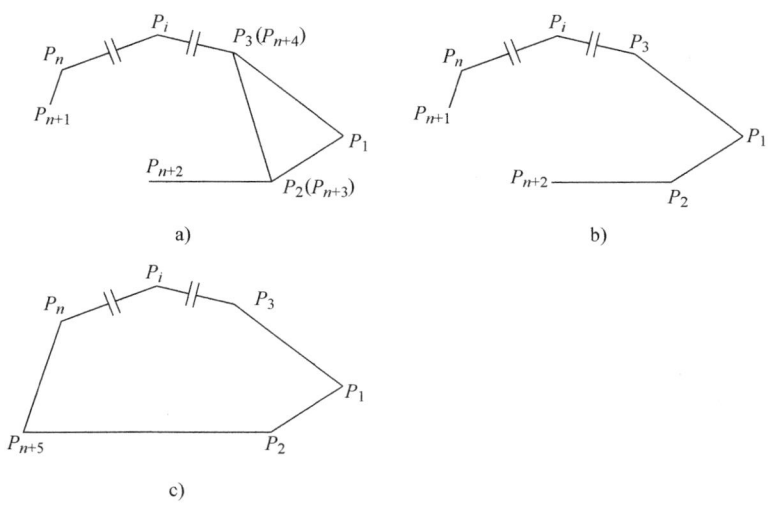

图 3-7 剪取图元结构与受体图元结构的贴合示意图

图 3-7 所示的图元重构可由基准集中的元素 S_i 和距离集合中的元素 l_i 建立非线性约束方程组，然后求解方程组来进行。对 n 个基准的集合，写成矢量形式，即

$$S = (S_1 \quad S_2 \quad \cdots \quad S_i \quad \cdots \quad S_n)^T \tag{3-30}$$

已有的距离尺寸值也写成矢量 l，即

$$l = (l_1 \quad l_2 \quad \cdots \quad l_i \quad \cdots \quad l_n)^T \tag{3-31}$$

通过 S、l 建立非线性方程组，即

$$F_i(S, l) = 0, i = 1, 2, 3, \cdots, n \tag{3-32}$$

可由第 n 步的基准矢量 S^n 迭代获得 $n+1$ 步的 S^{n+1}，即

$$S^{n+1} = S^n - [f'(S^n)]^{-1} F(S^n) \tag{3-33}$$

式中，f' 表示导数。

或

$$J \Delta S = r \tag{3-34}$$

其中

$$J = \begin{pmatrix} f_{11} & f_{12} & \cdots & f_{1n} \\ f_{21} & f_{22} & \cdots & f_{2n} \\ \vdots & \vdots & \vdots & \vdots \\ f_{n1} & f_{n1} & \cdots & f_{nn} \end{pmatrix}$$

称作雅可比矩阵

$$f = \frac{\partial F_i}{\partial S_j} \quad i = 1, 2, 3, \cdots, n; j = 1, 2, 3, \cdots, n \tag{3-35}$$

$$\Delta S = (\Delta S_1, \Delta S_2, \cdots, \Delta S_n)^T \tag{3-36}$$

$$r = (-F_1, -F_2, \cdots, -F_n)^T \tag{3-37}$$

式中，ΔS 表示基准在迭代步的变化量，r 表示方程组的残余数。

通过反复迭代可以确定基准集合中基准参数的值，进一步可以得到基准融合的参数化图元结构，为图 3-7c 所示的重构形成的 $n+1$ 边形图元结构。

图 3-8 所示为构建图元桥接体的过程。如图 3-8a 所示，受体图元结构图元桥接面和剪

取图元结构图元桥接面上的边界曲线分别为 C_1 和 C_2，O_1 为曲线 C_1 围成的封闭区域的中心，O_2 为 O_1 在曲面 Ω_2 上的正投影，过法线 O_1O_2 的法平面与边界曲线 C_1、C_2 的交点记为 $C_1(\alpha)$、$C_2(\alpha)$，其中 α 为法平面位置与起始位置的偏角，$\alpha \in [0, 2\pi)$。

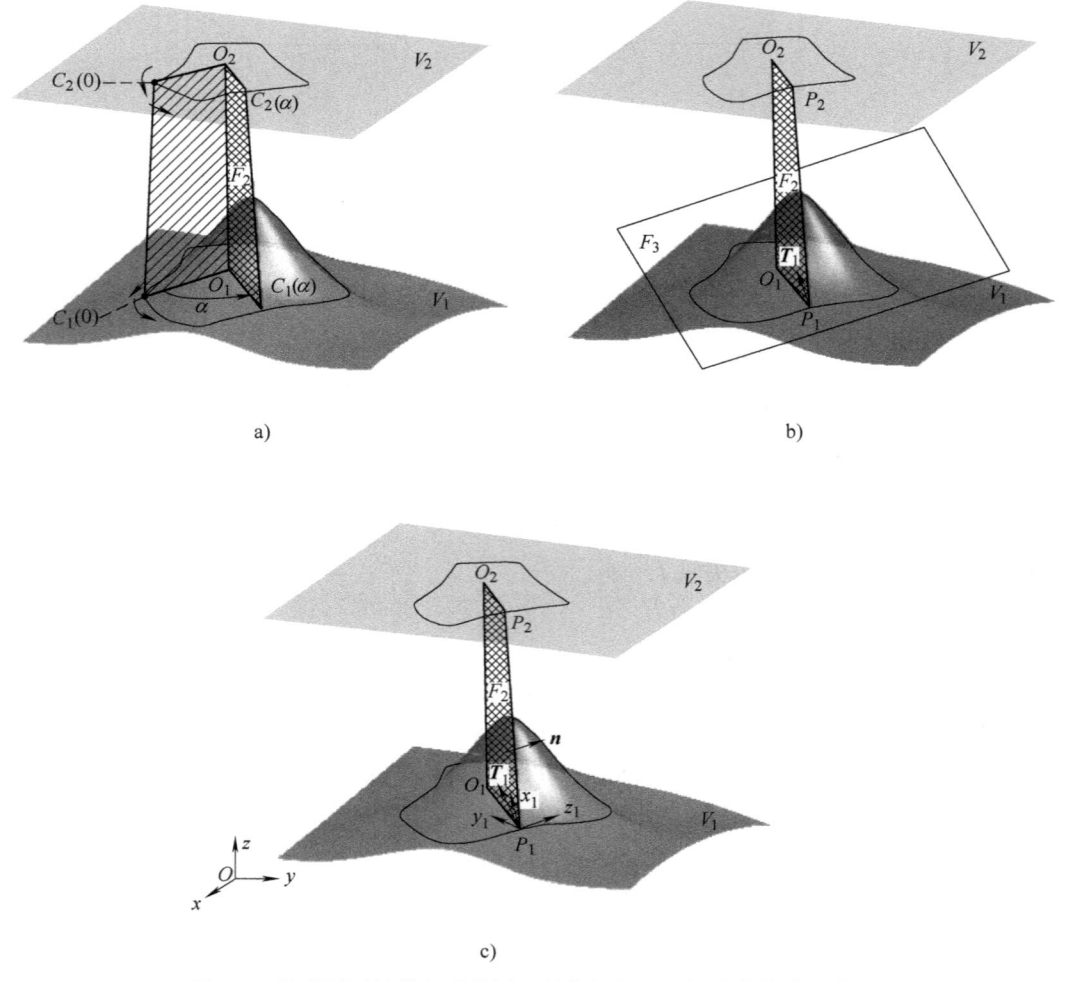

图 3-8 剪取图元结构与受体图元结构间的图元桥接体构建示意图

如图 3-8b 所示，以 V_1、V_2 标识边界曲线 C_1、C_2 上的节点对，即 $V_1 = C_1(\alpha)$，$V_2 = C_2(\alpha)$。曲面 Ω_1 在 V_1 处的法平面为 F_2，切平面为 F_3，记 F_2、F_3 的交线的方向矢量为 $\boldsymbol{T}_1$，同理可确定曲面 Ω_2 上 V_2 处的对应方向矢量 $\boldsymbol{T}_2$。

图元桥接体构建步骤为：在法平面 F_2 内，以 $\alpha = 0$ 所在的交点 $C_1(\alpha)$、$C_2(\alpha)$ 为两端点，构造插值曲线，并将 α 以一定的步长 $\Delta\delta$ 逐步向 2π 推广，$\Delta\delta = \rho \dfrac{2\pi}{n}$，其中 $n \in Z^+$。当边界曲线方程无法确定时，曲率半径 $\rho = \dfrac{1}{|\boldsymbol{T}'|}$，$\boldsymbol{T}$ 表示曲线的单位切矢量，$\boldsymbol{T}'$ 为单位切矢量的导数。当边界曲线 C_1 为平面曲线且连续可导时，曲率半径 $\rho = \dfrac{[1 + y'(x)^2]^{\frac{3}{2}}}{y''(x)}$，$y'(x)$、$y''(x)$ 分

别为曲线 C_1 的方程 $y(x)$ 的一阶和二阶导函数。这样就得到桥接曲面，对桥接曲面分别与剪取图元结构和受体图元结构之间构成的封闭区域进行实体化，构造图元桥接体结构。图元桥接体是一个过渡几何结构，在构造的时候不仅考虑表面光滑和 C^1 连续，同时为了避免表面的扭曲，在 V_1、V_2 间插值曲线构造时，统一取曲线的挠率为零，即在法平面 F_2 内构造插值曲线。为便于处理，对于在法平面 F_2 内构造插值曲线问题，先在 F_2 表面上的 V_1 点处，以法矢量 $\boldsymbol{n}$ 方向为 z_1 轴方向，构造局部坐标系 $V_1x_1y_1z_1$，如图 3-8c 所示。

图 3-9 所示为在图元桥接体构建过程中，受体图元结构坐标系 $Oxyz$ 到插值局部坐标系 $V_1x_1y_1z_1$ 的变换过程示意图。从坐标系 $Oxyz$ 到坐标系 $V_1x_1y_1z_1$ 需要经过平移和旋转变换，步骤如下：

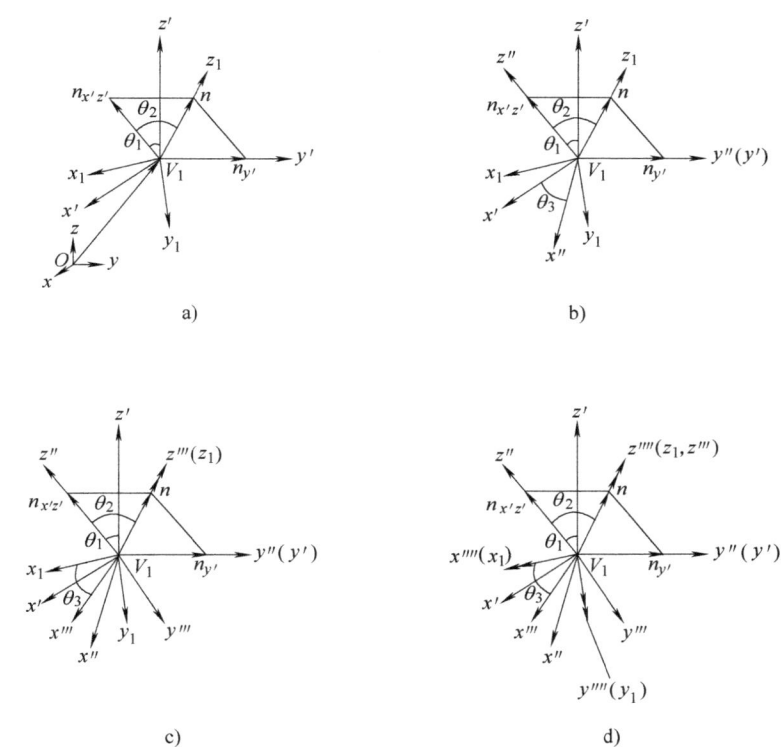

图 3-9 受体图元结构坐标系 $Oxyz$ 到插值局部坐标系 $V_1x_1y_1z_1$ 的变换

步骤 1：将 $Oxyz$ 沿着矢量 $\boldsymbol{OV_1}$ 进行平移，得到坐标系 $V_1x'y'z'$，如图 3-9a 所示；将坐标系进行平移，坐标变换的转换公式为

$$(x'y'z')^T = (xyz)^T + (x_0y_0z_0)^T \tag{3-38}$$

式中，x_0、y_0、z_0 为旧坐标原点相对于新坐标原点在三个坐标轴上的分量，即三个平移常数。

步骤 2：将坐标系 $V_1x'y'z'$ 绕 V_1y' 轴旋转角度 θ_1 得到坐标系 $V_1x''y''z''$，如图 3-9b 所示。

步骤 3：将 $V_1x''y''z''$ 绕 V_1x'' 旋转 θ_2 得局部坐标系 $V_1x'''y'''z'''$，如图 3-9c 所示。

步骤 4：将 $V_1x'''y'''z'''$ 绕 V_1z''' 旋转 θ_3 得到局部坐标系 $V_1x_1y_1z_1$，如图 3-9d 所示。步骤 2、步骤 3、步骤 4 的旋转操作的坐标变换公式为

$$(x_1y_1z_1)^T = R_3(\theta_3)R_2(\theta_2)R_1(\theta_1)(x'y'z')^T \tag{3-39}$$

式中，θ_1、θ_2、θ_3 为坐标变换的三个旋转角，称为欧拉角。

步骤 5：若受体图元结构坐标系 $Oxyz$ 相对插值局部坐标系 $V_1x_1y_1z_1$ 有尺度变化，则可设尺度变化参数 $q(q \in \mathrm{R})$，整个坐标系的转换公式为

$$\begin{pmatrix} x_1 \\ y_1 \\ z_1 \end{pmatrix} = (1+q)\begin{pmatrix} x \\ y \\ z \end{pmatrix} + \begin{pmatrix} 1 & \theta_1 & -\theta_2 \\ -\theta_1 & 1 & \theta_3 \\ \theta_2 & -\theta_3 & 1 \end{pmatrix}\begin{pmatrix} x \\ y \\ z \end{pmatrix} + \begin{pmatrix} x_0 \\ y_0 \\ z_0 \end{pmatrix} \tag{3-40}$$

基于图元剪取与贴合的基准融合方法如图 3-10~图 3-12 所示。

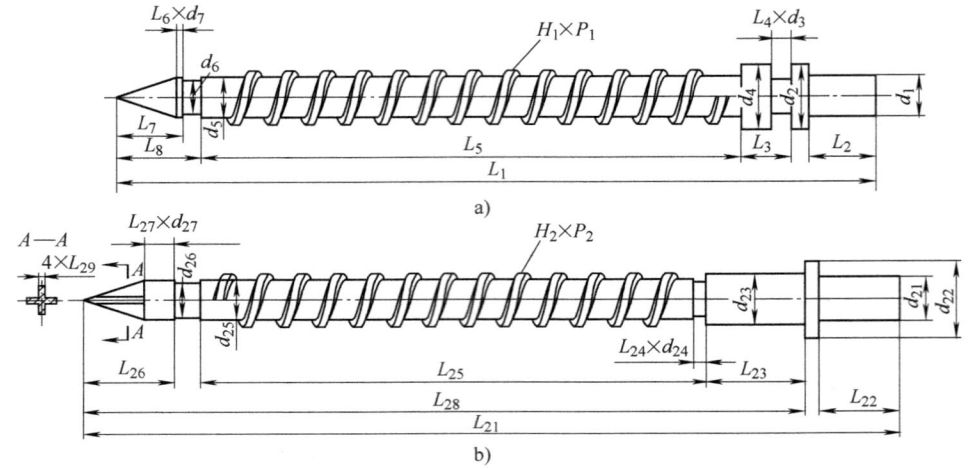

图 3-10 螺杆零件的结构示意图

图 3-10 所示为图元融合方法实际应用中的注塑机螺杆零件的结构示意图。图 3-10a 是剪取操作前的螺杆 A 零件结构示意图，图 3-10b 是剪取操作前的螺杆 B 零件结构示意图。

图 3-10a 参数约束尺寸有 17 个，为 $L_1 \sim L_8$、$d_1 \sim d_7$、螺旋线高度 H_1、螺距 P_1，轴向尺寸基准为右端面，径向尺寸基准为水平中心线。

图 3-10b 参数约束尺寸有 18 个，为 $L_{21} \sim L_{29}$、$d_{21} \sim d_{27}$、螺旋线高度 H_2、螺距 P_2，轴向尺寸基准为右端面，径向尺寸基准为水平中心线。

图 3-10 中 L 表示长度尺寸，d 表示直径尺寸；图 3-10a 螺旋线为左旋，螺距为 P_1，螺旋线高度为 H_1；图 3-10b 螺旋线为左旋，螺距为 P_2，螺旋线高度为 H_2。

图 3-11 所示为螺杆零件剪取结构示意图。图 3-11a 是剪取操作后的螺杆 A 零件结构示意图，图 3-11b 是剪取操作后的螺杆 B 零件结构示意图。由图 3-11 可见，螺杆 A 和螺杆 B 被分为两部分，分别产生两个独立的参数化约束集。图 3-11 所示剪取过程的操作步骤如下：

步骤 1：求解图 3-11a 与 b 中螺杆的凸包围盒，通过产生凸包围盒来获得模型的方体包络空间。

步骤 2：通过生成的螺杆模型凸包围盒，确定剪取面的法矢线方向，由法矢单位矢量 $\boldsymbol{n}$ 及剪取面 F 上的任意一点 $M(x_m, y_m, z_m)$ 产生自适应有界剪取面 F，即

$$\boldsymbol{n} \times (x-x_m \quad y-y_m \quad z-z_m)^\mathrm{T} = 0 \tag{3-41}$$

步骤 3：反转剪取面 F 的主法矢方向，使其指向需求的剪取结构一侧，即螺杆头结构

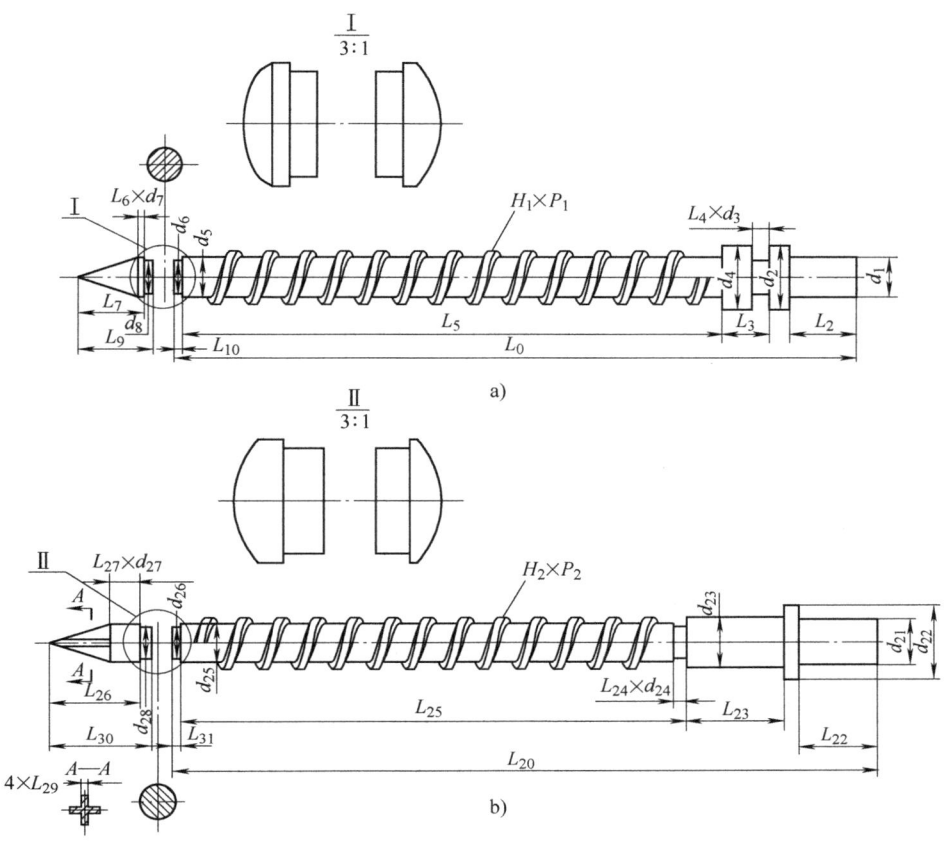

图 3-11 螺杆零件剪取结构示意图

一侧。

步骤 4：通过步骤 2 得到的剪取面 F 与螺杆结构进行布尔减运算，欲获得螺杆头部模型结构，故执行体减面布尔运算，即螺杆结构模型与剪取平面的布尔减运算。

步骤 5：获得剪取图元结构与受体图元结构组成的螺杆头模型结构。

步骤 6：反转剪取面 F 的主法矢方向，使其指向步骤 3 中主法矢方向的反向，执行步骤 4 中的体减面布尔运算，可得到需求的受体结构，即图 3-11a 与图 3-11b 中的螺杆轴身模型结构。

步骤 7：对图 3-11 所示螺杆结构，轴向尺寸基准为轴身各段右端面，径向尺寸基准为螺杆轴水平中心线，以这些基准构成螺杆基准集合。在剪取后，形成了螺杆头与螺杆轴身两个结构模型，将产生隶属不同结构的两组基准集合，再分别以与剪取部位基准的相关度为优先级，从螺杆头与螺杆轴身基准集合中选择基准建立基准约束尺寸。

图 3-11a 的螺杆 A 结构分为 A 螺杆头和 A 螺杆轴身结构，需释放的基准约束尺寸有 L_1、L_8，需重建的基准约束尺寸有 L_0、L_9、L_{10}、d_8；S_{ai} 表示螺杆 A 的各基准，对基准进行层次化分区：$S_{a9} \sim S_{a10}$ 为螺杆头结构从右向左各个基准面；S_{a11} 为基准环；S_{a12} 为螺杆头顶部基准点；S_{a13} 为中心基准轴，令每个分区内的基准相关度高于跨区的基准相关度，不断迭代分区，得到 A 螺杆头结构基准集合的相关度矩阵为

$$\begin{array}{c} \phantom{S_{a9}} \quad S_{a9} \; S_{a10} \quad S_{a11} \quad S_{a12} \quad S_{a13} \\ \begin{array}{c} S_{a9} \\ S_{a10} \\ S_{a11} \\ S_{a12} \\ S_{a13} \end{array} \left(\begin{array}{ccccc} 1 & 0.7 & 0.4 & 0.9 & 0 \\ 0.7 & 1 & 0.9 & 0.9 & 0 \\ 0.4 & 0.9 & 1 & 0.5 & 0 \\ 0.9 & 0.9 & 0.5 & 1 & 0 \\ 0 & 0 & 0 & 0 & 1 \end{array} \right) \end{array}$$

此矩阵为实对称矩阵,矩阵元素表示各基准间的相关度,1>0.9>0.7>0.5>0.4,按优先级先后建立基准约束尺寸 L_9、d_8、L_6、d_7、L_7,共有 5 个。对 A 螺杆轴身结构基准集合进行层次化分区:$S_{a1} \sim S_{a7}$ 为螺杆尾部从右向左各个基准面;S_{a8} 为螺杆中心基准轴;再对 $S_{a1} \sim S_{a7}$ 进行第二层分区:$S_{a4} \sim S_{a5}$;$S_{a1} \sim S_{a3} \cup S_{a5} \sim S_{a7}$,得到相关度矩阵为

$$\begin{array}{c} \phantom{S_{a1}} \quad S_{a1} \quad S_{a2} \quad S_{a3} \quad S_{a4} \quad S_{a5} \quad S_{a6} \quad S_{a7} \quad S_{a8} \\ \begin{array}{c} S_{a1} \\ S_{a2} \\ S_{a3} \\ S_{a4} \\ S_{a5} \\ S_{a6} \\ S_{a7} \\ S_{a8} \end{array} \left(\begin{array}{cccccccc} 1 & 0.9 & 0.5 & 0.4 & 0.4 & 0.3 & 0.9 & 0 \\ 0.9 & 1 & 0.4 & 0.4 & 0.3 & 0.3 & 0.2 & 0 \\ 0.5 & 0.4 & 1 & 0.9 & 0.9 & 0.5 & 0.4 & 0 \\ 0.4 & 0.4 & 0.9 & 1 & 0.7 & 0.4 & 0.4 & 0 \\ 0.4 & 0.4 & 0.9 & 0.7 & 1 & 0.9 & 0.5 & 0 \\ 0.3 & 0.3 & 0.5 & 0.4 & 0.9 & 1 & 0.9 & 0 \\ 0.9 & 0.2 & 0.4 & 0.4 & 0.5 & 0.9 & 1 & 0 \\ 0 & 0 & 0 & 0 & 0 & 0 & 0 & 1 \end{array} \right) \end{array}$$

按优先级先后建立基准约束尺寸 d_6、L_{10}、L_0、L_5、d_5、螺旋线高 H_1、螺距 P_1、L_3、d_4、L_4、d_3、d_2、L_2、d_1,共有 14 个。

图 3-11b 螺杆结构需释放的基准约束尺寸有 L_{21}、L_{28},需重建的基准约束尺寸有 L_{20}、L_{30}、L_{31};对 B 螺杆头结构基准集合进行层次化分区:$S_{b9} \sim S_{b11}$ 为螺杆头结构从右向左各个基准面;S_{b12} 为螺杆头顶部基准点;S_{b13} 为中心基准轴;S_{b14} 为与中心基准轴 S_{b13} 垂直的基准轴线,得到相关度矩阵为

$$\begin{array}{c} \phantom{S_{b9}} \quad S_{b9} \quad S_{b10} \quad S_{b11} \quad S_{b12} \quad S_{b13} \quad S_{b14} \\ \begin{array}{c} S_{b9} \\ S_{b10} \\ S_{b11} \\ S_{b12} \\ S_{b13} \\ S_{b14} \end{array} \left(\begin{array}{cccccc} 1 & 0.7 & 0.4 & 0.9 & 0 & 0 \\ 0.7 & 1 & 0.9 & 0.9 & 0 & 0 \\ 0.4 & 0.9 & 1 & 0.5 & 0 & 0 \\ 0.9 & 0.9 & 0.5 & 1 & 0 & 0 \\ 0 & 0 & 0 & 0 & 1 & 0.8 \\ 0 & 0 & 0 & 0 & 0.8 & 1 \end{array} \right) \end{array}$$

按优先级先后建立的基准约束尺寸 L_{30}、d_{28}、L_{26}、L_{27}、d_{27}、L_{29},共有 6 个。对 B 螺杆轴身结构基准集合进行层次化分区:$S_{b1} \sim S_{b7}$ 为螺杆尾部从右向左各个基准面,S_{b8} 为螺杆中心基准轴,得到相关度矩阵为

$$\begin{array}{c}\phantom{S_{b1}}\begin{array}{cccccccc}S_{b1}&S_{b2}&S_{b3}&S_{b4}&S_{b5}&S_{b6}&S_{b7}&S_{b8}\end{array}\\\begin{array}{c}S_{b1}\\S_{b2}\\S_{b3}\\S_{b4}\\S_{b5}\\S_{b6}\\S_{b7}\\S_{b8}\end{array}\left(\begin{array}{cccccccc}1&0.9&0.5&0.4&0.4&0.3&0.9&0\\0.9&1&0.4&0.4&0.3&0.3&0.2&0\\0.5&0.4&1&0.9&0.5&0.4&0.3&0\\0.4&0.4&0.9&1&0.9&0.9&0.5&0\\0.4&0.3&0.5&0.9&1&0.5&0.4&0\\0.3&0.3&0.4&0.9&0.5&1&0.9&0\\0.9&0.2&0.3&0.5&0.4&0.9&1&0\\0&0&0&0&0&0&0&1\end{array}\right)\end{array}$$

按优先级先后建立基准约束尺寸 L_{31}、d_{26}、L_{20}、L_{25}、d_{25}、螺旋线高 H_2、螺距 P_2、L_{24}、d_{24}、L_{23}、d_{23}、L_{22}、d_{22}、d_{21}，共有 14 个。

图 3-12 所示为螺杆零件结构移植应用后的效果。图 3-12a 是贴合操作后的 A′螺杆零件结构约束示意图。图 3-12b 是贴合操作后的 B′螺杆零件结构约束示意图。操作步骤如下：

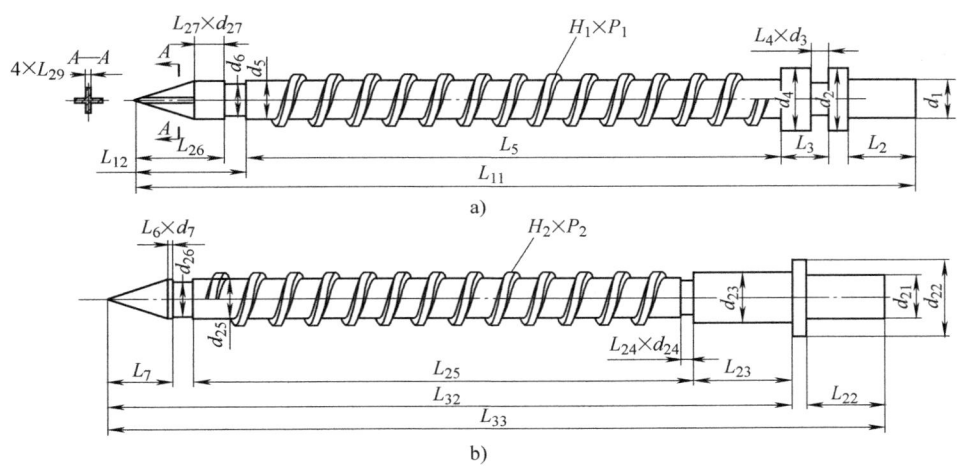

图 3-12　螺杆零件结构移植应用后的效果

步骤 1：首先加载剪取结构与受体结构及其基准集，如图 3-12a 与 b 中的螺杆头模型结构与螺杆轴身模型结构。

步骤 2：检测螺杆头模型与螺杆轴身模型的图元桥接面。因为在剪取操作时是采用体减平面的布尔运算，因此剪取图元结构与受体图元结构的图元桥接面均为平面，可直接进行布尔加运算。

步骤 3：进行剪取图元结构和受体图元结构的布尔加运算，即将螺杆 A 的螺杆头结构与螺杆 B 的螺杆轴身结构以及螺杆 A 的螺杆轴身结构与螺杆 B 的螺杆头结构进行布尔加运算，得到螺杆 A′与螺杆 B′。

步骤 4：对布尔运算后获得的螺杆 A′与螺杆 B′进行基于基准的基准融合，轴向尺寸基准为轴身各段右端面，径向尺寸基准为螺杆轴水平中心线，以这些基准构成螺杆基准集合。需重建的基准约束尺寸有图 3-12a 中的 L_{11}、L_{12} 和图 3-12b 中的 L_{32}、L_{33}。在螺杆头结构与螺杆轴身结构贴合后，以与贴合部位基准的相关度为优先级，从螺杆基准集合中选择基准建立基准约束尺寸。在图 3-12a 螺杆 A′结构中，根据 A 螺杆头结构与 B 螺杆轴身结构基准的层次化分区关系，得到基准集合的相关度矩阵为

$$\begin{array}{c} \\ S_{a1} \\ S_{a2} \\ S_{a3} \\ S_{a4} \\ S_{a5} \\ S_{a6} \\ S_{b10} \\ S_{b11} \\ S_{b12} \\ S_{a8} \\ S_{b14} \end{array} \begin{pmatrix} S_{a1} & S_{a2} & S_{a3} & S_{a4} & S_{a5} & S_{a6} & S_{b10} & S_{b11} & S_{b12} & S_{a8} & S_{b14} \\ 1 & 0.9 & 0.7 & 0.4 & 0.4 & 0.3 & 0.3 & 0.2 & 0.9 & 0 & 0 \\ 0.9 & 1 & 0.4 & 0.4 & 0.3 & 0.3 & 0.2 & 0.2 & 0.1 & 0 & 0 \\ 0.7 & 0.4 & 1 & 0.9 & 0.9 & 0.5 & 0.4 & 0.3 & 0.2 & 0 & 0 \\ 0.4 & 0.4 & 0.9 & 1 & 0.7 & 0.4 & 0.4 & 0.3 & 0.2 & 0 & 0 \\ 0.4 & 0.3 & 0.9 & 0.7 & 1 & 0.9 & 0.5 & 0.3 & 0.3 & 0 & 0 \\ 0.3 & 0.3 & 0.5 & 0.4 & 0.9 & 1 & 0.7 & 0.5 & 0.9 & 0 & 0 \\ 0.3 & 0.2 & 0.4 & 0.4 & 0.5 & 0.7 & 1 & 0.9 & 0.9 & 0 & 0 \\ 0.2 & 0.2 & 0.3 & 0.3 & 0.3 & 0.5 & 0.9 & 1 & 0.7 & 0 & 0 \\ 0.9 & 0.1 & 0.2 & 0.2 & 0.2 & 0.9 & 0.9 & 0.7 & 1 & 0 & 0 \\ 0 & 0 & 0 & 0 & 0 & 0 & 0 & 0 & 0 & 1 & 0.8 \\ 0 & 0 & 0 & 0 & 0 & 0 & 0 & 0 & 0 & 0.8 & 1 \end{pmatrix}$$

按优先级先后建立基准约束尺寸 L_{12}、L_{11}、d_6、L_{26}、L_5、d_5、L_{27}、d_{27}、L_{29}、螺旋线高度 H_1、螺距 P_1、L_3、d_4、L_4、d_3、d_2、L_2、d_1，共有 18 个；图 3-12b 螺杆 B′结构中，根据 B 螺杆头结构与 A 螺杆轴身结构基准的层次化分区关系，得到基准集合相关度矩阵为

$$\begin{array}{c} \\ S_{b1} \\ S_{b2} \\ S_{b3} \\ S_{b4} \\ S_{b5} \\ S_{b6} \\ S_{a10} \\ S_{a11} \\ S_{a12} \\ S_{b8} \end{array} \begin{pmatrix} S_{b1} & S_{b2} & S_{b3} & S_{b4} & S_{b5} & S_{b6} & S_{a10} & S_{a11} & S_{a12} & S_{b8} \\ 1 & 0.9 & 0.7 & 0.4 & 0.4 & 0.3 & 0.2 & 0.1 & 0.9 & 0 \\ 0.9 & 1 & 0.4 & 0.4 & 0.3 & 0.3 & 0.2 & 0.1 & 0.1 & 0 \\ 0.7 & 0.4 & 1 & 0.9 & 0.5 & 0.4 & 0.3 & 0.2 & 0.9 & 0 \\ 0.4 & 0.4 & 0.9 & 1 & 0.9 & 0.9 & 0.5 & 0.4 & 0.2 & 0 \\ 0.4 & 0.3 & 0.5 & 0.9 & 1 & 0.7 & 0.9 & 0.4 & 0.3 & 0 \\ 0.3 & 0.3 & 0.4 & 0.9 & 0.7 & 1 & 0.7 & 0.4 & 0.3 & 0 \\ 0.2 & 0.2 & 0.3 & 0.5 & 0.1 & 0.7 & 1 & 0.9 & 0.9 & 0 \\ 0.1 & 0.1 & 0.2 & 0.4 & 0.4 & 0.4 & 0.9 & 1 & 0.7 & 0 \\ 0.9 & 0.1 & 0.9 & 0.2 & 0.2 & 0.3 & 0.9 & 0.7 & 1 & 0 \\ 0 & 0 & 0 & 0 & 0 & 0 & 0 & 0 & 0 & 1 \end{pmatrix}$$

按优先级先后建立基准约束尺寸 L_{32}、L_{33}、L_7、L_{25}、d_{26}、L_6、d_7、d_{25}、螺旋线高度 H_2、螺距 P_2、L_{24}、d_{24}、L_{23}、d_{23}、d_{22}、L_{22}、d_{21}，共有 17 个。

步骤 5：进行移植后的螺杆结构的参数化完备约束集的求解，得到全参数驱动的螺杆 A′与螺杆 B′。

提出的基于二维图元剪取与贴合的图元融合求解方法，具有的优点为：

1）对隶属不同结构的基准进行层次化分区，令每个分区内的基准相关度高于跨区的基准相关度，不断迭代分区，确定基准之间的相关度，以基准间的相关度为优先级，建立图元结构的参数化模型。

2）在剪取与贴合中判断是否有基准新增或消失，动态对基准集进行调整，通过多样化的桥接，获得满足需求的基准融合的图元结构。

3) 在参数化模型的基础上进行图元剪取与贴合，融合求解后的图元结构仍为参数化约束模型，与已有的参数化软件具有很好的兼容性。

3.3.2 三维几何结构移植的产品结构变异设计求解

已有 CAD 设计软件大多是基于参数驱动的，虽易于改变尺寸参数，却难以改变零件拓扑。通过将包含众多建模特征的结构直接移植到另一个零件结构上，可显著提高零件变结构设计效率。为此，世界著名产品设计软件正在加紧进行后参数化时代的技术研究。CATIA 推出 3D shape 的模块，提高对产品结构的数据重用率。Autodesk 推出 Inventor Fusion 模块，实现基于历史特征的参数化造型与基于几何的无历史的直接建模造型的结合。UG 推出同步建模技术，不依赖于建模历史，进行特征识别，兼具尺寸驱动和约束驱动精华。PTC 将参数化建模发展到直接建模，可对无特征模型（从其他 CAD 系统读入的非参数化模型）进行后续模型的创建。SpaceClaim 公司推出动态建模技术，对多源模型直接编辑，无须考虑模型的历史，不受参数化设计中复杂关联的约束。I-DEAS 通过超变量化技术 VGX 对零件上的任意特征通过拖动进行图示化编辑。已有的结构建模商业软件系统的发展趋势是：将产品建模设计由特征尺度拓展到结构尺度进行数据重用，将设计本体由约束关系拓展到几何模型，提高对异构系统、多源模型、跨特征结构、跨应用程序的重用率。

产品结构变异设计是在产品基型基础上，为满足客户需求而进行变结构的一种支持产品创新的智能设计方法。该方法通过更改零件几何元素间的拓扑连接关系实现"参数可变，拓扑亦可变"的产品变结构创新设计，如图 3-13 所示。三维几何结构的变异设计基于拓扑释放与重构，实现结构移植的替换式、延伸式与桥接式拓扑搭接。当前机械制造企业中定制产品进行的大多数设计是产品变拓扑设计，在许多标准化的机械产品开发中，为了满足个性化需求仍然需要进行大量的零部件变拓扑设计，而且变形零部件往往结构复杂，决定着产品整个设计周期的长短，因此，产品结构设计已成为企业新产品开发中的一个瓶颈问题。

如何通过知识导航提高产品设计效率，增强产品特征模型的结构变异能力等正受到越来越多的关注。近年来，国内外学者围绕产品几何结构设计中的约束求解、参数化模型和基准融合等方面开展研究，提出了许多新方法[7-12]。

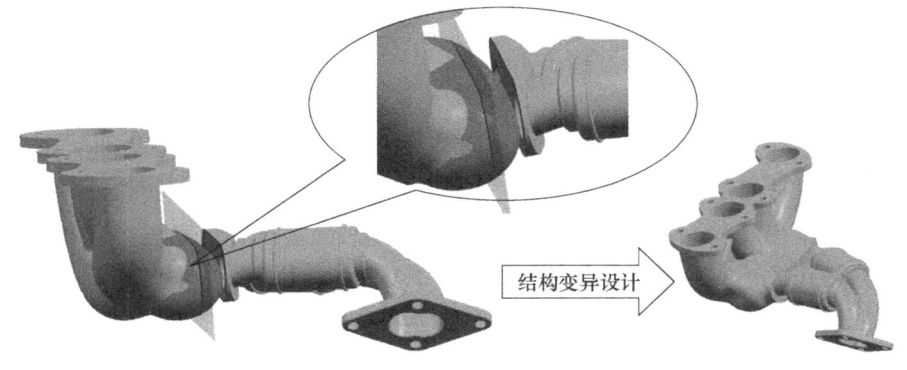

图 3-13　三维几何结构的变异设计

三维几何结构的变异设计总流程为：首先根据产品变异要求对零件进行虚拟切割；然后以变异设计语义和形态分布图为检索索引对可移植结构库进行三维形状相似性检索，获得移植结构；再提取虚拟切割面与移植结构间搭接的拓扑信息，根据两者的拓扑匹配判别相应的替换式或桥接式搭接形式；最后基于知识关联实现不同拓扑与结构的搭接与融合重用，如图3-14所示。

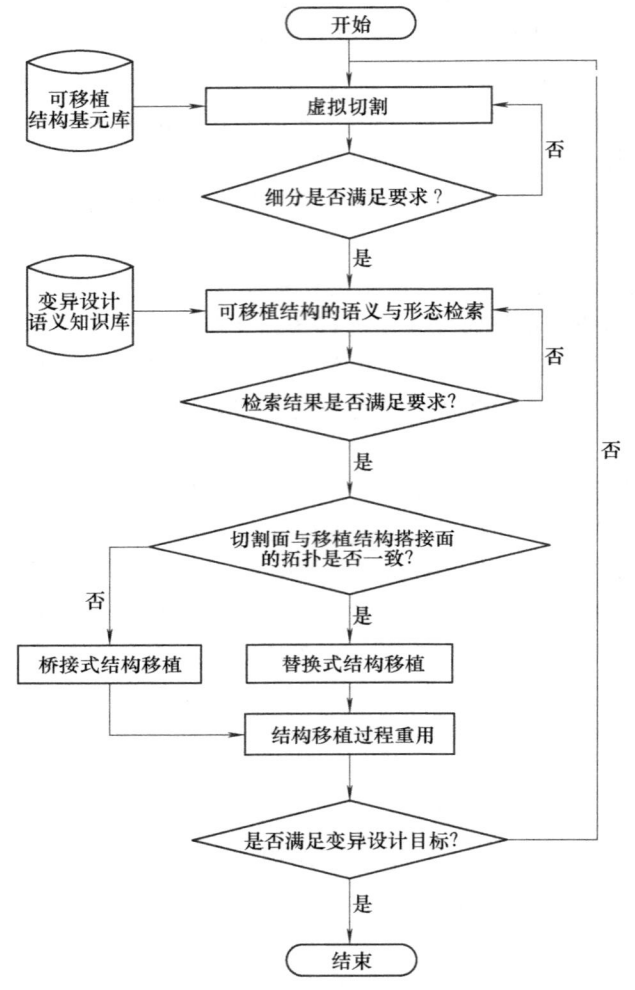

图 3-14　三维几何结构的变异设计流程

结构移植的拓扑搭接技术是零件结构变异设计的关键技术。结构移植的拓扑搭接实质是移植结构与零件基型间的拓扑搭接，移植结构与零件基型间的拓扑搭接可以转化为以参照元素为基础的移植结构或零件基型中部分零件基结构的二次定位和信息融合。如图3-15所示为结构移植的拓扑搭接的流程架构与技术实现。其中，规则曲面的拓扑搭接主要运用结构移植的映射拓扑搭接方法处理，具体包括：平移变换映射拓扑搭接、旋转变换映射拓扑搭接和混合映射拓扑搭接以及零件变异设计过程的映射联动。自由曲面搭接主要通过结构移植的桥接拓扑搭接方法实现。

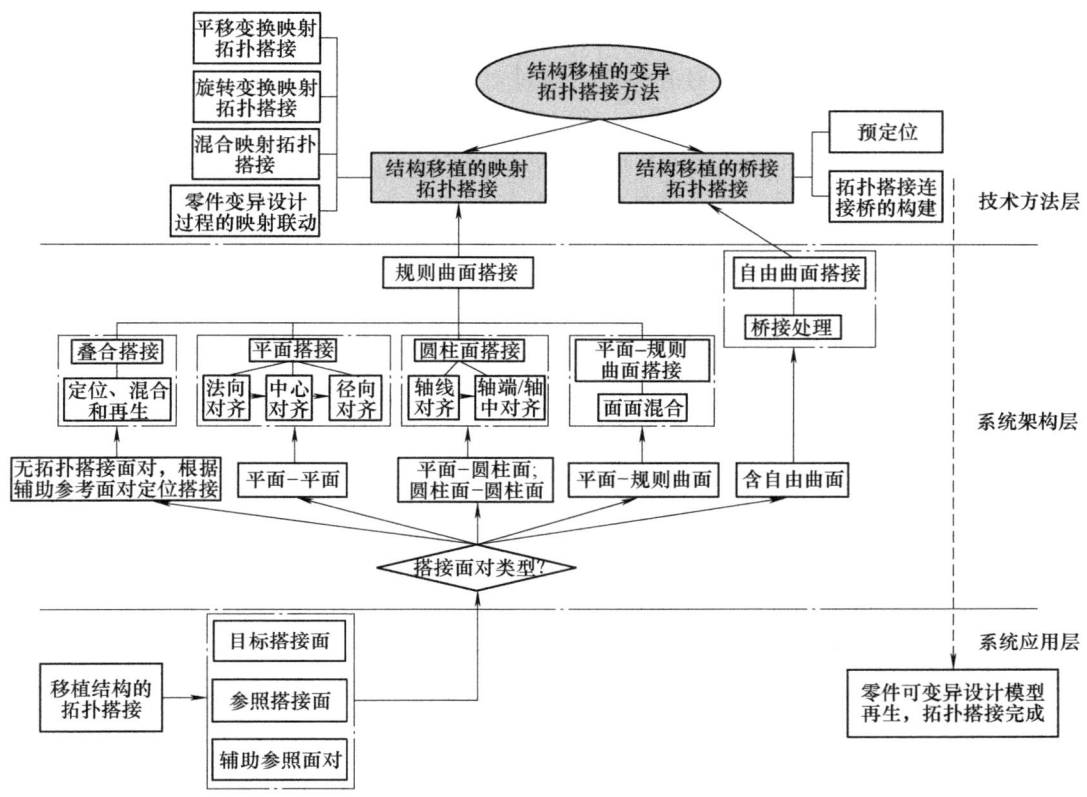

图 3-15　结构移植的拓扑搭接的流程架构与技术实现

1. 平移变换映射拓扑搭接

根据平面拓扑搭接面对，确定平移变换矩阵，对目标搭接面进行平移矩阵变换，使得目标搭接面和参照搭接面之间满足某种对齐关系。通过将目标搭接面的平移变换过程及变换参数进行映射，对目标移植结构或目标零件基结构进行同样的平移变换，这样进行的移植结构的拓扑搭接称为平移变换映射拓扑搭接。确定平移向量是平移变换映射拓扑搭接的重要内容。

平移变换映射拓扑搭接要求搭接面对中目标搭接面和参照搭接面都是平面，根据设计需要取目标搭接面和参照搭接面的相关节点作为对齐顶点，根据对齐顶点确定平移向量。

设目标搭接平面和参照搭接平面的对齐顶点分别为 $P_1(x_1, y_1, z_1)$、$P_2(x_2, y_2, z_2)$，则平移向量为

$$\boldsymbol{v}(T_x, T_y, T_z) = \overrightarrow{P_2P_1} = P_1 - P_2 = (x_1-x_2 \quad y_1-y_2 \quad z_1-z_2) \tag{3-42}$$

根据平移向量得到平移变换映射拓扑搭接的坐标变换公式为

$$(x \ y \ z \ 1) = (x_0 \ y_0 \ z_0 \ 1)\begin{pmatrix} 1 & & & \\ & 1 & & \\ & & 1 & \\ T_x & T_y & T_z & 1 \end{pmatrix} = (x_0 \ y_0 \ z_0 \ 1)\begin{pmatrix} 1 & & & \\ & 1 & & \\ & & 1 & \\ x_1-x_2 & y_1-y_2 & z_1-z_2 & 1 \end{pmatrix} \tag{3-43}$$

2. 旋转变换映射拓扑搭接

根据拓扑搭接面对，确定旋转变换矩阵，对目标搭接面进行旋转矩阵变换，使得目标搭接面和参照搭接面之间满足某种对齐关系。通过对目标搭接面的变换过程及变换参数的映射，对移植结构或零件基结构进行旋转变换而进行的移植结构的拓扑搭接称为旋转变换映射拓扑搭接。旋转变换映射拓扑搭接需要确定旋转向量和旋转角度两个基本参数。

旋转变换映射拓扑搭接要求搭接面对中目标搭接面和参照搭接面是平面搭接面或圆柱面搭接面，并根据平面的法向量或圆柱面轴线的方向向量确定旋转向量或旋转角度。设 $n_1(x_1, y_1, z_1)$ 为目标平面搭接面的法向量或目标圆柱搭接面的轴线的方向向量，$n_2(x_2, y_2, z_2)$ 为参照平面搭接面的法向量或参照圆柱搭接面的轴线的方向向量，根据向量 n_1、n_2 可以确定旋转向量 n 和旋转角度 θ。

$$n = n_1 \times n_2 = (y_1 z_2 - y_2 z_1 \quad x_2 y_1 - x_1 y_2 \quad x_1 y_2 - x_2 y_1) \quad (3\text{-}44)$$

$$\theta = \arccos\left(\frac{n_1 \cdot n_2}{|n_1||n_2|}\right) + \pi = \arccos\left(\frac{x_1 x_2 + y_1 y_2 + z_1 z_2}{\sqrt{x_1^2 + y_1^2 + z_1^2}\sqrt{x_2^2 + y_2^2 + z_2^2}}\right) + \pi \quad (3\text{-}45)$$

旋转向量 n 的始点可以根据需要适当选取，例如在平面-平面搭接的第三个步骤径向对齐中，选择目标搭接面和参照搭接面的对齐中心为旋转向量的始点，进行旋转变换映射拓扑搭接。

3. 混合映射拓扑搭接

结构移植的混合映射拓扑搭接通过边界轮廓或截面轮廓的映射与计算，确定混合半径，运用滚球混合法构造光滑过渡曲面，解决平面与规则曲面间的拓扑搭接。机械产品中，常用的规则曲面为圆柱面和球面，根据圆柱面与球面的几何性质，可以实现平面与圆柱面和平面与球面间的混合映射拓扑搭接。

在混合映射拓扑搭接中，滚球混合法原理是运用圆球面在目标搭接面和参照搭接面间滚动，在它的滚动过程中其表面所经过的区域形成一个曲面，这个曲面包括了平面-规则曲面拓扑搭接的混合曲面。滚球曲面混合操作的关键参数是混合半径，即滚动球面的半径，混合半径过大或过小，都可能导致混合操作失败。

根据滚动曲面混合的定义，得到平面与圆柱面和球面的搭接关系，如图3-16所示。

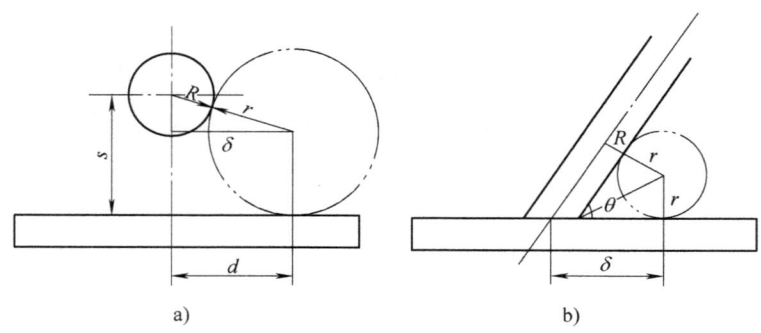

图 3-16 平面-规则曲面拓扑搭接

a）轴线平行于平面的柱面或平面与球面间的混合拓扑搭接 b）轴线与平面倾斜的混合拓扑搭接

图 3-16a 所示为平面与球面搭接或平面与轴线与其平行的圆柱面的拓扑搭接，s 为球心或圆柱轴线到平面的距离，R 为球面或柱面的半径，r 为待确定混合球面的半径，δ 为滚球

中心到搭接圆柱面轴线垂直距离向量在平面内投影的长度。由图 3-16a 中的直角三角形求解得

$$r = \frac{s^2 + \delta^2 - R^2}{2(s+R)} \tag{3-46}$$

当 $\delta = d$ 时，r 取最大值：$r_{max} = \frac{s^2 + d^2 - R^2}{2(s+R)}$。

当 $\delta = 0$ 时，r 取最小值：$r_{min} = \frac{s-R}{2}$。

则平面与球面或平面与轴线与其平行的圆柱面的拓扑搭接的混合半径取值区间为 $\left[\frac{s-R}{2}, \frac{s^2+d^2-R^2}{2(s+R)}\right]$。

图 3-16b 所示为平面与轴线与其成角度 θ 的圆柱面的拓扑搭接，R 为圆柱面的半径，d 为圆柱轴线与平面的交点到平面边界的最小距离。此时混合半径的取值下限没有限制，即 $r_{min} \to 0$。通过解三角形可以确定混合半径的最大取值为

$$r_{max} = (d - r/\sin\theta)\tan(\theta/2)$$

则平面与轴线与其成角度 θ 的圆柱面的拓扑搭接的混合半径取值区间为 $(0, (d-r/\sin\theta)\tan(\theta/2)]$。

可移植结构间的相似度是指可移植结构间的三维形状相似程度，是一个应用驱动、用户感知的概念，一个描述相似度的统一表达式难以被定义，需根据不同的变异设计需求和工程应用背景确定。为获得与虚拟切割得到的变异结构三维形状相似的结构，对可移植结构库进行三维形状相似性检索，其核心是构造实体对应的形状特性，并将其存储到可移植结构库的表中。通过变异设计语义和形态分布图构建紧致、鲁棒的检索索引，使设计者可从统一的复杂产品多粒度可移植结构库中检索出三维形状相似的三维结构，按照相似度从大到小排序输出的检索结果，供设计者有选择地进行重用。构建了专用移植结构库和通用移植结构库，根据零件变异基结构的特点，通过相关规则的设定，可以进行移植结构的相似性检索。移植结构库的管理维护功能主要包括移植结构的添加、删除、编辑和检索功能，如图 3-17 所示。

建立了零件变异设计知识库。零件变异设计知识包括系统知识和用户知识。通过程序内部的调用可以自动访问和加载相关知识；用户知识是用户针对具体产品或行业自行添加的设计知识，如图 3-18 所示。

在产品结构设计模型求解中的知识动态导航研究方面，目前计算机辅助设计系统的知识动态导航局限在仅根据当前设计状态提供决策，造成隐含在设计过程中的知识的大量流失。知识动态导航是指在设计模型求解中，当满足触发条件时，系统会自动提供知识导航，例如几何定位导航是指各种几何图元之间接近于平行、垂直或相切时，系统会自动提示并精确定位，因此可减轻工作强度，提高设计效率。现有 CAD 软件，例如 CATIA、UG、SolidWorks、Pro/e 等的知识动态导航都是仅根据当前条件推理出当前决策，即在相同设计状态下对相同模型，不同的设计者得到相同的决策，还难以满足不同的设计者和设计不同阶段的需求，根本原因在于其动态导航决策没有考虑设计求解过程。

国内外学者对设计过程规则提取与知识导航进行研究。文献 [13] 利用虚拟场景，建

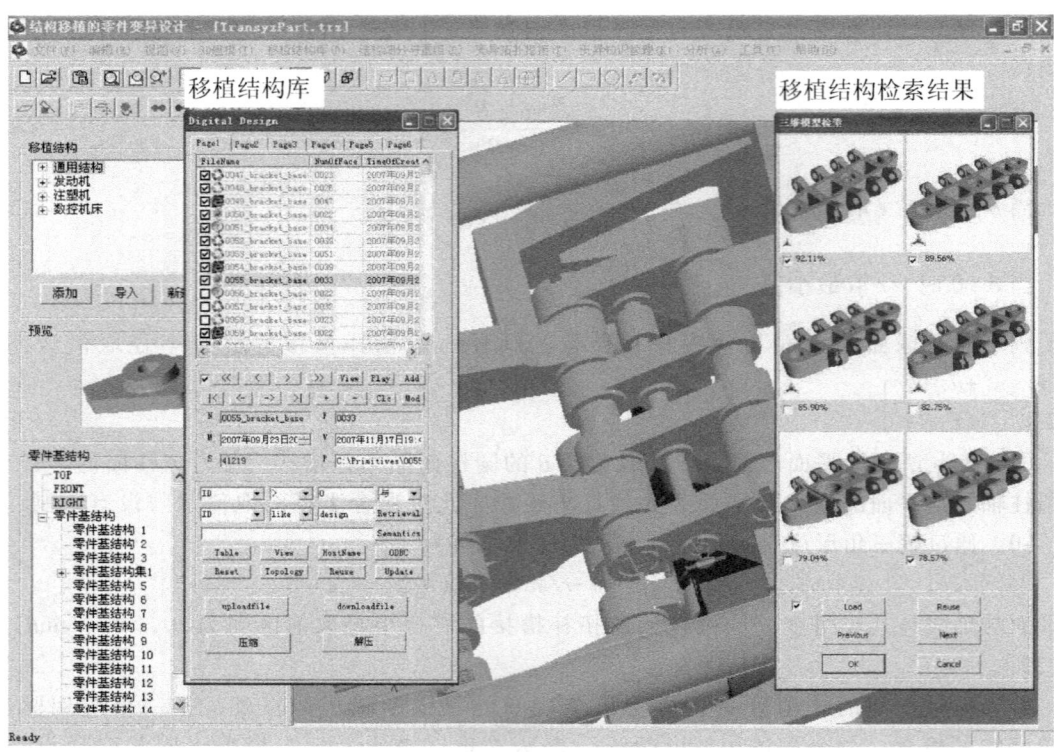

图 3-17　移植结构库的维护与相似性检索

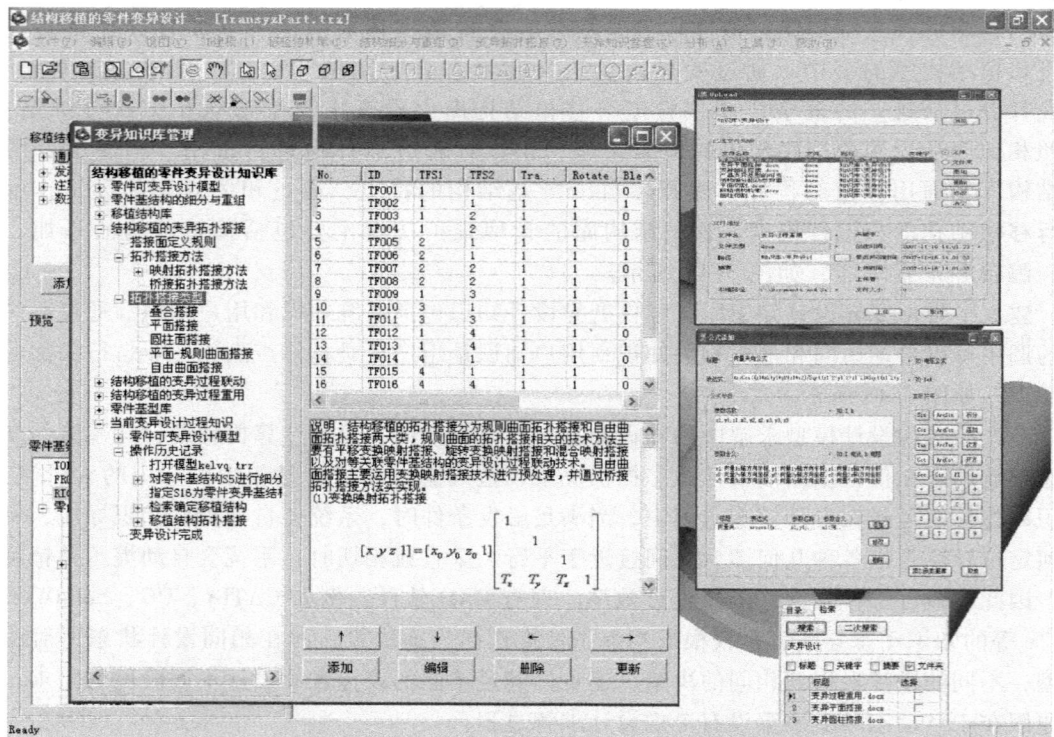

图 3-18　结构移植的零件变异设计知识库

立模型定位语义环，实现多体系统仿真模型定位关系的在线调整；文献［14］提出基于配合面的约束识别方法，通过零部件几何关系的分析，建立约束管理器，实现运动约束关系的识别；文献［15］提出了使用依赖分析的三维几何约束求解方法。GAO[16]等提出了基于圆锥曲线和连杆图的几何约束求解方法。这些研究都推动了产品几何结构设计技术的进步，但现有的产品参数化结构设计方法多为基准约束的求解方法，遵循"变参数、不变拓扑"原则，只能改变产品零件结构尺寸大小，无法改变结构的拓扑，随着模型的复杂度增加，难以满足结构的高效率变拓扑设计需求。

当前产品辅助设计面临两个亟待解决的问题：一是如何将参数化设计拓展到变异设计，以克服传统参数化设计遵循的"变参数，不变拓扑"的局限；二是如何将决策依据由静态的孤立设计状态拓展到动态的连续设计过程，以克服设计过程中隐含知识的流失。为此，定义产品变异设计操作过程有限论域的条件属性集和决策属性集，建立变异设计过程多目标决策的信息模型。通过可移植结构与变异设计语义的双向关联实现分类语义的添加和检索，由几何特征分析建立拓扑搭接几何元素集与约束关系集族的映射关系。基于粗糙集进行属性约简形成变异设计多目标动态决策实现知识颗粒的获取，通过自由度归约获得移植结构子体的拓扑搭接状态，通过嵌入式触发规则实现了知识颗粒的主动导航。开发了原型系统，对复杂机械产品的变异设计进行验证和应用。结果表明，该方法将动态导航的决策依据由静态的孤立设计状态拓展到动态的连续设计过程，可更柔性地适应于不同的设计者和设计的不同阶段，这对于增强系统的智能性，提高产品设计质量和效率具有重要意义。

把产品结构变异设计过程定义为知识表达系统，用四元组 S 表示为

$$\begin{gathered} S = (U, A, C, D) \\ U = \{x_1, x_2, \cdots, x_n\} \\ C = \{s_1, s_2, \cdots, s_m\} \\ D = \{d_1, d_2, \cdots, d_k\} \\ C \cup D = A \quad C \cap D = \emptyset \end{gathered} \tag{3-47}$$

式中，U 是有 n 个对象的论域，论域中的对象 x_n 表示变异设计的第 n 步变异操作对应的数据库的记录；属性集 A 是 m 个属性的有限集合，分为条件属性集 C 和决策属性集 D。

设 $X, Y \in U$，R 为论域 U 上的一个等价关系，集合 X 关于 R 的上近似集 $\overline{\Re}(X)$、下近似集 $\underline{\Re}(X)$ 及集合边界区 $Bnd(X)$ 记为

$$\begin{gathered} \overline{\Re}(X) = Y\{Y \in U/R : Y \cap R \neq \emptyset\} \\ \underline{\Re}(X) = Y\{Y \in U/R : Y \subseteq X\} \\ Bnd(X) = \overline{\Re}(X) \setminus \underline{\Re}(X) \in \{\emptyset, \emptyset\} \\ POS(X) = \underline{\Re}(X) \\ NEG(X) = U - \overline{\Re}(X) \end{gathered} \tag{3-48}$$

式中，$\overline{\Re}(X)$ 是由所有集合 X 相交非空的等效类的并集，是那些可能属于 X 的对象组成的最小集合；$\underline{\Re}(X)$ 是根据现有知识判断必属于 X 的对象组成的最大集合；$POS(X)$ 为正区；$NEG(X)$ 为负区；\ 表示差集运算。

知识粒度是对知识细化程度的度量，粒度是一类具有不可区分性、相似性、近似性或功

能性的对象的集合。知识将 U 划分成一些等价类的集合，引起知识的粗糙性。如果每个等价类包含的对象个数越少，能获得关于 U 中对象的知识就越多，划分的粗糙性越低，知识的粒度越低；相反，知识的粒度越大。当 U 中所有对象归为一类时，能得到关于 U 中对象的知识降为零。

根据 R 的基本集合的描述来划分 X 可得到基本知识 U/R，基本知识颗粒等价类 $X_i \in U/R$，R 在 U 上导出的划分为 X_R。基于规则 R 对论域 U 进行划分，则划分所获得的分类结果，使得关于 U 的知识呈现出了颗粒状的结构，即

$$X_R = U/R = \{X_i | i = 1, 2, \cdots, n\}$$
$$G(X_i) = |X_i|/|U| \tag{3-49}$$
$$E(R) = -\sum_{i=1}^{n} R(X_i) \lg R(X_i)$$

式中，X_R 为关于 U 的 R 知识颗粒集合；$G(X_i)$ 为 X_R 中第 i 个知识颗粒 X_i 的粒度；$|X_i|$ 表示集合 X_i 的基数；$E(R)$ 表示知识 R 的熵，用来度量知识的不确定程度和混乱程度。

融合变异设计过程数据记录，基于粗集进行特征约简和规则提取，从有限论域中识别出正确、新颖、有用、可理解的知识，随着变异设计的进行不断丰富知识库。该方法克服了神经网络、统计学习、遗传算法及支持向量机等方法获取知识难以直接理解的缺点。

知识表达系统 S 的分明矩阵 $M(S) = (C_{ij})_{n \times n}$，其中矩阵项为

$$C_{ij} = \{a \in A : a(x_i) \neq a(x_j), i, j = 1, 2, \cdots, n\} \tag{3-50}$$

因此，C_{ij} 是 x_i 与 x_j 有区别的所有属性的集合。

将分明矩阵中所有只有一个元素的矩阵项的集合定义为核，即

$$CORE(A) = \{a \in A : C_{ij} = (a) \quad i, j \in \{1, 2, \cdots, n\}\} \tag{3-51}$$

核为关系等价族中所有不可约去的关系，由它构成的集合称为核集。

属性约简即不含多余属性并保证分类正确的最小条件属性集，是基于粗糙集理论的知识获取的核心问题。若属性集合 $W \subseteq A$ 满足下列条件，即

$$W \cap C_{ij} \neq \emptyset, \forall C_{ij} \neq \emptyset \tag{3-52}$$

则称属性集合 $W \subseteq A$ 是 A 的一个约简。族集的约简有不唯一性，所有约简的交集等于族集的核。

$$CORE(R) = \mathrm{I} \ RED(R) \tag{3-53}$$

每一个分明矩阵 $M(S)$ 对应唯一的分明函数 $fM(S)$（Discernibility Function），$fM(S)$ 是一个有 m 元变量 $a_1, \cdots, a_m$（$a_i \in A$，$i = 1, 2, \cdots, m$）的布尔函数，它是 $\vee C_{ij}$ 的合取，$\vee C_{ij}$ 是矩阵项 C_{ij} 中各元素的析取，$1 \leq j \leq i \leq n$ 且 $C_{ij} \neq \emptyset$。

根据分明函数与约简的对应关系，采用 A. Skowron 提出的计算信息系统 S 的约简 $RED(S)$ 的方法，进行规则提取：

1）消去重复行，获得一致决策表。
2）计算信息系统 S 的分明矩阵 $M(S)$。
3）计算与分明矩阵 $M(S)$ 对应的分明函数 $fM(S)$。
4）计算分明函数 $fM(S)$ 的最小析取范式，其中每个析取分量对应一个约简。
5）求取核 $CORE(A)$，据此求决策表的最小简化 $RED(A)$。
6）得到 $\theta \rightarrow \Psi$ 形式的决策规则，θ 和 Ψ 为决策规则的前驱和后继。

主动导航通过主动地履行一些预先设置的规则来实现对主动功能的需求。在结构变异智

能设计求解模型中嵌入触发规则,当驱动规则的事件发生时,检查规定的条件是否成立,如果条件成立,触发相应动作完成预先设定的工作。流程如图 3-19 所示。

知识系统中的主动规则是由事件驱动的,事件由事件表达式定义,事件的一次发生对应变异设计的一个步骤。ECA 的规则描述记为

  RULE(规则名)[(参数列表)]
  ON(事件列表)
  IF(条件)THEN<动作 1>
  [WHERE<约束 1>]
  [EXCEPTION<例外处理动作 1>]
   ⋮
  IF(条件 n)THEN<动作 n>
  [WHERE<约束 n>]
  [EXCEPTION<例外处理动作 n>]
  END RULE

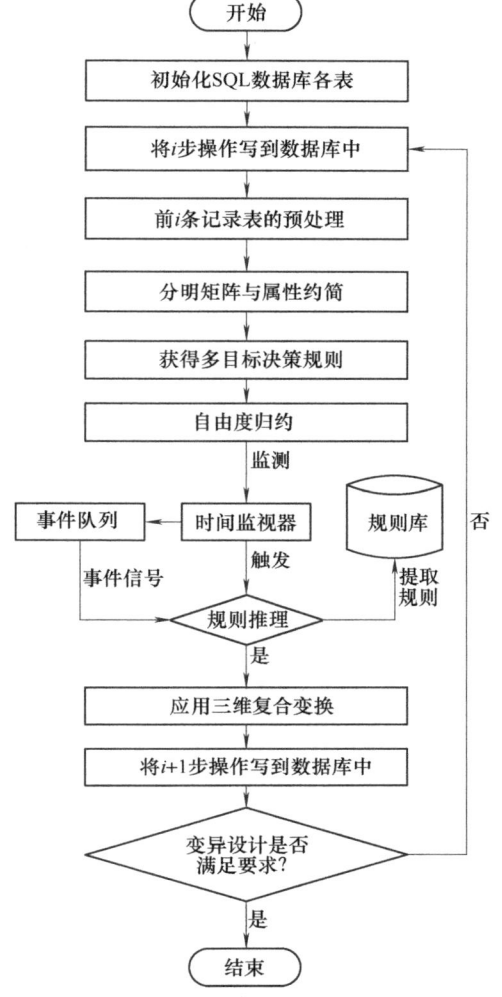

图 3-19 主动导航流程图

用来实现主动功能的规则事件主要有:
1)变异设计过程的操作。
2)规则产生的规则事件。
3)特定的时间间隔。间隔时间是可以规定的,可以是一定长度的,也可以是不定的。
4)特定的时刻,是预先规定的时间点。

通过自由度归约获得移植结构子体的拓扑搭接状态。自由度(Degree of Freedom,DOF)是描述一个系统状态所必需的独立参变量数。一个不受任何约束的移植结构子体,在空间具有六个独立自由度,即沿坐标轴的独立平动和绕坐标轴的独立转动。

根据移植结构子体的自由度 d',拓扑搭接状态分四种:完全约束、部分约束、无约束、无效约束:

$$S = \{S_1, S_2, S_3, S_4\} \begin{cases} S_1 & d' = 6 \\ S_2 & 0 < d' < 6 \\ S_3 & d' = 0 \\ S_4 & d_i \in \overline{d_R \text{Y} d_T} \end{cases} \quad (3\text{-}54)$$

在结构变异智能设计求解模型中,通过规则的钝化、激活和分组设定触发器,事件监视器在检测到某事件发生后立即、延迟和并发激活执行相应的动作。INSTEAD OF、AFTER 或 FOR 触发器在触发操作(INSERT、UPDATE 或 DELETE)前、后激发。

在结构变异智能设计求解模型中,设置触发器的触发条件。拓扑搭接状态为 S_2、S_3、S_4 时,融合变异设计过程,进行多目标决策规则提取,获得可行约束,递归该过程直到状

态为 S_1 时，应用三维复合变换，实现知识颗粒的主动导航。

结构贴合完成后，对新模型进行基准融合。基准融合是指对隶属不同结构的基准集，用统一的约束方程组表示，使得可以进行全参数驱动，其核心是对基准进行层次化分区，构建基准之间的相关度优先级，重构图元基准间的约束关系，使图元结构的尺寸和拓扑关系得到满足，从而得到满足设计要求的参数化结构。基准融合完成后，可得到产品几何模型统一的参数化求解模型。

以 Pro/e 设计软件为例，其具有参数化驱动、基于特征建模、全相关数据库的特点，难以直接实现零件变拓扑设计，为此用 VC++ 对 Pro/e 的 Pro/toolkit 进行二次开发，用 SQL 将包含众多建模特征的结构构建为可移植结构数据库，使用负特征去除将要改变的零件结构，通过参照坐标系定位将可移植结构直接移植到另一个零件结构上，完成零件变异设计。基于结构移植的零件变异设计系统可编译为 Dll 文件，复制到任意安装了 Protoolkit 的 Pro/e 环境中使用，实用快捷。

以某数控机床主轴箱和滑座零件结构变异设计为例，说明基于结构移植的零件变异设计方法的实现步骤，如图 3-20~图 3-23 所示。

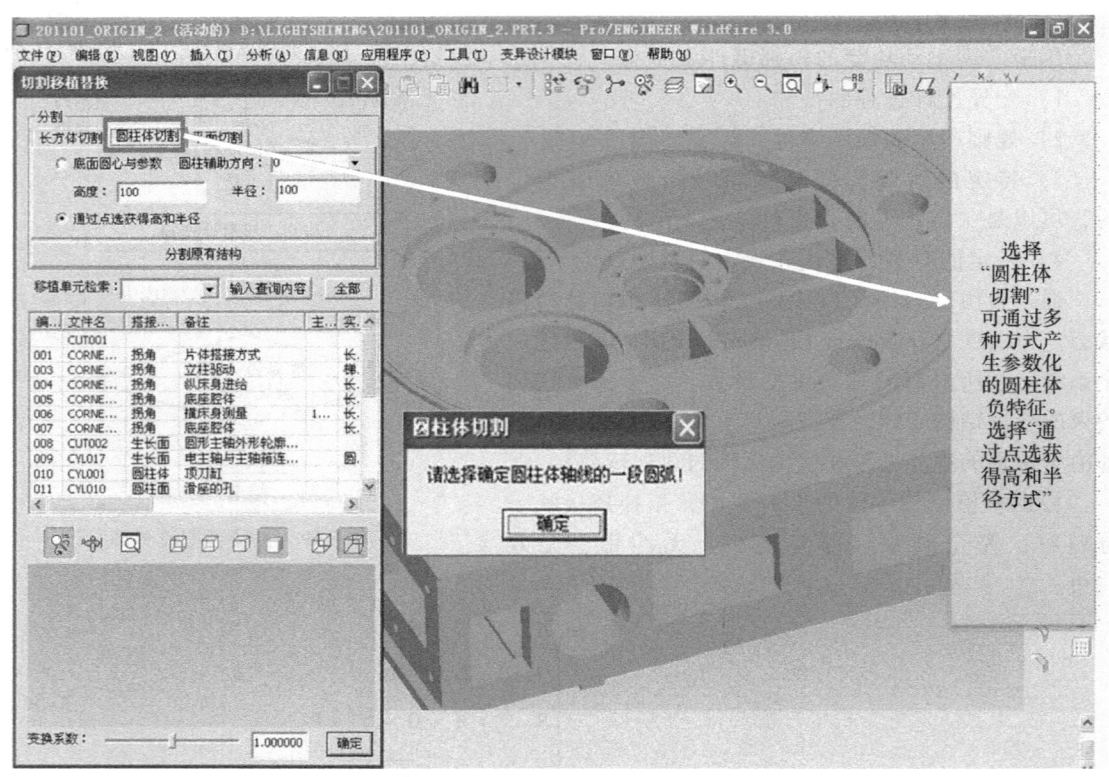

图 3-20 创建圆柱体负特征

在基于结构移植的零件变异设计基础上，实现了海量 Pro/e 零件文件的三维可视化与格式转换。使用递归算法获得指定文件夹下的所有 Pro/e 类型的零件文件，使用 Pro/e 的 PVX 控件支持在多个新窗口实时三维预览，使用 ProIntf 3D File Write 函数将 Pro/e 类型的零件文件批量转换为 stp、sat 等三维格式，导入 Fluent、Ansys、Adams、Abaqus 等软件进行 CAE 分析。

第3章 智能设计：基于知识的协同求解方法

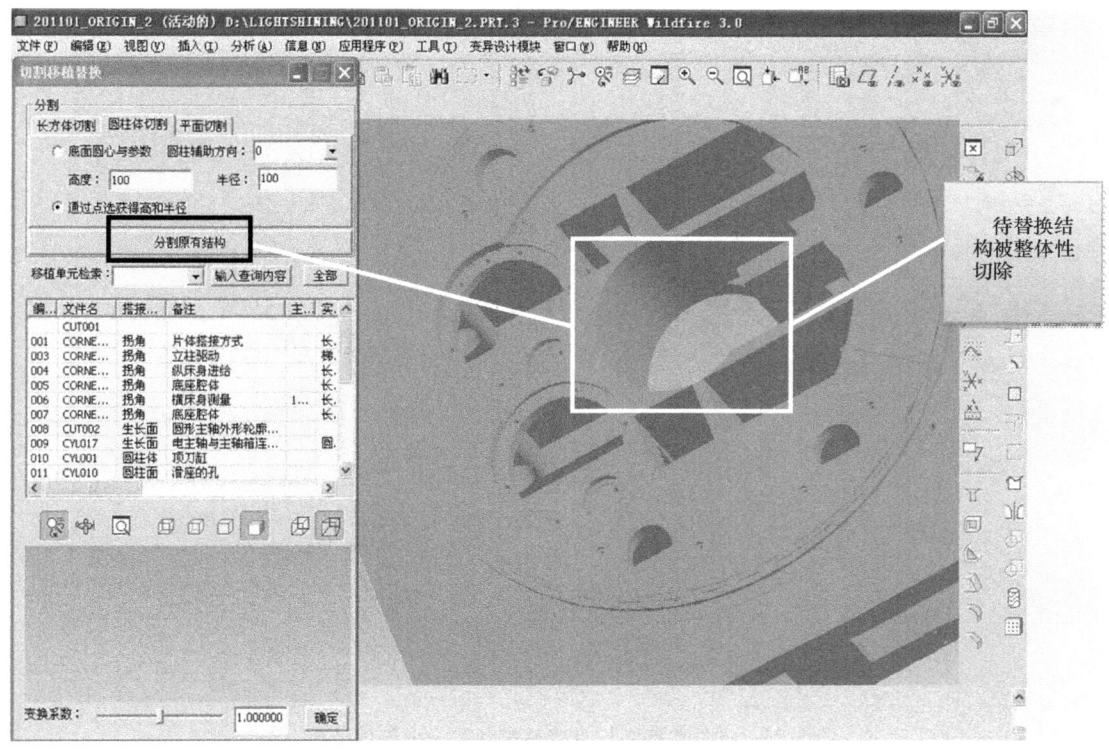

图 3-21 使用圆柱体负特征去除将要改变的零件结构

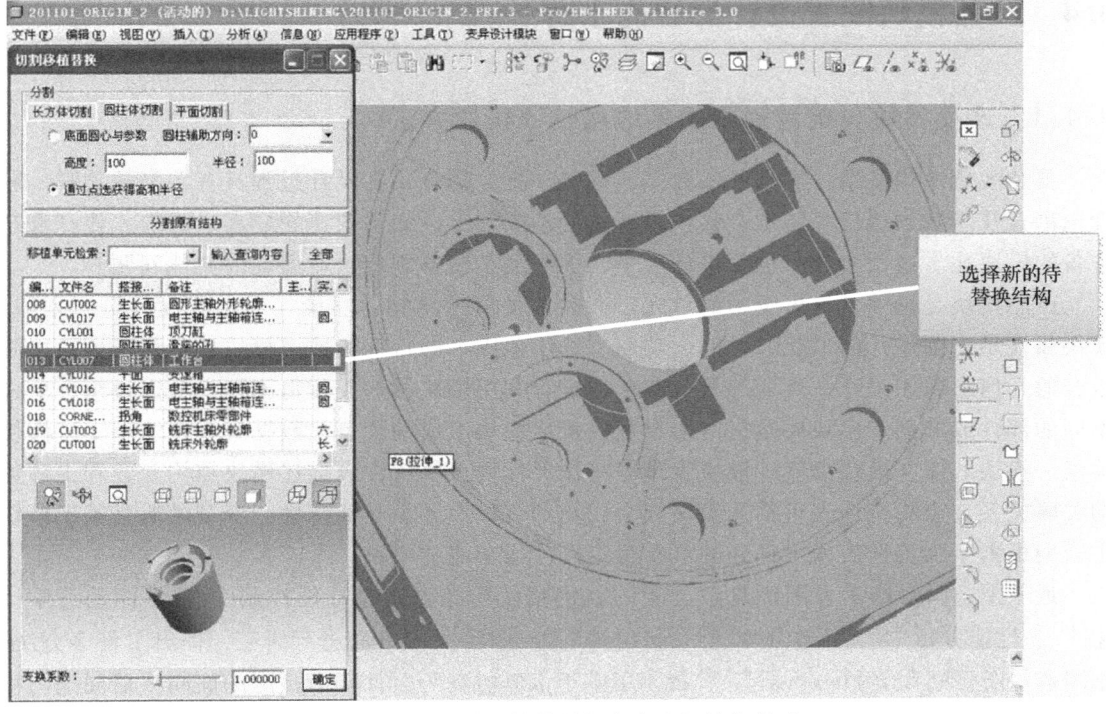

图 3-22 从可移植结构数据库中选择结构单元

图 3-23 将可移植结构直接移植到另一个零件结构上

3.4 产品模块配置设计的智能求解

3.4.1 产品模块与配置规则的多域属性池构建方法

复杂装备结构复杂，零部件参数多，机-电-液-控耦合，其设计过程具有多参数关联、弱理论耦合及隐知识迭代等特点。整机设计难度不断加大，如何快速响应客户需求，提高复杂装备的模块化、通用化和多样化设计水平，成为复杂装备制造企业面临的共性问题。

产品模块是指独立、可重用的单元。产品模块可按结构、功能、通用程度等进行划分。模块属性是指描述几何形状、性能、功能、选用范围等的特征参数。模块接口是指模块之间组合的几何形状、尺寸、性能等参数匹配约定。利用模块接口，使得不同模块通过组合形成不同的部件或产品。模块库是指由多个数控机床模块组成的规范化数据集合，能够支持模块检索、模块入库、模块出库、模块管理等操作。模块事物特性表描述模块结构参数和主参数的关联关系，事物特性表可描述模块族中模块的具体尺寸及其他特性。变型模块是基于模块主模型根据事物特性表派生得到的具有特定尺寸或功能的模块。

近年来，国内外学者围绕复杂装备的整机精度与综合误差补偿控制[17]、多体动力学优化[18]、性能分析[19]、轨迹规划[20]、机电液功能建模[21]等方面进行研究，提出了许多方法。德国卡尔斯鲁厄大学 Fleischer 等[22]提出了基于多体仿真与组件寿命预测的面向生命周期的机床组件选型配置方法。美国印第安纳大学-普度大学恩堡分校 Bi 等[23]提出了模块化的鼎式空间连杆结构，通过整机模块的正向运动学、刚度分析和动力学建模，实现了可重构并联机床系统的优化设计。日本京都大学 Ibaraki 等[24]指出旋转轴的定位误差是影响五轴运动精度的重要因素。英国布鲁内尔大学 Huo 等[25]提出整体集成的动态建模方法设计超精密的微细铣削机床。瑞士 Inspire AG 公司 Lorenzer 等[26]提出可重构机床的设计决策方法。文献［27］将可调节平台、接口和模块设计技术用于数控螺旋锥齿轮切削机床设计中。在全球经济加快迈向低碳的后哥本哈根时代的大背景下，复杂装备制造企业纷纷整合已有资源进行重用设计，降低设计研发成本，增加产品的被接受度。德国 Index 机床公司发展了车铣复合，车磨复合，可主副双主轴、多杆并联驱动的上下双刀塔技术，增强高精度、高速度、高加速度等性能，通过模块化设计使产品满足不同需求。英国 Asquith butler 机床公司基于公用模块化的滑枕结构，推出卧式、立式、龙门式加工中心，支持由模块方式建立的生产纲领和库存，缩短了机床交货期。

可见，已有的产品模块化设计方法，缺乏对模块内部表征——属性、模块外部表征——模板的研究，使得模块重用率低。当前以几何模型为主的 CAD 系统难以从关联、耦合及迭代的设计过程中获取隐含、未知和有用的设计原理与经验知识并主动融入设计过程中。为此，提出了多域互用技术，以"属性—模块—模板"的内外表征重构关系描述产品系列、布局（结构）、规格、型号，使产品设计重用延伸到"布局域—选配域—变异域"的多域中，扩大了零部件借用范围，降低了不同布局的产品族间的非标件比率。

模块化配置设计是指根据设计需求，通过零部件选型匹配，输出产品模块化物料清单（Modular Bill of Material，MBOM）的过程。多域互用是指在不同设计域相互重用。属性是对模块自身的描述，是模块的内部表征。模块是功能部件的抽象描述，通过功能部件的抽象化获得模块，通过模块的实例化获得功能部件。模板表达了机床总装或分装的层次与隶属关系，是模块的外部表征。一个模板映射多个模块。一个模块映射多个实例，映射约束即为配置规则。一个图档映射一个或多个实例。实例是配置设计的重要输出。

复杂装备一个系列可以包含多个布局，一个布局又可包含多种规格与型号，产品线的多域性决定了零部件重用潜力大，但因客户定制需求在销售订单和全新产品中都普遍存在，使目前不同布局的产品族间的非标件比率高。为此，在复杂装备单机、型号、规格、布局、系列的设计资源库基础上，定义复杂装备功能部件的"属性—模块—模板"层级映射关系，根据设计参数需求，获得可用零部件事物特性元数据，确定优选、可选与限选序列，轻量化入库出库实现选型结果可视化及性能评价，可实现复杂装备各级功能部件的选型优配设计。

为表征模块选型定型的实例化优先级，进行模块分项：虚拟模块 M_v 指无法实例化生成对应物料的模块；关键模块 M_k 指具有先决性的功能部件，一台机床至少有一个关键模块；相关模块 M_r 受关键模块决定和约束；父模块 M_f 指上一级模块；子模块 M_c 指下一级模块；直系模块 M_l 指某一模块由另一模块多级派生而来；旁系模块 M_o 指某一模块由另一模块的同级模块多级派生。

$$\begin{aligned} S &= \{S_1, S_2, \cdots, S_m\} \\ V &= \{V_1, V_2, \cdots, V_m\} \\ M &= \{M_1, M_2, \cdots, M_n\} \\ M_i &\in \{M_v, M_k, M_r, M_f, M_c, M_l, M_o\} \end{aligned} \quad (3-55)$$

式中，S 为机电液特征属性集合；V 为机电液特征属性值域；M 为模块的集合；V_i 为属性 S_i 的值域，$i=1,2,\cdots,m$。

m 个机电液属性可创建 $m!$ 个模块，为创建任意一个模块，需从机电液特征属性集合 S 的基数 m 中选择有限项 n 个属性，可创建的模块数为

$$C_m^n = \frac{m!}{m!(m-n)!} \quad 1 \leqslant n \leqslant m \tag{3-56}$$

进一步地，对模块的约束规则可施加至模块的 n 个属性及其值域。配置约束规则由基本约束单元 F 通过或、并、非逻辑运算嵌套而成，即

$$F = (S_k + O + V_k, A, B) \tag{3-57}$$

式中，S_k 为模块的第 k 个属性，$k=1,2,\cdots,n$；O 为运算符，包括等于、不等于、大于、不大于、小于、不小于、包含、相似；V_k 为模块的第 k 个属性 S_k 的值域；A、B 为 S_k+O+V_k 的逻辑值分别为 0、1 时的子规则。

可见，m 个属性具有全局唯一性，只需通过"属性—模块"的映射关系，即可使属性嬗变能实时传递，避免频繁设计变更引起的数据不一致性问题。

建立与产品模块几何模型相对应的属性，包括该模块属性名称、属性类型、属性值等，以及与模块关联的图档。图 3-24 所示为产品模块的多域属性示例。

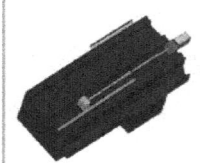

图 3-24 数控机床模块的多域属性示例

复杂装备的产品树模板包含了所有模块的分级划分关系。若某产品树共有 c 级，在第 j 级中有 n 个模块，划分为 k 类同级模块，每类的个数分别是 $n_1, n_2, \cdots, n_k$，则

$$N_{\text{tem}} = \prod_{j=1}^{c} (N_{\text{tem}}^{(j)})$$

$$N_{\text{tem}}^{(j)} = \frac{(\sum_{i=1}^{k} n_i)!}{\prod_{i=1}^{k}(n_i)!} = \frac{n!}{\prod_{i=1}^{k}(n_i)!} \tag{3-58}$$

式中，N_{tem} 为产品树模板总数；$N_{\text{tem}}^{(j)}$ 为第 j 级 n 个模块的划分数。

模块逐级划分与细化是模块属性部分传递的过程，为衡量模块的范畴大小及其均衡度，在第 c 级对 n 个模块划分后的模块粒度 g 进行定义，即

$$g = \frac{N_{\text{tem}}^{(c)}}{\max(N_{\text{tem}}^{(c)})} \quad g \in (0, 1.0] \tag{3-59}$$

可见，在第 c 级划分中，各类的模块数序列的方差取得最小值 $\min(\sigma(n_1, n_2, \cdots, n_k))$ 时，g 取得最大值。

多域互用是通过对已有模块属性的互用实现的，因此可通过属性互用率来衡量模块互用率 u，即

$$u = \frac{\text{cord}(V_i)}{\max(\text{cord}(V_i))} \quad u \in (0, 1.0] \\ i = 1, 2, \cdots, m \tag{3-60}$$

式中，cord 为集合基数。

可见，当某模块从机电液属性池中提取被重用模块的全部属性时，u 取得最大值。

产品模块可通过模块名称、模块编码、模块属性等检索项进行检索，检索输入可采用模糊、精确，或模糊与精确相结合的方式。设计者在检索到模块后，通过下载申请进行模块的下载，经过审批后，进行模块的重用。图 3-25 所示为数控机床模块检索示例。

图 3-25　数控机床模块检索示例

产品模块化设计是在已经建立产品模块库的基础上进行的。产品模块化设计首先要对产品进行市场预测、功能分析，划分并设计出一系列模块，构建产品模块库；根据设计需求，对相关模块进行组合或更换，构成模块化、系列化产品。以图 3-26 为例，说明数控机床模块化设计流程，主要包括：

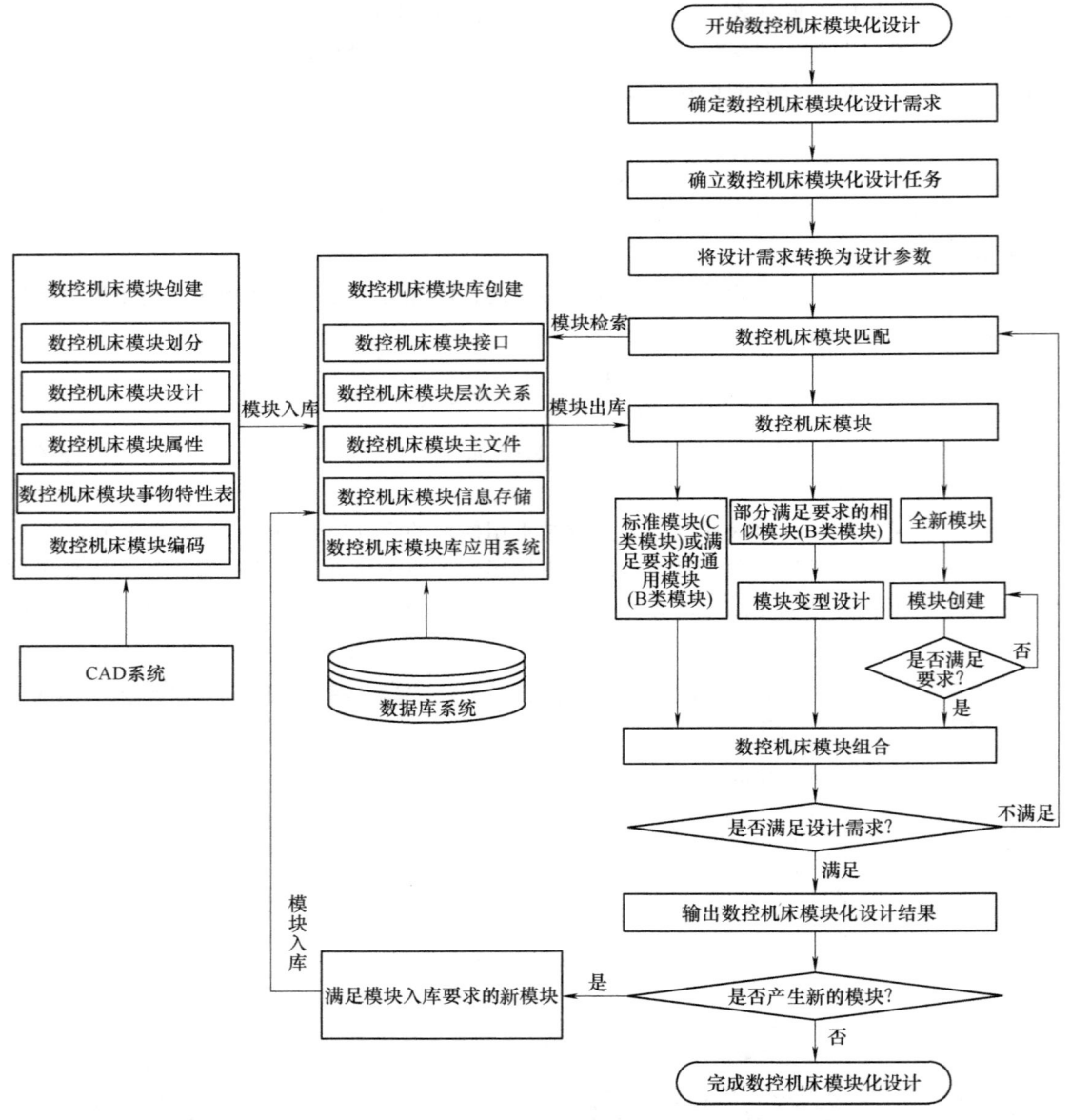

图 3-26 数控机床产品模块化设计基本流程

步骤 1：创建数控机床模块。
步骤 2：创建数控机床模块库。
步骤 3：明确数控机床设计需求。
步骤 4：确立数控机床设计任务。

步骤5：将设计需求转换为设计参数。

步骤6：进行数控机床模块匹配，从模块库中检索满足要求的模块。

步骤7：对模块库中的相关模块进行出库调用，对标准模块（C类模块）或满足要求的通用模块（B类模块），直接进行模块组合；对部分满足要求的相似模块（B类模块），进行模块变型设计，再进行模块组合；对全新模块，通过模块创建，直至满足要求，再进行模块组合。

步骤8：利用模块组合，通过步骤6~步骤7迭代，直至满足模块化设计需求。

步骤9：输出数控机床模块化设计结果（产品结构及物料清单）。

步骤10：将满足模块入库要求的新模块进行入库操作。

步骤11：完成数控机床模块化设计。

3.4.2 产品族配置模板的动态再生重构与智能进化求解

产品树模板的重构可通过模块中属性的增删与模板中模块的隶属与层级调整实现。为此，需构建各模块的唯一最简标识，并支持与产品数据管理（Product Data Management，PDM）、企业资源计划（Enterprise Resourle Planning，ERP）等系统编码的融合。若采用纯数字编码，则已知某模块数字编码位数，可获得模块级数；已知某两模块的数字编码，可获得两模块间的隶属与层次关系；通过改变某一模块编码，可改变其在模板中的隶属与层次关系。

在产品树模板中，按由父模块到子模块的顺序，即从第一级到第 c 级逐层编码。在每一级中，模块纯数字编码的最简位数由模块所在层级的最大模块数 n_k 决定。

$$\min(N_{\text{bit}}) = \text{ceil}(\lg n_k)$$
$$N_{\text{bit}} = 1, 2, \cdots$$
(3-61)

式中，$\min(N_{\text{bit}})$ 为模块纯数字编码的最简位数；ceil 为向上取整。

复杂装备模块库创建，可采用数据库服务器、文件服务器、模块库应用系统三层体系结构。数控机床模块库创建的主要工作有：

（1）数控机床模块接口　根据数控机床模块的功能结构、组装方式、互换模式等形成参数化模块接口，可通过接口参数（性能参数与结构尺寸）约束关系实现模块的组合。

（2）数控机床模块层次关系　用模板描述数控机床产品族的构成及其层次关系。

（3）数控机床模块主文件　数控机床模块主文件用以记录模块的设计图样、工艺路线、数控程序等与模块相关的信息。

（4）数控机床模块信息存储　数据库服务器用以存储模块编码、属性参数、事物特性表等数据，文件服务器用以存储模块设计图样、工艺文档、数控程序等信息。

（5）数控机床模块库应用系统　采用基于网络的数据库技术，开发人机交互式应用界面，通过访问数据库服务器、文件服务器实现数控机床模块存储、检索与调用。

若非空集合上的关系具有自反性、反对称性和传递性，则称其为偏序关系。为表征复杂装备不同模块实例化的优先级与重要性，通过定义任意两个模块间的关系构建偏序模板。功能部件选型优先级规则为

规则1：关键模块实例化优先级高于其相关模块。

规则2：直系模块实例化优先级高于旁系模块。

规则3：父模块实例化优先级高于子模块。

规则4：关键模块的直系子模块不设为相关模块。

规则5：某模块的父模块为虚拟模块时，实例化优先级比父模块为非虚拟模块的高。

通过两模块间可以比较的属性，可确定两模块间的耦合程度。可比属性为模糊值时需进行去模糊化处理。根据机床设计规范，定义模糊隶属度函数，引入模糊逻辑运算规则，即

$$\begin{cases} \mu_{A\cup B}(u) = \max(\mu_A(u), \mu_B(u)) \\ \mu_{A\cap B}(u) = \min(\mu_A(u), \mu_B(u)) \\ \mu_{\bar{A}}(u) = 1 - \mu_A(u) \end{cases} \quad (3\text{-}62)$$

式中，A 为集合，$A = \{(u, \mu_A(u)) | u \in U\}$；$U$ 为论域；μ_A 为隶属度函数，$\mu_A(u) \in [0, 1.0]$；$A \cup B$，$A \cap B$，$\bar{A}$ 为集合的并、交、补。

模块某属性的量化值等于该属性对模块其余属性的隶属度的加权和。通过对模块的可比属性逐一量化，可获得某模块 M 的属性量化矩阵 $\boldsymbol{X}$。

根据可制造性、可拆卸性、互换性等原则，对整机进行预置模块划分，反算两模块间的相关性，即

$$\begin{cases} r(M_i, M_j) = \dfrac{\sum\sum(X_i - \overline{X_i})(X_j - \overline{X_j})}{\sqrt{\sum(X_i - \overline{X_i})^2}\sqrt{\sum(X_j - \overline{X_j})^2}} \\ \overline{X_i} = \sum \dfrac{X_i}{\mathrm{cord}(X_i)} \\ r \in (-1.0, 1.0) \\ i, j = 1, 2, \cdots, n \end{cases} \quad (3\text{-}63)$$

通过相关性分析值建立模块间带权有向图的邻接关系矩阵，对相关性排序，根据自定义阈值确定主属性提取数 h。通过 K-L（Karhunen-Loeve）变换对模块属性降维并在正交基空间投影进行主成分分析，从每个模块的 m 个属性中提取 h 个属性，构造由正交基 $u_1, \cdots, u_h$ 组成的张量空间 $\boldsymbol{U} = \mathrm{span}\{u_1, \cdots, u_h\}$，得到降维后关键属性特征值 f 在该空间的投影 $x = \boldsymbol{U}^\mathrm{T} f$，以遴选出关键模块。

产品树模板进化是指通过变更"属性—模块—模板"的层级映射关系以满足设计需求 T 的过程。

$$\begin{cases} T \subseteq M_1 \cup M_2 \cup \cdots M_n \\ \overline{T} \not\subset M_1 \cup M_2 \cup \cdots M_n \end{cases} \quad (3\text{-}64)$$

步骤1：根据产品结构树中各模块的可比属性的量化值，基于内积运算定义径向基（Radial Based Function，RBF）核函数，构造核函数矩阵。

步骤2：在约束条件下求解优化函数，得到系数矢量，求得支持矢量和分类面。

步骤3：支持矢量机训练完成后，根据正负判别函数判别输入数据隶属类别。

步骤4：重复步骤1~步骤3，基于支持矢量机一对多的多分类，对预置模块进行再分类，由式（3-59）模块粒度 g 和式（3-60）的互用率 u 作为终止产品树重构的必要条件，实现产品树进化。

3.5 应用实例

HMS 系列某卧式加工中心布局设计中，根据设计指标与切削需求，完成机床方案设计的低序体运动分配、精度分配、刚度分配与拓扑规划，输出装配文件并上传到服务器端，同时将机电液属性参数经服务器数据库提交至配置设计子系统，在配置域重用布局域数据，初步完成一级模块的配置设计，由布局概念设计促进模块实例化。

在配置设计域中，进行客户需求响应的订单和权限管理，以可覆盖方式对布局子系统提交的设计参数属性表进行校核，进行机电液属性池编辑、模块属性维护、预置模板构建、配置规则定义、实例图档管理，实现模块化分级变更重构。根据定义的实例化规则，虚拟模块、关键模块优先级高，不断遍历获得其子模块和低一级的相关模块，加入到序偶集合后，按偏序集的优先级进行实例化，分级输出设计 MBOM，在配置域重用布局域的客户需求如图 3-27 所示。

图 3-27 在配置域重用布局域的客户需求㊀

根据机床设计规范，轴快移线速度受电动机型号、定位精度、重复定位精度需求影响。根据设计规范"电动机功率大∧定位精度要求低∧重复定位精度要求低⇒轴快移线速度高；电动机功率小∨定位精度要求高∨重复定位精度要求高⇒轴快移线速度低"，求得给定条件（西门子交流电动机、0.0056mm、0.0032mm）对设计规范中属性的隶属度：(0.91、0.78、

㊀ 图中电机指电动机。

0.83）和（0.39、0.42、0.57），由模糊运算规则得设计规范中的轴快移线速度高，低隶属度为 0.78、0.57，通过轴快移线速度模糊隶属度函数，求得轴快移线速度为 41m/min。同理，结合设计规范对其他模块模糊属性量化。获得数值化矩阵后，计算预置一级机械模块间的相关性系数，以相关度 0.8 为阈值获取主属性提取率 $70/351 = 19.94\%$，遴选关键属性。对降维后的模块属性数据进行 SVM 多分类重构，在预置模块划分基础上获得最优分类，得模块粒度 $g = 0.91$ 和互用率 $u = 0.83$。

在零件结构变异设计域中，针对某些模块的零件难以直接重用的问题，从配置域中获得零件，由结构变异实现难直接重用模块的互用，提高零部件互用范围和借用率。图 3-28 中的滑座未完成实例化，故由移植单元检索与拓扑搭接，对设计资源库中 THM 系列某镗铣床的滑座进行结构变异设计，连接直线导轨与回转工作台，在进行有限元等性能分析后重用于 HMS 系列卧式加工中心中。滑座模块零部件结构变异后，B 轴电气模块、工作台液压模块联动更新。基于 Autocad 液压图描述液压模块，基于 Eplan 电气图描述电气模块。将电气液压图关联到机械模块中，通过电气微断与空开计算，使机电液性能分析体现在统一的数据变更中。

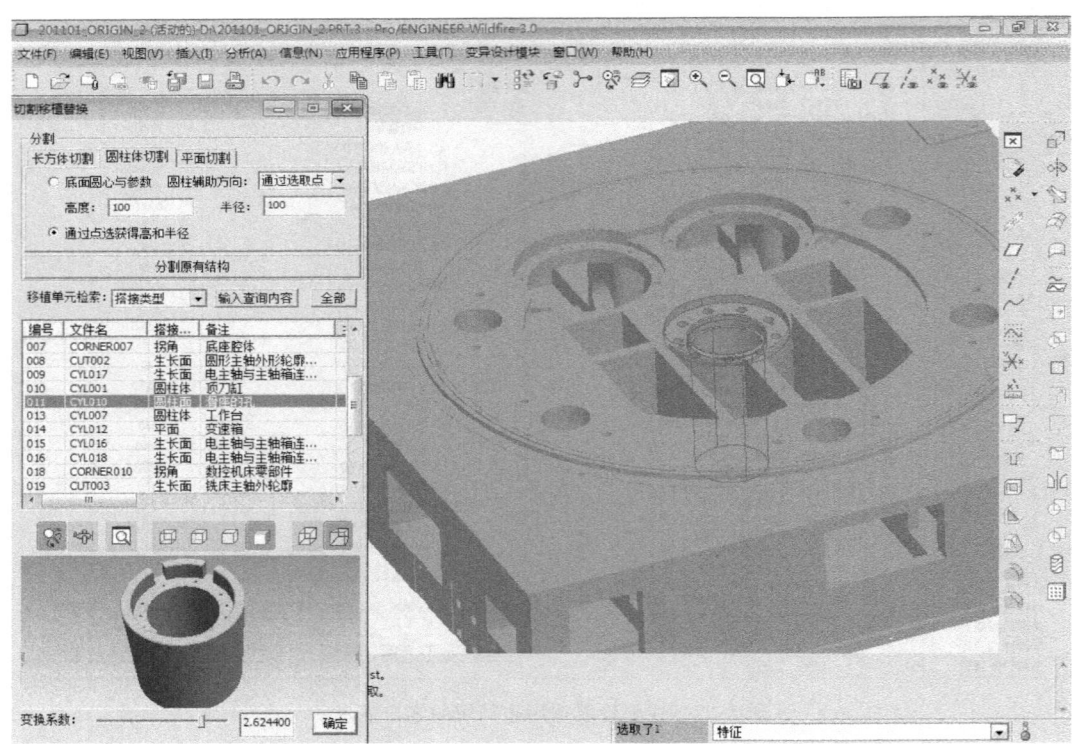

图 3-28　滑座与回转工作台装配连接部的结构变异设计

HMS 系列某四轴联动卧式加工中心主要模块（数控机床坐标轴方向与刀具运动方向相同，与工件运动方向相反）及基于多域互用的 HMS 系列某四轴联动卧式加工中心模块化配置设计规则如图 3-29 所示。通过对整机、系列、布局（结构）、规格、型号的多域互用和设计迭代，完成贯穿数控机床"布局域—选配域—变异域"的模块化配置设计。

第3章 智能设计：基于知识的协同求解方法

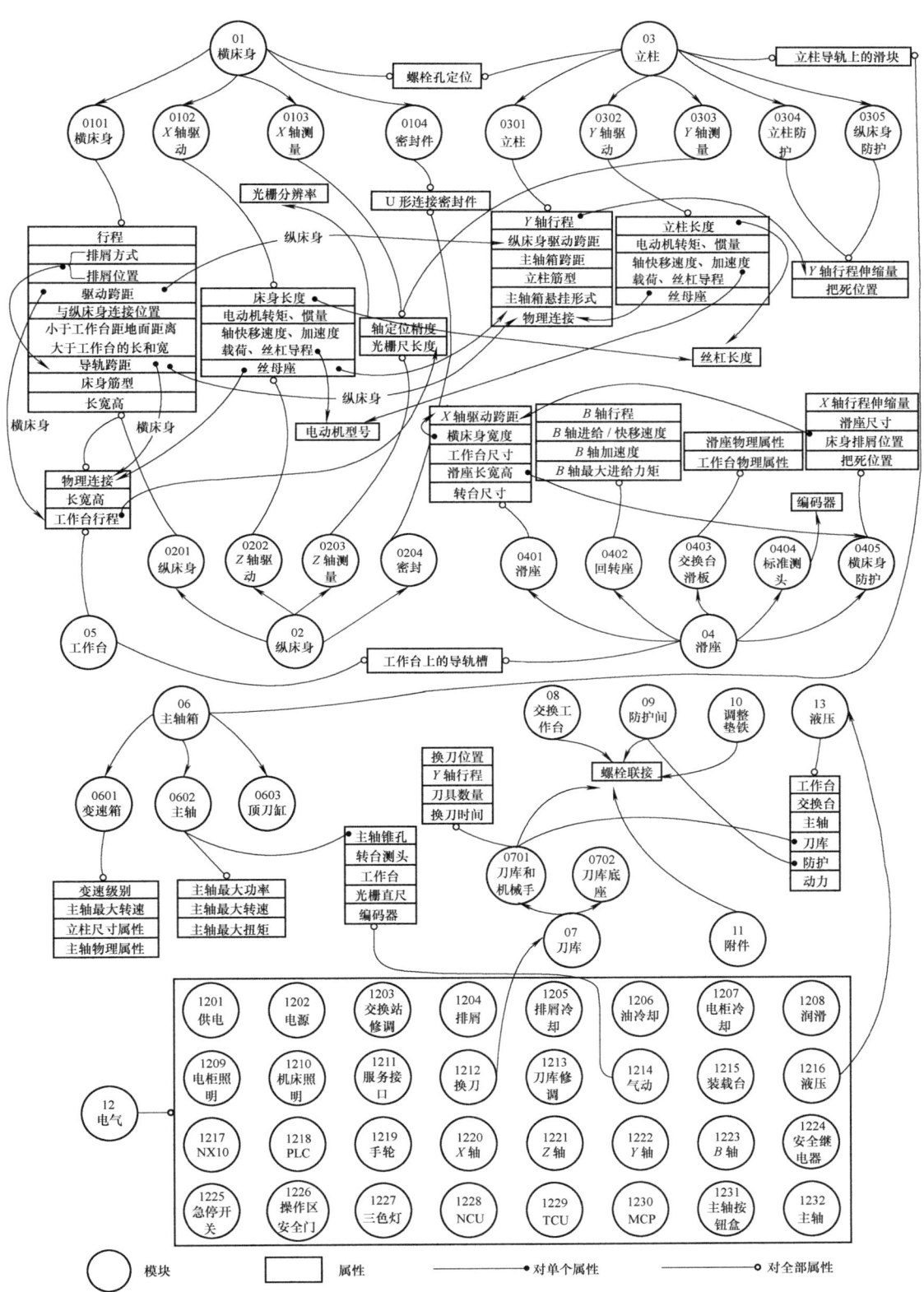

图 3-29 HMS 系列某四轴联动卧式加工中心智能设计求解约束图

3.6 本章小结

基于知识的协同求解是实现智能设计的重要支撑技术。基于知识的协同求解可用于产品等效设计模型构建、产品几何模型构建和产品装配层次模型构建。产品等效设计模型构建是智能设计结果正确性的有效保证，可实现由相似组合模型及大量不确定性参数组成的设计模型的等效简化。本章针对具体的复杂产品设计模型，提出了组合模型划分准则、敏感子模型选取准则和修正系数求解准则，进行复杂设计模型的等效简化，使用等效简化模型替代高精度仿真模型，实现简化精度和简化效率的统一。产品几何模型构建通常基于几何约束系统的求解来实现。本章提出的产品结构变异设计方法可在产品基型基础上，为满足客户需求而进行变结构、变拓扑的智能设计，克服传统的参数化设计"变参数、不变拓扑"的局限。产品装配层次模型构建是配置设计的重要支撑技术。模块化配置设计是指根据设计需求，通过零部件选型匹配，输出产品模块化物料清单的过程。本章提出基于多域互用的产品模块化配置设计技术，以"属性—模块—模块"的内外表征重构关系描述产品系列、布局（结构）、规格、型号，使产品设计重用延伸到"布局域—选配域—变异域"的多设计域中，扩大了零部件借用范围，降低了不同布局的产品族间的非标件比率，对于提高制造企业的竞争力具有重要意义。

参 考 文 献

[1] Hichem Barki, Lincong Fang, Dominique Michelucci, et al. Re-parameterization reduces irreducible geometric constraint systems [J]. Computer-Aided Design, 2016, 70: 182-192.

[2] Corentin Fivet, Denis Zastavni. A fully geometric approach for interactive constraint-based structural equilibrium design[J]. Computer-Aided Design, 2015, 61: 42-57.

[3] Joan-Arinyo R, Tarrés-Puertas M, Vila-Marta S. Decomposition of geometric constraint graphs based on computing fundamental circuits correctness and complexity[J]. Computer-Aided Design, 2014, 52: 1-16.

[4] Sebti Foufou, Dominique Michelucci. Interrogating witnesses for geometric constraint solving[J]. Information and Computation, 2012, 216: 24-38.

[5] Marta Hidalgo, Robert Joan-Arinyo. Computing parameter ranges in constructive geometric constraint solving: implementation and correctness proof[J]. Computer-Aided Design, 2012, 44: 709-720.

[6] David Podgorelec, Borut Zalik, Vid Domiter, Dealing with redundancy and inconsistency in constructive geometric constraint solving[J]. A dvances in Engineering Software, 2008, 39: 770-786.

[7] Yee Leung, Manfred M, Fischer, et al. A rough set approach for the discovery of classification rules in interval-valued information systems [J]. International Journal of Approximate Reasoning, 2008, 47 (2): 233-246.

[8] David Baxter, James Gao, Keith Case, et al. A framework to integrate design knowledge reuse and requirements management in engineering design [J]. Robotics and Computer-Integrated Manufacturing, 2008, 24 (4): 585-593.

[9] Jinghua Xu, Shuyou Zhang, Zhen Zhao, et al. Metamorphic manipulating mechanism design for MCCB using index reduced iteration [J]. Chinese Journal of Mechanical Engineering, 2013, 26 (2): 232-241.

[10] Salvatore Greco, Masahiro Inuiguchi, Roman Slowinski. Fuzzy rough sets and multiple-premise gradual decision rules [J]. International Journal of Approximate Reasoning, 2006, 41 (2): 179-211.

[11] Yun Fu, Zheng Wang, Jianrong Tan, et al. Positioning and driving virtual prototyping with metaphors in dynamic analysis [J]. Simulation Modeling Practice and Theory, 2006, 14 (5): 527-540.

[12] Luis Marcelino, Norman Murray, Terrence Fernando. A constraint manager to support virtual maintainability [J]. Computers & Graphics, 2003, 27 (1): 19-26.

[13] Kondo K. Algebraic method for manipulation of dimensional relationships in geometric models [J]. Computer-Aided Design, 1992, 24 (3): 141-147.

[14] Kirk Martini. Hierarchical geometric constraints for building design [J]. Computer-Aided Design, 1995, 27 (3): 181-191.

[15] Yantao Li, Shimin Hu, Jiaguang Sun. A constructive approach to solving 3D geometric constraint systems using dependence analysis [J]. Computer-Aided Design, 2002, 34 (2): 97-108.

[16] Xiao shan Gao, Kun Jiang, Chang cai Zhu. Geometric constraint solving with conics and linkages [J]. Computer-Aided Design, 2002, 34 (6): 421-433.

[17] Dohyun Kim, Doyoung Jeon. Fuzzy-logic control of cutting forces in CNC milling processes using motor currents as indirect force sensors [J]. Precision Engineering, 2010, 35 (1): 143-152.

[18] Yang Y, Muñoa J, Altintas Y. Optimization of multiple tuned mass dampers to suppress machine tool chatter [J]. International Journal of Machine Tools and Manufacture, 2010, 50 (9): 834-842.

[19] Axinte D A, Abdul Shukor S, Bozdana A T. An analysis of the functional capability of an in-house developed miniature 4-axis machine tool [J]. International Journal of Machine Tools and Manufacture, 2010, 50 (2): 191-203.

[20] Pierre Debout, Hélène Chanal, Emmanuel Duc. Tool path smoothing of a redundant machine: Application to Automated Fiber Placement [J]. Computer-Aided Design, 2011, 43 (2): 122-132.

[21] Xinggang Luo, Jiafu Tang, Kwong C K. A QFD-based optimization method for a scalable product platform [J]. Engineering Optimization, 2010, 42 (2): 141-156.

[22] Fleischer J, Broos A, Schopp M, et al. Lifecycle-oriented component selection for machine tools based on multibody simulation and component life prediction [J]. CIRP Journal of Manufacturing Science and Technology, 2009, 1 (3): 179-184.

[23] Bi Z M, Lihui Wang. Optimal design of reconfigurable parallel machining systems [J]. Robotics and Computer-Integrated Manufacturing, 2009, 25 (6): 951-961.

[24] Soichi Ibaraki, Chiaki Oyama, Hisashi Otsubo. Construction of an error map of rotary axes on a five-axis machining center by static R-test [J]. International Journal of Machine Tools and Manufacture, 2011, 51 (3): 190-200.

[25] Dehong Huo, Kai Cheng, Frank Wardleb. A holistic integrated dynamic design and modeling approach applied to the development of ultra precision micro-milling machines [J]. International Journal of Machine Tools and Manufacture, 2010, 50 (4): 335-343.

[26] Lorenzer Th, Weikert S, Bossoni S, et al. Modeling and evaluation tool for supporting decisions on the design of reconfigurable machine tools [J]. Journal of Manufacturing Systems, 2007, 26 (3-4): 167-177.

[27] Yanshen Xu, Yongliang Chen, Guojun Zhang. Adaptable design of machine tools structures [J]. Chinese Journal of Mechanical Engineering, 2008, 21 (3): 7-15.

第4章

智能加工：加工工艺的智能优化

加工工艺的智能优化是实现智能加工的关键与基础，主要内容包括加工工艺的智能规划、加工性能的智能预测和加工参数的智能优选三大部分。

加工工艺规划是优化配置工艺资源、合理编排工艺过程、将产品设计数据转化为产品制造信息的一个重要活动，是加工工艺准备的核心内容之一，也是产品制造加工的基础。加工工艺的智能规划是实现加工工艺智能优化的第一步。要实现加工工艺的智能规划，首先需应用数据挖掘技术从现有加工工艺数据中发现对产品加工工艺规划具有指导意义的知识，在此基础上，通过对包括规则与实例在内的加工工艺知识进行有效组织、表达、智能检索与推理、智能修订等实现对加工工艺知识的有效利用。

加工性能预测是在分析工艺路线、加工工序、加工参数等工艺条件对产品性能影响规律的基础上，对不同工艺条件所获得产品的性能进行预判，从而不经过实际加工即可判定工艺方案的优劣并进行优化设计，以降低生产成本、缩短研制周期。加工性能的智能预测是实现加工工艺智能优化的重要内容。通过对产品加工过程进行仿真分析，预测在给定加工工艺条件下产品各类性能指标值，并综合考虑多个性能指标，对工艺方案的优劣进行智能综合评价，可在产品实际加工前智能高效地预知所设计的工艺方案能获得的产品性能。在利用仿真分析获取足够多不同工艺方案下产品性能指标可视化预测结果数据的基础上，还可构建预测产品性能指标值的近似响应面模型，以取代仿真分析，用于后续对加工工艺参数的优化，提高加工工艺参数优化的效率。

加工参数优选是通过实验设计与分析优化等手段，确定各加工参数的最优取值，以在实际加工时能获得工艺性能优良的产品，并提高加工过程中原材料及能源的利用率。加工工艺参数的智能优选是实现加工工艺智能优化的关键。要获取最优的加工参数设计方案，需通过实验设计安排足够多有代表性的加工工艺参数方案，在利用仿真分析和近似响应面技术快速预测不同工艺参数组合情况下产品各性能指标值的基础上，利用方差分析提取影响产品性能指标值的关键工艺参数，并在此基础上构建以加工工艺参数为设计变量，以产品性能指标为设计目标及约束条件的加工工艺参数优化模型，利用遗传算法等智能优化算法实现优化模型的智能求解，从而高效、智能地获取符合实际生产需求的最优加工工艺参数设计方案。

目前，国内外学者围绕加工工艺智能规划、加工性能智能预测和加工参数智能优选三方面开展了大量研究工作。

在加工工艺智能规划方面，刘书暖[1]建立了工艺数据库中工艺知识发现的技术体系，提出了工艺数据抽取方法、基于聚类的典型工艺实例挖掘技术、基于多准则群决策法的准典型工艺实例评估方法以及工艺知识重用技术，开发了工艺知识发现与重用原型系统。Dey[2]使用基于分类和回归树算法的数据挖掘方法识别出了微细电火花铣削加工、电火花线切割加工和激光加工这三种非传统加工工艺过程中最重要的输入参数。王进峰[3]在 CAD 特征建模技术基础上，提出了基于零件加工特征的特征向量工艺知识表示方法，将零件 CAD 模型的加工特征信息直接表述为智能式 CAPP 系统的工艺知识，并提出了一种基于遗传算法的工艺规划方法。林献坤等[4]根据 Holonic 智能制造控制方式，建立了具有离线规划、在线规划和实时规划的数控加工三层工艺规划模型，研究了基于多目标决策的在线工艺规划问题，给出了加工特征关系图的数据结构表示方法，提出了基于遗传算法与贪婪启发式算法相结合的问题求解方法。Yacout 等[5]提出了一种基于数据挖掘和模式识别的数据逻辑分析方法，实现了对复合材料加工工艺的监测和控制。Salehi[6]提出了一种将遗传算法和智能搜索混合的工艺规划优化方法，将工艺规划分为初步规划和详细规划两个阶段，在初步规划阶段使用智能搜索生成可行序列，在详细规划阶段使用遗传算法对初始可行序列进行不断优化从而得到最优序列。Deja[7]提出了一种基于加工特征的工艺规划问题智能求解方法，并将其应用于实际加工机床的工艺规划中。孔啸等[8]提出了模具数控加工智能工艺规划与优化的技术框架，并讨论了系统实现的方法与技术。欧阳华兵[9]构建了基于 STEP-NC 铣削加工的智能化工艺规划系统框架，分析了该系统所涉及的若干关键技术，开发了相应的原型系统，并通过典型零件工艺路线规划验证了所构建原型系统在零件智能化工艺路线规划中的可行性。

在加工性能智能预测方面，Ko 等[10-11]开发了一个能对切削过程进行模拟仿真并预测切削力尺寸效应的虚拟加工系统。Zhang 等[12-13]针对镗削和断续车削建立了瞬时切削力—相对振动—工件表面质量为主线的加工过程模型，对加工过程中切削力、振动、加工件表面质量等物理因素的变化规律进行了仿真分析。在产品加工工艺智能优化过程中，通过加工过程仿真来预测产品性能往往成本高且耗时，而基于近似响应面模型的产品性能预测则提供了一种相对简单便捷的方法，其基本原理是根据一系列工艺方案下产品性能指标值的已知样本点来构建一个满足精度要求、计算量相对较小的数学模型，来模拟给定工艺条件下产品性能预测问题的输入输出关系，从而可利用所构建的响应面模型快速获得任意工艺方案下的产品性能指标值。工程领域常用的代理模型有多项式响应面模型[14]、人工神经网络模型[15-16]和 Kriging 模型等[17]。多项式响应面模型对高维问题和强非线性问题的拟合精度较差，人工神经网络模型所需要进行的实验次数过多。Kriging 作为一种估计方差最小的无偏估计模型，具有全局近似与局部随机误差相结合的动态特点，它的有效性不依赖于随机误差的存在，对非线性程度较高和局部响应突变问题具有良好的拟合效果[18-19]。在现有基于仿真分析或实际加工实验的加工工艺优化过程中，通常将产品各类缺陷的严重程度作为工艺方案性能优劣的评价指标[20]。各类工艺条件下最终获得的产品可能存在多种缺陷，工艺设计者往往通过模糊语言变量来描述各种缺陷的严重程度，并在此基础上给出所考察设计方案优劣的模糊综合评价值。例如，Chiang 等[21-22]通过模糊灰色关联分析，将综合考虑熔接线强度、收缩等多种注塑产品质量指标的优化问题转换成单一模糊灰色等级的优化，在此基础上，对模具温度、熔体温度、充填压力、充填时间等主要注塑参数进行了优化，并通过对 PC/ABS 材料的手机电池壳的注塑实验验证了方法的有效性；徐劲力[23]将影响铸造工艺质量的缩孔、缩松、裂纹、气孔、夹砂及夹杂等评价因素描述成模糊变量，运用模糊数学理论判别铸造工艺综合质量的优劣。

在加工参数智能优选方面，Yen 等[24-25]以产品翘曲变形最小为目标，结合神经网络和模拟退火算法分别对加工自由形状塑料产品注塑模的流道参数和冷却系统参数进行优化设计；Ozcelik 等[26]以产品翘曲变形最小为目标，利用神经网络和遗传算法对塑料产品的注塑工艺参数进行优化设计；Shen 等[27]以注塑产品各区域体积收缩差最小为目标，利用神经网络与遗传算法对中心浇口长方形黄油瓶盖和冰箱顶盖的注塑工艺进行优化设计。这些研究利用神经网络模型代替流动分析软件和实际注塑实验完成给定设计方案下流动状态和制品缺陷的预测，摆脱了产品结构复杂程度的约束，并利用进化方法获取最优的设计方案，降低了对设计者经验和技能的要求。在机械加工参数智能优化方面，包洋等[28]提出了一种基于数据挖掘的机械加工工艺参数寻优方法，通过对决策树的分类规则进行提取，生成预测数据集，结合建立的神经网络模型，迅速准确地预测出对应的加工工艺参数，并通过磨削实验验证了方法的可行性；李铁钢等[29]针对结构件数控铣削编程切削参数选择的复杂性，提出了基于数据挖掘的切削参数选择和优化方法，并通过实例验证了方法的可行性。随着人们对产品功能需求和精度要求的不断提高，现代产品的结构形状日趋复杂化，也更凸显出了加工工艺参数对产品质量的重要影响，仅是某个工艺参数的微小扰动也可能使产品的某些缺陷超出给定的容差。而在实际大批量加工生产中，不同批次或不同品牌材料的性能、加工设备工作精度、环境温湿度、电压等均可能发生不同程度的变化，从而导致加工工艺条件的不稳定，这就对加工过程中各工艺参数的稳健性提出了更高的要求。因此，在这种产品复杂化的发展趋势下，要获得精度、性能稳定的高质量产品，必须充分考虑加工过程中各种不稳定因素对产品质量的不良影响，在实际加工前获得具有强抗干扰能力的最佳工艺参数方案，即实现加工参数的稳健优化设计。目前，稳健设计作为一种综合考虑产品质量、性能和成本的现代设计方法，在提高产品质量、改善产品性能、降低制造成本等方面的有效性已为工程界所共识，国内外学者广泛开展了加工参数稳健设计的研究，利用 Taguchi 实验设计、信噪比计算和方差分析来研究加工工艺参数对加工结果的影响程度，如 Tang 等[30]以翘曲变形作为产品质量指标，利用正交表安排实验并计算信噪比，以选取使翘曲变形最小的注塑工艺参数组合；Oktem 等[31]以翘曲变形及体积收缩作为产品的质量指标，利用 Taguchi 实验设计和方差分析研究工艺参数对产品质量的影响，并在此基础上进行加工工艺参数的优化设计；Huang 等[32]通过二水平实验设计和最小均方差法建立注塑产品单质量指标与工艺参数之间的线性响应模型，并基于该模型利用最速下降法寻求不受环境噪声干扰的稳健工艺参数组合。

综上所述，加工工艺的智能规划中需解决的核心问题是如何通过加工工艺数据的挖掘发现对工艺规划有用的知识，并构建加工工艺知识库，从而通过智能推理与智能检索实现对加工工艺知识的有效利用。而加工性能智能预测的实现有赖于对产品加工过程的可视化仿真分析、近似响应面和多性能指标模糊综合评价等技术的充分运用。在此基础上，可构建加工工艺参数的多目标多约束优化模型，并利用多种智能计算技术融合的集成算法实现优化模型的高效智能求解。为保证加工工艺参数优化结果的有效性，还需充分考虑加工过程中各种不确定性因素对产品性能的影响，并充分利用变复杂度、方差分析、信噪比计算等方法或技术提取影响产品性能的关键工艺参数，在保证加工工艺参数优化模型有效性的前提下尽可能减少优化变量，提高加工工艺参数的优化效率。

4.1 加工工艺的智能规划

加工工艺规划的任务包括零件要求分析、原材料或毛坯选择、工艺方法选择、加工设备及工具选择、夹具要求确定、路径规划、NC 程序编制、夹具设计等，任务繁重，涉及参数的数量与类别众多。企业在产品加工过程中积累了大量包括现场工艺条件和产品加工结果的生产数据，这些数据被从现场采集、整理并以各种形式存储在工艺数据库中，记载了各种工艺条件下的产品加工结果，其中必然隐藏着影响生产质量的因素和规律。

随着云计算、互联网的发展和各种传感器的普遍应用，产品加工过程中积累的工艺数据体量与类别不断增加，无法采用传统的软件工具和数据查询方法进行管理和处理，分析者甚至很难提出明确的查询要求。如何从这些加工工艺数据中揭示出隐含的、先前未知的、有潜在价值的工艺知识，以支持加工工艺决策，是加工工艺设计人员所面临的一项重要任务。

工艺设计人员获取工艺知识的途径主要有两种：一是与人的接触，如通过召开会议等向具有丰富制造经验的同事或领域专家咨询；另一种则是通过查询工艺规划相关的知识系统来获取。基于人工经验的加工工艺规划方法存在经验丰富的人员缺乏、工艺计划制订效率低下、工艺人员经验与判断的差异而造成工艺计划不一致、对实际加工环境反应慢等诸多不足。随着企业人员流动性加剧，目前工艺规划人员依赖于人工经验知识的比例已呈现下降趋势，而对知识系统的依赖呈现逐步递增的趋势。因此，必须加强其他途径来减少工艺规划人员对人工经验知识的依赖，充分利用数据挖掘技术在工艺数据库或数据仓库中提取隐含的、先前未知的、潜在有用的工艺知识或信息模式，有效组织工艺知识并构建支持工艺规划的知识系统，为满足工艺规划决策对知识的需求提供支持。

4.1.1 加工工艺数据知识发现的一般流程

加工工艺数据中的工艺知识发现（Process Planning Knowledge Discovery in Database，PPKDD）是反复迭代的人机交互处理过程，需要经历多个步骤，如图 4-1 所示，其中，很多决策需要由用户提供。从宏观上看，PPKDD 过程主要由数据整理、数据挖掘和结果解释评估三个部分组成。

（1）工艺数据准备　了解工艺设计领域的有关情况，熟悉相关的背景知识，弄清用户需求。CAPP 的应用为加工工艺数据的积累和准备做了充足的工作，包括结构化的工艺数据、合理的工艺数据模型。

（2）工艺数据抽取　工艺数据抽取的目的是确定目标数据，根据工艺知识发现的需要从原始工艺数据库中选取相关数据和样本。此过程将利用一些数据库操作对工艺数据库进行相关处理。如典型工艺路线的发现，需要从原始工艺数据库中选取与工艺路线相关的数据，形成目标数据库。

（3）工艺数据清洗　对目标工艺数据库进行再处理，检查工艺数据的完整性及一致性，滤除与工艺数据挖掘无关的冗余数据。针对加工工艺数据预处理，需要对工艺信息规范化和标准化。工艺信息的标准化是从工艺数据的角度对工艺术语、工艺内容、工艺参数、工艺资源等静态术语、符号、参数进行规范化，从而保证数据的一致性。

（4）工艺数据变换　根据工艺知识发现的任务，对已预处理的工艺数据进行再处理，

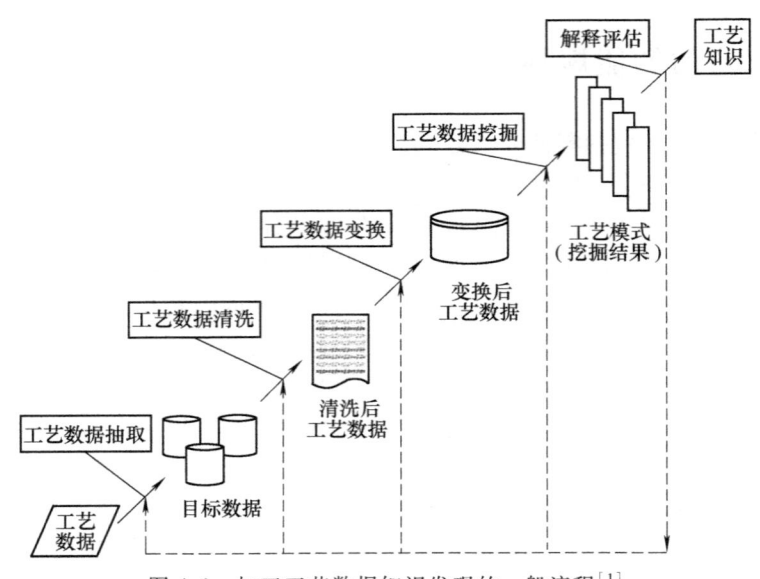

图 4-1 加工工艺数据知识发现的一般流程[1]

主要是通过投影或利用数据库的其他操作减少数据量。如通过数据查询查到相同的数据,再利用数据库的删除操作清理相同数据,只保留其中的一个数据记录。

(5) 工艺数据挖掘　这是整个 PPKDD 过程中很重要的步骤,其目的是运用所选算法从工艺数据库中提取用户感兴趣的知识,并以一定的方式表示出来。

(6) 解释评估　对工艺数据挖掘结果和知识进行解释。经过用户评估将发现的冗余或无关的工艺知识剔除。如果工艺知识不能满足用户要求,就要返回到前面的某些步骤反复提取。将发现的工艺知识以用户能了解的方式呈现,包括对工艺知识进行可视化处理,也包含确定本次发现的工艺知识与以前发现的工艺知识是否抵触的过程。

4.1.2　加工工艺数据挖掘与知识发现技术

根据工艺知识发现的工作流程,在工艺知识发现的每一个环节都需要相应的技术实现该环节的功能,工艺知识发现的主要环节包括工艺数据自动抽取、工艺数据预处理、工艺数据挖掘、工艺知识解释评估等。

1. 工艺数据自动抽取

工艺数据库中知识发现的首要步骤是数据抽取,即把数据从工艺数据库中抽取出来并以一定的格式存于一个中间数据存储器,如数据仓库或其他物理数据库。对基于数据挖掘的知识发现来说,数据抽取是非常重要的,因为样本的质量直接影响到挖掘的模式的质量,抽取到的工艺数据质量越好,挖掘出的模式中成为知识的比例越高,相反,抽取到的工艺数据中包含的无用数据多,数据质量差,挖掘出的模式成为工艺知识的比例就会降低,影响工艺知识挖掘的效率。

为了抽取到比较合适的数据,可采用面向工艺数据挖掘目标建立模型的方法,规范要抽取的数据,并采用工艺数据抽取语言来实现数据的抽取,具体过程如图 4-2 所示,其关键环节为目标模型定义和描述。

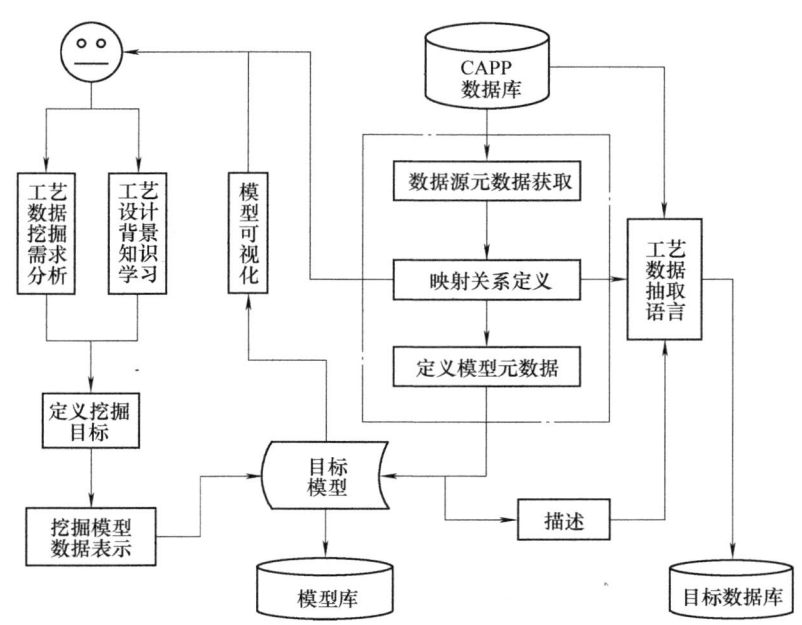

图 4-2　工艺数据自动抽取流程[1]

1）确定通过工艺数据挖掘所期望获得的结果，即建立数据挖掘的目标。这就要求执行工艺数据挖掘者进行目标需求分析，充分理解工艺过程设计领域的背景知识。

2）定义出合理的目标模型，保证挖掘的质量。挖掘目标模型中包含两个方面的内容：模型元数据、模型元数据与数据源元数据的关系，因而，对挖掘目标建模的过程分为模型元数据定义、数据源元数据获取及模型元数据与数据源元数据的关系定义三个环节。目前，大多数 CAPP 软件采用的都是关系型数据库来存储工艺设计过程中产生的工艺数据，关系数据库是以数据表的方式来组织数据存储，数据是结构化的，因此，数据源的元数据通过数据库管理系统和数据查询语言等工具可以直接或间接地获得。在挖掘目标模型的建立中主要研究模型元数据定义和模型元数据与数据源元数据关系定义的方法。

3）通过定义工艺数据抽取语言，规范对模型元数据、模型元数据与数据源元数据的关系描述。

2. 工艺数据的预处理

CAPP 系统通常具备工艺知识库的建立与维护、工艺设计与管理的功能，企业应用 CAPP 系统后，将整个工艺设计过程的数据都存储在 CAPP 数据库中。目前，企业工艺数据库容纳的数据量很大，因此，很容易发生数据噪声、数据缺失以及数据不一致等问题。为了提高数据的质量，进而提高挖掘结果的质量，需要对工艺数据进行预处理，消除所选工艺数据的噪声，保证工艺数据的完整性和一致性。

工艺数据预处理是进行工艺数据挖掘前的工艺数据处理过程，根据工艺数据情况的不同可以有不同的处理过程。常用的工艺数据预处理技术主要有 CAPP 数据库到目标数据库的转换技术、工艺数据标准化技术、工艺数据变换技术等。通过工艺数据预处理技术对工艺数据的类型进行转换，例如，离散值数据和连续值数据间的转换，利用工艺数据属性间的关系进行，以减少有效工艺数据的维数和规模。

为保证工艺数据的准确快速处理，需要研究一种合理科学的方法，将数据变换为可识别的代码，使工艺信息能够被更好地处理和利用。编码是目前最常用、便捷的数据表示方法。工艺数据柔性编码，是指采用面向对象的原理将所有的工艺数据抽取分类，每个类为一个对象，以对象间的关系表示工艺信息类之间的关系。对象模型中每一个类分别采用数字编码，一个类就是编码中的一段。每段编码的码位不是固定的，而是根据挖掘的工艺知识的需求而变化的，编码的段数也是动态的，可以由不同的对象根据对象关系的细化自由组合成待描述的挖掘对象的编码，即在具体的工艺知识挖掘中，先对每个数据段进行编码，然后根据具体挖掘的目标，选取不同的信息。这种将工艺数据抽取为对象，根据对象间的关系组织码段的编码法，可以根据挖掘目标对工艺数据的需要进行编码，剔除与挖掘目标无关的对象的编码段这样可以避免码位过长，同时减少挖掘算法执行时计算的工作量，充分体现了编码的灵活性和柔性。

工序编码是将工序内容用编码方式表示，以便于计算机识别及处理。工艺内容的主要信息包括加工方法和加工内容。加工方法及加工名称的描述相对简单，而加工内容的描述较为复杂。一道工序有一个工序名称，但对应的加工对象数目是不确定的。根据工序涉及数据的内容和特点，按照工艺数据柔性编码的规则，分析工序信息的对象关系，工序信息的编码采用两段混合式柔性码位结构，第一段表示加工方法（即工序名称），第二段表示加工方法细化（即加工内容），两段之间是隶属关系。

3. 工艺数据的挖掘

工艺数据挖掘是工艺知识发现最重要的步骤，包括：①依据工艺知识发现的目标确定工艺数据挖掘的任务和目的，根据工艺设计领域的要求确定发现的工艺知识类型；②选择与确定采用什么样的挖掘算法来实现；③搜索工艺数据中的模式和选择相应算法的参数，分析工艺数据并产生一个特定的模式或数据集。由于相同的任务可用不同的算法来实现，这就需要在理解各种算法的前提和假设的基础上考虑工艺数据集的具体形式，然后再确定采用何种挖掘算法。

目前，应用在工艺知识发现方面的数据挖掘算法主要有支持向量机、神经网络、分类、聚类、回归分析、关联规则等。在工艺数据挖掘中，由于挖掘目标的不同，不能一概地以某种方法作为挖掘的算法，而需要根据目标中数据的特性，综合使用上述的技术及其算法，如典型工艺路线挖掘可以采用聚类的方法，典型工序的获取可以采用关联规则中的算法等。

工艺数据挖掘所要发现的知识主要包括典型实例、应用于工艺优化的工艺数据和工艺决策规则这三类，这些工艺知识获取的过程中，需先将满足要求的工艺数据转换为计算机可以识别的表示方式，然后选择合适的工艺数据挖掘算法进行工艺知识挖掘。因此，工艺数据挖掘需通过工艺数据编码和工艺数据挖掘算法来实现。

4. 工艺知识解释评估

工艺数据挖掘的结果是数目很多的工艺模式（知识），而这些工艺模式中有很多噪声，需要依据用户需求对模式进行评估，以确定有效的、有用的模式，去掉不切题的模式，并将其转换为有用模式。模式按功能不同分为描述型模式和预测型模式两大类，根据模式的实际作用可细分为分类模式、回归模式、时间序列模式、聚类模式、关联模式、序列模式等。

工艺知识发现的最终目的是为用户服务的，所以还需要对模式进行解释，把工艺数据挖掘的结果转换成易于人们理解的表达形式。经过对模式评估、解释之后，用户可以理解的、符合实际和有价值的模式就形成知识。

由于所挖掘的工艺知识有可能不满足用户要求，需要重新选择工艺数据、采用新的数据变换方法甚至换一种数据挖掘算法，这项技术的实现需要专家和工艺人员的参与。工艺数据挖掘中发现的工艺知识经过用户评估后，可能会发现这些知识中存在冗余或无关的知识，此时应该将其剔除。

4.1.3 基于工艺知识库的工艺知识智能推理

加工工艺数据挖掘与知识发现的最终目的是利用工艺知识。工艺知识的利用包含两个方面：一是利用加工工艺规则进行工艺设计的辅助决策，二是借助典型工艺实例作为样板和参考辅助工艺设计。由于一种零件往往具有包括结构形状、材料、精度、工艺等多方面的特征，这些特征可能是相似或相同的，这就决定了零件之间具有这些方面的相似性。零件的相似性与工艺相似性之间密切相关，因此利用零件的相似性进行工艺设计是一种常用的方法。在企业的工艺设计中，对新产品和零件的工艺设计通常需要借鉴以往工艺设计的经验，有时会通过对原有工艺的修改进行新零件的工艺设计，这些参照工艺实际上起到了工艺设计样板的作用，因此，需要在工艺数据挖掘与知识发现的基础上，构建层次化、模块化的加工工艺知识库，进而通过加工工艺知识的智能推理策略和智能检索算法实现对工艺知识的有效利用。

1. 层次化、模块化的加工工艺知识库

加工工艺知识库包含加工工艺规则库和加工工艺实例库两大部分，分别存储了用于不同工艺设计阶段所需要的知识。

加工工艺规则库中一般至少应包含毛坯选择规则，加工方法选择规则、排序规则、定位装夹规则、设备选择规则、刀具量具辅具选择规则等。为使加工工艺知识库系统更具条理性并便于后续维护、拓展和改进，在加工工艺规则库构建时需要按照加工工艺知识性质细分为许多子库，如加工方法选择子库、设备选择规则子库、刀具量具辅具选择规则子库等。在某些系统中还将这些子库再细分成若干子库，使每个子库对应着工艺决策的一个相应子任务。加工工艺知识库中的规则采用面向对象的表示方法，该方法可以将知识组织成层次结构，具有很好的继承性和封装性；同时可以将多种单一的知识表示方法按照面向对象的程序设计原则组织成一种混合的知识表达形式。

加工工艺实例库用于存储已有的零件加工工艺实例，采用框架法和面向对象法相结合来表示加工工艺规划中所需要的实例。框架具有很好的层次化、模块化的特点，而且框架和框架之间具有很好的继承性和嵌套性，一个框架整体就可以认为是一个对象，它由一组数据及定义在其上的操作方法组成。可以抽象出具有共同特性的框架组成一个框架类，然后再由这个框架类定义若干个框架对象，用这些框架对象或对象的集合来表示加工工艺设计中所需要的实例。

加工工艺知识库具有以下特征：

（1）模块化　各种知识依据它们的背景特征、应用领域特征、运用特征、属性特征等构成了知识库，具有规范的组织结构形式。

（2）层次性　"事实知识"是知识库中的最低层；"控制规则"构成知识库的中间层，

是用来控制最低层的"事实知识"的知识;"策略"是规则的规则,构成了知识库的最高层,控制中间层知识。在知识库中,知识除具有层次关系外,同层的知识之间也存在相互依赖关系。因此,可采用关系数据库的形式实现关系描述。

(3) 不确定性　一般的关系数据库中所有处理都是确定的,但知识库中却存在不确定性度量——可信度(信任区间、置信度量等),可信度是存在于所有层次,并不归属于任一层次的特殊形式的知识,对有关事实、规则、策略和问题,都可标以可信度,可有一种不只属于某一层次(或者说在任一层次都存在)的。可以用增广知识库实现可信度的表达。

(4) 典型推理性　假如解决某问题途径是肯定必然的,则可将其存储于典型方法库中。典型方法库是知识库中的特殊构成部分,机器推理将优先选用典型方法库中的某一层体部分。

2. 加工工艺知识的智能推理与检索

加工工艺知识的推理与检索是在加工工艺设计过程中利用加工工艺知识来解决加工工艺设计中问题的过程,如图 4-3 所示。首先,要在加工工艺知识中找到与问题答案接近的加工工艺知识,为了找到相近的解,必须对问题和工艺知识进行适当的结构化的描述,即定义检索约束和表示工艺知识;然后,通过智能检索算法找到相近的加工工艺知识作为参考或样板,并对其加以智能修订来获得工艺设计的解。

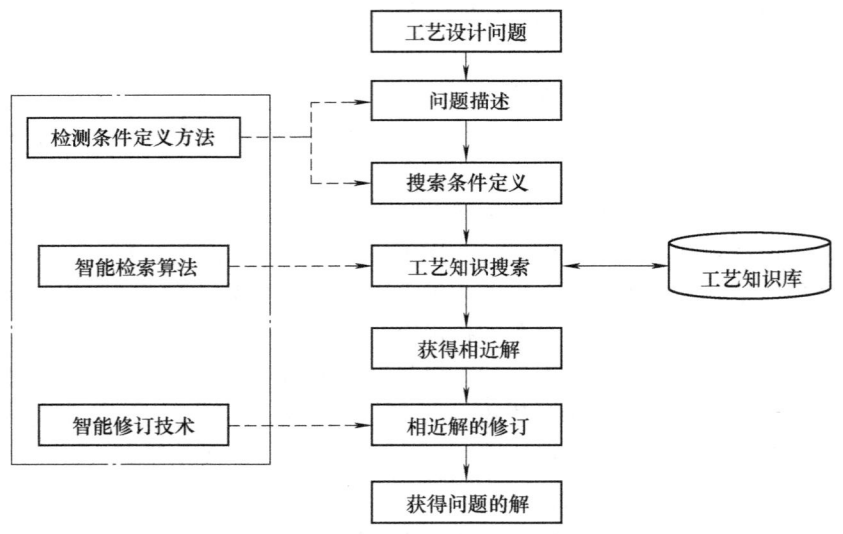

图 4-3　加工工艺知识的智能推理与智能检索[1]

(1) 加工工艺知识的智能推理策略　加工工艺知识的智能推理控制策略主要解决加工工艺知识推理过程中工艺知识的选择与应用的顺序问题,常用的加工工艺知识智能推理控制策略有正向推理(数据驱动推理)、反向推理(目标驱动推理)和混合推理三种[33]。

1) 正向推理控制策略。其基本思想是,从已有的工艺信息、工艺实例和工艺数据出发,寻找可用工艺知识,通过冲突消解选择可用工艺知识,执行选择的工艺知识,改变求解状态,逐步求解直至问题解决。一般来说实现正向推理应具备一个存放状态的加工工艺数据库、一个存放工艺知识的加工工艺知识库以及进行推理的工艺知识推理机,其工作程序为:用户将与求解问题有关的工艺信息、工艺实例和工艺数据,存入工艺数据库,推理机根据这些信息，从工艺知识库中选择合适的工艺知识，得出新的工艺信息存放工艺数据库，再根据当前状态选用工艺知识，如此反复，直至给出问题的解。正向推理一般有两种结束条件：有一个符合条件的解时就结束或者当所有的解都求出时才结束。正向推理控制策略的优点是用户可以主动提供问题的有关信息，可以快速对用户输入事实做出反应。其不足之处为工艺知识启用与执行似乎漫无目标，求解当中可能有许多与问题求解无关的操作，导致推理效率相对较低。

2）反向推理控制策略。其基本思想是：先假设一个结论，然后在工艺知识库中找出那些结论部分和这个目标相关的工艺知识集，再检查工艺知识是否符合每条工艺知识的条件，如果某条工艺知识的条件中所含有的条件项均能通过用户会话得到满足，或者能和当前工艺数据库的内容所匹配，则把该条工艺知识的结论加到当前工艺数据库中，从而该结论被证明，否则把该工艺知识的条件项作为下一个结论，递归执行上述过程，直至各"与"关系的子目标全部或者"或"关系的子目标有一个出现在工艺数据库中，结论被求解，如果直至新的结论不能进一步分解而且工艺数据库不能实现上述匹配时，这个假设结论为假。反向推理控制策略的优点是推理过程的方向性比较明确，不用寻找和不必要使用那些与假设目标无关的工艺信息和工艺知识，这种策略对它的推理过程提供明确解释，告诉用户它所要达到的目标以及为此而使用的工艺知识；另外，这种策略在解空间较小的问题求解环境下尤为合适。这种策略的不足之处是初始结论的选择较为盲目，不能通过用户自愿提供的有用信息来操作，对于解空间较大、用户要求做出快速响应的问题领域，反向推理策略就很难实现了。

3）混合推理控制策略。它是一种集正向推理和反向推理优点于一身的有效方法，其思想为：先使用正向推理帮助选择初始目标，即从已知加工工艺事实演绎出部分结果，据此选择一个结论，然后通过反向推理求解该结论。在求解这个结论时又会得到用户提供的更多信息，再正向推理求得更接近目标的结论，如此反复正向推理和反向推理这个过程，直至问题求解为止。

另外双向推理也是常用的。双向推理往往从给定的部分工艺数据或者不充分的证据出发正向推理，然后以最有可能成立的结论为假设，再进行反向推理，验证所缺的事实是否存在。两者不断接近，在得到正确结论之前，总是这样来来往往地进行推理。这种方式对于复杂求解问题的系统可能有更高的求解效率，求解过程可能更为人们所理解。

（2）加工工艺知识的智能搜索算法　加工工艺知识的搜索方法分为盲目搜索和启发式搜索，盲目搜索方法有广度优先搜索法和深度优先搜索法，启发式搜索方法有最好优先搜索算法、局部择优搜索算法、与或树的启发式算法等。在搜索中，工艺知识通常可以看成具有层次关系的树状或网状结构，即从某一节点出发的有向图，搜索就是从该节点出发对有向图的遍历，搜索的目标是寻找某些满足一定条件的节点的集合。深度优先搜索法是一种一直向下的搜索策略，它只对有限状态空间类问题具有算法性，但是无可采纳性。而广度（宽度）优先搜索法是从树根向下一级一级依次无穷尽搜索的方法，只要存在目标节点，就一定可以找到，因此它具有可采纳性，只是搜索效率很低。

根据检索粒度和检索层次的要求，典型工艺实例的智能检索采用不同的算法。如果用户选择高的检索层次和很细的检索粒度，可以采用基于实例推理的检索方法；如果用户选择低的检索层次和粗的检索粒度，可以采用典型工艺实例低层次检索算法。

4.2 加工性能的智能预测

为提高生产率并保证最终成形产品的工艺性能,在设计阶段需充分运用各种先进的软件工具和智能技术预测给定加工工艺方案下产品的可制造性及成形制品的工艺性能,以在此基础上选择最优的加工工艺方案,避免实际加工生产实验中原材料、时间及能源的消耗。目前,工程技术人员常用的加工性能智能预测方法主要有基于加工过程仿真的产品工艺性能可视化预测、基于近似响应面模型的产品工艺性能智能预测和基于模糊变权法的产品工艺性能智能综合评价等。

4.2.1 基于加工过程仿真的产品工艺性能可视化预测

基于加工过程仿真的产品工艺性能可视化预测就是利用计算机软件来模拟加工过程,将加工过程和加工结果中的信息在计算机中用图形、数字、图表等方式表达出来,以达到供人们判断、验证和控制加工过程和结果的正确性、合理性、产品性能及加工效率等目的的方法。它可在计算机上模拟出加工和零件成形的全过程,直接观察在加工过程中可能遇到的问题,反复调试直到得到满意的结果,而不实际消耗机床、工件等资源。基于加工过程仿真的产品工艺性能可视化预测技术是随着计算机技术、CAD/CAM 技术、计算机图形学和系统仿真学等几门学科的发展而发展起来的,是各学科综合在加工技术中的具体应用。当前计算机硬件性能的迅速提升也为加工过程仿真提供了强大的硬件基础。

加工过程仿真主要分为几何仿真和物理仿真两个方面。几何仿真将刀具与产品视为刚体,不考虑切削参数、切削力及其他物理因素的影响,只仿真刀具—工件几何体的运动,它可减少或消除因程序错误而导致的机床损伤、夹具破坏或刀具折断、零件报废等问题,减少从产品设计到制造的时间,降低生产成本。物理仿真是通过仿真加工过程的动态力学特性来预测刀具破损、刀具振动、产品表面状况,控制加工参数和改善加工状态,从而达到优化加工过程的目的,加工过程物理仿真需要研究加工过程中的各种复杂物理规律[34]。

1. 加工过程几何仿真

加工过程几何仿真技术是随着几何建模技术的发展而发展的,目前常用的建模方法有线框建模法、直接实体造型法、基于图像空间的建模方法和离散矢量求交法。线框建模法表达简单,易编程实现,但其简单也导致了一些弊端。对于一些形状复杂的零件,常常会导致加工轨迹过于拥挤,仿真往往变得十分模糊,且线框模型并未对刀具与毛坯体间的几何切削关系进行数学处理,仅仅显示了刀具的运动过程,所以通常仅用于对加工过程的粗略观察。直接实体造型法是直接用数学方法描述几何体,保存了几何实体全部几何信息,因此计算结果精确,可用于进行各种几何测量和处理。该法不足之处在于刀具的每一步运动都需要进行大量曲面相交运算,计算量大,仿真速度慢。基于图像空间的建模方法是在窗口坐标(视坐标)下按平行透视原理进行计算,其算法类似于计算机图形学中的 Z-Buffer 消隐算法,该法在 CAD/CAM 软件中应用较普遍。但该法将屏幕面作为固定投影基准面,在显示过程中丢弃了场景内物体大部分的几何深度信息,因而只能做静态观察,不能进行旋转、缩放等几何变换,也不能进行测量、分析等仿真后处理工作,导致其应用受到很大限制。此外,其算法设计中离散精度由屏幕像素间隔决定,不能根据加工精度和显示效果要求来控制精度,可控制性差。离散矢量求交法针对基于图像空间建模方法和直接实体造型法的不足，用独立的投影平面代替屏幕平面将几何体离散，用离散点处的矢量代替几何实体数据。该法没有几何实体的数学描述，但可用精度来控制离散网格密度，是一种可控制精度的几何建模方法。现有加工仿真软件普遍采用基于图像空间建模方法和离散矢量求交法。对于直接实体造型法，若能解决几何模型的数学描述和计算速度问题，将是一种比较理想的方法。

2. 加工过程物理仿真

加工过程物理仿真是在实际加工之前分析与预测各参数的变化及干扰因素对加工过程的影响，揭示加工过程的实质，分析产品的成形性能，辅助在线检测与在线控制，进行工艺规程的优化。加工过程物理仿真的主要内容包括加工过程中实际切削力的变化规律、整个工艺系统的动态变化特点、刀具磨损、产品的成形性能、工艺参数对产品性能的影响及危险、异常情况（如切削颤振等）的预测等方面。目前开发出的物理仿真系统大都是针对具体工况，在加工形式、刀具种类及形状既定条件下建立加工过程模型，在计算机上虚拟执行加工过程。

目前的商业化软件，无论是大型 CAD/CAM 系统的加工过程仿真模块，还是专门的加工过程仿真系统，几乎不具备物理验证的能力。首先，由于仿真系统形体描述所基于的造型系统基本元素点、边、面和体均由理想形状几何体构成，体现不出物体相互作用时物质微观结构的物理变化，如刀具与产品相互作用时产生的弹性变形和热变形。其次，由于机床运动误差、振动误差、切削弹性变形与热变形、刀具磨损等诸多因素影响，难以建立统一的加工过程模型。加工过程的机理十分复杂，要建立一个具有通用价值的物理仿真系统，必须综合运用模糊数学、神经网络、数据库、知识库、以范例和模型为基础的决策系统、专家系统等理论和技术。

目前，国内外关于加工过程物理仿真的研究工作对产品性能的有效预测有着积极意义，但还存在以下问题：

1）加工过程物理仿真模型尚需完善。加工过程物理仿真的关键技术是建立加工过程的数学模型，切削加工过程是复杂的多输入和多输出系统，涉及参数众多，随时会受到各种干扰因素的影响，且某一参数的变化可能会对系统的输出有较大影响，因此，在建模时如何处理这些参数和干扰因素，使加工过程模型既能正确反映切削实际，又能反映参数变化及干扰因素对切削过程的影响，是切削过程建模的关键。同时，加工过程建模时要涉及大量的参数和数据，有时还需要做大量的切削实验，这些都增加了建模的难度。模型中涉及因素过多难免会顾此失彼，过于简化的模型又经不起实践检验，实用性差。目前的仿真系统中都有大量的假设条件，目的是降低模型的复杂性，但同时削弱了仿真系统与实际加工过程的拟合程度。如何建立合理的加工过程模型，将决定过程仿真系统的质量。

2）加工过程物理仿真系统缺乏通用性。目前的加工过程物理仿真系统大多是针对某一特定的加工过程而建模设计的，机床种类、加工形式、刀具的种类和工件材料等参数都规定得很明确。当某一参数如刀具种类变化时，模型必须进行修改，使得仿真模型及系统的应用范围受到限制。如何综合切削理论、计算机等方面技术，建立通用性强的仿真模型和仿真系统，是物理仿真需要解决的又一个问题。

3）加工过程物理仿真系统实用性差。由于切削过程的复杂性及建模难度大等客观因素的存在，仿真系统的可视化预测结果与实际产品性能的拟合程度尚有差距。当工况发生变化时，仿真模型不能及时、动态地反映这种变化，这些都限制了加工过程物理仿真系统的实用化程度。

4)未能与几何仿真充分结合。只有加工过程几何仿真与物理仿真的有机结合,才能构成完整的虚拟加工过程仿真系统,但目前这两方面的研究几乎是并行进行,相互辅助、结合的工作还做得不够。几何仿真过程中包含有物理仿真中所需的大量几何信息,二者之间的信息沟通、数据的交互顺畅流动将非常有助于提高加工过程仿真系统的质量。

4.2.2 基于近似响应面模型的产品工艺性能智能预测

产品加工工艺优化设计模型求解过程中往往需反复迭代并获取目标和约束函数中产品的性能指标值,计算量巨大或实验成本高昂。为提高求解效率,可通过实验设计获取足够多有代表性的样本点,建立预测给定加工工艺条件下成形产品各性能指标值的近似响应面模型,以用于加工工艺优化模型的求解。Kriging 作为一种估计方差最小的无偏估计模型,具有全局近似与局部随机误差相结合的动态特点,它的有效性不依赖于随机误差的存在,对非线性程度较高和局部响应突变问题具有良好的拟合效果,因此,以 Kriging 模型为例介绍基于近似响应面的产品工艺性能智能预测方法。

1. Kriging 近似模型

Kriging 模型可以近似表达为一个随机分布函数和一个多项式之和,即

$$y(x) = f(x)\beta + z(x) \tag{4-1}$$

式中,$y(x)$ 为未知的 Kriging 模型;$f(x)$ 为已知的关于 x 的二阶回归函数,提供了设计空间内的全局近似模拟,β 为回归函数待定系数,其值可通过已知的响应值估计得到;$z(x)$ 为一随机过程,是在全局模拟的基础上创建的期望为 0、方差为 σ^2 的局部偏差,其协方差矩阵可表示为

$$\mathrm{cov}(z(x^i), z(x^j)) = \sigma^2 \boldsymbol{R}(R(x^i, x^j)) \tag{4-2}$$

式中,$\boldsymbol{R}$ 为相关矩阵;$R(x^i, x^j)$ 表示任意两个样本点的相关函数,$i, j = 1, 2, \cdots, n$,n 为样本中数据个数,$R(x^i, x^j)$ 有多种函数形式可选择,在此选择高斯函数作为相关函数,其表达式为

$$R(x^i, x^j) = \exp\left(-\sum_{k=1}^{n} \theta_k |x_k^i - x_k^j|^2\right) \tag{4-3}$$

式中,θ_k 为未知的相关参数。

根据 Kriging 理论,未知点 x 处的响应估计值可通过下式得到,即

$$\hat{y}(x) = f(x)\hat{\beta} + \boldsymbol{r}^\mathrm{T}(x)\boldsymbol{R}^{-1}(\boldsymbol{y} - \boldsymbol{f}\hat{\beta}) \tag{4-4}$$

式中,$\hat{\beta}$ 为 β 的估计值;$\boldsymbol{y}$ 为样本数据响应值构成的列向量;$\boldsymbol{f}$ 为单位列向量;$\boldsymbol{r}^\mathrm{T}(x)$ 为样本点和预测点之间的相关向量,可以表示为

$$\boldsymbol{r}^\mathrm{T}(x) = \left(R(x, x^1) \, R(x, x^2) \cdots R(x, x^n)\right)^\mathrm{T} \tag{4-5}$$

$\hat{\beta}$ 和方差估计值 $\hat{\sigma}^2$ 可以通过下式求得

$$\hat{\beta} = (\boldsymbol{f}^\mathrm{T} \boldsymbol{R}^{-1} \boldsymbol{f})^{-1} \boldsymbol{f}^\mathrm{T} \boldsymbol{R}^{-1} \boldsymbol{y} \tag{4-6}$$

$$\hat{\sigma}^2 = (\boldsymbol{y} - \boldsymbol{f}\hat{\beta})^\mathrm{T} \boldsymbol{R}^{-1} (\boldsymbol{y} - \boldsymbol{f}\hat{\beta}) / n \tag{4-7}$$

相关参数 θ 可以通过求极大似然估计的最大值得到

$$\max F(\theta) = -\frac{n\ln(\hat{\sigma}^2) + \ln|\boldsymbol{R}|}{2} \quad (\theta \geq 0) \tag{4-8}$$

通过求解上式得到的 θ 值构成的 Kriging 模型为拟合精度最优的近似模型。

2. 基于双层更新 Kriging 模型的产品工艺性能智能预测

为保证给定加工工艺条件下产品工艺性能预测的准确性，可采用如下 Kriging 近似模型的双层更新策略[35-36]：首先，在设计空间全局误差和局部误差最大区域加入样本点，更新近似模型确保全局精度满足需求；然后，搜索近似最优解并将其补入样本点集，再次更新近似模型，以确保近似最优解附近区域的精度满足要求。具体步骤如下：

步骤1：测试样本点生成和近似模型精度检验。首先利用初始样本点集和 Kriging 方法构建初始近似模型，利用拉丁超立方采样在全局设计空间随机布置小样本点集，对各样本点所对应加工工艺条件下产品的工艺性能进行仿真分析，获得优化问题目标和约束函数中成形制品的性能指标值，构成测试样本点集，并和基于 Kriging 近似模型预测所得的产品工艺性能指标值对比，检验近似模型是否满足精度需求。

步骤2：近似模型外层更新，确保全局精度。用式（4-9）中的复相关系数 R^2 作为全局精度检验标准，值越接近1，则近似模型全局近似精度越好；用式（4-10）中的相对最大绝对误差（Relative Maximum Absolute Error，RMAE），作为局部精度检验标准，值越接近0，近似模型局部精度越好。

$$R^2 = 1 - \frac{\sum_{i=1}^{n}(y_i - \hat{y}_i)^2}{\sum_{i=1}^{n}(y_i - \bar{y})^2} \tag{4-9}$$

$$\text{RMAE} = \max_{i=1}^{n}\left(\frac{|y_i - \hat{y}_i|}{\text{STD}}\right) \tag{4-10}$$

式中，y_i 为根据仿真分析得到的产品工艺性能指标值；$\hat{y}_i$ 为基于 Kriging 近似模型预测的产品工艺性能指标值；$\bar{y}$ 和 STD 分别为测试样本点的均值和标准差；n 为测试样本点的个数。

如果两者均满足要求，则保存模型进入步骤3。否则，需要对近似模型进行更新，具体方法为：

首先根据测试样本点判断 R^2 值是否满足收敛条件。若不收敛，则计算测试样本点的 RMAE 值，并在 RMAE 值最大的样本点局部区域新增少量样本点进行加密，有针对性提高此区域的精度，将测试样本点和局部加密样本点补入到初始样本点集中，返回步骤1。

若 R^2 收敛，需要进一步判断 RMAE 值是否满足收敛条件。若 RMAE 不收敛，则在 RMAE 值最大的样本点局部区域新增少量样本点进行加密，只需将局部加密样本点补入到初始样本点集中即可，返回步骤1。若 RMAE 收敛，则转到步骤3。

步骤3：近似模型内层更新，确保最优解拟合精度。基于已更新近似模型，利用遗传算法搜索近似最优解，并将其载入有限元模型计算真实输出响应值。利用近似解拟合误差再次检验近似模型是否满足精度，若满足，保存近似模型；反之，将近似最优解补入初始样本点集中，返回步骤1再次更新近似模型，直到满足精度要求为止。

上述预测产品工艺性能的 Kriging 近似模型构建过程中，将每一迭代步用于检验 Kriging 近似模型精度的测试样本点用于近似模型更新，避免了近似模型精度检验和模型更新两个环节相分离而造成计算资源的浪费。

4.2.3 基于模糊变权法的产品工艺性能智能综合评价

产品性能包含很多方面,其具体指标随着用户对产品功能需求的变化而改变。其中,产品的表面性能通常表现为各种各样的表面缺陷,其描述难以定量化,其严重程度也无法精确表达,故采用表面性能(即产品的表面缺陷)作为产品工艺性能优劣的评价指标。

在设计阶段,设计者对产品表面缺陷的评价往往是主观的、模糊的,而且不同的设计者因其自身经验知识的不同还可能得到不同的结论,因此,需采用模糊变量来描述产品的表面缺陷[37]。在此,选用三角模糊隶属函数来描述产品中各类表面缺陷的严重程度。设有三角模糊数 $\tilde{a}$,则其模糊隶属函数曲线如图4-4所示。为方便起见,将其表示为三元数的形式,即令 $\tilde{a}=(a_1,a_2,a_3)$。

定义缺陷严重程度的评价集为 $\tilde{A}=\{\tilde{a}_1,\tilde{a}_2,\cdots,\tilde{a}_5\}$,将产品的缺陷分为很轻微、轻微、中等、严重和很严重五个模糊等级,则缺陷评价集中各模糊等级所对应的隶属函数曲线如图4-5所示,表4-1给出了其所对应的三元数表达。

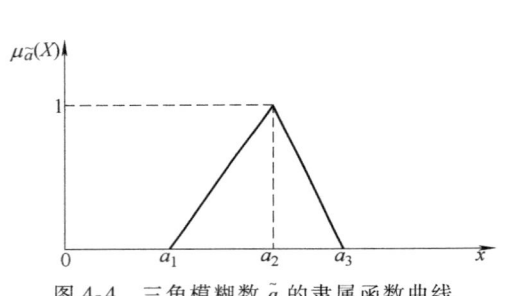

图 4-4 三角模糊数 $\tilde{a}$ 的隶属函数曲线

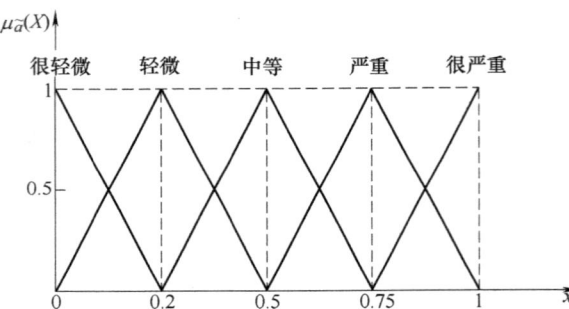

图 4-5 缺陷评价集中各模糊等级所对应的隶属函数曲线

表 4-1 各缺陷模糊等级的三元数表达

语言变量	模糊等级	三元数
很轻微	$\tilde{a}_1$	(0, 0, 0.25)
轻微	$\tilde{a}_2$	(0, 0.25, 0.5)
中等	$\tilde{a}_3$	(0.25, 0.5, 0.75)
严重	$\tilde{a}_4$	(0.5, 0.75, 1)
很严重	$\tilde{a}_5$	(0.75, 1, 1)

1. 评价指标初始权重确定

在对产品的表面性能进行评价时,因其表面缺陷种类众多,专家不能凭经验直接确定各缺陷因素的权重值,而往往通过对这些因素进行两两比较来确定其相对重要性。采用层次分析法(Analytic Hierarchy Process,AHP)[38]构造两两比较判断矩阵,经过数学运算,可间接得到各缺陷因素的权重,其基本步骤为:①选定 n 种可能缺陷作为产品工艺性能的评价因素,分析各缺陷因素的关系,建立递阶层次结构;②对同一层中各缺陷因素关于上一层某一评价准则的重要性进行两两比较,构造判断矩阵,计算各缺陷因素的初始权重 w_j^0,$j=1,2,\cdots,n$,$\sum_{j=1}^{n} w_j^0 = 1$,$w_j^0 > 0$。

2. 变权效用函数的设计

为真实地反映设计者对产品工艺性能进行综合评估时动态变化的模糊决策思维，采用变权模式来定义各缺陷因素的权重，通过否定、激励和调整因子的设计，惩罚较劣的指标（严重的缺陷因素），激励较优的指标（轻微的缺陷因素），并通过相应的调节因子来控制惩罚和激励的力度[39]。

定义 给定映射 $S:(\tilde{A})^P \rightarrow [1, +\infty)^P$，若对每个 $i \in \{1, 2, \cdots, P\}$，均有

$$s_j(x_j) = \begin{cases} \lambda_1 \alpha & x_j = \tilde{a}_1 \\ \alpha & x_j = \tilde{a}_2 \\ 1 & x_j = \tilde{a}_3 \quad j = 1, 2, \cdots, n \\ \beta & x_j = \tilde{a}_4 \\ \lambda_2 \beta & x_j = \tilde{a}_5 \end{cases} \quad (4-11)$$

式中，$\alpha, \beta, \lambda_1, \lambda_2 \in [1, +\infty)$，则称向量 $S(x_j) = (s_1(x_j) s_2(x_j) \cdots s_P(x_j))$ 为 P 维模糊变权向量，称 α 为激励因子，β 为惩罚因子，λ_1 为激励力度调节因子，λ_2 为惩罚力度调节因子。于是可得各缺陷因素的变权为

$$w_j(x_j) = \frac{w_j^0 s_j(x_j)}{\sum_{k=1}^{n} w_k^0 s_k(x_j)} \quad j = 1, 2, \cdots, n \quad (4-12)$$

当 $\alpha = \beta = \lambda_1 = \lambda_2 = 1$ 时，$w_j(x_j) = w_j^0$，即为常权模式。

3. 产品工艺性能优劣评定

假定有 m 种待考察的产品加工工艺方案，对于给定的各种工艺方案，专家根据实验结果评估其相应的 n 种缺陷的严重程度，并将其表示为三元模糊数，从而获得模糊关系矩阵 $\tilde{R} = (\tilde{r}_{ij})_{m \times n}$，$\tilde{r}_{ij} \in \tilde{A}$，$i = 1, 2, \cdots, m$，$j = 1, 2, \cdots, n$。于是，$m$ 种加工工艺方案的模糊评判结果可表示为

$$\tilde{Q} = (\tilde{q}_{ij})_{m \times n}, i = 1, 2, \cdots, m, j = 1, 2, \cdots, n \quad (4-13)$$

其中 $\tilde{q}_{ij} = \tilde{r}_{ij} \otimes w_j = (r_{ij1} w_j, r_{ij2} w_j, r_{ij3} w_j)$

于是，可采用逼近理想点排序法（TOPSIS）[39]评定各工艺方案下成形制品的工艺性能等级，将各工艺方案根据其与理想方案的贴近度大小进行排序，以选取最优的可行方案。令 $\tilde{q}_j^+ = (q_j^+, q_j^+, q_j^+)$，$q_j^+ = \max_i \{q_{ij3}\}$，$\tilde{q}_j^- = (q_j^-, q_j^-, q_j^-)$，$q_j^- = \min_i \{q_{ij1}\}$，$i = 1, 2, \cdots, m$，$j = 1, 2, \cdots, n$，则可得 m 种待考察的加工工艺方案中，各种缺陷最严重和最轻微的产品工艺性能极限状态分别为

$$Q^+ = (\tilde{q}_1^+, \tilde{q}_2^+, \cdots, \tilde{q}_n^+) \quad (4-14)$$

$$Q^- = (\tilde{q}_1^-, \tilde{q}_2^-, \cdots, \tilde{q}_n^-) \quad (4-15)$$

令待考察工艺方案下产品工艺性能与上述两极限状态的距离为

$$d_i^+ = \sum_{j=1}^{n} d_q(\tilde{q}_{ij}, \tilde{q}_j^+) \quad (4-16)$$

$$d_i^- = \sum_{j=1}^{n} d_q(\tilde{q}_{ij}, \tilde{q}_j^-) \qquad (4-17)$$

其中

$$d_q(\tilde{q}_{ij}, \tilde{q}_j^\pm) = \sqrt{\frac{1}{3}\left[(q_{ij1}-q_{11}^\pm)^2 + (q_{ij2}-q_{12}^\pm)^2 + (q_{ij3}-q_{13}^\pm)^2\right]}$$

于是可得各工艺方案下的产品工艺性能指数为

$$QI_i = \frac{d_i^+}{d_i^+ + d_i^-} \quad i=1,2,\cdots,m \qquad (4-18)$$

在缺陷最严重的极限状态，$Q_i = Q^+$，$d_i^+ = 0$，$QI_i = 0$；在缺陷最轻微的极限状态，$Q_i = Q^-$，$d_i^- = 0$，$QI_i = 1$。由此可见，根据式（4-18）所定义的工艺性能评价方法，QI_i 值越大，则工艺方案越优，这与设计者的决策思维是一致的。

4. 算法描述

基于模糊变权法的工艺性能综合评价算法具体步骤如下：

步骤 1：选定产品工艺性能的评价因素集。

步骤 2：采用层次分析法确定成形制品各类缺陷因素的初始权重 w_j^0，$j=1, 2, \cdots, n$。

步骤 3：确定各候选工艺方案下产品各类缺陷的严重程度，并采用三角模糊数进行描述，构造模糊决策矩阵 $\tilde{R} = (\tilde{r}_{ij})_{m \times n}$，$\tilde{r}_{ij} \in \tilde{A}$，$i=1, 2, \cdots, m$，$j=1, 2, \cdots, n$。

步骤 4：根据产品缺陷的严重程度计算变权 $w_j(x_j) = \dfrac{w_j^0 s_j(x_j)}{\sum\limits_{k=1}^{n} w_k^0 s_k(x_j)}$，$j=1, 2, \cdots, n$。

步骤 5：计算各加工工艺方案的模糊评价向量 $\tilde{Q} = (\tilde{q}_{ij})_{m \times n}$，$i=1, 2, \cdots, m$，$j=1, 2, \cdots, n$。

步骤 6：计算最严重和最轻微两种缺陷极限状态向量 Q^+，Q^-。

步骤 7：计算各加工工艺方案下产品工艺性能与上述两极限状态向量之间的距离，利用式（4-18）计算出各工艺方案的产品工艺性能指数，并进行优选。

5. 应用实例

图 4-6 所示为复印机上的零件，采用 PPE+PS+40%GF 的塑胶以热流道成型，长、宽、高约为 303mm×189mm×58mm，大部分区域厚度为 2.6mm，局部较厚区域超过 6.0mm，可能产生严重缩水，局部较薄区域只有 0.9mm 左右，可能发生严重滞流。所采用注塑机的最大锁模力为 350t，最大压力为 216MPa，最大注射速度为 422.52cm³/s，螺杆直径为 58mm。该零件注塑加工工艺方案的设计包括了对注塑模具结构和注塑成型参数两方面的优化设计。

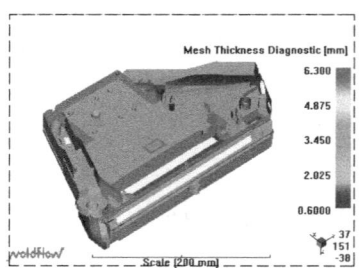 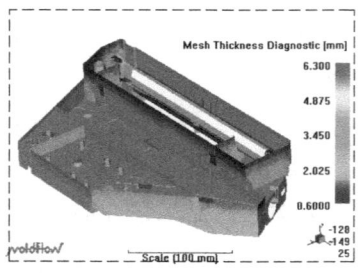

图 4-6 复印机零件的网格模型

(1) 各设计方案的流动分析模拟 设计方案一中,浇注系统采用三板模,一模一穴,采用外热式热流道系统,两点进浇,浇口直径为 3.0mm;冷却系统共有 10 条水路,其中母模侧 6 条,公模侧 4 条,模具结构如图 4-7 所示。成型工艺参数设置为:模具温度 70℃,熔体温度 280℃,注射时间 2s,零件充填体积 255.8cm³,零件质量 349g,总投影面积 390.4cm²,保压压力设置为液压压力(约 190MPa)的 28%,保压时间为 4s,冷却液温度为 60℃。该设计方案下的注塑成型结果如图 4-8 所示。

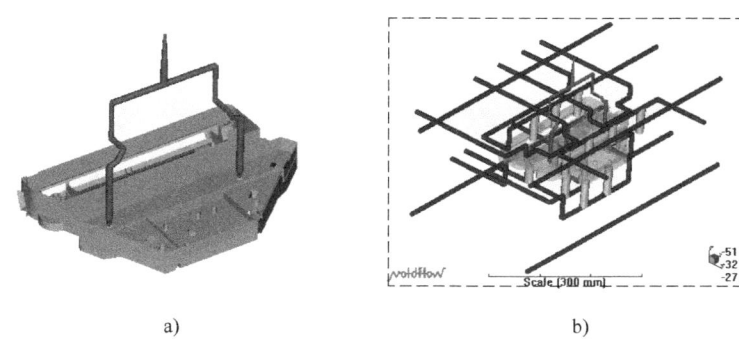

图 4-7 设计方案一
a) 浇注系统 b) 冷却系统

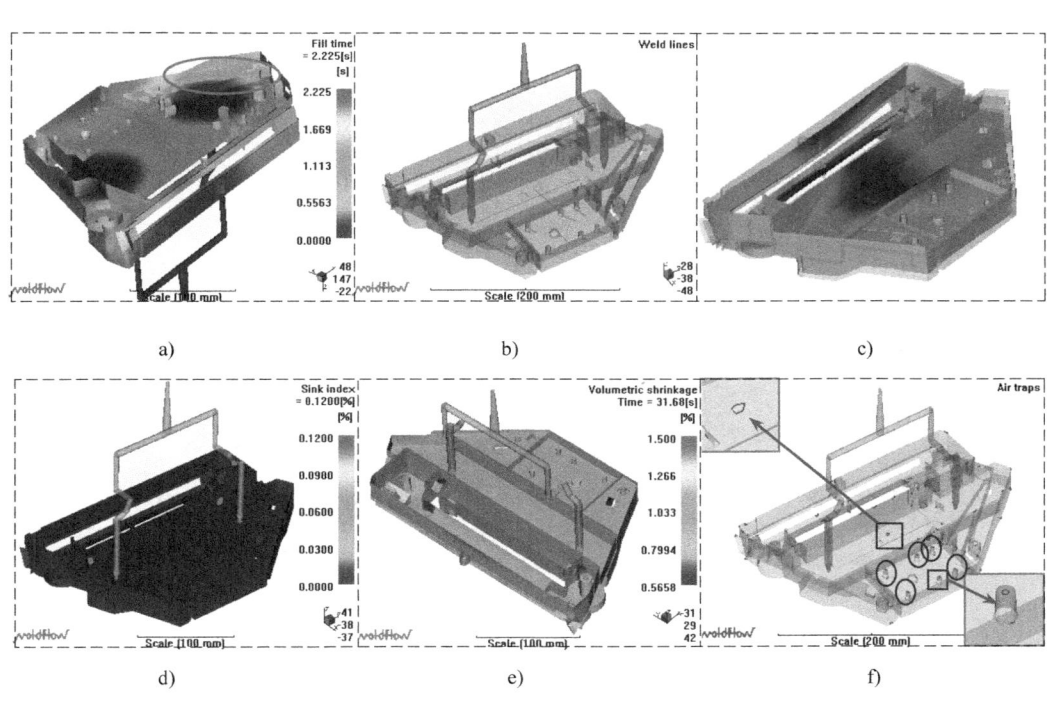

图 4-8 设计方案一所得的成型结果
a) 短射 b) 熔接痕 c) 翘曲变形 d) 沉降斑 e) 体积收缩 f) 包风

设计方案二中,将图 4-9a 靠近薄肋的浇口往零件中心平移 10mm,将图 4-9b 中方框所示的水路配合浇口往中心平移 5mm,将图 4-9c 中方框所示的水路远离薄肋平移 38mm。成型工艺参数调整如下：提高熔体温度至 290℃；提高注射速度，降低注射时间至 1.8s；降低冷却液温度至 25℃；采用保压压力随时间逐渐降低的保压曲线，起始 1s 内保压压力为 120MPa，随后的 3s 内保压压力线性降低至 0。该设计方案下，注塑成型结果如图 4-10 所示。

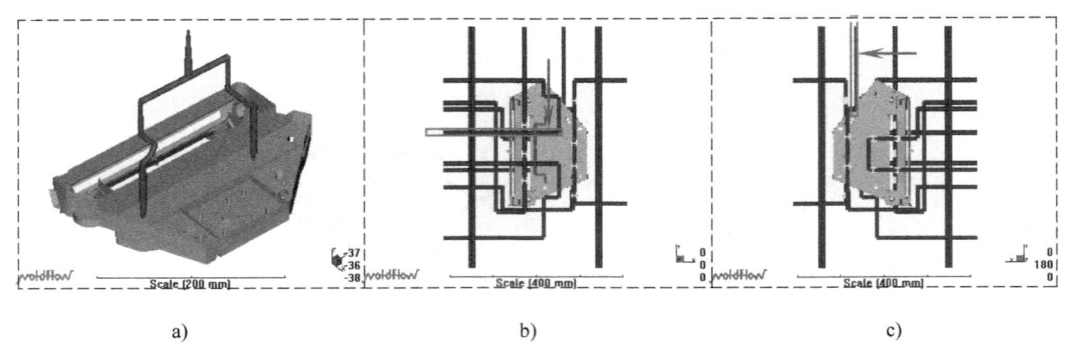

图 4-9　设计方案二
a）浇注系统　b）冷却系统修改1　c）冷却系统修改2

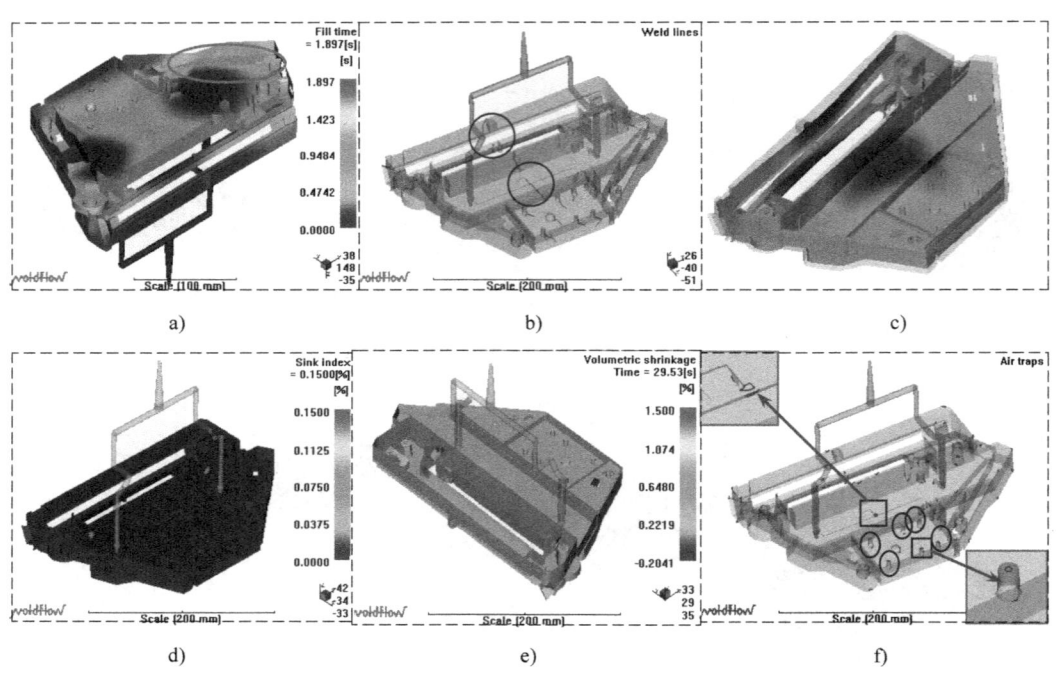

图 4-10　设计方案二所得的成型结果
a）短射　b）熔接痕　c）翘曲变形　d）沉降斑　e）体积收缩　f）包风

设计方案三改用一点热流道进浇，浇口位于模具中心线上，距离模具中心 30mm。冷却系统共设 11 条水路，在发生严重缩水的较厚区域（母模侧）增加 ϕ10mm 的挡板水路，相接的直通管为 ϕ8mm，并将发生严重滞流的薄肋下的公模水路移开，模具设计方案如图 4-11 所示。同时，将保压压力设置为注射压力的 120%，保压时间为 4s，其他工艺参数同方案一。该设计方案的注塑成型结果如图 4-12 所示。

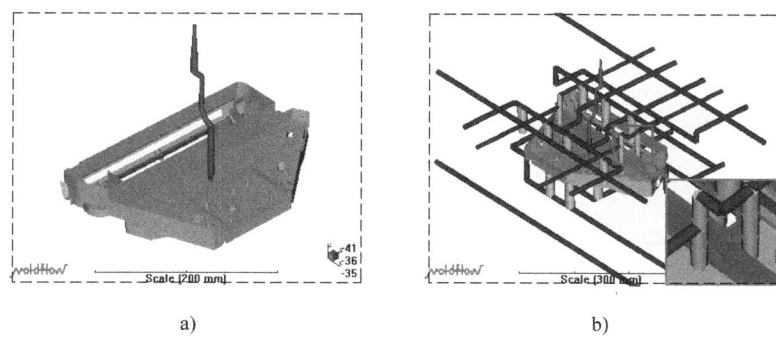

图 4-11 设计方案三
a) 浇注系统 b) 冷却系统

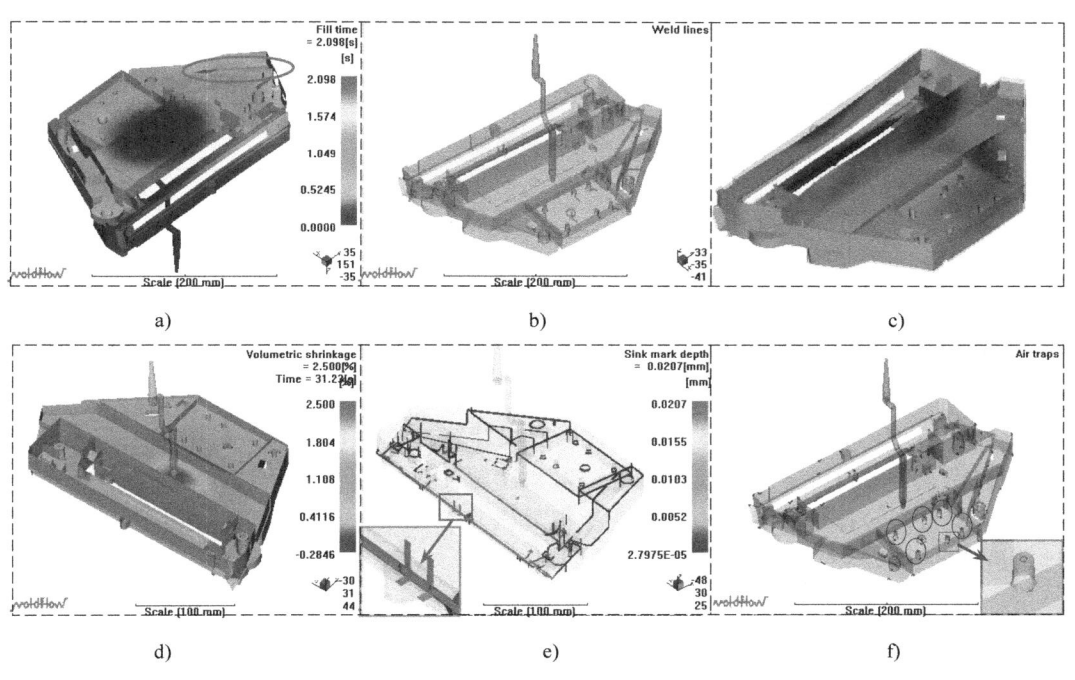

图 4-12 设计方案三所得的成型结果
a) 短射 b) 熔接痕 c) 翘曲变形 d) 沉降斑 e) 体积收缩 f) 包风

(2) 变权模糊评判结果分析与讨论 注塑产品的工艺性能 (Q) 由各种类型的缺陷 (D) 来表征，根据注塑产品缺陷形成在注塑周期中的不同阶段，可将其缺陷分为四类，即 A 类缺陷——纯充模缺陷 (U_1)，包括短射 (Short Shot)、流痕 (Flow Mark)、银线痕 (Silver Streak) 等，此类缺陷只能通过调整充模相关的工艺参数来消除；B 类缺陷主要由充模阶段形成，但可通过其他阶段参数调整来消除 (U_2)，包括熔接痕 (Weld Line)、分层剥离 (Delamination) 等；C 类缺陷主要由保压阶段形成，但可通过其他阶段参数调整来消除 (U_3)，包括沉降斑 (Sink Mark)、体积收缩、气泡 (Void) 等；D 类缺陷与整个注塑周期有关,在两个阶段以上,或在整个周期中产生(U_4),包括飞边(Flash)、翘曲(Warpage)等。根据上述分类方法将缺陷划分成四类评价单元,并确定各类评价单元中的评价因素。将A类缺陷中的短射,B类缺陷中的熔接痕,C类缺陷中的沉降斑、体积收缩、包风和D类缺陷中的翘曲作为该产品工艺性能的评价因素,其层次结构及初始权重计算见表4-2。根据专家经验确定上述三个方案下各类缺陷的严重程度,并采用三角模糊数表示,得到表4-3所示的模糊决策矩阵。

表4-2 各评价因素的初始权重计算

		U_1	U_2	U_3	U_4	D-Q 权重 w_j^0
		\multicolumn{4}{c}{U-Q 权重}	($j=1,2,\cdots,6$)
		0.3	0.1	0.4	0.2	
D_1(短射)	D-U 权重	1				0.3
D_2(熔接痕)			1			0.1
D_3(沉降斑)				0.2		0.08
D_4(体积收缩)				0.5		0.2
D_5(气泡)				0.3		0.12
D_6(翘曲)					1	0.2

表4-3 模糊决策矩阵 R 的构造

	方案一	方案二	方案三
D_1(短射)	$\tilde{a}_5(0.75, 1, 1)$	$\tilde{a}_5(0.75, 1, 1)$	$\tilde{a}_1(0, 0, 0.25)$
D_2(熔接痕)	$\tilde{a}_4(0.5, 0.75, 1)$	$\tilde{a}_4(0.5, 0.75, 1)$	$\tilde{a}_3(0.25, 0.5, 0.75)$
D_3(沉降斑)	$\tilde{a}_2(0, 0.25, 0.5)$	$\tilde{a}_2(0, 0.25, 0.5)$	$\tilde{a}_1(0, 0, 0.25)$
D_4(体积收缩)	$\tilde{a}_3(0.25, 0.5, 0.75)$	$\tilde{a}_2(0, 0.25, 0.5)$	$\tilde{a}_4(0.5, 0.75, 1)$
D_5(气泡)	$\tilde{a}_3(0.25, 0.5, 0.75)$	$\tilde{a}_3(0.25, 0.5, 0.75)$	$\tilde{a}_3(0.25, 0.5, 0.75)$
D_6(翘曲)	$\tilde{a}_3(0.25, 0.5, 0.75)$	$\tilde{a}_4(0.5, 0.75, 1)$	$\tilde{a}_2(0, 0.25, 0.5)$

令 $\alpha=\beta=1.2$,$\lambda_1=\lambda_2=1.25$,可得基于变权计算式(4-12)的各缺陷因素权重,见表4-4,变权模式下各设计方案的模糊评价结果和注塑工艺性能等级计算分别见表4-5和表4-6。由表4-6可知,设计方案三的工艺性能指数比其他两个方案高出近一倍,因此,方案三显然是最佳的,这与专家评判结果完全一致。

表4-4 各评价因素的变权计算

评价指标	常权 w_j^0	方案一			方案二			方案三		
		x_j	$s_j(x_j)$	$w_j(x_j)$	x_j	$s_j(x_j)$	$w_j(x_j)$	x_j	$s_j(x_j)$	$w_j(x_j)$
D_1	0.3	$\tilde{a}_5$	1.5	0.3795	$\tilde{a}_5$	1.5	0.3554	$\tilde{a}_1$	1.5	0.3543
D_2	0.1	$\tilde{a}_4$	1.2	0.1012	$\tilde{a}_4$	1.2	0.0948	$\tilde{a}_3$	1	0.0787
D_3	0.08	$\tilde{a}_2$	1.2	0.0809	$\tilde{a}_2$	1.2	0.0758	$\tilde{a}_1$	1.5	0.0945
D_4	0.2	$\tilde{a}_3$	1	0.1686	$\tilde{a}_2$	1.2	0.1896	$\tilde{a}_4$	1.2	0.1890
D_5	0.12	$\tilde{a}_3$	1	0.1012	$\tilde{a}_3$	1	0.0948	$\tilde{a}_3$	1	0.0945
D_6	0.2	$\tilde{a}_3$	1	0.1686	$\tilde{a}_4$	1.2	0.1896	$\tilde{a}_2$	1.2	0.1890

以注塑成型制品的表面性能作为评价指标,根据注塑成型流动分析结果,基于模糊理论评判各设计方案的工艺性能,不仅可以充分体现设计者决策的模糊逻辑,而且摆脱了设计变量数目和类型的束缚。

表 4-5 变权模式下各设计方案的模糊评价结果

	方案一	方案二	方案三
D_1	(0.2846, 0.3795, 0.3795)	(0.2666, 0.3554, 0.3554)	(0, 0, 0.0886)
D_2	(0.0506, 0.0759, 0.1012)	(0.0474, 0.0711, 0.0948)	(0.0197, 0.0394, 0.0590)
D_3	(0, 0.0202, 0.0404)	(0, 0.0190, 0.0379)	(0, 0, 0.0236)
D_4	(0.0422, 0.0843, 0.1265)	(0, 0.0474, 0.0948)	(0.0945, 0.1418, 0.1890)
D_5	(0.0253, 0.0506, 0.0759)	(0.0237, 0.0474, 0.0711)	(0.0236, 0.0473, 0.0709)
D_6	(0.0422, 0.0843, 0.1265)	(0.0948, 0.1422, 0.1896)	(0, 0.0473, 0.0945)

表 4-6 变权模式下各设计方案成型性能等级计算

	方案一	方案二	方案三
d_i^+	0.3671	0.3727	0.6937
d_i^-	0.6529	0.6471	0.3286
$d_i^+ + d_i^-$	1.02	1.0198	1.0223
QI_i	0.3600	0.3655	0.6786

4.3 加工参数的智能优选

产品加工工艺参数的具体取值对最终产品的成形质量、原材料及能源的利用率等有着直接而重要的影响。要获取最优的加工工艺参数设计方案，需在利用加工过程仿真模型和近似响应面技术快速预测不同工艺参数组合情况下产品加工质量的基础上，构建以加工参数为设计变量、以产品加工质量特性指标为设计目标及约束条件的加工工艺参数优化模型，利用遗传算法等智能优化算法进行智能求解，从而获得符合实际生产需求的最优加工参数设计方案。

4.3.1 基于变粒度的加工工艺参数多目标优化模型构建

1. 工艺参数优化问题建模的变粒度策略

产品加工工艺参数的优化需考虑产品质量、原材料和能源的利用率、生产效率等众多因素，加工工艺参数优化过程中需确定的工艺参数繁多，因而是一个复杂工程系统的优化问题。面对此类问题，工艺设计者通常需通过多次实验、反复修改工艺参数才能达到预期的目标，获得令人满意的工艺方案，即采用一种由粗到细、逐步求精的"变粒度"或"变复杂度"的方法来处理[40]。所谓粒度，是指人类在解决和处理复杂问题时把大量复杂信息按其各自的特征和性能划分而成的简单信息块[41]。

从粒度的角度看，工艺设计者在对产品加工参数进行优化设计时往往需从若干不同粒度的世界分析问题，并寻求较为理想的解。其设计过程主要分为两步：一是明确所要达到的工艺设计目标，并确定待考察的工艺参数变量；二是搜寻并获取符合工艺设计目标的工艺参数变量。在工艺参数优化过程中，设计者穿梭于不同粒度的信息世界中，通过反复实验、修改工艺参数，确认并调整所获取或已经获取的信息或知识，而这些行为均由预期的工艺优化目标来驱动。

在工艺参数设计初期，设计者通常先根据经验选择关键工艺参数作为设计变量，采用对用户而言最为重要的工艺设计目标作为优化目标，而忽略其他工艺参数和工艺设计目标的影响,即从一个粗粒度的世界来分析处理加工工艺参数优化问题。因此,在工艺设计初期,可采用粗粒度模型来描述工艺参数优化问题,仅考虑较重要的工艺参数变量和工艺设计目标,使得设计变量的数目较少,目标函数相对简单,以简化搜索过程,从而较快地为后续工艺设计找到通向整体最优解的搜索方向。

在前期粗粒度模型求解、获取整体最优解搜索方向的基础上,后续的工艺参数优化过程中逐渐加入其他工艺参数变量,并根据实际需求增加工艺设计目标,逐渐将粗粒度模型改进成细粒度模型,以最终获得满足用户要求的最优解。采用变粒度优化求解策略,不仅符合工艺设计者基于不同粒度分析加工参数优化设计问题的思维方式,而且可在保证求解精度的前提下大幅度降低计算消耗,简化工艺参数优化过程。

2. 加工工艺参数的变粒度多目标优化模型

假定加工工艺参数优化设计问题共需考虑 N_V 个工艺参数变量,N_O 个优化设计目标,N_R 个约束,则该问题的数学模型为

$$\min F(\boldsymbol{x}) = \min(f_1(\boldsymbol{x}), f_2(\boldsymbol{x}), \cdots, f_{N_O}(\boldsymbol{x}))$$
$$\text{s.t. } g_i(\boldsymbol{x}) \leq 0, i = 1, 2, \cdots, N_R \tag{4-19}$$

其中

$$\boldsymbol{x} = (x_1, x_2, \cdots, x_{N_V}) \in \boldsymbol{X}$$
$$\boldsymbol{y} = (y_1, y_2, \cdots, y_{N_O}) = (f_1(\boldsymbol{x}), f_2(\boldsymbol{x}), \cdots, f_{N_O}(\boldsymbol{x})) \in \boldsymbol{Y}$$
$$\boldsymbol{X} = \{(x_1, x_2, \cdots, x_{N_V}) \mid l_i \leq x_i \leq u_i, i = 1, 2, \cdots, N_V\}$$
$$\boldsymbol{L} = (l_1, l_2, \cdots, l_{N_V})$$
$$\boldsymbol{U} = (u_1, u_2, \cdots, u_{N_V})$$

式中,$\boldsymbol{X}$ 为工艺参数优化问题的设计空间,设计变量为各种工艺参数;$\boldsymbol{L}$ 和 $\boldsymbol{U}$ 分别为各工艺参数的下界和上界;$\boldsymbol{Y}$ 为目标函数空间,它又可细分为质量目标空间、成本目标空间和效率目标空间等。

对于工艺参数、工艺优化目标和约束函数繁多的加工工艺参数优化问题,设计者难以一次性地准确给出其最优解,而往往是先在较为宏观的层次上根据自身所积累的设计经验给出该优化问题的粗粒度描述并进行求解,通过反复实验、修改工艺参数方案获得对该工艺优化问题不断深入且规范化、完整化的认识,逐渐细化描述该问题的粒度,最终获得细粒度工艺参数优化模型的最优解。

采用变粒度策略构建加工参数优化问题所需的不同粒度模型的数量取决于该工艺参数问题的复杂度。对于工艺参数和优化目标的数量相对较少的优化问题,只需建立粗粒度和细粒度两种模型进行求解;而对于工艺参数和优化目标个数较多的优化问题,则需建立粗粒度、中粒度、细粒度乃至微粒度的数学模型进行求解。可见,在加工工艺参数多目标优化问题求解过程中,不同模型粒度的粗或细是针对解决该问题时所涉及各模型中工艺参数和目标函数个数多寡不同而言的。故不失一般性,以注塑工艺参数多目标优化问题为例给出两种不同粒度工艺优化模型的构建方法[42]。

(1) 粗粒度的工艺参数优化模型 在设计初期,仅将聚合物熔体流动速度作为设计变量,优化目标仅考虑各型腔制品质量的均匀性和聚合物材料的利用率。采用注塑模具的流道直径表征聚合物熔体流速,采用体积收缩率作为各型腔制品质量的评价指标,即各型腔制品

的体积收缩差异越小，则聚合物熔体流动平衡性越佳，以客观真实地反映各型腔制品质量的均衡性；聚合物材料的利用率则通过流道系统的体积来标识。由于注塑制品的体收缩率和流道体积均可由注塑成型流动模拟仿真分析直接获得，可使优化模型的求解较为简便。假定注塑工艺设计要求聚合物熔体能在规定时间内充满所有型腔而不发生短射现象，且制品顶出时的凝固率达到规定要求，建立如下粗粒度的注塑工艺参数优化模型，即

$$\min F(d_P, \boldsymbol{d}_s) = \min(DS_{\max}(d_P, \boldsymbol{d}_s), V_{\text{runner}}(d_P, \boldsymbol{d}_s))$$

s. t.

$$\begin{cases} g_1(d_P, \boldsymbol{d}_s) \equiv N_{\text{total\_cav}} - N_{\text{filled\_cav}} = 0 \\ g_2(d_P, \boldsymbol{d}_s) \equiv t_{\text{fill}} \leqslant t_{\text{prescribed\_fill}} \\ g_3(d_P, \boldsymbol{d}_s) \equiv \min(s_j) \geqslant s_{\text{prescribed}} \quad j = 1, 2, \cdots, N_{\text{total\_cav}} \end{cases} \quad (4\text{-}20)$$

式中，d_P 为主流道直径；$\boldsymbol{d}_s = (d_{s_1}, d_{s2}, \cdots, d_{s_{N_{\text{total\_cav}}}})$ 为分流道直径；$DS_{\max}(d_P, \boldsymbol{d}_s) = Shr_{\max}(d_P, \boldsymbol{d}_s) - Shr_{\min}(d_P, \boldsymbol{d}_s)$ 为各型腔间的最大收缩差，该设计目标反映了各型腔制品质量的均匀性；$V_{\text{runner}}(d_P, \boldsymbol{d}_s)$ 为流道的总体积，该设计目标反映了聚合物材料的利用率；$N_{\text{total\_cav}}$ 和 $N_{\text{filled\_cav}}$ 分别为总型腔个数和已充填型腔的个数，约束条件 g_1 表示聚合物熔体充满所有型腔而不发生短射现象；t_{fill} 和 $t_{\text{prescribed\_fill}}$ 分别为实际充填时间和规定的充填时间，约束条件 g_2 表示聚合物熔体在规定时间内充满所有型腔；s_j（$j=1, 2, \cdots, N_{\text{total\_cav}}$）为各型腔制品在顶出时的凝固率；$s_{\text{prescribed}}$ 为预先规定的凝固率，约束条件 g_3 表示顶出时各型腔制品的凝固率均达到预定要求。

（2）细粒度的工艺参数优化模型 在基于粗粒度模型对工艺参数进行优化的基础上，进一步将注塑成型周期作为工艺参数优化目标，以使设计结果具有较高的成型效率，并充分考虑保压时间、冷却时间、保压压力等工艺参数对注塑成型过程及结果的影响，建立如下细粒度的工艺参数优化模型，即

$$\min F(d_P, \boldsymbol{d}_s, \boldsymbol{p}) = \min \begin{pmatrix} DS_{\max}(d_P, \boldsymbol{d}_s, \boldsymbol{p}) \\ V_{\text{runner}}(d_P, \boldsymbol{d}_s, \boldsymbol{p}) \\ T_{\text{cycle}}(d_P, \boldsymbol{d}_s, \boldsymbol{p}) \end{pmatrix} \quad (4\text{-}21)$$

s. t.

$$g_1(d_P, \boldsymbol{d}_s, \boldsymbol{p}) \equiv N_{\text{total\_cav}} - N_{\text{filled\_cav}} = 0$$

$$g_2(d_P, \boldsymbol{d}_s, \boldsymbol{p}) \equiv t_{\text{fill}} \leqslant t_{\text{prescribed\_fill}}$$

$$g_3(d_P, \boldsymbol{d}_s, \boldsymbol{p}) \equiv \min(s_j) \geqslant s_{\text{prescribed}} \quad j = 1, 2, \cdots, N_{\text{total\_cav}}$$

式中，$\boldsymbol{p}$ 为注塑工艺参数矢量，优化过程中根据工艺优化的具体要求确定其分量；$T_{\text{cycle}}(d_P, \boldsymbol{d}_s, \boldsymbol{p})$ 为成型周期，该新增加的设计目标反映了注塑生产的效率；式（4-21）中其他函数及变量的物理意义同粗粒度优化设计模型式（4-20）。

4.3.2 基于信噪比与TOPSIS的加工参数多目标稳健设计

加工工艺参数直接决定着最终产品的质量，若工艺参数设置不当，即使采用了最佳的产品结构设计方案，也难以获得令人满意的产品。随着人们对产品功能需求和精度要求的不断提高，其结构形状日趋复杂化，也更凸显了加工工艺参数对产品质量的重要影响，仅是某个工艺参数的微小扰动也可能使产品的加工误差或表面缺陷超出允许范围。而在实际大批量

生产中，不同批次或不同品牌材料的特性、机床的精度、环境温湿度、机床工作电压等均可能发生不同程度的变化，从而导致加工工艺条件的不稳定，这就对产品加工过程中各工艺参数的稳健性提出了更高的要求。因此，在产品结构复杂化的发展趋势下，要获得精度、性能稳定的高质量产品，必须充分考虑加工过程中各种不稳定因素对产品加工质量的不良影响，获得具有强抗干扰能力的最佳工艺参数设计方案，实现产品加工工艺参数的稳健优化设计。在实际生产中，设计者通常需综合考虑产品多个质量特性指标的优劣来确定当前的工艺参数是否合理或最优，即需要实现加工工艺参数的多目标稳健设计[43]。

1. 内外表参数设计

产品加工过程中涉及的工艺参数众多，难以直接确定对产品质量起决定作用的主要因素，因此，需先利用无交互作用的二水平正交表安排实验，将各工艺参数的两个水平分别选在中心和边界位置，通过方差分析筛选出对产品质量影响最大的若干个工艺参数作为稳健设计中的可控因素，然后根据具体情况确定各可控因素的水平数和水平值，选择合适的正交表进行内表实验设计。

加工工艺参数在产品制造过程中可能受外界环境的影响而产生误差，故将上述筛选出的主要工艺参数（即可控因素）的误差作为噪声因素，即内外表参数设计中噪声因素与可控因素的数目相同。对于内表的每组工艺参数方案，均考虑噪声因素的基本值、上下偏差共三个水平，采用正交表安排其外表实验，以深入分析产品加工过程中各可控因素的误差对产品质量的不良影响。

2. 信噪比计算

信噪比是日本田口玄一博士提出的衡量产品稳健性的指标，信噪比越大则产品越稳健[44]。根据产品质量特性的不同，信噪比函数具有三种不同形式。考虑到基于流动分析获得的产品质量特性指标反映了产品中各类缺陷的严重程度，具有望小特性，故内表中第 i 组加工工艺参数设计方案下第 j 个质量指标的信噪比可利用式（4-22）计算而得

$$\eta_{ij} = -10\lg\left(\frac{1}{K}\sum_{k=1}^{K} y_{ijk}^2\right) \quad i=1,2,\cdots m; j=1,2,\cdots n \tag{4-22}$$

式中，y_{ijk} 为第 i 组加工工艺参数设计方案在第 k 组噪声因素影响下所获得的第 j 个质量特性指标值；K 为外表实验的次数。

考虑到信噪比为望大型数据，并可能出现负值，故需采用式（4-23）进行规范化处理，即

$$\eta'_{ij} = \frac{\eta_{ij} - \min_i \eta_{ij}}{\max_i(\eta_{ij} - \min_i \eta_{ij})} \quad i=1,2,\cdots m; j=1,2,\cdots,n \tag{4-23}$$

采用内外表参数设计法进行稳健设计时，总实验次数为内外表实验次数的乘积，因此需要进行大量实验。若对每次实验方案均采用仿真分析软件进行数值模拟预测，则在获取各实验方案下产品质量特性指标值的过程中必然涉及大规模的数值计算，且耗时过长。为克服此不足，在筛选出对产品质量影响最大的主要工艺参数后，采用均匀设计表[45]安排足够次数的流动分析实验，利用所获得的样本数据进行逐步回归分析，建立预测给定工艺参数方案下产品各质量特性指标值的二次多项式回归模型，以避免内外表实验过程中反复进行流动分析，并快速获得计算信噪比所需的各质量指标值。

3. 稳健优化算法

由上述分析可知，确定产品的质量评价指标并利用流动分析求得各实验方案下产品的质

量指标值后,即可利用式(4-23)计算出内表所有加工工艺方案下产品各质量指标所对应的规范化信噪比,构建样本矩阵 $\boldsymbol{R}=(r_{ij})_{m\times n}(r_{ij}\equiv\eta'_{ij})$,然后运用 TOPSIS 求得各工艺方案相对于理想空间点逼近程度的大小,进而获得各设计方案的稳健性能指数,并选出稳健最优的工艺设计方案。算法的具体步骤如下:

步骤1:优化问题描述。包括:①根据用户对产品质量的要求选取评价工艺参数方案优劣的质量特性指标;②通过筛选实验确定对产品质量特性指标影响最大的主要工艺参数变量,即可控因素;③确定噪声因子,即不可控因素。

步骤2:回归预测模型构建。根据可控因素个数及水平,采用合适的均匀设计表安排实验进行流动分析,以获取足够多有代表性的产品加工成型样本数据,并基于逐步回归分析建立预测给定实验方案下产品各质量特性指标值的非线性回归模型。

步骤3:内外表实验设计。根据可控因素个数及其水平、噪声因素个数及其水平,采用合适的内外表安排实验,基于步骤2中所建立的回归预测模型计算出所有实验方案下产品各质量特性指标的值。

步骤4:信噪比计算和决策矩阵生成。利用式(4-22)和式(4-23)计算出内表所有工艺参数设计方案下各质量特性指标所对应的规范化信噪比,构造设计决策矩阵 $\boldsymbol{R}=(r_{ij})_{m\times n}=(\eta'_{ij})_{m\times n}$,$i=1,2,\cdots m$,$j=1,2,\cdots,n$。

步骤5:基于 TOPSIS 的加工参数稳健性优劣评定。包括:

1)根据产品质量特性指标数目和种类多寡,采用层次分析法或依赖专家经验确定各质量特性指标的权重 w_j。

2)计算各工艺设计方案的决策关系矩阵 $\boldsymbol{Q}=(q_{ij})_{m\times n}$,$q_{ij}=\eta'_{ij}w_j$,$i=1,2,\cdots,m$;$j=1,2,\cdots n$。

3)利用式(4-24)和式(4-25)确定各加工工艺方案下产品质量稳健性最优和最劣的两个极限状态 Q^+ 和 Q^-。

$$Q^+=(q_1^+,q_2^+,\cdots,q_n^+) \quad q_j^+=\max_i\{q_{ij}\} \tag{4-24}$$

$$Q^-=(q_1^-,q_2^-,\cdots,q_n^-) \quad q_j^-=\min_i\{q_{ij}\} \tag{4-25}$$

4)利用式(4-26)计算出各加工工艺参数设计方案的稳健性能指数 QI_i,$i=1,2,\cdots m$。

$$QI_i=\frac{d_i^-}{d_i^++d_i^-} \quad i=1,2,\cdots,m \tag{4-26}$$

式中,$d_i^+=\sqrt{\sum_{j=1}^n(q_{ij}-q_j^+)^2}$ 和 $d_i^-=\sqrt{\sum_{j=1}^n(q_{ij}-q_j^-)^2}$ 分别为第 i 个设计方案产品质量稳健性的评价结果与式(4-24)和式(4-25)中两极限状态的距离。

步骤6:确定稳健最优的加工参数设计方案,使得 $QI^*=\max_i\{QI_i\}$,$i=1,2,\cdots,m$。

4. 应用实例

图4-13 所示的手机面板采用 GE Plastics(USA)公司的 ABS+PC 材料注塑成型,为避免在经常受力的薄弱区域产生熔接痕,采用偏离中心的浇口设置。该产品注塑成型的浇注系统由弯形潜伏式浇口、分流道和主流道构成,其中,潜伏式浇口截面为圆形,起点处直径为 0.8mm,终点处直径为 4.0mm,两点相距 8mm;分流道采用直径为 5mm 的圆形截面,长

13.5mm；主流道为圆锥形，高 80mm，小口直径为 3mm，锥角为 1.5°。选用制品顶出时的体积收缩率 V_{shr}、沉降指数 M_{sink} 和翘曲变形 W_{warp} 作为该手机面板的质量评价指标，采用两水平正交表安排筛选实验可确定对该制品质量影响最大的工艺参数为保压压力、充填时间和熔体温度，将其作为可控因素，取值范围见表 4-7。考虑到电压波动、定时精度、温控误差等可能导致上述可控工艺参数产生波动，将其误差作为噪声因素。

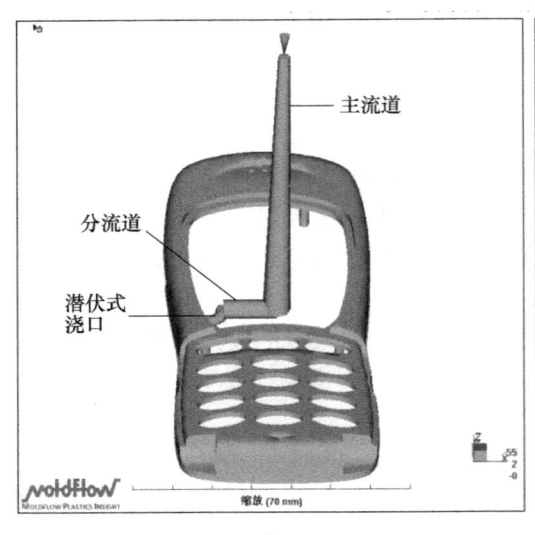
a)

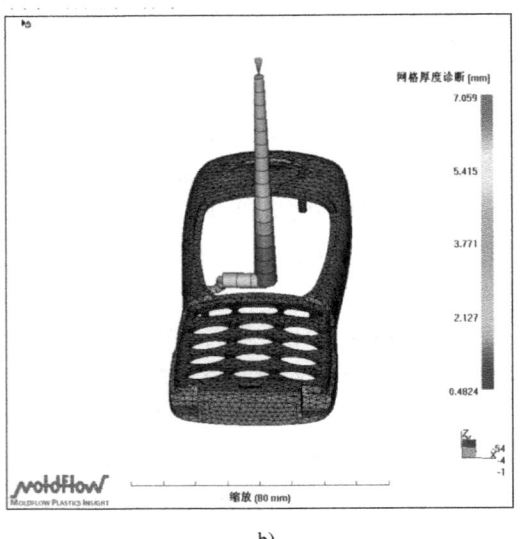
b)

图 4-13　手机面板网格模型
a）浇注系统布局　b）网格厚度诊断结果

表 4-7　可控因素及其取值范围

符　号	注塑工艺参数	单　位	取值范围
$p_{pack}(A)$	保压压力	MPa	70~90
$t_{fill}(B)$	充填时间	s	0.5~0.7
$T_{melt}(C)$	熔体温度	℃	265~285

（1）回归分析和预测模型构建　采用内外表参数设计法进行稳健设计时，总实验次数为内外表实验次数的乘积，因此需要进行大量实验。若对每次实验方案均采用 Moldflow 软件进行流动分析，则在获取各实验方案下成型制品质量指标值的过程中必然涉及大规模的数值计算，且耗时过长。为克服此不足，在筛选出对注塑制品质量影响最大的主要工艺参数后，采用均匀设计表安排足够次数的流动分析实验，利用所获得的注塑成型样本数据进行逐步回归分析，建立预测给定注塑工艺参数方案下成型制品各质量指标值的二次多项式回归模型，以避免内外表实验过程中反复进行流动分析，并快速获得计算信噪比所需的各质量指标值。具体地，可采用 5 水平 10 次实验的均匀设计表 $U_{10}(5^3)$ 安排实验，各可控工艺参数的水平值见表 4-8，其余工艺参数设置如下：模具温度 70℃，充填压力 100MPa，保压时间 3s，冷却时间为 5s。利用 Moldflow 流动分析获得各实验方案下注塑制品的质量指标值见表 4-9。

根据表 4-9 中的实验结果，采用统计分析软件 SAS 进行二次多项式逐步回归分析，可得成型制品体积收缩率 V_{shr}、沉降指数 M_{sink} 和翘曲变形量 W_{warp} 的回归预测模型分别为

表 4-8 均匀实验设计 $U_{10}(5^3)$ 中可控因素及其水平

工艺参数	水平				
	1	2	3	4	5
A	70	75	80	85	90
B	0.5	0.55	0.6	0.65	0.7
C	265	270	275	280	285

表 4-9 均匀实验设计 $U_{10}(5^3)$ 及注塑制品的质量指标值

实验号	工艺参数			质量特性指标值		
	C	B	A	$V_{shr}(\%)$	$M_{sink}(\%)$	W_{warp}/mm
1	2	5	5	6.037	3.230	0.4048
2	4	1	5	6.200	3.393	0.3735
3	5	2	2	6.895	4.057	0.4306
4	4	5	1	6.937	4.090	0.4695
5	3	3	3	6.587	3.744	0.4314
6	2	1	1	7.114	4.286	0.5103
7	5	4	4	6.299	3.471	0.3815
8	3	3	3	6.587	3.744	0.4314
9	1	2	4	6.463	3.614	0.4406
10	1	4	2	6.777	3.938	0.5054

$$V_{shr} = 8.98586 - 0.00028407 p_{pack} \times p_{pack} - 0.00342 T_{melt} t_{fill} \tag{4-27}$$

$$M_{sink} = 7.58759 - 0.04416 p_{pack} - 0.81670 t_{fill} t_{fill} \tag{4-28}$$

$$W_{warp} = 3.17214 - 0.00844 T_{melt} - 0.02249 p_{pack} + 0.00006300 T_{melt} p_{pack} \tag{4-29}$$

回归方程式（4-27）~式（4-29）的决定系数分别为 99.61%、99.70% 和 99.22%，其中各变量项的显著性水平均为 0.15，表明所建立的回归模型具有较好的预测性能，故可将其应用于计算内外表参数设计中各实验方案下成型制品的质量指标值，以提高稳健优化设计的效率。

（2）内外表设计和信噪比计算 根据前述分析，该稳健设计实例涉及三个可控因素和三个噪声因素，分别取其三个水平，见表 4-10，故内外表实验均可采用正交表 $L_9(3^4)$ 来安排，利用回归模型方程式（4-27）~式（4-29）可快速获得所有实验方案下注塑制品的质量指标值，从而计算出内表所有实验方案下各质量指标所对应的信噪比，并进行归一化，其结果见表 4-11。

表 4-10 可控因素及噪声因素水平表

因素	水平	1	2	3
可控因素	A	70	80	90
	B	0.5	0.6	0.7
	C	265	275	285
噪声因素	A'	$0.9A$	A	$1.1A$
	B'	$0.9B$	B	$1.1B$
	C'	$0.9C$	C	$1.1C$

表 4-11　内表及多质量指标的信噪比

实验序号	可控因素			信噪比			规范化信噪比		
	A	B	C	η_{i1} (η_{shr})	η_{i2} (η_{sink})	η_{i3} (η_{warp})	η'_{i1} (η'_{shr})	η'_{i2} (η'_{sink})	η'_{i3} (η'_{warp})
1	1	1	1	−17.032	−12.594	5.425	0.000	0.000	0.000
2	1	2	2	−16.895	−12.409	6.078	0.091	0.073	0.194
3	1	3	3	−16.748	−12.185	6.779	0.188	0.161	0.403
4	2	1	2	−16.461	−11.640	7.063	0.379	0.375	0.488
5	2	2	3	−16.310	−11.433	7.725	0.479	0.457	0.685
6	2	3	1	−16.244	−11.183	6.445	0.523	0.555	0.304
7	3	1	3	−15.769	−10.570	8.782	0.838	0.796	1.000
8	3	2	1	−15.689	−10.337	7.596	0.891	0.888	0.647
9	3	3	2	−15.525	−10.053	8.170	1.000	1.000	0.818

（3）稳健性优劣评定及结果分析　该稳健设计实例仅涉及体积收缩率 V_{shr}、沉降指数 M_{sink} 和翘曲变形量 W_{warp} 三个质量指标，根据专家经验直接确定其初始权重依次为 0.5、0.2、0.3。于是，可利用 $q_{ij}=\eta'_{ij}w_j$ 和式（4-24）~式（4-26）计算出内表 9 组注塑工艺方案的稳健性能指数 QI_i，其结果见表 4-12。从表 4-12 中可以看出，第 9 组注塑工艺参数组合 $A_3B_3C_2$ 具有最稳健的成型性能，其 $QI=0.916$，即在保压压力 $p_{\text{pack}}=90\text{MPa}$、充填时间 $t_{\text{fill}}=0.7\text{s}$、熔体温度 $T_{\text{melt}}=275\text{℃}$ 时，可获得体积收缩、沉降斑和翘曲变形等缺陷轻微的注塑制品，且制品质量受工艺参数值波动的影响最小。

表 4-12　内表 9 组实验方案的稳健性能指数

实验序号	$q_{i1}(q_{\text{shr}})$	$q_{i2}(q_{\text{sink}})$	$q_{i3}(q_{\text{warp}})$	d_i^+	d_i^-	QI_i
1	0	0	0	0.616	0	0
2	0.046	0.015	0.058	0.547	0.075	0.121
3	0.094	0.032	0.121	0.474	0.156	0.248
4	0.190	0.075	0.146	0.368	0.251	0.405
5	0.240	0.091	0.206	0.298	0.329	0.525
6	0.262	0.111	0.091	0.329	0.298	0.475
7	0.419	0.159	0.300	0.091	0.539	0.856
8	0.446	0.178	0.194	0.121	0.517	0.810
9	0.500	0.200	0.245	0.055	0.592	0.916

表 4-13 给出了表 4-12 中第 9 组注塑工艺设计方案在没有噪声因素影响下成型制品的质量指标值和利用正交表 $L_9(3^4)$ 对该组工艺参数方案安排 9 组噪声因素扰动下的外表实验所获得成型制品各质量指标的最值，各工艺参数的波动幅度均为 20%。从表 4-13 的最后两列可以看出，获得的最优工艺方案在噪声因素扰动下成型制品质量指标值的响应偏差均在 0.6（%/mm）以内，因而具有很好的抗干扰能力。

表 4-13　最优工艺方案在噪声因素扰动下的注塑结果分析

质量指标	无噪声	有噪声		响应偏差	
		最大值	最小值	上偏差	下偏差
$V_{\text{shr}}(\%)$	6.027	6.589	5.478	0.562	0.549
$M_{\text{sink}}(\%)$	3.213	3.686	2.732	0.481	0.473
$W_{\text{warp}}/\text{mm}$	0.386	0.525	0.386	0.139	0.107

4.3.3 基于多智能计算技术融合的加工工艺参数快速寻优

产品加工工艺参数多目标优化设计问题通常不存在一个对所有目标而言均为最优的理想解，为克服传统加权法，处理此类问题时需反复调整各目标函数权值的困难，采用基于Pareto最优解集的遗传算法来求解该问题。同时，为避免加工参数优化设计过程中反复调用仿真分析软件获取产品质量特性指标时因网格重构和数值求解所引起的巨大计算量，建立预测给定加工参数设置方案下目标或约束函数中产品各质量特性指标值的BP网络，在优化过程中利用BP网络快速获得各候选工艺参数方案的质量特性指标值，从而以较低的计算成本获得各工艺参数方案的适应度，加速优化设计进程，并实现加工参数设计的智能化[15]。

1. 预测产品质量特性指标值的BP神经网络模型

（1）BP网络结构设计　对于包含N_V个加工工艺参数变量，N_O个表征产品质量特性指标的优化设计目标的加工工艺参数优化问题，考虑到单隐层的BP网络即可逼近任意非线性映射[46]，采用图4-14所示N_V-N_{HO}-N_O结构的BP网络来预测给定加工参数设计方案下成形产品的质量特性指标值，其中，输入层神经元个数即为待确定的加工参数个数N_V，输出层

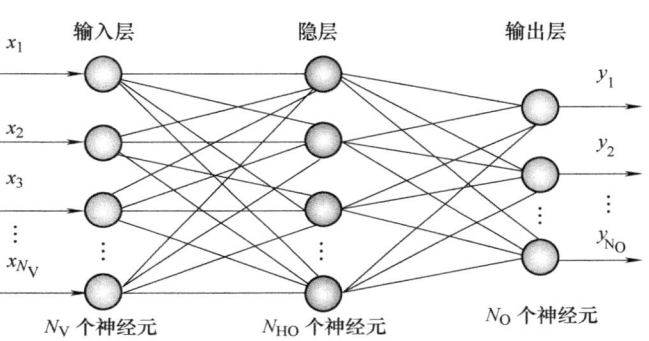

图4-14　预测目标函数值的BP网络模型

神经元个数即为产品质量特性指标个数N_O，而隐层神经元数目N_{HO}则可在借鉴经验公式$N_{HO}=\sqrt{N_V+N_O}+\alpha(1\leq\alpha\leq10)$的基础上通过分析比较不同隐层神经元数BP网络的收敛速度、训练误差等网络性能来确定。

标准的BP算法实质是一种简单的最速下降寻优算法，其目标函数存在局部极小点，且网络收敛速度慢。为克服此不足，采用基于动量规则和自适应学习速率的Levenberg-Marquardt算法作为网络训练算法，以加快网络收敛速度。根据实验分析比较，采用Sigmoid函数作为BP网络各层之间的传递函数，以使其具有较好的预测精度和较稳定的预测性能。

（2）网络输入输出数据处理　用于训练BP网络的每一组样本数据均包括加工参数值（网络输入数据）及其所对应产品的质量特性指标值（网络输出数据），即每一组训练样本均由$\boldsymbol{x}_k$和$\boldsymbol{y}_k$构成。由于产品加工参数和质量特性指标的多类型，其数据值的单位往往不同，且不同加工参数或质量特性指标值的分布范围也有很大差距，因此，需对加工成形的样本数据进行如式（4-30）的归一化处理，使各加工参数或质量特性指标值均分布于区间[0，1]中，以提高BP网络的学习效率和预测精度。

$$\boldsymbol{x}'=(\boldsymbol{x}-\boldsymbol{x}_{\min})/(\boldsymbol{x}_{\max}-\boldsymbol{x}_{\min}),\boldsymbol{y}'=(\boldsymbol{y}-\boldsymbol{y}_{\min})/(\boldsymbol{y}_{\max}-\boldsymbol{y}_{\min}) \quad (4-30)$$

式中，$\boldsymbol{x}_{\min}/\boldsymbol{y}_{\min}$和$\boldsymbol{x}_{\max}/\boldsymbol{y}_{\max}$分别是原始样本数据中$\boldsymbol{x}$、$\boldsymbol{y}$的极小值和极大值；$\boldsymbol{x}'$、$\boldsymbol{y}'$是样本归一化后的数据。特别要说明的是，这里的样本数据包括训练样本数据和测试样本数据。

相应地，利用测试样本检验BP网络的预测精度时，需进行如式（4-31）的反归一化处理，以使网络预测结果与加工参数优化设计的目标值相对应。

$$y = y'(y_{max} - y_{min}) + y_{min} \tag{4-31}$$

式中各矢量的意义与式（4-30）相同。

2. 基于 BP 与 NSGA 的工艺参数多目标优化问题智能求解

采用实数编码方式的 NSGA 来求解加工参数多目标优化设计问题，个体的编码长度即为待决策变量的个数，以使其编码与解空间较接近，并适用于大空间的搜索。根据非支配解的等级来计算个体的适应度。综合采用跨世代精英选择、基于排挤机制的选择和邻域空间变异等进化策略来驱动遗传寻优进程，使种群中的个体向 Pareto 前沿均衡延伸，并提高算法的搜索能力。

（1）设计方案的适应度计算 对于多目标优化问题的一个解集，找出其中所有非支配解，即 Pareto 最优解。设这些非支配解的等级为 1，并将其从解集中暂时移去；然后找出余下解集中的所有非支配解，设这些解的等级为 2，也暂时移去；如此循环，直至确定所有解的等级。显然，等级越低的非支配解越优，1 等非支配解即为最接近 Pareto 前沿的解。采用式（4-32）计算当前代群体中各个体的适应度值。

$$Fit(F(x)) = 1/R_i \tag{4-32}$$

式中，R_i 为当前代群体中的个体根据 BP 网络预测的目标函数值进行 Pareto 排序所确定的等级，该值反映了可行解的优劣，离 Pareto 前沿越近的解 R_i 值越小，适应度值越高。

（2）NSGA 的进化策略

1）跨世代精英选择策略。为避免多目标优化问题中 Pareto 最优解的遗失，并淘汰掉适应度值较小的个体，使适应度值较大的个体得到较大的生存机会，将连续两代群体合并为一个大群体，然后根据所有个体适应度值的大小进行排序，以便从中选择较优的个体组成新一代群体，为下一次繁殖做好准备。该选择策略使得经交叉、变异等遗传操作所生成的新个体只有在优于相应遗传操作前的新个体时才会取代原先的个体，因此，新一代个体的适应度值必定优于父代个体的适应度值，从而使算法具有较强的鲁棒性。

2）基于排挤机制的选择策略。为避免因遗传选择操作中的随机误差而使搜索过程仅收敛到一个最优解的遗传漂移现象，采用基于排挤机制的选择策略增强最优解的多样性，即，当群体中某一可行解的数量超过某一给定数值时，根据式（4-33）对这些个体进行惩罚，通过加大其等级来降低其适应度值。

$$R'_i = R_i + Pop \tag{4-33}$$

式中，R_i 和 R'_i 分别为超出部分个体在惩罚前后的等级；Pop 为当前代群体中的个体总数。

3）邻域空间变异策略。对加工参数决策空间中某一设计变量进行变粒度搜索，在优化求解过程中根据该变量待考察初始空间的大小和对求解算法效率、精度的具体要求动态地确定其变异步长，以在保持种群多样性、防止出现非成熟收敛的同时提高算法的搜索能力。

（3）智能优化算法流程 基于 BP 网络与 NSGA 的智能优化算法流程如图 4-15 所示。

3. 应用实例

注塑成型是以聚合物材料的性能参数、模具设计参数、注塑工艺参数为输入，以聚合物材料的利用率、注塑成型效率、成型制品质量为输出的多参数、强耦合复杂非线性系统的演化过程。在选定聚合物材料后，如何经济快速地获得高质量的注塑制品，一直是注塑领域研究者们最为关注的热点问题。现以注塑工艺参数多目标智能优化设计为例说明基于多智能计算技术融合的加工工艺参数优化在工程中的具体应用。

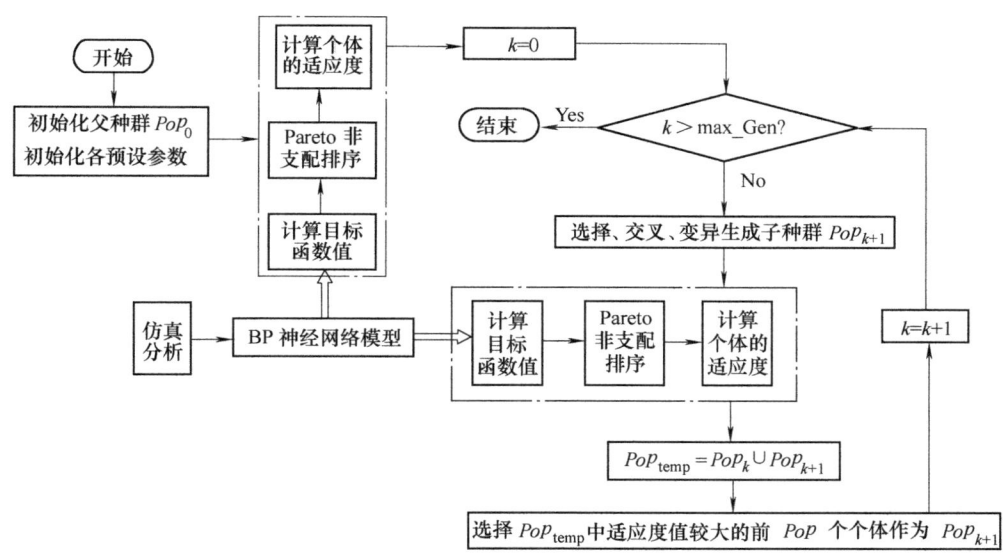

图 4-15 基于 BP-NSGA 的智能优化算法流程

（1）注塑参数多目标优化问题模型　注塑参数优化设计是在给定的设备、材料、工艺等环境条件下，在注塑模具形态、几何尺寸关系及其他因素的约束范围内，以注塑制品的质量、生产成本、成型效率等注塑成型结果为评价指标，建立目标函数，选取注塑参数设计变量，并使目标函数获得最优值的设计过程。假定注塑参数优化设计过程中共需考虑 N_V 个设计参数，N_O 个评价指标，N_R 个约束条件，则注塑参数多目标优化设计问题的数学模型可统一表示为

$$\begin{cases} \min y = \min(y_1, y_2, \cdots, y_{N_O}) = \min F(x) = \min(f_1(x), f_2(x), \cdots, f_{N_O}(x)) \\ \text{s.t. } G(x) = (g_1(x), g_2(x), \cdots, g_{N_R}(x)) \leq 0; \\ x = (x_1, x_2, \cdots, x_{N_V}), \ x_{i_{\min}} \leq x_i \leq x_{i_{\max}}, i = 1, 2, \cdots, N_V \end{cases} \quad (4\text{-}34)$$

式中，设计参数矢量 x 的分量既可以是注塑模具结构尺寸参数，也可以是注塑成型工艺参数；目标函数矢量 y 的分量则包括质量目标函数、成本目标函数和效率目标函数等。

注塑模具设计参数包括流道的布局、截面形式、尺寸，冷却管道布局、直径、间距等，其中某些参数（如流道布局和截面形式等）的设计比较简单，通常可凭经验直接确定。注塑工艺参数则包括模具温度、熔体温度、保压压力、注射时间、冷却时间、保压时间等，种类繁多，为提高优化效率，通常可根据聚合物材料的属性及其工艺参数的推荐值预先设定其中某些参数，以尽可能降低设计决策空间的维数。为客观综合地评价注塑参数设计方案的优劣，建立反映质量、成本和效率三方面评价指标的目标函数，采用体积收缩率 $Shr(x)$ 作为注塑制品质量的评价指标，对多型腔注塑模具而言，各型腔制品的最大体积收缩差值 $DS_{\max}(x) = Shr_{\max}(x) - Shr_{\min}(x)$ 越小，则注塑参数设计方案越优，以客观真实地反映各型腔制品质量的均衡性；对于单型腔注塑模而言，$DS_{\max}(x) = Shr(x)$。采用反映聚合物材料利用率的流道体积 $V_{\text{runner}}(x)$ 来标识注塑生产成本，利用注塑成型周期 $T_{\text{cycle}}(x)$ 来标识注塑成型的效率，并假定设计要求聚合物熔体能在规定时间内充满所有型腔而不发生短射现象，且制品顶出时的凝固率达到规定要求，则式（4-34）的注塑参数优化设计模型可具体化描

述为

$$\min F(x) = \min(DS_{\max}(x), V_{\text{runner}}(x), T_{\text{cycle}}(x))$$

s. t.

$$g_1(\boldsymbol{x}) \equiv N_{\text{total\_cav}} - N_{\text{filled\_cav}} = 0$$
$$g_2(\boldsymbol{x}) \equiv t_{\text{fill}} \leqslant t_{\text{prescribed\_fill}}$$
$$g_3(\boldsymbol{x}) \equiv \min(s_j) \geqslant s_{\text{prescribed}}, j = 1, 2, \cdots, N_{\text{total\_cav}}$$
$$\boldsymbol{x} = (x_1, x_2, \cdots, x_{N_V}), x_{i_{\min}} \leqslant x_i \leqslant x_{i_{\max}}, i = 1, 2, \cdots, N_V \quad (4\text{-}35)$$

式中，设计决策参数 x 和各参数的取值范围 $[x_{i_{\min}}, x_{i_{\max}}]$ 需根据具体优化问题来确定；目标函数值 $DS_{\max}(x)$ 和 $V_{\text{runner}}(x)$ 可由 Moldflow 分析值间接或直接地获得，不计入开模时间的注塑成型周期则可由公式 $T_{\text{cycle}} = t_{\text{injection}} + t_{\text{pack}} + t_{\text{cool}}$ 方便地计算出；$N_{\text{total\_cav}}$ 和 $N_{\text{filled\_cav}}$ 分别为注塑模总型腔个数和已充填型腔的个数，约束条件 g_1 表示聚合物熔体充满所有型腔而不发生短射现象；t_{fill} 和 $t_{\text{prescribed\_fill}}$ 分别为实际充填时间和规定的充填时间，约束条件 g_2 表示聚合物熔体在规定时间内充满所有型腔；s_j ($j = 1, 2, \cdots, N_{\text{total\_cav}}$) 为各型腔制品在顶出时的凝固率；$s_{\text{prescribed}}$ 为预先规定的凝固率，约束条件 g_3 表示顶出时各型腔制品的凝固率均达到预定要求。

图 4-16 所示为 ABS 材料注塑成型的鼠标组合型腔模具，该注塑模两型腔间距约为 50mm，浇注系统由主流道、分流道和潜伏式浇口组成。主流道呈圆锥形，高 50mm，两端直径分别为 4mm 和 5mm。分流道选用圆形截面，长度为 19mm。潜伏式浇口截面为圆形，通向鼠标下盖的浇口起点处直径为 1.1mm，终点处直径为 3mm；通向鼠标上盖

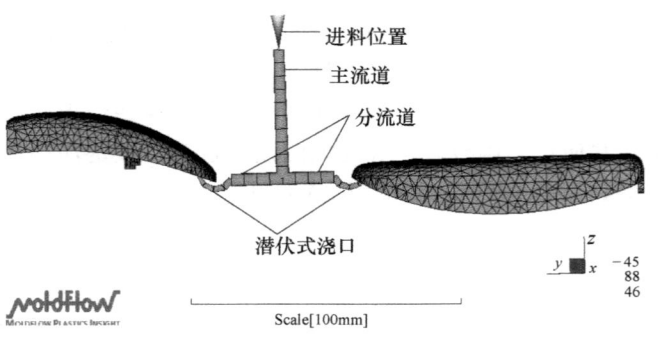

图 4-16 ABS 材料注塑成型的鼠标组合型腔模具

的浇口起点处直径为 1mm，终点处直径为 2.2mm。注塑成型过程中熔体温度和模具温度分别设定为 240℃和 60℃，注射时间为 1s，速度/压力自动切换。根据 ABS 材料成型制品的注塑模流道推荐值，设定鼠标上、下盖型腔分流道截面直径的取值范围为 3.2~4mm，保压压力的取值范围为 60~80MPa。

（2）注塑参数智能优化结果与分析　获取网络样本的系列 Moldflow 分析表明，该注塑模各型腔制品的体积收缩达到容许范围时，成型周期的增加对两型腔制品体积收缩差的影响甚微，故仅将分流道直径 d_{s1}、d_{s2} 和保压压力 p_{pack} 作为注塑参数优化过程中的决策变量，将鼠标上、下盖型腔制品在顶出时的体积收缩率之差 $DS_{\max}$ 和流道体积 V_{runner} 最小作为优化目标，利用 BP-NSGA 获取最佳的注塑参数设计方案，而影响注塑成型效率的保压时间和冷却时间则根据 Moldflow 分析设定为 2s 和 4s。显而易见，在该注塑参数优化过程中应采用 3-N_H-2 结构的 BP 网络来预测进化种群中各个体所对应设计方案的目标函数值。经对不同隐层神经元 BP 网络性能的分析比较，确定采用隐层神经元个数为 9 的 BP 网络来预测目标函数值。

利用 Moldflow 分析软件获取 25 组不同水平注塑参数设计方案的样本数据，随机选取其

中的20%作为测试样本,将其他样本数据作为训练样本来建立鼠标组合型腔注塑参数优化过程中预测目标函数值的BP网络模型,经过10000次训练,网络误差为0.003696。表4-14列出了5组测试样本的BP网络预测结果,从该表中可以看出,BP网络对各组测试样本的预测误差均在2%以内,可见,所建立的BP网络具有较高的预测精度。

表4-14 5组测试样本的BP网络预测结果

注塑参数设计变量			DS_{max}(%)			V_{runner}/cm^3		
d_{s1}/mm	d_{s2}/mm	p_{pack}/MPa	期望值	预测值	预测误差	期望值	预测值	预测误差
3.2	3.4	75	1.4942	1.4697	1.639×10^{-2}	1.2286	1.2286	0
3.3	3.5	70	1.6273	1.6175	6.022×10^{-3}	1.2389	1.2392	2.422×10^{-4}
3.2	3.6	65	1.8263	1.8299	1.971×10^{-3}	1.2494	1.2489	4.002×10^{-4}
3.3	3.8	70	1.5692	1.5616	4.843×10^{-3}	1.2812	1.2813	7.805×10^{-4}
3.4	4.0	60	1.9737	1.9555	9.221×10^{-3}	1.3145	1.3138	5.325×10^{-4}

基于BP-NSGA进行鼠标组合型腔注塑参数优化设计过程中,种群规模为100,最大进化代数为50,采用均匀交叉策略,交叉概率为0.8,变异概率为0.1,交叉分布指数和变异分布指数均为40,随机种子为0.25。随机生成的初始种群在目标函数空间中的分布情况如图4-17所示,当种群进化到第50代时,所获得的Pareto最优解如图4-18所示。在此基础上,设计者可以灵活方便地选取图4-18中各点所对应的设计变量值,通过Moldflow进行流动分析,以验证各设计方案注塑成型结果的优越性,并根据具体需求和约束条件择其一作为最终的注塑参数设计方案。

表4-15列出了利用Moldflow分析获得的对应图4-18中5个Pareto最优方案的注塑成型结果,其中各设计方案的保压压力均为80MPa。从表4-15中两目标函数值的变化趋势来看,两型腔制品体积收缩差的减小必须以流道体积的增加为代价,因此,设计者应根据客户对注塑制品质量和原材料利用率的具体要求选择其中一个Pareto最优解作为折中方案。

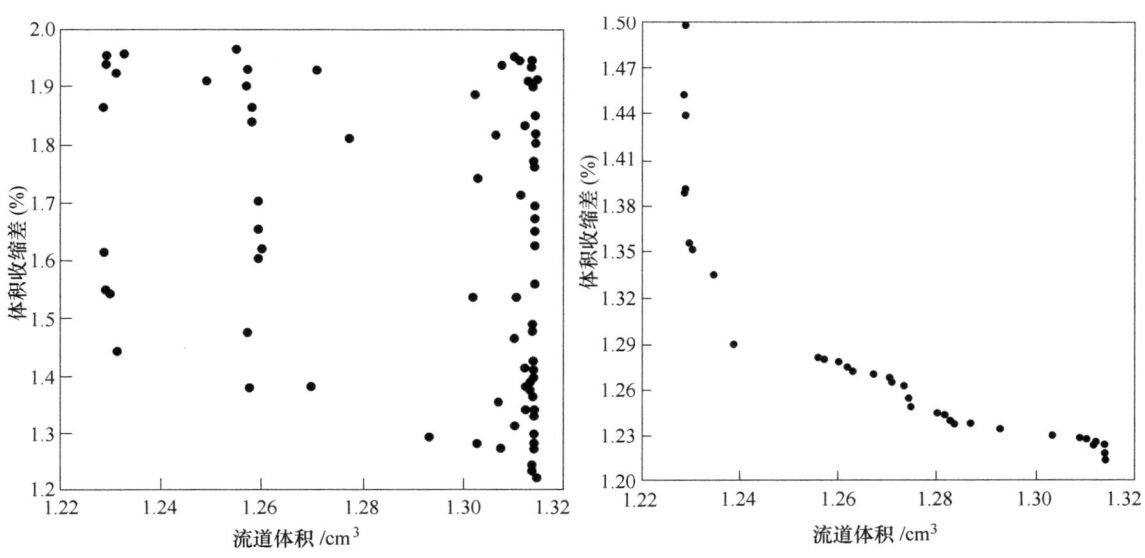

图4-17 初始种群在目标函数空间中的分布　　图4-18 进化到第50代时的Pareto最优解

表 4-15　5 个 Pareto 最优方案的注塑成型结果

设计变量			目标函数值	
d_{s1}/mm	d_{s2}/mm	p_{pack}/MPa	DS_{max}(%)	V_{runner}/cm³
3.2	3.3	80	1.3992	1.2186
3.3	3.4	80	1.2771	1.2383
3.3	3.6	80	1.2027	1.2592
3.5	3.9	80	1.1609	1.3130
3.5	4.0	80	1.1394	1.3248

4.4　本章小结

本章在综述加工工艺智能优化国内外相关研究现状的基础上，介绍了加工工艺数据挖掘与知识发现、基于工艺知识库的工艺知识智能推理等加工工艺智能规划方法，基于加工过程仿真的产品性能可视化预测、基于近似响应面模型的产品性能智能预测、基于模糊变权的产品工艺性能智能综合评价等加工性能智能预测方法，基于变粒度的加工工艺参数多目标优化模型构建、基于信噪比与 TOPSIS 的加工参数多目标稳健设计、基于多智能计算技术融合的加工工艺参数快速寻优等加工参数智能优选方法，并通过若干具体应用实例说明了相关方法的具体实施方式与应用效果。

参 考 文 献

[1] 刘书暖. 工艺知识发现与重用技术 [D]. 西安：西北工业大学，2006.

[2] Dey S, Chakraborty S. Parameter selection in non-traditional machining processes using a data mining approach [J]. Decision Science Letters, 2015, 4 (2): 211-226.

[3] 王进峰. 制造车间工艺规划与智能调度集成方法研究 [D]. 天津：河北工业大学，2007.

[4] 林献坤，李爱平，张为民. 支持 Holonic 控制结构的数控加工在线工艺规划问题研究 [J] Proceedings of the 6th. World Congress on Intelligent Control & Automation, 2006: 7934-7938.

[5] Yacout S, Meshreki M, Attia H. Monitoring and control of machining process by data mining and pattern recognition [J]. Sixth International Conference on Complex, 2012: 106-113.

[6] Salehi M, Bahreininejad A. Optimization process planning using hybrid genetic algorithm and intelligent search for job shop machining [J]. Journal of Intelligent Manufacturing, 2011, 22 (4): 643-652.

[7] Deja M, Siemiatkowski M S. Feature-based generation of machining process plans for optimised parts manufacture [J]. Journal of Intelligent Manufacturing, 2013, 24 (4): 831-846.

[8] 孔啸，蒋亚军，张新明，等. 模具数控加工智能工艺规划与优化的技术框架 [J]. 模具，2005，3：103-106.

[9] 欧阳华兵. 基于 STEP_NC 的铣削加工智能化工艺规划系统及其实现 [J]. 机床与液压，2015 (16): 22-26.

[10] Ko J H, Yun W S, Cho D W, et al. Development of a virtual machining system, Part 1: approximation of the size effect for cutting force prediction [J]. International Journal of Machine Tools & Manufure, 2002, 42 (15): 1595-1605.

[11] Yun W S, Ko J H, Han U L, et al. Development of a virtual machining system, Part 3: Cutting process simulation in transient cuts [J]. International Journal of Machine Tools & Manufure, 2002, 42 (15):

1617-1626.

[12] Zhang G M, KaPoor S G. Dynamic Generation of Machined Surfaces, Part 1: Descriptionofa random excitation system [J]. ASME Journal of Engineering for Industry, 1991, 113 (5): 137-144.

[13] Zhang G M, KaPoor S G. Dynamic Generation of Machined Surfaces, Part 2: ConstructionofSurface topography [J]. ASME Journal of Engineering for Industry, 1991, 113 (5): 145-153.

[14] Cheng J, Tan J R, Yu J H. Process control of injection molding based on multiscale visualization methodology—a case study [J]. Materials Processing Technologies, Pts 1 and 2. Advanced Materials Research, 2011, 154-155: 1839-1845.

[15] 程锦, 谭建荣, 金莉莉. 基于BP-NSGA的注塑参数多目标智能优化设计 [J]. 计算机集成制造系统, 2009, 15 (10): 1900-1906.

[16] Cheng J, Duan G F, Liu Z Y, et al. Interval multiobjective optimization of structures based on radial basis function, interval analysis, and NSGA-II [J]. Journal of Zhejiang University-SCIENCE A, 2014, 15 (10): 774-788.

[17] Cheng J, Liu Z Y, Wu Z Y, et al. Direct optimization of uncertain structures based on degree of interval-constraint violation [J]. Computers and Structures 164. 2016, 83-94.

[18] 周杰, 张渝, 安治国. 基于遗传算法的锻模阻力墙结构多目标优化设计 [J]. 机械工程学报, 2010, 46 (14): 85-90.

[19] 柳强, 王成恩. 基于Kriging模型的复杂产品管线敷设顺序粒子群优化 [J]. 机械工程学报, 2011, 47 (13): 140-146.

[20] Henz B J, Mohan R V, Shires D R. A hybrid global local approach for optimization of injection gate locations in liquid composite molding process simulations [J]. Composites: Part A: Applied Science and Manufacturing, 2007, 38 (8): 1932-1946.

[21] Chiang K T, Chang F P. Application of grey-fuzzy logic on the optimal process design of an injection-molded part with a thin shell feature [J]. International Communications in Heat and Mass Transfer, 2006, 33: 94-101.

[22] Chiang K T. The optimal process conditions of an injection-molded thermoplastic part with a thin shell feature using grey-fuzzy logic: A case study on machining the PC/ABS cell phone shell [J]. Materials and Design, 2007, 28 (6): 1851-1860.

[23] 徐劲力. 基于改进模糊评价法的铸造工艺质量综合评价 [J]. 铸造技术. 2007, 28 (5): 690-693.

[24] Yen C, Lin J C, Li W J, et al. An abductive neural network approach to the design of runner dimensions for the minimization of warpage in injection moulding [J]. Journal of Materials Processing Technology, 2006, 174 (1-3): 22-28.

[25] Lin J C. Optimum cooling system design of a free-form injection mold using an abductive network [J]. Journal of Materials Processing Technology, 2006, 120: 226-236.

[26] Ozcelik B, Erzurumlu T. Comparison of the warpage optimization in the plastic injection molding using ANOVA, neural network model and genetic algorithm [J]. Journal of Materials Processing Technology, 2006, 171: 437-445.

[27] Shen C Y, Wang L X, Li Q. Optimization of injection molding process parameters using combination of artificial neural network and genetic algorithm method [J]. Journal of Materials Processing Technology, 2007, 183 (2-3): 412-418.

[28] 包洋, 李蓓智, 杨建国. 基于数据挖掘的工艺参数优化研究 [J]. 微计算机信息, 2006, 22 (27): 245-247.

[29] 李铁钢, 范智广, 王宛山. 基于数据挖掘的切削参数优化 [J]. 组合机床与自动化加工技术, 2012

(1): 36-38.

[30] Tang S H, Tan Y J, Sapuan S M, et al. The use of Taguchi method in the design of plastic injection mould for reducing warpage [J]. Journal of Materials Processing Technology, 2007, 182: 418-426.

[31] Oktem H, Erzurumlu T, Uzman I. Application of Taguchi optimization technique in determining plastic injection molding process parameters for a thin-shell part [J]. Materials and Design, 2007, 28: 1271-1278.

[32] Huang M S, Lin T Y. An innovative regression model-based searching method for setting the robust injection molding parameters [J]. Journal of Materials Processing Technology, 2008, 198 (1-3): 436-444.

[33] 谢卫华. 铝生产资源管理系统几个关键问题的研究 [D]. 长沙: 中南大学, 2012.

[34] 李清, 虚拟数控铣床加工过程仿真系统及相关技术的研究 [D]. 天津: 天津大学, 2004.

[35] 李小刚, 程锦, 刘振宇, 等. 基于双层更新 Kriging 模型的机械结构动态特性稳健优化设计 [J]. 机械工程学报, 2014, 50 (3): 165-173.

[36] Cheng J, Liu Z Y, Wu Z Y, et al. Robust optimization of structural dynamic characteristics based on adaptive Kriging model and CNSGA [J]. Structural and Multidisciplinary Optimization, 2015, 51 (2): 423-437.

[37] Kannan D, Khodaverdi R, Olfat L, et al. Integrated fuzzymulti criteria decision making method and multi-objective programmingapproach for supplier selection and order allocation in a green supply chain [J]. Journal of Cleaner Production, 2013, 47: 355-367.

[38] Shaw K, Shankar R, Yadav SS, et al. Supplier selection using fuzzy AHP and fuzzy multi-objective linear programming for developing low carbon supply chain [J]. Expert Systems with Applications, 2012, 39 (9): 8182-8192.

[39] Cheng J, Feng Y X, Tan J R, et al. Optimization of injection mold based on fuzzy moldability evaluation [J]. Journal of Materials Processing Technology, 2008, 208 (1-3): 222-228.

[40] 曾威. 卫星布局的双系统协同进化算法与 CAD 系统关键技术 [D]. 大连: 大连理工大学, 2007.

[41] 张燕平, 张铃, 吴涛. 不同粒度世界的描述法——商空间法 [J]. 计算机学报, 2004, 27 (3): 328-333.

[42] 程锦, 谭建荣, 魏巍. 基于变粒度的注塑模流道多目标优化设计 [J]. 机械工程学报, 2010, 46 (6): 170-175.

[43] 程锦, 谭建荣, 余加红. 基于 TOPSIS 的注塑工艺参数多目标稳健优化设计 [J]. 机械工程学报, 2011, 47 (6): 27-32.

[44] 田口玄一. 实验设计法 [M]. 魏锡禄, 王世芳, 译. 北京: 机械工业出版社, 1987.

[45] 刘文卿. 实验设计 [M]. 北京: 清华大学出版社, 2005.

[46] 阎平凡, 张长水. 人工神经网络与模拟进化计算 [M]. 北京: 清华大学出版社, 2000.

第 5 章

智能加工：加工过程的智能监控

5.1 引言

随着加工过程的日益复杂和加工精度的日益提高，传统加工装备及加工方式面临着越来越严峻的挑战。智能技术的发展和应用，使制造业产生了巨大的变化。智能加工作为现代制造业中的关键技术，已经成为引领未来的研究和发展的主要方向。智能加工技术借助先进的检测设备和方法，以智能化手段对加工过程中的加工设备和加工对象进行监控，将检测数据反馈给控制系统进行分析与控制，对加工磨损和加工变形等对误差影响显著的因素进行检测和补偿，以实现对加工精度和加工质量的保证。

加工过程的传统监控手段主要依赖于人工视觉，随着新技术在制造领域的应用，机器视觉逐渐代替了人工视觉，并为加工过程监测提供了全新的发展方向和创新的解决方案，许多制造行业都从机器视觉技术的应用中受益，包括精密电子元件制造、高档纺织品生产、金属制品精加工、玻璃制造、机械零件质量检验、集成电路制造等。在机械加工过程中，加工刀具对加工质量的影响特别显著，刀具状态是加工中一个至关重要的因素。刀具在使用中不可避免地会产生磨损，使同样设备加工出的工件会随着刀具的磨损而呈现出不同的质量和尺寸的细微变化，这种影响在加工精度要求比较高的场合尤其严重。所以，对于刀具磨损的检测一直是加工领域极为重视的问题。采用机器视觉技术对加工过程中的刀具状态进行检测，可以有效提高企业生产效率和产品质量[1-4]。

随着设计、制造、装配等技术的不断进步，几何误差、控制误差、运动误差等在加工设备整体误差中所占的比例越来越小。在高速、重载、高精等加工过程中，热变形逐渐成为影响加工精度的重要因素。大量实践表明，加工设备内部热源和外部环境引起的热变形是精密加工设备的最大误差源，占总制造误差的 40%~70%。为了减小热变形对加工精度及其稳定性的影响，就需要从加工设备的设计、制造和运行等方面进行综合分析与优化。对加工设备热特性进行精确检测和准确辨识是减少加工设备热误差的前提和基础，通过热特性的检测与辨识，采用适当的手段控制温升，降低热变形，为加工设备提供良好的热环境，使其能按设计要求可靠地工作[5-10]。

衡量加工设备工作性能的重要指标之一是加工精度，通过提高加工设备本体的制造精度是一条有效途径，但会导致造价大幅上升；而综合误差补偿技术是一种经济而有效的方法，该方法在不改变加工设备结构和制造精度的基础上对加工中所产生的各种误差进行测量、建模并进行补偿,从而提高加工设备加工精度,对促进我国大型、高速、精密加工设备的精度提升具有重要的现实意义[11-13]。

5.2 加工过程的机器视觉检测

5.2.1 概述

传统加工过程依靠人工视觉对产品质量进行检查和控制,具有效率低、易疲劳的缺点,且检测人员需要经过特定的培训和大量的实践,难以适应现代加工业的需求。特别是在某些应用场合中,需要快速或重复提取和使用精确信息(如目标跟踪和机器人指导),或者在困难和危险的检查场合(如水下、核工业、化学工业等),人工视觉已经无法正常使用,此时必须用机器视觉来完成检测工作。机器视觉检测主要用于:

1)控制加工过程(例如用于控制机器人手臂放置零件、表面喷漆等)。
2)传播到其他外部设备,用于进一步处理(例如分类等)。
3)表征故障缺陷,并报告与纠正这些故障,或从生产线上更换或除去有缺陷部件。

机器视觉检测方法主要分为直接检测法和间接检测法。直接检测法通过检测刀具材料在质量上的减小或形状上的改变,如检测刀具的切削刃是否已磨损或检测刀具的切削刃位置的变化,并通过一定的数学模型来确定刀具的磨损或破损状态。由于直接检测法需要直接检测切削刃的形状、位置等参量,一般只能离线检测。间接检测法是通过测量切削过程中与刀具磨损或破损有较强内在联系的某一种或者几种物理参数,根据其变化并通过一定的标定关系来检测刀具的磨损或破损状态。许多测量参数能够用于识别刀具磨损或破损,考虑到信号获取方式、灵敏度、抗干扰性及使用条件的限制,在实际使用中较常见的是基于切削力或力矩、切削功率、切削的声发射和工件表面粗糙度的检测方法。

本节主要介绍了采用机器视觉对刀具磨损进行检测的方法和步骤,阐述了机器视觉检测系统及其在微型钻头磨损状态检测中的应用[1-4]。

5.2.2 机器视觉检测方法与步骤

1. 检测方法

机器视觉检测根据所采用的算法可以分为三类:参考基准检测方法、非参考基准检测方法和混合检测方法。

参考基准检测方法需要一个参考标准模型,这是从原始设计文档中获得的,待检查的对象被扫描然后与标准模型对比,可以很容易地检测出待检查对象的缺陷。这种方法的缺点是参考图像存储需要大量空间,且检测时需要精确对准,对于照明条件也十分敏感。

非参考基准检测方法不需要任何参考模型,也称为设计规则检测方法,使用设计规则标准来检测扫描对象的特征。非参考基准检测方法可以避免参考基准检测方法的缺点,但可能会错过不违反设计规则的缺陷。

混合检测方法融合了上述两种检测方法的特点,但其缺点在于使用过程太过复杂。

2. 检测步骤

机器视觉可用于检测加工过程中的一些重要属性,如灵活度、效率、速度、成本、可靠性和耐用性等。为了检测这些属性，清楚地界定检测所需的输出和输入是非常重要的。通常情况下，机器视觉检查系统的运行从原始图像开始，并根据以下步骤进行：

（1）图像采集　通过工业相机获取的图像，包含所需信息并以数字化形式表达和存储。

（2）图像处理　图像获取后，需要对其进行预处理，以去除背景噪声和不需要的信息。这一步骤也可应用图像复原技术，用以校正由采集系统（如工业相机）引入的几何变形，以提高图像质量。

（3）特征提取　一组已知的图像信息的模式或特点，包括大小、位置、通过边缘检测的轮廓和连接、区域填充信息等。特征获取需兼顾一些不重叠或不相关的特征，从而实现更好的分类。特征可以通过统计或其他计算技术（如神经网络或模糊系统）进行分析，结果用于图像的描述。

（4）分析决策　将特征变量组合成新特征变量组可以减小特征量，尽管初始特征数量可能很大，但是数据的基本维数或固有维数也可能非常小。决策第一步是通过降低特征空间维数以达到问题的固有维数，使减小的特征集更接近最后决策。最终的特征识别、特征种类和计算值，取决于系统的具体应用。例如，在加工过程的视觉检测中，系统通过把待检测量与已知图像模板进行比对，可以确定加工的零件是否满足特定的质量标准，该决策（如模型匹配）涉及阈值定义、统计分析或分类处理等方法。

5.2.3　机器视觉检测系统

机器视觉检测系统由标准的部件组成，特别是 PC 平台、联网、备份和存储技术都已标准化。PC 平台上运行功能强大的图形用户界面环境，与图像处理加速器提供了以低成本构建的强大的、用户界面友好的机器视觉环境，它是机器视觉的核心技术。

机器视觉检测系统开发将软件和硬件工具整合成一个完整的应用程序，在各种软件和硬件厂商发行的各种组件的基础上构建起来。传统的编程环境，例如 C 和 C++也支持软件的组件被嵌入到统一的系统中。随着新的硬件传感器、采集卡和计算机的应用，机器视觉检测系统中高复杂度的算法可以实时开发出来。新的传感器（如 CMOS 传感器）提供高动态范围，相比传统的 CCD 传感器，即使在光线不足的条件下，也能实现更加可靠、灵活和快速的图像采集。与此同时，图像处理软件多数都支持使用友好的用户界面、强大的软件库来执行一些流行的图像处理和分析算法，实现了可视化编程与友好用户界面和传统编程的融合。可视化编程可以用于促进原型系统开发，使最终的应用程序可以使用标准编程方法和语言来实现。

机器视觉检测的硬件系统主要采用商业产品，而不是定制开发，这减少了开发新产品的工作量和风险，并允许对新硬件直接运用。当需要更高的性能时，可以使用专门的 DSP 处理器。图像通常由被放置在加工现场的一个或多个工业相机获得，相机的位置通常是固定的，且场景需要适当的光照，以取得所需质量的图像。计算机主要用于处理所获取的图像，通过图像处理分析和分类软件实现。

机器视觉检测的软件系统是至关重要的，必须具备以下的特点：

（1）多流程级别的支持　机器视觉检测软件必须能处理低级别（如滤波、阈值）、中等级别（如分割、特征计算）和高级别（如物体识别、图像分类等）的检测任务。

（2）操作简便　图形化用户界面、可视化编程和代码生成是实现应用开发的典型特征，图像处理功能必须按类型和范围进行分类，使一名非专业人员也可以实现相应功能的选择。

（3）动态范围和帧速率支持　新类型的传感器（如CMOS传感器）提供高动态范围和更快的图像采集速率（例如，每像素16位而不是8位），处理软件必须支持变帧率情况下高动态范围的图像处理。

（4）可扩展性　软件系统必须能够以新的或更好的算法取代旧的算法，容易适配应用程序的新要求，而无须额外的编程工作。

（5）专用硬件支持　软件系统必须能够适配硬件工作，以缓解计算密集型应用中处理速度的问题。一旦过程呈现出高度时间约束或计算密集的特点，并超出了主处理器的处理能力，专用硬件（如DSP、专用集成电路、FPGA等）就会被启用来减轻处理速度的问题。

设计开发机器视觉检测系统的具体要求来自于应用场合和相关任务所关注的参数，如进度、环境、速度等。在某些机器视觉检测应用中，系统必须能够对产品上的变化或缺陷做出明确区分，而在其他应用中，系统必须使用户能够得到解决特定问题的方案，如测量、装配的准确指导。不存在能够在各个应用领域中处理所有任务的通用机器视觉检测系统，每个特定应用领域的系统设计和构造都需要进行适当的调整。机器视觉检测的首要问题是了解需要获取何种信息，以及这些信息如何转化为图像中提取出的测量特征，这影响系统软硬件如何设计。然后，必须确定选择哪种物理量进行测量（如位置或强度测量）和用于获得测量值的准确位置。对于可靠的机器视觉检测系统而言，必须尽可能降低"漏报率"和"误报率"，系统的可靠性保证主要依赖于处理和分类单元，其前提则是所获取的图像的质量。另外，机器视觉检测系统还需具有较好的鲁棒性和自适应性，以适应照明、标记、背景或者观察角度等因素的变化。

5.2.4　微型钻头磨损状态的机器视觉检测

1. 微型钻头

在精密加工过程中，加工刀具对产品质量具有非常大的影响，刀具状态检测一直是一个重要问题。特别是在PCB制造行业中，需要采用微型钻头高效加工大量精密的孔。准确地对微型钻头的状态进行检测，已经成为PCB加工过程中质量控制的重要环节。

在PCB加工中，孔的加工有两种基本方式，分别是机械钻孔和激光钻孔。激光钻孔的特点在于效率高并且适用于不通孔加工，但不适合大规模通孔加工。与激光钻孔相比，机械钻孔仍然是最有效的通孔加工方法。究其原因，主要是机械钻孔受不同工件个体之间差异的影响更少，热变形小，并且能够在很大程度上减少后续整理工作。所以微型钻头成为PCB制造过程中，钻孔步骤使用最为广泛的刀具。

伴随着基于印制电路板所制造的高密度电路日益增长的需求，微型钻头的直径规格变得越来越小，使钻头状态的检测面临着巨大的挑战。对于直径仅有十分之一甚至百分之一毫米的微型钻头，依靠人工视觉的能力已经无法满足钻头状态检测的要求。一种解决方案是，检测人员借助微米级别的显微镜来完成这项工作，但此方案效率低，成本高，出错概率大，从而难以保证很高的检测精度。另一种方案就是机器视觉检测，可以避免烦琐的人工检测，具有高效、准确、低成本的优点。首先，机器视觉检测采用人工智能和图像处理技术，可以自动识别和控制加工过程；其次，机器视觉检测非常快速，可以节省检测时间并提高劳动效率；第三，机器视觉检测无疲劳现象，能够随着时间的推移而保持一致的行为，可以避免人工视觉检测而出现的人为错误,提高了检测结果的可靠性。最后,对于人工视觉检测而言,很难保证检测质量,不同人之间的视觉能力存在差异,即便是同一个人,其注意力随着时间的推移也会发生变化,这些因素都会导致在印制电路板的加工过程存在质量隐患,因此,机器视觉代替人工视觉检测PCB加工钻头具有显著价值。

2. 刀具磨损

切削刀具工作时需要经受一个极其严重的摩擦过程,是刀具和工件之间的金属与金属的接触,在非常高温度与高应力的条件下进行。由于刀具表面附近极端压力和温度梯度的存在,加工的环境其实更为恶劣。

在加工过程中,切削刀具从零件中移除材料,以达到所需的形状、尺寸和表面粗糙度。然而,在切削过程中会发生刀具磨损,并且最终会导致切削刀具的故障。当刀具的磨损达到一定程度时,就需要替换该刀具或切削刃,以保证正常加工。

微型钻头的后刀面磨损体现了磨损切削刃与其初始切削刃的变化,如图5-1所示,因此后刀面的磨损可以用来表征微型钻头的磨损状态。后刀面磨损可通过检测刀具或跟踪刀具和加工部分的尺寸变化来检测。

当钻头开始磨损时,切削力增大,钻头的温度升高,从而加快了与钻头磨损相关联的物理和化学反应,从而使钻头质量迅速恶化。

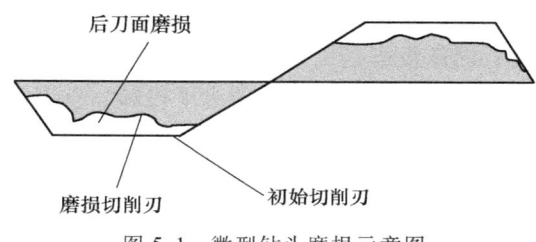

图 5-1 微型钻头磨损示意图

在PCB加工中,一个破损的微型钻头严重影响表面粗糙度质量和所加工孔的尺寸精度。刀具磨损不仅直接降低了零件的几何形状精度,同时也造成了切削力的大幅下降。

3. 图像获取

微型钻头磨损检测主要包括两个步骤:首先,从所获取的微型钻头图像中分离出后刀面并使用图像配准技术对齐;然后,提取后刀面的三个特征(长度、宽度、终止区域),以确定微型钻头的阶段。其中,微型钻头的机器视觉检测是阶段识别的基础。

微型钻头的机器视觉检测一般有三个步骤:图像采集、切削端面分割和磨损测量。图像采集使用自动光学检测系统,由个人计算机和光学传感器组成,如图5-2所示。

机器视觉图像由带有LED光源的CCD摄像头从微型钻头的正面拍摄,然后被转换成八位灰阶格式并存储在计

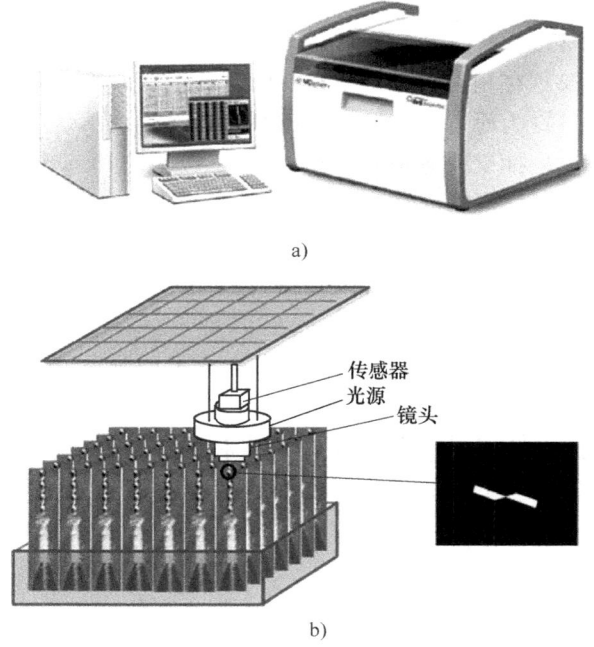

图 5-2 微型钻头自动光学检测系统
a) 个人计算机 b) 光学传感器

算机中，每个数字图像由 680 个像素组成，亮度值范围为 0~255。

4. 阶段识别

微型钻头从投入使用到生命周期结束经过六个阶段，通过机器视觉检测对微型钻头所在的阶段进行识别，可以很容易确定其当前状态，并评估其使用寿命。因此，微型钻头的机器视觉检测可以看作是一个阶段分类问题，以确定微型钻头所处的阶段。

（1）特征提取　特征提取一直是模式识别中一个重要的问题。对于几何缺陷检查，根据预定义的特征和准则，可以通过将检测图像与标准特征进行比较而识别出缺陷。然而，对于微型钻头所处阶段的识别，不存在预定义的特征标准，因此，提出了微型钻头相位模式识别方法。首先，采取一组微型钻头在不同阶段的图像作为训练样本；然后，提取这些训练样本的一些统计信息；最后，把训练的特征知识用于新检测图像进行分类。选择表征后刀面上表征微型钻头阶段的三个特征：长度、宽度和终止区域。

1）长度和宽度。后刀面对准垂直方向后的图像投影可以用来确定一个后刀面的长度和宽度，图像投影是二进制图像映射到一个轴获得的一维数组，称为投影轮廓，二进制图像的水平投影轮廓是所有像素的水平投影，垂直投影轮廓是每个像素的竖直投影。

2）终止区域。对后刀面自顶向下进行线扫描，获取一组原始宽度序列，该序列保留了后刀面形状的信息，用于进行面积计算，包括三个步骤：首先是序列平滑，为了减少噪声，采用高斯滤波器来平滑宽度序列；然后确定域计算的间隔，间隔两端在不同阶段变化很大，所以在计算时应该分别取值；最后分别计算两个端部区域，序列始端和末端区域分别由两条垂直相交的直线确定，这两个区域的平均值作为阶段分类第三特征，即终止区域。

（2）阶段鉴定步骤　微型钻头的阶段识别包括以下步骤：

1）收集一套不同阶段的相同直径的微型钻头，包括多个不同阶段的样品。

2）在相同的分辨率和照明条件下获取所有微型钻头的图像。

3）为所有钻头的图像分割后刀面，该预处理的图像被用作训练集。

4）标记所有训练样本，然后构造微型钻头统计形状模型，以获得变换矩阵和所有训练样本的模型参数。

5）运用形状模型构造训练样本参数的形状子空间来进行分类学习。

6）对于待测试的微型钻头执行步骤 2）和 3），然后提取其形状并投影到形状子空间来获得模型参数。

7）分配待测试微型钻头到最接近的阶段。

5.3　加工过程的热特性检测与辨识

5.3.1　概述

机床具有一定的振动模态，与之相似，机床的热态特性也存在固有模态结构，称为热模态。热模态分析属于特征值分析，用于分析机床的内在属性，通过热模态叠加可以求得机床的瞬态温度分布。热模态特性能够简化复杂结构的热动态分析，通过恰当描述系统的热动态特性，快速确定热模态参数，实现热特性的快速识别。在此基础上，可以进一步实现机床变形敏感点及温度敏感点的快速有效辨识。

通过热特性分析减少机床热误差的主要方法包括两种：第一种是在机床设计阶段增强其热特性，第二种是在机床运行阶段对其进行热误差补偿。其中，第二种是目前最常用的方法，利用数控系统根据热变形进行热误差补偿。虽然热误差补偿方法可在一定范围内提高加工精度，但是，这是一种被动的事后补偿方法，其补偿范围和有效性受到很大限制，无法完全满足加工精度要求。因此，要解决这一问题，就需要在设计阶段提高机床的热特性，从而实现机床的热特性主动控制。

本节主要研究了基于传感器优化配置的整机热特性测试方法和基于热模态理论的机床热特性快速识别方法[5-10]。

5.3.2 机床热特性检测

1. 热特性检测仪器

数控机床热特性检测与辨识的测量仪器主要包括：红外热像仪、激光干涉仪、微位移传感器和热电偶等精密仪器，测量数据主要包括：机床各内热源作用下各部件的温升、热变形、温度场变化和达到热平衡时间等数据。

数控机床热特性检测仪器和检验工具主要包括：

1）具有合适测量范围、分辨率、热稳定性和精度的位移测量系统（如用于测量由线性轴移动引起热变形的激光干涉仪，测量环境或主轴旋转引起热变形的电容、电感或可伸缩接触式位移传感器）。

2）具有足够分辨率和精度的温度传感器（如热电偶、电阻式或半导体温度计）。

3）数据采集装置（如所有通道可连续监视和绘图的多通道图像记录仪，或计算机数据处理系统）。

4）检验棒，采用性能优良的钢材按标准制造。

5）用来安装位移传感器的夹具，采用性能优良的钢材按标准制造。

在可能的情况下，主轴热变形传感器（见图 5-3~图 5-5）可以直接靠在主轴端部，以减少检验棒热膨胀的影响。测量仪器精度应定期校验，并在检验开始前进行热平衡。

2. 温度测点布置

由于数控机床热源的复杂性、多样性，同时在机床的实际加工中出于成本考虑，对机床温度传感器测点的布置要求是：①传感器要尽可能地少；②要确定所布置的传感器能够尽可能准确地反映机床总体热特性变化；③为了充分发挥传感器的性能，各个传感器测得的温度数据要尽可能独立，和其他传感器测得的温度数据耦合度要小；④为了最大限度提高后续热变形计算的准确性，要求传感器测得的位置温度相对于热变形比较敏感，以降低测量误差对热变形的影响。

为了方便对后续温度场监控，可采用如下方法进行测点的优选：

1）通过数控机床热特性数值模拟分析方法获得机床的温度场及热变形。

2）计算待考察的测点之间温度相关性系数，根据相关性系数进行分组。

3）求出待考察测点的热敏感度，根据热敏感度选择每组中热敏感度最大的位置作为热特性监控测点的实际布置位置。如果要求布置的测点个数小于分组数目，将每组中热敏感度最大的点按热敏感度由大到小排序，按要求布置的测点个数取靠前的测点即可。

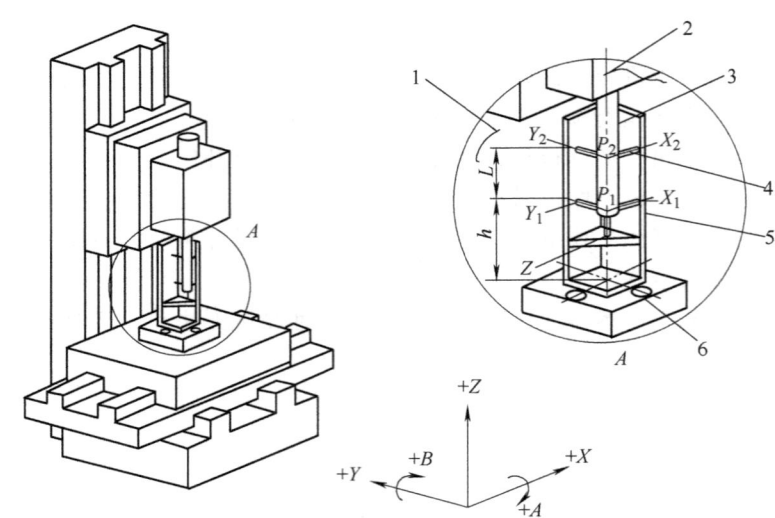

图 5-3 立式加工中心主轴热变形传感器安装图
1—环境空气温度传感器 2—主轴轴承温度传感器 3—检验棒
4—位移传感器 5—夹具 6—夹具底座

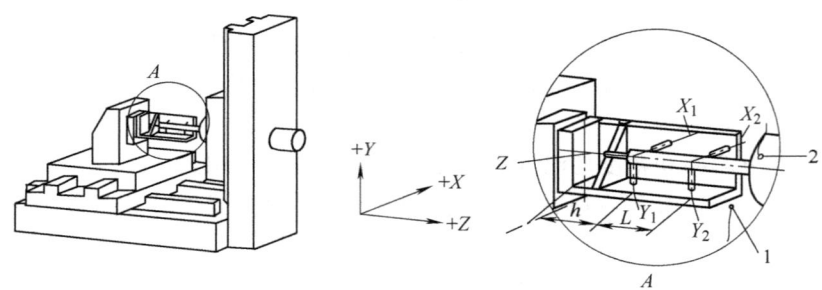

图 5-4 卧式加工中心主轴热变形传感器安装图
1—环境空气温度传感器 2—主轴轴承温度传感器

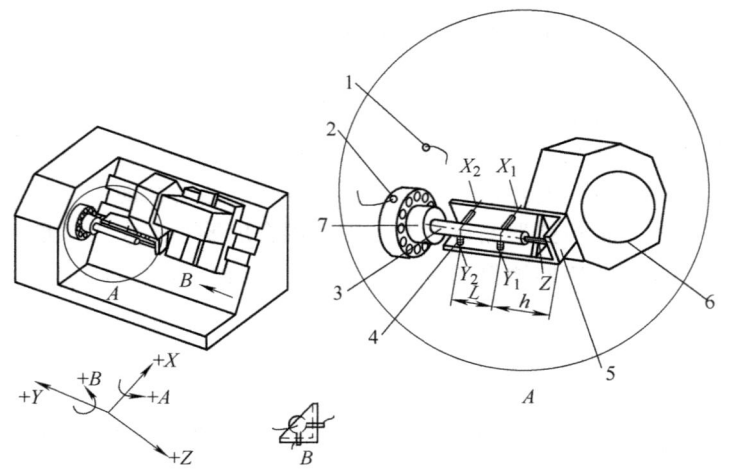

图 5-5 斜床身车削中心主轴热变形传感器安装图
1—环境空气温度传感器 2—主轴轴承温度传感器
3—检验棒 4—位移传感器 5—夹具 6—刀架 7—卡盘

机床温度场及热变形是指在通过布置温度传感器及位移传感器获得测点的温度及刀尖相对于工件的位移,将测量中的所有测点作为最终热特性监控测点的初始待选测点。

通过检测获得待测点的温度变化情况 X 和刀尖位置相对于工件的变形量 δ,设测量时按固定的采样频率进行采样,共采集 N 次,则第 i 个测点的温度变化序列可表示为 $X_i = \{x_{i1}, x_{i2}, \cdots, x_{iN}\}$,刀尖位置相对于工件的变形量可表示为 $\Delta = \{\delta_1, \delta_2, \cdots, \delta_N\}$。

测点间温度相关性系数 C_{ik} 按如下方法定义,即

$$C_{ik} = \left| 1 - \frac{4\sigma_{ik}}{\sigma_i + \sigma_k} \right|$$

其中,$\sigma_i = \sum_{j=1}^{N} (2x_{ij}/x_{\max} - 1)^2$,$\sigma_{ik} = \sum_{j=1}^{N} (x_{ij}/x_{\max} - x_{kj}/x_{\max})^2$,$i$ 和 k 分别为两个测点,如果 $C_{ik} < 0.7$,表示这两个测点无明显相关性,如果 $C_{ik} > 0.7$,表示这两个测点有明显相关性。

根据相关性系数进行分组,分组方法是依次遍历所有初始待选测点,如果当前测点 i 和 i 点前的 j 测点的相关性系数大于 0.7,将 i 放入 j 所在的组。否则将 i 点作为新的一组中一个测点。

第 i 个测点的温度敏感度根据 $\eta_i = \sum_{j=1}^{N-1} \frac{(x_{ij+1} - x_{ij})}{\delta_{j+1} - \delta_j}$ 求解。

5.3.3 机床主轴热特性快速辨识

机床主轴热特性快速辨识方法通过对主轴上各温度测量点上温度数据的处理,获取关键点的温升曲线,实现热特性快速辨识。

机床主轴热特性快速辨识方法包括以下步骤:

1) 在机床主轴上布置 n 个温度测量点,在采样间隔 Δt 下得到各时间 n 个温度测量点的温度值,采样次数为 m,得到温度采样矩阵为 $(\{T(t_1)\}, \{T(t_2)\}, \cdots, \{T(t_m)\})$,具体为

$$\begin{pmatrix} T_0^1 & T_{\Delta t}^1 & T_{2\Delta t}^1 & T_{3\Delta t}^1 & T_{4\Delta t}^1 & T_{5\Delta t}^1 & \cdots & T_{(m-1)\Delta t}^1 \\ T_0^2 & T_{\Delta t}^2 & T_{2\Delta t}^2 & T_{3\Delta t}^2 & T_{4\Delta t}^2 & T_{5\Delta t}^2 & \cdots & T_{(m-1)\Delta t}^2 \\ T_0^3 & T_{\Delta t}^3 & T_{2\Delta t}^3 & T_{3\Delta t}^3 & T_{4\Delta t}^3 & T_{5\Delta t}^3 & \cdots & T_{(m-1)\Delta t}^3 \\ T_0^4 & T_{\Delta t}^4 & T_{2\Delta t}^4 & T_{3\Delta t}^4 & T_{4\Delta t}^4 & T_{5\Delta t}^4 & \cdots & T_{(m-1)\Delta t}^4 \\ \vdots & \vdots & \vdots & \vdots & \vdots & \vdots & & \vdots \\ T_0^n & T_{\Delta t}^n & T_{2\Delta t}^n & T_{3\Delta t}^n & T_{4\Delta t}^n & T_{5\Delta t}^n & \cdots & T_{(m-1)\Delta t}^n \end{pmatrix}$$

其中,m 为采样次数,Δt 为间隔时间,$1, 2, \cdots, n$ 代表不同温度测量点。

2) 设定延时时间 τ,$\tau = g\Delta t$,g 为正整数,$s = m - 2\tau$。

构造两个温度采样序列:

$$(Z)_{n \times s} = (\{T(t_1)\} - \{T(t_1+\tau)\}, \{T(t_2)\} - \{T(t_2+\tau)\}, \cdots, \{T(t_s)\} - \{T(t_s+\tau)\})_{n \times s}$$

$$(\hat{Z})_{n \times s} = (\{T(t_1+\tau)\} - \{T(t_1+2\tau)\}, \{T(t_2+\tau)\} - \{T(t_2+2\tau)\}, \cdots, \{T(t_s+\tau)\} - \{T(t_s+2\tau)\})_{n \times s}$$

矩阵$(H)_{n \times n}$满足下式，即

$$(H)_{n \times n}(Z)_{n \times s} = (\hat{Z})_{n \times s}$$

求解得到$(H)_{n \times n}$，即

$$(\{\varphi_1\},\{\varphi_2\},\cdots,\{\varphi_p\})^{-1}(H)_{n \times n}(\{\varphi_1\},\{\varphi_2\},\cdots,\{\varphi_p\}) = \begin{pmatrix} e^{-b_1\tau} & 0 & \cdots & 0 \\ 0 & e^{-b_2\tau} & \cdots & \vdots \\ \vdots & \cdots & \cdots & 0 \\ 0 & \cdots & 0 & e^{-b_p\tau} \end{pmatrix}$$

矩阵$(H)_{n \times n}$的特征值矩阵为$\begin{pmatrix} e^{-b_1\tau} & 0 & \cdots & 0 \\ 0 & e^{-b_2\tau} & \cdots & \vdots \\ \vdots & \cdots & \cdots & 0 \\ 0 & \cdots & 0 & e^{-b_p\tau} \end{pmatrix}$，特征向量矩阵为$(\{\varphi_1\},$
$\{\varphi_2\},\cdots,\{\varphi_p\})$，对矩阵$(H)_{n \times n}$进行特征值分解，便可求出热特征值$b_r(r=1, 2, \cdots, p)$，舍去热特征值为虚数及负数的$b_r$，按保留的热特征值$b_r$个数重新确定$p$，$p=$保留的热特征值$b_r$个数，并将保留的热特征值$b_r$按热特征值$b_r$的大小由小到大重新排列。

3）选择温度测试点中温度最高的点为关键点，采样次数为m，该关键点的温度列向量为$(Q)_{m \times 1} = \begin{bmatrix} T(t_1) \\ T(t_2) \\ \vdots \\ T(t_m) \end{bmatrix}$，其中，$T(t_1)$为第1次采样得到的该关键点的温度，$t_1$为第1次采样对应的采样时间，依次类推，$T(t_m)$为第$m$次采样得到的该关键点的温度，$t_m$为第$m$次采样对应的采样时间。

$$(P)_{m \times (p+1)} X_{(p+1) \times 1} = (Q)_{m \times 1}$$

其中

$$(P)_{m \times (p+1)} = \begin{pmatrix} 1 & e^{-b_1 t_1} & \cdots & e^{-b_p t_1} \\ 1 & e^{-b_1 t_2} & \cdots & e^{-b_p t_2} \\ \vdots & \vdots & \vdots & \vdots \\ 1 & e^{-b_1 t_m} & \cdots & e^{-b_p t_m} \end{pmatrix}, X_{(p+1) \times 1} = \begin{pmatrix} \gamma_0 \\ \gamma_1 \\ \vdots \\ \gamma_p \end{pmatrix}, [Q]_{m \times 1} = \begin{pmatrix} T(t_1) \\ T(t_2) \\ \vdots \\ T(t_m) \end{pmatrix}$$

该关键点的温升曲线表达式如下式所示，即

$$T(t_k) = \gamma_0 + \sum_{r=1}^{p} \gamma_r e^{-b_r t_k} = (1 \quad e^{-b_1 t_k} \quad \cdots \quad e^{-b_p t_k}) \begin{pmatrix} \gamma_0 \\ \gamma_1 \\ \vdots \\ \gamma_p \end{pmatrix}$$

式中，$T(t_k)$表示t_k时刻的温度；t_k为第k次采样的时间；$\gamma_r(r=0, 1, 2, \cdots, p)$表示温升曲线表达式系数；$b_r(r=1, 2, \cdots, p)$表示热特征值。

4）计算该关键点的温度实测值与估计值的均方根误差σ，均方根误差表达式为

$$\sigma = \sqrt{\sum_{k=1}^{m} [T_e(k) - T_o(k)]^2 / (m-1)}$$

式中，m 为采样次数；$T_e(k)$ 为在第 k 次采样时刻估计的温度值，$T_e(k)$ 通过该关键点的温升曲线得到；$T_o(k)$ 为第 k 次采样时刻测量的温度值。

5）在某一采样次数 m 下得到均方根误差 σ，采样次数 m 依次增大，返回步骤1），得到不同采样次数 m 下的均方根误差 σ，直至均方根误差 σ 出现先减小后增大的情形，即均方根误差 σ 存在极小均方根值，在极小均方根值对应的采样次数 m 所对应的时间为辨识时间，该辨识时间下关键点的温升曲线即为能准确反映机床主轴热特性的曲线。

热平衡时间定义为当温度达到稳态温度的 95% 时所处的时间。

通过上述方法，对主轴上各温度测量点上温度数据进行处理，实现快速辨识热态特性的目的，获取关键点的温升曲线，大幅减少实际辨识热特性操作的时间，缩短生产准备的时间，且此方法只需温度采样数据，无须热激励即可达到辨识目的，结果准确，操作简单。所需的辨识时间较短，一般在 1h 以内，只需 30min 左右即可达到辨识目的，在较短的辨识时间下，就可以预判机床主轴在之后时间所反映的热特性，从而快速辨识机床主轴热特性。

机床主轴热特性快速辨识方法流程图如图 5-6 所示。

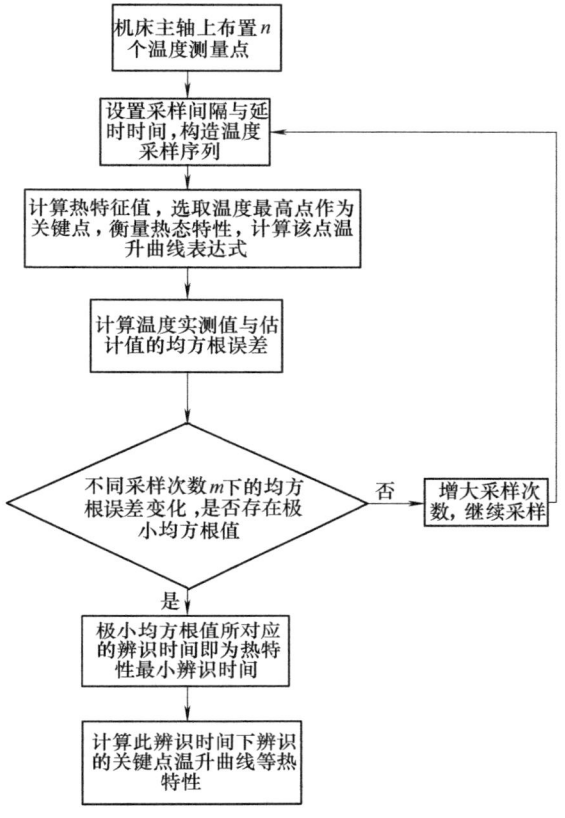

图 5-6 机床主轴热特性快速辨识方法流程图

5.4 加工动态综合误差建模与补偿

5.4.1 概述

综合误差建模技术是进行误差补偿的重要前提，也是全面提高各类数控机床加工精度的共性技术和必要的技术手段。国内外学者对机床误差建模补偿技术已有大量研究，提出了多种建模方法，研究结果表明：最小二乘法（二次曲线拟合）建模具有实现简单、运算速度快的优点，但建模精度相对稍差，适合于补偿运算单元硬件资源有限、补偿实时性要求高的一般工业应用场合；支持向量机模型运算速度快，建模精度高，但模型不易理解，建模需要专业知识学习，实现难度较大，适合于有较好维护条件的中高档补偿系统；贝叶斯网络模型直观、易于理解，建模精度高，但运算量相对较大，适合于有较高硬件配置的补偿控制单元。

本节主要阐述了基于贝叶斯网络的机床动态综合误差建模方法和预测补偿方法[11-13]。

5.4.2 机床动态综合误差建模

由于机床工作时存在多种类型误差的共同作用,且其各自的比重随工况的变化而变化,因此综合误差具有非线性、耦合性和动态性,这给机床的综合建模造成困难。为解决这一问题,将贝叶斯网络理论引入故障诊断过程,提出概率、统计与图论相结合的机床误差模型,将先验知识和传感器测得的数据作为输入进行分析、计算,根据要求得到相应误差模型参数,实现综合误差建模,经过模型处理计算后输出误差预测结果,结合加工现状进行误差预测,补偿控制器执行机床加工的实时补偿控制,提高加工精度。

1. 机床综合误差网络表达

机床综合误差包括几何误差、热误差、运动误差、伺服误差等多种误差成分。根据机床实际工况条件及补偿应用可行性,搭建机床温度、位移信号采集系统,并结合机床自身提供的转速、功率、进给量等信息,检测机床各种运行状态下的特征参数,并分析不同工况下各类误差的概率分布情况。综合分析上述因素,通过有向图的方式合理表达上述关系,确定贝叶斯网络结构,得到如图 5-7 所示的机床综合误差贝叶斯网络模型。

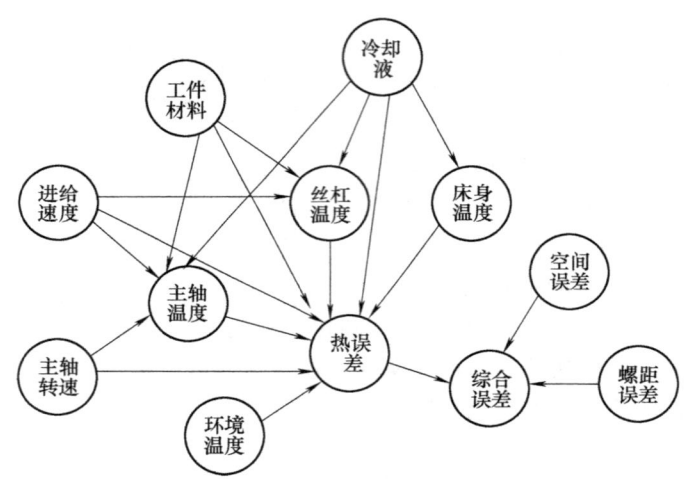

图 5-7 机床综合误差贝叶斯网络模型

2. 机床综合误差建模流程

贝叶斯网络在解决复杂系统不确定性和关联性引起的问题时,比拟合建模方法具有更大的优势。利用贝叶斯网络对机床误差进行预测,核心思想是在误差与传感器所得样本数据之间建立起统计定量关系。其基本步骤是:首先对机床误差的先验数据进行分析整理,然后按照统计学原则对数据进行分析,得到各类误差相对于检测参数的分布情况,通过网络学习机制建立贝叶斯网络模型,最后用模型指导综合误差的预测计算。贝叶斯网络误差建模流程如图 5-8 所示。该方法研究的关键问题是如何建立一个最优的贝叶斯预测网络,即研究一种适用于机床误差预测的网络学习、优化及增量更新算法,因此贝叶斯网络模型学习机制和推理机制的研究尤为重要。

贝叶斯网络学习是指在网络结构确定的前提下,通过分析样本数据对先验模型参数进行修正,从而获得后验参数的过程,其实质是模型的自学习、自适应过程。设贝叶斯网络先验

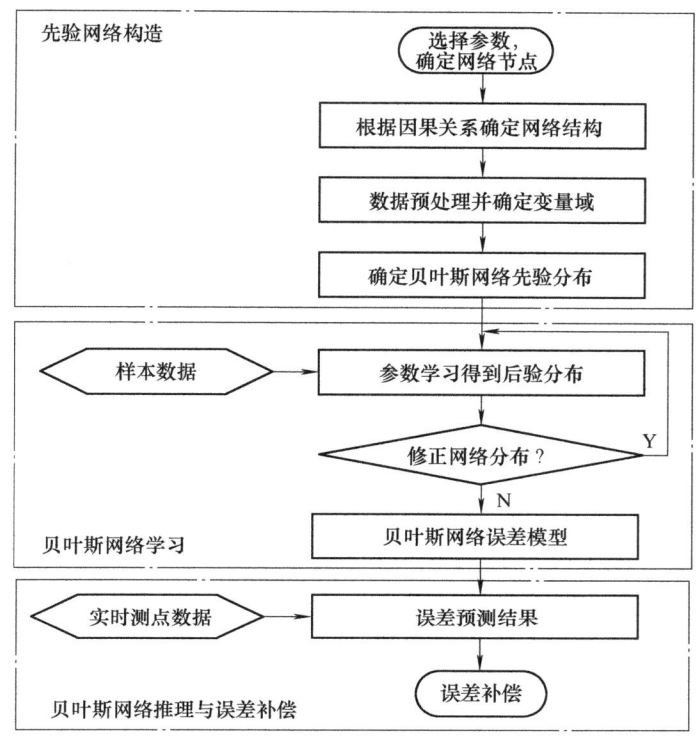

图 5-8 贝叶斯网络误差建模流程

概率的参数变量为

$$\theta_{ijk} = P(X_i^k \mid \pi(X_i)^j, S^h, \xi)$$

式中，S 表示网络结构；ξ 为先验知识；X_i 的父节点集 $\pi(X_i)$ 具有第 j 个状态的前提下，变量 X_i 取第 k 个状态的概率。

则在满足如下条件：参数向量 $\boldsymbol{\theta}_{ij}$ 是相互独立的；对于任一 $\boldsymbol{\theta}_{ij}$，$P(\boldsymbol{\theta}_{ij})$ 是 Dirichlet 分布的情况下，对于样本数据 D，参数的后验分布为

$$P(\theta_s \mid D, S^h, \xi) = \prod_{i=1}^{n} \prod_{j=1}^{q_i} P(\boldsymbol{\theta}_{ij} \mid D, S^h, \xi) = \prod_{i=1}^{n} \prod_{j=1}^{q_i} \frac{\Gamma(\sum_{k=1}^{r_j}(N'_{ijk} + N_{ijk}))}{\prod_{k=1}^{r_j} \Gamma(N'_{ijk} + N_{ijk})} \prod_{k=1}^{r_j} \theta_{ijk}^{N'_{ijk}-1}$$

贝叶斯网络推理是根据贝叶斯网络中某些变量的已知取值，计算另外变量的后验概率分布的过程。在综合误差模型中，机床工况、敏感点数据为可直接获得的已知变量数据，通过合适的推理方法可计算单一误差的各值域概率分布，进而计算综合误差的值域概率分布，从而得到误差预测值。对于结构确定的贝叶斯网络，设样本数据中有 N 个实例，则推理公式为

$$P(x_{N+1} \mid D, S^h) = \int P(x_{N+1} \mid \theta_s, D, S^h) P(\theta_s \mid D, S^h) \mathrm{d}\theta_s = \prod_{i=1}^{n} \prod_{j=1}^{q_i} \frac{N'_{ijk} + N_{ijk}}{N'_{ij} + N_{ij}}$$

5.4.3 机床动态综合误差补偿

1. 精密曲面成形磨床误差测量

首先在机床温度敏感点布置温度传感器，获得关键点温度数据，通过非接触在线测量获得主轴变形量数据。充分实验后获得一系列可重复实验数据，并对此实验数据进行智能鲁棒建模，以获得接近真实状态的非线性误差模型。最后，将该模型移植到误差补偿控制器，以便在实际加工中进行误差预测和补偿。

实验通过在两个独立主轴的8个敏感点布设温度传感器，以检测整个温升过程的热状态，并同步进行变形量检测，即在加工误差敏感的轴向，布置位移测量装置（见图5-9）。

轴向位移采用非接触激光漫反射测量，用辅助螺母端盖代替主轴砂轮，螺母端盖与主轴同心，轴向端面经过平磨处理，有利于在非接触测量时减小由于旋转端面不平整而产生的轴向位移波动。

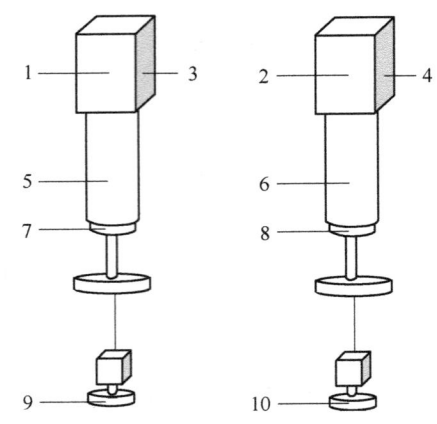

图5-9 传感器测点布置图

1—C_1 磨头电动机正面（C_1 Front） 2—C_2 磨头电动机正面（C_2 Front） 3—C_1 磨头电动机侧面（C_1 Side） 4—C_2 磨头电动机侧面（C_2 Side） 5—C_1 磨头主轴（C_1 Spindle） 6—C_2 磨头主轴（C_2 Spindle） 7—C_1 温度敏感点（C_1 Sensit） 8—C_2 温度敏感点（C_2 Sensit） 9—C_1 温度位移传感器（C_1 Laser Displacement Sensor） 10—C_2 温度位移传感器（C_2 Laser Displacement Sensor）

2. 采样数据获取

通过实验获得建模用样本数据。实验过程中各测点温度值如图5-10所示，轴向热伸长量如图5-11所示。

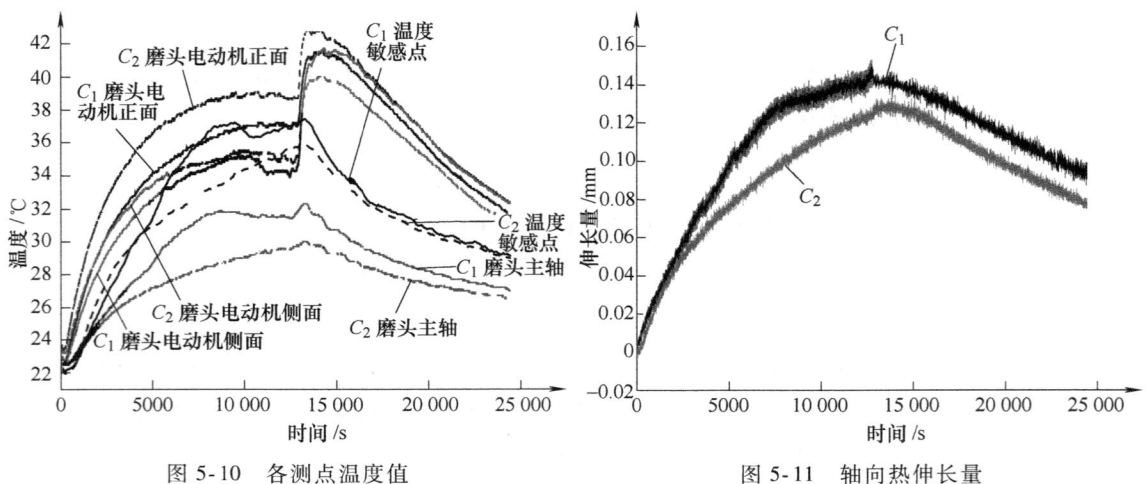

图5-10 各测点温度值　　　图5-11 轴向热伸长量

根据以上温度与主轴变形量数据，综合图5-7中各因素，对磨床综合误差进行建模，根据模型预测值对主轴轴向位移进行补偿。

3. 最小二乘法建模补偿

采用最小二乘法建立磨床误差模型，通过误差补偿控制器的在线温度测量及模型预测，获得补偿位移量实现轴向位移控制，补偿后的位移变化由非接触激光位移传感器测量获得。

如图 5-12 所示为最小二乘法建模补偿后轴向热伸长量。分析得到相关结论如下：

1）两轴热特性相差明显，温升量及温度变化速率均有较大差异，C_1 轴主轴发热温升速率明显高于 C_2 轴。

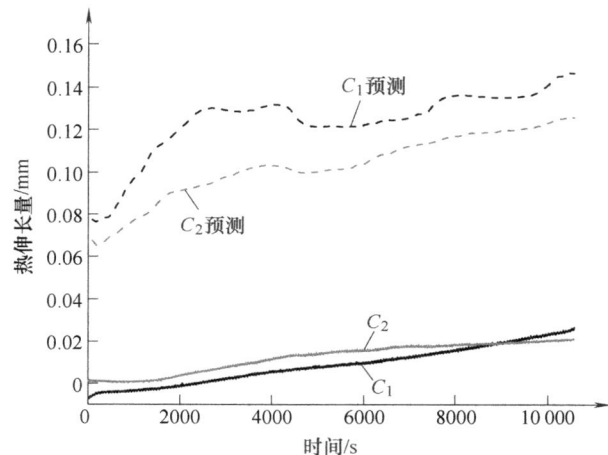

图 5-12 最小二乘法建模补偿后轴向热伸长量

2）系统补偿了部分热伸长量，但仍有 0.021mm（C_1 轴）、0.034mm（C_2 轴）热变形未得到补偿，热误差实验模型有待改进。

4. 贝叶斯网络建模补偿

采用贝叶斯网络建立磨床误差模型，通过误差补偿控制器的在线温度测量及模型预测，获得补偿位移量实现轴向位移控制，补偿后的位移变化由非接触激光位移传感器测量获得。

图 5-13 所示为贝叶斯网络建模补偿后轴向热伸长量。分析得到相关结论如下：

1）两轴热特性相差明显，温升量及温度变化速率均有较大差异，C_1 轴主轴发热温升速率明显高于 C_2 轴。

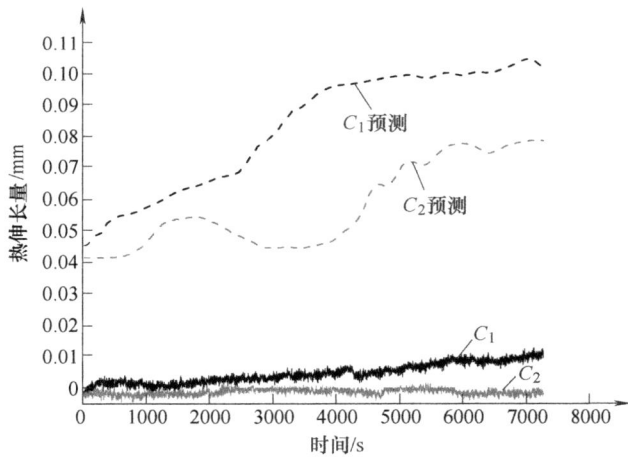

图 5-13 贝叶斯网络建模补偿后轴向热伸长量

2）系统补偿了部分热伸长量，但仍有 0.015mm（C_1 轴）、0.006mm（C_2 轴）热变形未得到补偿，热误差实验模型有待改进，但相比前一模型，补偿效果有所提高。

5.5 本章小结

本章综述了加工过程中的智能监控相关技术，重点阐述了机器视觉检测技术、热特性检测与辨识技术、动态综合误差建模与补偿技术，以及上述技术在加工过程中的应用，具体包括：

1）论述了机器视觉的检测方法、步骤、系统和微型钻头磨损状态的机器视觉检测方法。

2）论述了基于传感器优化配置的整机热特性测试方法和基于热模态理论的机床热特性快速识别方法。

3）论述了基于贝叶斯网络的机床动态误差综合建模方法和预测补偿方法。

参 考 文 献

[1] Duan G, Chen Y, Sukekawa T. Automatic optical phase identification of microdrill bits in printed circuit board manufacturing [J]. IEEJ Transactions on Electronics, Information and Systems. 2009, 129（7）: 1397-1407.

[2] Duan G, Chen Y. A statistical shape model and SVMs based scheme for visual inspection of microdrill bits in PCB production [J]. In: ; 2011.

[3] Duan G, Chen Y, Sukegawa T. Automatic optical flank wear measurement of microdrills using level set for cutting plane segmentation [J]. Machine Vision and Applications, 2010, 21（5）: 667-676.

[4] Duan G, Wang H, Liu Z, et al. Automatic optical phase identification of micro-drill bits based on improved ASM and bag of shape segment in PCB production [J]. Machine Vision and Applications, 2014, 25（6）: 1411-1422.

[5] 傅建中. 智能制造装备的发展现状与趋势 [J]. 机电工程, 2014, 31（8）: 959-962.

[6] 傅建中, 沙陈. 高速切削加工及其机床发展 [J]. 组合机床与自动化加工技术, 2003（11）: 6-8.

[7] 姚鑫骅, 徐月同, 傅建中, 等. 基于粗糙集理论的数控机床智能故障诊断研究 [J]. 浙江大学学报: 工学版, 2008, 42（10）: 1719-1724.

[8] 傅建中, 姚鑫骅, 贺永, 等. 数控机床热误差补偿技术的发展状况 [J]. 航空制造技术, 2010（4）: 64-66.

[9] 林伟青, 傅建中. 数控机床热误差建模中的温度传感器优化研究 [J]. 成组技术与生产现代化, 2007, 24（3）: 5-8.

[10] 曹永洁, 傅建中. 基于高精度位移传感器的机床主轴热变形实时测量 [J]. 组合机床与自动化加工技术, 2006（12）: 42-44.

[11] 林伟青, 傅建中, 陈子辰, 等. 数控机床热误差的动态自适应加权最小二乘支持矢量机建模方法 [J]. 机械工程学报, 2009, 45（3）: 178-182.

[12] 吴雄彪, 姚鑫骅, 何振亚, 等. 基于支持向量机的数控机床空间误差辨识与补偿 [J]. 中国机械工程, 2010（12）: 1397-1400.

[13] 吴雄彪, 姚鑫骅, 傅建中. 基于贝叶斯网络的数控机床热误差建模 [J]. 中国机械工程, 2009（3）: 293-296.

第 6 章

智能加工：加工质量的智能检测

6.1 引言

  智能化是智能加工的重要特征之一，贯穿于零件加工前、加工中和加工后的整个过程。加工前进行智能参数优选，加工中进行智能过程监测可以有效提高加工效率，节约加工成本，保证加工质量。但是由于实际加工条件的限制，加工完成的零件中不可避免地存在一些有质量问题的零件，因此零件加工完成后需要进行质量检测。以往机械零件的质量检测主要依靠人工来完成，存在着很多局限：比如人工检测效率低、成本高；检测人员在紧张、连续的作业环境下工作时，眼睛容易疲劳，检测准确率难以保证；一些人工无法完成的检测项目，必须借助专业设备和智能系统的处理与分析来完成质量检测。近年来，智能检测技术越来越受到学术界与产业界的重视。机器视觉技术是智能质量检测中最有效、应用最广的技术之一，能够很好地保证检测的可靠性和快速性，执行人工无法完成的质量检测。机器视觉技术被广泛应用于机械零件、纺织品、印制电路板、标签、电子组件和农产品等的质量检测。

  一个典型的机器视觉质量检测系统包括图像采集硬件系统和以机器视觉算法为核心的软件系统。图像采集硬件系统的类型多样，最主要的区别是不同硬件所采集的光线的波段不同。根据形成图像的光线波段不同，可以分为可见光图像、射线图像、红外图像等采集系统。不同类型的图像特点不同，适用于不同对象的质量检测。如可见光图像只能获取零件的表面信息，适用于检测表面质量；而射线图像可以获取零件内部信息，适用于检测零件的内部质量；红外图像配合热激励可以获取静态下难以察觉的缺陷的动态特征，可以用于动态质量检测。根据图像类型的不同，适合的机器视觉算法也可能大不相同，国内外学者针对不同类型的图像做了大量的算法研究。

  可见光图像是机器视觉质量检测中最常用的图像类型，具有硬件成本低，应用范围广的优点。针对可见光图像，国内外学者研究出了大量有针对性的机器视觉检测算法。Dhanasekar[1]运用机器视觉技术研究了匀速移动机械加工面（磨削、铣削）的表面粗糙度评价方法，并对模糊图像进行了恢复与重建。Fitri Arnia[2]提出了一种基于能量和对比度特征灰度共生矩阵的缺陷检测方法来进行纺织物缺陷检测，其中特征的提取基于 DCT 压缩图像，而高能量和低对比度区域被检测为纺织物缺陷。李炜等[3]研究了一种基于机器视觉的带钢表面缺陷检测系统，通过采用模块化硬件设计，图像处理软件满足实时检测的要求，可以有效地检测出生产线上的带钢表面缺陷（纵向条状缺陷、横向条状缺陷、点状缺陷及其他缺陷）。Tilocca 等[4]提出了一种新的基于自组织神经网络的特征分类方法，对纺织接缝进行质量检测。该方法首先定位低对比度图像中接缝的位置，再检测接缝样本的波度（三维信息）来进行接缝质量判断。Feng 等[5]介绍了一种检测和分辨磨削轮切削载荷和切削边缘磨损的新方法，通过明亮颗粒点的亮度调节来减少噪声误差，并通过使用交互方法使得基片的误判率降低。Manjunath[6]研究了从模糊光照测量联立估计场景结构和图像重构的问题。在不同光照条件下，根据固定相机获取的静态场景的任意模糊图像，仍可以通过表面梯度和反射率获取图像结构，同时进行图像盲复原。

由于射线的穿透能力强，射线图像可以用于检测零件的内部缺陷，但射线图像具有图像信息少、清晰度低等缺点，基于射线图像的质量检测往往具有更高的难度。基于射线图像的内部缺陷检测的方法多种多样。Heinrich 提出了 MODAN 滤波器法[7-8]，对铸件进行自动缺陷检测。Hecker 推广了 MODAN 滤波器，并开发了一种信号同步滤波器，以建立图像的背景函数[9]。该滤波器的参数估计实质是一个优化问题：求铸件同一位置的多张图像的对象方程的最小解[10]。Kaftandjian 等[11-12]实现了铝铸件的实时缺陷检测，在产品的生产移动过程中检测其内部缺陷并进行分类，提出了缺陷识别三步骤：缺陷检测、特征提取和分类识别。Lehr 等用基于摄像机模型的立体射线实时成像系统对内部缺陷进行三维分析[13]，从任意方向的两幅 X 射线图像就能求出缺陷的位置和体积。Mery 提出了一种缺陷追踪匹配法[14]：该方法通过对铸件的同一个位置拍摄多张具有微小位移的图像，检测图像中的潜在缺陷（其中大部分为伪缺陷），对每一潜在缺陷，在其他图像中寻找与其相匹配的潜在缺陷，如果其他图像中存在与其匹配的潜在缺陷，则将该潜在缺陷判定为真实缺陷，反之去除。Strecker 提出了一种结合局部特征算子和灵活的图像匹配的方法[15]，以解决 X 射线投影图像中缺陷（大多为缩孔）的自动检测和分类。将灰度图像用一种局部特征算子转换为二值图像，由于该算子对缺陷较敏感，而对物体结构（如边缘、转角等）不太敏感，从而实现了铝铸件缩孔的识别。

由于红外成像检测技术具有快速、非接触、测量范围大、实时性、对人体无害和结果的易读性等优点，已经在无损检测领域取得了优势地位。红外温度成像能够通过观测红外的放射效果，将检测结果制成温标，用来评价和预测物体表面以下的结构和特性。使用涡流技术和热学成像技术的红外成像系统有着广泛的应用前景[16-17]。与其他无损检测系统相比：红外成像的热量不局限于物体表面，它能随着涡流的强度增加而深入物体的内部；并且，由于摩擦或涡电流畸变的影响，温度感应热成像的温升主要集中在缺陷处，增加了缺陷区域和非缺陷区域的对比度。红外成像被广泛运用于金属材料渗碳层厚度的测量[18]、压缩机叶片的微小缺陷检测[19]、疲劳断裂的发生概率估计[20]、碳纤维加强塑料的耐冲击估计[21]、涂装过程中的腐蚀[22]、层间剥离和多裂纹检测[23]。红外成像技术使用若干热成像瞬时响应特征来表征缺陷，这些特征对决定维护与否和寿命预估至关重要[24]。上述大多数方法都局限于人工挑选出合适的对比度成分。为了提高缺陷检测成功率和抗噪能力，基于模式的图像增强技术通过使用一组正交的基函数表示原始数据。使用傅里叶变换的相位图大大增强了缺陷对比度[25]。基于傅里叶变换的图像重建算法消除了非线性加热和物体表面的热辐射变化因素的影响[26]。除了正交基函数外，也可使用经验正交函数来最大化瞬时响应的不规则模式。通过提取一系列原始图片和轮廓的热成像特征，参考文献[27]中比较了主成分分析（PCA）的效率。另外，参考文献[28-31]中使用了独立成分分析（ICA）和非负矩阵因式分解

（NMF）表征缺陷。除了常规的静态检测手段以外，红外成像还可以采用动态的检测方法：通过对待检测零件施加一种热激励，观测零件的不同区域在这一过程中的温度动态变化。

由于篇幅所限，这里无法介绍所有的机器视觉质量检测方法，因此，选取三种具有不同特点且具有代表性的检测对象，分别介绍基于可见光、X射线、红外线三种成像的表面、内部和动态缺陷检测方法。

6.2 基于可见光成像形状特征的零件表面缺陷检测

在质量检测中，可见光图像是最常用的图像。在零件生产流水线上架设一个或多个可见光工业摄像头，就能获取零件的图像，从而将其传输至视觉软件系统以进行缺陷检测。由于可见光摄像头只能摄取零件表面可见部分的图像，因此可见光视觉检测往往用于检测零件的表面缺陷。

基于可见光图像的零件表面缺陷检测的应用非常广泛，不同的零件类型适用的图像处理与机器视觉方法也不同。这里选取一种典型的产品——受话器作为实例进行详细介绍。受话器通过将音频电信号转换为声音信号，广泛应用于手机、电话等终端通信设备中。受话器生产过程中，容易产生绕线与音圈涂层缺陷，降低产品的质量，影响使用效果。受话器的绕线与音圈涂层质量检测，包含三项关键技术：潜在缺陷区域分割技术、块状与线形缺陷区域的形状特征提取，以及块状与线形缺陷的分类识别。

6.2.1 潜在缺陷区域分割技术

图像分割是图像分析与理解的基础，因此获取清晰和准确的边界轮廓是非常重要的。常用的彩色图像分割方法包含统计模式识别[32]、种子区域生长[33]、分水岭标记分割[34]、边缘检测[35]和聚类法[36]等。由于每种方法各有优缺点，融合各种图像分割算法成为一种较好的研究思路。受话器内部结构虽然简单，然而颜色特征分布却十分复杂，通过直接进行阈值分割、聚类分析等方法难以提取缺陷区域。通过受话器加工工艺流程可知，其内部缺陷由音圈胶合、引线点焊工艺流程引入。图6-1是受话器内部结构。其内部缺陷主要存在音圈涂层过宽或过窄、涂层断胶、引线交叉、缺口存在铜丝四种。需要进行缺陷检测的区域是已知的，针对单一图像可以通过区域生长的方法将缺陷区域标记出来，然后分析区域的H、S、V分量直方图，得到分类依据与阈值中心，最后通过统计分类的方法得以实现图像在线区域分割。

得到缺陷区域之后，噪声和明显的背景元素被提取出来了。可以通过面积阈值去除一些噪声小块，使得区域变少，目标凸显，便于后续分析。图6-2是利用面积阈值进行分割后得到的结果，可以看到相差较为明显的连通区域，然而与目标区域相似的连通区域并没有消除。为了准确提取目标缺陷，需要进一步利用图中潜在的信息。

图6-2中音圈涂层被完整分离出来，音圈引线与缺口铜丝还需进一步分离。分析图中经面积优化后提取的缺陷图像，发现剩余的各连通区域分散在图中，且与待提取的目标有着一定的距离，因此考虑利用连通区域的质心与图像质心的距离来进一步优化提取结果。考虑到实际生产场合由于振动和受话器摆放角度问题，拍出来的图片可能有一定的旋转角度，同时会有一定的平移误差，而质心距对于这两种情况有着很好的不变性，因此可以用来提取目标

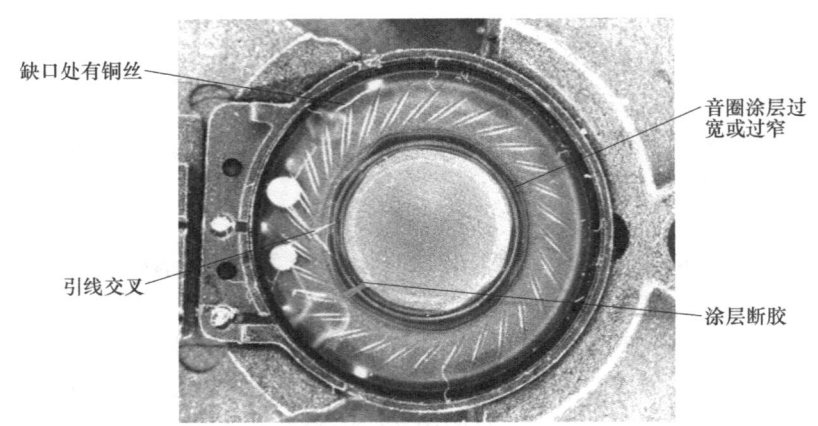

图 6-1 受话器内部结构

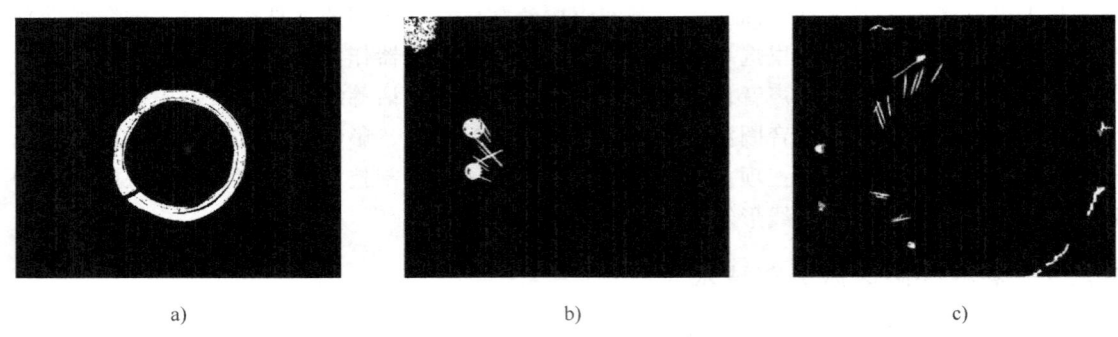

a)   b)   c)

图 6-2 面积阈值优化后提取的目标区域

a）音圈涂层优化提取   b）音圈引线优化提取   c）缺口铜丝优化提取

缺陷。利用质心距提取的目标缺陷如图 6-3 所示，音圈引线区域和缺口铜丝区域被完整分离出来。

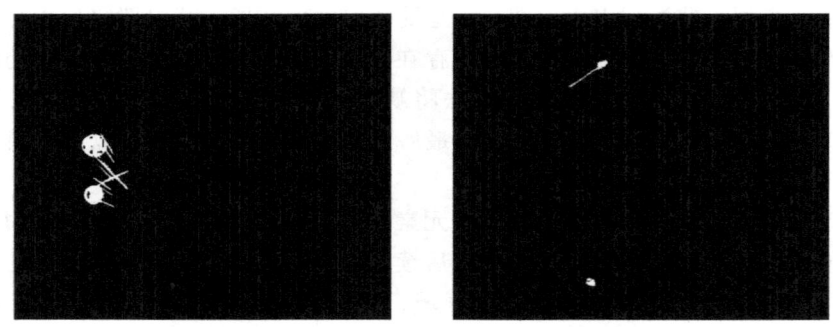

图 6-3 质心距阈值优化后提取到的缺陷目标区域

6.2.2 块状与线形缺陷区域的形状特征提取

图像分割为不同区域的像素集合后，进行缺陷识别需要提取出必要的信息。缺陷检测的一个主要工作就是选取有效的描述方法从图像中获取对象特征的定量信息，即特征抽取。而所谓图像特征,是指输入的原始图像经低层处理后得到的边缘、曲线或区域。如何把这些特征转换为通常意义下的几何形状的描述,即用结构化数据或数学上的方程函数来表示是主要内容。针对分割出来的图像进行形态学处理不光滑表面,充实内部孔洞。接着根据所需检测的缺陷种类,分析现有的特征描述方法,利用基于拓扑描述子和标记圆的缺陷目标区域特征提取方法获取音圈涂层的区域特征,利用基于区域描述子的缺陷特征描述方法来提取音圈引线和缺口铜丝的区域特征。该方法能有效获取缺陷特征,便于后续的模式识别分析。

1. 块状缺陷特征提取与选择

当音圈涂层过宽或者过窄时,都会严重影响到受话器的质量和使用性能,因此对于涂层的精确检测至关重要。常规的检测方法通过获取涂层的质心,求取涂层的拟合圆,用圆的直径大小来判断涂层有没有超过范围。这种方法效率低下,由于涂层拍摄出来形状不同,容易造成较大误差,使判断出现错误。如果通过检测涂层的边界轮廓和质心,求取轮廓与质心之间的欧拉距离,将边界从二维转变为一维描述,将大大提高效率和准确度。

由于摄像头基本保持不变,只有轻微的振动,因此尺度保持一致性,而旋转并不影响幅值大小。因此,通过标记图来描述图形大小是非常实用的方法。

在获取图像的标记图之前必须先得到图像的质心和边界轮廓。区域重心的坐标是根据区域中的点计算出来的,是一种全局描述符。其坐标的计算公式见式(6-1)和式(6-2)。其中 x、y 的选取满足二值图像 $Y=1$。

$$\bar{x} = \frac{1}{A} \sum_{(x,y \in R)} x \tag{6-1}$$

$$\bar{y} = \frac{1}{A} \sum_{(x,y \in R)} y \tag{6-2}$$

式中,R 为目标区域;A 为区域 R 中的像素数目。

在实际针对图像求取重心坐标时,通过扫描法遍历整幅图像,获取白色区域的坐标值,求和得到其重心坐标。

边缘检测有着成熟的技术,国内外提出了各类检测算法,经典的检测算法包括:Roberts 梯度算子[37]、Laplacian 算子[38]、Prewitt 算子[39]、Sobel 算子[40]、LoG 算子[41]和 Canny 算子[42]。针对图像区域特征,这里选取 Canny 边缘检测算子来进行边界检测。Canny 边缘检测算子是一类最优边缘检测算子,它在许多图像处理领域得到了广泛的应用[43-44]。其考察检测边缘算子的指标是:

1) 低误判率,即尽可能少地把非边缘点误认为是边缘点。

2) 高定位精度,即准确地把边缘点定位在变化最大的像素上。

3) 抑制虚假边缘。

Canny 算子的基本思想是:先对处理的图像选择一定的 Guass 滤波器进行平滑滤波,抑制图像噪声;然后采用一种称之为"非极值抑制"的技术,细化平滑后的图像梯度幅值矩阵,寻找图像中的可能边缘点;最后利用双门限检测通过双阈值递归寻找图像边缘点,实现边缘提取。

在进行边缘提取时,由于已经将图像二值化,且进行了滤波处理,因此提取更为简单。图 6-4 是音圈涂层获取边缘检测和重心值后的图像,可以看到边缘和重心都准确描述出来了。获取音圈涂层的重心与边缘值后,接着进行标记圆的获取。

获取标记圆的流程如下：

1）获取连通区域的内外边界。

2）将边界点坐标转化为基于质心的极坐标上面的点。

3）将采样间隔设定为 1°。

图 6-5 是音圈涂层获取的标记曲线，可以用来描述音圈涂层的边界分布情况。图 6-5a 是有音圈断胶的图像，可以看到由于存在断胶，则内外边界之间存在着联系，在图像上表现出存在连续的半径值，其外接圆半径为 138 像素，内切圆半径为 95 像素。图 6-5b 和图 6-5c 分别是音圈外圈和内圈的标记圆，可以看到由于涂层并没有表现出较高的圆度，因此并没有呈现出一条较为平坦的曲线，反而有着较大的波动，其内切圆半径为 93 像素，外接圆半径为 138 像素。通过获取图像中的波峰和波谷，可以判断涂层的最大和最小半径，结合后续获得的偏心率可以描述涂层的波动程度，从而可以检测出音圈涂层有无超出范围。

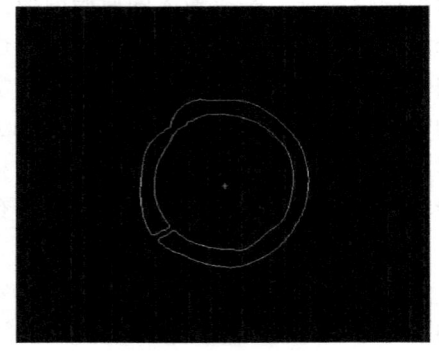

图 6-4　音圈涂层获取边缘
检测与重心值后的图像

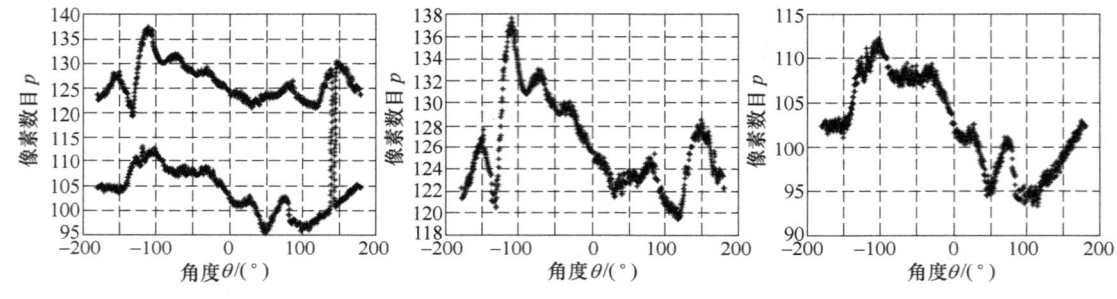

图 6-5　音圈涂层标记曲线

a）音圈断胶标记　b）音圈完整外圈图　c）音圈完整内圈图

在得到完整的缺陷目标之后，可以得到其连通区域，从而构建出最小外界矩形，在此基础上获取音圈涂层有无缺陷中所有的形状特征描述，从而进行缺陷判断。提取到的三幅图像中音圈涂层区域的形状特征描述见表 6-1，其中区域 A 和区域 C 是完整音圈涂层，区域 B 是存在断胶的音圈涂层。

表 6-1　音圈涂层区域的形状特征描述

区域描述	几何特征		形状因子					拓扑子
	面积（像素）	周长（像素）	矩形度	宽长比	圆形度	球状度	偏心率	欧拉数
A	16984	856	0.2628	0.9690	43.14	0.6739	0.2994	0
B	16655	1600	0.2572	0.9653	153.7	0.6884	0.2933	1
C	15529	849	0.2446	0.9765	46.41	0.6741	0.1533	0

分析获取的音圈涂层缺陷特征，发现矩形度、宽长比以及球状度在有无缺陷时均保持着较小的变化，矩形度和面积虽然有着相关变化，却很细微，不宜用来进行缺陷判断。而宽长

比、圆形度以及欧拉数在存在断胶缺陷时保持着较大的数值或不同的值,在不存在断胶缺陷时保持着明显相对正相关性。考虑到闭合圆环与非闭合圆环在欧拉数上存在着差异性,通过选择欧拉数来表征涂层断胶是个很好的选择。分析音圈涂层的缺陷特征,当涂层圆环内部孔洞消除之后,如果不存在断胶,计算可得欧拉数为0。当音圈涂层存在断胶时,内部孔洞由于不存在,欧拉数为1。利用这个特性,可以有效检测音圈涂层断胶情况。为了方便计算,以及满足特征选取标准,选取欧拉数为判断音圈涂层断胶的依据。

分析音圈涂层较宽或者较窄的情况时,发现偏心率、内切圆半径和外接圆半径有着较为明显的差别。其中偏心率实际代表着外边界半径的波动幅度,波动幅度大,则偏心率较大,并不能直接用来进行判断。因此选用三者同时作为判断有无音圈涂层过窄或过宽的依据。

因此,判断音圈涂层有无缺陷的特征包括:欧拉数、内切圆半径最大及最小值、外接圆半径最大及最小值和偏心率,据此构建出六维特征向量来进行描述。

2. 线型缺陷特征提取与选择

(1)音圈引线的线型缺陷特征提取与选择　为了获取音圈引线和缺口铜丝区域的缺陷特征,先对图像进行了形态学分析,去除了内部孔洞,使得缺陷特征更为清晰,如图6-6所示。图6-6a为音圈引线交叉的情况,图6-6b为音圈引线不存在交叉的情况,可以看到图像内部的孔洞都已填充,同时边缘轮廓非常清楚,各相邻区域不存在关联。因此,分割后的图像区域便于进行边缘检测。

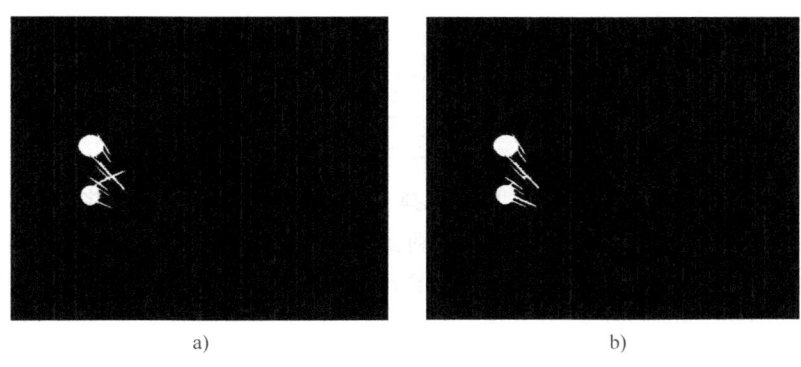

图6-6 音圈引线区域优化后对比图
a)音圈引线交叉情况　b)音圈引线正常情况

获取清晰的音圈引线之后,为了提取其形状特征,进行Canny边缘检测,以获取其边缘轮廓供后续分析。图6-7是音圈引线区域进行边缘检测后的结果,图6-7a是音圈引线交叉时的轮廓,图6-7b是音圈引线不存在交叉时的轮廓。可以看到轮廓被完整地提取出来,这便于形状特征的提取。

音圈引线区域的形状特征描述结果见表6-2,其中区域A表示图6-7a中的区域,区域B和区域C分别表示图6-7b中的区域。分析表6-2提取出来的形状特征,矩形度、偏心率和欧拉数在有无缺陷时没有明显的改变。而周长和面积均与像素点的多少有着直接关系,选取周长作为特征量之一即可。在相交时,周长明显较大,以此可以作为判断的其中一个标准。在不相交时,区域较为狭长,因此宽长比可以作为一个依据,而圆形度与宽长比和周长不存在直接关联,并且能够用来表征区域的复杂程度,再加上有着较大的区分性,也可以作为一

图 6-7 音圈引线区域进行边缘检测后的结果
a）引线交叉轮廓 b）正常情况轮廓

个特征。

因此，音圈引线区域的特征有周长、宽长比和圆形度，总计三维特征来构建特征向量。

表 6-2 音圈引线区域的形状特征描述结果

区域描述	几何特征		形状因子				拓扑子
	面积（像素）	周长（像素）	矩形度	宽长比	圆形度	偏心率	欧拉数
A	2767	834	0.2913	0.6080	251.4	0.9217	1
B	1662	478	0.2308	0.7813	137.4	0.9179	1
C	1100	358	0.3333	0.7576	116.5	0.7336	1

（2）缺口铜丝的线形缺陷特征提取与选择　缺口区域存在铜丝，将使得受话器的性能受到损失，仅仅将铜丝提取出来进行缺陷识别比较困难，通过将与铜丝相连接的缺口反光区域和铜丝一起提取出来可以有效检测缺陷。图 6-8 是缺口铜丝潜在缺陷区域的提取结果，图 6-8a 是将缺口铜丝区域进行形态学优化后的图像，可以看到内部孔洞明显消除，特征得以凸显。图 6-8b 是在此基础上获取的外部轮廓。由于存在铜丝，使得有无缺陷在视觉上有着比较明显的区分，将其形状特征提取之后再进行具体分析。

图 6-8 缺口铜丝潜在缺陷区域的提取结果
a）形态学优化后结果 b）外部轮廓

分析存在铜丝的区域，可以发现较为狭长，因此可以选择矩形度或宽长比之一作为特征。表 6-3 是图中缺口铜丝区域进行形状特征描述得到的输出，分析表中得到的实验数据，矩形度有着更大的区分度，可以将其选为分类识别的形状特征。由于铜丝的存在，整个区域被拉长，因此周长变化较大，选用周长可以作为判断依据之一。圆形度能够用来描述区域的复杂程度，存在铜丝时明显会使其变大很多。其他形状特征也存在着一定程度的区分度，根据形状特征的第三条独立性准则，缺口铜丝的形状特征有周长、矩形度和圆形度。因此，缺口铜丝区域包含三维特征向量。

表 6-3 缺口铜丝区域的形状特征描述

区域描述	几何特征		形状因子				拓扑子
	面积（像素）	周长（像素）	矩形度	宽长比	圆形度	偏心率	欧拉数
A	265	172.3	0.0937	0.7143	112.0	0.9946	1
B	135	57.7	0.6429	0.9333	24.66	0.6592	1

依据特征选取的原则，提取出音圈涂层六维特征向量、缺口铜丝三维特征向量和音圈引线三维特征向量，共计 12 维特征向量，可以用于后续的缺陷异步分类识别。

6.2.3 块状与线形缺陷的分类识别

用机器代替人认识图像和找出一幅图像中人们感兴趣的目标，这是模式识别要解决的问题。在研究了受话器缺陷区域的分割，并对缺陷区域进行特征描述的基础上，将根据提取的缺陷特征进行基于 BP 神经网络的分类识别。

对于受话器缺陷检测系统而言，系统主要进行两类检测：块状区域检测和线型区域检测。对应到受话器里面则是音圈涂层检测（断胶、涂层宽度）、音圈引线检测（交叉）和缺口铜丝检测（存在）。由于将图像分割为三大区域，因此分类检测分为三个模块进行。

实验选取 320 幅图像进行检测识别，一般而言，根据统计学原理，较多的样本数量将使得检测结果趋近于真实值。在使用 BP 神经网络进行分类识别中，不同的训练样本和训练次数将影响最终结果。将 320 幅图像中 70% 作为训练样本，用于生成特定的神经网络模型，将 15% 作为验证样本，验证其可行性，剩余的 15% 用于测试样本，测试生成的神经网络的效果。

针对音圈涂层的缺陷特点，选取了欧拉数、内切圆半径、外接圆半径和偏心率作为缺陷的识别特征。由于涂层断胶与涂层宽度范围互相独立，因此独立检测其缺陷。因此选取输入层神经元数为特征数目 5，输出层神经元数为检测结果 2，隐含层神经元个数设置为 11。

受话器音圈涂层训练样本特征见表 6-4，共计 320 组特征向量，输出结果用 [0, 1] 表示涂层宽度适中，[1, 0] 表示涂层存在较宽或较窄的情况。

在训练过程中，由于样本选取的随机性，会出现不同的训练结果，图 6-9 和图 6-10 是同一个样本的不同验证结果。

图 6-9 是受话器音圈涂层区域神经网络训练较成功的结果。图 6-9a 是 152 次迭代之后获取的均方差曲线，可以看到训练样本、验证样本和测试样本均收敛于同一极小均方误差 10^{-7}。在曲线收敛过程中，存在着高度的重合性，说明算法分类效果好，最终结果如图 6-9b 所示，显示出 100% 的识别率。

表 6-4 受话器音圈涂层训练样本特征

图像序号	外接圆半径 R 最大值（像素）	外接圆半径 R 最小值（像素）	内切圆半径 R 最大值（像素）	内切圆半径 R 最小值（像素）	偏心率
1	133	121	108	96	0.2423
2	142	115	110	97	0.9025
3	135	121	108	96	0.2511
4	133	121	107	96	0.2176
5	130	115	109	98	0.8954
6	129	119	109	98	0.1256
7	129	118	110	99	0.2403
8	134	120	110	93	0.3109
9	134	120	109	94	0.3109
10	140	119	109	94	0.9051
…	…	…	…	…	…

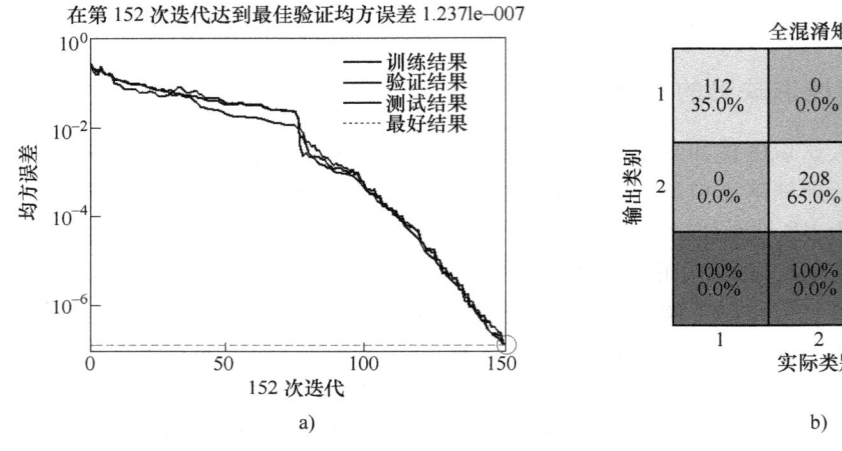

图 6-9 受话器音圈涂层区域神经网络训练较成功的结果
a）均方差曲线　b）100%的识别率

图 6-10 是受话器音圈涂层区域神经网络训练后较差的输出结果。图 6-10a 是 16 次迭代后得到的均方差曲线，其验证样本的最小均方误差为 0.285，可以看到最终的正确识别率如图 6-10b 所示，只有 65.0%，错误识别率高达 35%。因此对于不稳定的神经网络模型，经过多次尝试获取合适的神经网络模型是非常重要的。

音圈引线的缺陷检测是为了检验与音圈焊接的铜丝之间有无交叉，若存在交叉，则将其显示出来。针对音圈引线的特点，选择了周长、宽长比和圆形度作为其特征向量。这些特征中，周长与所拍摄的尺度相关，其他是比值量。因此，选取的输入层特征量为 3，输出层为检测结果 2，隐含层由公式计算可得 7。

受话器音圈引线训练样本特征见表 6-5，由于当不存在铜丝交叉时，可以检测出两块铜丝区域，因此 320 幅图像可以提取出来 488 组特征向量。输出结果中用 [0, 1] 表示存在铜丝交叉，用 [1, 0] 表示不存在铜丝交叉。

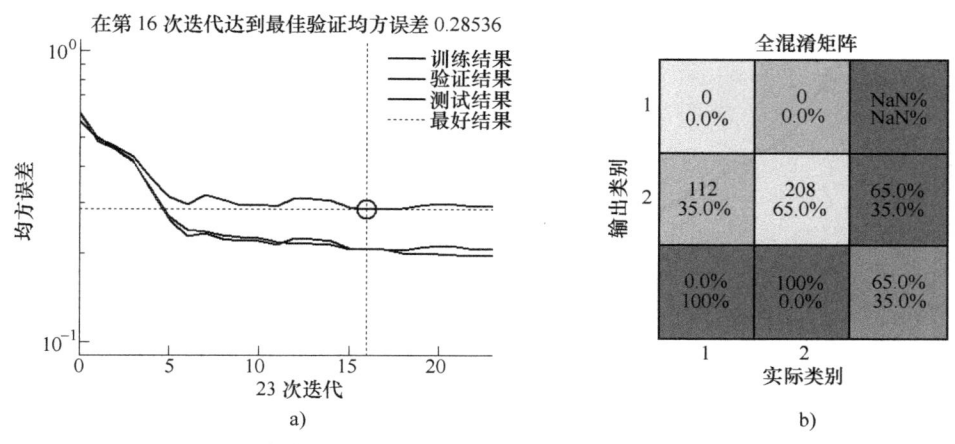

图 6-10 受话器音圈涂层区域神经网络训练后较差的输出结果
a) 均方差曲线 b) 识别率

表 6-5 受话器音圈引线训练样本特征

图像序号	周长(像素)	宽长比	圆形度
1	572	0.626	108.0
2	631	0.6111	125.0
3	623	0.6111	111
4	619	0.5840	130.0
5	379	0.9157	70.5
6	266	0.5962	43.4
7	371	0.9762	66.8
8	332	0.863	82.4
9	314	0.863	76.0
10	284	0.700	55.6
…	…	…	…

图 6-11 是音圈引线进行神经网络训练后 100% 的识别结果，可以看到训练样本、验证样本和测试样本曲线高度重合，且最后收敛于 10^{-7}。在多次训练中，虽然收敛迭代次数有所改变，但都满足 100% 的识别率。因此，音圈引线提取的特征有较大的区分度，且分布较为均匀，选取的特征描述方法较为理想。

缺口铜丝的检测是为了判断缺口处是否存在多余的铜丝，如果存在，将影响受话器的质量。根据有无铜丝时缺口区域的特点选取了周长、矩形度和圆形度作为判断的特征向量。因此输入层的特征数目为 3，输出层的检测结果为 2，隐含层的神经元个数由计算可以得知为 7。

受话器缺口铜丝训练样本特征见表 6-6，由于每张图片上存在着两个缺口，因此一个图像中可以获取两个样本，得到共计 640 组特征向量。输出结果中用 [0, 1] 表示存在缺口铜丝，用 [1, 0] 表示不存在缺口铜丝。

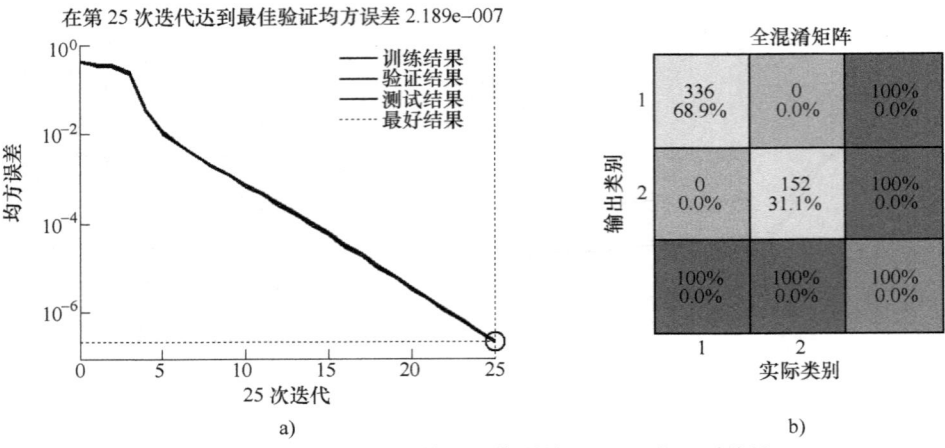

图6-11 音圈引线进行神经网络训练后100%的识别结果
a）均方差曲线 b）识别率

表6-6 受话器缺口铜丝训练样本特征

图像序号	周长（像素）	矩形度	圆形度
1	44	0.7667	14
2	69	0.7083	15.6
3	42	0.6667	15.8
4	65	0.6932	14.7
5	155	0.099	105
6	127	0.1626	67.5
7	114	0.1514	70.6
8	129	0.206	51.8
9	126	0.2239	47.1
10	118	0.2228	51.2
...	...	...	...

图6-12是缺口铜丝区域进行神经网络训练后99.4%的识别率，可以看到此时图6-12a中

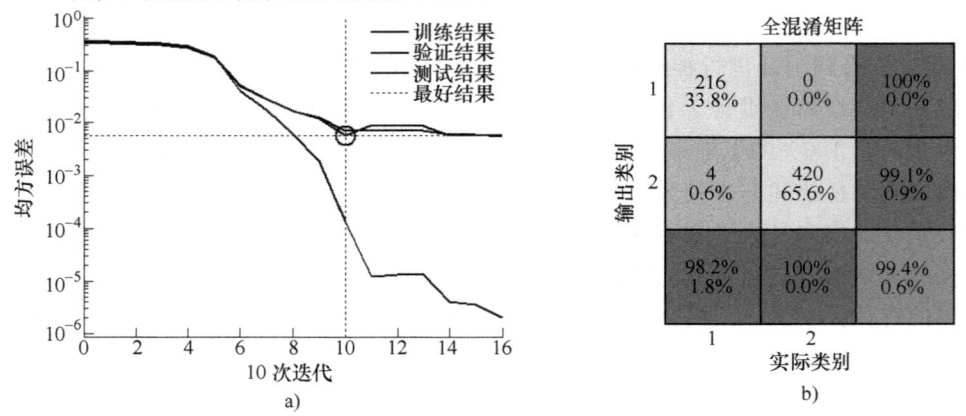

图6-12 缺口铜丝区域进行神经网络训练后99.4%的识别率
a）均方差曲线 b）识别率

曲线验证样本有着 0.005 的极小均方差，图 6-12b 的结果也表明有着 99.4% 的识别率。此时训练出来的网络可以用于在线缺陷检测，因此当有着较多的特征样本数时，在迭代次数较少（图 6-12 为 10 次）时就能得到最优结果。

6.3 基于射线成像山峰定位的零件内部缺陷检测

零件内部的缺陷肉眼无法观察，普通的可见光摄像机也无法获取内部缺陷信息，必须通过射线等特殊手段进行检测。用射线，尤其是 X 射线对零件的内部缺陷进行检测已经成为一种常用的手段。在 X 射线图像中，常常能看到很多的材料不连续，如噪声、裂纹、缩孔等，对应于这些缺陷的图像区域的像素亮度值比较高。原因是 X 射线在经过这些缺陷的衰减路程要比其他区域短。因此，X 射线图像中待检物体的缺陷与其非缺陷邻域的灰度对比能够很好地区分出来。根据不同衰减程度的原理，材料中缺陷的检测能够用机器视觉技术来自动完成，从而区分出 X 射线数字图像中的不正常区域。

目前，零件内部缺陷的 X 射线检测许多还是由人工来完成，如图 6-13 所示。人工检测费时费力且不准确，用机器视觉技术来实现材料缺陷的自动检测可以节省人力成本，提高生产效率和产品质量。这里以一种典型的铸造零件——汽车轮毂为例来介绍基于射线图像的零件内部缺陷自动检测与识别方法。图 6-14 所示为轮毂 X 射线检测系统。它分为硬件和软件两个部分，硬件部分主要由 X 射线发射装置等硬件设施构成，它们的主要作用是

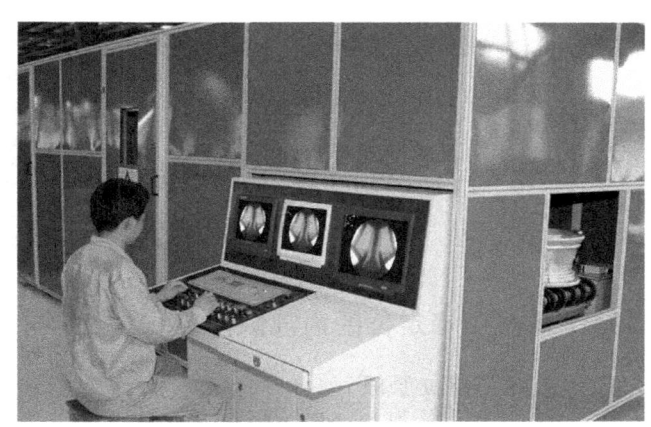

图 6-13 零件内部缺陷的 X 射线人工检测

获得轮毂内部不同部位的 X 射线数字图像。软件部分主要包括缺陷定位和缺陷检测两个主

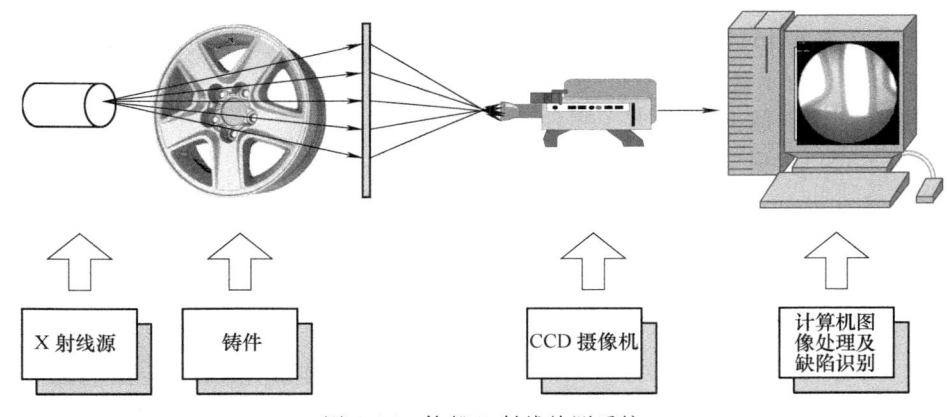

图 6-14 轮毂 X 射线检测系统

要部分。首先采用山峰定位法对缺陷进行定位,然后在缺陷区域提取种子点与边缘并进行种子填充,以获得精确的缺陷轮廓,主要处理流程如图 6-15 所示。

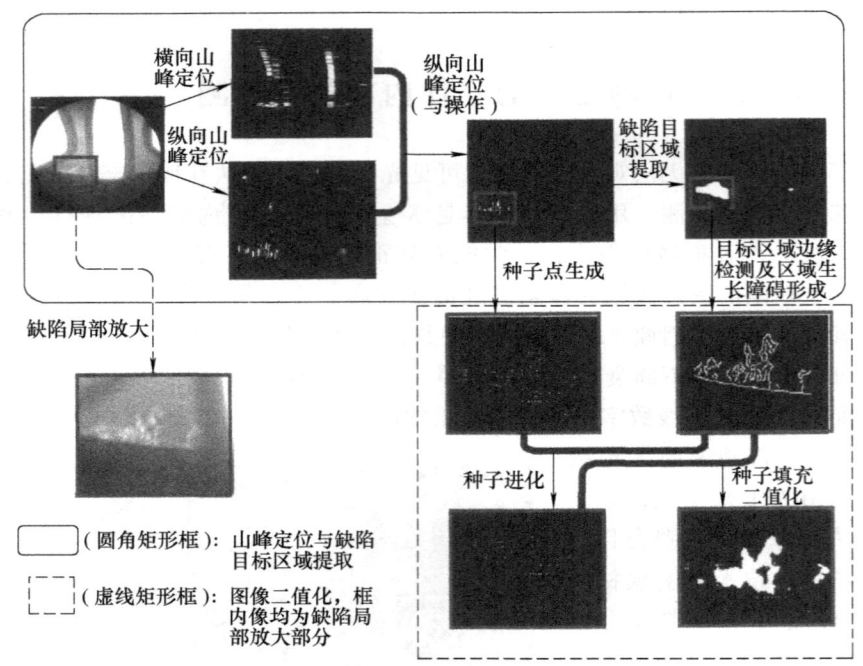

图 6-15　零件内部缺陷定位与检测处理流程

6.3.1　基于山峰定位的内部缺陷区域定位

1. "山峰"定位原理

图 6-16 所示为一典型的轮毂铸件 X 射线检测图像,矩形框内为缺陷所在区域。从图像可以看出,铸件的结构、厚度不一、(射线)光照强度不一、噪声等都是影响缺陷目标区域提取的因素,造成缺陷区域提取困难。但是经过仔细分析发现,它们存在特征上的较大差异,这是检测的基础。

(1) 轮毂铸件 X 射线图像的特点　为了便于描述,将图 6-16 中轮毂图像的其中一行的灰度曲线作为示例。图 6-17 显示了图 6-16 第 360 行像素的灰度曲线(铸件图像尺寸为 768×576),横坐标表示所有像素点的横向位置,纵坐标表示像素点的灰度值。

从图像一行的灰度曲线来看,可以将灰度的起伏分为两大类,一类为凸起,另一类为凹陷。对于凹陷,不论其尺寸大小,均被定义为"山谷";而凸起则可分为"山峰""高原""山脉""土丘"四种类型;将

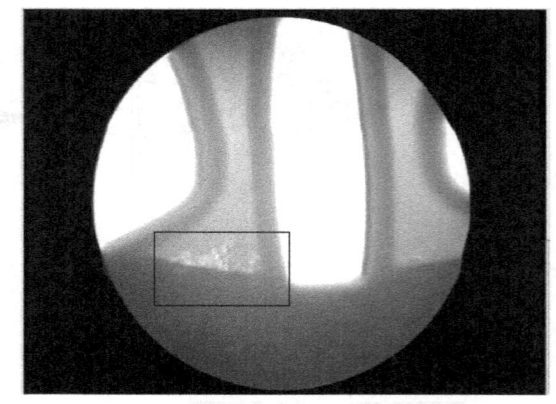

图 6-16　轮毂铸件 X 射线检测图像

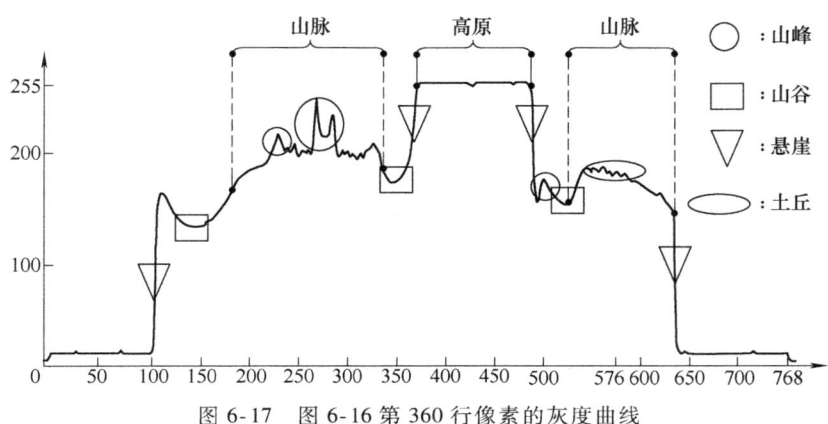

图 6-17 图 6-16 第 360 行像素的灰度曲线

"高原"或"山脉"的陡峭单边的边缘定义为"悬崖"。通过不断地实验和研究发现各类型灰度变化具有各自不同的特点：山谷下凹；高原高度最大，宽度较大；山脉高度次之，宽度同样较大；山峰高度再次之，宽度也较窄；土丘则起伏最小。各种类型的起伏代表各自对应的图像局部特征，其中山峰主要代表缺陷像素块。山谷的形成主要由背景、光照或者铸件上的图案形成，但无论如何不是缺陷，因为缺陷像素块总是较其邻域的背景要亮。高原主要由铸件的空洞部分形成，X 光直接照射而没有任何阻碍，因此其灰度值非常大，也很平坦。山脉主要由光照不均匀引起，因而存在大面积的凸起。土丘则主要由噪声构成。由于这几种起伏类型在尺寸和形态上差别较大（虽然大尺寸缺陷和小尺寸缺陷在宏观尺寸上差别非常大，但是大尺寸缺陷依然由小山峰构成，这一特征使得算法对大、小尺寸的缺陷都同样适应），因此寻找代表缺陷所在的山峰比较容易实现。算法对噪声的大小、铸件结构的不同、铸件的不同位置以及（射线）光照不均匀等条件不敏感。

（2）山峰定位方法　山峰定位，就是在一维（单像素）方向上确定可能的缺陷像素位置，根据不同灰度变化尺寸定义了灰度起伏的各种类型。以横向为例，从上向下，逐行进行山峰扫描。在每一行从左第一个像素起向右计算灰度变化，灰度稳定增加并且负增量不大于某一个设定的较小阈值称为"上坡"，灰度稳定减小并且正增量不大于某一个设定的较小阈值称为"下坡"。一个完整的上坡和下坡构成一个潜在山峰。将前一个潜在山峰的末端作为下一个潜在山峰的起点。潜在山峰通过三个参数来判断是否为真实山峰。这三个参数分别是山峰高度（H-height）、山峰宽度（H-width）、山峰陡峭度（H-sharp）。由于各种灰度变化类别区分度较大，因而参数的设定不需要很精确，并且设定之后，可以适用于所有的图像。这里设置 $10<H\text{-height}<75$，$7<H\text{-width}<25$，$1<H\text{-sharp}<8$。

图 6-18 为图 6-16 第 250 行像素的灰度图像，对该行进行山峰定位并将山峰削除表示在图 6-18 b 中。从图 6-18a、b 的对照中可以看出，山峰被准确地识别出来了。在图 6-18a 中，共有山峰、高原、山脉、土丘四种类型，但是除了山峰之外，其他三种类型，即高原、山脉、土丘都没有被错误地认为是山峰。而且这是在图像没有经过任何预处理的情况下实现的，这使得识别算法的计算量非常小，并且不会出现由于预处理而引起的伪山峰。

2. 利用纵横削峰获得缺陷小块

图 6-19 展示了准确的山峰定位识别效果，但是对照图 6-16 可以看出，这个一维的山峰并不是缺陷所在的位置，这是由于一维信息不够所造成的。在铸件结构转角的一些位置以及

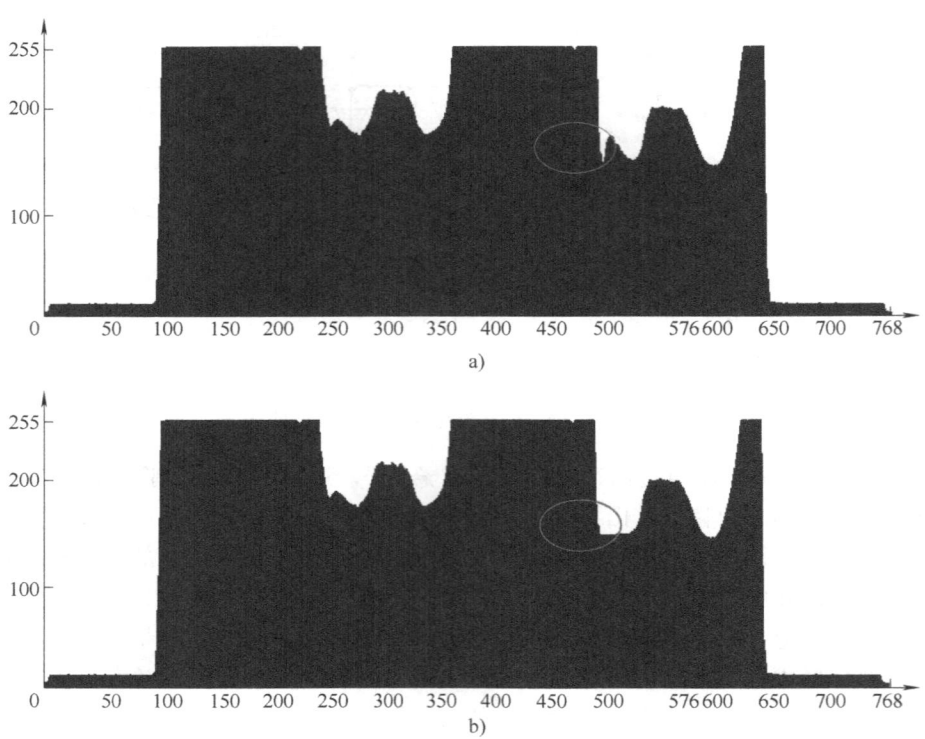

图 6-18 图 6-16 第 250 行像素的灰度图像
a）轮毂图像一行的灰度曲线图 b）削除山峰后的灰度曲线图

亮度变化的边界位置，从一维方向上来看，具有与一维缺陷山峰一样的形状，被误认为是缺陷山峰。因此，需要另外从其他方向进行山峰识别，并且对两个方向进行综合，才能得到只包含少量伪缺陷的二维缺陷山峰。将图 6-16 的轮毂图像进行横向和纵向两个方向的山峰识别，并且将山峰用黑白二值图像表示，如图 6-20 所示。

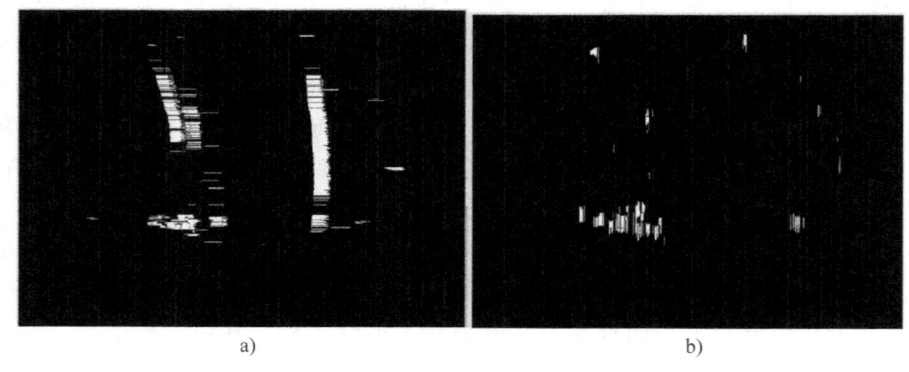

图 6-19 准确的山峰定位识别效果
a）横向削峰 b）纵向削峰

由图 6-19a 可以看出，横向山峰虽然标识了缺陷所在位置，并且不受噪声和铸件孔洞以及图案的影响，但包含了大量由于铸件不同部位厚度不一以及其他原因而产生的伪缺陷，图

6-19b 中的纵向山峰定位存在着同样的问题。但是综合横向和纵向两种山峰之后，可以得到只含少量伪缺陷，又标识着几乎所有真实缺陷所在的缺陷像素小块，如图 6-20 所示。

对照图 6-16 可以看到，图 6-20 所示的缺陷像素小块包含了大部分的缺陷信息，并且包含伪缺陷非常之少，这是整个方法高准确性的基础。但是这些像素小块并不能完整地描述缺陷的各种信息，需要进一步去除这极少量的伪缺陷像素块，因此需要进一步进行处理。

3. 基于缺陷小块和形态学的缺陷目标区域提取

在得到缺陷像素小块之后，对缺陷像素小块进行数学形态操作，便能得到准确的缺陷目标区域。将缺陷像素小块二值图像看成是集合，并用结构元素进行"探测"。结构元素是一个可以在图像上平移，且尺寸比缺陷像素小块图像小的集合。将结构元素在缺陷像素小块图像范围内平移，同时施加交、并等基本集合运算。其实质是通过缺陷像素小块图像集合与结构元素间的相互作用来实现缺陷目标区域的提取。

图 6-20 用黑白二值图像表示山峰

将缺陷像素小块二值数字图像用集合 A 来表示，A' 表示集合 A 的补集。

定义 6-1 集合 A 以向量 x 的平移，记为 $A(x)$，定义为

$$A(x) = A_x = \{a+x \mid a \in A\} \tag{6-3}$$

定义 6-2 集合 A 关于坐标原点的反射，记为 A'，也记为 $-A$，定义为

$$A' = -A = \{-a \mid a \in A\} \tag{6-4}$$

形态学基本算子有腐蚀、膨胀、开、闭等，开和闭其实就是腐蚀和膨胀的结合，这里仅运用膨胀和腐蚀来进行缺陷目标区域的提取。

定义 6-3 集合 A 被集合 B 腐蚀，记为 $A \ominus B$，定义为

$$A \ominus B = \{x : B+x \subset A\} \text{ 或者 } A \ominus B = I\{A-b : b \in B\} \tag{6-5}$$

其中，A 表示输入图像，B 称为结构元素。这种定义方式是从填充的角度来定义腐蚀运算。

从本质上讲，腐蚀是数学形态学在集合意义上定义的一个对结构元素的"减"运算，所有的形态学运算都基于这一基石之上。

与腐蚀对应的运算是膨胀，记为 $A \oplus B$。定义为

$$A \oplus B = \{x : (-B+x) I A \neq \emptyset\} \tag{6-6}$$

利用 B 对 A 膨胀，结果是使 A 扩张，这就是"膨胀"名称的由来。膨胀还可以利用腐蚀来表示，这两种运算是对偶的。

$$A \oplus B = \{A^c \ominus (-B)^c\} \tag{6-7}$$

用 $(-B)$ 对 A 进行腐蚀，对结果求补，便可以得到膨胀结果 $A \oplus B$。图 6-21 给出了缺陷像素小块二值图像 6-20 膨胀四次后的结果，采用 10×10 椭圆形结构元素。可以看出，膨胀图像中白像素增加，图像有了一种扩张的效果，原本分散的缺陷像素小块连成了一片，初步显示了缺陷目标区域。

利用腐蚀对膨胀后的缺陷像素小块图像进行处理，图 6-22 给出了二值图像的腐蚀结果，即腐蚀五次，膨胀两次后的二值图像，采用 10×10 的椭圆形结构元素。可以看出，腐蚀图

像的白像素区域变窄了,图像有一种收缩的效果。通过这种先膨胀,后腐蚀,类似于闭运算的操作,去掉了那些很小很少的白像素区域,这些区域往往要么由于图像的较大噪声造成,要么由于其他因素造成,并非真正的缺陷分布区域。最终得到的缺陷目标区域就是非常准确的缺陷目标区域。

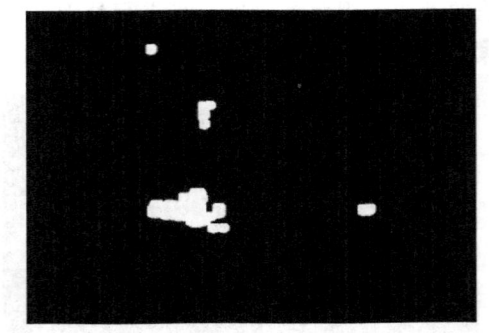
图 6-21 缺陷像素小块二值图像经膨胀后的图像

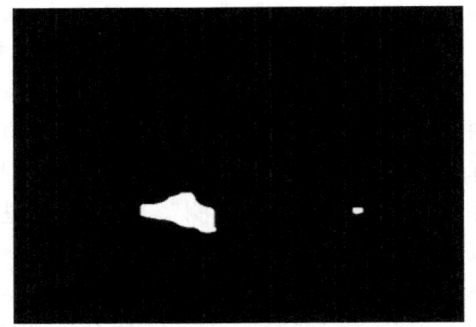
图 6-22 二值图像的腐蚀结果

6.3.2 基于种子填充的内部缺陷精确检测

图像的二值化方法多种多样,在实际的图像二值化应用中,用得最多的,相对较成熟的方法是阈值法。它又可以分为三种法:全局阈值法,比较具有代表性的是 Otsu 法;局部阈值法,代表算法有 Bernsen 法;以及前两类算法结合的动态阈值法。全局阈值法对于只有两个灰度区间,区分明显的前景和背景,并且光照较均匀的图片效果较好;局部阈值法在处理光照不均匀以及目标与背景对比度较低的图像上比全局阈值法具有优越性。它的缺点是容易产生伪影,并且伪影的严重程度与图像划分的网格细密程度成正相关。动态阈值法兼有全局阈值法和局部阈值法的优点,在某些图像处理上较前两种算法都有一定的优势,但是不可避免地兼有了两者的缺点。在复杂的背景和结构、低对比度、光照不均匀的射线检测图像(见图 6-16)的二值化中,这些方法都只能对其中很小一部分符合算法特征的图像有较好的效果,这显然达不到智能化处理的要求。这里介绍基于缺陷小块与目标区域边缘检测的种子填充法来实现轮毂图像的二值化。

1. 基于缺陷小块的种子点获取方法

对比图 6-20 中的缺陷小块与图 6-16 可以发现,缺陷小块的数量与实际缺陷比较,前者的数量远远大于后者。一个缺陷,对应着缺陷小块图中的若干个小块,同时这些缺陷小块没有包含它们所对应的缺陷的所有像素点。但是缺陷小块满足如下三个条件:①一般来说,一个实际的显著缺陷,至少有一个缺陷小块与之对应;②缺陷小块的最亮点(灰度值最大的像素点)处于缺陷的内部,离缺陷边缘相对较远;③缺陷小块几乎不含伪缺陷。对于显著缺陷,这三个条件的符合度能达到百分百。

提取每个缺陷小块的"最亮点"作为种子点,能够满足种子点选取的要求以及实现种子点选取的自动化。种子点提取步骤如下:

Step1 Creat(seeds [], lkdlist, testedmark [], maxpoint, maxgray);
　　　　　　　　　　　　//分别为存储种子点的数组,暂时存储与白
　　　　　　　　　　　　像素点(灰度值为 255 的点)连通的点

集，标记像素点是否检测过的数组以及链表中灰度值最大的点与最大灰度

Step2 For 每一个像素点 point（缺陷像素小块图，如图6-20所示）
　　　将该点 testedmark 设置为1；　　　　//表示已检测过
　　If（point 的灰度值==255）
　　将 point 的灰度值赋值给 maxgray；
　　将 point 坐标赋值给 maxpoint；
　　　　point 的灰度值=0；
　　Push　　point 进链表 lkdlist；
　　While（lkdlist！=NULL）
　　　取链表的第一个点 pointP；
　　If（pointP 的灰度值>maxgray）
　　将 pointP 的灰度值赋值给 maxgray；
　　将 pointP 坐标赋值给 maxgray；
　　　　　pointP 的像素值=0；
　　　　　检测 pointP 的八邻域，并且 testedmark 为0的点灰度值是否为255，若是，则
　　　　　　Push 该点进链表 lkdlist；
　　　　　检测过的邻域点 testedmark 设置为1；
　　　　　Pop 出 point；
　　　　将 maxpoint 存入数组 seeds 中；
清空链表，maxgray 和 maxpoint.
通过以上的程序处理，获得种子数组 seeds[]。

2. 填充终止条件

理想的填充终止条件需满足下列两个条件：
1）对于每一个种子点，都有一条闭合的将种子点包围起来的轮廓。
2）该条轮廓是缺陷的边缘。

但是实际上这种终止条件在大部分的情况下都不可能得到，因为在缺陷边缘检测中，大部分的情况是边缘不闭合的。这里采取缺陷边缘与灰度差值相结合的办法：运用 Canny 算子检测缺陷目标区域内轮毂图像部分的边缘，得到边缘小段，如图6-23所示。将相互间间断较短的边缘小段组合成一个边缘对象，在这个过程中需要去除灰度值与边缘对象平均灰度相差较大的边缘小段；进一步将边缘对象的灰度平均，得到边缘标志阈值 E_i（$i=1,2,\cdots,N$，N 为边缘对象总数）；用 E_i 设置生长障碍。整个过程如图6-24所示。

图6-23　缺陷目标区域边缘检测后的结果

在图6-24b中，一共有五条边缘小段，其中1、2、3、4组合成一个边缘对象，5为另外一个边缘对象。对照图6-24a中的灰度值，将第一边缘对象像素平均，得灰度平均值176。

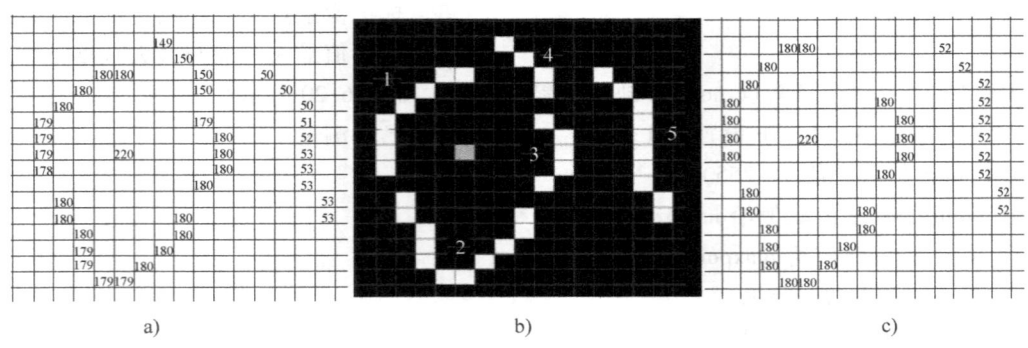

图 6-24 生长障碍形成示意图

a) 边缘小段图　b) 边缘像素点的灰度表示　c) 生长障碍图

由于边缘小段 4 与平均值相差较大，应该去掉；1、2、3 平均为 180，则 E_1 为 180，同样得 E_2 为 52。将边缘对象的每一个像素的灰度值用 E_i 代替，如图 6-24c 所示（其中灰度值为 220 的像素点为种子点）。

3. 缺陷种子填充

（1）种子进化　种子数组中的种子数相对于缺陷的数目来说是过剩的，因为从原理上来说一个独立的缺陷，必须且仅需一个种子点与之对应，并且这个种子点最好是缺陷内部中灰度值较大的像素点。因此需要把图 6-25 中多余的种子点去掉，保留灰度值最大的种子点，作为缺陷种子填充的起始点，这个过程，称之为种子进化。

如图 6-26 所示，对于任意一个原始种子点（图中灰度值为 220 的点），沿箭头方向向下、左、上、右四个方向进行搜索，直到遇到生长障碍为止（实心箭头所示）。若在搜索过程中，遇到其他种子点（如空心虚线箭头所示），并且其灰度值高于初始种子点，则立即终止搜索，并且去掉该原始种子点。然后对下一个种子点继续如上操作，如此循环后，种子进化完成。若搜索没有中断，则一直到遇到生长障碍，该障碍的灰度值即为该种子点在图像种子填充过程中的灰度阈值。

图 6-25 种子点图像

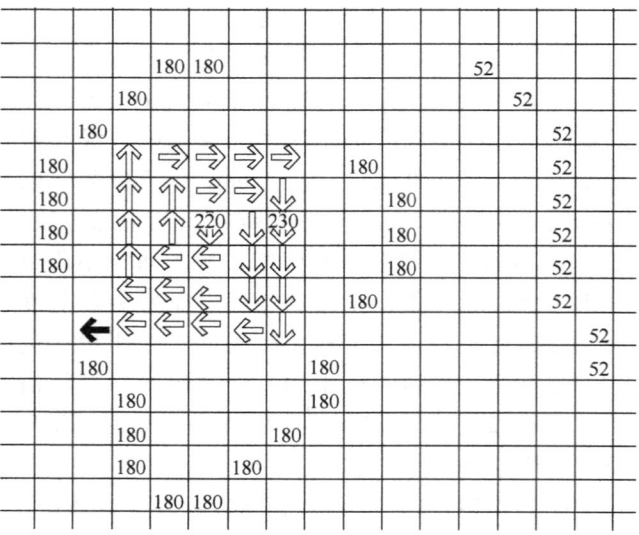

图 6-26 种子进化示意图

（2）缺陷种子填充二值化　种子点和其对应的灰度阈值都得到之后，就可以运用漫水法进行生长。从种子点出发，向八邻域进行填充，若该像素点没有填充过且未达到生长障碍的要求，则填充该像素点，新填充的像素点用来作为下一个八邻域填充的起点，八邻域的所有像素点都填充完毕后，将原始点标记为已填充，如此循环填充，直到从该种子点出发的八邻域连通的所有可填充的像素点均已被填充完毕后，填充便结束了，最终得到缺陷的二值图像。

在实际编程过程中，轮毂缺陷种子填充使用栈结构实现，该算法假设在图像多边形区域内部某一像素已知，由此算法可以找到区域内的所有像素。该算法一般适用于形状不规则的轮毂缺陷的填充，原理如下：

1）将所有像素标识为0。
2）种子像素入栈，种子像素标识为1。
3）栈顶像素出栈。
4）将出栈像素置成白色（灰度值255）。
5）按右、右下、下、左下、左、左上、上、右上顺序检查与出栈像素相邻的8个像素，若其中某个像素未达到生长停止的条件且标识为0，则将该像素入栈，将这8个像素标识设置为1。
6）若栈非空，则继续步骤3）；若栈为空，则缺陷种子填充完毕，终止填充，程序结束。

图6-27所示为轮毂图像（见图6-16）种子填充后的缺陷二值图像。

图6-27　轮毂图像种子填充后的缺陷二值图像

分析图6-24可以发现，图6-24b中边缘小段4和5是伪边缘，不是真正的缺陷边缘。由于边缘检测不能区分是否为缺陷边缘，这种边缘的存在不可避免。通过后面的处理可以发现，边缘小段4直接被剔除掉了，边缘小段5没有去掉，并且以一个独立的边缘对象存在，形成了生长障碍，但是由于种子在进化与阈值求取的过程中，先遇到的是与其对应的真缺陷边缘的障碍，因而并不影响二值化，这个特性提高了缺陷提取的准确性，从而能够得到图6-27所示的准确的缺陷二值图像，将缺陷准确地检测出来。

6.4　基于红外成像稀疏表示的零件动态缺陷检测

红外温度成像技术能够通过测量红外的放射效果，并将检测成果制成温标，用来评价和预测物体表面以下的结构和特性。与常规检测手段相比，红外成像检测技术具有快速、非接触、测量范围大、对操作者无害等优点，已经成为无损检测的重要手段之一。除了常规的静态检测手段以外，红外成像还可以采用动态的检测方法：通过对待检测零件施加热激励，观测零件的不同区域在这一过程中的温度动态变化，这一动态变化过程可以反映零件在静态观测下无法察觉的一些特殊性质，配合适当的图像处理与分析方法，可以有效检测一些特殊缺陷。本节介绍一种基于红外成像稀疏表示的零件动态缺陷检测方法[45]，包括红外激励检测的物理原理以及相应的图像处理方法。

6.4.1 红外动态缺陷检测原理

1. 感应热传导

红外相机拍摄到的不仅是空间上的温度变化,还有温度的瞬态变化,变化过程用维度为 $\underbrace{N_x \times N_y}_{\text{位置}} \times \underbrace{N}_{\text{时间}}$ 的矢量 Y 表示出来。在涡电流脉冲成像系统中,可以从麦斯威尔方程中推导出描述涡电流热成像的方程。当电磁场施加于导热材料时,由于感应电流产生的阻热效应将会使温度上升,这种效应被称为焦耳热律。产生的总能量与电流的二次方成正比,而电流又与电场强度 E 成正比。下面的方程描述了这种关系:

$$Q = \frac{1}{\sigma}|\bar{J}_s|^2 = \frac{1}{\sigma}|\sigma E|^2 \tag{6-8}$$

其中

$$\sigma = \frac{\sigma_0}{1 + \alpha(T - T_0)}$$

式中,σ 取决于温度;$\bar{J}_s$ 为电流密度;σ_0 是在参考温度 T_0 时的电导率;α 是温度阻热系数,描述的是随温度不同而表现的阻热性质。

一般地,当同时考虑热量传播和焦耳热律时,待测试件的热传导方程描述为

$$\frac{\partial T}{\partial t} = \frac{\lambda}{\rho C}\left(\frac{\partial^2 T}{\partial x^2} + \frac{\partial^2 T}{\partial y^2} + \frac{\partial^2 T}{\partial z^2}\right) + \frac{1}{\rho C}q(x, y, z, t) \tag{6-9}$$

式中,$T = T(x, y, z, t)$ 是温度分布;λ 是材料的热导率,其与温度有关;ρ 是材料的密度;C 是热容;$q(x, y, z, t)$ 是单位体积由涡电流激励产生的内热。

温度的瞬时变化取决于热量传导的空间变化。根据式(6-9),温度传导由 $T(x, y, z, t)$、ξ、ν、σ、μ 和 l 决定。ξ 代表传感器的几何特性;ν 是激励参数(如幅值和频率等);μ 为磁导率;l 表示的是传感器与样品之间的距离。从前面的分析可知,红外相机记录的关于空间温度的变化和时间的瞬时变化直接揭示了可导热材料的内部固有特性。

2. 感应热成像缺陷检测

图 6-28 所示为感应热成像系统框图,由激励模组产生短时高频信号,在线圈内的电流将会产生涡电流,同时在可导热材料产生阻热。随着时间的延长,热量会在材料内部传播,最后达到热平衡状态。如果材料内部有缺陷,涡电流将会在缺陷处发生畸变,同时能量传播的过程也将发生变化。因此,材料表面位置的温度分布和温度瞬时响应将会显示出这种变化,这些变化将会被红外相机捕捉到。这个过程分为两个时间段:加热阶段和冷却阶段。例如:在有限长度的样品上开一个裂缝,并将其作为缺陷来做检测实验。来自感应热成像的一帧图像如图 6-28 右下角所示。在加热阶段,不同热能的产生速率加剧温度位置的变化。在矩形裂缝的顶点处将会出现热点,在裂缝的长边两侧会出现冷点。在冷却阶段,热量从温度高的区域向温度低的区域传播,区域之间的温度差异减小。另外,那些远离激励线圈的区域温度将会因为热量的传导而持续上升。在样品中,那些温度瞬时响应相似的区域称为热模式。随着时间的变化,红外相机已可作为温度位置变化图像记录仪;同时,红外相机实际上记录的是在每个时间点信号图像上不同区域块的混合图像信息。

热点被专门用来检测缺陷位置和大小。图 6-28 显示的是红外成像的温度分布图像。当励磁线圈靠近缺陷的尖端时，很明显地看到涡电流作用在缺陷的尖端，缺陷主要表现为裂缝。

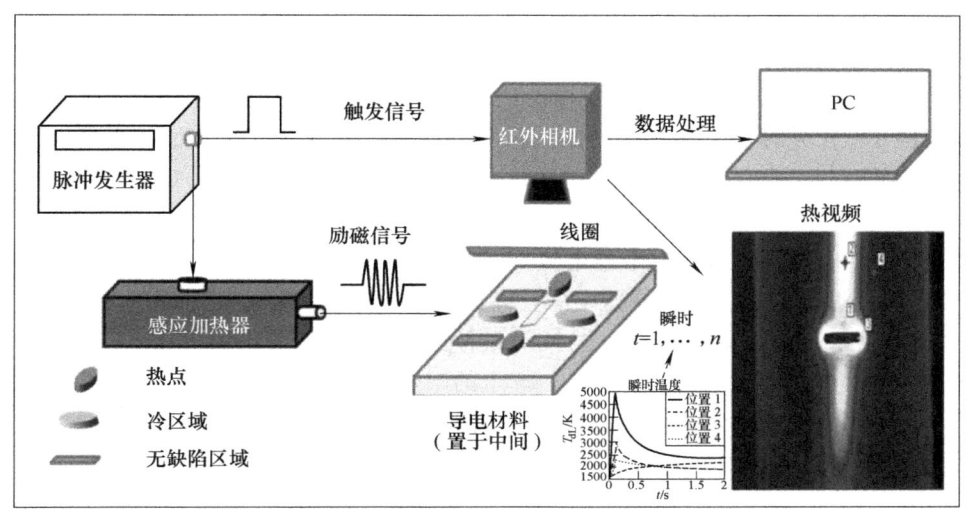

图 6-28　红外热成像系统框图[45]

3. 不同材料的激励系统、加热阶段和冷却阶段之间的关系

感应热成像用感应加热器作为激励系统。因此，实验主要针对的是可导热材料或多层可导热涂层。感应热量取决于材料和激励信号的特性：

1）为了提高信噪比（SNR），热能必须最大化。一般采用大幅值、高频率的电流。

2）加热时间越长，储存的热量越多。在检测表面缺陷时，长时间地加热有助于提高信噪比和对比度。同时，长时间地加热，能够在热能由表及里的过程中，检测内部缺陷。

3）长时间冷却有助于检测内部缺陷。脉冲激励的热穿刺深度取决于材料的热扩散系数以及加热后的观察时间（即冷却时间）。

4）材料小的电导率能够产生大的加热能量和更深的涡电流穿刺深度。热扩散取决于热导率、密度和热量。如果材料的热扩散率过大，则温度变化很快，为了捕捉温度的变化，相机的采样频率也要很高。

4. 可检测性

一般来说，基于感应加热、热传导和红外辐射的涡流脉冲热成像能够同时运用于表层和内部缺陷的检测。

1）根据感应加热的趋肤效应，涡电流穿刺深度：$\delta = \dfrac{1}{\sqrt{f\pi\mu\sigma}}$，$f$ 是电流频率。如果表层缺陷在趋肤效应发生的区域，缺陷使涡电流发生畸变，继而影响温度分布。理论上来说，电流频率越低，检测深度越深。实际上，为了提高加热效率，一般使用频率为 100kHz，在这种频率下，趋肤效应的深度很小。例如，电磁材料的频率在 100kHz，趋肤效应的深度仅为 0.04mm。能量将会传导到材料的内部区域中。

2）如果材料的内部缺陷影响了热量的传导过程，表面温度的变化将与周围区域不同。热量的传导过程将被用来检测内部缺陷。

3）温度将会被红外相机拍摄下来。如果物体的表面缺陷有不同的热辐射值，温度将与周围区域不同。

5. 感应热成像的时间分段

由式（6-9）可知，由热量传播和焦耳热律两部分组成瞬态温度响应的一阶导数如图 6-29c 所示。在图 6-29c 中，从热成像录像中可以将热量传导的过程分成六个阶段：

1）阶段 1。合成的电流场一旦产生，涡电流迅速从 0 增大到最大值，之后保持在稳定值。阶段 1 时间很短（约 5ms），热量的扩散作用不明显，将其认为是 0 或很小的值。在式（6-9）和阶段 1 中，仅考虑焦耳热律。

2）阶段 2。电流场保持在一个稳定值。产生的阻热 Q 是个恒定的值。然而，根据傅里叶热传导定律，热量扩散速率随着温度的升高而增大。随着热量传播时间的增加，热量的传播也越来越显著。在热成像录像中，这个阶段热量传播发挥主要作用。

3）阶段 3。热量传播达到稳定状态，产生的阻热和扩散的热量处于平衡的状态。

4）阶段 4。当激励信号停止时，涡电流瞬间由最大值降为 0。与阶段 1 相似，这个时间很短，持续时间约 5ms。在如此短的时间内，温度不可能急剧变化。在这个阶段，焦耳热律发挥主要作用。

5）阶段 5。在这个阶段，没有涡电流，因此式（6-9）中的 $q(x, y, z, t)$ 可以省略。一阶导数的变化主要由热量扩散速度的变化引起。

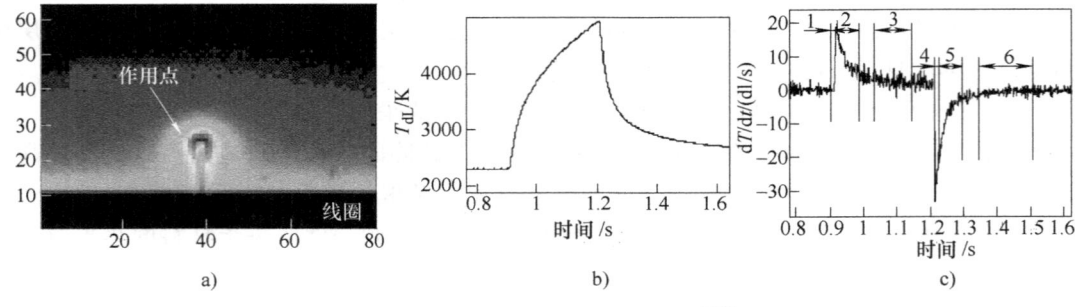

图 6-29　加热 0.1s 后的红外图像[45]
a）加热后 0.1s 图像　b）作用点瞬时温度随时间变化　c）温度的一阶导数

6）阶段 6。热量扩散在一个稳定的状态。

由于摩擦和涡电流畸变，感应热成像技术主要将热量集中在缺陷处。因此，对于表面缺陷检测，选择阶段 1 和阶段 4 作为缺陷检测时段主要是因为涡电流畸变而产生了焦耳热。红外相机在感应热成像中测量温度具有重要作用。感应热成像技术是一种相对测量技术，因此缺陷区域与周围区域的温度对比对于测量是重要的。所以相机的质量对于缺陷检测的精度有重要影响。线圈到待测件的距离对于加热效率具有重要影响。距离较近的效果很好，但是距离过小，涡电流将分布在很小的一块区域内，缩小了检测区域。为了避免这种效果，如果被测试件很薄，产生涡电流的部件和红外相机分列试件的两侧。距离增大将会降低信噪比，增大缺陷检测难度。在提出的方案中，试件与线圈之间 1mm 的距离被实验证明具有良好的信噪比和合适的激励加热效率。

6.4.2 基于稀疏表示的动态缺陷检测

1. 热成像稀疏模式提取

(1) 实验记录观察模型的建立　如图 6-28 所示，热点出现在矩形裂缝的顶点附近，而温度低的区域出现在裂缝的两边。在冷却阶段，热量从温度高的地方传递到温度低的地方，温度之间的对比度随之减少。另外，远离激励的地方温度将一直上升。以上这些不同的区域将其称之为热模式。特别地，如图 6-28 所示，区域 $x_1(t)$ 内温度具有大的上升和下降斜率，$x_2(t)$ 代表温度低区域具有适中的上升和下降温度斜率，$x_3(t)$ 代表的非缺陷区域有大的温度上升斜率然后随之减小，$x_4(t)$ 代表的是远离激励的区域，温度随着时间变化将逐渐升高。从数学上描述，红外相机捕捉到的热感应图像（ECPT）认为是混合观察的信号图像 $Y(t)$，m_i 指第 i 个点对捕捉到的混合热成像图像的贡献程度。这样，数学模型如图 6-30 所示。

$$Y(t) = \sum_{i=1}^{N_s} \boldsymbol{m}_i \, x_i(t) \tag{6-10}$$

式中，N_s 是独立的信号图像区域。

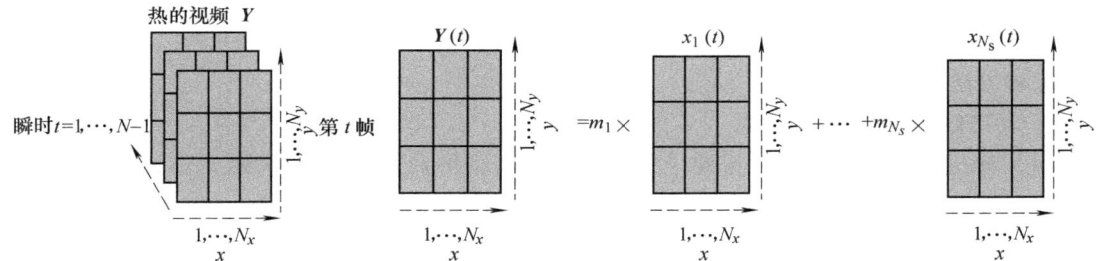

图 6-30　ECPT（涡流脉冲热成像）混合过程的数学表示[45]

从一段连续的视频图像中提取出其中的一段，那么截取出的一段视频的图像随时刻 t 到 $t+N-1$，序列可以表示为 $\boldsymbol{Y}' = (\text{vec}(\boldsymbol{Y}(t)), \text{vec}(\boldsymbol{Y}(t+1)), \cdots, \text{vec}(\boldsymbol{Y}(t+N-1)))^{\mathrm{T}}$，其中 T 代表转置矩阵，vec 表示的是矢量。那么，视频流则是一系列来自不同区域的信号的线性组合，表示结果为

$$\boldsymbol{Y}' = \boldsymbol{M} \boldsymbol{X}' \tag{6-11}$$

式中，$\boldsymbol{Y}' \in R^{N \times L}$；$L = N_x \times N_y$；$\boldsymbol{M} = (\boldsymbol{m}_1, \cdots, \boldsymbol{m}_N) \in R^{N \times N}$ 是混合矩阵，$\boldsymbol{m}_i$ 表示的是第 i 个混合向量；$\boldsymbol{X}' = (\text{vec}(X_1(t)), \text{vec}(X_2(t)), \cdots, \text{vec}(X_{N_s}(t)))^{\mathrm{T}}$，假设 $N_s = N$，并且矩阵 $\boldsymbol{M}$ 满秩。

(2) 模式提取的一般规则　前人的研究已经使用了主成分分析法来分离显式变量。使用因式分解方法中的奇异值分解（SVD）来解方程（6-11）即

$$\boldsymbol{Y}' = \boldsymbol{U}\boldsymbol{\Sigma}\boldsymbol{V} \tag{6-12}$$

式中，$\boldsymbol{U}$ 和 $\boldsymbol{V}$ 是正交矩阵；$\boldsymbol{\Sigma}$ 是由奇异值组成的矩阵；$\boldsymbol{U}$ 的列向量是主成分分析法的基向量。取 $N_s \leq N$，一定存在着 N_s 个基向量，其能通过降维处理最大程度地描述输入信号的信息，这 N_s 向量由原向量中的非零值来确定。

(3) 稀疏模式提取　稀疏是指在一个庞大的数据中只有小部分是有效的，并且可以用

这些小部分的数据来表示整个数据向量。实际上,这意味着原来的数据中有大量的零或接近于零的数据,而只有很少一部分的数据是非零的。稀疏的特性使算法仅需要考虑处于背景中重要的缺陷区域,如图 6-29a 所示。对于稀疏离散和被大量噪声污染的数据,仅仅基于低秩的假设是不能完全获得测试期间的全部结构的。因此,必须将稀疏模式和非稀疏模式都加以考虑,如下式所示。

$$Y' = \underbrace{(M\ X')_{j=1,\cdots,N_s, i \neq j}}_{L} + \underbrace{M_j X'_j}_{S} + G \tag{6-13}$$

实际上,稀疏模式和非稀疏模式对于提高感应热成像技术的缺陷检测率都起到了关键性的作用。式(6-13)的假设可以记为 $Y' = L + S + G$,即模式矩阵 Y' 可以分解为低秩矩阵(见图 6-28 中的位置 2,3,4)、与其他区域都不相同的包含顶点凸起等位置的稀疏模式(位置 1)和噪声项的和。优化 s 的算法的目的就是试图找到 X'_j 和 M_j 的共同的稀疏估计。X'_j 的稀疏估计需要得到正确的模式形状,M_j 的稀疏估计能够获得目标模式发生的准确时间。通过双边因式分解 $L = UV$ 代替 L 和调整 S 的 L_1 范数,耗费函数定义为

$$\min_{U,V,S} \|Y' - UV - S\|_F^2 + \lambda \|\text{vec}(S)\|_l \tag{6-14}$$

式中,vec(·)代表的是矢量运算;$\|\cdot\|_F$ 是 F 范数;$\|\cdot\|_l$ 是 L_1 范数。

这里使用贪心模型来优化式(6-14)中的参数,其优点是既能获得很好的准确性,同时计算耗费也不大。为了得到 U、V 和 S,使用耗费函数对相应的参数求导,并令其为零。详细求解方法见参考文献 [45]。

2. 动态缺陷检测实验设置

(1)感应热成像技术实验搭建 感应热成像实验平台如图 6-31 所示,过程中用到最大功率为 2.4kW,最大电流为 400A,频率范围为 150~400kHz 的 Easyheat 224 对线圈施加激励,系统从开始加热到最大功率仅需 5ms,实验中用水冷线圈来抵消发热线圈的直接加热。红外相机使用的是 SC7500,像素为 320×256,配置 1.5~5μm 锑化铟传感器。相机的精度小于 20mK,最大全画幅帧率为 383Hz。矩形线圈用来施加激励信号。线圈由直径为 6.35mm 的中空铜管制成。在实验中,只用长方形的一面在试件表面施加涡电流。在本实验中,帧率为 383Hz,实验时记录时长为 2s 的视频。

实验中准备了尺寸为 0.24mm×45mm×100mm 的试件,中间开有 10mm 长、2mm 宽的矩形裂缝。为了模拟在复杂几何形状中,距离对测试结果的影响,加热线圈与试件之间倾斜了一定角度。

(2)缺陷的正确检测率 缺陷的正确检测率(POD)定义为

$$\text{POD} = \frac{\text{TP}}{\text{TP} + \text{FN}} \tag{6-15}$$

式中,TP 为真实的缺陷检测为缺陷的情形;FN 为缺陷未被检出的情形。

为了对比实验结果,使用结构相似指数测量系统(SSIM)来量化 POD,这是图像相似度测量里的新的量化指数。图像相似理论认为自然图像是高度结构化的,在像素之间有着很强的相关性,尤其是那些在空间上相距最近的像素。在视觉上,这种结构上的相似性包含了物体结构的重要信息。为了计算 SSIM,必须得到其中三个成分,即

$$S(x,y) = f(l(x,y), c(x,y), s(x,y)) \tag{6-16}$$

其中:

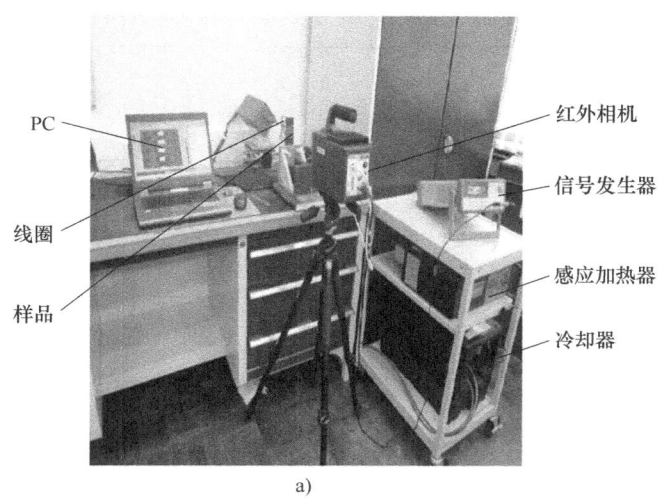

图 6-31 感应热成像实验平台[45]

a）红外感应成像系统　b）励磁线圈　c）测试用钢板

两幅图像 (x, y) 的照度对比度函数为

$$l(x,y) = \frac{2u_x u_y + C_1}{u_x^2 + u_y^2 + C_1} \tag{6-17}$$

u 表示的是平均强度，为了避免 $u_x^2 + u_y^2$ 接近 0 时而出现不稳定，设定 C_1 是常数。对比度函数：

$$c(x,y) = \frac{2\sigma_x \sigma_y + C_2}{\sigma_x^2 + \sigma_y^2 + C_2} (\sigma \text{ 为标准差}) \tag{6-18}$$

结构对比函数：

$$s(x,y) = \frac{2\sigma_{xy} + C_3}{\sigma_x^2 + \sigma_y^2 + C_3} (\sigma_{xy} \text{是相关系数}) \tag{6-19}$$

C_2 和 C_3 与 C_1 的功能类似。通过结合这三个因子，得到了 SSIM 的定义，即

$$\text{SSIM} = \frac{(2u_x u_y + C_1)(2\sigma_x \sigma_y + C_2)}{(u_x^2 + u_y^2 + C_1)(\sigma_x^2 + \sigma_y^2 + C_2)} \tag{6-20}$$

3. 实验结果分析

（1）时间段选择对感应热成像结果的影响　图 6-28 是原始感应热成像照片的一个例

子。根据式（6-9）求得的瞬态响应的一阶导数如图6-32所示。

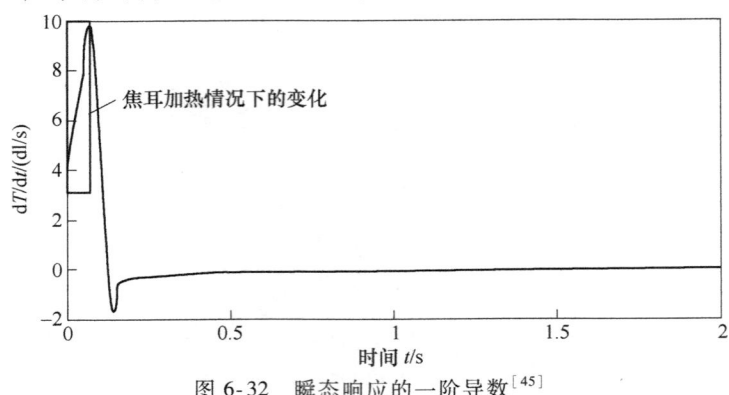

图6-32 瞬态响应的一阶导数[45]

可以清晰地看到，阶段1如图6-32中方框内所示。为了强调分析阶段1的重要性，将成像区域划分为4块，使用主成分分析法（PCA），运用式（6-12）将截取的阶段1的热成像视频与整个加热阶段的视频进行了对比。为了得到最佳的模式提取效果，使用基于在1～10个元素之间进行100次迭代的蒙特卡洛方法的区域选择方法，将区域数量选为4。

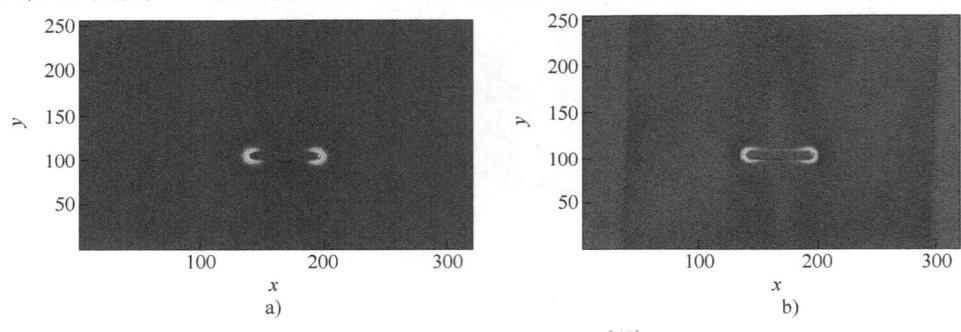

图6-33 热视频PCA分量[45]
a) 整个热视频的PCA第一分量 b) 部分热视频的PCA第一分量

在图6-33中，两种方法的边缘提取都突出了裂缝的顶点位置。但是使用阶段1的一阶导数的热成像视频能够在尖端附近的区域中以更高的分辨率强调裂缝顶点附近的热点位置。另外，因为只是用了一小段视频，从而减少了计算时间。从物理学的角度分析，当加热有限尺寸厚度均匀的板材时，由于焦耳热律，单位时间内产生的热量Q在笛卡儿坐标系中如公式（6-21）所示。

$$Q = \sigma \left[\left(\frac{\partial \phi}{\partial x} \right)^2 + \left(\frac{\partial \phi}{\partial y} \right)^2 \right] \tag{6-21}$$

式中，ϕ代表电势；σ表示点传导系数。

式（6-21）中两项均为电流的导数，因此在裂缝顶点处的导数为无穷大。在加热阶段，温度上升的斜率很大；在冷却阶段，因为没有热源，在均匀厚度有限尺寸的板材中温度的变化如式（6-22）所示。

$$\frac{\partial T_{\text{emp}}}{\partial t} = \frac{k}{\rho C_p} \left(\frac{\partial^2 T}{\partial x^2} + \frac{\partial^2 T}{\partial y^2} \right) \tag{6-22}$$

式中, t 为温度; ρ 为密度; C_p 是热容; k 是传热系数。

很明显地看到，温度的瞬时变化取决于空间上温度的变化。由傅里叶热传导定律可知，材料热量传播速率与温度负梯度和材料的横截面面积相关。实验中使用的均匀厚度的平板，其横截面面积是一定的。由于裂缝附近区域的奇异值，涡电流在裂缝顶点处密度很大，其温度梯度很大。在红外摄像机拍摄的时段内，涡电流从零增大到最大值，之后保持在稳定值。这期间热量传递效应不明显或近乎为零。这就使缺陷的边缘能够将注意力集中于裂缝顶点附近，此处能量传递几乎不影响热量的分布。当整个加热过程结束，在热量传导过程中，热量传递和焦耳热混合在一起，提取的边缘也很少在裂缝顶点附近了。

（2）稀疏模式提取的影响　在定量分析缺陷上，稀疏模式提取起到了很重要的作用。在文献［45］中，作者将稀疏模式法和最近提出的算法进行了比较，结果证实了稀疏模式法的有效性和计算的简便性。在稀疏模式法中，通过调整合适的稀疏参数的稀疏贪心模型，在稀疏模式提取中能够得到更好的结果和更快的刷新速度。

在图 6-34 中，通过使用稀疏方法，裂缝顶点附近热点的边缘被定量地显示了出来。算法成功地突出了稀疏区域，检测出了裂缝的顶点区域。变贝叶斯稀疏主成分分析法（VBSPCA）虽然同样指出了缺陷的位置，但是与实际的物理系统相比较，其将沿着裂缝边缘的本不应该被检测为缺陷的区域也显示了出来。最后，全贝叶斯主成分分析法在被噪声污染的情况下，很好地突出了热区域和冷区域，在表 6-7 中通过 POD 值解释以上结果。图 6-35 是裂缝区域注释结果的二值化处理，缺陷处被置为 1，其余区域被置为 0。

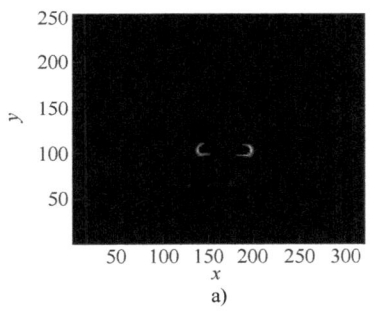 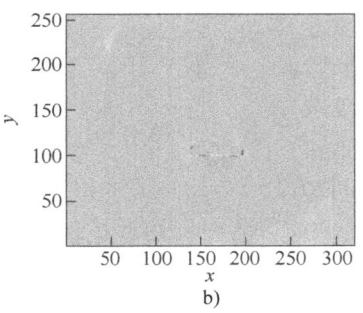 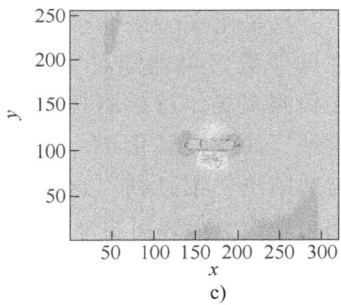

图 6-34　稀疏模式提取结果[45]

VBSPCA 的 POD 值为 0.87，MCMC 稀疏主成分分析法（MCMCSPCA）得到的 POD 最差，只有 0.68。另外，从计算时间考虑，稀疏模式法花费时间最少，仅需 3.5s 就能完成提取，这为工业在线监测提供了可行性。VBSPCA 需要 7.64s，MCMCSPCA 花费的时间最长，需要 1029s。VBSPCA 和 MCMCSPCA 需要花费很长计算时间的原因是这两种算法必须经过迭代更新算法的参数和超参数。虽然更新参数能够避免人为介入，但是会导致错误地选择模型参数的先验概率分布为局部最小值。

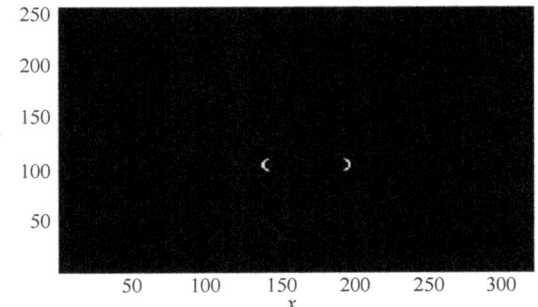

图 6-35　裂缝区域注释结果的二值化处理[45]

表 6-7 不同方法的 SSIM 结果[45]

方法	完整视频 PCA	部分视频 PCA	稀疏模式法	VBSPCA	MCMCSPCA
POD	0.84	0.91	0.99	0.87	0.68
CPU 时间/s	169.5	15	3.5	7.64	1029

算法中关于参数的选择问题：幂次 K 和参数允许误差 τ 对于提取效果影响不大。一般来说，通过 100 多次独立的蒙特卡洛算法得出 $K=1$ 和 $\tau=10^{-3}$ 足够满足要求。相反，模式的提取高度依赖于稀疏项 λ 和 Δr。λ 取决于模型阶次的选择，在实验中 λ 逐渐从 0.1 增大到 1，步长为 0.1（三个实验中 POD 的变化范围为 POD±0.0015）。Δr 是整数，其变化是不连续的，实验中通过模型阶次的选择，从 1 增大到 5 求得。每次实验记录 POD 的值，并将 Δr 与 POD 的值制成曲线图，其结果如图 6-36 所示。从图 6-36 中可以清晰地看到在 $\Delta r=2$ 时，POD 达到峰值，$\Delta r>2$ 以后，POD 开始递减。

(3) 材料污染程度可检测性的影响　检测装置的位置放置、环境相对湿度和试件表面被污染程度对于感应热成像技术的应用具有重要影响。在以上三种因素中，试件表面被污染程度对于实验结果影响最大。这里用实验来验证稀疏模式法在试件被污染的条件下的有效性。在检测现场，待检测件表面通常会有油、油漆、氧化层，这将会改变材料的热辐射性质，这种变化可以

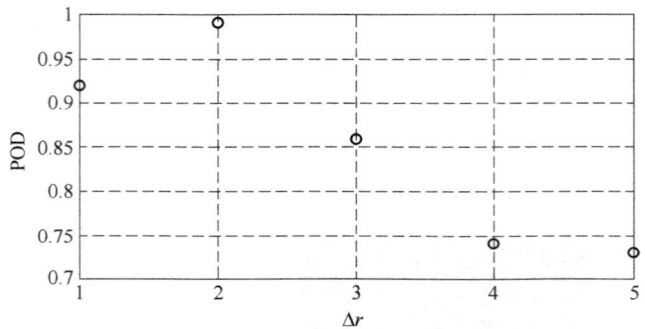

图 6-36 参数设置对 POD 结果的影响[45]

用来检测类似表面腐蚀的缺陷。然而，有时这些变化将会引入错误的温度不均匀性，造成错误的缺陷检测。实验中将待检测件喷成相隔 5mm 的黑白相间的条纹状，黑色区域采用的是喷涂处理，而白色区域采用抛光处理，这两者代表了不同的热辐射系数。对于所有的黑色区域，其辐射值相同均为 1，而白色不锈钢亮色区域的热辐射系数仅为 0.16。在这种情况下，一旦不同热辐射梯度的区域混合在一起，想要将不同的热区域块分开就变得很困难。一般来说，在热点区的温度是冷点区的 3 倍，黑色区域则是冷点区的 10 倍。在这样的情况下，裂缝附近的顶点处将会观察不到，导致检测错误。图 6-37b 显示了图 6-37a 加热 0.1s 后的温度分布，由于黑色区域的高辐射性，裂缝顶点将很难检测出来，温度高的地方只能在线圈上方的黑色区域检测到。不同区域的瞬时温度热性如图 6-38 所示。位置 1 在黑色裂缝区域内，位置 2 在远离激励的黑色区域内，位置 3 在白色裂缝顶点附近，位置 4 在线圈上方的白色裂缝内。

从图 6-38 可以看出不同的位置表现出不同的瞬时温度特性。然而，位置 1 及与之相似的区域与其他位置相比，在加热和冷却时都有着很高的瞬时温度，这个问题在涡电流感应热成像中很难处理，因为缺陷尖端的热点并不能检测为缺陷，尤其是对于细小的裂纹检测。因此，当黑色和裂纹同时出现时，将会导致检测错误。

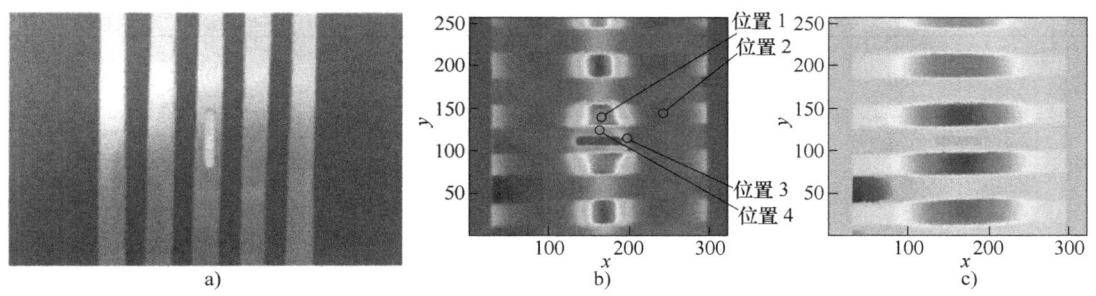

图 6-37 开槽钢块在热激励下的红外图像[45]

a) 开槽的钢块 b) 加热阶段 0.1s 时刻的红外图像 c) 1.6s 时刻的红外图像（冷却）

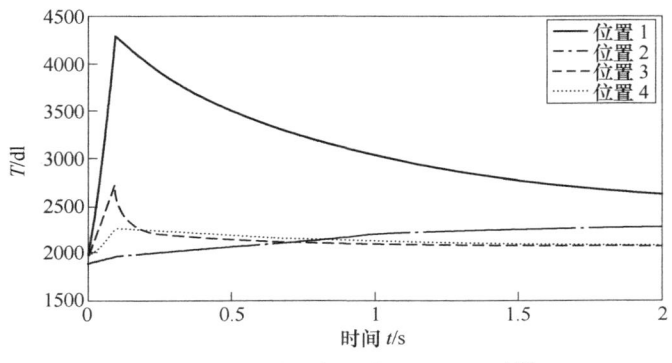

图 6-38 不同区域的瞬时温度热性[45]

因此，稀疏模式法和对比的方法在上述环境中区分出热点都将面临挑战。实验中比较了稀疏模式法、VBSPCA 算法、MCMCSPCA、普通 PCA 的提取结果。

图 6-39 表明采用稀疏模式法即使存在多种辐射性质，仍然能够检测出裂缝的顶点，稀疏模式法很好地在预设的稀疏区域提取了缺陷的顶点；VBSPCA 同样提取出了顶点，但是其还是将不同热辐射的交界处显示了出来，同时丢失了裂缝左边的信息点；MCMCSPCA 得到的结果不太理想，剩下了一大部分模糊的区域；普通 PCA 能够提取出热点区域，但是还是不能完全去除交接线。以上的分析结果在表 6-8 中用 POD 值得到了验证，稀疏模式法耗时很短，在 5.5s 内得到了提取结果。VBSCPA 同样处理很快，大概花费了 8.34s，MCMCSPCA 和普通 PCA 需要更长的时间，大概分别需要 1043s 和 18s。

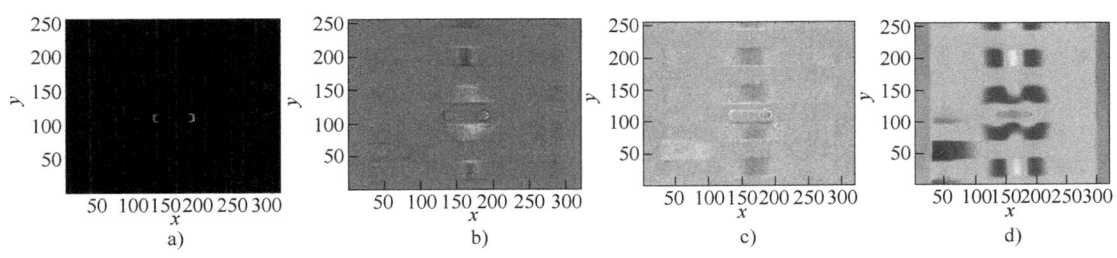

图 6-39 模式提取结果[45]

a) 文献 [45] 的方法 b) VBSPCA c) MCMCSPCA d) 普通 PCA

表 6-8　不同方法的结果比较[45]

方法	POD	运行时间/s
稀疏模式法	0.97	5.5
VBSPCA	0.91	8.34
MCMCSPCA	0.63	1043
普通 PCA	0.78	18

（4）工业应用：微细自然裂纹的检测　为了验证稀疏模式法的实际效果，对存在热疲劳缺陷（一条长约 4.2mm 的裂纹）的钢片进行实验[45]。钢片的缺陷是在实际中施加热疲劳载荷产生的。实验中，记录了 200ms 的视频，检测到了一条 4.2mm 自然裂纹（在图 6-40 中用椭圆形圈出）。

图 6-40　含有疲劳自然裂纹的钢片[45]

图 6-41 显示了在阿尔斯通公司通常情况下使用穿刺无损检测方法（PT）的图像和在 0.1s 时刻使用涡电流脉冲热感应成像（ECPT）的图像。在传统的穿刺检测中，裂纹虽然用红点标记出来了，但是图像被模糊了。这种现象表明在模糊的位置存在缺陷，因为模糊的原因，缺陷很难被量化处理。图 6-42 为运用稀疏模式法处理的图像。

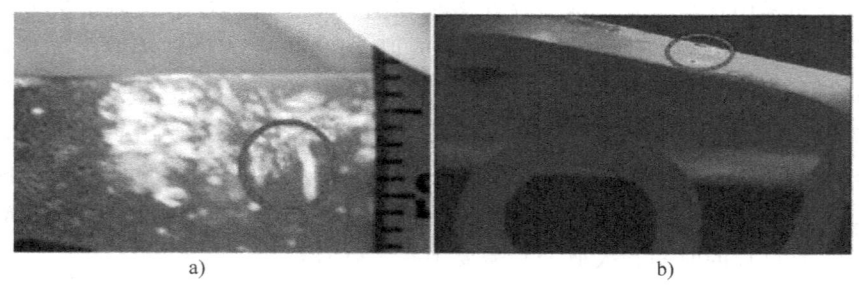

a)　　　　　　　　　　　　　　b)

图 6-41　疲劳自然裂纹的红外检测：长度 4.2mm[45]
a）PT 图像　（b）0.1s 时刻的 ECPT 图像

从图 6-42 中，可以清晰地看到缺陷不仅在图像中被检测出来，而且可以量化缺陷。与人为检测相比，稀疏模式法的缺陷检测是全自动的，无须人为介入。人为检测严重受到人的主观判断的影响，判断的过程中需要人为选择缺陷检测区域；另外，现行的缺陷检测耗时长，不可重复，检测过程中需要人工干预，同时检测设备需要经验丰富的操作人员。除此以外，为了检测的准确性，需将缺陷分为两类：标准缺陷样本和自然缺陷。对于常见的标准缺陷样本，由于先验知识和经验，人为检测能够达到很高的准确率，但是对于自然裂纹，先验

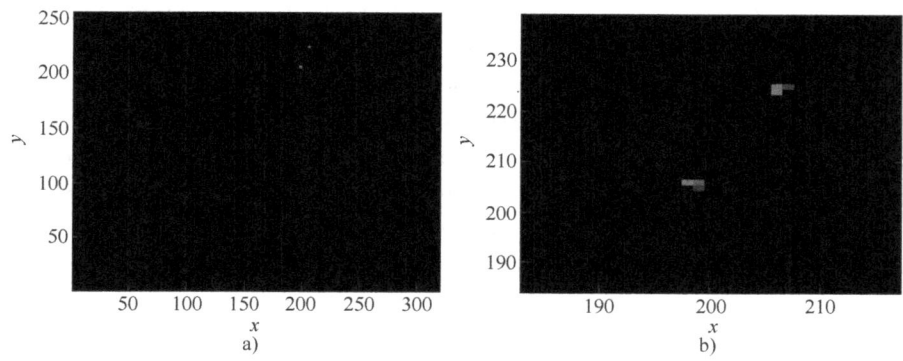

图 6-42 稀疏模式法处理的图像[45]

a) 自然裂纹的红外稀疏模式提取   b) 图 a 的放大图像

知识和经验将发挥不了作用,同时由于裂纹极为细小,人为检测极其困难,如图 6-40 中的裂纹仅为 1mm 宽,人为检测非常困难。鉴于此,在未来的智能制造领域,自动缺陷检测技术具有重要的应用前景。

6.5 本章小结

本章介绍了基于机器视觉的加工质量智能检测技术。在机器视觉检测技术中,可见光、射线及红外线分别具有不同的特性,适用于检测不同的缺陷,与它们相对应的图像处理算法也有所不同。本章在综述国内外研究现状的基础上,选取三种具有不同特点且具有代表性的检测对象,分别介绍了基于可见光成像形状特征的零件表面缺陷检测、基于射线成像山峰定位的零件内部缺陷检测以及基于红外成像稀疏表示的零件动态缺陷检测技术。

参 考 文 献

[1] Dhanasekar. Restoration of blurred images for surface roughness evaluation using machine vision [J]. Tribology International, 2010, 43 (1-2): 268-276.

[2] Fitri Arnia K M. Real Time Textile Defect Detection Using GLCM in DCT-Based Compressed Images [C]. International Conference on Modeling, Simulation & Applied Optimization, 2015.

[3] 李炜, 黄心汉, 王敏, 等. 基于机器视觉的带钢表面缺陷检测系统 [J]. 华中科技大学学报: 自然科学版, 2003 (2): 72-74.

[4] Tilocca A, Borzone P, Carosio S, et al. Detecting fabric defects with a neural network using two kinds of optical patterns [J]. Textile Research Journal, 2002, 72 (6): 545-550.

[5] Feng Z, Chen X. Image processing of the grinding wheel surface [J]. International Journal of Advanced Manufacturing Technology, 2007, 32 (5-6): 452-458.

[6] Manjunath V Joshi, Chaudhuri S. Joint blind restoration and surface recovery in photometric stereo [J]. Journal of The Optical Society Of America A-Optics Image Science And Vision, 2005, 22 (6): 1066-1076.

[7] Filbert D., Klatte R., Heinrich W., et al. Computer aided inspection of Castings [C]. USA: IEEE-IAS Annual Meeting, Atlanta, 1987.

[8] Heinrich W. Automated inspection of castings using X-ray testing [D]. Berlin: Faculty of Electrical Engineering, Technical University of Berlin, 1988.

[9] Hecker H. A new method to process X-ray images in the automated inspection of castings [D]. Berlin: Faculty of Electrical Engineering, Technical University of Berlin, 1995.

[10] Mery D., Jaeger Th., Filbert D. A review of methods for automatedrecognition of casting defects [J]. Journal of the British Institute of Non-Destructive Testing, 2002. 44 (7): 428-436.

[11] Valerie Kaftandjian, Yue Min Zhu, Gilles Peix, et al. Automatic inspection of aluminum ingots by digital radioscopy [C]. New Delhi: Proceedings of the 14th WCNDT, 1996, (3): 1335-1338.

[12] Valerie Kaftandjian, Yue Min Zhu, et al. Automatic recognition of defects inside aluminum ingots by x-ray imaging [J]. Insight, 1996, 38 (9): 618-625.

[13] Lehr C, Feiste K L, Sregemann D. et al. Three dimensional defect analysis using stereoradioscopy based on camera modelling [J]. Proceedings of the 7th ECNDT, 1998: 243-249.

[14] Mery D., Filbert D. Automated flaw detection in aluminum castings based on the tracking of potential defects in a radioscopic image sequence [J]. IEEE Trans. Robotics and Automation, 2003, 18 (6): 890-901.

[15] Strecker H. Automatic X-ray testing of castings: an approach based on a local feature operator and flexible image matching [J]. IEEE, 1982: 451-455.

[16] Bin Gao, Aijun Yin, Guiyun Tian, et al. Thermography spatial-transient-stage mathematical tensor construction and material property variation track [J]. International Journal of Thermal Sciences, 2014 (85): 112-122.

[17] Hailong Yang, Bin Gao, Guiyun Tian, et al. Transient-spatial pattern mining of eddy current pulsed thermography using wavelet transform [J]. Chinese Journal of Mechanical Engineering, 2014, 27 (4): 768-778.

[18] Oswald-Tranta B, Wally G. Thermo-inductive surface crack detection in metallic materials [C]. Berlin: Proc. 9th Eur. Conf. NDT, 2006.

[19] Zenzinger G, Bamberg J, Satzger W, et al. Thermographic crack detection by eddy current excitation [J]. NDT&E International, 2007, 22 (2-3): 101-111.

[20] Weekes B, Almond D P, Gawley P, et al. Eddy-Current induced thermography-probability of detection study of small fatigue cracks in steel, titanium and nickel-based superalloy [J]. NDT&E International, 2012 (49): 47-56.

[21] He Y, Tian G, Pan M, et al. Impact evaluation in carbon fiber reinforced plastic (CFRP) laminates using eddy current pulsed thermography [J]. Composite Structures, 2014 (109): 1-7.

[22] Y He, Tian G Y, M Pan, et al. An investigation into eddy current pulsed thermography for detection of corrosion blister [J]. Corrosion Science, 2014 (78): 1-6.

[23] Wilson J, Tian G Y, Mukriz I, et al. PEC thermography for imaging multiple cracks from rolling contact fatigue [J]. NDT&E International, 2011 (44): 505-512.

[24] Liang Cheng, Bin Gao, Gui Yun Tian, et al. Impact damage detection and identification using eddy current pulsed thermography through integration of PCA and ICA [J]. IEEE Sensors Journal, 2014, 14 (5) 1655-1663.

[25] Maldague X, Marinetti S. Pulse phase infrared thermography [J]. Appl Phys, 1996, 79 (5): 2694-2698.

[26] Chatterjee K, Tuli S. Image enhancement in transient lock-in thermography through time series reconstruction and spatial slope correction [J]. IEEE Trans, Instrument and Measurement, 2012, 61 (4): 1079-1089.

[27] Marinetti S, Grinzato E, Bison P G, et al. Statistical analysis of IR thermographic sequences by PCA [J]. Infrared Physics & Technology, 2004 (46): 85-91.

[28] Hyvarinen A., Karhunen J., Oja. E. Independent component analysis and blind source separation [J].

John Wiley & Sons, 2001 (31): 20-60.

[29] Bin Gao, LibingBai, Guiyun Tian, et al. Automatic defect identification of eddy current pulsed thermographyusing single channel blind source separation [J]. IEEE Trans, Instrument and Measurement, 2014, 63 (4): 913-922.

[30] Févotte C.. Majorization-minimization algorithm for smooth Itakura-Saito nonnegative matrix factorization [C]. Prague: IEEE International Conference on Acoustics, Speech and Signal Processing (ICASSP), 2011: 1980-1983.

[31] Bin Gao, LibingBai, Woo W L, et al. Thermography pattern analysis and separation [J]. Applied Physics Letters, 2014, 104.

[32] 田有文, 李成华. 基于统计模式识别的植物病害彩色图像分割方法 [J]. 吉林大学学报: 工学版, 2004 (2): 291-293.

[33] 杨家红, 刘杰, 钟坚成, 等. 结合分水岭与自动种子区域生长的彩色图像分割算法 [J]. 中国图像图形学报, 2010 (1): 63-68.

[34] 张桂梅, 周明明, 马珂. 基于彩色模型的重构标记分水岭分割算法 [J]. 中国图像图形学报, 2012 (5): 641-647.

[35] 代沁伶, 王雷光, 洪亮. 融合边缘测度的自然场景彩色图像区域分割 [J]. 中国图像图形学报, 2013 (5): 523-528.

[36] Chen K, Ma Y, Li S. Color image segmentation method by using histogram threshold and K-means [J]. Computer Engineering and Application, 2013, 49 (4): 170-173.

[37] Roberts L G. Machine perception of three-dimensional solids [M]. Cambridge: Massachusetts Institute of Technology, 1963.

[38] Kuo H. Gaussian Measures in Banach Spaces [J]. Lecture Notes in Mathematics, 1975, 463 (70): 1-109.

[39] Prewitt J M S Object enhancement and extraction [M]. Waltham: Picture Processing &Psychopictorics, Academic Press, 1970.

[40] Sobel L. Effects of boundary conditions on the stability of cylinders subject to lateral and axial pressures [J]. Aiaa Journal, 1964, 2 (8): 1437-1440.

[41] Hodson E. Adaptive Gaussian filtering and local frequency estimates using local curvature analysis [J]. Acoustics, Speech and Signal Processing, 1981: 29 (4) 854-859.

[42] Canny J. A computational approach to edge detection [J]. Pattern Analysis & Machine Intelligence, 1986, 29 (4), 8 (6): 679-698.

[43] 吕哲, 王福利, 常玉清. 一种改进的 Canny 边缘检测算法 [J]. 东北大学学报: 自然科学版, 2007 (12): 1681-1684.

[44] 张震, 马骊良, 张忠波, 等. 一种改进的基于 Canny 算子的图像边缘提取算法 [J]. 吉林大学学报: 理学版, 2007 (2): 244-248.

[45] Gao B, Woo W, He Y, et al. Unsupervised sparse pattern diagnostic of defects with inductive thermography imaging system [J]. IEEE Transactions on Industrial Informatics, 2016 (12): 371-383.

第 7 章

智能装配：基于智能导航的装配精确定位技术

7.1 引言

装配过程的精确定位是智能装配中的关键技术，也是保证复杂产品装配质量与装配效率的重要因素。通过装配过程的智能导航，有效保证复杂产品装配的定位精度。智能装配中的精确定位包含了装配物料的精确定位、装配工装夹具的精确定位和装配机器人操作的精确定位等方面的内容。

装配物料搬运输送设备是物流中心和生产物流系统的重要装备，它具有把各物流站、货架衔接起来的作用。自动导引车（Automated Guided Vehicle，AGV）是指装备了光学和电磁等元器件的自动导引装置，能够按照规定的导引路径和作业要求，精确地行驶和定位并具有安全保护功能、移载功能等的运输车。AGV 由于具有智能化、灵活性等特点，已成为现代工业自动化物流系统中的关键设备之一[1]。通过基于 AGV 的物料物流系统建模、多传感器多 AGV 协同定位和装配物料定位精度分析等关键技术，实现装配物料的精确定位。

装配工装夹具的定位精度直接影响了零件的装配精度。夹具是一种能够使工件按一定的技术要求准确定位和牢固夹紧的工艺装置，它广泛地应用在零件的加工、检测和装配工艺过程中。在机械制造业中，夹具对装配质量、生产率和产品成本都有直接的影响，夹具设计和制造的时间在生产周期中占有较大的比重。通过装配工装夹持顺序优化设计、柔性夹持工装运动性能分析和装配夹具定位方案定位质量评价技术，实现装配工装夹具的精确定位。

装配机器人在工业领域有着广泛的应用。复杂装配任务中的机器人作业过程受到多种因素的影响。考察机器人在作业拓扑顺序可变、机构运动副含间隙、非结构化未知环境等复杂任务中的作业过程优化问题，研究机器人的运动规划、布局设计、动力学综合等方面的关键技术，对实现机器人精确装配操作具有重要意义。

1. 自动导引车精确定位研究现状

1953 年，世界上第一台 AGV 在美国诞生，美国巴雷特公司采用一条钢丝索作为 AGV 的导引路径[2]。1955 年，电磁导引 AGV 在英伦半岛诞生。20 世纪 80 年代末，激光导航 AGV 横空出世。20 世纪 90 年代，陀螺仪被引入 AGV 领域中，用于提高 AGV 的定位精度。随着数字图像处理技术、计算机技术、机器视觉技术等的快速发展，AGV 的精确定位技术逐渐成了研究的热点，国内外研究学者也取得了大量的科研成果。

日本科学家Trahanias[3]通过视觉系统对自然路标进行探测，从而实现AGV的导航。其中，识别自然路标的图像处理算法大多计算量较大，这也导致了这种导航方式始终存在一个实时性较差的瓶颈。解决基于自然路标的视觉导航瓶颈问题的关键在于研制开发出快速有效的数字图像处理技术。

日本大阪大学所研制的Vision-AGV采用单目视觉的方式进行导航。Vision-AGV在车体上安装图像处理器、微型计算机、编码器和电位计等设备，用于获取AGV的行驶距离及航向角度，同时还利用可旋转的摄像机对周围环境进行更广泛的探测。

我国对AGV领域的研究起步较晚且基础较为薄弱，但取得了一定的成果[4]。吉林大学研制的JUTIV-3型视觉导航车主要基于结构化场景的导航方式，只需通过摄像机采集预先设置的人工路标，并根据路标中提示的信息进行下一步计算，具有路径设置柔性高、导航稳定性好、识别速度快、运行安全等方面的优势。

西安理工大学研究开发了可实现自动行驶功能的AGV，该车集视觉导航技术、激光扫描技术、无线遥控技术、超声波技术、陀螺仪、电子罗盘等多种技术于一身。

新松机器人自动化股份有限公司研制了激光导航、磁导航及惯性导航相结合的混合导航AGV，该AGV可根据现场的使用环境灵活配置[5]。

2. 工装精确定位研究现状

传统的工装定位方案设计方法主要依靠设计者的经验，没有理论数据支持，很难保证设计结果的最优性。智能装配要求对工装定位方案进行稳定性参数分析及定量评价，优化夹具的布局以及夹持顺序，实现工装定位精度的提高。国内外众多研究机构、专家、学者从不同的应用角度对工装精确定位方法进行了深入研究。

Wu等人[6]根据表面特征、有效面积等因素确定主要定位基准，再利用零件相似性搜索与主要定位基准相同的定位点布局方案。

Wu等人[7]提出了孔系组合夹具定位方案设计的连杆机构原理，用来确定"3-2-1"定位点布局中侧面三个定位点的位置。其总体思路是首先确定前两个定位点，然后根据前两个定位点再来确定第三个定位点，从而得到定位方案，但该方法仅适用于由直线和圆弧组成的定位边界。

随着研究的深入，对夹具结构自动布局的理论和方法逐步成为热点之一。刘文剑等人[8]提出一种采用模糊推理确定定位夹紧面的方法，集中在选择定位元件、夹紧方案上。其主要采用基于特征和参数化驱动的半智能夹具系统，除了拥有传统的定位、夹紧等功能外，还能进行工件定位精度分析和使用人机交互的方法修改工装夹具设计方案。

Liu等人[9]用薄板变形，在第二定位基准上对最大工件变形处增加定位元件，以此反复直至满足工艺要求，从而确定定位元件数目。

刘永喜等人[10]提出了基于成组技术的夹具快速配置思想。首先以零件结构、工艺信息、工装信息、材料等辅助信息为依据对零件进行分组编码，建立了零件组、夹具以及工艺信息之间的映射模型，以便通过输入新零件编码检索到相应的零件组及其夹具，然后以夹具元件库为对象，对夹具进行定位件、夹紧件或导向元件的选择。

张胜文等人[11]根据焊接管件之间存在相似性的特点，提出了基于范例推理的管件焊接夹具设计方法。首先分析了管件焊接夹具实例的特征描述方法，提出了管件形状属性相似度、夹具布局相似度及其总体加权相似度计算方法。然后以总体加权相似度为依据检索焊接夹具，利用参数化设计方法和空间坐标转换技术分别修改定位元件的尺寸和位置。

3. 机器人精确定位研究现状

机器人机构的运动副连接相邻的两个构件，并使构件之间能够产生相对运动。运动副元素之间装配时必然留有间隙，运动副间隙的存在影响了机构运动精度，使得机器人定位时不可避免地出现一定的偏差，从而降低了机器人定位的准确性。许多学者针对运动副间隙对机器人定位精度的影响进行了一系列的研究。

天津大学黄田[12]研究了冗余约束对两自由度的平面并联平移机器人定位精度的影响。机构的冗余约束能够减轻运动副间隙对末端执行器定位精度的不良影响。将间隙看作主要由设计阶段的公差分配产生，在考虑成本和精度的基础上进行公差优化分配。论文中将间隙分布假设为正态分布。

台湾成功大学 Tsai[13]采用螺旋理论进行了含间隙机构运动灵敏度分析。论文中将运动副间隙当作一个没有质量的虚拟连杆。通过动静法分析，机构在任意位形应该处于平衡状态，机构运动副传递的力螺旋应该与外力螺旋平衡。由于力螺旋与运动螺旋的互补性，可以获得一组约束方程，进而计算出机构在外力作用下的实际位置。Tsai[14]还进一步研究了含间隙多环连杆机构的定位误差。

美国迈阿密大学 Wu[15-16]采用区间分析的方法研究了运动副间隙对机器人末端执行器位置误差和方向误差的影响。在建立成本-公差模型的基础上进行设计阶段的公差优化分配。区间分析可以方便地求解出间隙对末端执行器定位精度影响的上下限，而不需要知道间隙的概率密度函数。

意大利博洛尼亚大学 Venanzi[17]采用确定性的方法研究了运动副间隙对末端执行器定位精度的影响。确定性的方法是使用虚位移原理分析运动副元素由于间隙的微小运动产生的末端执行器的维修位移。与以往的确定性方法不同，这种方法不需要知道作用于机构的力或力矩，直接通过运动副元素的最大位移求解末端执行器的最大定位误差。

韩国国立首尔大学 Han[18]研究了 3-UPU 并联机器人的运动灵敏度，指出这种机器人在某些姿态下具有大范围的不确定性运动。分析表明这种不确定运动不是由机构奇异姿态引起的。通过在万向副中引入一个虚拟转动副，分析了运动副间隙对机器人末端执行器不确定运动的影响。

7.2 基于 AGV 的装配物料精确定位技术

7.2.1 AGV 定位方法分类

AGV 的控制问题可以归结为"我在哪？""我要去哪？"及"我如何到达？"三个问题的回答[19]。因此，AGV 为完成其物料的搬运任务，必须解决如下四个问题：运动控制（Motion Control）、工作环境地图构建（World Modeling）、运动路径规划（Path Planning）和定位（Localization）。其中，定位是 AGV 导引最基本的环节，也是完成导引任务首先必须解决的问题。只有准确确定了当前的位置和姿态，才有可能根据工作环境在当前位置与目标位置间规划出一条可行的运动路径。此外，在运动过程中，也需要进行实时、精确的定位，以完成路径的跟踪最终到达目标点。可见，使 AGV 具有良好的定位能力是提高 AGV 智能的关键。

AGV 的定位是指通过自己的定位系统，确定其在二维工作环境中相对于参考坐标系的位置和姿态,并根据一定的精度要求,控制其沿正确的路径行走[20]。根据 AGV 工作环境,定位系统所采用的传感器不同,定位方式也不同。对 AGV 定位方式从以下几个方面进行评价[21]:

(1) 运行范围 指在保证系统的效率和性能不下降的情况下,小车的最大运行距离范围。

(2) 运行精度 由于运行线路设置时存在的误差,以及不同导向技术中由于传感器等因素而引起的固有误差,小车实际运行时不可能精确地沿预定路线行驶,所以,小车在站点处必须具有较高的运行和定位精度。

(3) 灵活性 制导方式的灵活性就是指 AGV 运行线路变更的难易程度。

(4) 可靠性 导向系统的可靠性主要包括系统发生失灵的可能性、导向机构本身影响或阻止系统发挥正常功能的可能性等。

(5) 可控制性 指在一定的导引方式下,小车起动停止控制、弯道运行、岔道选择等实现的难易程度。另外,还应考虑特定导引方式下小车与中央控制系统之间数据通信的实现方法和性能水平。

(6) 系统成本 AGV 定位系统包括车载装置和地面装置两部分,而各个部分的成本都主要由相应装置的复杂性及其维护要求决定。

近几年来,随着传感器技术的发展,出现了各种定位方法。就定位范围而言,可分为相对定位和绝对定位两类[22]。根据 AGV 工作环境的复杂程度,给 AGV 配备不同种类和不同数量的传感器[23]。由于 AGV 工作环境具有多样性,到目前为止仍没有一套完整的、具有良好环境适应能力的定位方法。所用传感器的特性决定了定位的方法,同时,传感器的性能也影响了 AGV 的定位精度。按传感器所获得的信息类型来分,定位可分为:惯性定位法、测距定位法、感应定位法和组合定位法等。

1. 惯性定位法

惯性定位法也叫航位推算法(Dead Reckoning, DR)或计算定位法,根据车载传感器检测 AGV 的运动状态信息(如运动位移和速度等)来解算出其相对惯性坐标系中的相对位姿。优点是不依赖于任何外部信息,也不向外部辐射能量,独立性强,不受外界工作环境的限制,同时,由于数据更新率高,短期定位精度较高,稳定性较好,因而得到广泛的应用[24]。但由于定位信息是相对量,故定位累积误差会随时间增长而增加,绝对定位精度差。最主要的是,一旦定位失败,系统自恢复能力较差,需定期修正系统的定位误差[25]。

2. 测距定位法

测距定位法是通过车载传感器对环境中所设路标的探测来实现定位。它的基础是对环境的几何描述,通过获得环境中一些物体或标志点相对 AGV 的距离和方位的量化描述,解释出 AGV 自身的当前位置。一般有几何定位法、渡越时间测量法、焦点扫描法、返回信号强度测量法、相移测量法、干涉度量法等,所用的传感器通常有摄像机、声呐、激光测距仪、近红外测距仪、超声波定位、雷达和 GPS 定位等。这种方法具有很好的环境适应能力,对所设置的标识物的安装位姿有一定的要求,如超声波传感器要求标识物的法线与其轴线间的夹角在±5°内,这时其测量的距离比较准确,激光测距仪要求所设定的标识物必须与所发出的激光束在同一高度内,其定位用的标识物不能少于四个,否则定位失效。

3. 感应定位法

感应定位法也是通过获取环境中设置的标志信息(如磁性元件产生的磁场等)实现对 AGV 的定位[26]。通常用于感应定位的传感器有霍尔元件、触觉传感器阵列、光电开关、磁栅尺等。这种定位方法对环境中所设置的标识物要求连续，同时，AGV 上的车载传感器必须能时时感应到标识物的信息。这种定位方式最大的缺点是标识物必须按 AGV 所需运动的路径设置，因此，当 AGV 的运动路径发生改变时，已设置好的标识物应跟着改变，导致 AGV 的运动灵活性变差。

4. 组合定位法

上述几种定位方法都有其优点，也有其缺点。为了得到很好的定位效果，同时，为使 AGV 有良好的运动灵活性，常常将上述几种方法中的两种或更多种组合使用，随之产生了组合定位法，以获得更好的定位效果。如利用惯性导航为定位系统提供连续实时的定位信息；利用其他传感器检测 AGV 所处环境信息，对惯性导航所产生的定位误差进行修正，得到 AGV 位姿的最优估计值，以获得较高的定位精度。组合导航系统将多种传感器进行优化配置，使其性能互补，提高了整个系统的定位精度和可靠性。相应地，信息处理也由单个传感器的数据采集与处理向多传感器信息融合的方向发展，这也有利于提高定位系统的可靠性[27]。

7.2.2 物料物流系统建模方法

物料物流系统建模是物流系统分析的必要过程，是发现物流系统瓶颈的直接途径，并为物流系统改进提供了基础[28]。物流系统建模与仿真主要运用在以下几个方面[29]：

1. 物流系统规划与设计

一个复杂的物流系统由自动化立体仓库、AGV、缓冲站等组成。物料物流系统建模经常面临的问题是：如何确定自动化立体仓库的货位数；确定 AGV 的速度、数量和缓冲站的个数；以及如何规划物流设备的布局，设计 AGV 的运送路线等。这里生产能力、生产效率和系统成本都是设计的重要指标，而它们又是相互矛盾的，需要选择技术性与经济性的最佳结合点。物料物流系统模型运行准确地反映了物流系统在各种参数下的运行效果，从而使设计者对规划方案有了更直观的了解。

2. 物料控制

生产加工都需要物料的供应，物料供应部门与生产加工部门的供求关系存在矛盾。为确保物料及时准确地供应，最有效的方法是在生产车间设置配料区。通过建立配料区的仿真模型，模拟配料区物料的摆放，工人搬运物料入库、出库，模拟仓库库存变化的实际状况，从而找到最佳物料储放方案。

3. 物料运输调度

复杂的物流系统经常包含若干运输车辆、多种运输路线，合理地调度运输工具、规划运输路线、保障运输路线的通畅和高效等都不是一件轻而易举的事。运输调度策略存在着多种可能性，评价策略的合理性并选择一种较优的调度策略是关键。运输系统仿真是比较有效的方法，通过对运输调度过程的模拟，调度人员对所执行的调度策略进行检验和评价，就可以采取较合理的调度策略。

在实际生产制造中，常利用面向对象的离散事件仿真建模思想，对车间配料区物流系统的关键资源进行建模。离散事件系统难于用常规的微分方程、差分方程等方程模型来描述，一般只能用网络图和流程图来描述，包括活动循环图、流程图、PETRI 网、面向对象的建模等方法。随着计算机技术的不断发展，面向对象的离散事件仿真建模方法运用最为广泛。面向对象的建模方法最初是由一组面向对象程序设计概念发展起来的，这种概念对面向对象分析和面向对象设计非常有用。面向对象的建模方法适用于复杂系统建模，其构造的仿真系统具有独立功能的模块，且模块之间通过相互作用来构造仿真模型，突破了传统建模仿真的概念，具有内在的可扩充性、可重用性[30]。

物料物流系统建模的过程就是建立系统模型，通过在计算机上的运行来对模型进行检验和修正，使模型不断趋于完善的过程，主要分为以下几个步骤[31]：

步骤1：确定系统的结构要素，了解系统的"实体"，抽象出系统关键实体的属性，定义各种活动和事件，描述活动与实体之间的关系。

步骤2：收集所研究系统的输入、输出各项数据以及描述系统各部分之间关系的数据，确定在模型中如何使用这些数据。

步骤3：用计算机高级语言或专用仿真语言来描述系统模型实体的属性，建立各实体之间的接口和物流关系，各模块之间进行集成和调试。

步骤4：运行仿真模型，运行模型的目的是预测实际系统运行的情况，以及在输入数据或决策规则有变化时输出响应的变动情况。模型运行是一个动态过程，要进行反复的实验运行，从而得到所需要的实验数据。

步骤5：分析仿真结果，由于仿真技术中包括某些主观的方法，如抽象化、直观感觉和设想等，因此在将仿真报告提交管理部门之前，必须对仿真结果做全面的分析和论证。

7.2.3 多传感器多 AGV 协同定位技术

在初始位置精确的前提下，采用基于编码器的航位推算法定位 AGV，在较短时间内具有很高的定位精度，定位结果也有很高的稳定性。但是，AGV 在运动过程中，由于轮子与地面间为非完整约束，即车轮与地面间有相对滑动，因此，随着运动时间的延长，其定位误差越来越大，导致定位的极大偏差。为提高其定位精度，需要在 AGV 上增设陀螺仪。陀螺仪能够直接提供 AGV 运动时的回转角速度信息，经过一次积分可获得 AGV 的姿态角信息。由陀螺仪的工作特性和其品质的关系，其输出与输入之间不可能严格满足确定的关系，即输出有误差，由此得出测得的 AGV 姿态角存在误差累积，而且陀螺仪自身的静态偏差漂移对其测量值有很大影响。

为了更完整、更准确地确定 AGV 相对环境的位姿信息，需要使用多传感器[32]。它们提供的信息有些是互补的，有些是冗余的，以一定的方法融合这些互补或冗余的传感器信息，充分利用多传感器提供的信息，通过合适的信息融合算法，可更准确地实现 AGV 的位姿估计，完成 AGV 的精确定位。

多传感器信息融合是协调使用多个传感器，把分布在不同位置的多个同质或异质的传感器所提供的局部不完整测量信息或相关联的信息加以综合，消除多传感器之间可能存在的冗余和矛盾，并加以互补，降低其不确定性[33]。因此，可以利用几种定位方法的互补性和信息的冗余性，对定位结果进行数据融合，以得到实时性高、定位精度高且稳定的 AGV 定位系统。

由于 AGV 运动存在打滑或工作路面不平整等因素，航位推算法得到的 AGV 位姿，短距离精度高，但误差存在累积[34]。通过卡尔曼滤波，引入单个传感器观测值，可以修正航位推算估计值误差，同时减小传感器的观测值误差，最终得到最小方差意义上的滤波估计值。通过对不同传感器卡尔曼滤波估计值的加权融合，又可以进一步提高滤波估计值的精度和可靠性，减小滤波方差。使用多传感器分布式信息融合卡尔曼滤波器对 AGV 姿态角进行融合估计,以提高其定位系统的定位精度。

由于单台 AGV 可以实现全方位运动,多台(两台以上)AGV 按任意角度组合形成一个整体,可以实现全方位移动搬运和装配。将每台 AGV 上的四个码盘测得的电动机速度转换为 AGV 的 x 和 y 方向的速度及角速度,求得速度后,可求出每台 AGV 行走的 x 和 y 方向的距离及方位信息,然后算出两台之间的 x 和 y 方向的距离及方位偏差。将每台 AGV 上姿态方位参考系统测得的 x 和 y 方向加速度及角速度积分两次,求出距离及方位信息,再计算出两台之间的 x 和 y 方向的距离及方位偏差[35]。

每台 AGV 上的前后激光器通过扫描测得的相对 AGV 轮廓的点的距离及对应的角度,根据 AGV 的外壳特征进行特征匹配,算出两台 AGV 的 x 和 y 方向的距离及方位偏差。再将此 x 和 y 方向的距离及方位偏差与前面的加速度/角速度、码盘的信息算出来的距离及方位信息融合,算出两 AGV 的 x 和 y 方向的距离及方位偏差。

将多台 AGV 组成一个系统,各 AGV 采取一主多从的控制结构形式。主 AGV 根据不同的任务协调各机器人的运动,从 AGV 根据这个要求将各 AGV 之间的相互距离偏差和方位偏差作为反馈量。根据各 AGV 车体运动关系确定各交叉耦合增益,并作为补偿量分配到各 AGV,从而调整各 AGV 的运动输入量。通过多 AGV 协调控制系统,减小系统轮廓误差,用适合全方位移动方式的 AGV 姿态优先的交叉耦合控制方法实现多目标约束下的合作控制。

7.2.4 装配物料定位精度分析

装配物料定位精度一般利用传感器进行测量,通过传感器节点得到其感知、采集的监测数据,并提供传感器节点在某一平面或者空间中的相对或者绝对位置信息,实现对监测数据的有效分析及利用[36]。

根据在定位过程中是否需要测量节点间的实际距离,分为基于测距的定位算法和无须测距的定位算法[37]。基于测距的定位算法顾名思义需要先测量节点间的距离或者角度信息,然后根据三边测量法、三角测量法或者最大似然估计算法来计算位置节点的坐标。常用的该类算法包括接收信号强度测距法(RSSI)、到达时间测距法(TOA)、时间差测距法(TDOA)和到达角度测距法(AOA)。无须测距的定位算法要求较少的设备就可以得到节点间的距离或者角度信息,仅根据网络的连通性及参考定位节点位置的相对参考信息就能实现对未知节点的定位功能。常用的该类算法主要包括质心法、基于距离矢量计算跳数(DV-Hop)算法、无定形(Amorphous)算法及近似三角形内点测试(APIT)算法、基于方向的节点定位算法等。

以 TDOA 方法为例,进行装配物料的定位精度分析。具体操作为在锚节点同时周期性地发射射频(RF)信号和超声波(US)信号,根据达到未知节点的时间差求取距离。通过 TDOA 方法分析,获得影响装配物料定位精度的因素有以下几类[38]:

(1)环境因素 对环境因素(如温度、湿度及气压)的依赖性导致基于超声的测距误差。虽然可以通过测量环境的温度来补偿这个误差,但是由于信号在传播过程中的温度值可能是不断变化的,所以并不能够完全消除这些因素带来的影响。

(2)非视距误差 当未知节点与参考节点之间存在非视距路径时,例如障碍物,未知节点接收到的 US 信号可能是经过绕射或者反射后的,这就意味着 US 信号会花费更长的时间到达未知节点,从而导致了测距误差。

(3)系统自身的误差 这是定位系统所普遍存在的一种误差,它不可能被完全消除,只能通过其他方式来最大程度地降低它的影响。其包含两部分的误差：一是计时时钟自身的误差，该部分影响较小；二是由于时间间隔的测量是以未知节点接收到 RF 信号才开始的，即使 RF 信号接近于光速也会有一定的传输时间，这就导致了测量误差。

（4）定位算法误差　在将测量的 TDOA 值转换成相应的距离值时所采用的计算方程也会带来测距误差。

7.3　装配工装夹具精确定位技术

7.3.1　空间曲面多点定位理论

空间曲面薄壁件多点定位夹持的基本原理以样条曲面作为数学原型，通过曲面控制点和确定曲面主受力点相互拟合的方式，得到有限个离散点来确定薄壁件曲面的定位和夹持位置，以此相对较少的点来约束曲面的空间自由度[39]。具体形式如图 7-1 所示。

考虑到空间曲面薄壁件的外形多为自由曲面，故常采用非均匀有理 B 样条（Non Uniform Rational B-Spline，NURBS）曲面为研究对象，运用该曲面的相关理论和方法来描述其表面轮廓的特点和属性。NURBS 曲面以及曲线的相关理论和方法已经是现代制造业中广泛使用的数学工具，用于对空间自由曲面薄壁件进行几何意义上的精确描述。

对于一个给定的待装配空间自由曲面薄壁件，在工件装夹之前的首要任务是根据工件曲面的几何信息来求解支撑阵列定位头的位置坐标 (x, y, z)，通过离散的定位头来拟合工件表面相对应的等距面。计算出定位头的位置坐标后，通过计算机与各立柱控制单元的通信来实现定位头的精确控制。空间曲面多点定位求解可以分为以下几个步骤[40]：

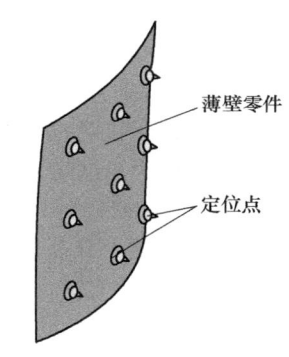

图 7-1　多点阵曲面定位夹持

步骤 1：初步计算出薄壁工件表面上要定位支撑点的所有位置坐标 $\{(x, y, z)\}$。由于定位点的个数受支杆数量的限制，所以点的分布需要综合考虑薄壁件的变形、强度、重力以及待装配部位的受力情况等诸多因素。

步骤 2：根据所求出的初步位置坐标以及法向矢量，求出与其相切的各立柱定位头球心坐标 $\{(x^*, y^*, z^*)\}$。

步骤 3：根据同一排架上所有立柱 x 轴坐标值相同的特点，对所求的定位头球心坐标进行最小二乘法直线拟合，从而得到新的坐标 $\{(x_1^*, y_1^*)\}$。

步骤 4：应用最小二乘法拟合后得到的 $\{(x_1^*, y_1^*)\}$ 坐标即可反求出立柱前端定位头球心的位置坐标 $\{z^*\}$，即 z 轴的定位高度。

7.3.2　装配工装夹持顺序优化设计

三维空间中刚体零件最典型的装配工装夹持方式采用 3-2-1 定位原则，通过依次在三个基准特征上分别约束 3、2、1 个自由度，实现零件的六自由度完全约束[41]。对于实际生产加工的零件来说，根据其刚度大小在夹持过程中不可避免地会出现或多或少的变形，特别是针对柔性零件（如金属板件）而言，由于其在装配工装夹持过程中容易产生较大的变形量，因此 3-2-1 定位原则并不适合，因此常采用 N-2-1（N>3）的过定位夹持方式[42]。

采用过定位方案的柔性零件在夹具空间的最终位置以及零件的变形方面很大程度上受到夹持顺序的影响。对于 N-2-1 定位方案的薄板件来讲，夹持顺序的不同将使夹具对零件的偏差控制产生不同作用。同样的定位点布局下，不同定位点夹紧顺序的过定位薄板件，在定位点偏差作用下的变形也不同，因此需要对过定位薄板件定位点夹紧顺序进行优化设计[43]。

对柔性过定位薄板件夹具夹持顺序的优化，就是从众多可能的夹持方案中寻找一个满足设计目标的夹持方案。夹具对零件的夹持是通过多个夹头来实现的，夹持顺序设计就是规划在装夹零件时夹头的加力顺序。在装配工装夹持顺序优化设计过程中，一般将以下几点作为目标：夹持过程中由于夹持作用而产生的零件变形最小；优先保证主定位的夹持，从而保证柔性零件在夹具中具有确定的空间位置；夹持顺序应该能够使得零件在冲压过程中产生的回弹变形在夹持过程中得到充分的回复；夹持顺序应使得夹具偏差对测点偏差的影响达到最小。

以具有 n 个夹持点的柔性零件测量夹具夹持顺序的优化过程为例，其实质就是从 n 个夹持点排列组合得到的 $n!$ 个不同的夹持方案中选取符合设计目标的最佳方案。这种优化问题是属于运筹学中的组合优化范畴，组合优化问题可以用三参数 (D, F, f) 表示，其中 D 表示设计变量所描述的设计空间；F 表示可行解区域，$F = \{x \mid x \in D, g(x) \geq 0\}$，$F$ 中的任何一个元素称为该空间的可行解；f 表示目标函数，满足 $f(x^*) = \min\{f(x) \mid x \in F\}$ 的可行解 x^* 称为该问题的最优解。

n 个夹持点的夹持顺序优化问题的设计变量、约束条件和目标函数定义如下：

1) 设计变量。在柔性零件测量夹具夹持顺序的优化问题中，n 个夹持点就是夹持顺序优化问题中的设计变量，而 n 个夹持点的全排列就形成了夹持顺序优化问题的设计空间。如果设 x_i 为第 i 个设计变量，则全部设计变量用 n 维向量形式表示为

$$X = \begin{pmatrix} x_1 \\ x_2 \\ \vdots \\ x_i \\ \vdots \\ x_n \end{pmatrix} = (x_1 \quad x_2 \quad \cdots \quad x_i \quad \cdots \quad x_n)^T$$

2) 约束条件。柔性零件测量夹具夹持顺序的优化问题中，主要约束条件就是在优化过程中，一个方案中夹持点不能被重复选择，即 $x_i \neq x_j$。

3) 目标函数。对柔性零件测量夹具夹持顺序的优化，就是保证零件产生的回弹变形在得到最大程度回复的同时，使得零件关键测点在夹具偏差的影响下产生的偏差值最小。考虑到消除柔性零件回弹变形和减小关键测点偏差的最终目的是提高零件的装配质量，即零件在夹具偏差的影响下关键测点偏差值最小，因此以夹持后零件所有关键测点加权后的偏差值之和作为评价夹持方案的目标函数。

设一个过定位薄板件的第一基准面上共有 n 个定位点，零件的关键测点数为 m，则优化目标函数为

$$f(x) = \min \sum_{i=1}^{m} k_i V_i$$

式中，k_i 为第 i 个关键测点的偏差加权值；V_i 为关键测点 i 在第一基准面法向上的偏差值。

零件夹持后的关键测点偏差值可由模型分块组合偏差建模方法得到，根据关键测点对偏差控制要求程度的不同，对每个关键测点的偏差值进行加权来作为最终评价指标，并通过智能算法求解来获得该装配情况下的最优或次优工装夹持顺序。

7.3.3 柔性夹持工装运动性能分析

运动性能是柔性夹持工装设计中的关键指标之一。对柔性夹持工装进行运动学分析，以判断柔性夹持工装是否能满足给定的运动性能要求，主要研究内容为柔性夹持工装运动方程的建立、求解、速度、加速度的分析，工作空间和轨迹规划等[44]。

1. 系统仿真模型的建立

第一种方式是在 ADAMS 建模环境中直接建立系统模型，这种方式主要针对结构比较简单的系统模型。其中，系统中的部件分为刚性体部件以及柔性体部件，对于这两种不同的部件，建立的方式有所不同。对于刚性体部件，ADAMS 提供了建立刚性体几何模型的构造工具与固体模型，还可以通过增加特性或者进行布尔运算合并几何模型来优化几何形状。在默认的情况下，使用刚性体部件的几何信息来定义自身的质量与转动惯量，也可以通过输入的方式来对部件的质量和转动惯量进行赋值。对于柔性体部件，可以通过 ADAMS 来创建间断的柔性体部件，也可以应用 ADAMS/Flex 模块来导入复杂的柔性体部件。

第二种方式是在 ADAMS/View 中导入已在 CATIA 软件中建立好的系统模型，这种建模方式可以充分发挥三维建模软件的优势，同时，很好地利用了 ADAMS 软件与大多数三维软件的接口技术，提高了建模的效率。为了简化计算过程，省去系统中一些组成部件的细节以及对系统计算结果影响不大的复杂结构，并定义系统中各组成部件的材料属性。

2. 柔性工装系统坐标系的建立

为了实现对柔性定位点的精确控制，需要建立工装系统的运动学模型。为了更好地描述工装系统中各个运动副之间的相互运动关系，需要建立系统中各个运动副坐标系相对于工装系统原点坐标系的运动关系。对于在各个部件上所建立的坐标系，在工装系统处于初始状态时，各个坐标系的方向处于相对平行状态，各个部件的坐标系位于两部件之间的运动副节点上，定位点的坐标用各个坐标系之间的位置矢量来表示。由于工装系统的运动副均为转动副或移动副，所以运动副的驱动方向即为定位点的运动方向。构成一个运动副有两个部件，定位点的运动方向即为运动副中动部件相对于静部件的运动方向，用固连在静部件上的构件坐标系方向矢量表示。

3. 柔性夹持工装系统运动模型的建立

三维多体系统的运动分析方法与二维的比较相似，只是广义坐标系的选取相对要复杂一些，约束方程的形式更复杂一些，问题的规模要更大一些。三维多体系统的广义坐标系与二维相似，同样由位置坐标以及方位坐标组成，位置坐标的表示方法比较固定，都是通过连体坐标系中的基点坐标来确定，方位坐标则有多种表示形式。例如可以用方向余弦矩阵、欧拉角以及欧拉参数等来表示，比较常用的是方向余弦以及欧拉角两种。首先给出用方向余弦矩阵表示的系统广义坐标系的变换，其次根据上述的坐标变换给出系统的约束方程、速度方程以及加速度方程。

4. 柔性夹持工装系统运动学仿真分析

将建好的工装夹具三维模型导入 ADAMS 中,定义各个部件的材料属性,在具有相对运动的部件之间创建相应的运动副(包括滑移副、旋转副、螺杆副、齿轮副、球铰副以及固定副),同时添加系统的动力源。为了验证系统的位移、速度以及加速度是否满足要求,定义系统 X、Y、Z 方向上转速随时间变化的曲线。由于系统中各个定位头在各自的相对坐标系中运动轨迹基本相同,所以选取其中一个定位头为研究对象。通过 ADAMS 软件可以求解出系统定位头各个方向的位移、速度以及加速度仿真曲线。

7.3.4 装配夹具定位方案定位质量分析

在工件已确定某一具体的装配定位方案后,需要对该定位方案的定位质量做出准确的分析。影响定位方案定位质量的指标有很多,例如定位误差对定位方案定位质量的影响,装卸的方便性对定位方案定位质量的影响,定位元件类型与位置对定位方案定位质量的影响等[45]。

1. 主定位面定位点对定位方案定位质量的影响

在主定位面中,选择三个定位点来限制工件自由度——一个移动,两个转动。工件的重心必须落在三点组成的三角形内,以确保定位的稳定性。理想的定位点可以根据以下三个因素选出:三角形面积尽可能大,工件重心到三角形三边的距离尽可能长,以及定位点所在平面的统一化精度要求越高越好(公差值越小越好)。当已获得上述三个因素的数值时,就能得出各因素有极值时的最佳定位点[46]。

2. 装卸方便性对定位方案定位质量的影响

为了建立装卸方便性评价准则,首先定义两个概念[47]①转动支点:工件与三个定位销同时接触而没有施加夹紧力时,在外力的作用下如果工件能绕某一定位销转动,则该定位销称为转动支点。②定位销的可见性:在基础板平面上,从工件的外部可以观察到该定位销,则称该定位销是可见的。定位销的可见性用可见锥来度量,可见锥为能够直接观察到该定位销的角度范围。

装卸因素由工件装卸的方便性来体现,根据装卸运动是平移运动还是直线运动,以及装卸运动的可行范围,规定装卸方便性的抽象指标,总体上平移装卸优于旋转装卸。具体的评价方法规定如下:

1)装卸方便性好。定位方案存在平移装卸运动,且可行方向锥大于 90°。

2)装卸方便性较好。定位方案存在平移装卸运动,但可行方向锥小于 90°,或者旋转装卸运动的转动支点个数大于 2。

3)装卸方便性一般。定位方案的旋转装卸运动只有一个转动支点。

3. 定位件位置误差对定位方案定位质量的影响

工件定位件位置误差是影响定位精度的原因,要求小于产品设计中的几何公差要求。当定位件位置不正确时,工件的位置和方位就会随之改变,这类误差对装配过程精度产生影响,装配误差也由于这些变化而产生。对由于定位误差引起的装配误差加以估算,估算的结构用于校验和改进夹具设计。为了评价定位误差的影响,可采取以下五个步骤:

步骤 1:基于所设计的定位件的位置,建立定位参考平面。

步骤 2:用定位件位置误差估算定位参考平面。

步骤 3:确定被评估的工件几何误差以及相关的装配面。

步骤 4：确定定位件偏差发生前后装配面顶点（或特征轴线端点）坐标。要根据定位件到参考面的距离是一个常数来考虑。

步骤 5：根据这些点的位置变化的差值，估算几何误差。

7.4 装配机器人精确装配操作技术

机构运动副中的间隙不仅使运动副元素之间发生冲击碰撞，产生噪声，加剧运动副磨损，更重要的是影响了机构运动精度[48]。研究通过机器人轨迹规划来避免运动副元素发生分离的方法，以多项式函数进行机器人轨迹规划，将含间隙运动副反力表达为机器人主动关节位移、速度、加速度的函数。把机器人每段运动轨迹的时间长度作为设计变量，从而获得运动副反力的动态响应谱。从动态响应谱中可以便捷地选择合理的设计变量，使机器人运动过程中含间隙运动副元素始终避免分离，从而实现装配机器人的精确操作[49]。

7.4.1 基于连续接触模型的含间隙机器人动力学建模

由于需要通过机器人的主动关节轨迹规划来控制运动副反力，因此需要将运动副约束反力表达为主动关节位移、速度、加速度的函数。一般地，对机器人杆件 i 可以写出两个矢量动力学方程，即

$$m_i \boldsymbol{a}_{ci} = \boldsymbol{F}_i - \boldsymbol{F}_{i+1} + \boldsymbol{g}_i$$

$$J_{ci}\dot{\boldsymbol{\omega}}_i + \boldsymbol{\omega}_i \times J_{ci}\boldsymbol{\omega}_i = \boldsymbol{M}_i - \boldsymbol{M}_{i+1} + \boldsymbol{r}_{ci} \times \boldsymbol{F}_i - (\boldsymbol{l}_i + \boldsymbol{r}_{ci}) \times \boldsymbol{F}_{i+1} + \boldsymbol{n}_i$$

式中，$\boldsymbol{F}_i$ 和 $\boldsymbol{M}_i$ 分别表示作用在第 i 个运动副上的第 $i-1$ 个杆件对第 i 个杆件的约束反力和约束反力矩；m_i 为杆件 i 的质量；$\boldsymbol{a}_{ci}$ 为杆件 i 的质心加速度；$\boldsymbol{g}_i$ 为作用在杆件 i 的包括重力在内的主动力；$\boldsymbol{r}_{ci}$ 为从杆件 i 的质心到第 i 个运动副的位移矢量；$\boldsymbol{l}_i$ 为从杆件 i 上第 i 个运动副到第 $i+1$ 个运动副的位移矢量；J_{ci} 为杆件 i 相对于质心的转动惯量；$\boldsymbol{\omega}_i$ 为杆件 i 的角速度；$\dot{\boldsymbol{\omega}}_i$ 为杆件 i 的角加速度；$\boldsymbol{n}_i$ 表示作用在杆件 i 的主动力矩。

两个矢量动力学方程分别向世界坐标系的三个坐标轴投影，可以得到 6 个方程。对于含有 N 个杆件的机器人机构，联立 $6N$ 个杆件动力学方程得到机器人机构整体动力学方程。对于不含间隙的理想机器人机构，由 $6N$ 个杆件动力学方程组成的方程组是静定的，可以将各运动副的约束反力和机构驱动力及力矩表达为各关节和各杆件质心的位移、速度、加速度的函数。当主动关节的数目 K 等于机构自由度 DOF 数目时，被动关节和各个杆件质心的运动参数可以通过主动关节的运动参数获得。因此机构的运动副反力可以表示为主动关节位移、速度、加速度的函数。

当考虑机构运动副间隙时，可以建立含间隙运动副的连续接触模型[50-51]。每个含间隙运动副的主动元素和被动元素转变为两个相同类型的理想运动副。如图 7-2 所示，每个含间隙转动副分裂为两个理想转动副；如图 7-3 所示，每个含间隙球副分裂为两个理想球副，注意图中的间隙被夸大了。新生成的两个理想运动副中心 O_a 和 O_p 之间用一个虚拟杆连接。虚拟杆的方向与实际运动副元素接触法线方向一致。这时机构的自由度数目增加，在计算各个被动关节和杆件质心的位移、速度、加速度时，需要考虑虚拟杆转动的角位移、角速度和角加速度。含间隙机构的运动副反力仍然可以通过 $6N$ 个杆件动力学方程求解，但运动副反力不仅是主动关节运动参数的函数，同时也是虚拟杆运动参数的函数。

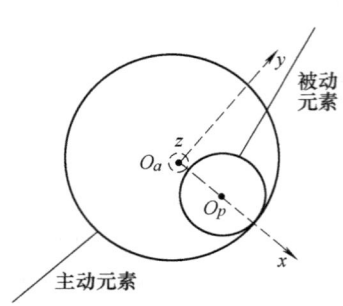

图 7-2 含间隙转动副

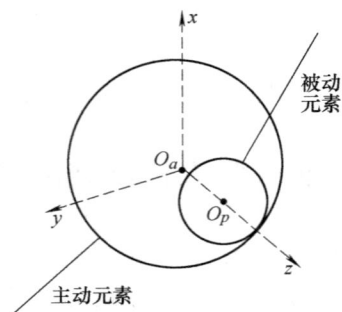

图 7-3 含间隙球副

7.4.2 基于轨迹规划的含间隙运动副反力的动态响应谱

在机器人关节空间中进行轨迹规划。设笛卡儿空间中有 $P+1$ 个路径点，通过反向运动学求解，把这 $P+1$ 个路径点映射到机器人关节空间。设机器人有 K 个主动关节，每个主动关节的运动轨迹可以用 P 段多项式函数描述，即

$$q_{k,p}(t) = A_{k,p,H}t^H + A_{k,p,H-1}t^{H-1} + \cdots + A_{k,p,h}t^h + \cdots + A_{k,p,1}t + A_{k,p,0}$$
$$t \in [0, T_p], h = 0, 1, \cdots, H, p = 1, 2, \cdots, P, k = 1, 2, \cdots, K$$

式中，$q_{k,p}(t)$ 表示第 k 个主动关节的第 p 段轨迹；$A_{k,p,h}$ 为第 k 个主动关节第 p 段轨迹的 h 次项系数；T_p 为第 p 段轨迹的时间长度。

对上式求导可以获得关节速度的函数，再次求导将获得关节加速度的函数。

当需要满足各段轨迹上路径点的位置、速度、加速度的约束条件时，各主动关节的各段运动轨迹含有 6 个约束条件。由于五次多项式函数含有 6 个待定系数，因此每个主动关节的每段运动轨迹采用五次多项式描述。在通常的轨迹规划算法中，各主动关节的各段轨迹消耗的时间 T_p 由人为设定，因此联立 P 段运动轨迹方程可以求解出整条轨迹各多项式函数的 $6P$ 个待定系数。在本方法中，T_p 是设计变量，它由轨迹规划算法确定。

设机构有 C 个含间隙运动副，则每个间隙副驱动元素受力 F 也是 P 段多项式函数，即

$$F_{i,p} = (W_{i,p,U})t^U + (W_{i,p,U-1})t^{U-1} + \cdots + (W_{i,p,u})t^u + \cdots + (W_{i,p,1})t + (W_{i,p,0})$$
$$u = 0, 1, \cdots, U \quad i = 1, 2, \cdots, C$$

其中多项式函数的阶次 U 取决于各主动关节运动轨迹函数的阶次；$(W_{i,p,u})$ 为第 i 个含间隙运动副反力在第 p 段运动轨迹上的多项式函数的 u 次项系数，这是一个 3 行 1 列的矩阵，每行元素是运动轨迹 $q_{k,p}(t)$ 的系数 $A_{k,p,h}$ 的函数。

为了使含间隙运动副元素在运动过程中始终不发生分离，要求运动副反力的模 $G_{i,p} > 0$，其中对于转动间隙副

$$G_{i,p} = F_{i,p} \cdot S_x$$

对于球形间隙副

$$G_{i,p} = F_{i,p} \cdot S_z$$

$G_{i,p}$ 也是 P 段多项式函数，其计算式为

$$G_{i,p} = V_{i,p,U}t^U + V_{i,p,U-1}t^{U-1} + \cdots + V_{i,p,u}t^u + \cdots + V_{i,p,1}t + V_{i,p,0}$$

其中对于转动间隙副

$$V_{i,p,u} = \sum_{j=1}^{3} (W_{i,p,u})_{j:} (S_x)_{j:}$$

对于球形间隙副

$$V_{i,p,u} = \sum_{j=1}^{3} (W_{i,p,u})_{j:} (S_z)_{j:}$$

符号$(M)_{j:}$表示矩阵M的第j行元素。

由于需要满足各段轨迹上路径点的位置、速度、加速度的约束条件，因此$A_{k,p,h}$是T_p的函数。$G_{i,p}$间接地含有$A_{k,p,h}$，因此$G_{i,p}$是T_p和t的函数，记为$G_{i,p}(T_p, t)$。针对第p段轨迹，可以绘制出各间隙运动副反力模的动态响应谱。动态响应谱函数含有两个自变量T_p和t，其中$t \in [0, T_p]$，函数值为$G_{i,p}(T_p, t)$。因此动态响应谱图形是一个三维曲面，且定义域是一个等腰直角三角形。

动态响应谱为轨迹规划中设计变量T_p的取值提供的依据：T_p的取值必须满足对任意$t \in [0, T_p]$，各间隙运动副反力的模$G_{i,p}>0$，其中$i=1, 2, \cdots, C$。当动态响应谱中没有符合要求的T_p时，可以增加轨迹规划多项式函数的阶次，通过选取合适的多项式系数获取新的动态响应谱。相对于直接求解机器人运动微分方程来判断运动副元素是否发生分离的方法，这里提出的动态响应谱方法计算量较小。

7.4.3 机器人运动副元素接触状况分析

首先以 PRR 串联机器人为例。机器人每个关节都是主动关节，设两个转动关节含有间隙。PRR 机器人属于平面机器人，因此在统一的基础坐标系中描述机器人的动力学行为比较方便。如图 7-4 建立的基础坐标系所示，X_0轴水平向右，Y_0轴竖直向下。

首先进行无间隙理想机构的动力学分析。两个含间隙运动副反力为

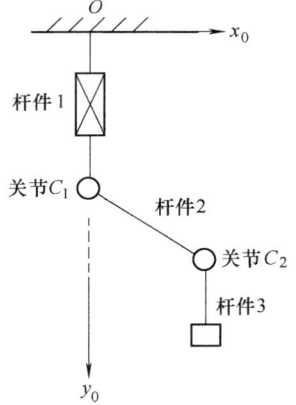

$$F_{C1x}^* = m_2 \ddot{s}_{2x}^* + m_3 \ddot{s}_{3x}^*$$
$$F_{C1y}^* = m_2 \ddot{s}_{2y}^* + m_3 \ddot{s}_{3y}^* - m_2 g - m_3 g$$
$$F_{C2x}^* = m_3 \ddot{s}_{3x}^*$$
$$F_{C2y}^* = m_3 \ddot{s}_{3y}^* - m_3 g$$

图 7-4 PRR 机器人机构

式中，F_{C1x}^*、F_{C1y}^*和F_{C2x}^*、F_{C2y}^*分别为第一个和第二个含间隙运动副反力在基础坐标系x轴、y轴方向的分量；m_2、m_3为机器人第二个、第三个连杆的质量；$\ddot{s}_{2x}^*$、$\ddot{s}_{2y}^*$和$\ddot{s}_{3x}^*$、$\ddot{s}_{3y}^*$分别为第二个和第三个连杆的质心加速度在基础坐标系x轴、y轴方向的分量；g为重力加速度。

运动学位置分析：

$$\theta_2 = 90° + q_2$$
$$\theta_3 = \theta_2 + q_3$$
$$s_{2x}^* = l_{2c} \cos\theta_2$$
$$s_{2y}^* = q_1 + l_{2c} \sin\theta_2$$

$$s_{3x}^* = l_2\cos\theta_2 + l_{3c}\cos\theta_3$$
$$s_{3y}^* = q_1 + l_2\sin\theta_2 + l_{3c}\sin\theta_3$$

式中，q_1 为移动副的位移量；q_2 和 q_3 为在关节局部坐标系中描述的两个转动副的转角；θ_2 和 θ_3 为在基础坐标系中描述的两个转动副的转角；l_2 和 l_3 为两个转动关节连杆的长度；l_{2c} 和 l_{3c} 为两个转动关节连杆质心到驱动关节的长度；s_{2x}^*、s_{2y}^* 和 s_{3x}^*、s_{3y}^* 分别为第二个和第三个连杆的质心位移在基础坐标系 x 轴、y 轴方向的分量。

把连杆质心位置关系式对时间一阶求导可以获得速度关系，对时间二阶求导可以获得加速度关系。

同理进行含间隙机构的动力学分析：
$$F_{C1x} = m_2\ddot{s}_{2x} + m_3\ddot{s}_{3x}$$
$$F_{C1y} = m_2\ddot{s}_{2y} + m_3\ddot{s}_{3y} - m_2 g - m_3 g$$
$$F_{C2x} = m_3\ddot{s}_{3x}$$
$$F_{C2y} = m_3\ddot{s}_{3y} - m_3 g$$

运动学位置分析：
$$s_{2x} = l_{2c}\cos\theta_2 + L_{C1}\cos\alpha_{C1}$$
$$s_{2y} = q_1 + l_{2c}\sin\theta_2 + L_{C1}\sin\alpha_{C1}$$
$$s_{3x} = l_2\cos\theta_2 + l_{3c}\cos\theta_3 + L_{C1}\cos\alpha_{C1} + L_{C2}\cos\alpha_{C2}$$
$$s_{3y} = q_1 + l_2\sin\theta_2 + l_{3c}\sin\theta_3 + L_{C1}\sin\alpha_{C1} + L_{C2}\sin\alpha_{C2}$$

式中，L_{C1} 和 L_{C2} 是两个含间隙转动副中间隙杆的长度；α_{C1} 和 α_{C2} 是在基础坐标系中描述的两个含间隙转动副中间隙杆的姿态。

$$\alpha_{C1} = \arctan(-F_{C1x}^*, -F_{C1y}^*)$$
$$\alpha_{C2} = \arctan(-F_{C2x}^*, -F_{C2y}^*)$$

需要注意的是，通过连杆质心位置关系式对时间二阶求导获得加速度关系时，需要用到虚拟杆方向角的速度 $\dot{\alpha}_{C1}$ 和 $\dot{\alpha}_{C2}$ 以及加速度 $\ddot{\alpha}_{C1}$ 和 $\ddot{\alpha}_{C2}$。其中 $\dot{\alpha}_{C1}$ 和 $\dot{\alpha}_{C2}$ 通过 α_{C1} 和 α_{C2} 对时间一阶求导获得，但 $\ddot{\alpha}_{C1}$ 和 $\ddot{\alpha}_{C2}$ 并非通过二阶求导获得。通过两个补充的动力学方程可以消去 $\ddot{\alpha}_{C1}$ 和 $\ddot{\alpha}_{C2}$，从而获得连杆的质心加速度。这两个补充的动力学方程为

$$F_{C1x}F_{C1y}^* - F_{C1y}F_{C1x}^* = 0$$
$$F_{C2x}F_{C2y}^* - F_{C2y}F_{C2x}^* = 0$$

设机器人运动轨迹的起始点在关节坐标系中描述为（q_{1o}，q_{2o}，q_{3o}），终点为（q_{1e}，q_{2e}，q_{3e}），且起点和终点间仅含一段轨迹。设备主动关节运动轨迹的五次多项式函数为

$$q_k = A_{k,5}t^5 + A_{k,4}t^4 + A_{k,3}t^3 + A_{k,2}t^2 + A_{k,1}t + A_{k,0}$$

式中，$k = 1$，2，3，有约束方程：
$$A_{k,0} = q_{ko}$$
$$A_{k,1} = 0$$
$$2A_{k,2} = 0$$
$$A_{k,5}T_p^5 + A_{k,4}T_p^4 + A_{k,3}T_p^3 + A_{k,2}T_p^2 + A_{k,1}T_p + A_{k,0} = q_{ke}$$
$$5A_{k,5}T_p^4 + 4A_{k,4}T_p^3 + 3A_{k,3}T_p^2 + 2A_{k,2}T_p + A_{k,1} = 0$$

$$20A_{k,5}T_p^3 + 12A_{k,4}T_p^2 + 6A_{k,3}T_p + 2A_{k,2} = 0$$

因此

$$A_{k,0} = q_{ko}$$
$$A_{k,1} = 0$$
$$A_{k,2} = 0$$
$$A_{k,3} = \frac{10(q_{ke}-q_{ko})}{T_p^3}$$
$$A_{k,4} = -\frac{15(q_{ke}-q_{ko})}{T_p^4}$$
$$A_{k,5} = \frac{6(q_{ke}-q_{ko})}{T_p^5}$$

含间隙运动副反力的模为

$$G_{C1} = F_{C1x}\cos(\alpha_{C1}+180°) + F_{C1y}\sin(\alpha_{C1}+180°)$$
$$G_{C2} = F_{C2x}\cos(\alpha_{C2}+180°) + F_{C2y}\sin(\alpha_{C2}+180°)$$

将表 7-1 中的机构参数代入，可以获得各间隙运动副反力模的动态响应谱，如图 7-5 所示。为了清晰地描述运动副反力模趋于零的情形，图中动态响应谱的函数值被限制在了一定范围内，超出范围的响应谱曲面被截去了。注意到对任意 T_p 有 $t \in [0, T_p]$，因此图中动态响应谱的定义域是三角形。

表 7-1 PRR 机器人的动力学参数

l_2	0.8m	m_2	12kg	q_{3o}	0
l_{2c}	0.4m	m_3	6kg	q_{1e}	0.8m
l_{3c}	0.2m	g	9.8N/s²	q_{2e}	30°
L_{C1}	0.00001m	q_{1o}	0.2m	q_{3e}	-150°
L_{C2}	0.00001m	q_{2o}	0		

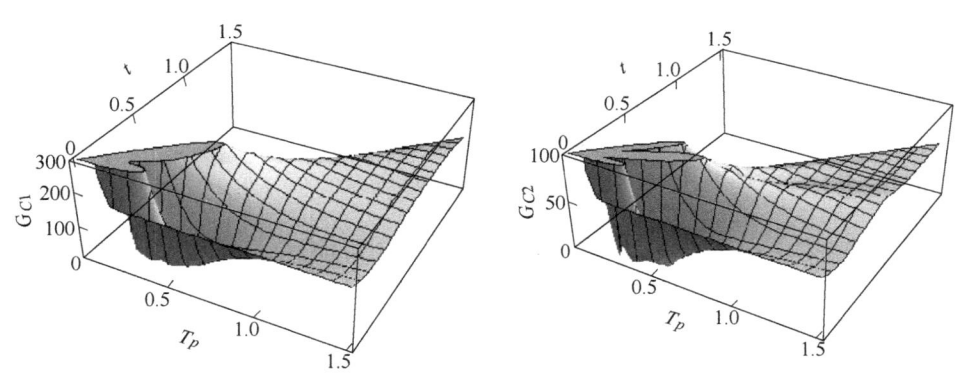

图 7-5 含间隙运动副 C_1 和 C_2 的动态响应谱

在动态响应谱中截取 $T_p = 0.3$，$T_p = 0.5$ 和 $T_p = 1.0$ 时各间隙运动副反力模的响应曲线，如图 7-6 所示。

从图 7-6 中可以看出，当 $T_p = 0.3$ 时，第二个含间隙转动副的反力模在 $t = 0.01$s 附近接

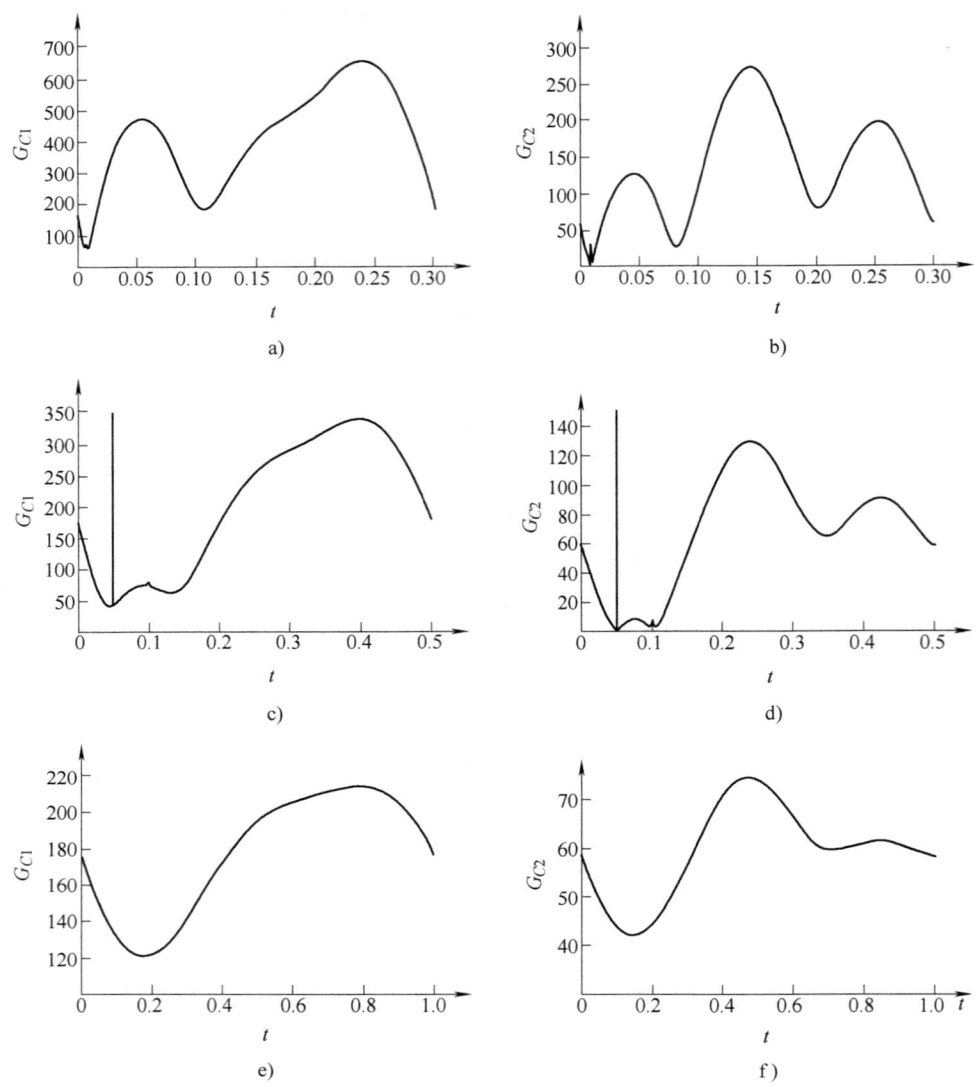

图 7-6 采用动态响应谱方法获取各时刻运动副反力模的响应曲线
a) C_1：$T_p=0.3$ b) C_2：$T_p=0.3$ c) C_1：$T_p=0.5$
d) C_2：$T_p=0.5$ e) C_1：$T_p=1.0$ f) C_2：$T_p=1.0$

近于 0，G_{C2} 曲线产生一个较小的脉冲，说明运动副元素可能发生分离。当 $T_p=0.5$ 时，第二个含间隙转动副的反力模在 $t=0.05$s 附近接近于 0，G_{C1} 曲线和 G_{C2} 曲线均产生了很大的脉冲，意味着运动副元素发生了分离，并且产生了很大的冲击力。当 $T_p=1.0$ 时，G_{C1} 曲线和 G_{C2} 曲线均很平稳，说明运动副元素没有发生分离。

因此，通过含间隙运动副反力模的动态响应谱可以较准确地判断副元素是否发生分离。判断的方法为：当运动副反力模接近于 0，且出现较大脉冲时，副元素发生分离（如同 $T_p=0.5$ 的情形）；当运动副反力模接近于 0，且产生的脉冲较小时，副元素处于发生分离的边缘，为安全起见，可以认为这种情况发生了分离（如同 $T_p=0.3$ 的情形）；当运动副反力模大于 0 时，副元素不会发生分离（如同 $T_p=1.0$ 的情形）。

以上讨论了串联机器人的例子，对于并联机器人也可以采用这种方法。以 5R 并联机器人为例，如图 7-7 所示。关节 A_1、B_1 是主动关节，设关节 C 含有间隙。5R 并联机器人机构的动力学参数见表 7-2。关节 C 的动态响应谱如图 7-8 所示。

表 7-2　5R 并联机器人机构的动力学参数

参数	值	参数	值	参数	值
l_{a1}	0.3m	l_{b2}	0.8m	q_{A1o}	59.68°
l_{a2}	0.8m	l_{b2c}	0.4m	q_{A1e}	55.83°
l_{a2c}	0.4m	m_{b2}	12kg	q_{B1o}	120.32°
m_{a2}	12kg	J_{b2c}	0.64kg·m²	q_{B1e}	3.54°
J_{a2c}	0.64kg·m²	l_{ab}	0.3m		
l_{b1}	0.3m	g	9.8N/s²		

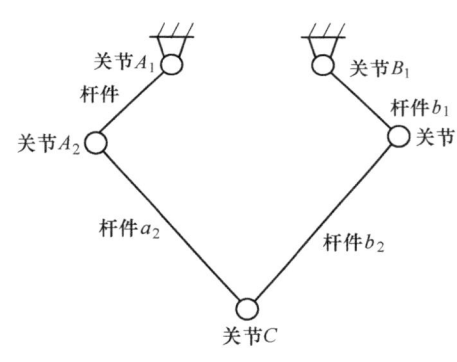

图 7-7　5R 并联机器人机构

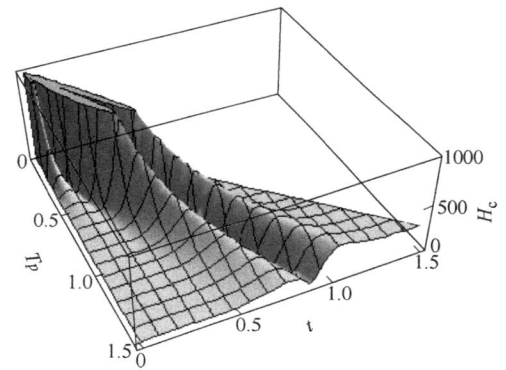

图 7-8　关节 C 的动态响应谱

图 7-9 描述了 $T_p=0.3$、$T_p=0.5$ 和 $T_p=1.0$ 时理想机构中运动副 C 的反力模响应曲线，图中反力模的数值超出 350N 的曲线被截去了。可以看出，$T_p=1.0$ 时的曲线存在反力模接近于 0 的情形，运动副会发生分离。$T_p=0.3$ 时的曲线距发生分离的边缘最远。值得注意的是，T_p 越小，反力模的最大值就越大。过大的运动副反力可能对机构造成大的振动力，产生不良效果，因此选取设计变量 T_p 时需要综合考虑多方面的因素。

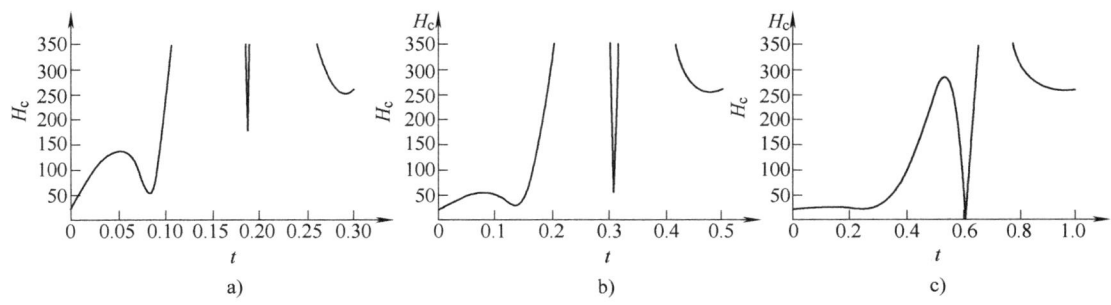

图 7-9　各时刻运动副 C 的反力模响应曲线

a）$T_p=0.3$　b）$T_p=0.5$　c）$T_p=1.0$

7.5 本章小结

基于智能导航的装配精确定位技术是实现复杂装备智能制造的关键技术之一，本章从 AGV 装配物料、装配工装夹具和装配机器人三方面来阐述装配精确定位技术。首先，针对 AGV 装配物料的精确定位，综述了四类 AGV 定位方法各自的特点和应用范围，从物流系统规划设计、物料控制和物料运输调度三个角度阐述了物料物流系统的建模方法，分析了在多传感器多 AGV 情况下的自动导引车协同定位技术，并对装配物料的最终定位精确度进行了分析和预测。然后，针对装配工装夹具的精确定位，综述了空间曲面多点定位理论，研究了装配工装夹持顺序优化设计方法。通过柔性夹持工装系统运动学仿真，分析了柔性夹持工装的运动性能，并从主定位面定位点、装卸方便性和定位件位置误差三方面来评估装配夹具的定位方案定位质量。最后，针对装配机器人精确装配操作，建立了基于连续接触模型的含间隙机器人动力学模型，提出了通过轨迹规划使含间隙机器人的运动副元素避免发生分离的方法，并分别对含间隙 PRR 串联机器人和含间隙 5R 并联机器人的运动副元素接触状况进行了讨论。

参 考 文 献

[1] 杨添瑞. 自动导引车精确定位技术的研究 [D]. 沈阳：沈阳航空航天大学，2015.

[2] 徐榕，王冰，张惠侨. AGVS 中面向对象的建模技术 [J]. 机械设计与研究，2000（2）.

[3] Trahanias P. Visual recognition of workspace landmarks for topological navigation [J]. Autonomous Robotics，1999，7（2）：143-158.

[4] 冯葳. 基于视觉导引的港口智能 AGV 路径跟踪系统研究 [D]. 武汉：武汉理工大学，2006.

[5] 王一强，王视鋆，冯瑞. 基于多传感器融合的自动导引车系统设计与控制策略 [J]. 计算机应用与软件，2011，28（7）：49-52.

[6] Wu T J, Lou P H, Man Z G. A new approach for automation of locating planning of workpiece [J]. Key Engineering Materials，2011，458：48-54.

[7] Wu Y G, Gao S M, Chen Z C. Automated modular fixture planning based on linkage mechanism theory [J]. Robotics and Computer Integrated Manufacturing，2008，24（1）：38-49.

[8] 刘文剑，柏合民，蔡鹤皋. 基于模糊推理的工件定位表面选择 [J]. 哈尔滨工业大学学报，2000，32（6）：87-90.

[9] S G Liu, L Zheng, Z H Zhang, et al. Optimization of the number and positions of fixture locations in the peripheral milling of a low-rigidity workpiece [J]. Int J Adv Manuf Technol，2007，33（7-8）：668-676.

[10] 刘永喜，乔立红. 基于成组技术的夹具快速配置研究 [J]. 成组技术与生产现代化，2007，24（1）：29-32.

[11] 张胜文，李霞，吴春桥. 基于范例的推理在管件焊接柔性夹具设计系统中的应用研究 [J]. 中国机械工程，2011，22（9）：1071-1075.

[12] 黄田，李曚，吴孟丽. 可重构 PKM 模块的选型原则——理论与实践 [J]. 机械工程学报，2005，41（8）：36-41.

[13] Tsai M J, Lai T H. Kinematic sensitivity analysis of linkage with joint clearance based on transmission quality [J]. Mechanism and machine theory，2004，39（11）：1189-1206.

[14] Tsai M J, Lai T H. Accuracy analysis of a multi-loop linkage with joint clearances [J]. Mechanism and ma-

chine theory, 2008, 43 (9): 1141-1157.

[15] Wu W D, Rao S S. Interval approach for the modeling of tolerances and clearances in mechanism analysis [J]. Transactions of the ASME: Journal of mechanical design, 2004, 126 (4): 581-592.

[16] Wu W D, Rao S S. Uncertainty analysis and allocation of joint tolerances in robot manipulators based on interval analysis [J]. Reliability engineering & system safety, 2007, 92 (1) 54-64.

[17] Venanzi S, Parenti-Castelli V. A new technique for clearance influence analysis in spatial mechanisms [J]. Transactions of the ASME: Journal of mechanical design, 2005, 127 (3): 446-455.

[18] Han C, Kim J, Park F C. Kinematic sensitivity analysis of the 3-UPU parallel mechanism [J]. Mechanism and machine theory, 2002, 37 (8): 787-798.

[19] Leonard J J, Durrant-Whyte H F. Directed sonar sensing for mobile robot navigation [M]. Boston: Boston Kluwer Academic Publishers, 1992.

[20] Wu N, Zhou M. Modeling and deadlock control of automated guided vehicle systems [J]. Mechatronics IEEE/ASME Transactions, 2004, 4: 50-57.

[21] 姜涌,曹杰,杜亚玲,等. 基于各种传感器的自动导引车的制导方式 [J]. 传感器技术, 2005, 24 (8): 1-5.

[22] 陈华志,谢存禧. 移动机器人导航及其相关技术的研究 [J]. 机床与液压, 2003 (4): 12-15.

[23] 郑向阳,熊蓉,顾大强. 移动机器人导航和定位技术 [J]. 机电工程, 2003, 20 (5): 35-37.

[24] 王田. 车载组合导航系统误差修正方法研究 [D]. 长沙: 国防科学技术大学, 2002.

[25] 方强,谢存禧. 基于视觉的移动机器人自主定位导航 [J]. 机床与液压, 2004, 17: 40-56.

[26] Thrun S. Finding landmarks for mobile robot navigation [C]. Proc. of IEEE Inter Conf. Robotics and Auto, 1998, 2: 958-963.

[27] 王振. 基于多传感器分布式信息融合的AGV定位方法研究 [D]. 西安: 西安理工大学, 2009.

[28] 朱琳. 混合装配车间的配料区物流过程建模与优化 [D]. 上海: 上海交通大学, 2012.

[29] 彭扬,吴承建. 物流系统建模与仿真 [M]. 杭州: 浙江大学出版社, 2009.

[30] 郭宇. 基于混合动态建模方法的制造系统仿真优化研究 [D]. 武汉: 华中科技大学, 2003.

[31] 张远春. 多品种混合装配车间关键资源建模与优化 [D]. 上海: 上海交通大学, 2011.

[32] 刘玉鹏. 多传感器系统设计及其在机器人定位中的应用 [D]. 长沙: 国防科学技术大学, 2005.

[33] 王远,徐华,贾培发. 多机器人系统中的信息融合技术综述 [J]. 微电子学与计算机, 2007 (12): 150-152.

[34] 沈冬燕,曹其新. 基于速度交叉耦合的三轮全方位移动机器人多轴协调运动 [J]. 机电一体化, 2010, 16 (1): 50-52.

[35] 曹其新,杜建军,冷春涛. 用于协作搬运的全方位移动式多AGV系统 [J]. 华中科技大学学报: 自然科学版, 2013, 41 (1): 241-244.

[36] 史恩秀,黄玉美,闫鹰,等. 基于超声波传感器的AGV定位方法的实验研究 [J]. 传感器技术, 2005, 24 (10): 23-28.

[37] Hightower J, Borriello G. Location systems for ubiquitous computing [J]. Computer, 2001, 34 (8): 57-66.

[38] 董欢欢. 基于无线传感器网络的AGV精确定位系统设计 [D]. 天津: 天津理工大学, 2011.

[39] 姜宇航. 空间曲面薄壁零件多点定位机理及其夹持方法研究 [D]. 沈阳: 沈阳航空航天大学, 2013.

[40] 韩晓光. 空间曲面薄壁件多点夹持定位工装设计与结构优化技术研究 [D]. 沈阳: 沈阳航空航天大学, 2012.

[41] Lowell W F. Geo-metrics II: Dimensioning and tolerancing [J]. ANSI/ASME Standard, 1982: 35-52.

[42] W Cai, S J Hu, J X Yuan. Deformable sheet metal fixturing: principles, algorithms, and simulations [J]. J Manuf Sci Eng, 1996, 118 (3): 318-324.

[43] 姜昂.基于刚体模型组合偏差建模的薄板件夹具定位方案优化设计[D].上海：上海交通大学，2010.
[44] 潘克强.壁板组件柔性夹持工装开发设计及仿真研究[D].沈阳：沈阳航空航天大学，2010.
[45] 杨少霞.孔系组合夹具定位方案定位质量评价方法的研究[D].南京：河海大学，2006.
[46] 融亦鸣，朱耀祥，罗振璧.计算机辅助夹具设计[M].北京：机械工业出版社，2002.
[47] 吴玉光，高曙明，陈子辰.组合夹具设计的几何原理[J].机械工程学报，2002（1）：117-122.
[48] Earles S W E, Wu C L S. Predicting the occurrence of contact loss and impact at a bearing from a zero-clearance analysis [C]. Proceedings of IFToMM fourth world congress, Newcastle Upon Tyne, England, 1975: 1013-1018.
[49] 卜王辉.面向复杂任务的机器人操作臂作业过程优化技术研究[D].杭州：浙江大学，2009.
[50] Z Li, S Bai. Amendments to a criterion of contact loss between pairing elements in planar linkages with clearances [J]. Mechanism and machine theory, 1991, 26 (7): 669-676.
[51] Z Li, L Li, S Bai. A new method of predicting the occurrence of contact loss between pairing elements in planar linkages with clearances [J]. Mechanism and machine theory, 1992, 27 (3): 295-301.

第8章

智能装配：装配序列与装配分组的智能规划技术

8.1 引言

　　装配工艺规划是产品装配的重要内容之一，通过合理的装配工艺规划，可以避免装配过程中的工艺问题，有效地降低生产成本。装配工艺规划主要包括装配序列规划与装配路径规划两方面内容。

　　装配序列规划是指在既定设计方案的前提下，探寻符合设计约束与生产要求的合理可行的装配序列。装配序列对装配工艺的制定和产品的装配质量影响重大，因而针对设计方案，对装配序列进行优化，建立合理有效的装配序列，对缩短产品开发周期、降低装配成本、提高产品可靠性具有重要意义。

　　装配路径规划是在装配模型与装配序列的基础上，针对装配作业，利用装配信息，对装配路径配置进行分析，构建合理、可行的装配路径。装配路径是保证产品装配安全性、验证产品装配顺序合理、保证产品可装性以及优化产品设计的重要手段。由于装配路径规划基于装配序列，因而当产品装配序列发生变化时，必须对装配路径重新进行规划，以适应新的装配序列。

　　此外，在装配工艺规划中，分组选配方案的优选也是需要考虑的重要因素。随着对产品精密度与产品品质要求的提高，对零部件配合精度的要求也越来越高，基于完全互换的公差设计，将使得制造公差过小，造成生产过程中制造成本大幅提高，加工难度急剧增加，甚至无法加工。因此在生产过程中需要放宽制造公差，通过分组选配的方式达到配合精度要求，以低成本获得高装配精度。而面对分组选配方案的"组合爆炸"，建立能最大程度实现低成本和高质量的分组方案成为解决此类生产问题的关键。

　　然而，在装配体数量繁多、装配工艺复杂的情况下，传统的装配工艺规划算法求解过程较为困难，且求解效率不高。随着人工智能、智能制造技术的飞速发展，基于统计学习、感知优化的智能计算方法被陆续应用于虚拟装配工艺规划领域中。在智能计算方法中，求解以神经网络、逻辑推理及概率推理等为基础，允许存在不精确性和不确定性，不以寻求问题的精确解为唯一目的。智能计算方法存在一种目标驱动机制，即从长远看算法的计算过程是在向目标移动，中间过程无关紧要。智能计算方法既可以提高装配规划的求解效率，又能够得到最优解。智能计算与虚拟装配的不断结合,形成了智能装配工艺规划技术。

8.2 智能计算驱动的装配序列规划

目前的装配过程中,装配序列的生成主要依靠设计者的经验判断,而随着装配结构日益复杂,很难保证依靠设计者经验生成的装配序列是最优的。装配序列规划问题本质上属于 NP 组合优化问题。装配序列规划的方法主要有两大类:精确计算方法和智能启发式算法。

精确计算方法,如图搜索和树搜索方法,借助一定优化算法,基本能得到全局最优解。然而,在产品结构复杂、零件数量庞大的情况下,将会出现装配序列"组合爆炸"问题,使得该方法难以求解,无法得到理想的结果,在此情况下,引入了智能启发式算法。智能启发式算法的基本规则即在全体解空间中以某种规律为基础,以一定的概率搜索最优解。智能启发式算法主要有人工神经网络方法、模拟退火算法、遗传算法和蚁群算法、粒子群优化算法等[1]。

8.2.1 基于遗传算法的装配序列计算

基于遗传算法的装配序列优化的理论研究即将装配序列与种群规则相结合,采用选择、交叉与变异等操作实现装配序列的优化与输出。Bonneville 等[2]首先将遗传算法引入装配序列的优化方法中,将零件中所有的装配序列以装配树的形式表示并参与进化运算,算法采用了交叉与变异操作,并根据相应的评价方法以及选择机制生成子代种群,输出优化后的装配序列。

在此基础上 Chen 等[3]对算法进行了改进研究,在原有的交叉与变异两种操作的基础上,增加了复制、剪贴和断连等操作,并随机给定规模固定的初始种群,依据优化概率选择装配顺序,经过迭代产生最优装配序列。

随着后续研究的深入,Marian 等[4]以解决复杂产品的"组合爆炸"问题为目标,通过建立遗传算法模型,对遗传算子反复进行编码、交叉、选择变异等操作,实现对任意尺寸产品的装配规划,如图 8-1 所示。该方法较容易受到初始种群的影响,在初始种群不理想时,算法易产生局部收敛或不收敛的情况。

从理论上来说,只要遗传算法的种群规模足够大,迭代次数足够多,算法终究会收敛到全局最优解,即寻找到最优或近似最优装配序列。但是过大的种群将会极大地增加算法运算的时间,故遗传算法求解装配序列的效率和寻优时间,依赖于算法初始种群的规模及遗传算子等各类因素。

8.2.2 基于蚁群算法的装配序列计算

在基于蚁群算法的装配序列规划中,装配序列通过以

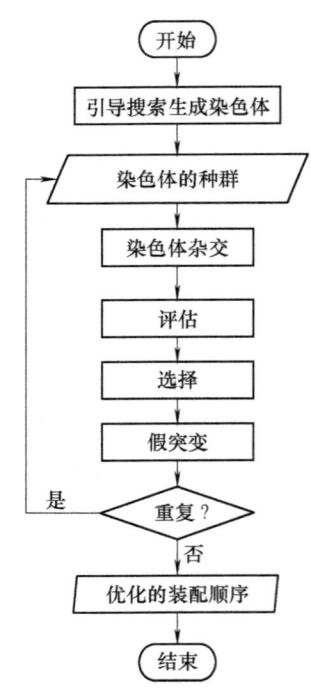

图 8-1 基于遗传算子的装配序列优化

下三个假设和蚂蚁觅食的过程对应：每条连接蚂蚁从巢穴到食物源的轨迹，对应于装配体的一条可行的装配序列；蚂蚁出发的巢穴对应着装配序列中第一个被装配的零件，而食物源对应着完成整个装配后的装配体；连接蚂蚁巢穴到食物源的轨迹长度，对应着每个装配序列所耗费的装配成本。

Wang等[5]在算法初始阶段，通过几何可行性分析得到初始可行性拆卸路径，如图8-2所示。将初始可行性拆卸操作的数量设置为蚂蚁的数量，并将拆卸过程中的节点作为蚂蚁的初始位置，对每只蚂蚁分别赋给拆卸矩阵。在群搜索的过程中，个体分别生成自己的候选表和禁忌表，以保证自身的独立性。算法利用信息素矩阵和启发信息建立群体中个体间的协同关系，以完成对整个解空间的搜索，并最终生成最优装配序列。

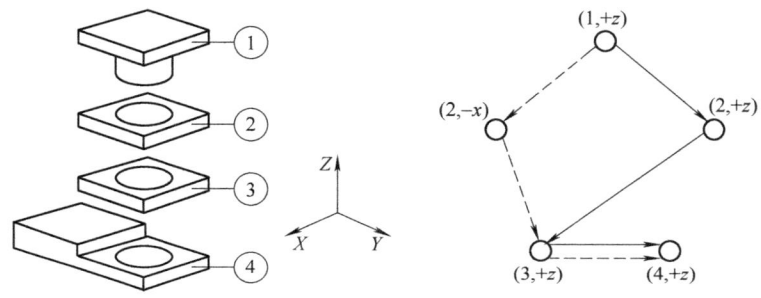

图8-2 初始可行性拆卸路径

程晖等[6]将蚁群算法与遗传算法相结合，建立了基于混合算法的复杂产品装配序列规划方法，如图8-3所示。通过将蚁群算法的信息素混入遗传算法中，建立了面向复杂产品装配序列规划的信息素更新机制。在该改进蚁群算法中，将装配操作约束作为启发式信息引入状态转移概率中，通过获取零部件之间的装配关系设定可行转移范围。在强约束条件下，装

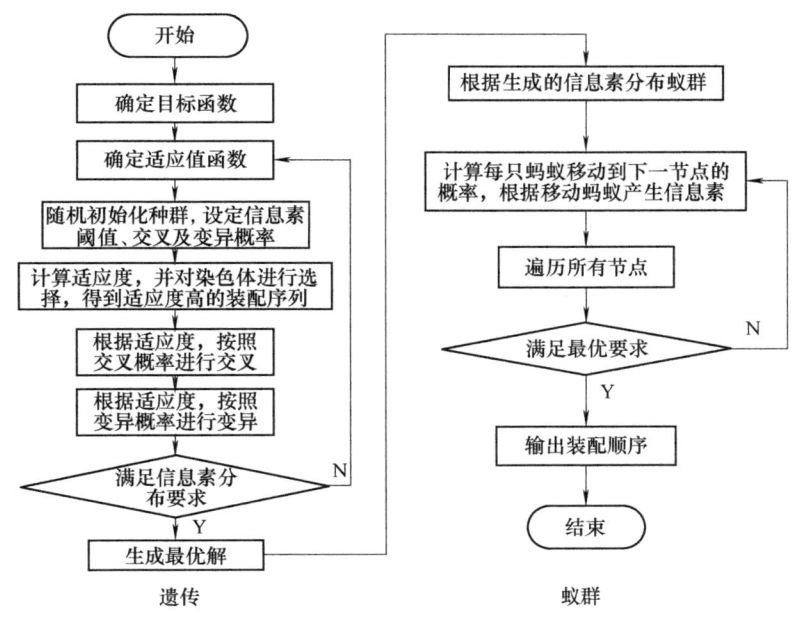

图8-3 基于遗传算法和蚁群算法的装配顺序规划流程图

配序列规划易于发生局部收敛，因此通过信息素残留系数的动态变化和影响转移概率的 A、B 参数的动态设置，提高了蚁群的收敛速度并有效地避免了其陷入局部最优解。利用改进后的蚁群算法，基于知识 Petri 网进行装配序列规划，即从基础件库出发，找到从基础件到最重要装配体所耗费的装配代价最少的一条路径。

8.2.3 基于粒子群算法的装配序列计算

粒子群优化算法采用群体进化和目标函数评价结果，无论是局部搜索能力还是全局搜索能力都很强大，并且在全局优化方面收敛效率高。由于装配序列规划的解空间是离散点的集合，而非连续区域，因而采用粒子群优化算法对装配序列优化，需要对原始粒子群算法进行离散化，建立相对应的离散粒子群优化算法。

Lv 等[7]设计了一种离散粒子群算法解决装配序列规划问题，对装配工具更换次数、装配方向的重定向次数及装配类型的改变次数等目标进行优化。然而，该算法在优化迭代的过程中，整个粒子群容易陷入局部最优的陷阱。

Wang 等[8]提出了一种混沌粒子群算法，用以生成最优装配序列，通过应用混沌理论提供较好的装配序列，将这些装配序列作为粒子群算法的初始种群，以产生最优装配序列，此方法需对初始装配序列进行选择，增加了算法运行时间。

Lv 等[9]将粒子群算法与蚁群算法相结合，采用混合算法的策略优化产品装配序列，该方法较好地解决了原有离散粒子群算法中种群易陷于局部最优的问题，但是算法迭代步数显著增加，运算时间增加较多，该方法未能解决粒子群算法中全局最优值获取的数量与迭代时间长短相互矛盾的问题。

8.2.4 基于神经网络的装配序列计算

神经网络是指模仿生物大脑神经元连接结构进行计算的优化算法。其中，BP 神经网络算法由于具有反应迅速、学习精度高等优点受到广泛应用。BP 算法利用输出层的误差来估计输出层的直接前层的误差，再用这个误差估计更前一层的误差，形成了将输出端表现出的误差沿着输入信号传送相反的方向逐级向网络的输入端传递的过程。

Hong 等[10]提出了一种基于神经网络的装配序列优化方法，在该方法中，装配稳定性、装配重定向次数以及装配约束被作为评价指标。Chen 等[11]将装配爆炸图、几何约束信息、装配优先图与 BP 神经网络相结合，采用阶段分层优化的方法，进行基于知识的产品装配序列预测。Jang 等[12]针对车身装配问题，提出了基于神经网络的最优装配序列生成方法。

神经网络算法的灵敏度受初始条件与参数的影响较大[13-14]，而且缺乏全局优化的搜索能力，比较容易陷入局部最优，只得到一个局部最优的结果。随着神经网络不断地发展，最新的深度神经网络算法，在很大程度上已经能够解决上述问题，因而，已经成为目前机器学习领域的研究热点。由于神经网络的训练需要大量的学习样本，这对装配序列优化来说具有一定的挑战，如何获取大量有效的学习样本数据，是一个难点问题；而且利用某一类学习数据训练所得装配序列优化模型，很难应用于其他类型的产品，局限了神经网络在装配序列优化的应用。

8.3 智能计算驱动的装配路径规划

在装配路径规划中，路径点的有效性判断是装配路径规划的核心内容。装配路径规划的目的就是寻找一条零件在装配过程中从初始位置到目标位置的合理空间运动路线,这就要求在此路线上运动时与其他装配物体,如工装、设备、零部件等不能产生任何碰撞。因此,碰撞检测是装配路径点的有效性判断的关键内容。

8.3.1 智能化虚拟装配碰撞检测

碰撞检测作为虚拟装配系统中的一个关键组成部分,主要的任务是判断物体模型之间、模型与场景之间是否发生了碰撞,以及给出碰撞位置、穿刺深度等信息。碰撞检测一般分为两个阶段完成:初步检测阶段和逐步求精阶段。迄今为止大多数算法还是承袭这一个传统。初步检测阶段的主要任务是剔除场景中大量不相交的物体,找到最有可能碰撞的物体对。逐步求精阶段通常对选出的可能碰撞物体对进行详细的碰撞检测,确定它们碰撞的具体位置和计算碰撞响应所需的信息。目前,虚拟环境的场景规模越来越大,三维几何模型越来越复杂,同时人们对交互的实时性、逼真性要求也越来越高。

近年来,随着一些新的优化方法的涌现,例如人工神经网络、遗传算法、粒子群优化等,对于碰撞检测中这些复杂的问题,也出现了新的解决思路与手段。这些优化方法与现有的碰撞检测技术相结合,已成为虚拟装配碰撞检测发展的热点趋势。

1. 基于粒子群优化的碰撞检测方法

王天柱等[15]提出基于粒子群优化算法优化的随机碰撞检测算法。该方法的优势是具有通用性,不但能够高效地处理无拓扑物体的碰撞检测,还能够处理任意物体表示模型之间的碰撞检测。

李文辉等[16]提出了一种面向可变形物体快速的碰撞检测方法。通过将粒子群优化算法和随机碰撞检测相结合,将碰撞检测问题由三维物体空间内转换到二维离散搜索空间,不但增加了算法运行速度和检测质量的可控性,还加强了算法适应性。该方法不需要建立复杂的数据结构,大幅降低了存储空间,提高了检测效率。

吉林大学王祎[17]提出了一种利用聚类小生境粒子群优化技术的碰撞检测新方法。可用于大型复杂模型的自我碰撞检测以及与任意表示模型物体之间的碰撞检测,并能根据系统需求灵活调整精度。

2. 基于遗传算法的碰撞检测方法

金汉均等[18]提出了基于遗传算法的凸多面体间碰撞检测算法。他们主要讨论了碰撞检测中最短距离的计算方法,即将最短距离的计算归结为带约束条件的非线性规划最优解问题,并在对约束条件处理后,利用遗传算法进行求解。通过实例验证表明,遗传算法计算速度快,计算精度高,求解此类问题具有较高的可行性。

Wei Zhao 等[19]提出了一种基于遗传算法改进的包围体积层次碰撞检测算法。在该方法中,碰撞检测对象的运动或变形直接影响碰撞检测的速度树。根据这一特点,边界体层次的更新是通过利用时空连贯性,对虚拟环境进行了优化。这种方法可以降低成本,并大大提高了碰撞检测的速度。实验结果表明,该算法可以有效地提高碰撞检测的精度。

Jue Wu 等[20]提出了自适应遗传算法来解决在复杂环境下的碰撞检测问题,以提高虚拟环境中的现实性和沉浸感。在该方法中,碰撞检测的问题转化为非线性规划问题的约束条件,相比大部分传统碰撞检测算法,该算法在场景复杂度增加的条件下,效率没有明显下降。实验结果表明,该方法是有效的,尤其是在大型场景中。

8.3.2 基于空间扫略的装配路径规划

邱晞等[21]提出了一种基于空间扫略的飞机产品装配路径规划方法来解决飞机装配路径规划难题。整个装配路径规划建立在装配顺序的基础上，并综合考虑了装配过程中装配型架、夹具、工具的作用。针对飞机装配的特点，通过装配资源的角色分配，建立面向路径规划的向导模型，并构建相关路径障碍空间、空间扫略闭包及装配路径闭包；利用空间扫略算法生成相关零部件在相应装配向导模型约束下的装配路径；最后，对生成的装配路径进行参数化定义与分析，通过对装配干涉阈值的定义和优化调整，实现对装配路径的优化。

8.3.3 基于遗传算法的装配路径优化

崔汉国等人提出了一种基于遗传算法的多目标虚拟装配路径规划方法[22]。针对传统路径规划问题求解中以路径最短为目标的局限性以及随机选取初始路径的缺陷，提出了新的目标函数和遗传算子，利用大范围初始化的方式产生具有代表性的初始群体，开发了启发式的遗传算子，能够同时产生不同特点的多条路径，对装配路径进行优化。

Guan等[23]提出了基因团的遗传算法编码方式。装配操作由零件号、装配方向、装配约束类型及装配工具等装配元组成，一个装配操作由一个基因团描述，通过交叉和层次变异来进行装配路径的求解和优化。

Wei Zhou等[24]提出了一种基于细菌趋药性算法（BC）和遗传算法（GA）结合的BGHA算法来求解装配顺序规划问题。在该算法中，每个装配路径被编码成一个染色体，其可以通过遗传操作来操纵。染色体的每个基因被视为一个细菌，它影响由各种移动行为遗传操作的性质。通过注入BC到遗传操作的特性，它可以保持在进化过程中的种群多样性。该算法与遗传算法进行了比较测试。结果表明，BGHA可以升级搜索的质量和减少陷入局部最优解的可能性，并且较少依赖于初始种群、交叉的参数和变异概率的影响。

Kazuo等[25]提出了基于遗传算法的装配路径规划方法。在编码过程中，采用了二进制定长编码方法，增加了个体长度，同时也增加了运算的复杂度，在实时变化、未知环境下取得了较好的路径规划结果。

王光慧等[26]对传统遗传算法中的变异算子和杂交算子进行改进。为了获得最优装配路径，在凸四边形障碍物环境中，通过对初始种群选取方法的重新定义，保证了参加演化算法的每条染色体都是可行的，同时，提高了算法的有效性，并用实验证明，将改进的遗传算法运用到机械式减速箱装配中可得到更优的装配路径。

杨东梅[27]提出遗传算法和栅格相结合的装配路径规划。将栅格路径的序号作为遗传算法的编码，将遗传算法中适应度函数的选取转换为寻找最优栅格路径，并仿真验证了遗传算法与栅格相结合可以在复杂的装配环境下找到一条最优装配路径。

8.4 基于装配序列偏差传递模型的装配精度分析

实际装配中装配精度的好坏将直接导致产品性能的差异，而合理的装配序列有助于提高装配精度，但在装配序列规划时，容易忽视零件制造偏差和装配间隙对装配序列的影响，也就难以分析不同装配序列中装配偏差的传递情况及其对产品装配质量的影响。

从装配精度角度理解,由于不同装配序列采用了不同的装配特征作为装配基准进行装配操作,装配序列反映了偏差在装配过程中的传递累积过程。通过建立多工位装配过程偏差流传递的状态空间方程[28-29],仅仅可以对装配过程的尺寸偏差进行描述与检测。装配精度预测既要分析装配体中闭环连接结构的累积偏差,也要分析整个装配体的累积偏差。

综合考虑累积偏差的影响,本节从变动几何的观点出发,介绍基于装配序列偏差传递模型的装配精度预测方法。通过尺寸变动度建立装配序列的全面评价准则,以尺寸变动度所关注的装配特征为目标特征,结合装配精度评价准则在构建的偏差元与变动关系矩阵基础上自动建立偏差传递模型,并创建了有向关联图的模型表达。通过对各类公差约束下偏差的解析实现零件内偏差传递计算,通过细化分解各类装配形式的定位,实现零件间的偏差传递计算,根据偏差传递过程求解累积偏差,确定尺寸变动度,实现对装配精度的预测。最后可通过装配精度对装配序列进行综合评价,进而进行装配序列优化。

8.4.1 基于尺寸变动度的装配序列评价准则建立

1. 尺寸变动度

装配序列的不同会导致装配精度的高低,而不同装配序列下装配精度的差异主要体现在以下两方面(本章装配序列均指几何可行装配序列):

1)按照装配序列,闭环连接结构最后装配的两零件间具有配合关系的装配特征的偏差大小及其所反映的一次装配成功率。

2)按照装配序列,装配体关键特征的偏差大小。

其中,关键特征(Key Feature,KF)为装配体中尺寸偏差明显影响装配体最终性能的装配特征对。关键特征存在两种表现形式:

1)两装配特征存在配合关系(图 8-4a)。

2)两装配特征无配合关系(图 8-4b)。

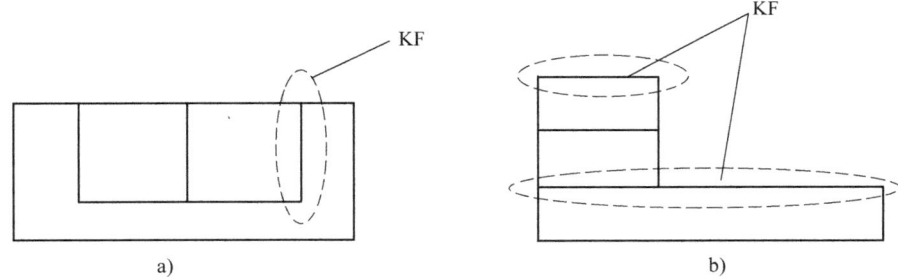

图 8-4 装配体简图

由于零件尺寸是非公称尺寸,为了综合描述不同装配序列下装配精度的差异性,基于变动几何的思想,提出尺寸变动度(λ)作为评价指标,通过定量分析累积偏差,预测出装配精度,确定装配序列的优劣。尺寸变动度由闭环尺寸变动度(λ_f)和关键尺寸变动度(λ_r)组成。

闭环尺寸变动度用以度量不同装配序列闭环连接结构最后装配的两零件间具有配合关系的装配特征对的累积相对偏差及其所反映的一次装配成功率。对于完全开环连接的装配体(见图 8-4b),其所有装配序列的闭环尺寸变动度均为 1,对于存在单一闭环连接结构的装配体（见图 8-4a），当闭环连接结构最后装配的两零件只存在一对具有配合关系的装配特征时，闭环尺寸变动度可用下式求解，即

$$\lambda_f = 1 - \frac{\delta_R}{\delta_I} = 1 - \frac{\prod_{i=1}^{n_f} M_i V_i}{\delta_I} \tag{8-1}$$

式中，δ_I 表示具有配合关系的两装配特征直接装配时的允许偏移量；δ_R 表示该对装配特征在实际装配中通过不同偏差累积过程最终形成的最大偏移量；n_f 表示偏差传递次数；M_i 表示第 i 次偏差传递时的齐次坐标转换矩阵；V_i 表示第 i 次传递时的固有偏差。

对于同一个装配体结构，不同装配序列参与闭环尺寸变动度计算的两装配特征可以不同。当闭环连接结构最后装配的两零件间存在多对具有配合关系的装配特征时，采用式（8-1）对每对装配特征进行计算，最终的闭环尺寸变动度求解过程如下：

已知 $\lambda_f(i) \in \{\lambda_f(1), \lambda_f(2), \cdots, \lambda_f(k)\}$

$$\text{if}(\ \forall \lambda_f(i) < 0)$$
$$\lambda_f = \min\{\lambda_f(1), \lambda_f(2), \cdots, \lambda_f(k)\}$$
$$\text{else}$$
$$\lambda_f = \max\{\lambda_f(1), \lambda_f(2), \cdots, \lambda_f(k)\} \tag{8-2}$$

对于存在多个闭环连接结构的装配体，其装配序列的闭环尺寸变动度可用下式求解，即

$$\lambda_f = \sum_{i=1}^{n} w_i \lambda_f^i \tag{8-3}$$

式中，n 表示装配体闭环连接结构数；λ_f^i 表示第 i 个闭环连接结构装配序列的闭环尺寸变动度；w_i 表示 λ_f^i 的权重。

关键尺寸变动度用以度量不同装配序列下关键特征的累积相对偏差，可用下式求解，即

$$\lambda_r = 1 - \frac{\zeta_R}{\zeta_I} = 1 - \frac{\prod_{j=1}^{n_r} M_i V_i}{\zeta_I} \tag{8-4}$$

式中，ζ_R 表示关键特征实际装配过程的最大偏差；ζ_I 表示关键特征的设计允许偏差；n_r，M_j，V_j 的含义分别与式（8-1）的 n_f、M_i、V_i 相同。对于存在多个关键特征的装配体，其装配序列的关键尺寸变动度求解与式（8-3）相似：

$$\lambda_r = \sum_{j=1}^{m} w_j \lambda_r^j \tag{8-5}$$

式中，m 表示关键特征数；λ_r^j 表示第 j 个关键特征的关键尺寸变动度；w_j 表示 λ_r^j 的权重，权重确定方法同上。

综合闭环尺寸变动度与关键尺寸变动度，尺寸变动度可用下式求解，即

$$\lambda = w_f \left(\sum_{i=1}^{n} w_i \lambda_f^i\right) + w_r \left(\sum_{j=1}^{m} w_j \lambda_r^j\right) \tag{8-6}$$

式中，w_f 和 w_r 分别表示闭环尺寸变动度与关键尺寸变动度的权重。以上所有的权重分配可采用层次分析法[30]实现。

2. 面向装配精度的装配序列评价准则

面向装配精度的装配序列评价规则包括对闭环尺寸变动度、关键尺寸变动度以及综合两者的评价,具体评价规则如下:

(1) 闭环尺寸变动度评价

1) $\lambda_f(A) > \lambda_f(B)$ 装配序列 A 装配质量优于装配序列 B。

2) $\lambda_f \geqslant 0$:该装配序列可保证一次装配成功。

3) $\lambda_f < 0$:该装配序列不能保证一次装配成功。

(2) 关键尺寸变动度评价

1) $\lambda_r < 0$:该装配序列不满足设计要求,绝对不可行。

2) $\lambda_r(A) > \lambda_r(B) \geqslant 0$:装配序列 A 装配质量优于装配序列 B。

(3) 综合评价

1) $w_f \gg w_r$:装配精度要求低,优先考虑闭环尺寸变动度,根据规则 (1) 判断。

2) $w_r \gg w_f$:装配精度要求高,优先考虑关键尺寸变动度,根据规则 (2) 判断。

8.4.2 基于变动关系矩阵的传递模型构建

面向装配序列的装配质量量化的前提就是要确定装配特征的累积偏差,为了清楚描述装配特征的偏差累积过程及其与装配序列的关系,本节建立了装配序列偏差传递模型,通过装配基准描述沿装配操作序列零件几何特征的尺寸偏差传递过程,以下简称偏差传递模型。

1. 偏差元模型建立

由于偏差实际上就是公差带范围内的某一不确定值,通过公差可以反映偏差。为了完整地描述偏差,便于计算机进行偏差分析,因此建立基于公差的偏差元模型 (Deviation Cell, DC)。为保证计算机理解不出现歧义,必须包括公差类型 (T)、关联特征 (F)、变动方向 (D) 和变动量 (V) 四方面的信息。

(1) 公差类型

1) 尺寸公差。线性尺寸公差和角度尺寸公差。

2) 形状公差。直线度、平面度、圆度、圆柱度、线轮廓度、面轮廓度。

3) 位置公差。同轴度、对称度、位置度同心度、线轮廓度、面轮廓度。

4) 配合公差。配合公差所关联的几何特征不同于以上三类公差,其分属于不同的零件。

(2) 关联特征 关联特征是指与确定偏差边界相关的几何特征,可分为基准特征和变动特征。根据变动几何约束,基准特征是否存在变动,可将偏差分为定基准型偏差和非定基准型偏差。定基准型偏差根据变动特征是否独立可细分为自参考型和互参考型:自参考型偏差基准特征与变动特征为同一几何特征;互参考型偏差基准特征与变动特征为不同几何特征。基于关联特征的偏差划分见表 8-1。

表 8-1 基于关联特征的偏差划分

标准偏差类型	考虑基准特征是否变动的偏差类型	考虑变动特征是否独立的偏差类型
尺寸偏差(不含直径尺寸)	非定基准型偏差	互参考型偏差
直径尺寸	定基准型偏差	自参考型偏差
形状偏差	定基准型偏差	自参考型偏差
位置偏差	定基准型偏差	互参考型偏差
配合偏差	定基准型偏差	互参考型偏差

（3）变动方向 关联特征变动方向由六个分量确定，其中 d_{tx}、d_{ty}、d_{tz} 分别表示沿方向 X、Y、Z 的平动分量，d_{rx}、d_{ry}、d_{rz} 分别表示围绕方向的转动分量。六个分量满足下式：

$$\frac{d_{tx}}{\cos d_{rx}} = \frac{d_{ty}}{\cos d_{ry}} = \frac{d_{tz}}{\cos d_{rz}} = 1 \tag{8-7}$$

（4）变动量 偏差的变动量包括了公差的公称尺寸和公差上下边界。对于配合公差，则公称尺寸为零，对于几何公差，则公称尺寸和公差下边界均为零。

通过综合以上四元素，偏差元模型的数据结构如图8-5所示。

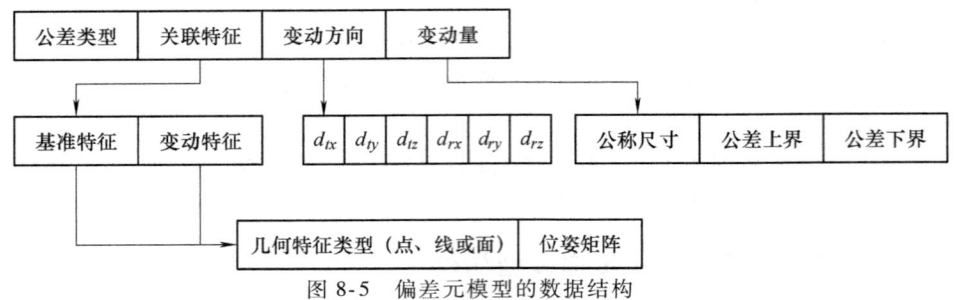

图8-5 偏差元模型的数据结构

2. 变动关系矩阵构造

由于偏差传递模型中的特征传递包括零件内部传递和零件间传递，因此引入变动关系矩阵进行描述，其包括几何特征偏差关系矩阵和装配特征邻接关系矩阵。

几何特征偏差关系矩阵反映零件内部几何特征间的偏差变动方式，简称偏差关系矩阵，用 TR 表示。矩阵项 tr_{ij} 表示为

$$tr_{ij} = \begin{cases} 0 & \text{无偏差} \\ 1 & \text{只存在非定基准偏差} \\ -1 & \text{只存在定基准互参考型偏差} \\ \pm 2 & \text{只存在定基准互参考型偏差，正号表示} \\ & F_i \text{为基准特征},F_j \text{为变动特征，负号反之} \\ \pm 3 & \text{存在定基准互参考型偏差和非定基准偏差，正号表} \\ & \text{示} F_i \text{为基准特征},F_j \text{为变动特征，负号反之} \end{cases} \tag{8-8}$$

图8-6所示零件，可建立如下偏差关系矩阵，即

$$TR = \begin{pmatrix} 0 & 2 & 3 & 0 \\ -2 & 0 & 0 & 1 \\ -3 & 0 & 0 & 0 \\ 0 & 1 & 0 & 0 \end{pmatrix}$$

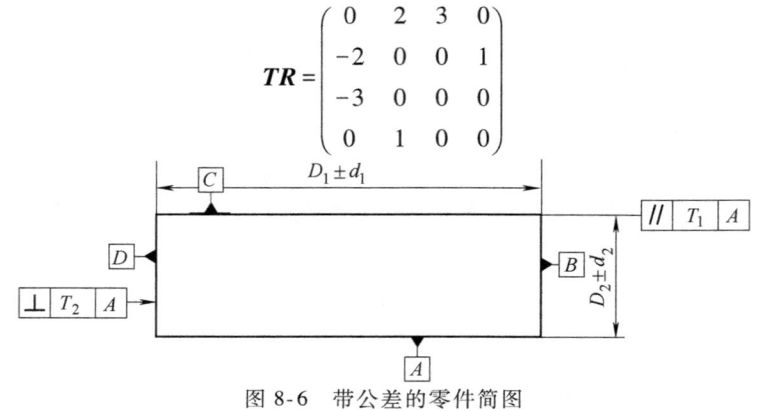

图8-6 带公差的零件简图

第8章 智能装配：装配序列与装配分组的智能规划技术

装配特征邻接关系矩阵反映零件装配特征间的配合关系，简称邻接关系矩阵，用 AR 表示。矩阵项 ar_{ij} 表示为

$$ar_{ij} = \begin{cases} 0 & \text{无关系} \\ 1 & \text{存在装配连接} \\ 2 & \text{属于同一零件} \end{cases} \qquad (8-9)$$

图 8-7 所示装配实例为四零件装配形成的闭环结构装配体，每个零件各有两个装配特征（Assembly Feature，AF）与相邻零件进行装配连接，如零件 1 有装配特征 AF1 和 AF2，零件 2 有 AF3 和 AF4，其中 AF1 和 AF3 存在装配连接，实例可建立如下邻接关系矩阵，即

$$AR = \begin{pmatrix} 0 & 2 & 1 & 0 & 0 & 0 & 0 & 0 \\ 2 & 0 & 0 & 0 & 0 & 0 & 0 & 1 \\ 1 & 0 & 0 & 2 & 0 & 0 & 0 & 0 \\ 0 & 0 & 2 & 0 & 1 & 0 & 0 & 0 \\ 0 & 0 & 0 & 1 & 0 & 2 & 0 & 0 \\ 0 & 0 & 0 & 0 & 2 & 0 & 1 & 0 \\ 0 & 0 & 0 & 0 & 0 & 1 & 0 & 2 \\ 0 & 1 & 0 & 0 & 0 & 0 & 2 & 0 \end{pmatrix}$$

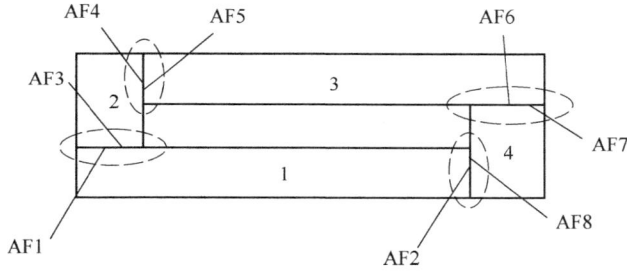

图 8-7 装配实例简图

3. 偏差传递模型生成

偏差传递模型的构建原则如下：

1) 根据特征相关性，逐次进行特征传递，不允许跳跃式传递。

2) 两特征间传递过程选择最短路径（链节数最少）。

3) 当两零件存在多组装配连接，沿最先完成装配的特征进行传递，该对特征对链节偏差起主导作用，其他各对特征起辅助作用。

实现闭环尺寸变动度与关键尺寸变动度的计算均需要建立偏差传递模型，但针对闭环尺寸变动度的偏差传递模型生成算法，还需要增加预处理阶段来识别装配体中的闭环连接结构并确定目标装配特征对，预处理算法步骤如下：

步骤 1：遍历零件列表，获得零件装配邻接关系的总和 A_{sum}。

步骤 2：判断是否存在闭环连接结构，如果零件数大于 A_{sum}，装配体不存在闭环连接结构，则确定闭环尺寸变动度为 1，同时退出程序，否则，装配体存在闭环连接结构，执行步骤 3。

步骤 3：根据装配特征邻接关系矩阵，利用深度优先搜索算法获得装配体所有的闭环连

接结构并存储。

步骤4：遍历装配序列，判断零件是否属于与闭环连接结构的零件集，装配序列中最后满足上述条件的零件即是闭环连接结构中最后完成装配的零件，由此可获得目标装配特征对。

步骤5：遍历所有闭环连接结构，重复执行步骤4，获得所有目标装配特征对后退出程序。

偏差传递模型生成算法的基本步骤如下：

步骤1：载入目标装配特征对及基准特征，针对闭环尺寸变动度的基准特征，通常选取位于闭环连接结构中最先装配的零件，针对关键尺寸变动度的基准特征，通常选取位于装配体的机架。

步骤2：初始条件下，所有装配特征间为断路，根据装配序列，每完成一次装配操作，则参与的装配特征间变为通路，每完成一次装配操作，就搜索自基准特征至目标特征是否存在通路，一旦搜索到通路，则终止搜索，同时记录搜索路径，并存储为零件间特征传递列表。

步骤3：遍历零件间特征传递列表，当相邻装配特征隶属于相同零件，则求解零件内部传递过程，可等效为求解迷宫问题的最短路径（零件几何特征偏差关系的拓扑结构作为迷宫，两装配特征分别作为迷宫的出入口），根据零件几何特征偏差关系矩阵，利用蚁群算法求解传递过程并存储为零件内部特征偏差传递列表。

步骤4：将零件内部特征传递列表和零件间特征传递列表整合成偏差传递模型。

4. 有向关联图表示

偏差传递模型可以通过有向关联图表示：$DFC = \{V, E\}$，简称有向图，下同。其中 V 表示有向图的节点集合，具体指参与传递的几何特征集合，E 表示有向图的边集合，具体指特征间含偏差的约束定位关系。有向图基本连接单元如图8-8所示。

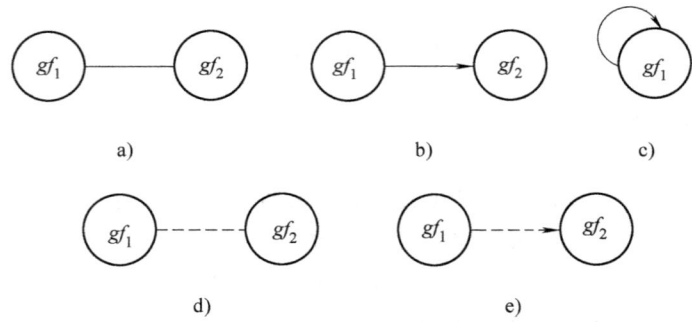

图 8-8 面向装配序列偏差传递的有向图基本连接单元

图8-8中，通过边的实线和虚线表示分别代表偏差在零件内和零件间的传递，对于零件内传递，根据偏差元中提及的偏差类型，用无箭头实线表示非定基准型偏差的约束关系（见图8-8a），用带箭头实线表示定基准型偏差的约束关系。当箭头指向节点本身，则表示自参考型偏差的约束关系（见图8-8c），指向其他节点则表示互参考型偏差的约束关系（见图8-8b）。有向图中的虚线反映了装配关系，可以通过有无箭头分别表示间隙配合（见图8-8d）和非间隙配合（见图8-8e）。对于非间隙配合，箭头的头部连接基准件上的几何特征，箭头的尾部连接待装配件上的几何特征。

边的具体表示为 $E=\{df, vf, w\}$。df、vf 分别表示基准件上的几何特征和待装配件上的几何特征，w 表示装配序列的权重，权重越大表示装配优先级越高，必须先装配。通过对边的权重定义可以使偏差传递的有向图反映装配序列。

8.4.3 基于偏差传递模型的装配精度智能计算

1. 齐次坐标变换的累积偏差计算

通过建立偏差传递模型可以快速生成沿装配序列的偏差传递累积过程，而在累积偏差的计算中通过确定齐次坐标变换矩阵（Homogeneous Transformation Matrix, HTM），可以表示几何特征间的空间位姿关系。

在实际装配中偏差传递模型的链尾装配特征（Tail Feature, TF）在链首装配特征（Head Feature, HF）参考系下的位姿 $D_{TF,HF}$ 可用下式计算，即

$$D_{TF,HF} = D_{tf,hf} + \eta_{TF,HF} = \left[\prod_{i+1}^{n} M(i)\right] D_{HF} \tag{8-10}$$

式中，$D_{tf,hf}$ 表示偏差传递模型末端几何特征在起始几何特征参考系下的名义尺寸；$\eta_{TF,HF}$ 表示几何特征的累积偏差；M 表示实际尺寸下相邻几何特征间的齐次坐标变换矩阵；n 表示偏差传递模型的链节数。

几何特征沿 x、y、z 轴的位置偏差分别为 dx、dy、dz，绕 x、y、z 轴的角度偏差分别为 $d\theta_x$、$d\theta_y$、$d\theta_z$，则几何特征位姿变动偏差矩阵为

$$\Delta = \begin{pmatrix} \cos d\theta_z \cos d\theta_y & -\sin d\theta_y \cos d\theta_x + \cos d\theta_z \sin d\theta_y \sin d\theta_x & \sin d\theta_z \sin d\theta_x + \cos d\theta_z \sin d\theta_y \cos d\theta_x & dx \\ \sin d\theta_z \cos d\theta_y & \cos d\theta_z \cos d\theta_x + \sin d\theta_z \sin d\theta_y \sin d\theta_x & -\cos d\theta_z \sin d\theta_x + \sin d\theta_z \sin d\theta_y \cos d\theta_x & dy \\ -\sin d\theta_y & \cos d\theta_z \sin d\theta_x & \cos d\theta_z \cos d\theta_x & dz \\ 0 & 0 & 0 & 1 \end{pmatrix} \tag{8-11}$$

利用小位移矢量簇理论[31]（Small Displacement Torsor, SDT），式（8-11）中的三角函数可处理为

$$\begin{cases} \lim\limits_{d\theta \to 0} \sin d\theta_i = \theta_i \,(i = x, y, z) \\ \lim\limits_{d\theta \to 0} \cos d\theta_i = 1 \,(i = x, y, z) \end{cases} \tag{8-12}$$

偏差矩阵最终可表示成

$$\Delta = \begin{pmatrix} 0 & -d\theta_z & d\theta_y & dx \\ d\theta_z & 0 & -d\theta_x & dy \\ -d\theta_y & d\theta_x & 0 & dz \\ 0 & 0 & 0 & 0 \end{pmatrix} \tag{8-13}$$

$D_{TF,HF}$ 可用下式求得

$$D_{TF,HF} = \left\{ \prod_{i=1}^{n} [M_N(i)(I + \Delta(i))] \right\} D_{HF} \tag{8-14}$$

式中，M_N 表示偏差传递模型中两相邻特征在名义尺寸下的齐次坐标变换矩阵；$\Delta(i)$ 表示链节中基准特征的偏差矩阵。

则累积偏差 $\eta_{\text{TF,HF}}$ 可表示成

$$\eta_{\text{TF,HF}} = \left\{ \prod_{i=1}^{n} \left[\boldsymbol{M}_{\text{N}}(i)(\boldsymbol{I} + \boldsymbol{\Delta}(i)) \right] \right\} D_{\text{HF}} - \left[\prod_{i=1}^{n} \boldsymbol{M}_{\text{N}}(i) \right] D_{\text{HF}} \tag{8-15}$$

累积偏差 $\eta_{\text{FT,HF}} = (\mathrm{d}x_c, \mathrm{d}y_c, \mathrm{d}z_c, \mathrm{d}\theta_{xc}, \mathrm{d}\theta_{yc}, \mathrm{d}\theta_{zc})$ 通过变动几何网络运动模型求解[32]，即

$$\begin{cases} \mathrm{d}x_c = \sum_{i=1}^{n} \mathrm{d}x_i - \sum_{i=1}^{n} (\mathrm{d}\theta_{zi} Y_i) + \sum_{i=1}^{n} (\mathrm{d}\theta_{yi} Z_i) \\ \mathrm{d}x_c = \sum_{i=1}^{n} \mathrm{d}y_i + \sum_{i=1}^{n} (\mathrm{d}\theta_{zi} X_i) - \sum_{i=1}^{n} (\mathrm{d}\theta_{xi} Z_i) \\ \mathrm{d}x_c = \sum_{i=1}^{n} \mathrm{d}z_i - \sum_{i=1}^{n} (\mathrm{d}\theta_{yi} X_i) + \sum_{i=1}^{n} (\mathrm{d}\theta_{xi} Y_i) \\ \mathrm{d}\theta_{xc} = \sum_{i=1}^{n} \mathrm{d}\theta_{xi} \\ \mathrm{d}\theta_{yc} = \sum_{i=1}^{n} \mathrm{d}\theta_{yi} \\ \mathrm{d}\theta_{zc} = \sum_{i=1}^{n} \mathrm{d}\theta_{zi} \end{cases} \tag{8-16}$$

由于利用公差描述偏差，偏差值实际表现为一个以公差为边界的取值区间，因此解析偏差得到的偏差分量同样是一个区间，而不是一个具体值。偏差矩阵将表示成

$$\boldsymbol{\Delta} = \begin{pmatrix} 0 & -[\text{Min}(\mathrm{d}\theta_z), \text{Max}(\mathrm{d}\theta_z)] & [\text{Min}(\mathrm{d}\theta_y), \text{Max}(\mathrm{d}\theta_y)] & [\text{Min}(\mathrm{d}x), \text{Max}(\mathrm{d}x)] \\ [\text{Min}(\mathrm{d}\theta_z), \text{Max}(\mathrm{d}\theta_z)] & 0 & -[\text{Min}(\mathrm{d}\theta_x), \text{Max}(\mathrm{d}\theta_x)] & [\text{Min}(\mathrm{d}y), \text{Max}(\mathrm{d}y)] \\ -[\text{Min}(\mathrm{d}\theta_y), \text{Max}(\mathrm{d}\theta_y)] & [\text{Min}(\mathrm{d}\theta_x), \text{Max}(\mathrm{d}\theta_x)] & 0 & [\text{Min}(\mathrm{d}z), \text{Max}(\mathrm{d}z)] \\ 0 & 0 & 0 & 0 \end{pmatrix} \tag{8-17}$$

根据式（8-17）求得累积偏差，采用极值法，确定累积偏差为具体值，可以进行闭环尺寸变动度与关键尺寸变动度计算，完成装配精度预测。

2. 零件内的偏差传递分析

偏差传递首先是零件内部制造偏差间的传递。零件制造偏差是零件内部具有公差设计要求的几何特征间的偏差。不同类型的公差，不同的基准特征和变动特征，其实际偏差将由不同的偏差分量组成。根据图 8-9 所示几何结构，各类公差类型的偏差分量组成见表 8-2 和表 8-3

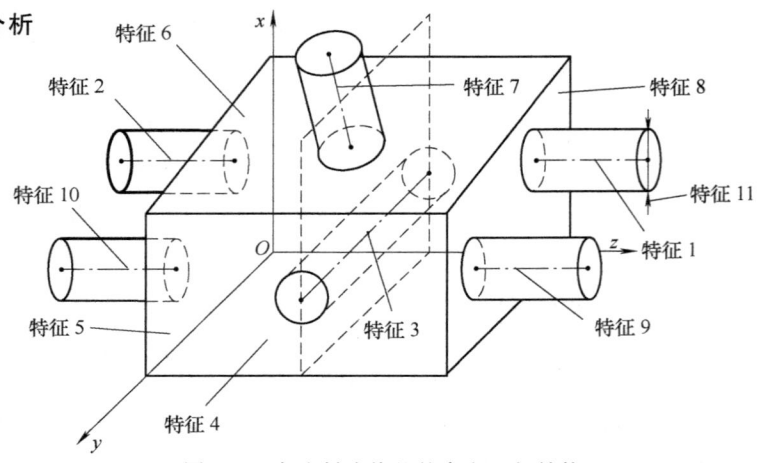

图 8-9　表达制造偏差的参考几何结构

(表中偏差分量 nc 表示当前方向允许变动,偏差分量 c 表示当前方向禁止变动)。

形状公差是单一实际要素的形状所允许的变动全量,不同于尺寸公差和位置公差,变动发生于所有的方向,所以不再详细列举各类形状公差下偏差分量的组成。公差设计中尺寸公差、位置公差和形状公差的数值满足关系 $T_{尺寸} > T_{位置} > T_{形状}$,因此形状偏差影响较小,可以忽略。同时尺寸公差和位置公差约束下的特征变动仍保持其几何要素不变,即直线仍为直线,平面仍为平面,而形状公差约束下的特征变动几何要素发生变化,即直线变成曲线,平面变成曲面,在配合时难以分析。因而在某些情况下可以不用考虑偏差。

表 8-2 尺寸公差下实际偏差的偏差分量组成

公差类型	基准特征类型	变动特征类型	偏差分量组成
非直径线性尺寸公差	线(特征1)	线(特征9)	dx, dy, nc, c, c, nc
非直径线性尺寸公差	线(特征1)	面(特征4)	c, dy, nc, c, c, nc
非直径线性尺寸公差	面(特征5)	面(特征8)	nc, nc, dz, c, c, nc
直径尺寸公差	线(特征11)	线(特征11)	$dx, dy, d\theta_x, d\theta_y, nc$
角度尺寸公差	线(特征3)	线(特征7)	$nc, nc, c, c, c, d\theta_z$
角度尺寸公差	面(特征4)	线(特征7)	$nc, nc, nc, c, c, d\theta_z$
角度尺寸公差	面(特征4)	面(特征6)	$nc, nc, nc, c, c, d\theta_z$

表 8-3 方向公差和位置公差下实际偏差的偏差分量组成

公差类型	基准特征类型	变动特征类型	偏差分量组成
平行度	线(特征1)	线(特征2)	$dx, dy, nc, d\theta_x, d\theta_y, nc$
平行度	线(特征1)	面(特征4)	$dx, d\theta_y, nc, nc, nc, d\theta_z$
平行度	面(特征4)	面(特征1)	$dx, dy, nc, d\theta_x, d\theta_y, nc$
平行度	面(特征5)	面(特征8)	$nc, nc, dz, d\theta_x, d\theta_y, nc$
垂直度	线(特征1)	线(特征3)	$dx, nc, dz, d\theta_x, d\theta_y, d\theta_z$
垂直度	线(特征1)	面(特征8)	$nc, nc, dz, d\theta_x, d\theta_y, nc$
垂直度	面(特征8)	线(特征1)	$dx, dy, nc, d\theta_x, d\theta_y, nc$
垂直度	面(特征4)	面(特征8)	$nc, dy, nc, d\theta_x, nc, d\theta_z$
倾斜度	线(特征3)	线(特征7)	$dx, dy, dz, d\theta_x, d\theta_y, d\theta_z$
倾斜度	线(特征3)	面(特征6)	$dx, dy, dz, d\theta_x, d\theta_y, d\theta_z$
倾斜度	面(特征4)	线(特征7)	$dx, dy, dz, d\theta_x, d\theta_y, d\theta_z$
倾斜度	面(特征4)	面(特征6)	$dx, dy, dz, d\theta_x, d\theta_y, d\theta_z$
位置度	线(特征1)	线(特征2)	$dx, dy, nc, d\theta_x, d\theta_y, nc$
位置度	线(特征1)	面(特征4)	$dx, nc, nc, nc, d\theta_y, d\theta_z$
位置度	面(特征4)	线(特征1)	$nc, nc, dz, nc, d\theta_y, nc$
位置度	面(特征5)	面(特征8)	$nc, nc, dz, d\theta_x, d\theta_y, nc$
对称度	线(特征1)	线(特征2)	$dx, dy, nc, d\theta_x, d\theta_y, nc$
对称度	面(特征5)	面(特征8)	$nc, nc, dz, d\theta_x, d\theta_y, nc$
同轴度	线(特征1)	线(特征2)	$dx, dy, nc, d\theta_x, d\theta_y, nc$

根据零部件的装配及性能要求建立了各类公差原则[33](见图 8-10),对于有高运动精度需要的零件、有配合要求或无配合要求但有功能要求的复合公差,可选用独立原则;对于有配合要求且极限间隙和过盈必须严格要求的复合公差,可采用包容要求;对于需保证装配互换的零件上的复合公差,可采用最大实体原则;对于需保证最小壁厚和设计强度的零件上的复合公差,可采用最小实体要求。

各类公差原则下的偏差关系如下:

1) 独立原则是指几何公差和尺寸公差各自独立,彼此无关,分别作用。因此各类偏差间的偏差分量将无约束关系。

2) 包容要求仅适用于形状公差,要求几何特征的偏差不能超越最大实体边界,局部偏差保证不能超越最小实体尺寸。

3) 最大实体要求下几何特征的偏差不能超出最大实体实效边界,当实际尺寸偏差偏离尺寸公差上界时，几何偏差允许超出其公差，但几何特征的局部尺寸偏差必须介于尺寸公差内。

4）最小实体要求下几何特征的偏差不能超出最小实体实效边界，当实际尺寸偏差偏离尺寸公差下界时，几何偏差允许超出其公差，但几何特征的局部尺寸偏差必须介于尺寸公差内。

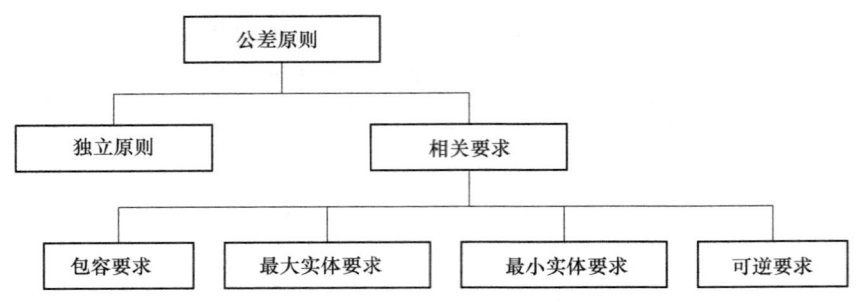

图 8-10 公差原则

对于独立原则，几何特征的位姿变动是直接将各偏差依次进行齐次坐标变换。对于非独立原则，则需要先建立各类偏差间的偏差分量的约束关系[34]，而后参照独立原则的处理方法。

3. 零件间的偏差传递分析

零件间的偏差传递不同于零件内偏差传递，装配过程中的差异将导致累积偏差的不同，装配过程真正地反映了偏差的累积效应。

装配过程累积偏差计算需要融合三类偏差：①基准件配合特征上的制造偏差；②待装配件配合特征上的制造偏差；③装配位置偏差。

根据完成装配后的零件是否可以相对运动，将装配分为固定装配连接和活动装配连接。

1）固定装配连接中基准件的偏差和通过装配带入装配位置偏差共同引起待装配件的位姿变动，位姿变动与待装配件的制造偏差进行耦合，实现偏差的累积，保持了偏差传递的延续。

2）活动装配连接导致偏差传递过程发生断裂，装配精度受待装配件的装配位置偏差影响重新传递。

固定装配连接根据是否需要紧固件完成装配可分为直接装配和间接装配（见图 8-11）。

① 直接装配。通过过盈量保证零件间相对位置的固定。

② 间接装配。通过紧固件保证零件间相对位置的固定。

固定装配连接与装配定位密切相关。零件装配定位的过程就是对零件施加约束的过程，装配定位的实质就是通过具有配合要求的几何特征来约束零件自由度。零件内的偏差传递是在单对几何特征间完成，即一对一确定偏差，零件间的偏差传递必须综合考虑两零件间的多对具有配合要求的几何特征的影响，即通过多对一确定偏差。虽然考虑多对几何特征，但对偏差传递的影响还是有主次之分。根据影响偏差传递作用的强弱，可将装配特征对分为第一装配特征对、第二装配特征对和第三装配特征对，类似于薄板装配的 3-2-1 夹具定位原则。第一装配特征对定位作用最明显，偏差受其影响最大，依次减小。

图 8-11a 所示为直接装配，图 8-11b 所示为间接装配，两类装配均存在两对装配特征，分别为平面-平面和圆柱面-圆柱面。对于直接装配，其轴孔的过盈配合决定了圆柱面接触为第一装配特征对，而平面接触为第二装配特征对。因此基准件上的偏差主要通过圆柱面向待装配件进行传递。对于间接装配，紧固件的作用使得平面接触更为紧密，所以平面接触为第一装配特征对，而圆柱面装配为第二装配特征对，因此基准件上的偏差主要通过平面向待装配件进行传递。

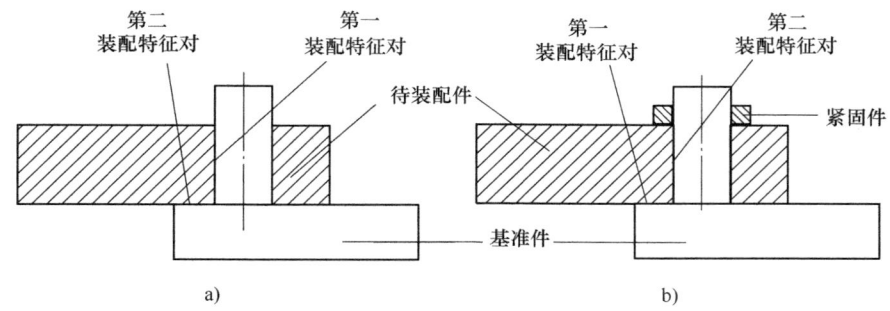

图 8-11　固定装配连接示意图

图 8-12 所示的直接装配中两个装配模型零件间均存在三对装配特征，分别为左平面接触、右平面接触和底部平面接触。图 8-12a 所示装配模型中右平面接触面积最大，约束了多数自由度，对装配定位起主要作用，因此右平面接触为第一装配特征对，底部平面接触为第二装配特征对，左平面接触为第三装配特征对，基准件上的偏差主要通过右平面向待装配件进行传递。图 8-12b 所示装配模型中底部平面接触面积最大，因此其为第一装配特征对，基准件上的偏差主要通过底部平面向待装配件进行传递。

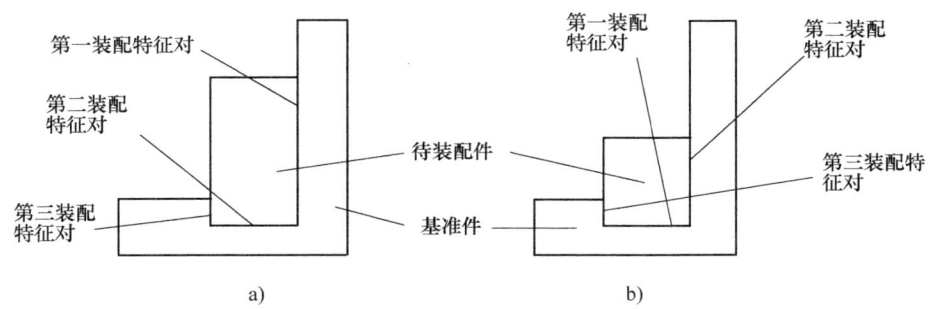

图 8-12　直接装配示意图

固定装配连接中装配力的变化会造成基准件和待装配件的接触状态发生改变，因此偏差传递路径也将发生改变，装配序列的变化也会造成接触状态的改变，因此改变偏差传递路径。

装配位置偏差求解比较复杂，与定位过程中是否使用夹具密切相关。当无须借助夹具装配定位时，待装配件的定位精度由基准件的装配特征保证，例如机床设备等的装配，装配位置偏差只与装配接触有关；当通过夹具装配定位时，待装配件的定位精度不由基准件上的装配特征来保证，而是通过夹具定位，例如汽车、飞机的外壳等薄板类零件的装配，此时装配位置偏差中需要加入夹具定位偏差。

对于直接装配,根据当前零件的实际尺寸,其装配位置偏差是确定值,例如轴孔的过盈配合,两装配特征的中心线位置固定。同样是轴孔配合,间隙配合时,两装配特征的中心线基本不重合。

本文假设零件特征的实际尺寸满足正态分布,由于装配间隙是由两个具有正态分布特性的装配特征形成的,因此也满足正态分布。根据统计法,装配间隙的区间为

$$\zeta \in [D_1-D_2-(d_1^2+d_2^2)^{1/2}, D_1-D_2+(d_1^2+d_2^2)^{1/2}] \tag{8-18}$$

在处理累积偏差计算时,由于第一装配特征对对偏差传递起主要作用,其他装配特征对造成的偏差从数值上远小于它,为了简化计算,假设偏差只沿第一装配特征对进行传递。

8.5 基于配合精度波动控制的装配分组定向优化

分组选配可分为单一分组选配和复杂分组选配,复杂分组选配又可分为单一装配尺寸链的多零件分组选配和多装配尺寸链的分组选配。单一装配尺寸链的多零件分组选配通过零件层层分步实现[35],但是步骤过于复杂且分步具有随机性,而多装配尺寸链的分组选配通过遗传算法来处理,但是智能优化得到的分组方案既需要大量的迭代过程,又容易使结果陷入局部最优。

为了适应多配合精度的分组选配,同时降低剩余率和缩减分组数,提出了基于定向进化分组选配的配合精度波动抑制方法。进行装配件敏感度分析确定选配基准,对各零件制造公差进行超限分析,根据结果采取中心定位、双向划分的自适应分组构建方法生成初始分组方案,通过基于分组稳定性分析的定向进化,生成优化的分组方案,以达到保证装配质量的目的。

8.5.1 基于装配件敏感度分析的选配基准提取

1. 基于信噪比的装配件敏感度分析

为了确定单一装配尺寸链分组划分时的零件尺寸基准和多条装配尺寸链的复杂选配的分组基准,提出了基于信噪比的装配件敏感度分析方法进行分组选配预处理。装配件的敏感度自下而上分为两层:尺寸层敏感度(τ)和零件层敏感度(Γ)。

尺寸层敏感度用来量化装配连接处具有配合要求的几何尺寸制造误差对配合误差波动的贡献程度。由于制造误差分布集中与否对配合误差的波动存在明显影响,因此在尺寸层敏感度计算时,必须考虑制造误差波动。

信噪比(Signal Noise Ratio,SNR)是参数设计中用来衡量设计参数稳健程度的重要指标,根据使用对象的不同,分为望目特性、望小特性和望大特性,本文将其用以量化零件几何尺寸制造误差的波动程度。针对实际情况,选用望目特性作为度量制造误差波动性的标准。假设零件几何尺寸的制造误差为公差带内呈正态分布的随机变量,其均值为 u,方差为 σ^2。

由于公差带边界的不同表示会造成同一误差分布的 u 不同,干扰信噪比计算的结果,使信噪比不能真实反映制造误差的波动性,因此需对公差带边界做统一处理,在不改变公差带宽的前提下,使新公差下界为 0,新公差上界为 T_U-T_L(T_U 和 T_L 为原公差上下界),最终让 $u \in (0, (T_U-T_L))$。

实际生产中，尺寸分布中心与公差带中心未必重合，会偏向公差带上界或下界，在其他条件均不改变的情况下，只是偏离相同尺寸，误差波动结果应等效。为了保证这一性质，信噪比实际计算式为

$$\mathrm{SNR_T} = 10 \lg \frac{[u(1-|v|)]^2}{\sigma^2} \quad \left(v = \frac{2u}{T_U - T_L} - 1\right) \tag{8-19}$$

式中，v 表示偏移率，用来量化尺寸分布中心与公差带中心的偏离程度。

尺寸层敏感度最终可表示成

$$\tau = \left(\frac{1}{\mathrm{SNT_T}}\right)\frac{T_m}{T_f} = \frac{T_m}{10 \lg \frac{[u(1-|v|)]^2}{\sigma^2} T_f} \tag{8-20}$$

式中，信噪比的倒数作为修正系数；T_m 和 T_f 分别为制造公差和配合公差，通过信噪比加以修正，制造公差与配合公差的比值可以反映制造误差对配合误差波动的影响大小。

零件层敏感度用来量化零件失效对装配成功率的影响程度。对于装配体中能够达到设计精度要求的无须进行选配的零件，确定其 $\varGamma = 0$。由于制造成本不可忽略，因此零件层敏感度实际上包括了两部分，即该零件上的制造成本和各个尺寸层敏感度之和，表示为

$$\varGamma = \left\{ C, \sum_{k=0}^{n} \tau_k \right\}$$

由于零件层敏感度并不是直接对尺寸层敏感度和制造成本的求和，而是对两部分进行综合比较。首先比较制造成本，成本越高，则零件层敏感度越高；当制造成本比较接近，则比较尺寸层敏感度，尺寸层敏感度越高，零件层敏感度越高。

由于制造成本的制约，各零件的备货量不一定相同，因此制造成本与备货量存在着可定性的联系，可以采用备货量来反映制造成本。为了便于分组选配方案的生成与评价，用备件率替代零件数量。本文将备件率（γ）定义为零件的备货量与装配体产量的比值，对于产量不确定的情况，则用备货量最少的零件备货量代替产量进行计算。不同零件备件率的比值定义为备件比（$\varLambda$）。

2. 分组选配基准筛选流程

通过计算各零件的尺寸层敏感度和零件层敏感度，完成分组选配基准的筛选，其流程如下：

将装配体模型简化为选配模型。

为了清楚反映装配体中的选配关系，将装配体中具有装配连接关系但无分组选配需求的零件简化为一个选配件，从而将装配模型转化为选配模型，可建立选配关系矩阵 $\boldsymbol{M}_{\mathrm{SAR}}$，矩阵行列编号均表示装配特征。

$$\boldsymbol{M}_{\mathrm{SAR}} = \begin{bmatrix} e_{11} & \cdots & e_{1n} \\ \vdots & \vdots & \vdots \\ & & \vdots \\ & & e_{mm} \end{bmatrix} (m \text{ 表示装配特征数}) \tag{8-21}$$

为了便于表达矩阵元素所反映的实际装配情况，本文将装配分为包裹型装配和非包裹型装配：包裹型装配是指零件装配尺寸变动对配合误差变化具有相反作用的装配（见

图8-13a），例如轴孔间隙配合，孔径增加将增大间隙，轴径增加将减小间隙；非包裹型装配是指各零件装配尺寸变动对配合误差变化具有相同作用的装配（见图8-13b）。

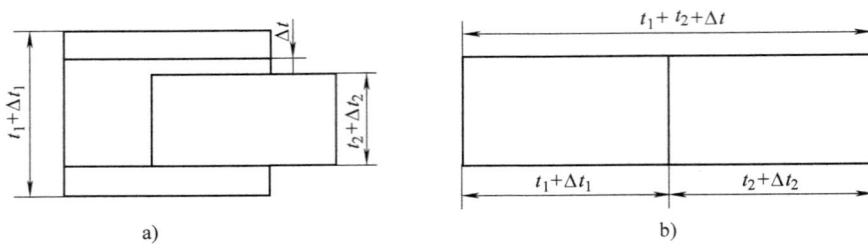

图8-13 包裹型和非包裹型装配示意图

矩阵分为矩阵项 e_{ij}（$i=j$）和 e_{ij}（$i\neq j$）两部分，各表示不同的信息。

对于矩阵项 e_{ij}（$i=j$），其取值做如下定义：

1）当 $e_{ij}=0$ 时，装配特征 i 处于非包裹型装配。
2）当 $e_{ij}=1$ 时，装配特征 i 处于包裹型装配的外部。
3）当 $e_{ij}=-1$ 时，装配特征 i 处于包裹型装配的内部。

对于矩阵项 e_{ij}（$i\neq j$），其取值做如下定义：

1）当 $e_{ij}=0$ 时，装配特征 i 与 j 无装配连接。
2）当 $e_{ij}=1$ 时，装配特征 i 与 j 存在间隙配合。
3）当 $e_{ij}=-1$ 时，装配特征 i 与 j 存在过盈配合。

由于实际装配中，两个零件间只存在过盈或间隙配合两种情况，对于个体零件，不存在过渡配合这种配合状态，因此不予考虑。

1）遍历选配模型的零件列表，遍历装配尺寸列表，逐一求解尺寸层敏感度。
2）根据尺寸层敏感度和制造成本确定零件层敏感度。最终将零件层敏感度最高的零件确定为分组选配的基准。

为避免尺寸层敏感度和制造成本的数值差异过大，影响零件层敏感度的准确性，需对尺寸层敏感度和制造成本进行归一化处理：

1）制造成本归一化处理针对装配体中所有存在选配要求的零件。
2）尺寸层敏感度归一化处理并非针对同一零件上的所有尺寸层敏感度，而是针对具有配合要求的不同零件上的尺寸层敏感度。

8.5.2 基于中心定位的自适应分组方案构建

零件尺寸呈正态分布决定了越靠近正态分布中心，相同尺寸宽度的零件数量越大，因此其对最终剩余率的影响也最大。为此不同于以往的分组尺寸边界的单向划分，而是采用中心定位、双向划分的分组方法。首先根据正态分布中心确定分组划分的起始位置，即确定中心组（分组中最靠近正态分布中心的组），而后根据中心组的尺寸边界进行向下和向上的双向划分，实现公差带的分组，并将其作为优化过程的初始方案。

1. 超限分析

由于零件超限直接影响分组选配方案，因此在分组方案制订前，应确定是否存在绝对超限情况（绝对超限与分组方案无关，由制造公差决定），为此将本文零件的公差带划分为三部分，即超限区、非超限区和过渡区（见图8-14）。非超限区始终存在，而超限区和过渡区均可划分为上下两部分，但其实际存在与否视具体情况而定。

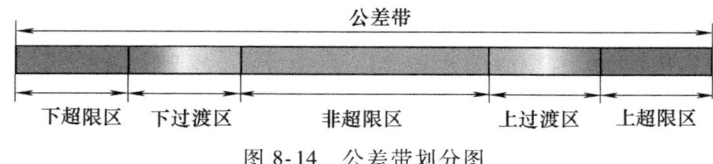

图 8-14 公差带划分图

超限区是指尺寸处于其中的零件无法找到分组实现满足配合精度装配的公差范围，其尺寸边界完全确定（公差设计上本不应出现此尺寸区域，但实际生产中确实存在，Kannan 在轴承分组选配研究中同样存在此种情况[35]，因此本文将其考虑在公差带内），与分组方案无关；非超限区是指尺寸处于其中的零件可找到相应分组，且组内零件可完全互换，实现满足配合精度装配的公差范围，可根据制造公差与配合公差的关系确定是否与分组方案有关，如有关，则边界不确定；过渡区是指尺寸处于其中的零件可找到相应分组，但组内不可完全互换实现满足配合精度装配的公差范围，其边界由实际分组方案决定。轴孔配合的零件，其制造公差带各区域边界见表 8-4 和表 8-5（由于轴孔配合极具代表性，其余配合可由表 8-4 和表 8-5 稍作修改，因此本章不再展开，下同。表中 B_L 和 B_H 分别表示非超限区不确定条件下的上界和下界，T_{Hh} 和 T_{Lh} 分别表示孔的公差上下界，T_{Hs} 和 T_{Ls} 分别表示轴的公差上下界，C_{max} 和 C_{min} 分别表示最大和最小间隙）。

表 8-4 孔类零件的各区域尺寸边界

公差关系	孔类零件公差带				
	下超限区	下过渡区	非超限区	上过渡区	上超限区
$T_{Lh}<T_{Ls}+C_{min}$, $T_{Hh}>T_{Hs}+C_{max}$	$[T_{Lh},(T_{Ls}+C_{min})]$	$[(T_{Ls}+C_{min}),B_{Lh}]$	$[B_{Lh},B_{Hh}]$	$[B_{Hh},(T_{Hs}+C_{max})]$	$[(T_{Hs}+C_{max}),T_{Hh}]$
$T_{Lh}<T_{Ls}+C_{min}$, $T_{Hh}=T_{Hs}+C_{max}$	$[T_{Lh},(T_{Ls}+C_{min})]$	$[(T_{Ls}+C_{min}),B_{Lh}]$	$[B_{Lh},B_{Hh}]$	$[B_{Hh},T_{Hh}]$	Φ
$T_{Lh}<T_{Ls}+C_{min}$, $T_{Hh}<T_{Hs}+C_{max}$	$[T_{Lh},(T_{Ls}+C_{min})]$	$[(T_{Ls}+C_{min}),B_{Lh}]$	$[B_{Lh},T_{Hh}]$	Φ	Φ
$T_{Lh}=T_{Ls}+C_{min}$, $T_{Hh}>T_{Hs}+C_{max}$	Φ	$[T_{Lh},B_{Lh})$	$[B_{Lh},B_{Hh}]$	$[B_{Hh},(T_{Hs}+C_{max})]$	$[(T_{Hs}+C_{max}),T_{Hh}]$
$T_{Lh}=T_{Ls}+C_{min}$, $T_{Hh}=T_{Hs}+C_{max}$	Φ	$[T_{Lh},B_{Lh})$	$[B_{Lh},B_{Hh}]$	$[B_{Hh},T_{Hh}]$	Φ
$T_{Lh}=T_{Ls}+C_{min}$, $T_{Hh}<T_{Hs}+C_{max}$	Φ	$[T_{Lh},B_{Lh})$	$[B_{Lh},T_{Hh}]$	Φ	Φ
$T_{Lh}>T_{Ls}+C_{min}$, $T_{Hh}>T_{Hs}+C_{max}$	Φ	Φ	$[T_{Lh},B_{Hh}]$	$[B_{Hh},(T_{Hs}+C_{max})]$	$[(T_{Hs}+C_{max}),T_{Hh}]$
$T_{Lh}>T_{Ls}+C_{min}$, $T_{Hh}=T_{Hs}+C_{max}$	Φ	Φ	$[T_{Lh},B_{Hh}]$	$[B_{Hh},T_{Hh}]$	Φ
$T_{Lh}>T_{Ls}+C_{min}$, $T_{Hh}<T_{Hs}+C_{max}$	Φ	Φ	$[T_{Lh},T_{Hh}]$	Φ	Φ

表 8-5 轴类零件的各区域尺寸边界

公差关系	轴类零件公差带				
	下超限区	下过渡区	非超限区	上过渡区	上超限区
$T_{Ls}<T_{Lh}-C_{max}$, $T_{Hs}>T_{Hh}-C_{min}$	$[T_{Ls},(T_{Lh}-C_{max}))$	$[(T_{Lh}-C_{max}),B_{Ls})$	$[B_{Ls},B_{Hs}]$	$(B_{Hs},(T_{Hh}-C_{min})]$	$((T_{Hh}-C_{min}),T_{Hs}]$
$T_{Ls}<T_{Lh}-C_{max}$, $T_{Hs}=T_{Hh}-C_{min}$	$[T_{Ls},(T_{Lh}-C_{max}))$	$[(T_{Lh}-C_{max}),B_{Ls})$	$[B_{Ls},B_{Hs}]$	$[B_{Hs},T_{Hs}]$	Φ
$T_{Ls}<T_{Lh}-C_{max}$, $T_{Hs}<T_{Hh}-C_{min}$	$[T_{Ls},(T_{Lh}-C_{max}))$	$[(T_{Lh}-C_{max}),B_{Ls})$	$[B_{Ls},T_{Hs}]$	Φ	Φ
$T_{Ls}=T_{Lh}-C_{max}$, $T_{Hs}>T_{Hh}-C_{min}$	Φ	$[T_{Ls},B_{Ls})$	$[B_{Ls},B_{Hs}]$	$(B_{Hs},(T_{Hh}-C_{min})]$	$((T_{Hh}-C_{min}),T_{Hs}]$
$T_{Ls}=T_{Lh}-C_{max}$, $T_{Hs}=T_{Hh}-C_{min}$	Φ	$[T_{Ls},B_{Ls})$	$[B_{Ls},B_{Hs}]$	$(B_{Hs},T_{Hs}]$	Φ
$T_{Ls}=T_{Lh}-C_{max}$, $T_{Hs}<T_{Hh}-C_{min}$	Φ	$[T_{Ls},B_{Ls})$	$[B_{Ls},T_{Hs}]$	Φ	Φ
$T_{Ls}>T_{Lh}-C_{max}$, $T_{Hs}>T_{Hh}-C_{min}$	Φ	Φ	$[T_{Ls},B_{Hs})$	$[B_{Hs},(T_{Hh}-C_{min})]$	$((T_{Hh}-C_{min}),T_{Hs}]$
$T_{Ls}>T_{Lh}-C_{max}$, $T_{Hs}=T_{Hh}-C_{min}$	Φ	Φ	$[T_{Ls},B_{Hs})$	$[B_{Hs},T_{Hs}]$	Φ
$T_{Ls}>T_{Lh}-C_{max}$, $T_{Hs}<T_{Hh}-C_{min}$	Φ	Φ	$[T_{Ls},T_{Hs}]$	Φ	Φ

超限区内的零件必然属于剩余零件,用 $\widetilde{\omega}_o$ 表示超限区剩余率,如需使用,可根据其尺寸加工与之配合的相应尺寸零件或对本身进行再加工,以使尺寸符合选配要求(但当装配完成后的调试中,对于现有的装配组合无法达到性能指标时,也可直接使用作为调试的尝试)。非超限区内的零件均可以划入相应的尺寸组与对应的尺寸组进行装配,但是由于对应组的零件数与之不一定相等,因此存在成为剩余零件的可能,用 $\widetilde{\omega}_b$ 表示非超限区剩余率。过渡区内的零件与超限区内的零件一样无法用于当前装配,成为剩余零件,但其数量不确定,由其可变动的尺寸边界决定。用 $\widetilde{\omega}_t$ 表示过渡区剩余率,同时可确定超限零件导致的剩余率($\widetilde{\omega}_o+\widetilde{\omega}_t$),由剩余率根据概率面积确定过渡区的尺寸边界。超限分析可确定零件的有效概率面积,从而可确定备件比。

2. 中心组定位的分组划分策略

根据超限分析结果,可以确定参与分组的有效尺寸范围。如果存在超限区,在分组方案制订前,去除超限区所占据的尺寸带。装配方式决定了尺寸约束关系,对于任意分组 j ($j=1,\cdots,n_{ig}$;n_{ig} 表示初始分组数),均满足下列装配尺寸与配合公差的关系,即

$$\begin{cases} \sum_{i=1}^{n_p}\left(\left(\dfrac{sr_i+1}{2}\right)d_{max}^{ij}+\left(\dfrac{sr_i-1}{2}\right)d_{min}^{ij}\right) \leqslant C_{max} \\ \sum_{i=1}^{n_p}\left(\left(\dfrac{sr_i-1}{2}\right)d_{max}^{ij}+\left(\dfrac{sr_i+1}{2}\right)d_{min}^{ij}\right) \leqslant C_{min} \end{cases} \quad (8\text{-}22)$$

式中，sr_i 表示相应零件装配特征在选配关系矩阵中对角线上对应的矩阵项。

正态分布下分组内零件概率面积计算可采用下式，即

$$A(d_{\max}^i, d_{\min}^i) = \Phi\left(\frac{d_{\max}^i - \mu}{\sigma}\right) - \Phi\left(\frac{d_{\min}^i - \mu}{\sigma}\right) \quad (i = 1, \cdots, n_{ig}) \tag{8-23}$$

中心组是整个初始分组方案生成的关键，其生成步骤如下：

（1）中心组分布的粗略定位　根据各装配尺寸正态分布中心两侧的概率面积的关系进行中心组分布的粗略定位（以轴孔配合说明，A_{HL} 和 A_{HR} 分别表示孔的正态分布中心左右两侧的概率面积，A_{SL} 和 A_{SR} 类同，A_{HCL} 和 A_{HCR} 分别表示孔的中心组在正态分布中心两侧的概率面积，A_{SCL} 和 A_{SCR} 类同，D_{NDH} 和 D_{NDS} 分别表示孔和轴的正态分布中心尺寸）：

$$\text{if} \left(\begin{cases} A_{HL}/\gamma_H \le A_{SL}/\gamma_S \\ A_{HR}/\gamma_H \le A_{SR}/\gamma_S \end{cases} \text{or} \begin{cases} A_{HL}/\gamma_H \ge A_{SL}/\gamma_S \\ A_{HR}/\gamma_H \ge A_{SR}/\gamma_S \end{cases} \right) \text{and} \, |D_{NDH} - D_{NDS}| \in (C_{\min}, C_{\max})$$

$$\text{then} \begin{cases} A_{HCL}/\gamma_H \ge A_{SCL}/\gamma_S \\ A_{HCR}/\gamma_H \ge A_{SCK}/\gamma_S \end{cases} \text{or} \begin{cases} A_{HCL}/\gamma_H \le A_{SCL}/\gamma_S \\ A_{HCR}/\gamma_H \le A_{SCR}/\gamma_S \end{cases}$$

else

$$\text{then} \begin{cases} A_{HCL}/\gamma_H > A_{SCL}/\gamma_S \\ A_{HCR}/\gamma_H < A_{SCK}/\gamma_S \end{cases} \text{or} \begin{cases} A_{HCL}/\gamma_H < A_{SCL}/\gamma_S \\ A_{HCR}/\gamma_H > A_{SCR}/\gamma_S \end{cases}$$

（2）中心组分布的精确定位　根据粗略定位和有效概率面积相等对正态分布中心的两侧进行装配尺寸可变动量的分配，并且使装配尺寸可变动量尽可能大。由于尺寸测量精度不可能无限制小，因此以最小尺寸测量精度作为基准单位，将各尺寸值整数化。通过求解分别控制各零件在正态分布中心左右两侧尺寸变动量的比例系数 p 和 q，进而确定各零件在中心组的尺寸边界。根据下式可确定 p 和 q 的取值范围，即

$$\begin{cases} p_1 + q_1 = \cdots = p_{n_p} + q_{n_p} \\ (6\sigma_i m) \in N(m = p_i, q_i; i = 1, \cdots, n_p) \end{cases} \tag{8-24}$$

根据式（8-22）以及正态分布中心与配合公差的关系可派生出下式，即

$$F = \begin{cases} \left(\sum_{i=1}^{n_p} sr_i D_{NDi} - C_{\min} \right) - \sum_{i=1}^{n_p} \left\{ 6\left[\left(\frac{sr_i + 1}{2}\right) p_i - \left(\frac{sr_i - 1}{2}\right) q_i \right] \sigma_i \right\} \\ \left(\frac{C_{\max} - C_{\min}}{2} - \sum_{i=1}^{n_p} sr_i D_{NDi} \le 0 \right) \\ \left(C_{\max} - \sum_{i=1}^{n_p} sr_i D_{NDi} \right) - \sum_{i=1}^{n_p} \left\{ 6\left[\left(\frac{sr_i + 1}{2}\right) q_i - \left(\frac{sr_i - 1}{2}\right) p_i \right] \sigma_i \right\} \\ \left(\frac{C_{\max} - C_{\min}}{2} - \sum_{i=1}^{n_p} sr_i D_{NDi} > 0 \right) \end{cases} \tag{8-25}$$

根据式（8-24）确定的取值范围中找到使得 F 为非负最小值的 p、q，最终的尺寸边界确定可采用下式，即

$$\begin{cases} d_{c\min} = D_{ND} - 6p\sigma \\ d_{c\max} = D_{ND} + 6q\sigma \end{cases} \tag{8-26}$$

由于尺寸测量精度有限，某些尺寸边界情况概率面积只能近似相等。对于此类情况，可

按如下原则处理：

1) 优先考虑 $d_{c\min}<C_{\mathrm{ND}}$ 并且 $d_{c\max}>C_{\mathrm{ND}}$，而后考虑 $C_{\mathrm{ND}} \leqslant d_{c\min}$ 或者 $C_{\mathrm{ND}} \geqslant d_{c\max}$。

2) 中心组的尺寸带宽度越大越好，零件剩余率越小越好，如果分组宽度与剩余率冲突，优先考虑剩余率。

3) 对于实际有效零件数不相等的情况，应尽量满足实际有效零件数少的零件无剩余。

中心组尺寸边界确定后，向两侧进行划分，直至整个公差带均被划分完毕，划定原则与中心组类似，因此不再赘述划分过程。

3. 多配合精度的复杂分组策略

对于单一配合精度的选配，通过 8.5.2 节方法即可完成初始分组方案的生成。但对于多配合精度的选配，可以分别建立各配合精度的分组，再将各分组进行综合细分。对于配合精度数为 n_a 的复杂选配，其实际分组数 N_{ig} 采用下式计算，即

$$N_{ig} = \prod_{j=1}^{n_a} n_{ig,j} \tag{8-27}$$

多配合要求下的分组选配，其零件剩余率是各单一分组下零件剩余率的综合，可采用如下递推公式计算，即

$$\widetilde{\omega}(n_a) = \widetilde{\omega}(n_a-1) + [1-\widetilde{\omega}(n_a-1)]\frac{\omega(n_a)}{A_{n_a}} \tag{8-28}$$

式中，$\widetilde{\omega}(n_a-1)$ 表示考虑了 n_a-1 个配合精度时的零件剩余率；$\widetilde{\omega}_{n_a}$ 表示第 n_a 个配合精度的分组下零件剩余率；A_{n_a} 表示该分组时的有效概率面积。

可通过装配件敏感度确定分组顺序，以保证综合零件剩余率最小。

8.5.3 基于分组稳定性分析的分组边界变动控制

1. 分组稳定性分析

分组选配方案中各分组间存在关联，单一分组边界的主动调整会引发多米诺效应，其他组会在分组原则的约束下做出边界的被动调整。一个边界的变化的影响将辐射至整个分组方案，进而导致多组零件剩余率发生变化，因此需要判断分组变化的潜在影响，保证在分组方案优化时不会盲目调整边界。为此提出分组稳定性分析，以分析结果作为方案调整依据，进行定向优化。

分组稳定性是指分组方案更改时，分组边界被主动调整的可能性大小。稳定性越低，表示方案优化时该分组边界变动的概率越大。

由于中心组两侧独立划分边界，因此分组稳定性分析在两侧分别进行，分组稳定性包括以下几个影响因素：

（1）分组偏离正态分布中心的距离 以分组中靠近正态分布中心的边界计算偏离距离。分组越靠近正态分布中心，边界变动导致概率面积变化率越大，其后的分组数相应增加，因而其边界越需主动调整，分组稳定性越低。

（2）分组宽度 分组宽度越大，其边界越有变动空间，因而其边界越需主动调整，分组稳定性越低。

（3）分组剩余率 分组剩余率越大，其边界越需调整，以缩小剩余率，因而其边界越

需主动调整，分组稳定性越低（可以设定剩余率阈值来控制分组数）。

以上各因素并非独立影响着分组稳定性，当前分组如果剩余率很大，分组稳定性应该低，但如果之前的分组剩余率均为零，且分组宽度很小，则当前分组的稳定性就应该高。

为了量化分组剩余率、偏离距离以及分组宽度对分组稳定性的综合影响，引入了分组稳定度（α），其计算公式为

$$\alpha_i = \left[\frac{(1.1 - 10^{-d_i/D})}{\sum_{k=1}^{m}(1.1 - 10^{-d_k/D})}\right]\left\{\frac{(\delta_{i\max} - \delta_{i\min})/T_f}{\sum_{k=1}^{m}[(\delta_{i\max} - \delta_{i\min})/T_f]}\right\}\left[\frac{\left(\sum_{k=1}^{m}\widetilde{\omega}_k\right) - \widetilde{\omega}_i}{(n-1)\sum_{k=1}^{m}\widetilde{\omega}_k}\right] \quad (8\text{-}29)$$

式中，d 表示分组靠近正态分布中心的边界与偏离正态分布中心的距离；D 表示与分组同侧的公差带边界偏离正态分布中心的距离。

2. 分组边界变动策略

分组边界变动并不一定需要对所有分组边界都进行调整，利用分组稳定性分析可以缩小调整对象范围，提高效率。变动过程可分成三步：首先确定主调分组，而后确定主调零件，最后确定边界。

（1）确定主调分组　主调分组是边界调整时需主动进行边界变动的分组，可根据分组稳定度确定。从其向外侧各分组的边界变动是为了适应其变化，分组稳定性最低的即为待确定的主调分组，应分别确定中心组两侧的主调分组。

（2）确定主调零件　主调零件是边界调整时主动进行边界变动的零件，可根据尺寸层敏感度确定，其余零件的边界变动是为了适应其变化，尺寸层敏感度最低的零件即为待确定的主调零件。

（3）确定边界　如果主调分组是中心组，则边界调整时可能需要双侧边界变动；如果主调分组不是中心组，则边界调整时只需远离中心组的边界变动。

边界变动存在向公差上界或下界两个方向的可能，以零件剩余率最小化为目标进行调整，同样的剩余率则寻求分组宽度最大化，边界变动值可参照 8.5.2 节的分组划定原则确定，但当分组宽度与剩余率出现冲突时，优先考虑剩余率。

基于分组剩余率变化特性的边界调整原则如下：

1）边界调整时尽量保证沿调整方向，各分组的剩余零件不会频繁变换。

2）边界调整时尽量保证沿调整方向，剩余率变化趋势类似锯齿波形，首先越来越小，直至小到不能为零的一个值，重新变大，再重复趋势变化。

8.5.4　基于定向进化算法的分组方案优化

面对分组方案的组合爆炸，只有采用智能算法，才能快速搜索出优化方案，因此借鉴遗传算法的思想，采用定向进化算法对分组方案进行优化。通过改进遗传操作，进行全局快速收敛。

1. 选配分组的染色体编码

每个选配任务的分组方案编码成一个染色体，染色体上的基因片段数（n_{gf}）由最窄的公差带宽决定，$n_{ig} = \min(T_1, \cdots, T_{n_p})/\Delta$（$\Delta$ 表示最小尺寸单位）。为了便于综合评价，将超限区和过渡区均加入分组，因此 $n_{gf} = n_{ig} + 4$。基因片段由基因块组成，其块数由配合零

件数决定,每个基因块包含两个基因值,其分别表示分组上下边界,采用整数编码。其编码如图 8-15 所示。

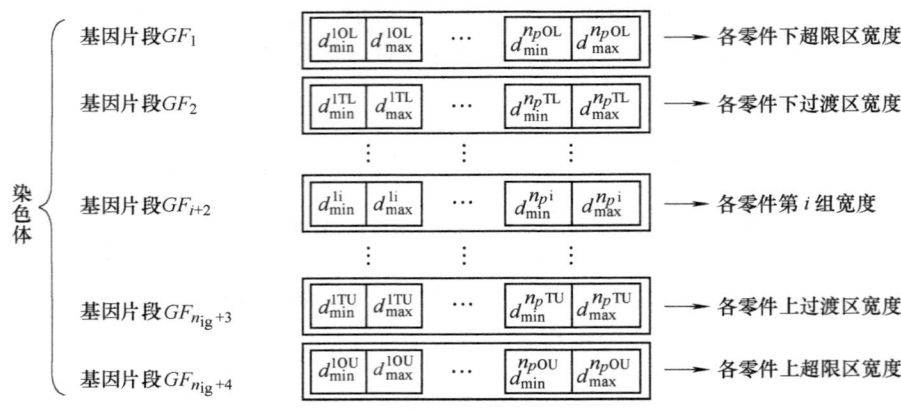

图 8-15 分组方案的染色体编码

解码过程中,装配方案的实际分组数(n_g)可用下式求解,即

$$n_g = \sum_{i=3}^{n_{ig}} [\text{sign}(\min(GF_i))\text{sign}(\max(GF_i) - \min(GF_i))](GF_i$$
$$= \{(d_{\max}^{1i} - d_{\min}^{1i}), \cdots, (d_{\max}^{n_p i} - d_{\min}^{n_p i})\} \tag{8-30}$$

2. 分组方案的适应度函数设计

分组选配必须合理处理分组数:分组数过少,装配精度无法保证,质量成本将增加;分组数过多,生产组织更为复杂,生产效率降低,同时减少了互换性,零件的质量问题会增加产品的报废率,质量成本同样增加。

为了控制质量成本,目标函数需要实现两个目标:①剩余零件数最少(对于备件比相同的情况,只需统计一个零件);②分组数最少。因此目标函数设计如下:

$$g(c) = \omega_s \min\left(A_{ou}^k + A_{ol}^k + A_{tu}^k + A_{tl}^k + \sum_{i=1}^{n_g}(A_i^k - A_{i\min})\right) + \omega_g \min(n_g) T_f \bigg/ \left(\sum_{j=1}^{n_p} T_{m,j}\right) \tag{8-31}$$

式中,A_{ou}^k 和 A_{ol}^k 分别表示零件 k 上下超限区的零件数;A_{tu}^k 和 A_{tl}^k 分别表示零件 k 上下过渡区的零件数;A_i^k 表示零件 k 第 i 组的零件数;$A_{i\min}$ 表示第 i 组的最少零件数;ω_s 和 ω_g 分别表示目标 1 和 2 的权重,一般情况下,$\omega_s \gg \omega_g$。

将目标函数取其倒数映射成适应度函数,即

$$f(c) = \frac{1}{\omega_s \min\left(A_{ou}^k + A_{ol}^k + A_{tu}^k + A_{tl}^k + \sum_{i=1}^{n_g}(A_i^k - A_{i\min})\right) + \omega_g \min(n_g) T_f \bigg/ \left(\sum_{j=1}^{n_p} T_{m,j}\right)} \tag{8-32}$$

3. 分组方案的定向优化

初始种群的生成首先采用 8.5.2 节方法生成母体,并在此基础上对中心组进行变动,以剩余率趋于零为目标,进行变动繁衍出多个个体。根据装配要求的数量可生成相应数量的种群。

选择操作采用最优个体保留，将适应度最高的个体，直接复制到下一代，并不再参与变异。交叉操作原本是为了遗传父代上具有良好特性的基因片段到子代上，由于加入分组稳定度分析，可以确定值得保留的优良基因片段，筛选掉优良基因片段后进行变异，因此不再需要交叉操作。

变异操作是整个优化过程的关键，其变异策略直接关系到能否避免陷入局部寻优，从而寻获全局最优，为此将变异操作分为确定性变异和非确定性变异。染色体的首尾基因片段始终不会参与变异过程。

确定性变异就是通过分组稳定性分析，确定需要进行变异的基因片段，采用 8.5.3 节方法进行变异。确定性变异过程是由中心向边缘的逐步进化，这种定向进化对降低剩余率具有很好的效果。

非确定性变异的随机性可以增加种群的个体多样性，尽可能为种群增加优良的或是具有进化潜力的基因片段，避免陷入局部寻优。根据分组稳定度排序进行染色体上基因片段变异概率的非线性函数分配，即

$$p_{\mathrm{m}} = \frac{p_{\mathrm{bm}}(1-p_{\mathrm{bm}})^{r-1}}{1-(1-p_{\mathrm{bm}})^{n_{\mathrm{gf}}-2}} \tag{8-33}$$

式中，p_{bm} 表示最差基因片段的变异概率，本文取 0.09；r 表示分组稳定度由小到大的排列序号；$n_{\mathrm{gf}}-2$ 表示允许变异的基因片段数。

在选定变异的基因片段上进行边界变动时，其边界随机变动的变动值大小的概率与边界变动的概率面积变化率成反比，以边界与正态分布中心的距离按比例进行边界变动概率分配，非确定性变异可以缩减分组数。

每进化一次必须更新分析分组稳定性，而变异过程中，重组后的染色体须满足下式，即

$$\begin{cases} T_{\mathrm{L}k} \leqslant d_{\min}^{ki} \leqslant d_{\max}^{ki} \leqslant T_{\mathrm{U}k} \\ (d_{\min}^{kTL}, d_{\max}^{kTL}) \cap \cdots \cap (d_{\min}^{ki}, d_{\max}^{ki}) \cap \cdots \cap (d_{\min}^{kTU}, d_{\max}^{kTU}) = \phi \quad (i=1,\cdots,n_{\mathrm{ig}}) \\ [d_{\min}^{kTL}, d_{\max}^{kTL}] \cap \cdots \cap (d_{\min}^{ki}, d_{\max}^{ki}) \cap \cdots \cap (d_{\min}^{kTU}, d_{\max}^{kTU}) = [T_{\mathrm{L}k}, T_{\mathrm{U}k}] \end{cases} \tag{8-34}$$

选用最大进化代数，并辅以剩余率最小阈值作为终止条件，最大进化次数根据实际问题而定，在本章所介绍的方法中，通常取 5~20。

8.6 本章小结

智能化是装配工艺规划的重要发展方向，本章讨论了主要的智能计算优化方法在装配工艺规划中的应用，指出了在各类公差约束下偏差元对偏差进行一致性描述的方法，介绍了结合变动关系矩阵建立装配序列偏差传递模型，并创建有向关联图进行传递模型的表达途径。通过对偏差在零件内和零件间的传递计算的剖析，给出了偏差随装配序列的传递累积过程的数字化表达，并详细描述了面向装配序列基于尺寸变动度的装配精度评价方法。

基于分组稳定性分析的分组边界变动方法，可以将智能算法寻优过程中的随机搜索调整为定向搜索，具有较好的抗欺骗能力，加快了收敛速度，缩短了计算周期，保证了进化效率[37]。适用于不等数量下的单一装配精度的多零件装配和多装配精度选配，在降低零件剩余率的同时缩减分组数，既避免了制造浪费，又提高了装配效率，以低制造成本换取高装配精度。

参 考 文 献

[1] 王丰产，张有朝. 多工位装配序列粒子群优化算法 [J]. 机械工程学报，2012, 48（9）：155-157.

[2] Bonneville F, Perrard C, Henrioud J M. A genetic algorithm to generate and evaluate aassembly plans [C]. New Jersey: Proceedings of the IEEE Symposium on Emerging Technology and Factory Automation. 1995: 231-239.

[3] Chen S F, Liu Y J. A multi-level genetic assembly planner [C]. Baltimore: Proceedings of the 2000 ASME Design Engineering Technical Conference. 2000: 10-13.

[4] Marian R M, Luong L H S, Abhary Kazem. A genetic algorithm for the optimisation of assembly sequences [J]. Computer and Industrial Engineering, 2006, 50: 503-527.

[5] J F Wang, J H Liu, Y F Zhong. A novel ant colony algorithm to assembly sequence planning [J]. International Journal of Advanced Manufacturing Technology, 2005, 25（11-12）：1137-1143.

[6] 程晖，李原，余剑峰，等. 基于遗传蚁群算法的复杂产品装配顺序规划方法 [J]. 西北工业大学学报，2009, 27（1）：30-35.

[7] Lv H G, Lu C. An assembly sequence planning approach with a discrete particle swarm optimization algorithm [J]. The International Journal of Advanced Manufacturing Technology, 2010, 50（5-8）：761-770.

[8] Y Wang, J H Liu. Chaotic particle swarm optimization for assembly sequence planning [J]. Robotics and Computer-integrated Manufacturing, 2010, 26（2）：212-222.

[9] Lv H G, Lu C. A hybrid DPSO-SA approach to assembly sequence planning [C]. Xi'an: Proceedings of the IEEE International Conference on Mechatronics and Automation, 2010: 1998-2003.

[10] Hong D S, Cho H S. A neural network based computational seheme for generating optimized robotic assembly sequenees [J]. Engineering Application Artificial Intelligence, 1995, 8（2）：129-145.

[11] Chen W C, Tai P H, Deng W J, et al. A three-stage integrated approach for assembly sequence planning using neural networks [J]. Expert System with Applications, 2008; 34（3）：1777-1786.

[12] Jang K Y, Yang K. Improving principal component analysis (PCA) in automotive body assembly using artificial neural networks [J]. Journal of Manufacturing System, 2001, 20（3）：188-197.

[13] Milner J M, Grave S C, Whitney D E. Using simulated annealing to select least-cost assembly sequences [C]. San Diego: Proceedings of the IEEE International Conference on Roboticsand Automation, 1994: 2058-2063.

[14] Hong D S, Cho H S. Generation of robotic assembly sequences using a simulated annealing [C]. New Jersey: Proceedings of the IEEE/RSJ International Conference on Intelligent Robotic and Systems, 1999: 1247-1252.

[15] Tian zhu Wang. Adaptive stochastic collision detection between deformable dbjects using particle swarm optimization [J]. In proceedings of Evo Worshops, 2006: 450-459.

[16] 李文辉，王天柱，王祎，等. 基于粒子群面向可变形物体的随机碰撞检测算法 [J]. 系统与仿真学报，2006, 18（8）：2206-2209.

[17] 王祎. 虚拟现实中碰撞检测关键技术研究 [D]. 长春：吉林大学，2009.

[18] 金汉均，李朝晖，张晓亮，等. 基于遗传算法的凸多面体间碰撞检测算法研究 [J]. 华中师范大学学报：自然科学版，2006, 40（1）：25-27.

[19] Wei Zhao. Lei Li. Improved K-dOPs collision detection algorithms based on genetic algorithms [J]. International Conference on Electronic & Mechanical Engineering and Information Technology, 2011, 36（6）：338-341.

[20] Jue Wu, Lixue Chen, Lei Yang, et al. A collision detection algorithm based on self-adaptive genetic

method in virtual environment [J]. Lecture notes in computer science, 2010, 10 (6): 461-468.

[21] 邱晞, 魏生民, 程晖. 基于空间扫略的飞机产品装配路径规划技术 [J]. 北京航空航天大学学报, 2010, 36 (6): 676-680.

[22] 崔汉国, 吴昇, 刘建鑫. 基于遗传算法的多目标虚拟装配路径规划 [J]. 海军工程大学学报, 2009, 21 (6): 54-58.

[23] Q Guan, J H Liu, Y F Zhou. A cocurrent hierarchical evolution approach to assembly pross planning [J]. International Journal of Production Reasearch, 2007, 40 (14): 3357-3374.

[24] Wei Zhou, Jian rong Zheng, Jian jun Yan, et al. A novel hybrid algorithm for assembly sequence planning combining bacterial chemotaxis with genetic algorithm [J]. The International Journal of Advanced Manufacturing Technology, 2011, 52: 715-724.

[25] Kazuo Sugibara. Research of assembly path planning based genetic algorithm [C]. Seoul: Proceedings of the 2001 IEEE International Conference on Robtics&Automation, 2001 (2): 1475-1480.

[26] 王光慧, 胡赤兵, 贺成柱. 基于改进遗传算法的虚拟装配路径规划研究 [J]. 电气与自动化, 2015 (1): 205-208.

[27] 杨东梅. 基于智能计算的虚拟装配工艺规划及相关技术研究 [D]. 哈尔滨: 哈尔滨工程大学, 2010.

[28] 赵家黎, 郭伟, 牛占文, 等. 基于误差流理论的多工位装配过程质量稳定性 [J]. 机械工程学报, 2006, 42 (11): 88-93.

[29] 田兆青, 来新民, 林忠钦. 多工位薄板装配偏差流传递的状态空间模型 [J]. 机械工程学报, 2007, 43 (2): 202-209.

[30] Metin D, Ihsna Y. Developing a fuzzy analytic hierarchy process (AHP) model for behavior-based safety management [J]. Information Sciences, 2008, 178 (6): 1717-1733.

[31] Asante J N. A small displacement torsor model for tolerance analysis in a workpiece-fixture assembly [J]. Proceedings of the Institution of Mechanical Engineers, Part B: Journal of Engineering Manufacture, 2009, 223 (8): 1005-1020.

[32] 胡洁, 吴昭同. 变动几何约束网络的运动学模型及其应用研究 [J]. 计算机辅助设计与图形学学报, 2002, 14 (6): 594-597.

[33] 廖念钊, 古莹菴, 莫雨松, 等. 互换性与技术测量 [M]. 北京: 中国计量出版社, 2007.

[34] 茅健. 基于数学定义的公差建模与误差评定技术的研究 [D]. 杭州: 浙江大学, 2007.

[35] Kannan S M, Jayabalan V. A new grouping method to minimize surplus parts in selective assembly for complex assemblies [J]. International Journal of Production Research, 2001, 39 (9): 1851-1863.

[36] 周思杭. 产品装配质量设计、预测与控制理论、方法及其应用 [D]. 杭州: 浙江大学, 2013.

第 9 章

智能装配：装配预紧力与装配质量智能分析技术

9.1 引言

装配质量是影响产品质量的主要因素之一。大量的实践表明，在零部件精度相同的前提下，通过合理的装配方法，可以使产品的性能得到很大程度的改进[1]。据统计，在产品生产阶段，有三分之一以上的人直接或间接从事与装配有关的活动，对于飞机、数控机床等复杂机电产品，这个比例会更高[2]。因此保证产品的装配质量对于提高产品质量非常重要。

影响装配质量的因素有很多，如装配间隙、装配变形、装配预紧力等，其中，装配预紧力是影响装配质量的主要因素之一。

在机械装配连接中，工件受到工作载荷作用之前，预先会受到力的作用，这个预先加载的作用力称为装配预紧力。施加预紧力是为了增强连接的可靠性和紧密性，以防止受到载荷作用后连接件间出现缝隙或者相对滑移。装配预紧力的不均匀会直接影响装配质量。在一些大行程的超精密复杂产品装配过程中，由于装配预紧力的不均匀造成的结构部件变形，极易造成构件表面精度降低、卡滞和振动增大，极大地影响了超精密工艺装备的工艺稳定性和工程可靠性。另外，在一些刚度较低的薄壁超精密零部件装配过程中，装配预紧力极易造成装配零件的变形超过了零件的几何精度要求，使前期的超精密加工丧失了意义。因此，为了保证设备运行性能，首先就要从装配方面着手，对装配质量加以控制，采用合适的预紧。

实际装配过程中，对预紧因素往往缺少足够重视，多靠日常积累的经验来施加预紧力，没有对预紧力和预紧量进行量化。通过操作人员的经验进行预紧力控制，难以保证产品装配预紧力的均匀性，同一人在不同的装配点施加的预紧力是有差异的，不同装配人员之间差异性更大，势必影响装配质量的一致性。因而，对关键部件的预紧力进行测量、量化控制，保证装配预紧力的均匀性、一致性，是提高装配质量的关键。

此外，装配性能预测也是装配质量控制的重要内容。为了提高产品的装配成功率，产品装配过程中需要反复选配和调试，所以在装配完成之前，根据装配质量预测模型预测产品的装配质量是否合格，可以很大程度上避免无效装配，提高一次装配成功率。通过产品装配性能预测，对保证装配质量、提升产品质量以及提高生产率都非常重要。

9.2 装配预紧力测量与控制

9.2.1 装配预紧力测量方法

一般情况下,零部件之间的装配联接通常是通过螺栓来实现的。螺纹联接在机械制造行业中也是应用最为广泛的联接方式,如航空航天、军事机械设备、化工生产设备、核电机械设备等都大量采用螺纹联接装配,另外,轴承、阀等部件的预紧,也都是通过螺栓实现的。这些螺纹联接在装配中可以起到固定、联接、传动、定位、密封和调整等作用,而螺栓的预紧力是实现上述功能的关键。对螺栓预紧力的测量和分析既为精密零件的结构设计,也为预紧力控制等装配工艺提供指导。

直接测量螺栓的预紧力显然是不太可能的,一般采取测量相关参数的方法间接来对预紧力进行确定。同时,机械装配中的螺栓联接通常是多个螺栓成组使用,对螺栓组联接中的预紧力进行控制更为困难。随着工业自动化发展,为了提高装配精度和生产效率,对螺栓预紧力的测量精度、实时检测以及控制提出了新的要求。下面介绍几种测量螺栓预紧力的方法。

1. 传统方法

传统的螺栓预紧力控制法通常使用模拟或数字力矩扳手来对螺栓进行拧紧,通过力矩扳手上显示的力矩值或者螺栓(螺母)的转角来确定螺栓的预紧力。常用的力矩扳手紧固螺栓时,由于受到螺栓与联接件以及螺纹之间摩擦力的影响,并不能准确控制实际螺栓的轴向预紧力,而且扭矩法实施的前提条件是扭矩系数为常数,而在实际工程应用中,扭矩系数并非恒定不变,这导致螺纹联接结构中预紧力离散度过大,严重影响产品整体可靠性。

2. 测量形变

根据胡克定律,在弹性范围内螺栓轴向的长度变化量与施加的预紧力成正比,因此对螺栓预紧力的测量可以转化为螺栓加载前后长度变化量的测量。而测量螺栓长度的变化量又可以分为接触式和非接触式。

接触式测量长度最简单有效的是用数字千分尺,千分尺的精度能达到 $1\mu m$,一般情况下能够满足测量要求。用千分尺测出螺栓加载前后长度变化量即可求出螺栓的预紧力,如图 9-1 所示。但是这种方法较为传统,出于测量的局限性,该方法对螺栓的安装位置有较高的要求,对于连接厚度较大的工件或者用于不通孔的螺栓时,这种测量方法便显得束手无策。

3. 测量应变

利用电阻应变片测量应力是测量机械力学量的常用方法,除了常用的应变片材料外,还有使用光纤布拉格光栅(Fiber Bragg Grating,FBG)作为应变片材料。在螺纹联接件上选择合适的位置作为测量点来粘贴应变片,直接测定螺栓的轴向预紧力。虽

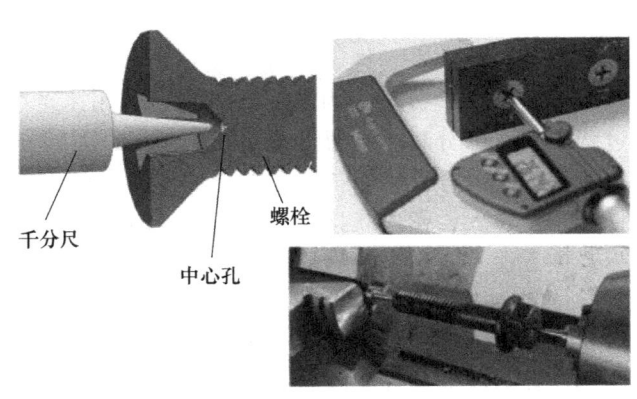

图 9-1 用千分尺测量螺栓长度变化量[3]

然这种方法的测量精度较高，但只是通过测定螺纹表面的应变来确定螺纹轴向预紧力的大小，无法考虑到局部应力及剪切变形等一些因素对预紧力的影响。另外，这种方法由于安装条件及现场环境等各方面的限制，在工程中难以广泛应用。

4. 光测力法

光测力法是利用光折射法测量螺栓预紧力的一种方法。它是将实际工程中螺纹联接件通过透明材料制作出模拟体，再利用该模拟体模拟其处于实际工程条件下的受力状态，通过光折射法分析模拟体的内部和表面应力情况，从而获得实际工况下材料应力的分布情况和大小，但制成设备比较复杂，且只能用于工程材料为透明体时的在线检测，因此不能广泛应用于工程上的检测，仅属于一种实验室研究方法。

5. 测量压力

测量螺栓与工件之间的压力变化通常使用环形垫片测力传感器。传感器的主体为筒形弹性体，弹性体四周贴有应变片，组成平衡电桥。由数据采集系统供给传感器 5V 的驱动电压，当螺栓中有预紧力产生时，电桥失去平衡，数据采集系统采集传感器中的反馈电信号，就有了螺栓预紧力的原始电信号。图 9-2 是环形垫片式传感器安装示意图。

使用环形垫片测力传感器不仅可直接测量成组螺栓联接中的各螺栓在拧紧过程以及拧紧之后的预紧力变化曲线，实现螺栓预紧力的实时状态监测；同时该方法便于装配现场、振动等环境中监测螺栓组拧紧过程中以及拧紧之后的预紧力。但是，由于在螺栓与工件之间增加了传感器，改变了螺栓的长度以及杨氏模量，导致测量时引入了较大的系统误差。另一方面，在完成预紧力的测量后还需要对测量装置进行拆除，不仅增加操作的复杂度，也难以应用于设备或者生产线的在线监测。

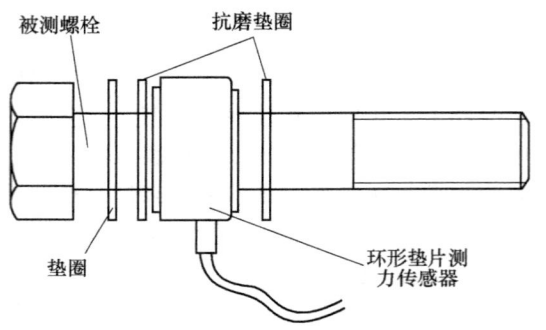

图 9-2　环形垫片式传感器安装示意图

利用压电传感器测量工件之间的压力是另外一种测量螺栓预紧力的方法。从微观角度上讲，任何机械加工表面都是粗糙的，实际接触仅存在于凸起处，实际接触面积要小于理论接触面积。根据相关接触理论，在一定接触压力范围内，实际接触面积与接触面上所施加的压力的呈单调函数关系。将压电材料分别粘贴在螺栓联接结构接触界面的两侧，如图 9-3 所示。PZT1 与 PZT2 分别作为激发器与传感器用来产生和接收超声波。超声波在联接界面传播过程中只有部分超声波通过螺栓联接界面，大部分会损耗于材料内部与联接界面，因此超声波所携带能量会发生损耗。在螺栓拧紧的过程中，螺栓预紧力转化为压力作用在联接面，螺栓预紧力越大，螺栓联接界面实际接触面积越大，通过的超声波越多，接收到的响应信号越强。该方法主要用来对螺栓松动进行在线监测。

6. 超声波测量法

超声波波速随应力状态改变而变化的现象，称为声弹性现象。根据声弹性原理，利用高强度螺栓轴向应力与拧紧前后超声波渡越时间差的关系，结合螺栓材料系数、夹紧厚度等参数，间接检测螺栓轴向应力。通过这种方法还可以消除螺栓头与拧螺母段尺寸的不确定性和

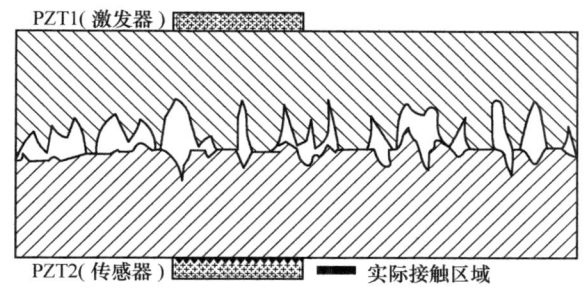
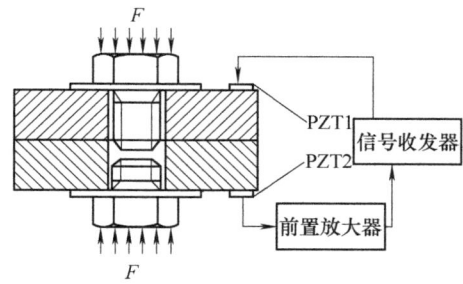

图 9-3 微观接触面和压电传感器安装示意图[3]

应力的非均匀分布影响以及温度变化造成的测量误差。

单波法仅利用纵波,测量原理如图 9-4 所示。对螺栓应力进行测量时需要两个阶段,第一阶段是用标准螺栓在相同工况下测得一条声时差-应力的标定曲线;第二阶段是根据测得的螺栓施加载荷前后的超声波渡越时间之差,在标定曲线上查得相应的应力值。单波法需要对没有施加载荷的螺栓进行测量,这使得该方法在实际工程应用中大大受限,因为大多数螺栓已处于受载状态,无法测得其初始状态,因此难以实现螺栓应力的实时状态监测。

双波法利用纵波和横波,且不需要知道被测螺栓的初始状态,其测量原理如图 9-5 所示。双波法利用可同时生成横波和纵波的传感器发出信号,再检测横、纵波渡越时间之间的比值,可以直接对加载状态的螺栓进行应力测量。

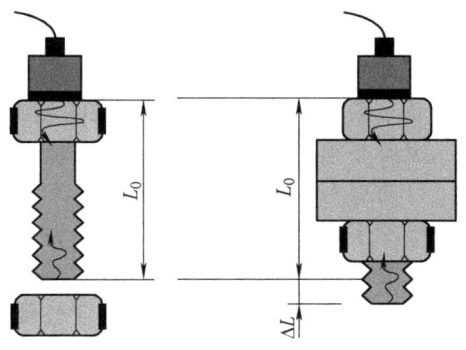

图 9-4 单波法测量螺栓应力示意图[4]

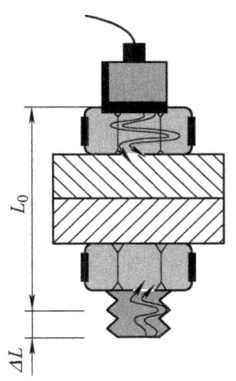

图 9-5 双波法测量螺栓应力示意图[4]

还有一种利用超声波检测螺栓应力的方法是通过检测螺栓的固有频率的变化。由于超声波沿螺栓传播的规律符合简单的一维谐振模型,因此提出一种共振频率变化法。该方法通过测量螺栓固有频率的变化量来测量被测螺栓的应力大小。

对于上述几种利用超声波的测量方法,对信号采集设备的采样频率要求很高,高频信号也极易受噪声干扰,并且对时间的精确测量也提出了要求。材料的微观组织结构、温度、传感器粘贴的厚度等都会影响渡越时间的测量。另外，对于一些薄壁件，螺栓的伸长量较短，对渡越时间的精确测量进一步增加了难度。

7. 测量预紧力的前沿新技术

微计算机断层扫描技术（Micro-CT）又称微型CT、显微CT，是一种非破坏性的3D成像技术，可以在不破坏样本的情况下清楚了解样本的内部显微结构。它与普通临床CT的最大差别在于分辨率极高，可以达到微米（μm）级别，因此可以结合计算机图像处理技术来检测工件或螺栓在预紧力作用下的微小变形量，间接测出装配预紧力[5]。

数字散斑干涉法（Digital Speckle Pattern Interferometry，DSPI）是一种基于光学干涉技术和数字图像处理技术的测量三维变形的光测量方法，其优势是检测微小的变形。它的基本原理是参考光与物体表面漫反射产生的反射光相干涉，通过CCD采集散斑图像输入计算机进行实时相减，得到反映变形的散斑干涉条纹。通过滤波降噪、相位解调和相位展开等数字图像处理过程最终实现测量结果的数字化输出。经理论证明[6]，该方法可通过测量螺栓头部以及周围区域工件表面微小的变形来确定螺栓的预紧力。由于使用光学测量不存在机械接触，属于无损检测，因此它的精度相对较高。但是，由于其高精度的光路以及需要图像采集，因此必须避免振动干扰来保证图像采集的清晰度。

目前也有一些学者利用形状记忆合金（Shape Memory Alloy，SMA）制成的螺栓、螺母或者垫片来研究预紧力的测量和控制。通过利用形状记忆合金在一定温度下恢复原有形状的特性，可以有效地预测装配过程中的预紧力。但是目前的研究主要集中在材料的属性以及外界环境因素的改变对记忆合金力学性能的影响，记忆合金的紧固件也主要应用在防松的过程中。因此，用形状记忆合金制成的紧固件来进行装配预紧力的预测和控制有较大的研究前景[7-10]。

9.2.2 装配预紧力控制方法

目前国内外对螺纹紧固件预紧力的控制方法研究已经进行得比较深入，其中包含比较经典的扭矩控制法、转角控制法、伸长量控制法、拉伸法、屈服点控制法、落座点转角控制法（SPA）和特殊设计法。另外，最近一些学者也提出扭矩/时间法、形状记忆合金法、电子散斑干涉法和自动图像相关法等新的方法。这些方法在工程中已经得到了广泛的应用[11-18]。下面介绍一些主要方法。

1. 扭矩法

扭矩法是最早出现，同时也是应用最广的预紧力控制方法，它以目标扭矩作为控制对象，通过拧紧工具将螺纹紧固件拧紧至目标扭矩值，从而产生预紧力。拧紧工具一般采用力矩扳手，也可以借助测力矩扳手或定力矩扳手。其中，目标扭矩值 T 和预紧力值 F 呈如下线性关系，即

$$T = KFd \tag{9-1}$$

式中，K 为扭矩系数；d 为螺纹公称直径。

K 的大小主要由接触面之间、螺纹牙之间的摩擦阻力来决定。实际工程应用中，K 值的大小一般通过如下关联式得到

$$K = \frac{1}{2d}\left(\frac{P}{\pi} + \mu_s d_2 \sec\alpha + \mu_\omega D_\omega\right) \tag{9-2}$$

式中，P 为螺距；μ_s 为螺纹摩擦系数；μ_ω 为支撑面摩擦系数；d_2 为螺纹中径；α 为螺纹牙侧角；D_ω 为支撑面摩擦扭矩的等效直径。紧固件和工件设计完成之后，P、d、d_2、D_ω 等随之确定，而摩擦系数随加工情况的不同而不同。一般情况下，K 的范围在 0.2~0.4 之间，有时可能在 0.1~0.5 之间。另外，由于联接体的弹性系数不同，表面加工方法和处理方式不同，对扭矩系数也会有很大影响。

图 9-6 所示为拧紧扭矩与预紧力的关系，反映了一定范围的拧紧扭矩对应得到的一定范围的预紧力值。

相同拧紧扭矩，不同摩擦系数的情况下，一定扭矩的功作用于螺纹联接，这个功产生的能量被三个部分所消耗：螺栓头摩擦消耗、螺纹副摩擦消耗、预紧力做功消耗。这三部分消耗分配随着摩擦系数的不同而不同。在通常情况下，螺栓头摩擦消耗能量占 50%，螺纹副摩擦消耗的能量占 40%，剩余的 10% 则用来产生预紧力；当螺栓头下加润滑剂时，螺栓头摩擦消耗的能量比通常情况下下降了，螺纹副摩擦保持不变，而用来产生预紧力的能量相应增加。当螺纹副有杂质时，比例又发生了变化[13]。

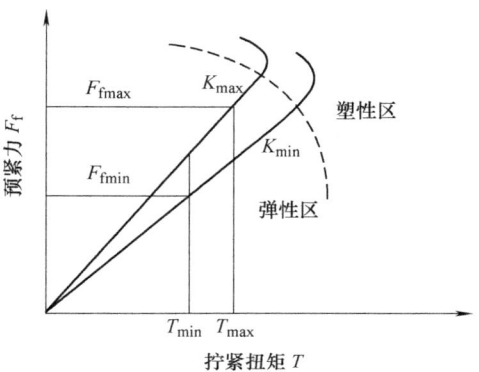

图 9-6 拧紧扭矩与预紧力的关系[13]

该方法相对简单易行，控制成本低，并且具有可检验性，但受摩擦系数的影响较大，控制精度不高。根据多种资料及实验结果显示，这种方法可能会产生 ±25% 的预紧力误差。因此，该方法仅可在对轴向预紧力精度要求不高的场合采用。

2. 转角法

在螺母拧紧时，旋转角度与螺栓伸长量和被拧紧件松动量的总和成比例关系，因而可以通过旋转角度来计算预定预紧力，这种方法称为转角法。螺栓的伸长量 ΔL 与预紧力 F 的关系可以由以下公式来表示，即

$$F = \frac{\Delta L}{L} E A_a \tag{9-3}$$

式中，L 为螺栓长度；E 为弹性模量；ΔL 为螺栓变形伸长量；A_a 为螺栓的平均截面面积。在弹性区域内，ΔL 正比于螺栓的回转角度 θ，所以 F 为 θ 的函数。

应用转角法拧紧紧固件时，首先由初始扭矩将紧固件拧紧至螺母端面或螺栓头支撑面刚好与被联接件贴合，然后通过规定的转角将紧固件拧紧。转角法的优点是受摩擦系数的影响较小，控制精度比扭矩法高，但对螺纹联接预紧力的控制成本相对扭矩法要高，并且当刚度较大时，控制精度受到限制。因此，该方法适于在诸如汽车发动机主轴承盖、缸盖与机体的联接中采用。

3. 伸长量控制法

一般来讲，在小应变情况下，螺栓伸长量与其预紧力成正比关系。因此，可以通过测量螺栓的弹性伸长，借助预先校准的螺栓载荷变形曲线或公式计算预紧力。

因为在螺栓屈服前，拉伸变形为弹性变形，通过伸长量与预紧力的关系便可以控制预紧力，其计算公式为

$$\delta = \frac{NF}{EA} \tag{9-4}$$

式中，δ 为螺栓拉伸后的伸长量；F 为螺栓预紧力；N 为工作状态下的有效长度；A 为螺栓的截面面积；E 为螺栓的弹性模量。

该方法的控制精度非常高，预紧力可达到 ±5% 的精度。但是相应地成本也比较高，很难大规模地应用。

4. 拉伸法

拉伸法是指通过液压拉伸装置或加热使螺栓预伸长到所需要的变形量，再拧紧螺母，卸力或冷却后螺栓缩短而获得一定的预紧力。其工作原理如图 9-7 所示，电动油泵输出的高压油经高压软管输送至液压缸 4，液压缸 4 在预定压力作用下产生拉伸力，并通过螺栓 1 作用在被拉伸螺栓 6 上，随着活塞杆的运动，将被拉伸螺栓 6 拉伸达到某一伸长量。这时，被拉伸螺栓 6 与螺母 8 之间出现缝隙，拧紧螺母 8 后，松卸加在螺栓上的载荷，实现螺栓的预紧。

当螺栓应力低于弹性极限时，有以下公式，即

$$p = \varepsilon k E \tag{9-5}$$

$$\varepsilon = \Delta L / L \tag{9-6}$$

$$k = A_L / A_H \tag{9-7}$$

式中，ε 为螺栓的相对伸长量；k 为螺栓截面面积与活塞截面面积的比值；A_H 为液压缸活塞的面积；A_L 为螺栓横截面面积。

由以上公式可知，油泵的油压 p 仅与 ε、k 以及材料的弹性模量 E 有关。对于给定的螺栓，p 与 ε 成正比。因此，预紧力 F 可以通过控制 p 而精确得到。

当施加在螺栓上的拉伸力超过螺栓的弹性极限时，即螺栓的相对伸长量大于弹性伸长量（ε_p）时，拉伸曲线不再是直线，这时螺栓的变形也不再是弹性变形。因此，在进行拉伸时，如果液压缸的压力过大，就会使螺栓的拉伸变形超过弹性范围，对螺栓造成损害。

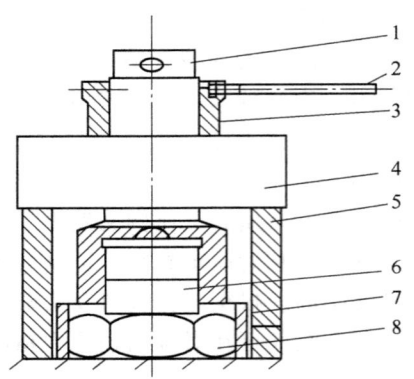

图 9-7 螺栓拉伸原理示意图
1—螺栓 2—扳手 3—预紧螺母
4—液压缸 5—支撑套 6—被拉伸螺栓 7—螺母套 8—螺母

对于加热变形法，有两种方法加热。一般采用在油中加热，温度易于测量和控制，但预紧力的大小受材料弹性模量、线膨胀系数和拧紧扭矩系数影响较大。另一种为在螺栓顶端的中心部位有供电加热的深孔，待电加热器加热到一定温度后拧紧螺母。

总之，拉伸法可以认为是对预紧力直接控制和获得的方法。预紧力除受"松弛量"影响外，几乎不受其他因素影响。轴向预紧力最高，适用于尺寸较大和重型的螺栓联接，在煤矿机械的螺栓联接中也已获得使用。

5. 屈服点控制法

屈服点控制法又称扭矩斜率法，是通过对扭矩、转角、斜率的连续计算，判断出屈服点并停止拧紧的一种方法。通过屈服点控制法，可以将螺栓轴力控制在其屈服点附近，从而保证控制精度，示意图如图 9-8 所示。

从扭矩-转角图中可以看出，在螺纹紧固件的拧紧过程中，其扭矩随转角而变化。从扭矩斜率-转角图可以看出，刚开始拧紧时，扭矩斜率急剧上升，经过短暂的变缓后，扭矩斜

率趋于稳定，此时，紧固件处于弹性区域内。当斜率下降至一定值时，通常认为下降到最大值的二分之一，说明紧固件已经达到屈服。

该方法预紧力控制精度高，一般误差控制在±4%以内，同时能够达到很高的预紧力，抗疲劳、抗松动性能很高。但控制成本高，需要专门的拧紧工具且价格昂贵，对于屈服强度和抗拉强度相差不大的螺纹紧固件来说，可靠性不高，很容易发生过载断裂。

6. 座落点转角控制法

座落点转角控制法是基于扭矩转角法的方法。扭矩转角法是以某一扭矩作为转角的起点，而座落点转角控制法是以扭矩-转角曲线中，扭矩线性段与转角轴线的交点作为起点，如图9-9所示。

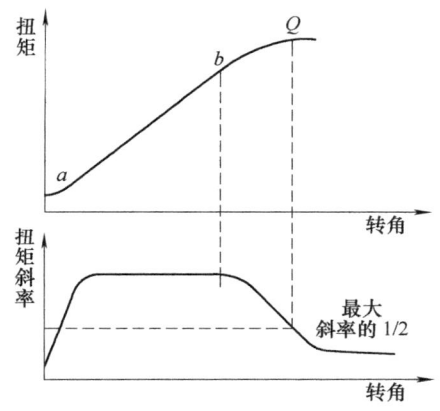

图9-8 屈服点控制法示意图[13]

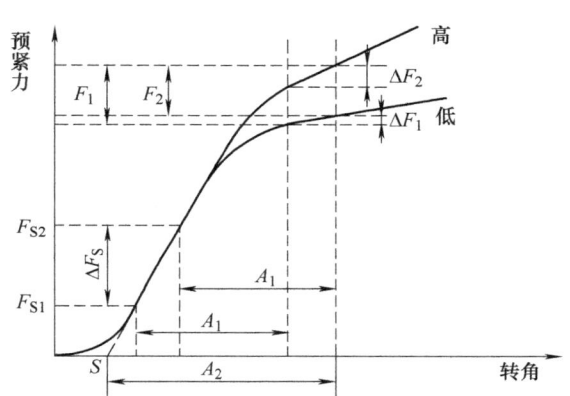

图9-9 转角与预紧力的关系[13]

如图9-9所示，采用扭矩转角法时，初始扭矩的误差为ΔT_S，相对应的轴向预紧力误差为ΔF_S；在转过相同的转角之后，相对于两个不同的弹性系数的螺纹拧紧工况来说，其预紧力的误差为ΔF_1；即使弹性系数相等，由于ΔT_S的存在，也会存在一定的误差。如果采用座落点转角控制法，由于拧紧转角的起点均为S点，是两个不同的弹性系数拧紧工况，其误差也会相对小。

该方法的优点是摩擦系数对预紧力散差的影响几乎完全可以剔除，并且能够克服转角法中由于初始扭矩带来的拧紧误差，故拧紧精度很高。而缺点是控制成本高，并且不具有可检测性。

7. 扭矩/时间法

扭矩/时间法由宋莎等人[14]提出，基于螺栓弹性变形范围内预紧力与扭矩、转角的关系，根据恒定转速下扭矩随时间变化的斜率关系以及系统的刚度，对每对螺纹副施加不同的拧紧力矩，以提高预紧力的一致性。该方法可以针对不同螺纹副配合件间摩擦力不同的特点，对每对螺纹副配合件施加不同的力矩，以减小摩擦力的影响，更好地提高预紧力的一致性，控制了预紧力的离散度。该方法适用于微小零件螺纹联接中的预紧力控制。

8. 形状记忆合金法

Tobias Hsees等人[15]提出可以制成一种形状记忆合金垫圈。在螺栓使用一定时间后，预紧力会有较大幅度的下降，这就会造成联接松动，甚至会发生失效。如果将这种垫片应用于螺栓联接，就可以在监视到预紧力低于阈值水平时被激活，合金内部的晶体结构就会发生变化，使得在螺栓当中的预紧力得到恢复，以达到控制预紧力的方法。这种方法简单高效，但是这种材料一般应用于航空航天领域，成本较高，能否在工业上推广还有待研究。

Zhou Chao Yu[16]等人开发了一种新型铁-锰-硅形状记忆合金材料的防松螺栓。这种螺栓在加热的过程中会产生轴向和径向的恢复力，使得防松扭矩得到显著增加。经实验验证，当加热温度到500℃，这种合金螺栓的防松扭矩是普通螺栓的3倍。根据紧固件的破坏准则，当防松扭矩下降80%时，铁-锰-硅形状记忆合金螺栓的振动故障时间是普通螺栓的7倍，由此可见防松效果显著。

MCH Yam[17]等人将形状记忆合金垫圈作为制动器，以增加在螺栓联接松动时的预负荷。在文中他们建立了两个模型：第一个模型，也称为结构健康监控程序，用以确定损坏（降低预负荷）发生；另外一个模型为热—机械模型，用来预测这类制动器，建立热输入和形状记忆合金垫圈尺寸以及最终的预负荷三者之间的关系，从而更为精确地控制预紧力。

9. 电子散斑干涉法

Nassar等人[18]提出一种通过3D电子散斑干涉来测量和监控连接处的变形和连接处夹紧装置周围的应变场，并建立由紧固件紧固所提供的夹紧力和变形之间的关系。因为夹紧载荷和关节变形之间的关系是独立于紧固件摩擦变量的变形，所以在夹紧的连接处，应变场对夹紧力的值会有更准确的测量。这种方法的测量精度高，但是对实验环境要求苛刻，在工业上较难推广。

Steven[19]提出一种数字散斑单圈的干涉（ESPI）表面应变分析方法，用于复合材料和铝之间的螺栓联接，并采用光学透明的聚碳酸酯垫圈螺母，以使垫圈下的面积可与激光照射并用CCD照相机捕获。此垫圈螺母可以更好地分析夹紧力接头的垫圈下的应变场，并得出了增加螺栓的扭矩会显著减少应力集中的结论。

10. 自动图像相关法

自动图像相关法由Nassar[20]提出，它更像是以上两种方法的结合。通过在螺栓上安装一个具有白色亮斑的垫圈，作为光学测力器。通过使用自动数字图像相关方法测量垫圈的形变，以此来求出夹紧力的变化。这种方法可以实时地测量夹紧力，且简单易行，易于推广。

9.3 基于不完备样本多准则修正的装配性能预测

受制造工艺和测量技术的制约，精密产品零件特征参数的实际值与设计值间存在误差，直接导致装配后的产品质量特性可能无法达标，或整批产品的质量特性不稳定，波动剧烈。为了尽量保证一次装配就符合性能需求且整体质量特性处于一个较小范围内波动，需要在装配活动实施前，根据特定的工况条件，零件的实际特征值，预测出成品的质量特性是否合格，处于什么水平，避免无效装配，降低质量波动。在质量特性预测的指引下，既可以缩短产品的生产周期，又可以在同等条件下提升产品的整体质量，因此质量特性预测对于精密产品的实际生产有着极其重要的意义。

目前的研究通过神经网络预测时，假设输入的零部件特征参数是可靠的，但实际生产装配过程中测量方式的不足和装配变形无法保证记录的特征参数完全可靠，因此，本章提出了基于不完备样本多准则修正的装配性能预测方法[21]，对测量数据进行基于拓扑距离的粗大误差处理，通过灰熵关联度排序缩减性能预测模型的规模，利用有限元方法修正装配变形后的特征参数值，在此基础上，采用理论模型和广义回归神经网络相结合进行误差估计，预测出质量特性值。

9.3.1 基于测量数据拓扑距离的特征参数粗大误差处理

为了提高质量特性预测的准确率，必须尽量保证特征参数的测量值接近真实值，所以剔除含粗大误差的异常值是获得高预测精度的前提。由于客观因素限制，精密机电产品中的部分元件特征参数只能获得少量测量数据，且无法获知其概率分布，因此不能采取传统数理统计基础上的粗大误差识别方法，例如电液伺服阀中的关键元件反馈杆和弹簧管的特征参数刚度，对其不允许反复测量，且其测量误差也较大，为此提出了基于测量数据拓扑距离的粗大误差处理方法。

1. 特征参数估计值确定

为了避免粗大误差的干扰，特征参数的估计值不用测量数据均值表示，而是采用基于测量数据拓扑结构分析的加权计算求解。

本章用拓扑距离描述数据与数据集的聚集程度。数据与数据集聚集性越好，拓扑距离越大。设特征参数的测量结果为 $x=(x_1, x_2, \cdots, x_n)$（测量数据按从小到大排列），其中数据 x_i 对 x_j 的拓扑距离 $td(x_i, x_j)$ 按下式求解，即

$$td(x_i, x_j) = \frac{\xi \max_k |x_j - x_k|}{|x_i - x_j| + \xi \max_k |x_j - x_k|} \quad (k = 1, \cdots, i-1, i+1, \cdots, n) \tag{9-8}$$

式中，ξ 为修正系数，$\xi \in (0, 1]$，本文 ξ 取 0.5，因为通过经验，发现此时可以较好地区分拓扑距离，更好地进行量化。

数据 x_i 对数据集的拓扑距离 TD_i 可按下式求解，即

$$TD_i = \frac{1}{n} \sum_{j=1}^{n} td(x_i, x_j) \tag{9-9}$$

为了避免数据集边缘值对估计结果的贡献被放大，估计值 $\hat{x}$ 按下式求解，即

$$\hat{x} = \sum_{i=1}^{n} \left[(TD_i^2) x_i \Big/ \sum_{j=1}^{n} (TD_j^2) \right] \tag{9-10}$$

2. 置信区间确定

一般情况下，小样本测量数据下的信息熵可用下式求解[22]，即

$$H(x) = -\sum_{k=1}^{n-1} (\bar{r}_{k+1} - \bar{r}_k) \ln\left(\frac{\bar{r}_{k+1} - \bar{r}_k}{x_{k+1} - x_k}\right) \quad \left(\bar{r}_k = \frac{k}{n+1}, k = 1, 2, \cdots, n-1\right) \tag{9-11}$$

式中，n 表示样本数；$\bar{r}_k$ 表示测量数据序列的秩。

测量数据的不确定度可由下式确定[22]，即

$$U = \frac{e^{H(x)}}{2} \tag{9-12}$$

测量结果的置信区间可表示为 $[\hat{x}-U, \hat{x}+U]$。当处于数据集边缘的测量数据非常接近时，会导致置信区间急剧缩减，与实际结果不符合。同时由于测量结果可能相同，导致式

(9-11) 无法处理。因此基于数据分布构建了面向不确定度的小样本信息熵计算方法。

对于测量结果相同的项需进行合并,生成新序列 $x^* = (x_1^*, \cdots, x_k^*, \cdots, x_m^*)$,而新序列下数据的秩 $\bar{r}_k^*$ 按下式求解,即

$$\bar{r}_k^* = \frac{1}{q} \sum_{i=p}^{p+q-1} \bar{r}_i \quad (p = 1, 2, \cdots, n) \tag{9-13}$$

式中,$\bar{r}_p$、$\bar{r}_{p+1}$、$\cdots$、$\bar{r}_{p+q-1}$ 所对应的 q 个数据项 x_p、x_{p+1}、$\cdots$、x_{p+q-1} 与 $\bar{r}_k^*$ 所对应的 x_k^* 相同。

通过改进,小样本信息熵计算式为

$$H(x) = -\sum_{k=1}^{m-1} (\bar{r}_{k+1}^* - \bar{r}_k^*) \ln \left[\left(\frac{\bar{r}_{k+1}^* - \bar{r}_k^*}{x_{k+1}^* - x_k^*} \right) \left| \frac{TD_k}{\max_i(TD_i)} \right| \right] \tag{9-14}$$

3. 粗大误差剔除

超出置信区间的测量值被认为是粗大误差,予以去除。剩余的测量数据均有效,则可以通过最小二乘法等方法确定装配性能预测时采用的参数值。

9.3.2 基于灰熵关联分析的影响性能因素筛选

对于精密产品中大量的特征参数,如不经筛选直接用于神经网络训练,会造成预测模型结构过于复杂,导致训练时间增加,收敛速度降低,甚至于不收敛。小批量生产造成只有少量样本信息,过多的特征参数容易发散,因此采用改进了的灰熵关联分析模型进行筛选,可以避免信息丢失和局部点关联度排序计算。

1. 灰关联系数计算

由于特征参数与测试结果量纲可能不一,数值差异可能过大,因此建立数据序列并进行数据变换(已剔除粗大误差)。可采用初值化变换、均值化变换和极值化变换等方法。

以 n 套样本的性能指标值建立参考数列,即

$$X_0 = (x_0(1), x_0(2), \cdots, x_0(n)) \tag{9-15}$$

以 n 套样本的 m 个可能影响因素建立比较序列,即

$$X_1 = (x_1(1), x_1(2), \cdots, x_1(n))$$
$$\vdots$$
$$X_i = (x_i(1), x_i(2), \cdots, x_i(n))$$
$$\vdots$$
$$X_m = (x_m(1), x_m(2), \cdots, x_m(n)) \tag{9-16}$$

则 X_0 对 X_i 在第 k 点灰关联系数为

$$\tau(x_0(k), x_i(k)) = \frac{\min_i \min_k |x_0(k) - x_i(k)| + \rho \max_i \max_k |x_0(k) - x_i(k)|}{|x_0(k) - x_i(k)| + \rho \max_i \max_k |x_0(k) - x_i(k)|} \tag{9-17}$$

式中,ρ 为分辨系数,且 $\rho \in (0, 1)$,通常取 0.5,实际计算时,可根据需要进行调整。

2. 灰熵关联度计算

根据灰关联系数建立灰关联系数分布映射关系,即

$$P_h = \frac{\tau(x_0(k), x_h(k))}{\sum_{h=1}^{n} \tau(x_0(k), x_h(k))} \tag{9-18}$$

根据灰内函数与灰关联系数的分布映射得到灰关联熵如下式，即

$$H(\tau(X_0, X_i)) = -\sum_{h=1}^{n} P_h \ln P_h \tag{9-19}$$

利用灰关联熵计算灰熵关联度，如下式，即

$$E(X_i) = H(\tau(X_0, X_i))/\ln n \tag{9-20}$$

最后将各个比较序列对同一参考序列的灰熵关联度进行排序，确定各特征参数对同一装配性能影响的主次关系。根据需要剔除关联度低的特征参数，选择关联度高的特征参数作为神经网络的输入神经元。

9.3.3 基于几何变动有限元模拟的特征参数修正

为了能获得较高的预测精度，首先必须保证特征参数的有效性，但装配过程中的变形不可避免将导致部分特征参数在装配前后出现不一致的情况。例如电液伺服阀中的力反馈元件弹簧管（见图9-10），由于普遍认为其与挡板压配过程中的挤压力对薄壁部分没有影响，因此目前采用的都是装配前刚度测量。但弹簧管与挡板完成压配后，薄壁部分与头部的连接处存在变形[23]，薄壁部分存在的变形必将引起弹簧管的刚度发生变化，而其刚度直接影响到伺服阀的性能，因此必须修正其刚度值。由于刚度测量存在难度，尤其是完成装配后测量的难度，因此通过有限元方法进行参数修正是较为可行的手段。本节以弹簧管为例，基于ANSYS修正了弹簧管刚度。

1. 测量工况模拟

为了保证有限元分析结果的可靠性，必须在ANSYS中建立和测量工况相同或尽可能相似的仿真环境。例如弹簧管在实际测量中所受的约束和载荷如图9-11所示，其中实线箭头表示弯矩载荷，虚线箭头表示约束。弹簧管根部底端面和两定位孔被约束，头部受到一对力偶的作用。在ANSYS分析中，载荷施加往往存在较大难度，尤其是实际工况中的非均匀载荷，因此采用基于特征函数分布的有限元节点散射加载方法[24]，根据载荷分布特征函数和曲面形状，自动计算弹簧管头部圆柱面上各节点所受的力，而后对头部上的节点集进行分散加载，模拟结果如图9-12所示。

图9-10 弹簧管模型

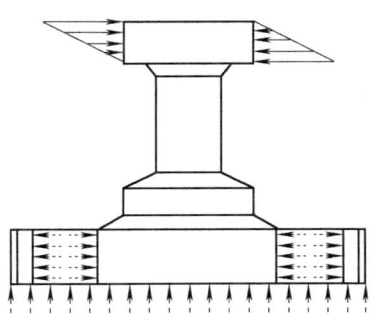

图9-11 弹簧管所受的约束和载荷

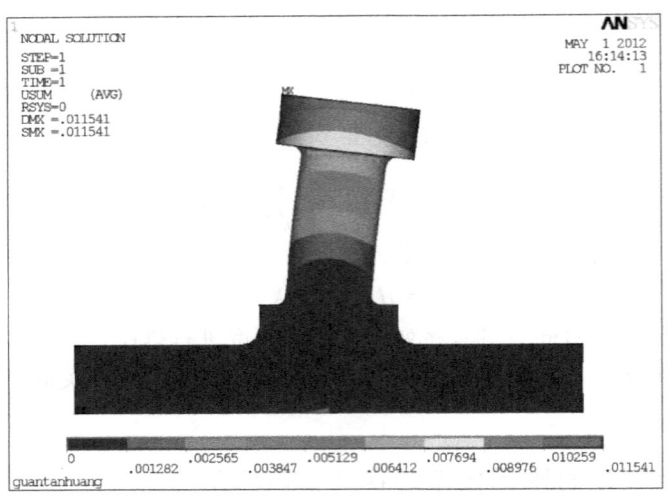

图 9-12　弹簧管应变云图

2. 仿真模型修正

由于 ANSYS 的分析结果中不含刚度值，因此通过分析结果中的最大应变和载荷完成刚度计算。由于初始导入的几何模型是设计模型，因此计算刚度和测量刚度会存在差异，而这些差异就是由几何误差导致的，可以通过修改几何模型逐步逼近真实几何结构，流程如图 9-13 所示。

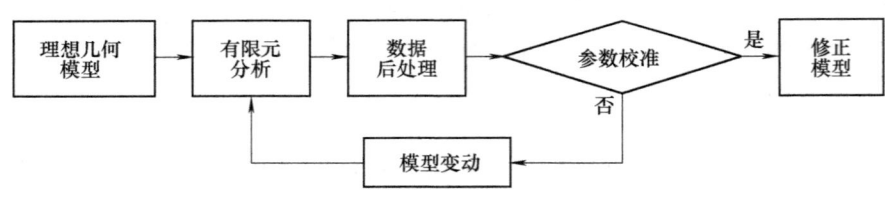

图 9-13　仿真模型修正流程

由于模型修改次数频繁，且不能随意进行修改，手动修改模型效率无法保证，需要模型自动快速生成。零件几何特征的可变动范围是由多个公差带分别控制的零件几何特征可行域综合决定的，因此零件偏差所反映的几何特征变动域需要建立各公差带耦合模型。弹簧管薄壁部分等同于孔，可以利用变动孔表面的公差组合数学模型[25]确定偏差可行域，结合三维多重分形特征函数，在可行域空间内模拟三维粗糙表面的微观形貌[26]，最终利用三维几何造型平台 ACIS 进行变动模型的自动修改。

模型校准的循环过程中，有限元中的操作基本一致，过程信息重用可以极大提高效率，通过调用 APDL 函数提取有限元分析中的信息，以参数形式存储，再根据参数类型和数量编写宏文件，并对参数赋值，最后调用宏文件[27]，从几何建模到仿真分析的过程可以形成脚本，自动完成模型修正过程。

3. 装配变形分析

弹簧管与挡板的压配（模型如图 9-14a 所示），是将弹簧管头部夹持于夹具上，将挡板由弹簧管头部自上而下压入弹簧管中。当考虑薄壁水平各向厚度相同时，可截取 1/2 进行分析，如图 9-14b 所示，首先对弹簧管施加约束，如图 9-14c 所示，在弹簧管内圈与挡板外圈建立接触，如

图 9-14d 所示,对挡板头部施加载荷,如图 9-14e 所示,完成网格划分,如图 9-14f 所示,最终产生如图 9-14g 所示的弹簧管应变云图,由分析结果可以发现薄壁部分发生了改变。

通过分析可以获得各节点的位移,将节点位移信息导出,而后利用导出信息重新生成变形后的几何模型,利用变形量与输入载荷可计算得到弹簧管刚度。通过批量处理发现,弹簧管刚度呈现变大的趋势。

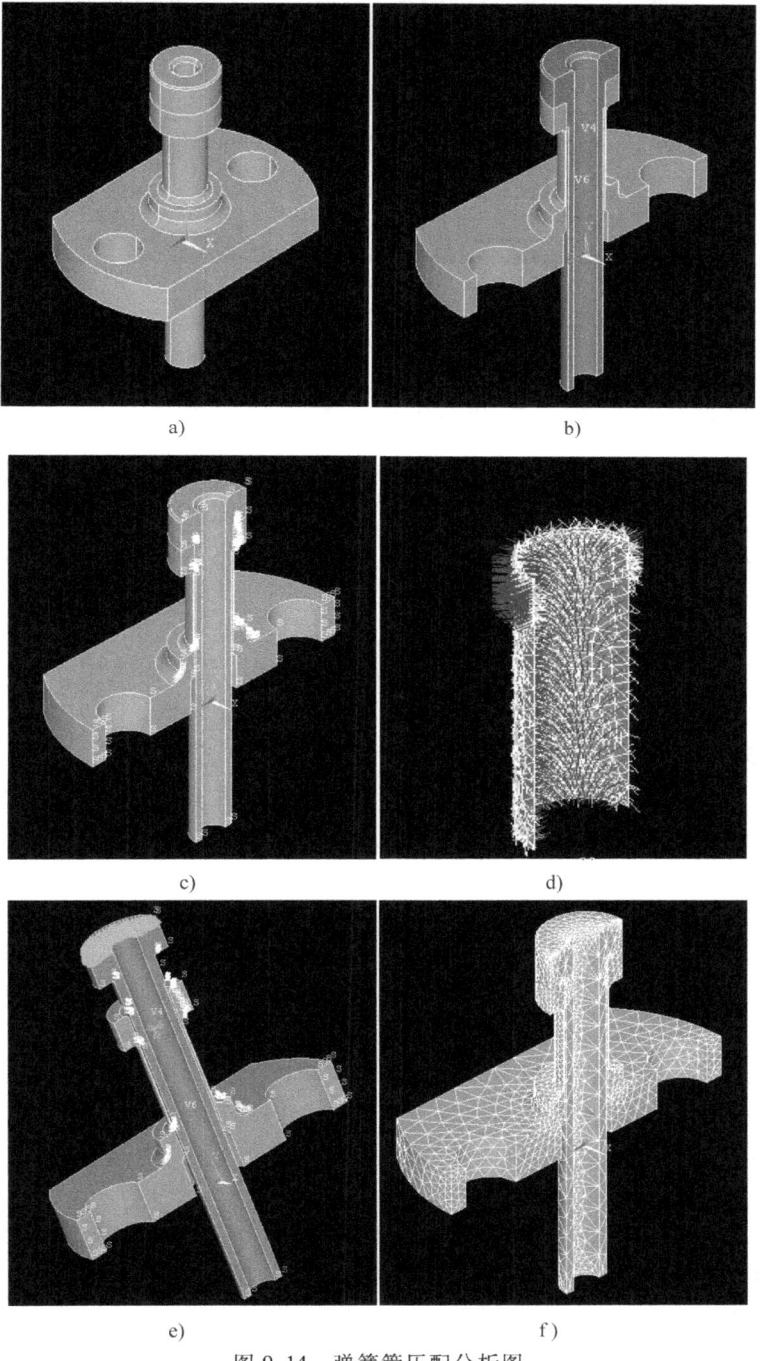

图 9-14 弹簧管压配分析图

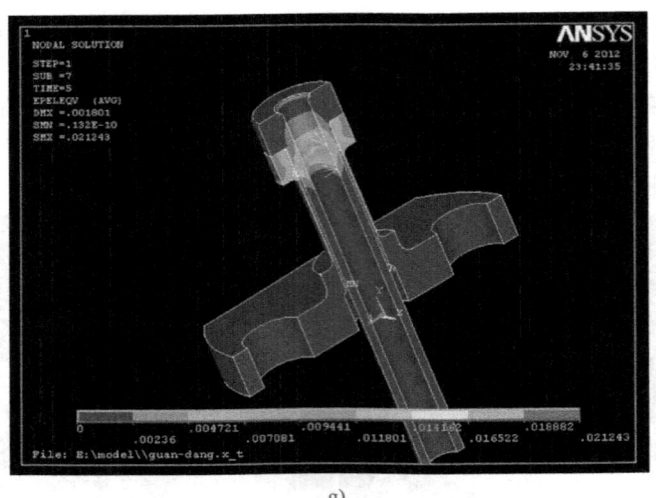

g)

图 9-14 弹簧管压配分析图（续）

9.3.4 物理模型与神经网络相结合的装配性能预测修正

由于精密机电产品中特征参数和装配性能间存在复杂且难以描述的非线性映射关系，例如电液伺服阀等液压产品，通过理论模型精确求解装配性能值难以实现，而神经网络对于解决此类问题较为可行，但由于小批量生产模式的存在，积累的样本数量有限，参与神经网络训练的样本数据不完备，导致神经网络预测精度降低甚至无法预测，其实质是神经网络的泛化能力不强，需要利用目标规则的先验知识增加约束，因此提出了基于理论模型和神经网络相结合的质量特性预测模型构建方法。依托理论计算缩小解空间范围，弥补样本数量的不足，而用神经网络来缩小计算性能值的偏差，使之更接近实际值。

1. 性能指标基准值求解

机电产品千差万别，客观上不存在通用的理论模型，针对每类产品，必须建立特有的理论模型来实现性能指标的计算。

通过自主开发专用软件或者利用现有商用软件构建理论模型均可以实现性能指标的计算。由于专用软件完全自主开发，工作量巨大且效率偏低，而商用软件为了适应市场需求提供了数据接口，因此在商用软件的基础上，通过二次开发，建立与实际更接近的仿真模型更为可行。例如电液伺服阀既可以在 MATLAB 中建立理论模型，也可以通过工程系统高级建模与仿真平台（Advanced Modeling and simulation Environment for Systems engineering，AMESim）实现，该软件可以在一个平台上建立复杂的多学科机电液一体化系统模型，并在此基础上进行仿真计算与分析。本章实例双喷嘴挡板电液伺服阀的理论模型就是通过 AMESim 建立的，利用建立的液压仿真模型可进行双喷嘴挡板电液伺服阀静态和动态性能计算。双喷嘴挡板电液伺服阀的 AMESim 仿真模型如图 9-15 所示。

通过 AMESim 模型库构建出的仿真模型并不能直接使用，因为实际装调过程中记录的参数信息与模型元件的输入参数不符合，或不能直接使用。例如第 9.3.3 节中修正的刚度值，在衔铁组件参数中并不存在，因此在其子模型编辑工具 AMESet 中提供 C 语言代码进行修改，将原始元件模型输入弹簧管内外径修改为输入弹簧管刚度。图 9-16 所示不同颜色的封闭曲线即为

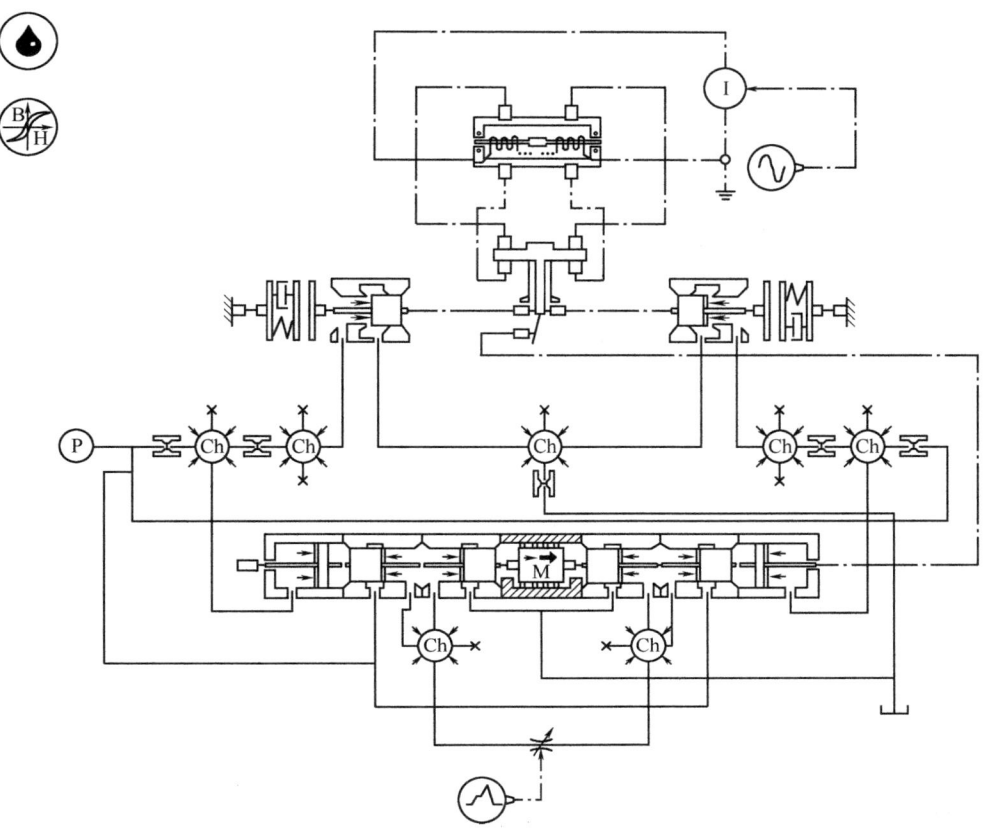

图 9-15 双喷嘴挡板电液伺服阀的 AMESim 模型

改动后不同刚度输入下的静态特性曲线,同时也验证了 9.3.3 节参数修正的必要性。

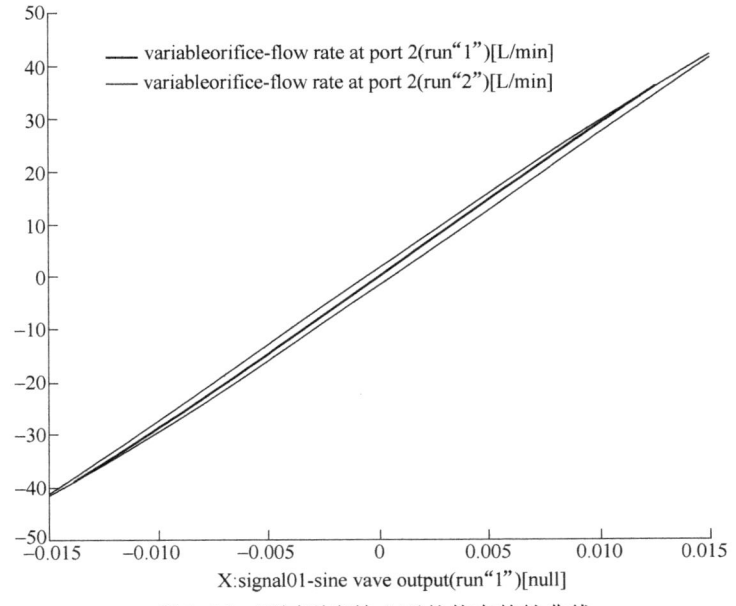

图 9-16 不同刚度输入下的静态特性曲线

对于普通机电产品，其几何结构参数和材料属性的微小差异或者对装配性能无明显影响，或者使性能发生较明显变化，但指标仍然满足技术要求。而精密机电产品中，几何结构参数和材料属性的微小差异会在装配性能上被放大，导致产品不合格，而这实际上是偏差累积效应的结果。因此需要将几何偏差及其传递关系加入到原始静态特性方程，重新对理论公式进行推导，扩展理论模型使其更逼近真实模型。

2. 性能指标预测值估算

神经网络种类很多，针对本章样本数据较少并含有噪点的情况，需要神经网络具有较高的鲁棒性和容错能力，因此选用广义回归神经网络进行误差修正。广义回归神经网络（Generalized Regression Neural Network，GRNN）属于径向基神经网络，其具有较强的非线性映射能力和柔性网络结构。

GRNN 具有四层结构，分别为输入层、模式层、求和层和输出层。结构图如图 9-17 所示。

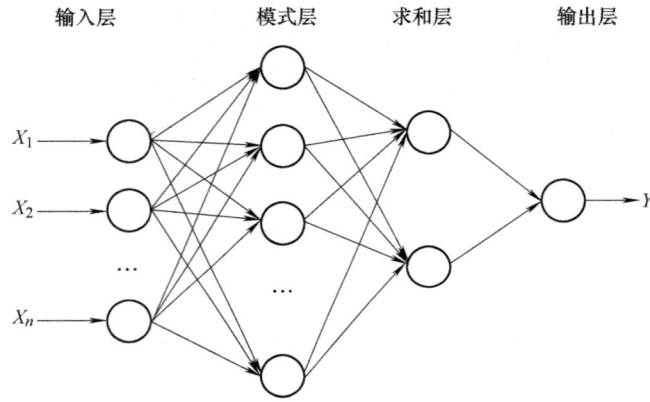

图 9-17　GRNN 网络结构图

GRNN 中，非独立变量 Y 相对于独立变量 x 的回归分析实际上是计算具有最大概率值的 y。x 的观测值为 X，对于 X 的条件均值 y 计算式为

$$\hat{Y}=E(y|X)=\frac{\int_{-\infty}^{\infty} yf(X,y)\mathrm{d}y}{\int_{-\infty}^{\infty} f(X,y)\mathrm{d}y} \tag{9-21}$$

式中，$f(x,y)$ 为随机变量 x 和 y 的联合概率密度函数；$\hat{Y}$ 表示输入 X 条件下，Y 的预测输出。

应用样本数据，可估算概率密度，计算式为

$$\hat{f}(X,y)=\frac{1}{n(2\pi)^{(p+1)/2}\sigma^{p+1}}\sum_{i=1}^{n}\exp\left[-\frac{(X-X_i)^{\mathrm{T}}(X-X_i)}{2\sigma^2}\right]\exp\left[-\frac{(Y-Y_i)^2}{2\sigma^2}\right] \tag{9-22}$$

式中，X_i 和 Y_i 为随机变量 x 和 y 的观测值；n 为样本容量；p 为随机变量 x 的维数；σ 为高斯函数的宽度因子。

最终的网络输出可按下式求解，即

$$\hat{Y}(X) = \frac{\sum_{i=1}^{n} Y_i \exp\left[-\frac{(X-X_i)^{\mathrm{T}}(X-X_i)}{2\sigma^2}\right]}{\sum_{i=1}^{n} \exp\left[-\frac{(X-X_i)^{\mathrm{T}}(X-X_i)}{2\sigma^2}\right]} \quad (9\text{-}23)$$

基于黑箱预测和白化计算的误差修正性能预测流程如图 9-18 所示，具体步骤如下：

步骤 1：将训练样本中的特征参数代入 AMESim，但并非所有特征参数都能被现有的双喷嘴挡板电液伺服阀模型所使用，对于现有的双喷嘴挡板电液伺服阀模型无法输入的特征参数，尤其是几何偏差信息，则需要通过 AMESet 编辑元件模型，提供输入界面。

步骤 2：根据样本数据的输入输出混合概率密度函数的局部最大熵进行密度估计，并以此估计作为样本空间约束，在其范围内随机扩展样本，并通过契比雪夫不等式进行方差校验，完成样本参数按类分批自校正进行抽样修正。通过步骤 1 完成了训练样本的仿真性能值计算，利用计算结果和训练样本的性能实际值获得性能误差值，将其作为输出神经元，将特征参数作为输入神经元进行交叉验证，确定光滑因子，而后再利用特征参数、性能误差值和光滑因子训练神经网络，建立误差预测神经网络模型。

步骤 3：将待测样本分别输入 AMESim 和 GRNN 神经网络可以获得仿真性能值和预测误差值，再将两部分预测结果进行叠加即可获得待测样本的最终预测结果。

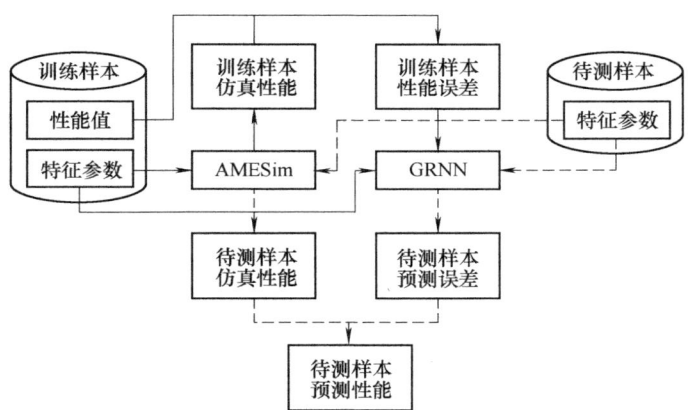

图 9-18 基于理论模型和神经网络相结合的性能预测流程图

9.4 本章小结

合适的预紧使零部件直接联接更加紧密，有效地提高零部件之间联接的可靠性和稳定性。预紧力过小，联接部件之间在运行载荷的过程中就会产生缝隙或者发生一定的位移，造成零部件联接的位置发生松动甚至脱落，严重的会造成设备运行障碍发生停机。过大的预紧力会造成零部件发生变形，降低零部件的使用耐久性，加速磨损，甚至造成零部件的直接损坏。因此，装配预紧力是保证设备性能、延长疲劳寿命、提高装配质量的关键因素，在装配过程中，必须对预紧力进行有效控制。

通过质量特性预测，既可以缩短产品的生产周期，又可以在同等条件下提升产品的整体质量。基于测量数据拓扑距离的参数粗大误差处理方法，解决了小样本下多种数据分布的粗大误差识别，提高了测量数据的可靠性。利用灰熵关联分析进行影响质量特性关键因素筛选，可以缩减神经网络规模，降低模型复杂度，在保证预测精度的同时提高了求解效率。结合有限元方法进行装配变形模拟，对装配后难以测量的特征参数进行分析修正，减小了特征参数的误差，进一步提高了输入参数的可靠性。基于理论计算的误差估计神经网络预测模型，较之完全黑箱预测提高了预测精度，使得不完备样本下神经网络进行性能预测同样适用，且结果较为可信，可以为装配方案中零件的选择提供参考，提高精密机电产品的装调效率。

参 考 文 献

[1] 张根保, 赵洪乐, 李冬英. 多装配特征影响下的装配质量特性预测方法 [J]. 计算机应用研究, 2015, 32 (3): 709-712.

[2] 赵罡, 王超, 侯文君, 等. 复杂产品虚拟装配系统的人机交互技术 [J]. 北京航空航天大学学报, 2009, 35 (2): 138-141.

[3] Jenne M, Hubbertz H, Friedrich C, et al. Improved mechanical preload measurement of bolted joints for light weight design with CFRP components [C]. ASME 2015 International Mechanical Engineering Congress and Exposition, 2015.

[4] Walaszek H, Bouteille P. Application of ultrasonic measurements to stress assessment on tightened bolts [C]. 11th European conference on Non-Destructive Testing, 2014.

[5] Rezende C E E, Origgs J A, Duan Y, et al. An indirect method to measure abutment screw preload: a pilot study based on Micro-CT scanning [J]. Brazilian Dental Journal, 2015, 26 (6): 596-601.

[6] Zaki A M, Nassar S A, Shillor M, et al. Inverse solution for bolt preload using joint surface deformation [C]. ASME 2013 Pressure Vessels and Piping Conference. American Society of Mechanical Engineers, 2013.

[7] Hesse T, Ghorashi M, Inman D J. Shape memory alloy in tension and compression and its application as clamping-force actuator in a bolted joint: part 1-experimentation [J]. Journal of intelligent material systems and structures, 2004, 15 (8): 577-587.

[8] Ghorashi M, Inman D J. Shape memory alloy in tension and compression and its application as clamping force actuator in a bolted joint: part 2-modeling [J]. Journal of intelligent material systems and structures, 2004, 15 (8): 589-600.

[9] 李俊良, 杜彦良, 孙宝臣. 铁基 SMA 螺母防松摩擦力矩的试验研究 [J]. 中国机械工程, 2007, 19 (10): 1174, 1176.

[10] 堪大任, 行大道. 美国凯特克螺栓预紧力控制技术在电力行业中的应用 [J]. 设备管理与维修, 2015 (9): 5-6.

[11] 崔明慧. 波音 737 飞机紧固件的应用研究 [J]. 航空制造技术, 2013 (13): 96-99.

[12] 魏伟, 牟义慧. 防止法兰紧固螺栓失效的对策 [J]. 石油化工设备技术, 2012, 33 (4): 64-66.

[13] 刘存. 航空发动机转子连接螺栓预紧力与疲劳寿命研究 [D]. 南京: 南京航空航天大学, 2009.

[14] 宋莎, 王晓东, 罗怡. 微小型零件螺纹连接中预紧力的精确控制 [J]. 中国机械工程, 2010, 21 (13): 1523-1528.

[15] Hesse T, Ghorashi M, Inman D J. Shape memory alloy in tension and compression and its application as clamping-force actuator in a bolted joint: part 1-experimentation [J]. Journal of Intelligent Material Systemsand Structures, 2012, 15 (8): 577-587.

[16] C Y Zhou, C X Lin, L L Liu. Study on Fe-Mn-Si shape memory alloy anti-loosening bolt [J]. Advanced Materials Reserch, 2014, 900: 78-82.

[17] M C H Yam, C Fang, A C C Lam, et al. Numerical study and practical design of beam-to-column connections with shape memory alloys [J]. Journal of Constructional Steel Research, 2015, 104: 177-192.

[18] Meng A D, Nassar S A, Douglas T. A novel optical method for real-time control of bolt tightening [J]. Journal of Pressure Vessel Technology-Transactions of the ASME, 2011, 133 (6): 61211-61215.

[19] Steven D. Thelander study of thick composite and aluminum single-lap bolt joint employing orthotropic photo elasticity and digital speckle pattern interferometry [D]. East Lansing: Michigan State University, 2003.

[20] Huang Y H, Liu L, Yeung T W, et al. Real-time monitoring of clamping force of a bolted joint by use of automatic digital image correlation [J]. Optics Laser Technology, 2009, 41 (4): 408-414.

[21] 刘振宇, 周思杭, 谭建荣, 等. 基于多准则修正的产品性能多参数关联分析与预测方法 [J]. 机械工程学报, 2013, 49 (15): 106-114.

[22] 王中宇, 夏新涛, 朱坚民. 测量不确定度的非统计理论 [M]. 北京: 国防工业出版社, 2000.

[23] 李云峰. 电液伺服阀中弹簧管刚度精密测量技术的研究 [D]. 哈尔滨: 哈尔滨工业大学, 2007.

[24] 林小夏, 张树有, 陈婧, 等. 产品仿真分析中曲面不均匀分布载荷施加方法 [J]. 机械工程学报, 2010, 46 (1): 123-127.

[25] 刘玉生, 高曙明. 三维 CAD 系统中变动孔特征通用生成方法 [J]. 机械工程学报, 2005, 41 (7): 112-118.

[26] Qiu C, Liu Z Y, Tan J R, et al. Multi-scale based unified modeling and simulation of part surface topography [J]. International of journal of innovative computing, information and control, 2012, 8 (3A): 1789-1798.

[27] 林小夏. 产品设计、仿真与数控加工异构信息集成技术及应用研究 [D]. 杭州: 浙江大学, 2011.

第 10 章
智能服务：挖掘客户隐式需求的智能服务技术

10.1 引言

　　智能服务是智能制造的重要服务支撑。智能服务是指对智能制造的各阶段、各节点提供数据挖掘服务和知识推送服务。通过智能服务，可以使智能制造过程围绕客户需求展开和延伸，更贴近客户需求，对于实现复杂装备按需定制的智能设计制造具有重要意义。通过智能服务，可以获取装备运行的工况参数，借助于智能服务工具，基于监控数据提供智能服务决策，使装备更可靠运行。智能服务按服务对象不同可分为面向装备服役的智能调节服务和面向装备设计的智能知识服务。

　　客户需求是产品的消费者或使用者向产品的生产者提出的一系列要求。这种要求有的是对现存产品功能上改进的要求，有的是对现存需求得到解决的期望。从精确度上来分，客户需求可以分成模糊客户需求和精确客户需求两种。在整个产品生命周期中，从客户需求到概念设计、方案设计甚至到详细设计，涉及众多设计任务。目前对客户需求的挖掘方面存在的"瓶颈"在于：第一，客户和设计者分别基于不同的领域来表达产品需求信息，两者在语义和术语上的差别使产品需求信息难以从客户映射到设计者；第二，产品需求信息缺乏明确的体系结构，产品需求的不同变量及其关系一般是以抽象、模糊的概念化方式表达，通常难以被深刻理解；第三，产品需求分析缺乏结构化的映射关系，在设计初期产品需求变量与设计参数之间不很明确的关系不利于企业在短时间内获得满足客户需求的可制造产品模型，从而无法适应大规模定制生产方式的要求。可见，制造企业如何通过需求交互准确获取客户的个性化需求，并在现有的生产条件和成本约束下及时生产出定制化产品，已经成为企业亟须解决的问题。

　　智能服务已有成功的国际典型案例。航空发动机是飞机的"心脏"，是飞行安全、飞行性能和维修费用的主要影响因素。发达国家一直重视航空发动机的监测与诊断，美国F135和俄罗斯117S等第五代先进发动机均装备机载监测与诊断系统；美国GE公司将健康维护与发动机捆绑销售。据统计：波音B737系列的发动机运转时可采集到的数据量保守统计约为100万亿字节，全世界平均每天有93000次航班起落，2016年全年旅客人数还将增加8亿。为满足航空业越来越极致精细、准确的要求，空客公司2014年开始投入资金与甲骨文公司共同建立基于Hadoop技术的大数据处理系统及飞行模拟数据分析软件，并随之成立了"数据处理与试飞集成中心"。该中心负责收集并分析来自事先安装在飞行样机上的传感器在试飞过程中产生的各种数据，包括从发动机的温度到机翼或起落架的载荷极限，并为航空公司提供智能服务。以 A350 为例，共分析了近 60 万个参数，每天可收集到的数据已超过 2 万亿字节。航空发动机大数据与智能监控的研究，是智能服务的典型应用，对于提高飞行安全性与经济性具有重要意义。

美国辛辛那提大学智能维护系统 NSFI/UCRC 中心 Jay Lee 等人[1]集中于工业大数据分析和物理网络系统（CPS）现有的发展趋势，探讨了在制造业中应用 CPS 的体系结构——5C，通过 5C CPS 结构实现智能机器设计。CPS 结构包括五个水平，即 5C 架构，这个结构为工业应用上 CPS 的发展提供了方向。CPS 结构由两个主要部分组成：一是先进的连接，确保从物理空间流向网络空间的实时数据以及网络空间的反馈；二是构建网络空间的智能数据分析。5C 结构提供了一个如何从数据采集到价值创造构建 CPS 系统的工作流程。5C 结构包括智能连接、数据到信息的转换、网络、认知和配置水平。

美国安柏瑞德航空大学系统工程系 Radu F. Babiceanu 等人[2]概述了近年来基于制造领域的技术发展，还提出了 M-CPS 的发展建模准则。M-CPS 模型包括物理世界和网络世界，在这两个世界中有一层网络物理设备，例如传感器和驱动器、局域网以及应用程序和网络安全软件，完整的网络物理系统如图 10-1 所示。在适当的配置和必需的重复时，网络物理设备层能够通过传感器提供状态控制以及通过驱动器提供对制造操作任何阶段的调整。

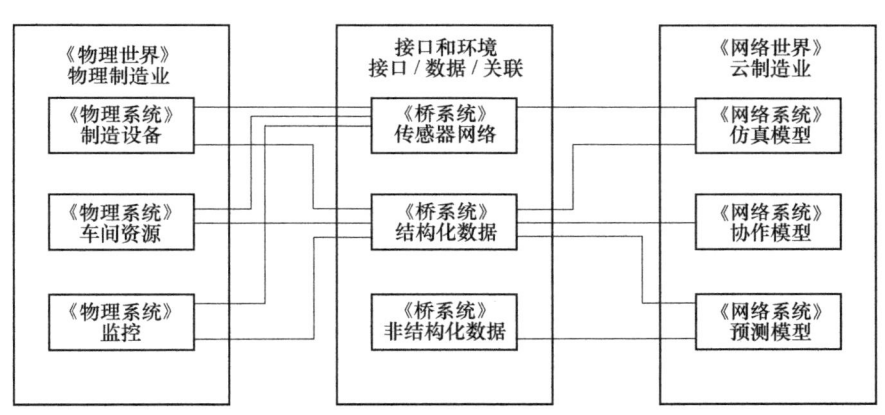

图 10-1　融合智能监控服务的基于物联网的制造系统

德国凯泽斯劳滕大学制造技术和生产系统研究所 Gülsüm Mert 等人[3]通过机床制造商的案例，研究了如何提高机床的能效。机床有多个组件，通过机器数据可以反映出各个组件的能效不同，但大多数的制造商并不清楚使用过程中的实际能量需求。冷却润滑系统、机器冷却和液压是最耗能的系统部件，组件由主轴、轴线、外部设备和电子设备四个主类构成，主类的每一个组件按照能量需求的高度分为三类：低能量需求、中能量需求和高能量需求，外部设备的组件全都是高能量需求的组件。图 10-2 表示了机床能效的影响因素，通常有三个主要因素：机器类型、技术/工艺和环境。

在服务相关的机床能效分析中，只考虑了能量效率，没有考虑资源效率，也没有考虑生产机床和提供服务的能耗，其中生命周期会考虑能耗。一，分析客户角度的机床生命周期；二，确定所选机床的能效，效率会分布在每个组件；三，确定现有的和潜在的服务，以此增加机床的能效；最后，将不同服务的影响从低到高进行评估。

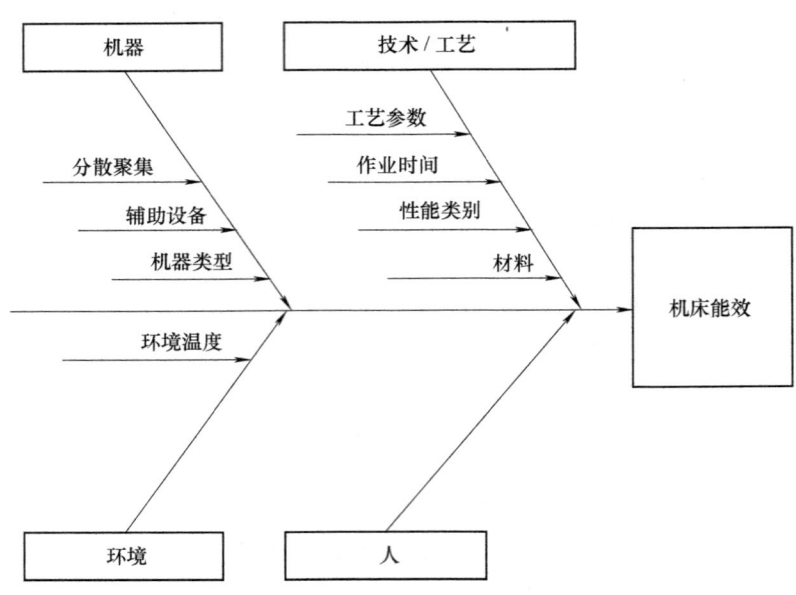

图 10-2　数控机床能效的影响因素

西班牙 Eneko Gomez-Acedo 等人[4]提出了一种热变形补偿的设计方法，在普通的车间环境下，有助于大型机器的制造工艺实现更高的精确度。热变形是限制机床定位精度的主要因素之一。选择一个参数化的状态空间作为模型架构，提供多重输入和输出性能并考虑先前机器热状态的密集公式，模型输入是主轴转速、主电动机变速箱和室内空气的温度，输出是在工作范围内机床中心点沿不同位置三条轴线的热漂移的评估。选择大型机床在车间工作的热行为的数学模型时，应考虑以下几点，具有多个输入端的模型，具有多个输出端的模型，与时间相关的模型，从已知的方程获益的模型。

意大利特伦托大学工业工程学系 Carlos Maximiliano Giorgio Bort 等人[5]利用评价感知控制器（EPC）进行铣削时，工件的生产率和表面质量有很大的提升。首先提出了一个基于最优控制理论对铣削的主轴转速和进给速度的工艺参数快速优化的系统。考虑到刀具的磨损、刀具偏转和生产率（材料去除率），在机床动力学和切削过程的基础上定义了一个适当的目标函数，来抑制/减缓振动的发生。然后对于机器参数的初始设置和工艺参数在过程行为中的适应，可以计算出给定路径和工件材料的控制最佳序列。根据简化的一级动力学，该模型的功能包括对自激、强迫振动（主要目标）、刀具磨损、刀具偏转、主轴力和功率以及进给轴的响应。该过程模型利用了商业 CSG（构造实体几何）库，提供了刀具-工件相交的方法和结构，能计算材料切除率（Material-Removal Rate，MRR）、切深和切削力模型获得的啮合弧。最后利用这种实时铣削模型在三轴铣床上进行切割试验测试，结果显示生产效率和表面质量有了显著的增加。

德国汉堡大学生产工程研究所 Jens Peter Wulfsberg 等人[6]提出了模块化、集成函数的设计以及智能机械接口，该接口基于六点安装和一个确保高精度的可切换永久磁铁系统，各种机床模块可以快速地耦合到功能单元，无需工具和进一步调整。

加拿大康考迪亚大学电子和计算机工程学院 F. Baghernezhad 等人[7]提出了新的故障检测和隔离/识别方案（FDI），将局部线性模型（LLB）作为模糊神经技术，径向基函数作为神经网络，来识别和表示移动机器人的模型。

美国桥港大学计算机科学与工程学系 Marwah M. Almasri 等人[8]提出了移动机器人系统的线跟踪和防撞技术，依赖于低成本的红外线传感器，能够容易地应用于实时控制，仿真设置可以实现机器人巡线、障碍物探测、防撞，成功地完成了非常拥挤的曲线和避免了路径上的任何障碍。

西班牙埃斯特雷马杜拉大学理工学院计算机通信技术研究所 Alejandro Hidalgo-Paniagua 等人[9]采用一种新的多目标进化算法——变邻域搜索（MOVNS）来解决机器人的路径规划问题。

罗马尼亚科学院固体力学研究所 Vladareanu 等人[10]提出了三维虚拟环境中的机器人通用的智能平台 VIPRO，将其和现有的组件一起集成于 IT，在危险或具有挑战性的环境和高水平的实时仿真时，对机器人的行为有一个正确的评价，能够正确地模拟机器人之间以及机器人和环境之间的相互作用。

马来西亚工艺大学机械工程学院系统动力与控制研究所 Amin Noshadi 等人[11]提出了一类高度非线性的 3-RRR 平面并联机器人的鲁棒定位的新型智能控制方案，当系统被不同类型的强制谐波激励的形式干扰时，使机械手准确地跟踪规定的笛卡儿轨迹。

印度学者 P. K. Das 等人[12]通过修正参数和差异扰动速度算法，运用混合化的改进经典 Q 学习（Q-learning）和改进的粒子群算法，确定了杂波环境下多机器人的路径优化轨迹。

昆山科技大学电气工程学院 Yeong-Chan Chang[13]提出了一个智能自适应/鲁棒跟踪控制方案，对于全部有界的状态和闭环系统，以及由于跟踪误差的未建模扰动衰减到任何一个预先制定的水平上的影响，实现了一个 H∞（H 无穷）跟踪控制。

台湾云林科技大学电气工程学院 Chun C. Lai 等人[14]将 RGB-D 映射和神经网络训练结合起来，实现了室内定位系统。

Chen 等人[15]提出了一种基于指令域电子数据分析的数控机床工作流程的 CPS 建模方法，并进行了多项智能加工应用的研究。

Zhou 等人[16]提出了大数据驱动能量管理的综合研究。首先讨论了能量大数据的来源和特点，然后提出了大数据驱动的智能能量管理的过程模型，最后以智能电网为研究背景，提供了智能能量管理大数据分析的系统评价。

德国亚琛工业大学 Robert Schmitt 等人[17]提出了一种确保测量可追溯性的方法，通过重复校准发现刀具结构的热效应与测量不确定性直接相关。日本 Makoto Fujishima 等人[18]提出了一种用于机床的传感器技术，可以从传感器中获取大量的数据，了解正在加工零件的情况，以此来提高切削效率。日本京都大学 Soichi Ibaraki 等人[19]通过利用安装在主轴上的接触式触发探测器对试验片的在机测量（OMM），来校准旋转轴的定位误差。Jiang 等人[20]提出了一个五轴机床所有位置误差的在机测量，通过用激光位移传感器（LDS）取代切削工具来测量相应径向槽已加工表面的误差，提高了五轴机床定位误差测量方法的效率和准确度。Huang 等人[21]基于光纤光栅传感器技术，提出了一种测量重型机床的实时温度场的新方法，可以用于分析热行为和提高重型机床的精度。

通过制造大数据与智能监控系统的研究，改变传统制造以信息分立为特征的孤岛模式，形成设计—制造—运行全链条融会互通的智能制造新业态，在产品定制化、数据可视化、经验知识化、机器信息化与生产智能化等方面实现跨越，最终集成若干个大数据驱动的创新设计中心、大数据驱动的智能制造中心、重大装备智能监控与运维中心的行业生态圈，推进由"中国制造"向"中国智造"转型升级，促进我国制造业进入国际先进行列。

本章包括面向装备设计的需求获取与智能知识服务、面向装备服役的状态预警与工况调节服务，以及应用实例。

10.2　面向装备设计的需求获取与智能知识服务

国内外学者对制造企业的客户需求进行了深入研究。当前客户需求挖掘的方法主要有可视化方法、统计分析法、遗传算法、粗糙集方法、决策树方法、神经网络方法和聚类方法等。

客户需求挖掘是知识发现过程中的一个特定步骤，也是核心的步骤。一般来说，不存在一个普遍适用的客户需求挖掘算法。一个算法在某个领域非常有效，但是在另一个领域却可能不太适用。例如，决策树在问题维数高的领域可以得到比较好的分类结果，但对数据类之间的决策分界采用二次多项式描述的分类问题却不太适用。任何一个客户需求挖掘算法都有其优点和缺点。事实上不存在评判算法优劣的确切标准，因为不同的目标情况需要的方法也不相同，而且每种技术方法都有其内在局限性。因此，选择方法要由具体应用的目标情况决定，不能仅仅由算法的性能判断。

聚类方法和可视化方法也可以用于多个方面。在网络信息的知识发现中，对内容的挖掘可以采用关联分析、神经网络法和分类挖掘等方法；对结构的挖掘可以采用关联分析、分类挖掘、聚类挖掘和可视化技术等方法；对使用记录的挖掘可以采用关联分析、分类挖掘和遗传算法等。由于每种方法都有它的长处和不足，应考虑如何结合起来，互相取长补短，从而取得更好的效果。

10.2.1　基于多色集合的客户需求域层转换方法

客户需求是客户对产品功能、使用性、外观、价格等方面的要求。客户在表达需求时，更愿意用符合语言习惯的模糊形式来表达，如果只用一个确定的值来表达，难以真实地反映客户要求，而且有时还会给产品设计带来不必要的困难。客户需求分析知识如图10-3所示，需求分析的输入端为用户需求，在设计资源的约束和设计工具的支持下，借助产品结构配置和相应技术特性，获取客户需求向各个部件的分解或映射结果。由产品设计知识的概念可知，产品设计知识需求包括基本设计需求、环境需求和客户个性需求。基本设计需求指设计者设计出新产品所需要具备的设计知识，如基本功能、基本原理、架构、外形等；环境需求指产品本身所具有的绿色属性，如包装、材料、可回收性等；客户个性需求是产品用户对产品的设计需求，如工作方式、高质量等。

将客户需求的知识模板进行细化，成为扩展模型，扩展模型是颗粒化的产品设计知识模型，可以表达为

$$M_e = f(D_{st}, S, G) \quad (10\text{-}1)$$

式中，D_{st} 表示扩展模型的方案模型；G 表示 M_e 的环境属性模型，即产品设计的环境属性，包括材料属性、拆卸性能和环境影响因素等；S 表示扩展模型的实体结构载体，可以将 S 细化为

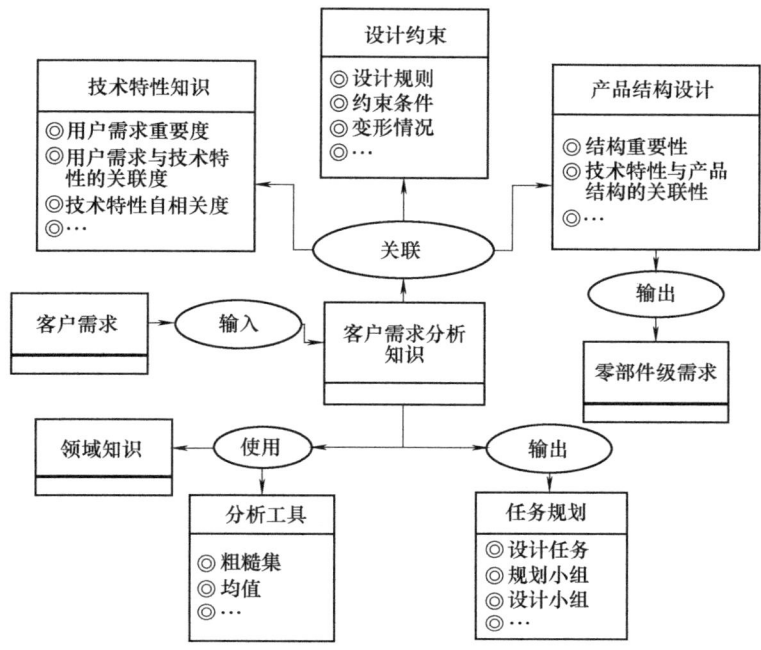

图 10-3　客户需求分析知识

$$S = f(S_c, S_g, S_a) \quad (10\text{-}2)$$

式中，S_c 表示 S 的设计单元模型；S_g 表示 S 的特征模型；S_a 表示 S 的分析模型。

产品设计知识扩展对设计知识的重用具有重要意义。扩展模型通过约束和映射，将结构模型、设计方案模型、装配模型等进行集成，在产品设计知识重用时，将顶层的设计信息与底层结构属性联系起来，可实现设计知识的多层次重用。

当前装备设计难以针对客户需求进行合理定制设计的问题，为此，提出了基于多色集合的客户需求域层转换方法，通过多色集合表示客户需求与设计参数的相互关系，对多色布尔矩阵进行行变换排序，再将客户需求-设计参数集合依次排序并进行参数计算，获得满足客户需求的设计参数的结果。

客户需求-设计参数集合表示为 $u_i = \{\text{Id}, N, P, \text{Flag}, \text{Trans}\}$，其中 u_i 表示第 i 个客户需求-设计参数集合，Id 表示生成元编号，N 为转换关系下的要求项集合，P 为转换关系下的参数项集合，Flag 为转换关系标识，Trans 为转换关系。转换关系 Trans 包含两种形式，一种为公式转换，另一种为映射转换。当 Flag=1 时，转换关系为公式转换；当 Flag=0 时，转换关系为映射转换。

转换关系 Trans 采用公式转换或者映射转换。当转换关系 Trans 采用公式转换时，则转换关系标识 Flag=1；当转换关系 Trans 采用公式转换或者映射转换时，则转换关系标识 Flag=0。

多色布尔矩阵建立步骤如下：

第一步，将客户需求-设计参数集合作为多色集合中的元素，构建多色集合 $A = \{u_1, u_2, \cdots, u_i, \cdots u_n\}$，其中 n 为所有客户需求-设计参数集合的数量。

第二步，设定多色集合 A 的整体颜色集合为 $F(A)$，其中 $F(A) = \{F_i(A), F_o(A)\}$，$F_i(A)$ 为工艺和性能要求整体颜色作为统一输入颜色，$F_o(A)$ 为设计参数整体颜色作为统一输出颜色。

第三步，通过 $Q(u) = \{q(u_1), q(u_2), \cdots, q(u_i), \cdots, q(u_m)\}$ 表示集合 A 中元素的个性颜色，其中个性颜色用所有需求项与参数项表示，m 为需求项与设计参数项数量之和，$q(u_i)$ 表示客户需求-设计参数集合各项元素的个性颜色值。

第四步，以客户需求-设计参数集合作为列，以多色集合 A 中元素的个性颜色集合 $Q(u)$ 作为行，构建多色布尔矩阵 $A \times Q(u)$，客户需求-设计参数集合中需求项集合 N 与参数项集合 P 所对应处的个性颜色值 $q(u_i)$ 为 1，其余个性颜色值 $q(u_i)$ 为 0，即客户需求-设计参数集合中的其他元素或者客户需求-设计参数集合中需求项集合 N 与参数项集合 P 非对应处的个性颜色值 $q(u_i)$ 为 0。

多色布尔矩阵行变换步骤如下：

第一步，初始化行变换指针 $s = 1$；遍历所有客户需求-设计参数集合，判断各个客户需求-设计参数集合的转换类型 Flag。若 Flag = 0，则将该客户需求-设计参数集合所在的行移动至最后一行。

第二步，依次遍历各个 Flag = 1 的客户需求-设计参数集合：对于每个客户需求-设计参数集合，若参数项集合 P 中元素数量等于 1，则将该客户需求-设计参数集合所在的行换至第一行并将参数项集合 P 中的元素移至集合 X 中；将 $s = t + 1$，t 为参数项集合 P 中元素数量等于 1 的客户需求-设计参数集合总数。

第三步，遍历所有包含集合 X 中元素对应的客户需求-设计参数集合：对于每个客户需求-设计参数集合，若参数项集合 P 中元素数量等于 1，则将该客户需求-设计参数集合移至第 s 行并将该参数项集合 P 中的唯一元素移至集合 X 中，然后将 $s = s + 1$。

参数计算是指在完成行变换基础上，按照行的排列顺序，依此计算客户需求-设计参数集合中的转换关系，获得客户装备的设计参数集合。

公式转换通过客户装备设计过程物理计算公式将要求数据转换为设计参数，具体可利用国标、手册中的计算公式和参数。例如要求数据"长 L_w"与设计参数"顶出行程 L_s"之间的转换公式为

$$L_s = k_\alpha L_w \tag{10-3}$$

式中，k_α 为转换系数，取值为 1.2。

映射转换通过需求数据与设计参数数据间的对应关系进行转换，其映射函数结构形式为

$$f(x) = \begin{cases} p_1 & x \in R_1 \\ p_2 & x \in R_2 \\ \vdots \\ p_i & x \in R_i \\ \vdots \\ p_n & x \in R_n \end{cases} \tag{10-4}$$

式中，$f(x)$ 为映射函数；n 为映射单元的维度；R 为需求数据的取值空间；p_i 为设计参数数

据的相应取值（$i=1, 2, \cdots, n$）。

当公式转换进行计算时，可直接从设计知识库中读取相应中间参数数据，所述设计知识库包含了计算公式中的中间参数和客户制造标准数据，以数据集的形式存储于数据库中，方便添加与修改。

10.2.2 变权分层扩散激活的设计知识智能服务

计算机、互联网技术的迅速发展与广泛应用方便了设计人员对设计知识的获取，但也让产品设计知识的数量呈几何级数般增长，如何从庞大的知识库中检索到满足当前需求的设计知识成为设计人员面临的新的难题，严重影响了设计效率的提高。知识推送技术依据用户需求，将知识主动、实时地推送给用户，能有效地解决知识使用中知识超载、知识迷航等问题，因此也是产品设计知识管理与重用的重要研究方向[22-32]。

目前，知识推送技术在国内外得到了很多学者的关注。最初的研究热点是面向电子商务、社交网络和网络多媒体等领域，以协同过滤为基础的知识推送算法在这些领域中得到了广泛的应用[33-36]。在对知识推送的研究兴起后，很多学者将其应用于互联网、电子商务和社交网络中的个性化知识推送[37-42]。

为了实现精确、动态的产品设计知识推送，提出了基于变权分层激活扩散模型的设计知识动态推送技术，分析了产品设计知识推送系统架构，建立了面向产品设计知识推送的变权分层激活扩散模型。以集聚关联分析方法获得设计知识节点的关联关系，通过层次激活扩散过程获得设计知识推送结果。结合设计人员反馈行为的分析，提出了设计知识单源与多源动态推送方法。

面向设计知识推送的激活扩散模型具有设计知识组织层、设计知识数据层和节点激活扩散层的三层结构，如图10-4所示。

1. 设计知识组织层

设计知识组织层采用领域本体对设计知识进行层次逻辑组织管理，帮助设计人员构建个人知识体系结构，提升设计水平。领域本体是对指定领域内共享概念的明确规范化说明，能够描述概念与概念间的继承（Kind-of）关系、部分与整体（Part-of）关系、概念实例与概念（Instance-of）关系和属性（Attribute-of）关系。在领域本体中，通过概念与概念间的继承关系可以将领域概念组织成树状的层次结构，而产品设计过程中所需要的具体设计知识项都是某个领域本体概念的实例。

2. 设计知识数据层

设计知识数据层是设计人员在产品设计过程中直接用到的设计知识，设计知识推送的结果在这一层向设计人员呈现。用本体构建的设计知识模型可以用一个四元组表示，$K = (KID, KD, KC, KL)$。其中 KID 为设计知识的唯一标识，KD 为设计知识领域，KC 为设计知识类别，KL 为设计知识的存储位置。设计知识数据层的知识数据是设计知识组织层中领域本体概念的实例，同时与节点激活扩散层中的知识节点具有映射关系。

3. 节点激活扩散层

节点激活扩散层是由知识节点及其之间的联系构成的知识节点网络。产品设计知识的推送结果在这一层计算获得。

知识节点网络由如下定义说明：

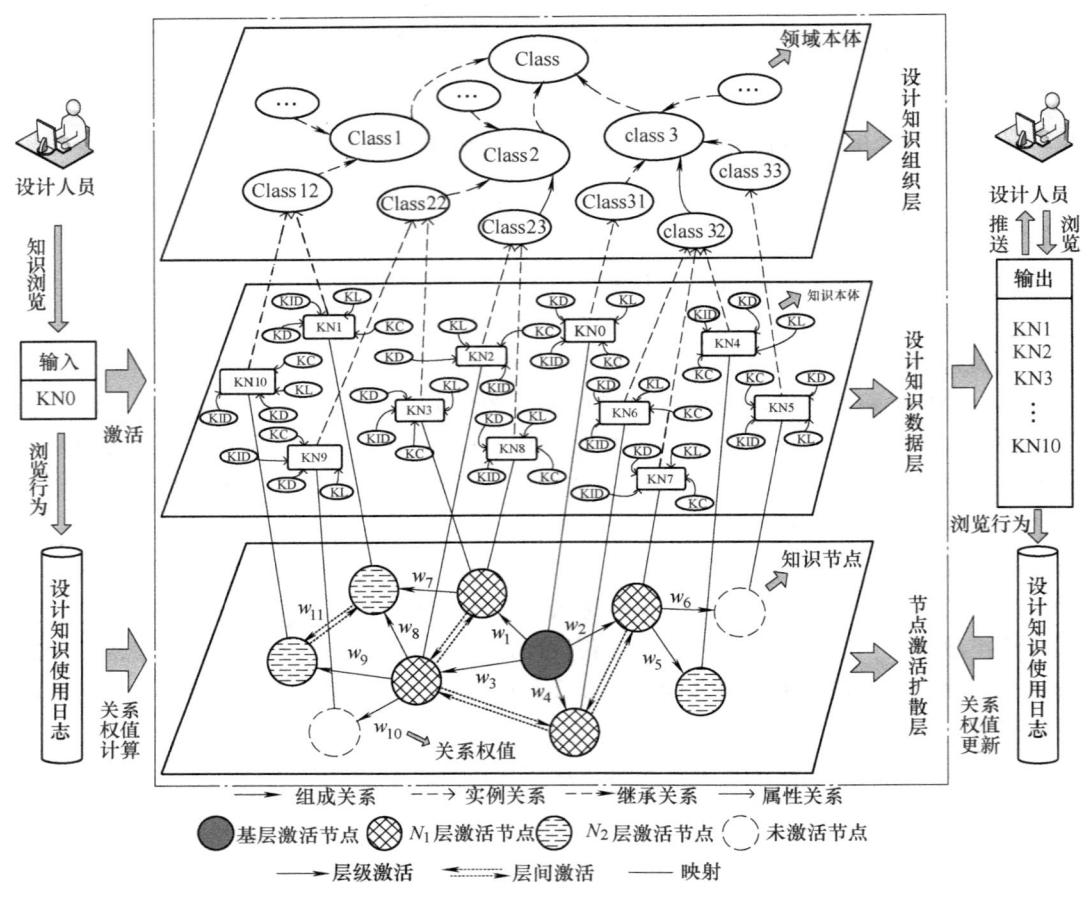

图 10-4 设计知识的变权分层激活扩散模型

定义 10-1 设计知识网络可以用二元组 $S=(N, W)$ 表示,其中 $N=(n_1, n_2, n_3, \cdots, n_k)$,表示知识网络中的知识节点,映射某项或者某几项设计知识,$W=\{w_{ij} | 1 \leq i \leq k, 1 \leq j \leq k, i \neq j\}$,表示知识节点间的关系,$w_{ij}$ 为节点 n_i 与 n_j 的关系权值。

定义 10-2 知识节点域 N 与知识实例域 K 的映射关系可以表示为 $\{N \rightarrow K | n_i \rightarrow \{k_j, \cdots, k_h\}\}$,一个知识节点对应一个或多个知识实例。

由于知识节点与知识实例的一对多映射关系需要根据用户偏好分别讨论,形成方法较复杂,并不是本章的研究重点,因此以下设定知识节点与知识实例为一一映射关系。

节点间的关系权值将通过对知识管理系统中的知识使用日志进行集聚关联分析获得,并在系统应用的过程中不断地更新,是动态变化的。

图 10-4 所示变权分层激活扩散模型可以看作是设计知识动态推送的一个完整子过程,在这个过程中,首先分析设计人员行为,获得当前已确定需要的设计知识输入推送系统,系统通过激活扩散过程得到相关的设计知识并推送给设计人员。

产品设计知识由于其与设计对象、设计过程的紧密相关性,在使用上有着明显的集聚特

性。具体的分析过程包括:

(1) 知识使用记录前处理　设计人员通过知识管理系统获取和使用设计知识,所有知识活动被系统按时间顺序记录形成知识使用记录。为了便于进行集聚关联分析,需要对知识使用记录进行前处理,具体工作包括:按设计人员分类,由于多个不同设计人员可同时进行不同的设计任务,对应的知识使用记录在时间上也是相邻的,但其设计任务不同,对应的设计知识之间也不具有相关性,所以需要分别针对单个设计人员的知识活动进行集聚关联分析;按时间分类,分析数据应当在一个确定的时间段内,避免时间跨度太大的关联分析。据此,将使用记录分为一系列待分析数据集,每个待分析数据集具有三个属性 $\{SPID, SIT, SFT\}$,其中 $SPID$ 为设计人员编号,SIT 为待分析数据集的起始时间,SFT 为待分析数据集的结束时间。每个待分析数据集中,设计知识使用记录按时间排序,由于设计人员主要在工作时间使用设计知识,所以可以取一自然天为待分析数据集的起始时间与结束时间的间隔。

(2) 噪声浏览过滤　设计知识使用记录往往包含许多噪声记录,因为设计人员常无法仅通过标题就确定设计知识是否对当前的设计任务有帮助,需要对内容进行大概浏览,判断其与当前任务无关时就会在短时间内结束浏览,这一短暂的浏览过程也会被知识系统记录下来。因其对应的设计知识与当前任务无关,所以在关联分析中属于无效记录。为此,需要尽可能去除设计人员判断设计知识为无用的使用记录。可以采用两个参数决定某条知识使用记录是否为有效记录,即浏览时间 t 和规定时间内浏览次数 n。若用布尔值 k 表示某条知识使用记录是否为有效记录,1 表示是,0 表示否,则有判断逻辑

$$k=\begin{cases} 1 & t \geq t_s, n \geq 1 \\ 1 & t < t_s, n \geq n_s \\ 0 & t < t_s, n < n_s \end{cases} \quad (10\text{-}5)$$

式中,t_s 为某一设计人员的浏览时间阈值;n_s 为浏览次数阈值。

因为不同的设计人员的阅读习惯不同,阅读速度不同,t_s 对于不同的设计人员有不同的值。n_s 的设定是为了避免将设计人员对已熟悉的设计知识的短时获取行为过滤掉,比如查表、查公式等。在固定的时间域内,若某条知识记录的浏览时间大于时间阈值 t_s,则该知识使用记录为有效的,并且在该时间域内所有该知识的使用记录均为有效的,若某条知识记录的浏览时间小于时间阈值 t_s,但在该时间域内的浏览次数大于浏览次数阈值 n_s,则该知识的浏览记录均为有效;除此之外为噪声。

(3) 关系权值计算　知识使用日志以天为自然分割点,对于同一设计人员,其一天中所浏览的设计知识被认为具有相关性。不同的设计人员的阅读习惯、设计效率不同,用时间度量相关性的差异会很大,而两项设计知识使用记录间其他使用记录所对应的不同设计知识的数量不会受到这些因素的影响,因此将其作为离散变量映射到关系函数上获得知识节点的关系权值。设计知识的关系程度随着其使用记录间距的增加是逐渐降低的,虽然使用记录是具有严格先后顺序的线性序列,但由于设计知识使用的集聚特性,知识的相关程度并不是线性下降的。与当前设计知识距离较近时,其关系程度下降较慢,而距离较远的设计知识由于相关性都比较低,其关系程度变化也很小。由此,进行集聚关联分析的关系函数具有以下特点:①定义域 $(0, +\infty)$,值域 $(0, 1)$,单调递减;②函数曲线在函数值接近 0 与 1 时平

缓，中间段较陡。

本文采用"S"形的 Logistic 曲线作为关系函数度量设计知识的相关性。Logistic 曲线最初是由比利时学者 Verhulst 提出的人口增长模型，其简单形式下蕴涵着丰富的内涵，后被广泛应用于生物种群数量预测、商品销售预测、混沌分析等领域。假设设计知识 k_i 与设计知识 k_j 出现在同一设计人员一天内的浏览记录中，则其关系权值 w_{ij} 与记录间隔 t_{ij} 的 Logistic 模型为

$$w_{ij} = \left(1 - \frac{1}{1 + ae^{-bt_{ij}}}\right)c \tag{10-6}$$

式中，$t_{ij} \in (1, +\infty)$；a、b、c 为调整参数，且 $a>0$，$b>0$，$0<c\leqslant 1$。

其一阶导数为

$$w'_{ij} = -\frac{abe^{-bt_{ij}}}{(1+ae^{-bt_{ij}})^2}c \tag{10-7}$$

通过分析可得到：$w'_{ij}<0$，w_{ij} 为单调递减，$t_{ij} \to +\infty$ 或者 $-\infty$，$w'_{ij} \to 0$。

其二阶导数为

$$w''_{ij} = \frac{ab^2 e^{-bt_{ij}}(1-ae^{-bt_{ij}})}{(1+ae^{-bt_{ij}})^3}c \tag{10-8}$$

使 $w''_{ij}=0$，记此时自变量为 t^s_{ij}，可得

$$t^s_{ij} = \frac{a}{b} \tag{10-9}$$

当 $t_{ij}<t^s_{ij}$，$w_{ij}<0$ 时，函数曲线斜率由 0 开始逐渐减小；当 $t_{ij}>t^s_{ij}$，$w_{ij}<0$ 时，函数斜率逐渐增大，并趋近于 0，在曲线形态上表现为，函数值接近 0 与 1 时平缓，在中间段陡峭出现拐点。

可以看到，拐点位置由参数 a、b 确定，其中参数 b 还控制曲线由 0 到 1 的变化范围，又由于曲线关于拐点中心对称，确定初始间隔 1 对应的关系权值，以及最大间隔即可计算得到参数 a、b 的值，参数 c 可以从整体上控制关系权值的大小，一般取为 1。因此，Logistic 模型符合集聚关联分析对关系函数的需求。

（4）关系权值的更新　由于相关设计知识也可能同时出现在其他设计人员的知识使用记录中，而且设计知识使用记录是不断增加的，两项设计知识的关系权值 w_{ij} 需要根据计算得到的新关系权值动态更新。因为算术平均值是最常用的平均指标，计算简单，适合于关系权值的频繁更新，所以这里取设计知识 k_i 与 k_j 所有关系权值的算术平均值作为综合关系权值，则更新公式为

$$w_{ij} = \frac{w_{ij(n)}n + w_{ij(n+1)}}{n+1} \tag{10-10}$$

式中，$w_{ij(n)}$ 为 n 个关系权值平均值；$w_{ij(n+1)}$ 为根据新的记录或者其他设计人员知识使用记录计算得到的关系权值。

虽然整个知识关系网络中的知识节点没有层次区分，但对于某一次激活扩散活动是

层次递进的过程，如图 10-5 所示。某个节点激活后，其激活值会向与其相关的周围节点进行扩散，扩散传递的激活值为激活节点的激活值 p 与两个节点关系权值 w 的乘积。

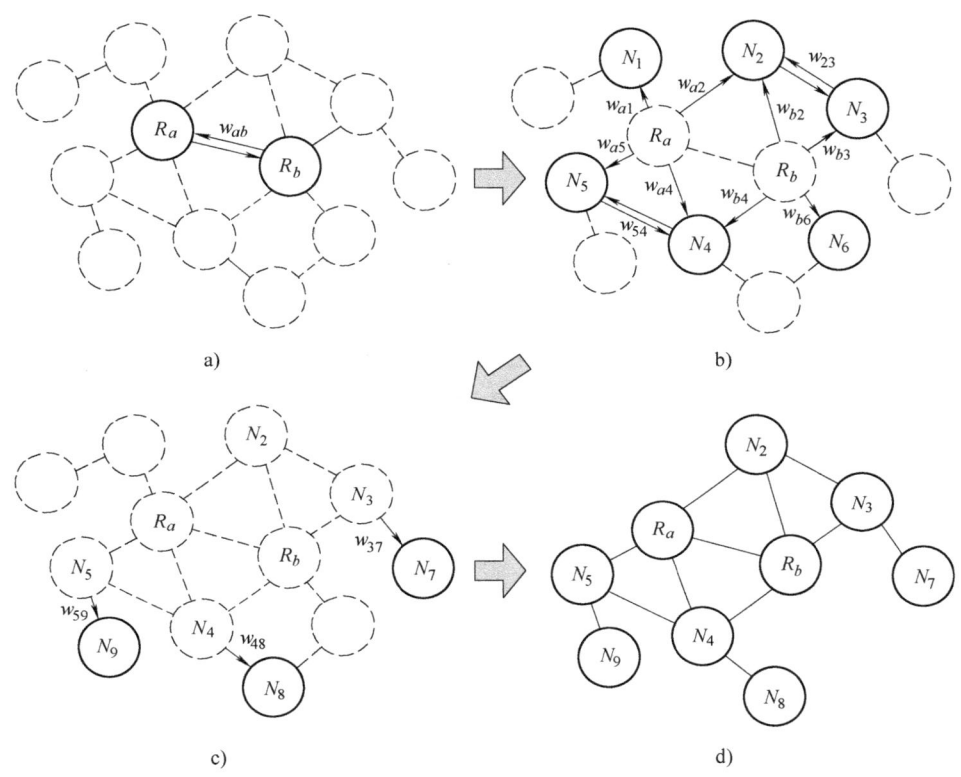

图 10-5 层次激活扩散过程

激活扩散过程包括：

1）基层激活。如图 10-5a 所示，节点 R_a、R_b 为两个初始激活的知识根节点，定义其为基层，则根节点激活值 p_r 为初始激活值与其他与其有关系的根节点传递的激活值之和，即

$$p_r = p_i + \sum_{j \neq i}^{n} p_j w_{ij} c_s \tag{10-11}$$

式中，p_i 为当前节点初始激活值；p_j 为与当前节点相联系的节点激活值；w_{ij} 为两者关系权值；c_s 为层内激活衰减系数，控制间接关系对激活值计算的影响程度。

2）扩散层激活值计算。基层节点激活值计算完成后，进入下一层激活扩散过程，与基层节点直接相关的所有节点都为该层次节点，如图 10-5b 中节点 $N_1 \sim N_6$ 所示。该层节点激活值 p_f 为直接上层传递激活值与同层传递激活值之和，即

$$p_f = \sum_{u=1}^{n} p_u w_{uf} c_d + \sum_{j \neq i}^{m} p_j w_{jf} c_s \tag{10-12}$$

式中，p_u 为与当前节点直接相关的上层节点激活值；p_j 为同层相关节点的直接激活值；w_{uf}、w_{jf} 分别为两者的关系权值；c_d 为层级激活衰减系数，扩散层级越大，距离初始激活节点越远，则 c_d 值越小。

包含激活节点的 n 个知识节点可以构建节点关系矩阵 $\boldsymbol{W}=(w_{ij})_{n\times n}$，若 N_a 为激活节点，可以获得 N_a 与其他节点的关系向量 $\boldsymbol{T}=(w_{ia})_{(n-1)\times 1}$，将节点关系矩阵中 N_a 对应的行与列去除，得到 $\boldsymbol{W}_r=(w_{ij})_{(n-1)\times(n-1)}$，加入层内衰减系数 c_s，则该层节点的激活值向量为 $\boldsymbol{V}=c_s\boldsymbol{W}_r\boldsymbol{T}+\boldsymbol{T}=(v_{ia})_{(n-1)\times 1}$。通过式（10-13）式（10-14）对激活值进行规范化处理，并加入层级衰减，获得最终的节点激活值。

$$d=\max(v_{ia}) \quad (10\text{-}13)$$

$$\boldsymbol{D}=\frac{\boldsymbol{V}}{d}c_d \quad (10\text{-}14)$$

3）激活条件与终止条件判断。激活条件与终止条件影响激活扩散过程的走向，两者结合起来可以满足不同设计人员的设计知识使用习惯。

判断节点是否被激活可以采用两种方式：①节点激活值大于设定的阈值 v_s；②设置单层激活节点最大数量。激活过程终止的判断可以采用三种方式：①激活扩散达到设定的层数；②激活的节点数量大于设定的最大激活数；③所有叶节点的激活值都低于设定的阈值 v_s。

采用激活方式①可以保证激活的节点与当前节点的绝对相关性，在此前提下，激活过程终止条件在一定程度上控制激活节点的数量与扩散深度，三种终止方式都可采用，但当采用终止方式①与终止方式②时，终止方式③同时判断并优先，因为当所有叶节点激活值都低于阈值时，该层没有节点激活，即使不满足终止方式①和②，激活扩散也无法继续进行。所述激活与终止方式组合的缺点是可能会有某些关联度较低的节点因为没有满足阈值的扩散层节点而无法产生推送结果。

当采用激活方式②时，与当前节点相关的节点根据激活值由大到小排序，将设定数量的节点予以激活，所以激活节点是与当前节点相对相关性高的节点，激活过程终止条件可采用终止方式①和②，着重在于控制激活节点的数量与扩散的深度和方向。所述激活与终止条件组合可以避免低关联度节点无法产生推送结果的情况，并可以控制激活扩散过程沿着最相关的方向进行，但相对相关性可能导致结果的绝对相关性不高。

激活扩散过程结束后，可以获得所有激活节点构成的节点网络，如图 10-5d 所示。

结合变权分层激活扩散模型和设计人员行为反馈，获得的设计知识动态推送流程如图 10-6 所示，其主要步骤包括：①通过对知识使用日志的前处理、噪声过滤、知识节点关系计算，形成设计知识节点关系网络；②对设计任务进行基于本体的分解与标注，将设计任务本体关联的设计知识按点击率进行排序，形成初始推送序列；③通过分析用户对初始推送序列的行为，获得初始激活知识节点，进行激活扩散过程，得到相关设计知识按照激活值排序推送给设计人员，再继续分析设计人员浏览行为得到新的初始激活节点，如此动态往复，直到设计人员完成设计任务，最后分析这一阶段的设计知识使用情况，对关系权值进行更新。

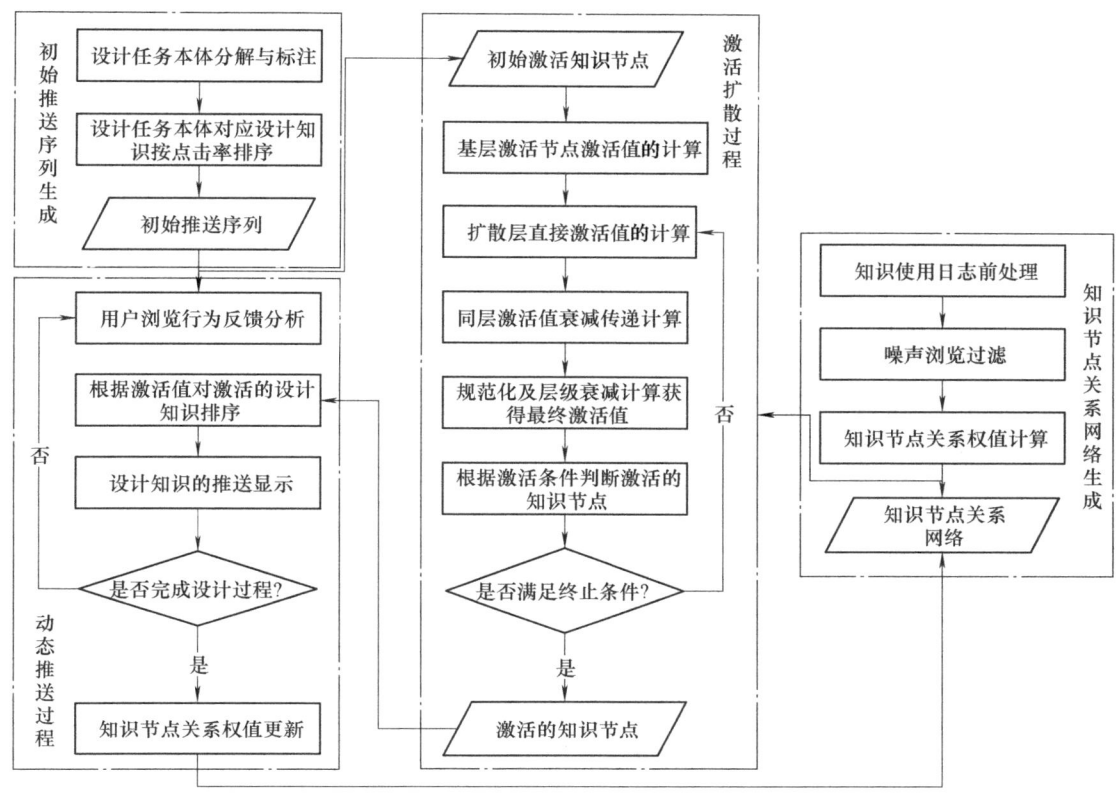

图 10-6 设计知识动态推送流程

10.3 面向装备服役的状态预警与工况调节服务

10.3.1 装备服役数据时间序列分析的状态诊断

装备机组在运行时会出现各种状况,外界的干扰与装备自身的振动与摩擦可能会对装备产生一定影响,会对装备的连续健康运行造成隐患。传统的现场停机检查,使得生产维护成本提高,装备利用率低下。

装备机组状态智能感知与智能监控就是利用计算机技术,以及安置在装备上的传感器实时感知装备各种运行信息,并将采集到的信息实时传递,系统对采集到的信息进行处理后呈现在客户端,由装备使用厂家与生产厂家对装备的运行状况进行判断分析,对可能发生的生产安全问题进行预警,从而做到智能感知与智能监控。

大数据技术给产品设计提供了一种新的途径。随着移动互联网、物联网等技术的兴起和应用,人类进入"大数据"时代。从产品设计制造的角度来看,大数据是指难以用传统 CAD 技术和软硬件工具在可容忍时间内对其进行感知、获取、处理和服务的数据集合,蕴藏着产品设计中跨领域的多种有潜在价值的设计依据和规律。

从产品设计制造过程来看,影响装备服役的大数据主要包括设备运行性能大数据和使用工况寿命大数据等。设备运行性能大数据源于运行状态监测分析，为设计者提供连续测量和反映运行状况的数据，如锻压装备，液压控制系统通过大数据统计学非线性回归，将运行参数数据与成形性能指标之间的关系用数学模型的方式表达出来，使锻压装备在节能和压制过程性能优化方面，比传统热力试验（如耗差分析）的方法和依靠运行人员的经验做得更好，为产品设计性能精良优化创造了条件。使用工况寿命大数据源于不同工况下的寿命计算，工况的多样性和复杂性导致有差异的使用寿命，如锻压装备，涉及制件精度、成形速度、拉伸深度等不同类型工况寿命数据，根据被监测设备或构件的大数据工况条件来确定其主要的寿命损耗机制（蠕变、疲劳或蠕变疲劳交互作用等），按所确定的机制来采用相应的寿命损耗率的计算公式或模型，为产品设计参数精准计算提供了工具。

由此可见，大规模、实时、连续、动态呈现的大数据映射在时间轴上的是事件发生、发展、演变与结束的过程。在大数据时代，如何从形态多变、分布零散、属性复杂的异构资源中对有价值的知识进行获取和表达就成为亟待解决的问题。将大数据技术融入产品全生命周期设计过程，不仅需要海量异构数据有效建模和表达多领域不完备、不确定设计需求，而且要建立设计知识动态约简与运算模型，以处理不同领域非结构化数据之间的转化，研究一种能表达产品设计从模糊到精确、由发散到收敛的大数据设计求解过程的方法，为支持大数据的产品设计提供新的方法和途径。

复杂装备运行大数据记为时间序列，为挖掘不同时间序列之间存在的关联关系，将时间序列间的欧氏距离路径拓展为动态时间弯曲路径，建立递归计算的数学模型。时间序列 Y 和 Q 的弯曲路径 P 记为集合，即

$$\begin{cases} P = \{p_1, p_2, \cdots, p_k, \cdots, p_n\} \\ p_k = d(q_i, y_j) = (q_i - y_j)^2 \\ i, j = 1, 2, \cdots, n \end{cases} \quad (10\text{-}15)$$

式中，$d(q_i, y_j)$ 为时间序列的对准点 q_i 和 y_j 之间的距离。

弯曲路径 P 满足有界性、边界性、连续性和单调性条件。为防止病态弯曲并提高计算效率，对弯曲边界加以限制，对于路径中的任一点 $p_k = d(q_i, y_j)$，要求 $|i-j| \leq r$。时间序列间的动态时间弯曲路径如图 10-7 所示。

弯曲路径总长度的最小值为动态时间弯曲（Dynamic Time Warping，DTW）距离

$$\text{DTW}(Q, Y) = \min\left(\sqrt{\sum_{k=1}^{n} p_k}\right) \quad (10\text{-}16)$$

式（10-16）建立了动态时间弯曲路径与动态时间弯曲距离的关系。

建立有约束的非线性优化模型：

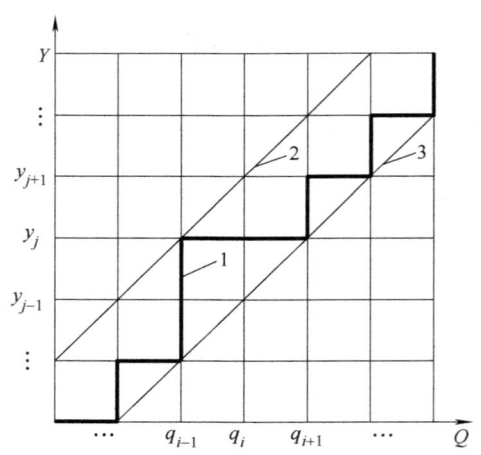

图 10-7　时间序列间的动态时间弯曲路径
1—弯曲路径 $P = \{p_1, p_2, \cdots, p_k, \cdots, p_n\}$
2—弯曲路径上边界 $j = i+r$
3—弯曲路径下边界 $j = i-r$

$$\begin{cases} \text{find} & X \in \mathbf{R}^{(n)} \\ \min & f = \lambda p_k \\ \text{s. t.} & C(X) \leqslant 0 \\ & G(X) = 0 \\ & I \leqslant X \leqslant J \end{cases} \quad (10\text{-}17)$$

式中，X 为优化变量；λ 为权值；$C(X)$、$G(X)$ 表示不等式和等式约束；I、J 是上下边界的矩阵，用于设定优化变量的取值范围，其维数相同，即 $\dim(I) = \dim(J) = \dim(X)$。

将式（10-16）沿欧氏距离路径计算获得 W 初始估计值，求得符号化理论值时间序列 Y 的实际数值 $\hat{Y}$，通过递归求解初估值时间序列 $\hat{Y}$ 与测量值 Q 间的动态时间弯曲距离

$$\begin{cases} \text{DTW}(Q, \hat{Y}) = \sqrt{\gamma(n, n)} \\ \gamma(1, 1) = d(q_1, y_1) \\ \gamma(i, j) = d(q_i, y_j) + \\ \min(\gamma(i-1, j), \gamma(i-1, j-1), \gamma(i, j-1)) \\ i, j = 1, 2, \cdots, n \end{cases} \quad (10\text{-}18)$$

式中，$\gamma(i, j)$ 为累积距离。

通过 Y 与 Q 间的动态时间弯曲距离求解过程获得动态时间弯曲路径 P，即

$$\begin{cases} \forall k = 1, 2, \cdots, n \quad \exists p_k = d(q_i, y_j) = (q_i - y_j)^2 \\ i, j = 1, 2, \cdots, n, \ |i-j| \leqslant r \end{cases} \quad (10\text{-}19)$$

将欧氏距离路径拓展为动态时间弯曲路径，使测量值序列 Q 与理论值序列 Y 沿着动态时间弯曲路径 P 的偏差二次方和最小，联立式（10-18）、式（10-19），建立递归计算的数学模型。

对复杂装备运行大数据进行知识挖掘与学习，可提高装备的运行水平，改进装备设计，构建反馈式的装备设计模式。

10.3.2 装备服役的状态预警与智能工况调节

1. 变负荷空分装备流程优化技术

我国八万等级空分装备工艺流程如图 10-8 所示，通过变负荷空分装备降能耗的全局优化，构建的数字样机能面向不同行业需求，适应不同的空分工艺流程。以空分流程外压缩与内压缩为例，建立多种集成模式，在外压缩集成模式中，在主换出口，即冷箱之外，使用压缩装备（氧压机）增压；另一模式则在主冷与主换之间，使用压缩装备（液氧泵）增压。主换热器热端空气进口约为 20℃，冷端空气出口约为 -171℃，冷端温差大于热端温差。

原料空气经自洁式空气过滤器，去除灰尘和杂质，在空压机中被压缩并升温，再自底进入空冷塔洗涤冷却。进入空冷塔上部的冷水，需先在水冷塔中利用污氮气进行冷却。经空冷塔冷却后的空气进入两台对偶切换使用的分子筛纯化系统，吸附空气中的水、二氧化碳和碳氢化合物等。出吸附器的空气，一股直接进入主换热器冷却至空气液化温度（-173℃）后进入下塔；另一股通过空气增压机进一步压缩：首先中抽出一股，经膨胀机增压端压缩及后冷却器冷却，再进入主换热器被冷却，经膨胀机膨胀后进入下塔；另一股从空气增压机末级

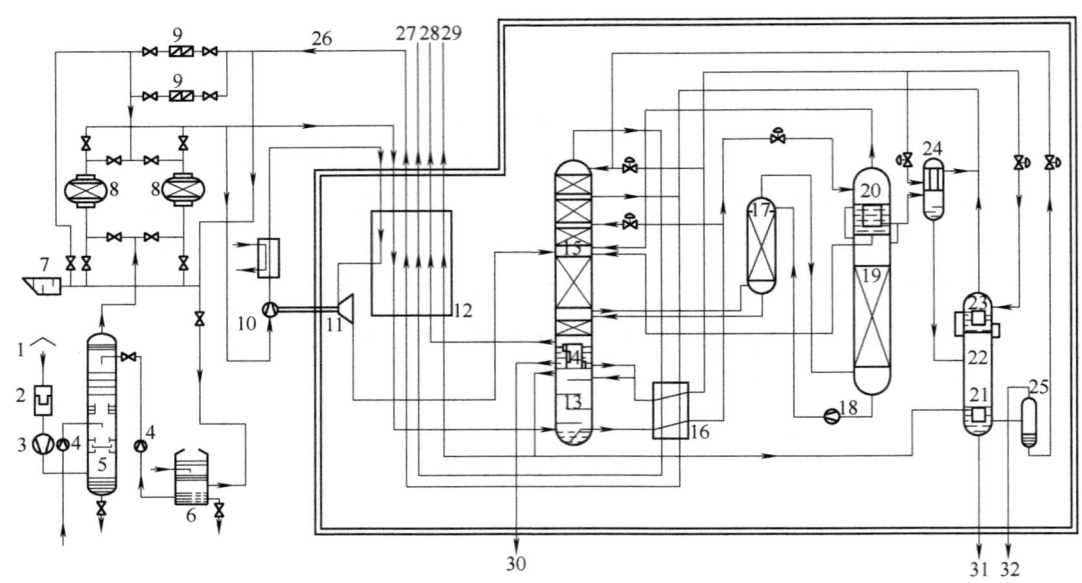

图 10-8　八万等级空分装备工艺流程

1—空气入口　2—空气过滤器　3—空气压缩机　4—水泵　5—空冷塔　6—水冷塔　7—消声器　8—分子筛吸附器
9—电加热器　10—增压机　11—膨胀机　12—主换热器　13—下塔　14—主冷凝蒸发器　15—上塔　16—过冷器
17—粗氩塔Ⅰ　18—液氩泵　19—粗氩塔Ⅱ　20—粗氩冷凝蒸发器　21—精氩蒸发器　22—粗氩塔
23—粗氩冷凝器　24—粗氩液化器　25—液氩平衡器　26—污氮气　27，32—氮气　28—氧气
29—压力氮气　30—液氧　31—液氩

排出的空气经增压机后冷却器冷却后，送入冷箱经高压主换热器冷却后，节流进入下塔。空气经下塔初步精馏后，获得液空、纯液氮和污液氮，并经过冷器过冷后，节流进入上塔。

下塔从上到下分别得到：纯液氮、纯氮气、贫氧液空、富氧液空。上塔从上到下得到：纯氮气、污氮气、氩、液氧。主冷凝蒸发器为相变换热，氧在此蒸发，而氮在此冷凝。主过冷器调配上下塔冷量，降低气化率，强化上塔精馏。换热器底抽指从换热器底部抽出完全降温的热股流。换热器中抽指从换热器中部抽出降温中的热股流。空分系统启动时，底抽提供足够冷量，到达稳定工况后中抽。主冷凝蒸发器则无中抽、底抽，其温差越小，越有利于系统节能。

2. 变负荷空分装备降能耗的机组优化技术

以变负荷空分系统能耗为目标函数，进行系统能耗参数的灵敏度分析、时变参数估计，采用高精度稳态的灵敏度分析，逼近动态变工况过程。对复杂空分过程模型进行灵敏度与不确定性的耦合分析，对模型能耗进行虚拟试验下的评估预测，分析测量数据的误差，提高空分能耗性能集成模型的参数精度。

建立全局层次能耗空分流程：双级精馏塔上下塔、粗氩塔、精氩塔单元模块，分子筛纯化系统单元模块，空冷塔和水冷塔的单元模块。应用层次单元能耗集成分析法，分析各单元模块之间物料流和热量流，以达成动态平衡，计算进出精馏系统的物料及各动态操作参数。

层次单元能耗集成分析法具备序贯模块法与联立方程法的优点,分为全局层面和子系统层面。在空分系统层次上,采用各模块的简化模型,联立求解空分系统模型。在子系统层面上采用与系统层模块映射的单元模型。空分装备精馏塔 75% 负荷与 105% 负荷时的持液量比较如图 10-9 所示。

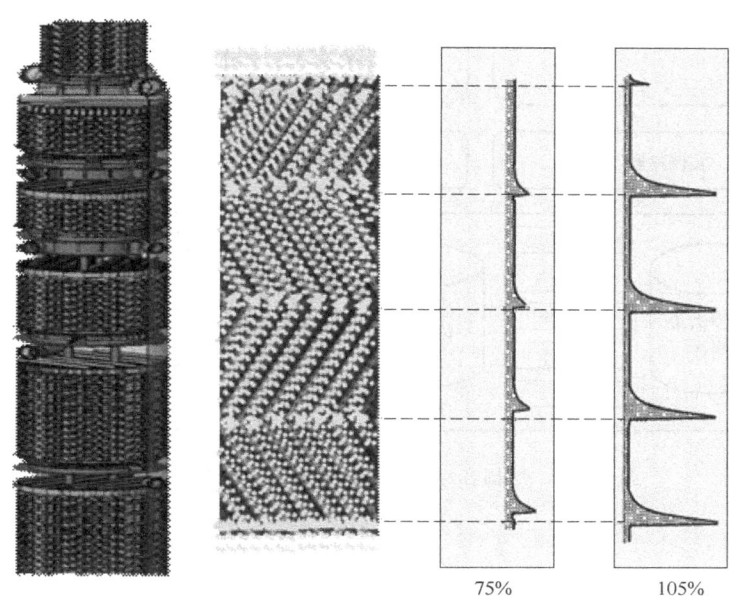

图 10-9　空分装备精馏塔 75% 负荷与 105% 负荷时的持液量比较

有效能用于确定某指定状态下所给定能量中有可能做出有用功的部分。有效能损耗可评价出各种形态的优劣能量的损耗程度。通过 75%～105% 的变负荷调节,空分系统各部机的有效能损耗得到降低,空分系统设计能耗减少。

10.4　应用实例

10.4.1　挖掘客户需求的智能服务系统

基于 ASP. NET 技术体系,采用 SQL Server 数据库,挖掘客户需求的智能服务平台与系统架构,主要包括客户模糊需求转化与相似性检索、运行监控的大数据智能服务和设计大数据的设计服务与智能导航,如图 10-10 所示。挖掘客户需求的智能服务平台的支撑数据库包括客户需求实例库、传感器运行大数据和性能特性资源库。

云服务平台的客户需求挖掘与资源共享架构如图 10-11 所示,通过搭建完整架构的云计算平台,将复杂装备行业设计所需的各类设计资源(设计手册、零件样本、产品模型、零部件计算工具等)进行收集、整理、归纳、整合,以服务的形式发布到"云"中,企业的设计人员作为平台的用户只需要通过设计资源共享平台门户网站及各种用户界面,就可以访问和使用共享平台的各类云服务。

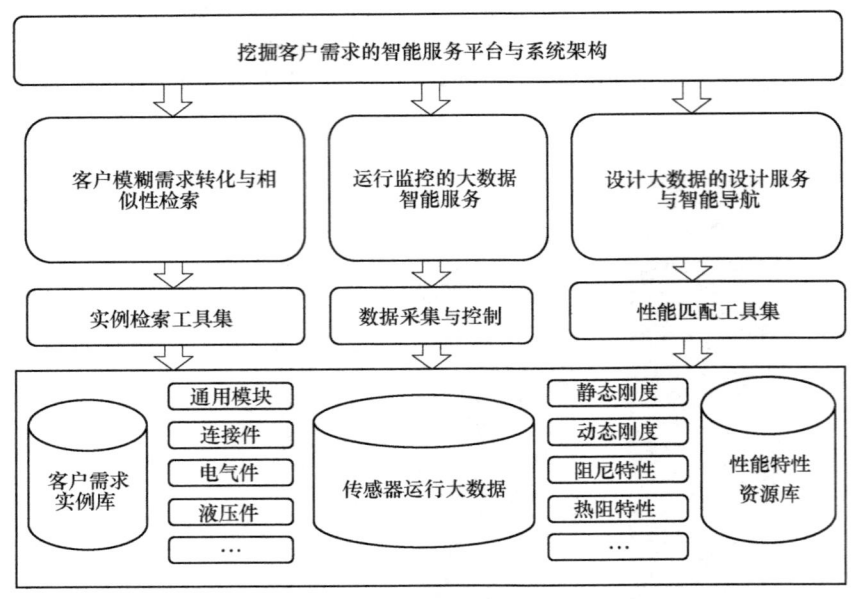

图 10-10 挖掘客户需求的智能服务平台与系统架构

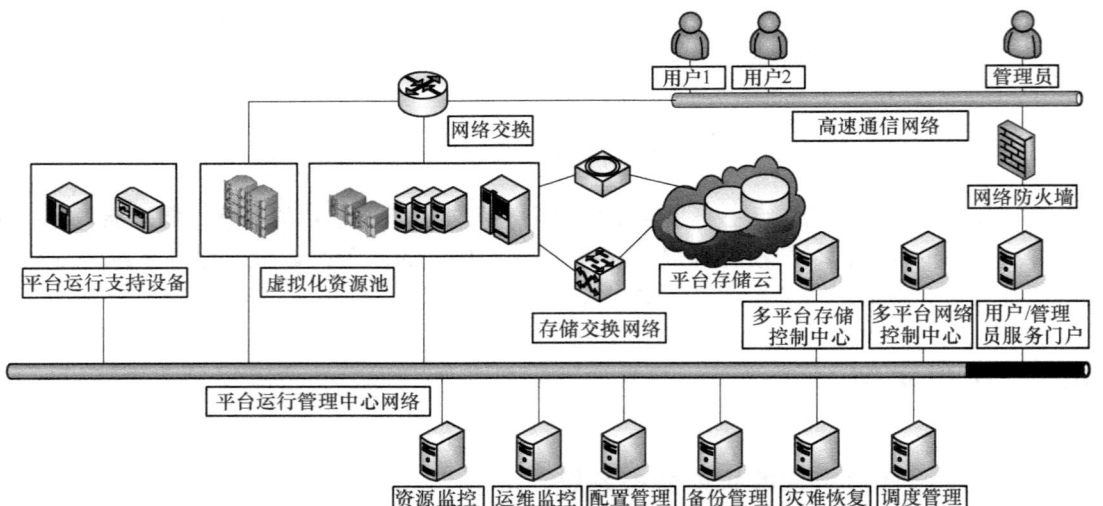

图 10-11 云服务平台的客户需求挖掘与资源共享架构

10.4.2 数控机床云资源设计服务

以数控机床为例，现有的设计缺乏数据库和知识库的支持，难以实现性能的高精度设计，提出模块资源库和结合面特性资源库支撑的数控机床设计服务创新平台。数控机床装备云服务模式创新设计的核心思想是将传统的数控机床零部件制造延伸到机床设计仿真，再延伸到机床设计服务，不断提升数控机床的自主创新设计能力。

以数控机床为例，设计大数据主要包括：机床结合面特性大数据、机床模块库设计大数据、机床产业链协作设计大数据、机床设计规范大数据、机床设计标准大数据、机床材料与仿真设计大数据、机床经验规则设计大数据、机床设计实例大数据、机床设计知识融合大数据和机床知识管理大数据。

1. 机床结合面特性大数据

根据不同类型结合面的接触表面面积、载荷分布、载荷大小、结合面介质信息，获得固定栓接结合面、导轨结合面、刀柄结合面、丝杠结合面、轴承结合面的结合面刚度、结合面阻尼、结合面等效模型、结合面建模方案大数据。机床结合面特性大数据包括结合面特性数据和结合面特性案例两方面。

结合面特性数据是针对不同的结合面类型，记录的对应结合面特征条件及结合面刚度、阻尼的数据。考虑机床结合面中所涉及的结合面类型，采用结合面定性条件全覆盖、定量条件尺度覆盖的方式，构建机床结合面特性数据库，通过不断增加的结合面数据条目信息，实现结合面数据的准确查询和精确的插值拟合计算。固定栓接结合面：根据固定结合面的材料、加工方式、结合面介质、结合面面积、表面正压力，确定对应条件下的法向静刚度、切向静刚度、法向动刚度、切向动刚度、法向动阻尼、切向动阻尼等数据。导轨结合面：根据导轨结构形式、导轨型号、安装预压形式、导轨载荷，确定对应条件下的法向静刚度、切向静刚度、法向动刚度、切向动刚度、法向动阻尼、切向动阻尼等数据。刀柄结合面：根据刀柄类型、主轴材料、锥面硬度、锥面精度、结合面介质、拉刀力，确定对应条件下的径向静刚度、轴向静刚度、径向动刚度、轴向动刚度、径向动阻尼、轴向动阻尼等数据。丝杠结合面：根据丝杠直径、丝杠导程、螺母个数、丝杠预紧方式，确定对应条件下的静刚度、法向动刚度、法向动阻尼等数据。轴承结合面：根据轴承类型、轴承型号、轴承轴向力和径向力，确定对应条件下的径向静刚度、轴向静刚度、径向动刚度、轴向动刚度、径向动阻尼、轴向动阻尼等数据。结合面热阻：根据结合面材料、结合面接触面积、结合面单位面积正压力，确定对应的结合面接触热阻数据。

结合面特性案例是典型的结合面建模方法及分析过程案例。案例主要流程：①建立几何模型，通过结合面特性识别、模型简化等方式建立结合面等效模型；②定义模型材料属性，包括弹性模量、泊松比、密度等；③确定模型边界条件，包括载荷、约束、惯性力等；④网格划分；⑤设定结合面具体条件，包括接触类型、表面状态、预紧力等信息；⑥根据需要确定分析类型及分析输出结果。

2. 机床模块库设计大数据

将数控机床设计分析所用的模型模块进行整合规划，根据模块类型不同，对模块进行编码，建立对应模块的事务特性表。

机床模块库设计大数据主要包括机床的标准件模块、外购件模块和专用件模块等。机床标准件模块是机床中已经标准化的通用零部件，包括螺母、螺柱、自攻螺钉、铆钉、焊钉、挡圈、垫圈、法兰、销、弹簧和螺栓等。机床外购件模块是机床设计中通过选型选配方式确定的机床零部件，由机床外协厂家加工制造，主要分为传动类模块、功能部件模块、管及管接头模块、密封件模块、电器类模块、液压气动润滑类模块和轴承类模块等。专用件模块是机床中需要重点设计分析的主机部件，包括机床床身、立柱、工作台和主轴箱等，各个机床的主机部件模块细部结构各不相同。

3. 机床产业链协作设计大数据

机床产业链协作设计大数据考虑机床主机厂与各外协加工厂、上下游企业之间的交流与数据传递；为机床主机厂家提供外协厂家的产品具体参数、选配方式流程等信息，以利于机床外购部件的快速选型配置；为机床外协厂家提供机床主机厂家的设计需求信息，供外协厂家有针对性地进行产品开发工作，提高产品竞争力。

机床产业链协作设计大数据包括机床零件样本资源和机床设计信息资源。机床零件样本资源以各机床零部件企业提供的机床零部件样本手册为基础，构建零部件样本手册资源池，实现零部件样本的便捷查询，在零部件样本手册资源池的基础上，实现零部件样本选型功能，根据机床零部件选型需求，即可获得所需的零部件具体信息。机床设计信息资源以机床互联网资源为基础，提供机床相关的互联网网站导航功能，加强机床行业的交流互联，具体包括机床企业导航，提供国内外数控机床制造厂商信息；机床行业协会导航，包括中国机床工具工业协会等多个机床工业协会信息；机床零部件企业导航，提供国内外数控机床零部件生产企业信息；机床专业网站导航，提供多个热门的机床信息网站。

4. 机床设计规范大数据

机床设计规范大数据考虑当前机床的设计需求、设计难点、设计条件等因素，在传统机床设计方法的基础上，结合机床数字化设计方法理论及现代设计工具，制定一系列针对数控机床整机、主轴部件、支撑部件、进给系统等的设计、分析规范，提高机床行业大数据驱动的正向设计能力。机床的设计分析规范依据设计对象进行分类，主要包括数控机床整机动、静特性分析系列规范，数控机床整机热特性分析系列规范，数控机床主轴设计系列规范，数控机床直线进给系统设计系列规范，数控机床回转进给设计系列规范，数控机床支撑件设计系列规范等。

5. 机床设计标准大数据

机床设计标准以当前的国家标准和行业标准为基础，收集各机床企业实际设计所用的手册信息进行电子化工作，以利于机床企业进行手册的内容查询、对比、勘误。具体包括机床设计手册：机床设计手册（86 版）、简明机床夹具设计手册等；机械设计手册：简明机械设计手册、机械设计手册（零件结构设计工艺性）、机械设计手册（疲劳强度设计）、机械设计手册（成大先版单行本）等；液压设计手册：液压气动系统设计手册、液压传动与控制手册等；电气手册：电子电路大全、电气技术禁忌手册、电气照明设计手册、机床电路图大全等。

6. 机床材料与仿真设计大数据

考虑到机床设计过程中机床样机试制的高额费用和资源消耗，拟建立统一的机床物理实验数据库，通过科学规划的若干机床物理实验，获得机床材料和结构方面的实验数据信息，结合有限元理论，构建机床材料仿真模型，达到减少机床样式试制次数的目的。机床的材料仿真模型根据尺度不同，主要分为机床整机材料仿真模型、机床主轴材料仿真模型、机床支撑件材料仿真模型、机床进给系统材料仿真模型、机床结合面材料仿真模型等。

7. 机床经验规则设计大数据

收集机床设计中存在的大量经验公式、经验取值和经验设计方法，构建机床经验设计规则资源库大数据，将机床的经验规则作为机床规范设计的补充内容，满足机床设计上对设计精度、设计效率和设计可靠性的平衡要求。

8. 机床设计实例大数据

在机床设计中，对机床的设计过程进行详细记录，构建机床的设计实例资源库，提高机床设计中的数据积累完整性。机床设计实例是从机床设计需求分析开始，经过机床整机方案设计、机床详细部件设计与分析、机床整机分析、机床方案设计评价与改进的设计全过程，最终获得机床设计结果的全部信息数据，包括机床设计各阶段参数数据，机床设计各阶段结构模型，机床设计各阶段所参考的类比对象、设计知识、计算过程、分析内容等。

9. 机床设计知识融合大数据

将各类分散、异构的机床设计资源进一步规划组合，以设计知识元的形式对设计资源进行重构，构建机床设计知识融合资源库，将被动的设计资源查询，转化为主动的设计资源关联推送模式，在机床设计的具体阶段，主动提供设计内容相关的知识点、零件样本、模型模块、设计案例等信息，提高机床设计资源利用率。

10. 机床知识管理大数据

绿色制造模式需要利用大数据使产品生命周期环境影响信息透明，协同进行产品制造和使用过程监督，并使产品零部件重用普遍化。制造技术与新材料技术、新能源技术和信息技术的深度融合，变得越来越复杂。企业难以全面掌握所需的所有技术，必须借助外部力量才能完成产品的研发、制造、管理、维护和回收等活动。利用设计大数据，建立设计标准协同平台，记录设计标准制定过程全程；支持大众发布、评价标准和相关知识，形成标准知识网络，不仅了解设计标准与其他知识的关系，还可以评价标准建议者的水平和贡献，并进行排名，根据排名确定标准最终的制定者；协同跟踪和评价标准的使用情况，帮助不断完善设计标准。

数控机床设计大数据包括机床设计规范、机床设计手册、机床零部件选型工具、机床结合面应用工具等各类数控机床设计资源服务，方便地进行设计手册查找、外购件选型、机床模型调用、零部件设计计算等原本分散于不同渠道的设计工作内容，大大提升设计效率。数控机床设计资源共享平台如图10-12所示。变权分层扩散激活的知识推送服务平台如图10-13所示。

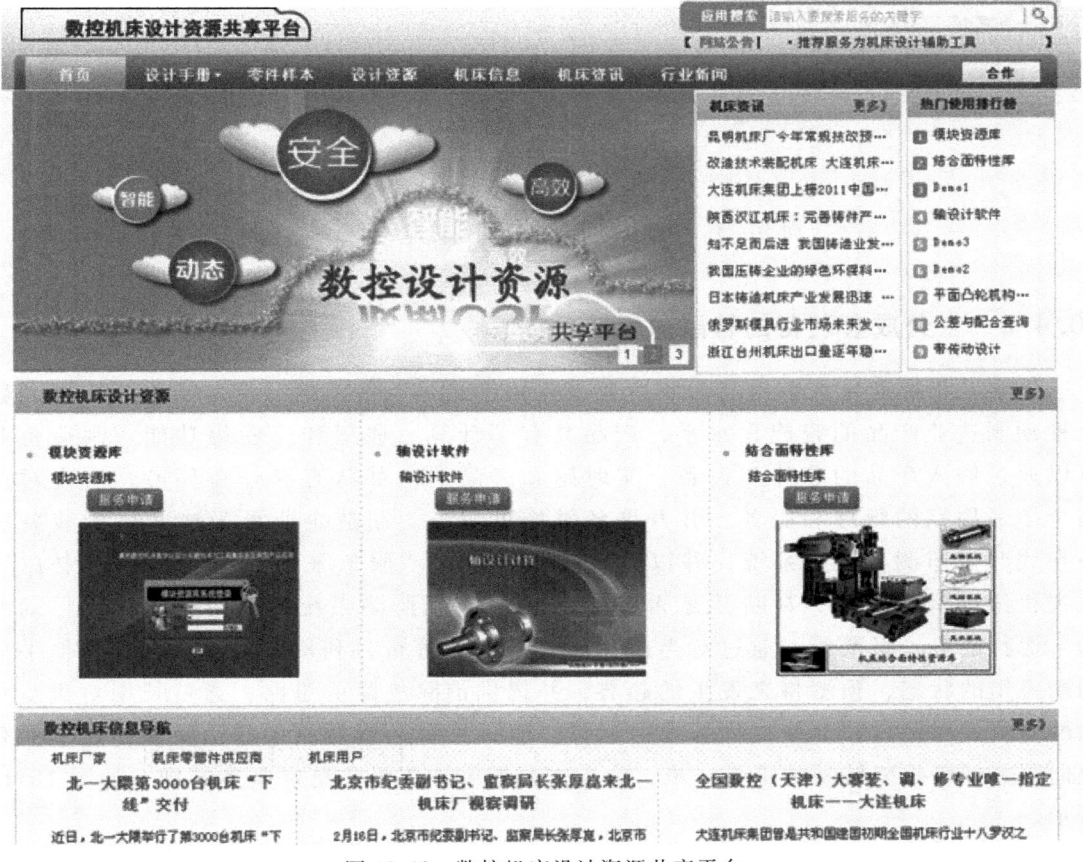

图 10-12　数控机床设计资源共享平台

图 10-13 变权分层扩散激活的知识推送服务平台

10.4.3 空分成套装备的智能服役服务

全球工业智能化水平提高为制造业服务化创造了条件。信息技术的迅速发展和普及推动制造业产品的智能化水平,产品具有了计算、通信和互联等功能。制造企业可以通过嵌入产品的芯片和设备,实时感知产品的内部状态和外在环境,实现对产品全生命周期的管理和服务,并开展各类增值服务。制造企业可为成套机械装备配备在线状态监测及分析系统,并以此为基础,建立"服务平台远程监测诊断中心",监视机组的运行状态,判断其是否正常,利用远程监测系统,密切关注机组振动波动、运行趋势、报警等;通过对当前和历史数据的分析,利用图、谱、表及其他手段判断机组的状态,预测将来发生的趋势,并提供消除故障的思路;通过长期对机组状态的监测,对运行和维修提供指导性建议。服务平台远程监测中心是我国传统工业企业向服务经济战略转型的重要一步,为未来开展个性化服务奠定坚实基础,如图 10-14 所示。

复杂装备运行大数据监控的智能服务如图 10-15 所示。

第10章 智能服务：挖掘客户隐式需求的智能服务技术

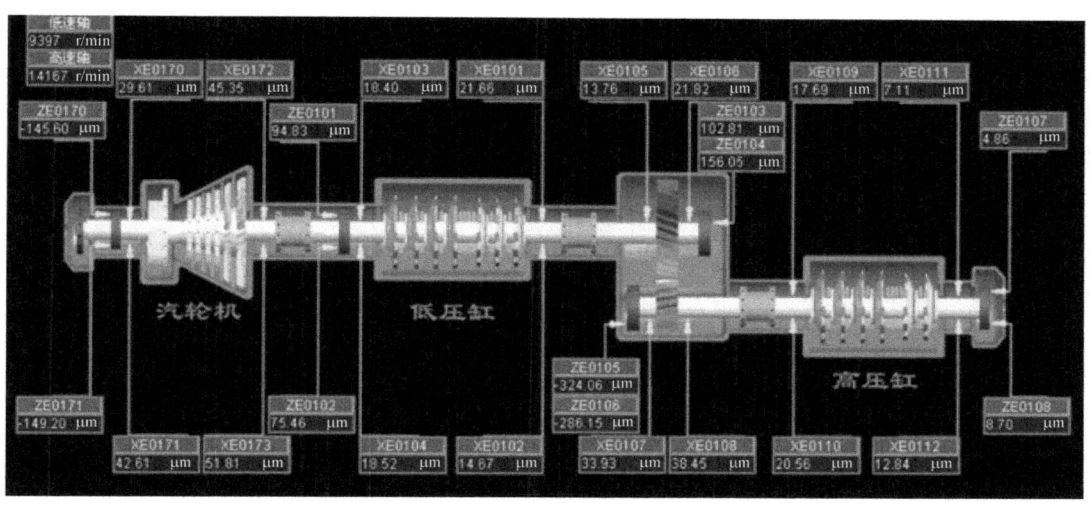

图 10-14 大型空分装备远程监测诊断

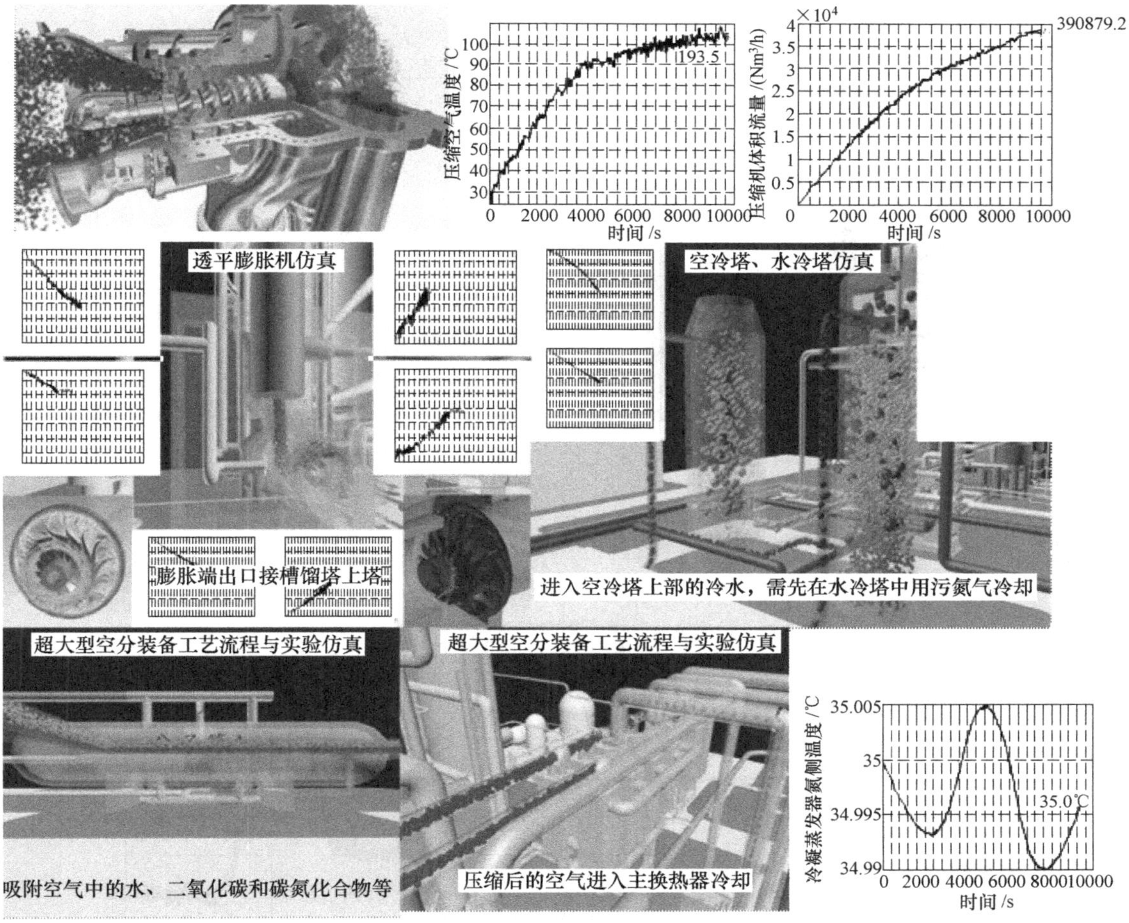

图 10-15 复杂装备运行大数据监控的智能服务

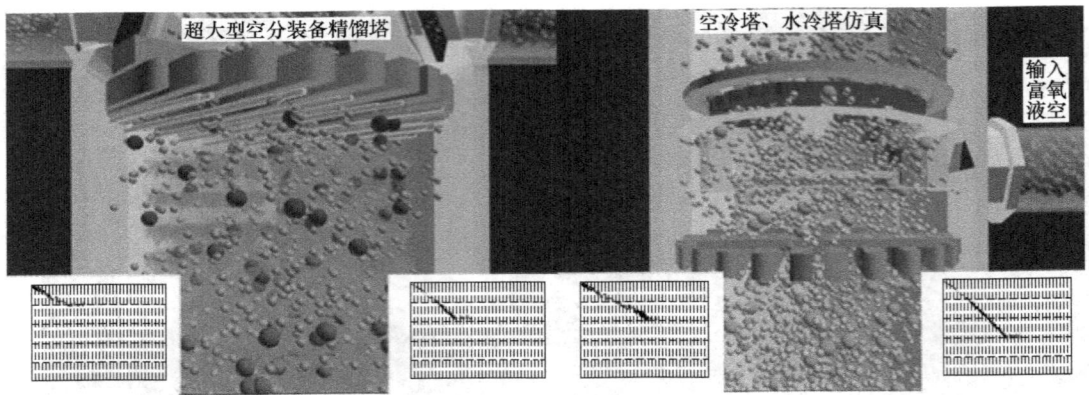

图 10-15 复杂装备运行大数据监控的智能服务（续）

75%～105%变负荷空分装备具备对变工况、变负荷的适应性，确保系统长时间安全稳定运行，负荷变动速率达到每分钟 2%～5%，寿命周期达到 20 年，大修周期超过 3 年。变负荷的空分装备具备自学习、智能调整氧气产量的优点，可显著节约单位制氧能耗，如图 10-16、图 10-17 所示。

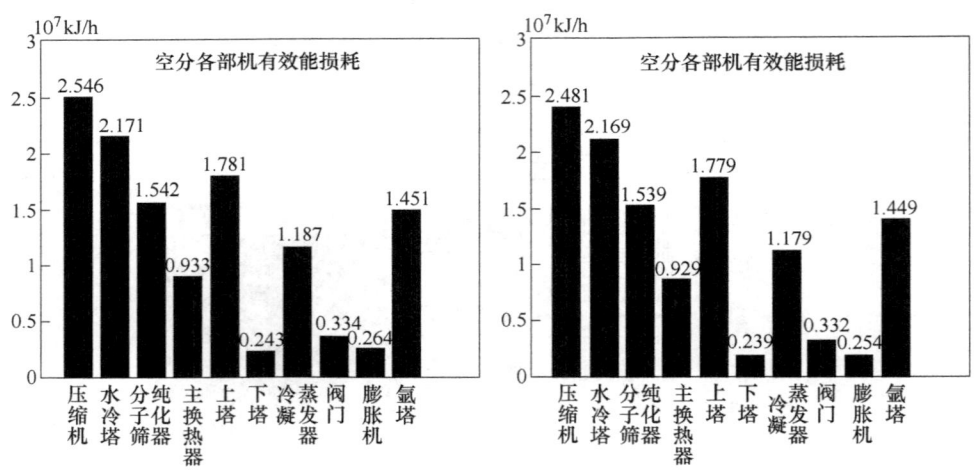

图 10-16 通过装备运行的数据反馈设计服务降低系统能耗

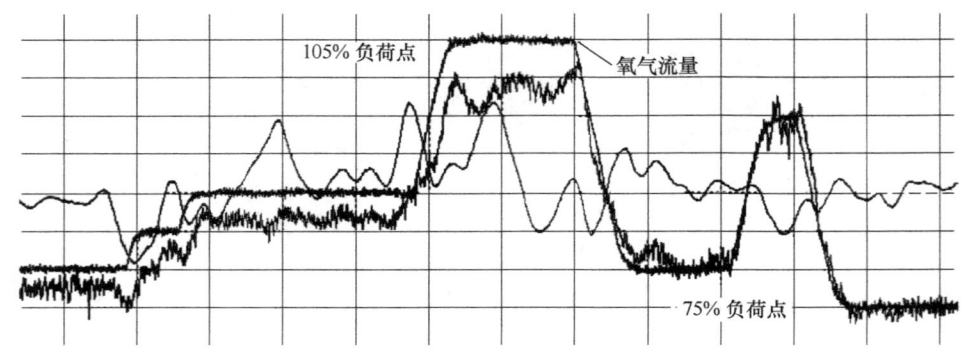

图 10-17 75%～105%变负荷空分装备自学习、智能调整氧气产量

10.5 本章小结

对客户需求进行智能服务是实现智能制造的重要支撑。挖掘客户隐式需求的智能服务的关键技术包括面向装备设计的需求获取与智能知识服务、面向装备服役的状态预警与工况调节服务。本章提出了基于多色集合的客户需求域层转换技术,实现了客户需求知识模板的细化与扩展。本章提出了变权分层扩散激活的设计知识智能服务,根据设计者的聚焦行为,将知识主动、实时地推送给用户,有效解决知识服务中知识超载、知识迷航等问题。提出了基于动态时间弯曲的装备服役数据分析与工况确定方法,将欧氏距离路径拓展为动态时间弯曲路径,使两序列沿着动态时间弯曲路径的偏差二次方和最小,建立递归计算的数学模型,为装备服役的状态预警与智能工况调节奠定基础。本章介绍了挖掘客户需求的智能服务平台与系统关键技术及应用实例,数控机床设计中可智能提供设计大数据服务,包括机床设计规范服务、机床设计准则服务、机床零部件选型服务、机床结合面特性计算服务等各类数控机床设计资源服务。对复杂空分成套装备进行在线状态监测及分析,实现空分装备吸附、换热和精馏工艺的多工况自适应的变负荷调节,具备自学习、智能调整氧气产量的优点,可显著节约单位制氧能耗。智能服务是我国传统制造业向服务经济战略转型的重要技术,对实现产品智能建模、智能求解、智能设计和智能制造都具有重要意义。

参 考 文 献

[1] Jay Lee, Hossein Davari Ardakani, Shanhu Yang, et al. Industrial big data analytics and cyber-physical systems for future maintenance & service innovation [J]. Procedia CIRP, 2015, 38: 3-7.

[2] Radu F Babiceanu, Remzi Seker. Big data and virtualization for manufacturing cyber-physical systems: A survey of the current status and future outlook [J]. Computers in Industry, 2016, 81: 128-137.

[3] Gülsüm Mert, Sebastian Waltemode, Jan C Aurich. How services influence the energy efficiency of machine tools: A case study of a machine tool manufacturer [J]. Procedia CIRP, 2015, 29: 287-292.

[4] Eneko Gomez-Acedo, Aitor Olarra, Javier Orive, et al. Methodology for the design of a thermal distortion compensation for large machine tools based in state-space representation with Kalman filter [J]. International Journal of Machine Tools & Manufacture, 2013, 75: 100-108.

[5] Carlos Maximiliano GiorgioBort, Marco Leonesio, Paolo Bosetti. A model-based adaptive controller for chatter mitigation and productivity enhancement in CNC milling machines [J]. Robotics and Computer-Integrated Manufacturing, 2016, 8 (40): 34-43.

[6] Jens Peter Wulfsberg, Silka Grimske, Nanxi Kong, et al. A function integrated and intelligent mechanical interface for small modular machine tools [J]. Precision Engineering, 2014, 38 (1): 109-115.

[7] Baghernezhad. F, Khorasani. K. Computationally intelligent strategies for robust fault detection, isolation, and identification of mobile robots [J]. Neurocomputing, 2016, 171: 335-346.

[8] Marwah M Almasri, Abrar M Alajlan, Khaled M Elleithy. Trajectory planning and collision avoidance algorithm for mobile robotics system [J]. IEEE Sensors Journal, 2016, 16 (12): 5021-5028.

[9] Alejandro Hidalgo-Paniagua, Miguel A, Vega-Rodríguez, et al. Applying the MOVNS (multi-objective variable neighborhood search) algorithm to solve the path planning problem in mobile robotics [J]. Expert Systems With Applications, 2016, 58: 20-35.

[10] Victor Vladareanu, Radu I, Munteanu, et al. The optimization of intelligent control interfaces using versatile

[11] Amin Noshadi, Musa Mailah, Ali Zolfagharian. Intelligent active force control of a 3-RRR parallel manipulator incorporating fuzzy resolved acceleration control [J]. Applied Mathematical Modelling, 2012, 36 (6): 2370-2383.

[12] Das P K, Behera H S, Panigrahi B K. Intelligent-based multi-robot path planning inspired by improved classical Q-learning and improved particle swarm optimization with perturbed velocity [J]. Engineering Science and Technology, 2016, 19 (1): 651-669.

[13] Yeong-Chan Chang. Robust H tracking control of uncertain robotic systems with periodic disturbances [J]. Asian Journal of Control, 2016, 18 (3): 920-931.

[14] Chun C Lai, Kuo L Su. Development of an intelligent mobile robot localization system using Kinect RGB-D mapping and neural network [J]. Computers and Electrical Engineering, 2016, 15 (43): 1-9.

[15] Jihong Chen, Jianzhong Yang, Huicheng Zhou, et al. CPS modeling of CNC machine tool work processes using an instruction-Domain based approach [J]. Engineering, 2015, 1 (2): 247-260.

[16] Kaile Zhou, Chao Fu, Shanlin Yang. Big data driven smart energy management: From big data to big insights [J]. Renewable and Sustainable Energy Reviews, 2016, 56: 215-225.

[17] Schmitt R, Peterek M. Traceable measurements on machine tools-thermal influences on machine tool structure and measurement uncertainty [J]. Procedia CIRP, 2015, 33: 576-580.

[18] Makoto Fujishima, Katsuhiko Ohno, Shizuo Nishikawa, et al. Study of sensing technologies for machine tools [J]. CIRP Journal of Manufacturing Science and Technology, 2016 (14): 71-75.

[19] Soichi Ibaraki, Takeyuki Iritani, Tetsuya Matsushita. Calibration of location errors of rotary axes on five-axis machine tools by on-the-machine measurement using a touch-trigger probe [J]. International Journal of Machine Tools and Manufacture, 2012, 58: 44-53.

[20] Zhouxiang Jiang, Bao Song, Xiangdong Zhou, et al. On-machine measurement of location errors on five-axis machine tools by machining tests and a laser displacement sensor [J]. International Journal of Machine Tools and Manufacture, 2015, 95: 1-12.

[21] Jun Huang, Zude Zhou, Mingyao Liu, et al. Real-time measurement of temperature field in heavy-duty machine tools using fiber Bragg grating sensors and analysis of thermal shift errors [J]. Mechatronics, 2015, 31: 16-21.

[22] Mena E, Kashyap V, Illarramendi A, et al. Imprecise answers on highly open and distributed environments: An approach based on information loss for multi-ontology based query processing [J]. International Journal of Cooperative Information Systems, 2000, 9 (4): 403-426.

[23] Zhou S Q, Chin Kwai-Sang, Xie Y B. Internet-based distributive knowledge integrated system for product design [J]. Computers in Industry, 2003, 50 (2): 195-205.

[24] Wynne H, Irene M Y W. Current research in the conceptual design of mechanical products [J]. Computer-Aided Design, 1998, 30 (5): 377-389.

[25] Pansoo K, Yu D. Optimal engineering system design guided by data-mining methods [J]. Technometrics, 2005, 47 (3): 336-348.

[26] Wu B, Kshemkalyani A D. Objective-optimal algorithms for long-term web prefetching [J]. IEEE Transactions on Computers, 2006, 55 (1): 2-17.

[27] Cohen S, Domshlak C, Zwerdling N. On ranking techniques for desktop search [J]. ACM Transactions on Information Systems, 2008, 26 (2): 11.

[28] Davison B D. Predicting web actions from HTML content [J]. Proceedings of the thirteenth ACM Conference on Hypertext and hypermedia. ACM, 2002: 159-168.

[29] Woodruff, Roben B. Customer value: The next source for competitive advantage [J]. Journal of the Academy of Marketing Science, 1997, 25 (2): 139-153.

[30] Nilashi M, Ibrahim O B, Ithnin N. Multi-criteria collaborative filtering with high accuracy using higher order singular value decomposition and Neuro-Fuzzy system [J]. Knowledge-Based Systems, 2014, 60: 82-101.

[31] Birtolo C, Ronca D. Advances in clustering collaborative filtering by means of fuzzy C-means and trust [J]. Expert Systems With Applications, 2013, 40 (17): 6997-7009.

[32] Moon S K, Simpson T W, Kumara S R T. An agent-based recommender system for developing customized families of products [J]. Journal of Intelligent Manufacturing, 2009, 20 (6): 649-659.

[33] Y Xu, G Yin, Y Nie, et al. Research on an active knowledge push service based on collaborative intent capture [J]. Journal of Network and Computer Applications, 2013, 36 (6): 1418.

[34] Collins A M L. A spreading-activation theory of semantic processing [J]. Psychological Review, 1975, 82 (6): 407-428.

[35] Crestani F. Application of spreading activation techniques in information retrieval [J]. Artificial Intelligence Review, 1997, 11 (6): 453-482.

[36] Blanco-Fernández Y, López-Nores M, Gil-Solla A, et al. Exploring synergies between content-based filtering and spreading activation techniques in knowledge-based recommender systems [J]. Information Sciences, 2011, 181 (21): 4823-4846.

[37] Hawalah A, Fasli M. Utilizing contextual ontological user profiles for personalized recommendations [J]. Expert Systems with Applications, 2014, 41 (10): 4777-4797.

[38] Neves A R D M, Carvalho Á M G, Ralha C G. Agent-based architecture for context-aware and personalized event recommendation [J]. Expert Systems with Applications, 2014, 41 (2): 563-573.

[39] Pearce J, Ferrier S. Evaluating the predictive performance of habitat models developed using logistic regression [J]. Ecological Modelling, 2000, 133 (3): 225-245.

[40] May R M. Simple mathematical models with very complicated dynamics [J]. Nature, 1976, 261 (5560): 459-467.

[41] Tashiro T, Minagawa H, Chiba M. Hierarchical logistic equation to describe the dynamical behavior of penetration rates [J]. Physica A: Statistical Mechanics and its Applications, 2015, 430: 57-64.

[42] H Fang, J Tan, Y Tan, et al. Manufacturing information active recommendation based on web services [J]. Computer Integrated Manufacturing Systems, 2008, 14 (11): 2253-2260.